高等院校法学专业民商法系列教材

张民安　主编

债 权 法

（第五版）

张民安　铁木尔高力套　著

·广州·

版权所有　翻印必究

图书在版编目（CIP）数据

债权法/张民安，铁木尔高力套著. —5 版. —广州：中山大学出版社，2017.8
（高等院校法学专业民商法系列教材/张民安 主编）
ISBN 978-7-306-06074-7

Ⅰ. ①债… Ⅱ. ①张… ②铁… Ⅲ. ①债权法—中国—高等学校—教材 Ⅳ. ①D923.3

中国版本图书馆 CIP 数据核字（2017）第 140685 号

出 版 人：徐　劲
策划编辑：蔡浩然
责任编辑：蔡浩然
封面设计：方楚娟
责任校对：杨文泉
责任技编：何雅涛
出版发行：中山大学出版社
电　　话：编辑部 020-84111996，84113349，84111997，84110779
　　　　　发行部 020-84111998，84111981，84111160
地　　址：广州市新港西路 135 号
邮　　编：510275　　　　传　真：020-84036565
网　　址：http://www.zsup.com.cn　　E-mail：zdcbs@mail.sysu.edu.cn
印 刷 者：广东省农垦总局印刷厂
规　　格：787mm×960mm　1/16　31.375 印张　643 千字
版次印次：2002 年 8 月第 1 版　2017 年 8 月第 5 版　2017 年 8 月第 5 次印刷
印　　数：16001～19000 册　　定　价：59.00 元

如发现本书因印装质量影响阅读，请与出版社发行部联系调换

内 容 提 要

本书是在《债权法》第四版的基础上修订的。

本次修订，吸收了2017年3月15日第12届全国人民代表大会第5次会议通过的《中华人民共和国民法总则》（下称《民法总则》）的精神，援引了《民法总则》大量法律条款对债法作出的规定，还援引了大陆法系国家和英美法系国家有关债法的最新理论，修正了我国债法领域存在的一些陈旧和错误观点。

本书从债法理论、债的主要渊源、债的效力、民事责任债和债的变动等方面，对债法的基本原理进行了系统阐析。

本书内容新颖，体现了理论性、科学性与应用性的统一，既适合高等院校法学专业的学生做教材，也适合司法界人士使用，对希望了解债法的广大群众亦是一本理想的法学读物。

作者简介

张民安 男，湖北黄冈人。1987 年毕业于湖北黄冈师范学院英语系，之后在湖北黄冈从事高中英语教学工作。1991 年 9 月考入吉林大学法学院，师从李忠芳教授攻读民商法专业硕士研究生，1994 年 7 月获法学硕士学位。1999 年 9 月考入中国社会科学院研究生院，师从梁慧星教授攻读民商法专业博士研究生，2002 年 7 月获法学博士学位。现为中山大学法学院教授，民商法专业博士生导师，是中国民商法学界为数不多的能够同时对中国的民商事立法、民商事司法和民商事学说产生过和产生着重要影响的学者；精通英文，熟悉法文。

先后在《法学研究》《中国法学》《民商法论丛》《民商法学家》《侵权法报告》《中外法学》《当代法学》《法学评论》《法制与社会发展》《现代法学》等期刊发表学术论文 90 多篇；先后在法律出版社、北京大学出版社、中山大学出版社和清华大学出版社等主流出版社出版《现代英美董事法律地位研究》《公司法上的利益平衡》《过错侵权责任制度研究》《现代法国侵权责任制度研究》《公司法的现代化》《商法总则制度研究》《侵权法上的作为义务》《侵权法上的替代责任》《无形人格侵权责任研究》《法国民法》《法国人格权法（上）》和《法国民法总论（上）》等专著。先后主编出版了《高等院校法学专业民商法系列教材》之一、之二、之三以及《高等院校法学专业民商法系列教材》。主编系列出版物《民商法学家》《侵权法报告》和《21 世纪民商法文丛》。这些论文、专著和系列出版物均得到中国民商法学界的广泛援引，成为中国法学界尤其是民商法学界援引率最高的学者之一。

当今民商法学界耳熟能详的诸多民商法理论均直接源于张民安教授，包括但是不限于以下理论：非婚同居，小股东的法律保护，股东的派生诉讼，司法强制公司解散，商事营业资产，纯经济损失，侵权法上的注意义务，侵权法上的作为义务，隐私的合理期待，自治性隐私权，连带民事协约家庭，独立担保或者意向函，等等。

除了进行民商法的教学和科研活动之外，也多次直接参与全国性的立法活动。2008 年 8 月，应全国人大常委会法制工作委员会之邀参与了《中华人民共和国侵权责任法（草案）》的专家讨论会，所提出的众多侵权法理论被全国人大常委会所采纳并被规定在 2009 年 12 月通过的《中华人民共和国侵权责任法》当中，其中第 49 条即直接来源于张民安教授的意见。直接负责和起草了中国商法研究会主持的《中华人民共和国商事通则》第一编即"商法基本原则"的内容。2016 年 5 月 23 日，应全国人大常委会法制工作委员会之邀参与了《中华人民共和国民法总则（草案）》的专家讨论会，所提出的众多意见均被采纳。

铁木尔高力套 男，内蒙古科尔沁人。1986年毕业于内蒙古大学法律系，获法学学士学位，后留校任教。2002年7月毕业于内蒙古大学法学院，获法学硕士学位。2004考入日本东北大学大学院法学研究科，师从著名法学家水野纪子教授学习民法·婚姻家庭法，2007年3月获得法学博士学位。2007年4月至2008年8月在日本东北大学从事博士后研究工作。2008年9月受聘担任汕头大学法学院副教授。主要从事民法总论、物权法、债权法和婚姻家庭法的研究和教学工作。

目 录

第五版总序 ··· （Ⅰ）
第五版序 ··· （Ⅲ）

第一编　债法总论

第一章　债的性质 ··· (1)
第一节　各种意义上的债 ·· (1)
一、债的含义的多样性 ·· (1)
二、广义的债 ·· (1)
三、中义的债 ·· (3)
第二节　狭义债的界定 ·· (4)
一、债是一方当事人和另外一方当事人之间的一种法律关系 ······ (4)
二、债或者是债权，或者是债务，或者同时是债权和债务 ·········· (5)
三、对债作出狭义界定的原因 ··· (5)
第三节　债的特征 ·· (6)
一、债是一种法律关系 ·· (6)
二、债是一种财产性的法律关系 ·· (8)
三、债是两方或者多方当事人之间的一种法律关系 ················· (9)
四、债是一种相对性的法律关系 ·· (11)

第二章　债　法 ··· (13)
第一节　债法的特征 ·· (13)
一、债法的界定 ··· (13)
二、债法的稳定性 ·· (13)
三、债法的变动性 ·· (14)
四、债法的复杂性 ·· (17)
五、债法的国际性 ·· (19)
第二节　债法的地位 ·· (19)
一、债法的极端重要性 ·· (19)

二、债法在民法当中的核心地位 ……………………………………………… (19)
　　三、债法的一般理论对商法领域的渗透 ………………………………… (20)
　　四、债法的一般理论对公法领域的渗透 ………………………………… (21)
第三节　债法的渊源 ……………………………………………………………… (21)
　　一、债法渊源的类型 ………………………………………………………… (21)
　　二、债法的国内渊源 ………………………………………………………… (21)
　　三、债法的国际渊源 ………………………………………………………… (24)
第四节　债法的历史演变 ………………………………………………………… (26)
　　一、罗马法当中的债法 ……………………………………………………… (26)
　　二、近代债法 ………………………………………………………………… (27)
　　三、现代债法 ………………………………………………………………… (29)
第五节　当代债法的改革 ………………………………………………………… (32)
　　一、导论 ……………………………………………………………………… (32)
　　二、德国的债法改革 ………………………………………………………… (33)
　　三、法国的债法改革 ………………………………………………………… (33)
　　四、我国债法总则的制定 …………………………………………………… (37)
第六节　债法总论涉及的一般理论和一般制度 ………………………………… (41)
　　一、债法总论和债法分论的界定 …………………………………………… (41)
　　二、大陆法系国家和我国对待债法总论的不同态度 ……………………… (42)
　　三、债法总论的主要内容 …………………………………………………… (42)

第三章　债的构成要件 ……………………………………………………… (44)

第一节　债的主体 ………………………………………………………………… (44)
　　一、债的主体的三分法 ……………………………………………………… (44)
　　二、债权人与债务人 ………………………………………………………… (44)
　　三、等同于债权人或者债务人的人 ………………………………………… (46)
　　四、债权人和债务人之外的第三人 ………………………………………… (47)
第二节　债的内容之一：债权 …………………………………………………… (49)
　　一、债权的性质 ……………………………………………………………… (49)
　　二、债权的特征 ……………………………………………………………… (50)
　　三、债权与人格权的区别与联系 …………………………………………… (53)
　　四、债权与物权的共同点与不同点 ………………………………………… (54)
　　五、债权与知识产权的共同点与不同点 …………………………………… (57)
第三节　债的内容之二：债务 …………………………………………………… (57)
　　一、债务的特征 ……………………………………………………………… (57)

二、债务的构成要件：义务和责任 …………………………………(59)
　　三、自然债 …………………………………………………………(63)
第四节　债的客体 …………………………………………………………(66)
　　一、债的客体的界定 ………………………………………………(66)
　　二、债的客体与债的客体的客体的区别 …………………………(66)
　　三、债的客体的构成要件 …………………………………………(67)

第四章　债的渊源 ……………………………………………………………(69)
　第一节　债的渊源概述 …………………………………………………(69)
　　一、债的渊源的界定 ………………………………………………(69)
　　二、债的渊源在债法当中的地位 …………………………………(69)
　　三、债的渊源与债的类型之间的关系 ……………………………(70)
　　四、债的渊源所面临的主要问题 …………………………………(71)
　第二节　大陆法系国家债的渊源 ………………………………………(71)
　　一、罗马法关于债的渊源的规定 …………………………………(71)
　　二、《法国民法典》关于债的渊源的规定 ………………………(72)
　　三、法国民法学者关于债的渊源的争论 …………………………(73)
　第三节　我国债的渊源 …………………………………………………(75)
　　一、我国民法学者关于债的渊源的分类 …………………………(75)
　　二、我国《民法总则》所规定的债的渊源 ………………………(77)
　　三、缔约上的过失不是债的独立渊源 ……………………………(79)
　第四节　作为债的渊源的法律行为和法律事件 ………………………(84)
　　一、债的渊源的重新归类的可能性 ………………………………(84)
　　二、债的渊源的新分类：法律行为和法律事件 …………………(84)
　　三、作为债的渊源的法律行为 ……………………………………(86)
　　四、作为债的渊源的法律事件 ……………………………………(88)

第五章　债的分类 ……………………………………………………………(91)
　第一节　债的分类概述 …………………………………………………(91)
　　一、债的分类的意义 ………………………………………………(91)
　　二、法国民法学者对债的分类的意见 ……………………………(91)
　　三、我国民法学者对债的分类的意见 ……………………………(92)
　　四、本书对债的分类的意见 ………………………………………(93)
　第二节　特定物债和种类物债 …………………………………………(94)
　　一、交付财产的债的二分法 ………………………………………(94)

二、特定物债 …………………………………………………… (94)
　　三、种类物债 …………………………………………………… (95)
　　四、区分特定物债和种类物债的意义 ………………………… (97)
第三节　作为债和不作为债 ………………………………………… (98)
　　一、作为债 ……………………………………………………… (98)
　　二、不作为债 ………………………………………………… (101)
　　三、区分作为债和不作为债的意义 ………………………… (102)
第四节　金钱债和代物债 ………………………………………… (103)
　　一、金钱债 …………………………………………………… (103)
　　二、利息债 …………………………………………………… (104)
　　三、代物债 …………………………………………………… (106)
　　四、区分金钱债和代物债的意义 …………………………… (106)
第五节　简单债、并列债、选择债和随意债 …………………… (107)
　　一、简单债 …………………………………………………… (107)
　　二、并列债 …………………………………………………… (108)
　　三、选择债 …………………………………………………… (108)
　　四、随意债 …………………………………………………… (110)
　　五、区分简单债、并列债、选择债和随意债的意义 ……… (111)
第六节　简单债、按份债和连带债 ……………………………… (112)
　　一、简单债和复杂债的界定 ………………………………… (113)
　　二、按份债 …………………………………………………… (113)
　　三、连带债 …………………………………………………… (115)
　　四、区分简单债、按份债和连带债的意义 ………………… (119)
第七节　简单债、附条件债和附期限债 ………………………… (120)
　　一、简单债 …………………………………………………… (120)
　　二、附条件债 ………………………………………………… (120)
　　三、附期限债 ………………………………………………… (123)
　　四、区分简单债、附条件债和附期限债的意义 …………… (125)
第八节　手段债和结果债 ………………………………………… (125)
　　一、手段债和结果债的界定 ………………………………… (125)
　　二、手段债和结果债二分法理论的确立 …………………… (127)
　　三、区分手段债和结果债的标准 …………………………… (128)
　　四、区分手段债和结果债的原因 …………………………… (130)

第二编　债的主要渊源

第六章　合同债 ……………………………………………………………（132）
第一节　合同的界定 …………………………………………………（132）
　　一、导论 …………………………………………………………（132）
　　二、两大法系国家法律关于合同的界定 ………………………（132）
　　三、我国法律对合同的界定 ……………………………………（135）
第二节　合同法 ………………………………………………………（137）
　　一、合同法的性质 ………………………………………………（137）
　　二、罗马法时代的合同法 ………………………………………（138）
　　三、近代合同法 …………………………………………………（138）
　　四、现代合同法 …………………………………………………（139）
　　五、我国合同法的渊源 …………………………………………（142）
第三节　合同的类型 …………………………………………………（144）
　　一、导论 …………………………………………………………（144）
　　二、双务合同和单务合同 ………………………………………（145）
　　三、有偿合同和无偿合同 ………………………………………（148）
　　四、实定合同和射幸合同 ………………………………………（149）
　　五、有名合同和无名合同 ………………………………………（151）
　　六、一次性给付合同和连续性给付合同 ………………………（153）
　　七、通过谈判所订立的合同、附合合同和强制合同 …………（155）
第四节　合同的成立 …………………………………………………（157）
　　一、合同成立的界定 ……………………………………………（157）
　　二、合同成立的必要要件 ………………………………………（157）
　　三、协议合同的成立方式 ………………………………………（160）
　　四、格式条款合同的成立方式 …………………………………（164）
第五节　合同的法律效力 ……………………………………………（165）
　　一、合同的法律效力的界定 ……………………………………（165）
　　二、合同债务人所承担的义务 …………………………………（166）
　　三、合同债务人对所承担的合同义务的履行 …………………（170）
　　四、合同债务人承担的违约责任 ………………………………（173）

五、合同对第三人的法律效力 ……………………………………… (175)
第七章　侵权债 ……………………………………………………… (178)
　第一节　侵权行为的界定 ……………………………………………… (178)
　　一、侵权行为与侵权债之间的关系 …………………………………… (178)
　　二、法定义务违反理论 ………………………………………………… (179)
　　三、法定利益侵犯理论 ………………………………………………… (180)
　　四、本书对侵权行为的界定 …………………………………………… (181)
　第二节　侵权行为的种类 ……………………………………………… (182)
　　一、侵权行为的分类 …………………………………………………… (182)
　　二、人的侵权行为与物的侵权行为 …………………………………… (182)
　　三、本人的侵权行为与第三人的侵权行为 …………………………… (184)
　　四、单独侵权行为与共同侵权行为 …………………………………… (185)
　　五、故意侵权行为与过失侵权行为 …………………………………… (191)
　　六、作为侵权行为与不作为侵权行为 ………………………………… (193)
　第三节　侵权法 ………………………………………………………… (194)
　　一、侵权法的性质 ……………………………………………………… (194)
　　二、侵权法的历史发展 ………………………………………………… (197)
　　三、侵权法的目的 ……………………………………………………… (202)
　　四、我国的侵权法 ……………………………………………………… (207)
　第四节　侵权责任的法律效力 ………………………………………… (212)
　　一、侵权责任的二分法 ………………………………………………… (212)
　　二、侵权责任的构成要件 ……………………………………………… (213)
　　三、侵权责任的免除和减轻 …………………………………………… (214)
　　四、损害赔偿责任之外的侵权责任 …………………………………… (214)
　　五、损害赔偿责任 ……………………………………………………… (218)
　　六、侵权责任对第三人的法律效力 …………………………………… (222)
第八章　无因管理债 ………………………………………………… (226)
　第一节　无因管理概述 ………………………………………………… (226)
　　一、无因管理债的本质 ………………………………………………… (226)
　　二、无因管理制度的历史 ……………………………………………… (228)
　　三、无因管理的理论根据 ……………………………………………… (230)
　　四、无因管理与其他民事制度的关系 ………………………………… (231)

第二节 无因管理的构成条件 ………………………………………… (233)
　一、管理人的条件 ………………………………………………… (233)
　二、管理行为的条件 ……………………………………………… (235)
　三、被管理人的条件 ……………………………………………… (237)
第三节 无因管理的法律效果 ………………………………………… (237)
　一、管理人对被管理人承担的义务 ……………………………… (238)
　二、被管理人对管理人承担的义务 ……………………………… (240)
　三、管理人、被管理人和第三人之间的关系 …………………… (240)
　四、无因管理向委托合同的转换 ………………………………… (241)

第九章 不当得利债 …………………………………………………… (242)

第一节 不当得利概述 ………………………………………………… (242)
　一、不当得利和不当得利债的界定 ……………………………… (242)
　二、不当得利制度的理论根据 …………………………………… (244)
　三、不当得利制度的社会功能 …………………………………… (244)
　四、不当得利制度在债法中的地位 ……………………………… (245)
　五、不当得利制度与其他制度的关系 …………………………… (245)
第二节 不当得利的构成要件 ………………………………………… (246)
　一、不当得利构成要件的分类 …………………………………… (246)
　二、不当得利的构成要件之一：事实要件 ……………………… (247)
　三、不当得利的构成要件之二：法律要件 ……………………… (248)
第三节 不当得利的种类：不当给付 ………………………………… (250)
　一、给付与不当给付 ……………………………………………… (250)
　二、不当给付的种类之一：返还原因在给付当时就存在的不当给付 ……… (251)
　三、不当给付的种类之二：返还原因在给付之后才存在的不当给付 ……… (254)
第四节 不当得利的种类：其他形式的不当得利 …………………… (255)
　一、因为夫妻关系产生的不当得利 ……………………………… (255)
　二、因为非婚同居关系产生的不当得利 ………………………… (256)
　三、因为费用的支出产生的不当得利 …………………………… (256)
　四、因为其他原因产生的不当得利 ……………………………… (257)
第五节 不当得利的法律效果 ………………………………………… (257)
　一、受益人承担的义务 …………………………………………… (257)
　二、受损人承担的义务 …………………………………………… (259)

第三编　债的效力

第十章　债的效力的基本理论 (260)
第一节　债的效力概述 (260)
一、债的效力的法律根据 (260)
二、债的对内效力 (260)
三、债的对外效力 (261)
第二节　对债权人的效力 (262)
一、债的请求力 (262)
二、债的执行力或者强制力 (263)
三、债的保持力 (263)
四、损害赔偿 (264)
第三节　债务不履行 (264)
一、债务不履行概述 (264)
二、履行迟延 (266)
三、履行不能 (269)
四、拒绝履行 (271)
五、不完全履行 (273)
第四节　受领迟延 (276)
一、受领迟延概述 (276)
二、受领迟延的法律性质 (279)
三、受领迟延的法律后果 (280)

第十一章　债的一般担保 (281)
第一节　债的一般担保概述 (281)
一、债的一般担保的概念 (281)
二、债的一般担保的特征 (283)
三、债的一般担保权的保护 (284)
四、债的保全制度在民法典中的地位 (284)
第二节　债权人代位权 (285)
一、债权人代位权概述 (285)
二、债权人代位权行使的条件 (285)

三、债权人代位权的具体行使 ································ (288)
　　四、债权人代位权的法律效果 ································ (289)
 第三节　债权人撤销权 ·· (291)
　　一、债权人撤销权概述 ·· (291)
　　二、债权人撤销权的构成条件 ································ (293)
　　三、债权人撤销权的具体行使 ································ (298)
　　四、债权人撤销权的法律效果 ································ (299)
第十二章　债的特别担保 ·· (301)
 第一节　债的特别担保概述 ······································ (301)
　　一、债的特别担保的概念 ······································ (301)
　　二、债的特别担保的功能 ······································ (301)
　　三、债的特别担保的性质 ······································ (302)
　　四、债的特别担保的分类 ······································ (303)
 第二节　保证 ·· (305)
　　一、保证的概念 ·· (305)
　　二、保证的方式 ·· (306)
　　三、保证的设立 ·· (308)
　　四、保证的范围 ·· (310)
　　五、保证期间 ··· (311)
　　六、保证责任的免除与消灭 ··································· (313)
 第三节　定金 ·· (314)
　　一、定金概述 ··· (314)
　　二、定金的设立 ·· (314)
　　三、定金的种类 ·· (315)
 第四节　抵押权 ··· (316)
　　一、抵押权概述 ·· (316)
　　二、抵押权的设定 ··· (317)
　　三、抵押权的效力 ··· (321)
　　四、抵押权的实行与抵押权的消灭 ·························· (323)
 第五节　质权 ·· (324)
　　一、质权概述 ··· (324)
　　二、质权设定合同 ··· (325)
　　三、动产质权 ··· (326)

第四编　民事责任债

第十三章　民事责任的性质与类型 (329)
第一节　民事责任概述 (329)
一、责任与法律责任 (329)
二、民事责任的界定 (331)
三、民事责任的特征 (333)
四、民事责任的性质 (334)
第二节　民事责任和刑事责任 (335)
一、民事责任和刑事责任之间的关系 (335)
二、民事责任和刑事责任的主要区别 (335)
三、民事责任和刑事责任的主要联系 (337)
四、民事责任对刑事责任的优先适用 (339)
第三节　民事责任的类型 (339)
一、民事责任的二分法或者三分法 (339)
二、大陆法系国家民事责任的二分法 (339)
三、英美法系国家民事责任的三分法 (340)
四、我国民事责任三分法理论的确立 (340)
五、违约责任、侵权责任和返还责任 (342)
第四节　违约责任和侵权责任的关系 (345)
一、违约责任和侵权责任之间的主要差异 (345)
二、违约责任和侵权责任之间的共同性 (347)
三、违约责任和侵权责任之间的竞合 (349)
四、违约责任和侵权责任的统一 (351)

第十四章　民事责任的根据 (353)
第一节　民事责任根据的性质 (353)
一、民事责任根据的界定 (353)
二、民事责任的"归责原则"用语的扬弃 (353)
三、"民事责任根据"用语的合理性 (354)
四、民事责任根据的重要性 (354)
五、民事责任根据的多样性与统一性 (357)

第二节 民事责任的各种根据 ……………………………………… (359)
　一、损害 ………………………………………………………… (359)
　二、主观状态 …………………………………………………… (360)
　三、客观的义务违反行为 ……………………………………… (361)
　四、异常危险行为 ……………………………………………… (363)
　五、无过错行为 ………………………………………………… (365)
　六、公平 ………………………………………………………… (367)
第三节 过错侵权责任 …………………………………………… (369)
　一、过错侵权责任的界定 ……………………………………… (369)
　二、过错侵权责任的特征 ……………………………………… (370)
　三、过错侵权责任的理论根据 ………………………………… (371)
　四、过错推定规则 ……………………………………………… (373)
　五、过错侵权责任所面临的主要问题 ………………………… (375)
第四节 严格责任 ………………………………………………… (380)
　一、严格责任的两种界定方法 ………………………………… (380)
　二、严格责任在侵权责任制度中的地位 ……………………… (381)
　三、严格责任的主要特征 ……………………………………… (381)
　四、严格责任的理论根据 ……………………………………… (383)
第五节 违约责任的性质 ………………………………………… (385)
　一、我国民法学者对违约责任性质的争论 …………………… (385)
　二、法国民法学者对违约责任性质的争论 …………………… (386)
　三、违约责任的过错性质 ……………………………………… (388)
　四、侵权责任领域的客观过错理论在违约责任领域的适用 … (393)

第十五章 民事责任的构成、限制和免除 ………………………… (398)
第一节 民事责任的构成要件 …………………………………… (398)
　一、民事责任构成要件的界定 ………………………………… (398)
　二、民事责任构成要件的统一 ………………………………… (398)
　三、作为民事责任一般构成要件的致害行为 ………………… (400)
　四、作为民事责任一般构成要件的损害 ……………………… (402)
　五、作为民事责任一般构成要件的因果关系 ………………… (415)
第二节 民事责任的限制 ………………………………………… (419)
　一、民事责任的限制方式 ……………………………………… (419)
　二、过失相抵规则对民事责任的限制 ………………………… (420)

三、减损规则对民事责任的限制 ……………………………………（423）
　　四、损益同销规则对民事责任的限制 …………………………… （425）
　第三节　民事责任的免除 ………………………………………… （428）
　　一、民事责任免除的各种手段 …………………………………… （428）
　　二、违约责任的特有免责方式 …………………………………… （428）
　　三、侵权责任特有的免责方式 …………………………………… （430）
　　四、不可抗力的抗辩 ……………………………………………… （433）
　　五、第三人行为的抗辩 …………………………………………… （435）
　　六、他人行为的抗辩 ……………………………………………… （437）

第五编　债的变动

第十六章　债的转移 ……………………………………………… （439）
　第一节　债的转移概述 …………………………………………… （439）
　第二节　债权让与 ………………………………………………… （440）
　　一、债权让与的概念及特征 ……………………………………… （440）
　　二、债权让与制度在实践中的运用 ……………………………… （441）
　　三、债权让与的要件 ……………………………………………… （442）
　　四、债权让与的效力 ……………………………………………… （446）
　第三节　债务承担 ………………………………………………… （449）
　　一、债务承担的意义 ……………………………………………… （449）
　　二、免责的债务承担 ……………………………………………… （449）
　　三、并存的债务承担 ……………………………………………… （451）
　第四节　债权债务的概括转移 …………………………………… （451）
　　一、债权债务概括转移的界定 …………………………………… （451）
　　二、债权债务概括转移的类型 …………………………………… （451）
　　三、因为法律规定产生的债权债务概括转移 …………………… （452）

第十七章　债的消灭 ……………………………………………… （454）
　第一节　债的消灭概述 …………………………………………… （454）
　　一、债的消灭的意义 ……………………………………………… （454）
　　二、债的消灭的原因 ……………………………………………… （454）
　　三、债的消灭的效力 ……………………………………………… （456）

第二节　债的清偿 …………………………………………………… (457)
一、债的清偿的意义 ………………………………………………… (457)
二、清偿人 …………………………………………………………… (458)
三、清偿受领人 ……………………………………………………… (460)
四、清偿标的 ………………………………………………………… (460)
五、代物清偿 ………………………………………………………… (461)
六、清偿地、清偿期限与清偿费用 ………………………………… (462)
七、清偿抵充 ………………………………………………………… (463)

第三节　债的抵消 …………………………………………………… (464)
一、债的抵消的意义 ………………………………………………… (464)
二、债的法定抵消 …………………………………………………… (464)
三、债的抵消的效力 ………………………………………………… (465)

第四节　债的提存 …………………………………………………… (466)
一、债的提存的意义 ………………………………………………… (466)
二、债的提存的要件 ………………………………………………… (467)
三、债的提存的效力 ………………………………………………… (468)

第五节　债的免除 …………………………………………………… (470)
一、债的免除的性质 ………………………………………………… (470)
二、债的免除的要件 ………………………………………………… (471)
三、债的免除的效力 ………………………………………………… (472)

第六节　债的混同 …………………………………………………… (472)
一、债的混同的意义 ………………………………………………… (472)
二、债的混同成立的原因 …………………………………………… (472)
三、债的混同的效力 ………………………………………………… (473)

第五版总序

2002年,在中山大学出版社领导的关心和支持下,在中山大学法学院和其他高等院校教师的共同参与下,《高等院校法学专业民商法系列教材》之一、之二、之三顺利出版并受到读者欢迎。为及时反映立法的最新要求和司法的最新原则,我们分别在2004年、2008年和2013年对《高等院校法学专业民商法系列教材》进行了修订。2016年2月10日,法国政府对《法国民法典》进行了大刀阔斧的改革,对其中的债法总则和契约作出了有史以来最重大的改革,使《法国民法典》中关于债法总则和契约的规定发生了质的变化。2017年3月15日,第12届全国人民代表大会第5次会议通过了《中华人民共和国民法总则》(以下简称《民法总则》),为人们期待已久的"中华人民共和国民法典"的最终编纂和问世扫除了最后的障碍。为了把最新的立法精神融入教材当中,我们有必要对《高等院校法学专业民商法系列教材》进行再次修订。

自1980年9月10日第5届全国人大3次会议通过了新的《中华人民共和国婚姻法》以来,我国立法者在民事单行法领域可谓快马加鞭,分别制定了众多的民事单行法,诸如《中华人民共和国民法通则》《中华人民共和国合同法》《中华人民共和国侵权责任法》《中华人民共和国物权法》,等等。在"中华人民共和国民法典"最终出台之前,这些民事单行法分别在各自的领域内发挥着规范和调整社会生活的作用。

不过,人们不要以为只有我国立法者所制定的民事单行法才是我国民事法律的渊源。事实上,在《民法总则》生效之前,除了立法者颁布的各种各样的民事单行法之外,最高人民法院自1988年以来所颁布的一系列司法解释也成为我国民事法律的渊源,它们在民事法律渊源当中的地位甚至完全盖过了我国立法者颁布的民事单行法。因为,无论是在处理民事纠纷时还是在司法考试当中甚至在大学的民法教学当中,最高人民法院的司法解释均占据重要的地位。随着《民法总则》的颁布和实行,最高人民法院的司法解释将会正式退出历史舞台,因为《民法总则》第10条明确规定,除了立法者制定的法律和习惯能够成为民法渊源之外,任何其他东西均不得再成为民法渊源，包括最高人民法院的司法解释、国务院的行政法规和地方立法者的地方性法规。

《高等院校法学专业民商法系列教材》的主要特点有二：

其一，广泛介绍当今两大法系国家的最新民法理论和最新民法制度，广泛援引两大法系国家民法学者的最新民法学说和法官作出的最新司法判例，为我国学生了解和掌握最新的民法理论和民法制度提供途径。应该指出的是，人们不要因此认为这些理论仅仅是其他国家的民法理论或者其他国家的民法制度，它们实际上也应该是我国的民法理论和民法制度，因为，当代各国民法理论和民法制度基本上表现为统一化、现代化和趋同化的趋势。

其二，频繁地修改教材，以体现最新的法律精神。当国家立法机关修改或制定新的法律或者当司法机关作出新的司法解释时，《高等院校法学专业民商法系列教材》的作者也对其教材进行修改，以体现立法的最新要求和司法的最新精神，保持教材与社会当前法律制度的协调。

我们希望内容新颖、实用的《高等院校法学专业民商法系列教材》能够得到广大读者的喜爱。

张民安教授
2017 年 3 月 30 日于
广州中山大学法学院

第 五 版 序

一、《中华人民共和国民法总则》用了大量法律条款对债权作出规定

2017年3月15日，第12届全国人民代表大会第5次会议通过了《中华人民共和国民法总则》（以下简称《民法总则》），除了对诸如自然人、法人和非法人组织等内容作出了规定之外，《民法总则》也对民事主体享有的民事权利作出了详细的规定，这就是《民法总则》当中的第五章。该章最大的特点或许并不是它对诸如人身自由权、人格尊严权、生命权、身体权等重要的人格权作出了规定，而是它用了五个法律条款对债权作出了规定，这就是《民法总则》当中的第118条、第119条、第120条、第121条和第122条。

《民法总则》第118条对债权和债权的渊源作出了规定，除了认定民事主体享有债权之外，该条还对债的渊源作出了说明，认为债权的渊源包括五种，这就是合同、侵权行为、无因管理、不当得利和法律的其他规定。该条规定：民事主体依法享有债权，债权是因合同、侵权行为、无因管理、不当得利、法律的其他规定以及权利人请求特定义务人作出或者不作出一定行为的权利。

《民法总则》第119条对合同产生的债作出了说明，根据该条说明，一旦当事人之间成立了合同，则他们之间所成立的合同对当事人有约束力。该条规定：依法成立的合同，对当事人具有法律约束力。《民法总则》第120条对侵权行为产生的债作出了说明，根据该条说明，当行为人侵犯他人享有的民事权益时，他们应当对他人承担侵权责任。该条规定：民事权益受到侵害的，被侵权人有权请求侵权人承担侵权责任。

《民法总则》第121条对无因管理产生的债作出了说明，根据该条说明，当行为人完全基于自愿而管理他人事务时，他们有权要求他人支付其为管理他人事务所支出的必要费用。该条规定：没有法定的或者约定的义务，为避免他人利益受损失而进行管理的人，有权请求受益人偿还由此支出的必要费用。《民法总则》第122条对不当得利产生的债作出了说明，根据该条说明，当行为人以牺牲他人利益为代价而获得任何不当利益时，他们应当将获得的不当利益返还他人。该条规定：因他人没有法律根据，取得不当利益，受损失的人有权请求其返还不当利益。

在《民法总则》第五章所规定的24个法律条款当中，有关债权的法律条款是最多的，因为，在该章当中，有关人格权的法律条款仅有3个，这就是第109条至第111条；有关身份权的法律条款仅有1个，这就是第112条；有关物权的法律条款仅有4个，这就是第114条至第117条；有关知识产权的法律条款仅有一个，这就是第123条。

二、我国的《民法总则》以大量法律条款规定债权的主要原因

立法者为何在《民法总则》第五章当中以大量的法律条款对债权作出规定？是不是因为债权要比其他的民事权利更加重要？在我国，立法者之所以在《民法总则》中用大量的法律条款对债权作出规定，绝对不是因为债权要比其他民事权利更加重要。在民法上，虽然债权的历史久远、地位重要。[①] 但是，在今时今日，债权根本无法与民事主体享有的人格权相提并论，因为自20世纪60年代以来，人格权异军突起并且在一夜之间盖过了包括债权在内的所有其他民事权利，成为当今民法当中的最重要的民事权利。[②]

在我国，立法者之所以在《民法总则》当中以大量的法律条款对债权作出规定，是因为他们希望以《民法总则》的这些规定弥补欠缺的《中华人民共和国债法总则》的遗憾。在我国，按照立法者的立法计划，在《民法总则》颁布之后，立法者开始对已经颁布的各种各样的民事单行法进行汇合、整理和编纂，并因此形成我国民法学家翘首以盼的我国民法典。

在未来的民法典当中，立法者仅仅规定总则编、亲属编、物权编、合同编、侵权责任编和继承编，这就是所谓的六编制。其中的总则编就是现行的《中华人民共和国民法总则》，其中的亲属编就是现行的《中华人民共和国婚姻法》和《中华人民共和国收养法》，其中的物权编就是现行的《中华人民共和国物权法》，其中的合同编就是现行的《中华人民共和国合同法》，其中的侵权责任编就是现行的《中华人民共和国侵权责任法》，而其中的继

[①] 张民安：《法国人格权法（上）》，清华大学出版社2016年版，第3—4页。
[②] 张民安：《法国民法总论（上）》，清华大学出版社2017年版，第609—617页。

承编则是现行的《中华人民共和国继承法》。

因此,在未来的我国民法典当中,债法总则不会作为独立的一编加以规定。因为立法者不会在未来的民法典当中规定债法总则编,因此,原本应当被规定在债法总则编当中的内容就必须加以分解,分别规定在未来的民法典所规定的不同编当中:原本应当规定在债法总则编当中的某些内容被规定在合同编当中,原本应当规定在债法总则编当中的某些内容被规定在总则编当中,这就是《民法总则》第五章所规定的债权。

三、债法总论所涉及的主要内容

在大陆法系国家,尤其是在法国,除了对契约、侵权和准契约等作出了规定之外,立法者还对债法总则作出了规定。在1804年的《法国民法典》当中,法国立法者虽然对债法总则作出了规定,但是,他们将债法总则等同于契约总则,导致契约总则与债法总则混同现象的发生。此种混同现象的发生一直从1804年延续到2016年2月10日。在2016年2月10日,法国政府颁布了第2016-131号法令,除了对合同法进行大刀阔斧的改革之外,它也明确区分契约总则和债法总则。其中的合同总则被规定在《法国民法典》第三卷第三编第一分编当中,而其中的债法总则(Du régime général des obligations)则被规定在《法国民法典》第三卷第四编当中。①

根据《法国民法典》第三卷第三编、第四编和第四分编的规定,结合民法学者的债法著作,尤其是结合他们的债法总论方面的著作,我们认为,债法总则所包括的主要内容有:

其一,债的一般理论和一般制度。它包括:债的界定,债权与其他主观权利之间的关系,债的特征,债权债务关系的必要构成要件,等等。关于这些内容,我们将在下面的内容当中作出讨论,此处从略。

其二,债的渊源(Des sources d'obligations)。所谓债的渊源,是指能够引起债权债务关系发生的原因。《法国民法典》新的第1100(1)条对债的渊源作出了规定,认为债的渊源包括法律行为、法律事件和制定法的单纯权威性三种,其中的法律行为主要是指当事人之间的契约,法律事件包括侵权

---

① Ordonnance n° 2016-131 du 10 février 2016 portant réforme du droit des contrats, du régime général et de la preuve des obligations. https: // www. legifrance. gouv. fr/affichTexteArticle. do;jsessionid = DB9FDE2EFD5E73F80D77A6BC6D9EF37D. tpdila11v_2?cidTexte = JORFTEXT000032004939&idArticle = LEGIARTI000032006593&dateTexte = 20160212.

行为和准契约。① 而在我国,《民法总则》第 118 (2) 条对债的渊源作出了规定,认为债的渊源包括合同、侵权行为、无因管理、不当得利以及法律的其他规定五种。关于债的渊源,我们将在下面的内容当中作出讨论,此处从略。

其三,债的限定(Les modalités de l'obligation),也就是债的分类。根据《法国民法典》第三卷第四编第一章的规定,债的类型包括附条件债(L'obligation conditionnelle)、附期限的债(L'obligation à terme)、复杂客体债(La pluralité d'objets)和复杂主体债(La pluralité de sujets)。在这些类型的债当中,附条件的债实际上就是我国《民法总则》所规定的附条件的民事法律行为,附期限债实际上就是我国《民法总则》所规定的附期限的民事法律行为。复杂客体债包括:累积债(L'obligation cumulative)、选择债(L'obligation alternative)和随意债(L'obligation facultative)。而复杂主体债则是指连带债(L'obligation solidaire)和不可分债(L'obligation à prestation indivisible)。② 关于这些债的分类,我们将在下面的内容当中作出讨论,此处从略。

其四,债的运行(Les opérations sur obligations)。所谓债的运行,是指债权、债务、契约的转让以及债的更新等。根据《法国民法典》第三卷第四编第二章的规定,债的运行所包含的内容有:债权的转让、债务的转让、债的更新和债务的代为履行(La délégation)。③ 关于债的运行,我们将在下面的内容当中作出讨论,此处从略。

其五,债的效力,尤其是债权人享有的诉权(Les actions ouvertes au créancier)。根据《法国民法典》第三卷第四编第三章的规定,在债务人对债权人承担债务的情况下,如果债务人不履行他们对其债权人所承担的债务,则债权人有权向法院起诉,要求法官采取强制措施责令债务人对其履行债务。除了享有此种普通诉权之外,债权人还享有两种特别的诉权,这就是债权人代位权和债权人撤销权。关于债的效力,尤其是债权人的代位权和债权人的撤销权,我们将在下面的内容当中作出讨论,此处从略。

其六,债消灭的原因(L'extinction de l'obligation)。根据《法国民法典》

---

① Article 1100 Les obligations naissent d'actes juridiques, de faits juridiques ou de l'autorité seule de la loi.
② 张民安:《法国民法》,清华大学出版社 2015 年版,第 278—289 页。
③ 张民安:《法国民法》,清华大学出版社 2015 年版,第 290—299 页。

第三卷第四编第四章的规定，债消灭的原因多种多样，包括债的清偿（Le paiement）、债的抵消（La compensation）、债的混同（La confusion）、债的免除（La remise de dette）和债的履行不能（L'impossibilité d'exécuter）。关于债消灭的原因，我们将在下面的内容当中作出讨论，此处从略。

四、《债权法》第五版的主要内容

《债权法》第五版共五编计十七章，内容包括：第一章债的性质，第二章债法，第三章债的构成要件，第四章债的渊源，第五章债的分类，第六章合同债，第七章侵权债，第八章无因管理债，第九章不当得利债，第十章债的效力的基本理论，第十一章债的一般担保，第十二章债的特别担保，第十三章民事责任的性质与类型，第十四章民事责任的根据，第十五章民事责任的构成、限制和免除，第十六章债的转移，第十七章债的消灭。

除了第十章债的效力的基本理论、第十二章债的特别担保、第十六章债的转移和第十七章债的消灭为铁木尔高力套教授所撰写之外，其他章节均为张民安教授所撰写。

我们希望修订之后的《债权法》第五版能够得到更多读者的喜爱。

张民安教授

2017 年 4 月 15 日于

广州中山大学法学院

第一编　债法总论

第一章　债的性质

第一节　各种意义上的债

一、债的含义的多样性

在当今社会，债的含义多种多样。法国著名的《插图小词典》（*Le Petit Illustré*）对"债"这一术语作出了界定，认为"债"具有三个方面的含义：其一，是指法律、宗教或者道德所强加的某种"责任"（engagemen）；其二，是指"感激之情"或者"道德义务"（un sentiment ou devior de reconnaiissance）；其三，是指一种法律关系，在该种法律关系当中，一方当事人对另外一方当事人承担作出或者不作出某种行为的义务。[1]由于债的含义多种多样，学者试图从不同的角度对债进行分类。某些学者认为，债可以分为两大类，这就是广义的债和狭义的债，而某些学者则认为，债可以分为三类，这就是广义的债、狭义的债和技术性的债。虽然学者在对债进行分类的时候所使用的术语可能是相同的，但是，他们使用的这些术语所表示的含义未必完全一致。

本书将债分为广义的债、中义的债和狭义的债，其中狭义的债就是民法或者债法上的债，也就是本书所要讨论的债。

二、广义的债

所谓广义的债，也称为日常生活当中的债，是指行为人所承担的作出或者不作出某种行为的义务或者责任。日常生活当中的债所包含的范围虽然极其广泛，但是主要包括道德上的债、金钱上的债、宗教上的债和社会上的债等。

（一）道德上的债

所谓道德上的债，也称为"道德债"（obligation morales）、"良心债"或者"道德

---

[1] V. Valérie Toulet, Droit civil, Les obligations, Paradigme, p. 3.

义务"（un devoir de conscience），是指行为人根据道德规范的要求所承担的作出或者不作出某种行为的义务或者责任。道德上的债可以分为一般意义上的道德债和特定意义上的道德债。

所谓一般意义上的道德债，是指任何社会成员在道德上均应当承担的作出或者不作出某种行为的义务或者责任。例如，社会成员在道德上都应当遵守的尊老爱幼的义务和责任，医师在道德上所承担的救死扶伤、治病救人的义务和责任，都是一般意义上的道德债。同样，社会公众在道德上都应当承担的不恶意诋毁他人的义务或者责任，或者社会公众在道德上都应当承担的不蓄意同他人展开竞争的义务或者责任等也都是一般意义上的道德债。

所谓特定意义上的道德债，是指当一方当事人在事实上接受另外一方当事人所给予的帮助或者恩惠时，他就应当在道德上对另外一方当事人给予帮助或者恩惠，否则，他就会被社会公众认为是忘恩负义之徒，应当受到道德的谴责或者良心的煎熬。

（二）金钱上的债

所谓金钱上的债，也称为金钱债、欠债，是指欠款的人所承担的偿还到期欠款的义务和责任。例如，当我将100元钱借给你的时候，你应当及时将100元的欠款还给我。你所承担的偿还100元欠款的义务或者责任就是金钱上的债。在我国，民众所使用的"债台高筑""负债累累""欠债还钱"等用语当中的"债"就是所谓的金钱债。

（三）宗教上的债

所谓宗教上的债，也称为宗教义务，是指那些信仰特定宗教的人在宗教方面所承担的作出或者不作出某种行为的义务或者责任。例如，穆斯林就应当承担承认真主是独一的、穆罕默德是真主的差使的义务和责任。同样，穆斯林应当承担不吃猪肉、不饮酒的义务或者责任。在我国，民众所使用的"孽债"当中的"债"实际上也是所谓的宗教债，是宗教债当中的一种。

在"孽债"当中，"债"是指犯有罪过的教徒应当采取措施弥补罪过、消除或者减轻罪孽，也就是说，当你对别人做了某种坏事时，你就对别人欠下了罪孽，你就应当采取措施消除或者减轻你所做的坏事给别人造成的不利影响。一旦你采取了这样的措施，你就偿还了所欠下的孽债，否则，你就仍然对别人欠下了孽债。之所以说孽债是宗教债的一种，是因为佛教主张因果报应理论，认为人与人之间的关系无非是报恩报怨、讨债还债，当你做了好事的时候，你就会在现世或者来世获得好报，当你做了坏事时，你就会在现世或者来世遭受恶报。你如果做了坏事，你就欠下了孽债，迟早是要偿还的。

（四）社会上的债

所谓社会上的债，也称为"人情债"，是指亲朋好友在日常生活或者交往过程当中所承担的礼尚往来的义务或者责任。例如，当我在你危难的时候帮助了你，你也应当在我危难的时候帮助我；当我在你结婚的时候给你送了礼，你在我结婚时或者有其他红白喜事时也应当给我送礼。一旦你帮助了我，或者一旦你给我送了礼，你就偿还了对我所欠下的"人情债"。如果你欠下了别人的人情债不还，你就会被人斥为不近人情的人、不懂得世故的人。

三、中义的债

所谓中义的债，也称"法律上的债"，是指行为人根据法律的强制性规定所承担的作出或者不作出某种行为的义务或者责任。在当今两大法系国家和我国，除了民法、债法、商法或者公司法等私法对行为人强加各种各样的、要求其作出或者不作出某种行为的义务或者责任之外，行政法或者刑法等公法也对行为人强加了各种各样的、要求其作出或者不作出某种行为的义务和责任。行为人应当按照这些私法或者公法的要求作出或者不作出某种行为，他们所承担的此类义务或者责任就是所谓的中义的债。中义的债除了包括狭义的债之外，还包括公法上的债、商法或者公司法上的债以及公证法上的债等。

（一）公法上的债

所谓公法上的债，是指行为人根据公法的要求所承担的作出或者不作出某种行为的义务或者责任。例如，行为人根据刑法的规定要承担包括不杀人放火、不危害公共安全以及不抢夺抢劫的义务和责任是公法上的债；同样，产品生产商根据产品质量法的规定所承担的危险说明义务、召回义务或者售后警告义务也是公法上的债。

（二）商法或者公司法上的债

商法或者公司法上的债，有狭义和广义两种。

所谓狭义的商法或者公司法上的债，仅仅是指公司债、企业债，也就是公司债券、企业债券，是指公司或者企业依照商法或者公司法规定的条件和程序所发行的、约定在一定期限内还本付息的有价证券。① 我国《公司法》第154条对商法或者公司法上的债作出了说明，该条规定：本法所称公司债券，是指公司依照法定程序发行、约定在一定期限还本付息的有价证券。

---

① 张民安等主编：《公司法》，中山大学出版社2007年第2版，第354页。

所谓广义的商法或者公司法上的债，除了包括企业债券、公司债券之外，还包括商法、公司法规定的契约债、侵权债或者返还债。例如，商人同别人签订的商事契约，商人实施的商事侵权行为，或者商人在从事商事活动的时候以牺牲他人利益为代价所获得的不当得利等，都是商法意义上的债。① 此种债实际上是狭义的债在商法领域的延伸，是民法上的债在商法领域的体现。

（三）公证法上的债

所谓公证法上的债，是指经过公证人所公证的、具有强制执行效力的各种债权文书。此时，"债"这一术语仅具有特定的、技术性的含义，也就是仅仅指公证性的债权文书。Jobin 和 Vézina 认为，就像商法上的债一样，公证法上的债虽然是一种法律意义上的债，但是此种债仅仅具有特定的含义和技术性的含义，他们指出："债这个词语有时也用来指公证文书，该种公证文书说明了行为人同他人之间存在有抵押的借贷关系。"② Mazeaud 和 Chabas 也对公证法上的债作出了说明，他们指出："在公证业务当中，'债'这一词语同样仅仅是指用来证明借贷关系存在的字据。"③

第二节　狭义的债界定

所谓狭义的债，也称为民法上的债或者债法上的债，它或者是指债权人和债务人之间的一种法律关系，或者是指债权人享有的债权，或者是指债务人所承担的债务，或者同时指债权人享有的债权和债务人承担的债务。

一、债是一方当事人和另外一方当事人之间的一种法律关系

在一般情况下，债是指一方当事人和另外一方当事人之间所存在的一种法律关系（un lien de droit），在此种法律关系当中，一方当事人有权要求另外一方当事人作出某种行为或者不作出某种行为，另外一方当事人则应当根据对方当事人的要求作出或者不作出某种行为，其中有权要求对方作出或者不作出某种行为的一方当事人就是所谓的"债权人"（créancier obligee），根据对方要求作出或者不作出某种行为的人就是"债务人"（débiteur obligor）。

---

① 张民安、龚赛红主编：《商法总则》，中山大学出版社 2007 年第 2 版，第 250—254 页；张民安：《商法总则制度研究》，法律出版社 2007 年版，第 308—312 页。
② Pierre-Gabriel Jobin et Nathalie Vézina, Baudouin et Jobin, Les Obligations, 6e édition, Editions Yvon Blais, p. 19.
③ Henri et Leon Mazeaud Jean Mazeaud Francois Chabas, Obligations, 9 e édition, Montchrestien, p. 5.

债务人根据债权人的要求分别作出或者不作出的某种行为就是"给付"（prestation）。债权人和债务人之间所形成的此种权利和义务关系就是法律关系。该种法律关系有时被称为债的关系，有时被称为债的法律关系，有时被称为债权关系，有时被称为债务关系，有时则被称为债权债务关系。虽然学者对债权人和债务人之间的法律关系的称谓存在差异，但是，这些称谓之间并没有丝毫的差异，它们的含义完全相同。称谓的不同，或者是因为学者的喜好不同，或者是因为学者的强调重点存在差异。

二、债或者是债权，或者是债务，或者同时是债权和债务

在民法或者债法上，债的含义也不是唯一的，它除了指债权人和债务人之间的一种法律关系之外，还包含其他的含义。具体来说，在民法或者债法上，债既可以用来指债权，也可以用来指债务，还可以同时用来指债权和债务。站在债权人的立场，也就是从积极的方面来看，债就是债权，它是债权人所享有的债权，这就是所谓的积极债；站在债务人的立场，也就是从消极的方面来看，债就是债务，它是债务人所承担的债务，这就是所谓的消极债；而站在债权人和债务人双方的立场，债同时就是债权债务，它是债权人享有的债权和债务人承担的债务。

三、对债作出狭义界定的原因

在两大法系国家和我国，学者之所以将债界定为债权人和债务人之间的一种法律关系，之所以将债界定为债权、债务或者债权和债务，是因为他们在界定狭义的债时直接受到了罗马债法的影响，罗马法直接将债界定为债权人和债务人之间的一种法律关系，直接将债界定为债权人享有的债权、债务人所承担的债务。

在罗马法上，"债"（obligation）这一词语最初来源于拉丁文 Ligatum，obliger，obligare，ligare 或者 obligo。这些词语最初仅仅是指债权人用来捆绑或者限制债务人人身自由的绳索、镣铐、枷锁、羁绊或者桎梏，是债权人为了报复债务人而对债务人采取的限制人身自由的手段。

在后来的罗马法当中，这些词语逐渐为 obligation 所取代，并且 obligation 这一词语也逐渐丧失了这些词语原来所具有的含义，不再像原来那样指债权人用来捆绑债务人或者限制债务人人身自由的绳索、镣铐、枷锁、羁绊或者桎梏，而仅仅具有隐喻性、比喻性的含义，这就是，债权人有权要求债务人履行他们所承担的约定或者法定债务；当债务人不履行他们对债权人承担的约定或者法定债务时，债权人有权采取强制措施，要求法官通过判决方式责令债务人就其不履行债务的行为对自己承担法律责任。

第三节　债的特征

所谓债的特征（caractéres de l'obligation），是指债所具有的那些将债这种法律关系同其他的法律关系区别开来的重要特点或者主要特性。本书认为，债的主要特征有四点：其一，债是一种法律关系；其二，债是一种财产性的法律关系；其三，债是两方或者两方以上的当事人之间的一种法律关系；其四，债是一种相对性的法律关系。

一、债是一种法律关系

债的第一个特征是，债是一种法律关系（un lien de droit）。在我国，法律关系被称为民事法律关系，以便区分于公法上的法律关系，因为我国民法学者普遍认为，法律关系除了包括私法上的法律关系之外，还包括公法上的法律关系，其中私法上的法律关系就是民事法律关系。所谓民事法律关系，是指民事主体之间所建立的民事权利、民事义务或者民事责任关系。民事法律关系的种类多种多样，包括物权关系、人格权关系、身份权关系和债权关系。民法学者之所以将债看作一种法律关系，是为了实现多重目的。

（一）债具有一般民事法律关系的构成要件

在民法或者债法上，学者之所以将"债是一种法律关系"看作债的第一个主要特征，第一个主要目的是为了说明债这种民事法律关系所应当具备的最低构成要件。在民法上，无论是什么性质的民事法律关系都应当具备最低限度的构成要件，这就是民事法律关系的主体、民事法律关系的客体和民事法律关系的内容。

作为一种民事法律关系，债具备一般民事法律关系的最低构成要件：债的法律关系的主体、债的法律关系的客体和债的法律关系的内容。其中债的法律关系的主体就是债权人和债务人；债的法律关系的客体是债务人的给付行为，也就是债务人作出或者不作出的某种行为；债的法律关系的内容就是债权人享有的权利、债务人所承担的义务或者责任。关于债的法律关系的构成要件，本书将在下面的内容当中进行讨论，此处从略。

（二）债具有的强制执行效力或者国家制裁性

在民法或者债法上，学者之所以将"债是一种法律关系"看作债的第一个主要特征，第二个主要目的是为了说明债所具有的强制执行力或国家制裁性。

所谓债的强制执行力或者国家制裁性，是指债务人一旦因为某种原因而同债权人建立起债的关系，债务人就应当积极履行他们对债权人所承担的债务，如果债务人不积极履行他们所承担的债务，则基于债权人的请求，国家司法机关能够采取措施，强制债务人履行所承担的债务或者强制他们对债权人承担责任。Légier 对此种目的作出了明确说明,他指出:"债在此种意义上讲是一种法律关系:债的强制执行力能够为债权人通过提起诉讼的方式来主张,债的强制执行力能够通过公权力机关的协助而实现。"① Virginie Larribau-Terneyre 也对此种目的作出了明确说明,他指出:"法律上的债,或者说民事债的一个重要特征是,当债务人不履行他们所承担的债务时,债权人能够向法院起诉,要求法官采取各种强制措施来责令债务人履行他们所承担的债务。"②

(三) 法律上的债与道德上的债的区别

在民法或者债法上,学者之所以将"债是一种法律关系"看作债的第一个主要特征,第三个主要目的是为了说明法律上的债(les obligations juridique)同道德上的债(les obligations morale)的差异,并且再一次突出法律上的债所具有的强制执行力或者国家制裁性。

在债法上,学者习惯于将民法或者债法上的债同道德上的债甚至宗教上的债进行比较,认为民法或者债法上的债是所谓的法律上的债,具有强制执行力、国家制裁性,而道德上的债则不具有强制执行力、国家制裁性。Légier 对此种目的作出了说明,他指出:"债是一种法律关系的特点使法律上的债或者民事债(l'obligation civile)同其他意义上的债区分开来,诸如道德上的债、宗教上的债甚至礼仪性的债等,因为这些债被违反之后不会产生国家的制裁性。"③

(四) 法律上的债与自然债之间的联系与区别

在民法或者债法上,学者之所以将"债是一种法律关系"看作债的第一个主要特征,第四个主要目的是为了说明民事债(les obligations civiles)与自然债(les obligations naturelles)之间的区别与联系。在民法或者债法上,学者普遍将法律上的债区分为民事债和自然债,其中的民事债是指具有强制执行力或者国家制裁性的债,而自然债则是指那些没有强制执行力或者国家制裁性的债。不过,自然债也能够转化为民事债,一旦自然债转化为民事债,则该种债就具有民事债所具有的强制执行力或者国家制裁性。

关于自然债的效力和自然债向民事债的转化问题,本书将在下面的内容当中进行详细的讨论,此处从略。

---

① Gérard Légier, les obligations, 17e édition, 2001, Dalloz, p. 1.
② VirginieVirginie Larribau-Terneyre, Droit civil Les obligations, 12 e édition, Dalloz, p. 12.
③ Gérard Légier, les obligations, 17e édition, 2001, Dalloz, p. 2.

二、债是一种财产性的法律关系

（一）债在性质上是一种财产性的法律关系

债的第二个主要特征是，债是一种财产性质的法律关系（la nature pécuniaire de l'obligation）。在民法上，法律关系虽然多种多样，但是，民法学者一般趋向于将法律关系分为两种：人身关系和财产关系。所谓人身关系，是指民事主体之间基于其人格和身份而形成的具有人身属性的法律关系。所谓财产关系，则是指民事主体之间基于有形财产或者无形财产而形成的具有物质性、经济性或者商事性的法律关系。

（二）债是财产性的法律关系的主要原因

债之所以是一种财产性质的法律关系，其原因有两方面：

其一，债是具有经济价值的东西，就像物权人所支配的动产或者不动产具有经济价值一样，人们既可以通过金钱的方式来确定债权人所享有的债权的具体价值，也可以通过金钱的方式来确定债务人所承担的债务的具体价值。

其二，债权是债权人的积极财产，而债务则是债务人的消极财产。现代民法认为，债权人对债务人享有的债权在性质上当然属于一种财产，该种财产属于债权人的积极财产，构成债权人全部财产的重要组成部分；债权人能够像处分他们支配的动产或者不动产那样处分其债权，包括将其债权转让给别人或者放弃等。

现代民法还认为，债务人对债权人所承担的债务在性质上也属于一种财产，该种财产属于债务人的消极财产，属于债务人全部财产的组成部分；债务人要用其全部财产来担保其对债权人所承担的债务的履行，债权人能够强制执行债务人的这些财产；当债务人自愿或者被强迫履行了他们对债权人所承担的债务或者责任时，债务人的财产就会因此减少，而债权人的财产就会因此而增加。

（三）将债看作财产性法律关系的主要目的

现代民法之所以将债看作一种财产性质的法律关系，一方面是借此来区分债权与人身权，因为传统民法理论认为，债权仅仅是一种财产权，而人身权则不是财产权；另一方面则是借此来进一步在财产权领域区分债权、物权与知识产权。因为债权、物权和知识产权虽然在性质上均属于财产权，均具有财产性的一般性质，但是它们之间仍然存在重要的区别。

关于债权与人身权、物权、知识产权的联系和区别，本书将在下面的内容当中进行详细的讨论，此处从略。

三、债是两方或者多方当事人之间的一种法律关系

（一）债的法律关系的当事人：两方当事人或者多方当事人

债的第三个主要特征是，债是两方或者多方当事人之间的一种法律关系。

传统民法或者债法认为，债的法律关系的当事人仅有两个，这就是债权人和债务人。现代民法或者债法则认为，债的法律关系的当事人既可以是两个，也可以是两个以上的人。

在民法或者债法上，大多数契约债、侵权债或者返还债的当事人都是两方当事人，也就是债权人和债务人，不会涉及第三人，其中债权人对债务人享有债权请求权，而债务人对债权人承担债务，他们之间因此形成的法律关系就是两方当事人之间的法律关系。在当今社会，即便大多数债的当事人是两方当事人，也不意味着所有债的当事人都是两方当事人。在某些情况下，债的当事人可能是多方当事人。

例如，在公司法当中，基于公司契约理论的坚持，现代公司法明确认定，公司契约的当事人既可能是两方当事人，也可能是多方当事人：如果公司的股东仅有两个，则该种公司契约的当事人可以看作两方当事人；但是，如果公司的股东人数众多，则公司契约的当事人就不再是两方当事人，而是多方当事人。此外，基于一定的公共政策的考虑，现代公司法有时也将公司本身、公司股东、公司董事、公司债权人、公司雇员等都看作公司契约的当事人。此时，公司契约的当事人也就多如牛毛。①

除了契约债当中存在多方当事人的债之外，侵权债当中也存在多方当事人的债。在侵权法上，行为人往往应当就其本人实施的侵权行为对他人承担侵权责任，此时，行为人同他人之间所形成的侵权债当然是两方当事人之间的债。但是，在某些情况下，行为人也应当就别人的行为引起的损害对他人承担侵权责任，此种侵权责任就是所谓的替代责任。在侵权法上的替代责任当中，除了存在行为人之外，还存在侵权行为的受害人以及实施侵权行为的第三人，行为人、第三人以及受害人之间形成错综复杂的各种侵权债。其中当然就包括了多方当事人之间的侵权债。②

（二）债是特定当事人之间的一种法律关系

债虽然是两方当事人之间的一种法律关系，但是，债的两方当事人都是特定的，因此，债是特定当事人之间的一种法律关系，或者说债是特定的债权人和特定的债务人之

---

① 张民安：《公司契约理论研究》，《现代法学》2003年第2期，第45—50页；张民安：《公司法的现代化》，中山大学出版社2006年版，第48—52、66—86页。
② 张民安：《侵权法上的替代责任》，北京大学出版社2010年版，第7—40页。

间的一种法律关系。

所谓债是特定当事人之间的一种法律关系，是指在债这种民事法律关系当中，不仅债权人是特定的，而且债务人也是特定的，不存在仅有债权人是特定的而债务人是不特定的情况。所谓债权人是特定的，是指在债产生的时候，债权人就是明确的、肯定的和清楚的，不会存在债权人不明确、不肯定或者不清楚的问题。所谓债务人是特定的，是指在债产生的时候，债务人、责任人就是明确的、肯定的和清楚的，不会存在债务人或者责任人不明确、不肯定或者不清楚的问题。

例如，在甲方和乙方签订买卖合同时，买卖合同当中的债权人和债务人是明确的、肯定的和清楚的，其中的买卖双方既是债权人也是债务人，因此，买卖合同是特定的债权人和特定的债务人之间的一种民事法律关系。同样，当甲方因为过错侵害乙方的利益时，甲方和乙方之间所建立的侵权损害赔偿之债的债权人和债务人也是明确的、肯定的和清楚的，其中的甲方就是债务人，而乙方则是债权人，因此，他们之间所建立的损害赔偿之债是特定的债权人与特定的债务人之间的一种民事法律关系。

（三）债是债权人和债务人之间的一种结合关系

既然债是特定当事人之间的一种法律关系，则债这种法律关系就将特定的债权人与特定的债务人在法律上联系、束缚、捆绑或者结合在一起，形成我国民法学者所谓的"特别结合关系"。

债之所以是当事人之间的一种特别结合关系，是因为在债法上，在债没有因为某种原因而产生之前，债权人与债务人之间并不存在法律关系，债权人不得在法律上请求债务人对其作出或者不作出某种行为，债务人也无需对债权人作出或者不作出某种行为，他们之间不会因此在法律上联系、束缚、捆绑或者结合在一起。

但是，一旦他们之间因为某种原因而产生了债，则债权人在法律上就对债务人享有了请求其作出或者不作出某种行为的权利，而债务人在法律上就对债权人承担了作出或者不作出某种行为的义务，他们之间已经因为债的产生而在法律上联系、束缚、捆绑或者结合在一起，在债没有因为某种原因而消灭之前，他们一直要受到他们同债权人之间的债的法律关系的约束、限制、束缚，债权人一直能够要求债务人对其履行所承担的义务或者责任，直到他们的债权得以完全实现为止。

应当注意的是，在债法上，说"债是当事人之间的一种结合关系"或者说"债是当事人之间的一种特别结合关系"同契约的性质没有丝毫关系。在我国台湾地区，王泽鉴教授在讨论"债之关系乃法律上之特别结合关系"时认为，债这种"特别结合关系"因为契约债的性质的不同而不同，如果当事人之间的契约仅为"一时契约"，则当事人之间的结合程度较弱，如果当事人之间的契约为"继续性契约"，则他们之间的结合程度较强。① 因为王泽鉴教授的影响力，我国大陆地区的民法学者往往也认可此种理论，他们在讨论"债为当事人之间的特别结合关系"的特征时也都持有同样的观点。②

此种观点极端错误，因为在民法或者债法上，不仅所有契约的当事人之间的法律关系是一种"特别结合关系"，就是所有的侵权案件的当事人之间的法律关系都是一种"特别结合关系"，即便侵权案件的当事人在发生侵权纠纷之前彼此不认识，他们因为侵权行为所建立起来的债的法律关系仍然是当事人之间的一种"特别结合关系"，因为侵权行为既使受害人对行为人享有了要求其赔偿的权利，也让行为人就其侵权行为对受害人承担了赔偿其损害的义务或者责任。

因此，在债法上，所有的债，无论其产生的渊源是什么，都是特定当事人之间的"特别结合关系"。

四、债是一种相对性的法律关系

（一）债的相对性理论

债的第四个主要特征是，债是一种相对性的法律关系，简称债的相对性特征。债虽然是一种法律关系，但是债这种法律关系仅仅在债权人和债务人之间产生法律效力，不会在债权人、债务人与第三人之间产生法律效力，债权人仅仅能够请求债务人对其承担债务，不得请求债务人之外的第三人对其承担债务；债务人也仅仅对债权人承担债务，不对债权人之外的第三人承担债务，即便债权人和债务人共同约定，由债务人之外的第三人对债权人承担债务，或者由债权人之外的第三人对债务人行使债权，也是如此。

在民法或者债法上，说债是一种相对性的法律关系，其主要意义有三点：其一，债仅仅对债权人和债务人产生法律效力，换句话说，也仅仅是债权人和债务人受到债的约束；其二，债对债权人或者债务人之外的第三人没有法律上的效力，第三人既不享有债的法律关系当中所存在的权利，也不承担债的法律关系当中所存在的义务或者责任；其三，第三人即便故意引诱、干预契约债权人享有的契约性债权并因此导致契约债权人的契约性债权受到损害，他们也不对契约性债权人承担侵权责任，契约性债权人除了能够要求契约债务人对其承担违约责任或者侵权责任之外，不得要求第三人对其承担侵权责任。③

---

① 王泽鉴：《民法学说与判例研究》（第四册），中国政法大学出版社 1997 年版，第 93 页。
② 张广兴：《债法总论》，法律出版社 1997 年版，第 20 页；魏振瀛主编：《民法》，北京大学出版社 2010 年第 4 版，第 338—339 页。
③ 张民安：《第三人契约性侵权责任研究》，载《中山大学学报》1997 年第 4 期，第 35 页；张民安：《过错侵权责任制度研究》，中国政法大学出版社 2002 年版，第 192—193 页；张民安：《现代法国侵权责任制度研究》，法律出版社 2007 年第 2 版，第 68 页。

（二）债的相对性理论在历史上的严格坚守

在历史上，债的相对性理论主要在契约领域适用，这就是契约法上的"契约相对性"（la relativite des conventions privity of contract）理论。该种理论认为，契约仅仅对契约当事人产生约束力；契约既不能够让第三人承担债务，也不能够让第三人享有权利。在19世纪初直到20世纪初期之前，契约的相对性理论得到了两大法系国家民法和普通法的广泛认可，成为契约法上的重要规则。

（三）当今民法或者债法对债的相对性理论的坚守

在当今两大法系国家和我国，债法仍然坚持债的相对性理论，认为债原则上仅仅对债的当事人产生法律上的效力，不对债权人和债务人之外的第三人产生法律上的效力。此种规则不仅在契约债当中得到坚持，而且还在侵权债、不当得利债和无因管理债当中得到固守，因为无论是契约法、侵权法还是不当得利法或者无因管理法都认为，无论债所产生的渊源是什么，债都会在债的当事人之间产生法律上的效力，不会对当事人之外的第三人产生法律上的效力。

因此，如果甲方与乙方签订买卖契约，该种买卖契约当然对出卖人和买受人产生法律上的约束力，不会对买卖双方之外的第三人产生法律上的约束力；如果甲方因为过错侵害乙方的名誉，乙方只能够请求甲方对其承担侵权责任，不得请求没有侵害其名誉的第三人对其承担侵权责任；同样，如果甲方因为某种原因而从乙方那儿获得了不应当获得的利益，乙方当然仅能请求甲方将其所获得的不当利益返还给自己，不得要求甲方之外的第三人承担此种返还责任。换句话说，债的相对性理论是债法的一般理论，在整个债法领域都得到适用。

（四）债的相对性规则的软化

债的相对性理论之所以仍然得到现代民法或者债法的坚守，一个主要原因在于，如果让债动不动就对第三人产生法律上的效力，则债权与物权之间的界限将会变得模棱两可，债权就会像物权那样能够对抗任何第三人，使债权的效力过于强劲，对第三人产生不利影响，并最终会损害社会的公共利益。鉴于债的相对性理论的严格坚持也会产生这样或者那样的问题，当今民法或者债法在坚持债的相对性理论的同时也对此种理论规定了大量的例外情况，认为在这些例外情况下，债除了对债的当事人产生法律效力之外，还能够对第三人产生法律效力。在当今民法或者债法上，债的相对性规则的例外情况主要出现在契约债和侵权债的领域，在不当得利债或者无因管理债当中很少存在债的相对性规则的例外情况。

关于债对第三人产生的法律效力，本书将在契约债和侵权债当中进行详细的讨论，此处从略。

第二章 债 法

第一节 债法的特征

一、债法的界定

所谓债法,是指所有规范和调整债的法律关系的法律规范的总和。Grynbaum 对债法作出了明确界定,他指出:"所谓债法,是指调整一方当事人即债务人与另外一方当事人即债权人之间所形成的法律关系的规范总和,在此种法律关系当中,债务人应当对债权人承担某种给付债务。"[①]

因此,任何规范,无论其表现形式是什么,无论其渊源是什么,只要其目的是为了调整债权人和债务人之间所形成的此种债的法律关系,都是债法。

与其他的民法制度相比,债法具有自己的特征,表现在四个方面:债法具有稳定性,债法具有变动性,债法具有复杂性,债法具有国际性。

二、债法的稳定性

债法的第一个特征是,债法具有稳定性。所谓债法的稳定性,是指债法的内容很少会随着时代的变化而发生变化,立法机关对债法的内容作出的规定一直得到适用,很少会被立法机关予以废除、修改、补充。

民法具有稳定性,因为民法一经制定,立法机关很少会对民法的内容进行修改、补充或者废除,使民法能够历经久远而保持其原貌。这一点使民法同商法形成鲜明的对比,因为商法具有极大的变动性。[②] 民法的稳定性虽然在民法的各个组成部分都得到反映,但是,民法的稳定性在债法当中的体现是最明显的,也是最强烈的。换句话说,在民法所包含的各种部门法当中,债法是最稳定的。

Malaurie、Aynes 和 Stoffel-Munck 对债法的稳定性作出了明确说明,他们指出:"债法要比民法当中的其他部门法更稳当,并且债法仍然保留了最初的罗马法的特征。对于

[①] Luc Grynbaum, Droit civil, les obligations, 2e édition, HACHETTE, p. 8.
[②] 傅静坤主编:《民法总论》,中山大学出版社 2007 年第 3 版,第 14 页;张民安:《商法总则制度研究》,法律出版社 2007 年版,第 38 页。

《法国民法典》的起草者而言,《法国民法典》关于债法的规定几乎是恒久不变的,至少他们关于契约债的规定是如此。"① Terré、Simler 和 Lequette 也对此作出了说明,他们指出:"几百年以来,法国 1804 民法典所规定的债法经受住了时代的考验。甚至到了今天,法国 1804 年民法典关于债法的大多数规定都没有得到修改。其结果就是,一个没有丝毫成见的人如果在今天阅读法国 1804 年民法典关于债法的条文的话,他一定会认为,法国 1804 民法典没有发生什么变化。"②

当今社会,债法仍然保留着罗马法时代债法的特征,是罗马法时代的债法在当今社会债法当中的延伸和继续,民法学者有关债的界定、债的渊源、债的法律效力方面的说明均直接来源于罗马法上的债法制度。

三、债法的变动性

(一)债法变动性的主要领域

债法的第二个特征是,债法具有变动性。所谓债法的变动性,是指债法也会随着社会的发展、变化而发展、变化。由于受到道德、经济和社会等多种因素的影响,债法也不会冥顽不化、一成不变,它也会随着道德、经济或者社会等因素的变化而处于不断的变化当中,使债法在保持稳定性的基础上,能够适用社会的当前需要。

债法的变动性虽然在众多的领域得到体现,但是主要在契约领域、侵权责任领域以及不当得利领域得到体现。不过,同契约和不当得利领域的变动性相比,侵权责任领域的变动性是最明显、最激烈的,也是范围最广泛的。

(二)契约领域的变动性

债法变动性的第一个领域是契约领域。在此种领域,债法的变动性的主要表现有两方面:契约自由从不受限制到受到限制,从契约类型的有限性到契约类型的多样性。

1. 从契约自由的不受限制性到契约自由的受限制性

在 19 世纪,民法典在契约领域贯彻严格的契约自由和意思自治原则,认为契约当事人之间的契约完全按照他们的约定方式和约定内容产生法律效力,无论是立法者还是法官都不得认定契约当事人的规定无效,因为 19 世纪的民法典认为,一切出于契约当事人意思表示的契约都是具有法律强制执行力的契约。这就是所谓的契约的绝对自由理论。关于契约的绝对自由理论,本书将在近代债法当中作出讨论,此处从略。

而在当今社会,虽然债法仍然在契约领域贯彻契约自由和意思自治的原则,认为契

---

① Philippe Malaurie Laurent Aynès Philippe Stoffel-Munck, Droit Des Obligations, 8e édition, LGDJ, p. 16.
② François Terré Philippe Simler Yves Lequette, Droit civil, Les obligations, 10e édition, Dalloz, p. 17.

约仍能够按照当事人的约定产生法律效力。但是，当今社会的债法在坚守此种原则的同时也对此种原则作出了限定，认为契约当事人一方不得凭借其优势地位将不公平的条款强加给弱势的另外一方当事人，否则，他们之间的此种契约或者契约条款将无效，这就是契约自由原则的限定问题。

关于契约自由原则的限定，本书将在现代债法当中作出讨论，此处从略。

2. 从契约类型的有限性到契约类型的多样性

在19世纪，民法典虽然规定了不少特殊类型的契约，但是，囿于当时经济发展水平的限制，立法者也仅仅将当时普遍存在的特殊契约规定在民法典当中，没有将当时还没有出现的契约或者使用得较少的契约规定在民法典当中。这就导致了19世纪的民法典没有规定诸如保险契约、旅游契约、商事营业资产的买卖、抵押或者租赁等重要契约，使19世纪的民法典无法满足当今社会发展的需要。

而在当今社会，由于经济活动和财务活动的极端发展和发达，大量在19世纪的时候没有出现的特殊契约类型在今天出现了，诸如保险契约、旅游契约、商事营业资产的买卖、抵押或者租赁契约等，使当今社会的契约类型更加多样化、复杂化。

（三）侵权责任领域的变动性

债法变动性的第二个领域是侵权责任领域，并且在侵权责任领域，债法的变动性是最明显的。在侵权责任领域，债法的变动性虽然有多种表现形式，但是，最主要的表现形式有三个方面：侵权责任从单一的过失侵权责任变为过失侵权责任和严格责任并行的侵权责任，从单纯的个人责任转为个人责任和集体责任并行的责任制度，从对行为人的惩罚和制裁转向对受害人的补偿。

1. 从单一的过失侵权责任向多种侵权责任的转变

在19世纪，民法典所规定的侵权责任仅有过失侵权责任一种，根据此种理论，行为人仅在其行为是过失行为的情况下才对他人承担侵权责任，如果行为人在行为的时候已经尽到了合理注意义务，他们将不对他人遭受的损害承担侵权责任。这就是19世纪侵权责任的单一性理论。侵权责任的单一性理论不仅在1804年《法国民法典》当中得到反映，而且在1896年《德国民法典》当中得到体现。因为无论是1804年《法国民法典》还是1896年《德国民法典》均仅仅规定了一般过错侵权责任或者过错推定责任，没有规定任何形式的严格责任。

而在当今社会，虽然大陆法系国家的侵权责任法仍然坚守19世纪的民法典所规定的过失侵权责任制度，但是，为了更好地保护受害人的利益，当今大陆法系国家的侵权责任法也在过失侵权责任之外认可了19世纪的民法典所没有认可的危险责任、严格责任或者物的行为引起的侵权责任，认为在某些情况下，即便行为人在实施引起他人损害的致害行为时已经尽到了合理注意义务，他们仍然应当就其实施的致害行为对他人承担侵权责任。

2. 从单纯的个人责任向集体责任的变动

在19世纪，至少在1804年的《法国民法典》当中，立法者所规定的过失侵权责任仅为单纯的个人责任，不包括所谓的集体责任。在19世纪，所谓的个人责任是指：其一，仅自然人就其实施的过失侵权行为对他人承担侵权责任，不存在今天所谓的法人就其实施的侵权行为对他人承担的过失侵权责任，因为在19世纪初期，民法仍然是建立在乡村社会的基础上，法人尤其是公司法人很少，民法在那个时期原则上禁止自然人设立公司等法人。其二，在对他人承担侵权责任时，自然人应当用自己的金钱来赔偿他人遭受的损害，他们无法像今天的行为人那样能够将其赔偿责任转移给保险公司、某些机构所设立的赔偿基金甚至国家等集体组织来承担。

而在当今社会，侵权责任领域虽然仍然贯彻19世纪民法所规定的个人责任，但是，该种个人责任在很大程度上已经被所谓的集体责任或者社会责任所替代。所谓集体责任或者社会责任，是指当行为人要对他人承担损害赔偿责任时，他们可以将其原本应当由其个人承担的损害赔偿责任转嫁给保险公司、某些机构设立的赔偿基金甚至国家，让这些集体组织为他们承担赔偿责任。

3. 从单纯的制裁功能转向补偿功能

民法学者普遍认为，在19世纪，侵权责任法之所以责令行为人就其实施的过失侵权行为对他人承担侵权责任，其目的不是为了补偿他人遭受的损害，而是为了制裁、惩罚行为人所实施的过失行为，让他们为其实施的行为付出代价。而在当今社会，民法学者普遍认为，侵权责任法之所以责令行为人就其实施的侵权行为对他人承担侵权责任，其目的不再是制裁、惩罚行为人所实施的侵权行为，而是为了补偿他人所遭受的损害，让他人遭受的损害恢复到侵权行为发生之前的状态。关于这一点，本书将在现代债法当中作出详细的讨论，此处从略。

（四）不当得利领域的变动性

债法变动性的第三个领域是所谓的不当得利领域。在19世纪，虽然不当得利制度也得到适用，但是，该种债法制度的适用范围非常有限，并且仅能够在契约债、侵权债和无因管理债得不到适用的情况下才能够得到适用。而在今天，不当得利制度的适用范围得到极大的拓展，从19世纪为数不多的领域延伸到大量新的领域。例如，不当得利制度除了在契约无效、契约被撤销等领域得到适用之外，还在商法领域、家庭法领域予以适用。这一点，尤其体现在英美法系国家，因为在英美法系国家，建立在不当得利基础上的返还责任已经成长为与契约责任和侵权责任并行不悖的三种独立的民事责任之一，能够在社会生活的方方面面予以适用。此外，债法上的不当得利制度甚至已经从民法领域延伸到公法领域，成为支撑公法的重要民法制度。例如，当税务机关超过应当征缴的税额范围对纳税人征缴税收时，他们应当按照不当得利债的规则将多征缴的税额返还给纳税人。

四、债法的复杂性

债法的第三个特征是债法具有复杂性。所谓债法的复杂性，是指与民法的其他部门法相比，债法的内容更加繁多，债法的规则更加模棱两可，债法的适用更加困难。Malaurie，Aynes 和 Stoffel-Munck 对债法的复杂性特征作出了明确说明，他们指出："就债法的内容而言，债法是所有民法部门当中最复杂、最多样化和最集中化的法律。"①具体来说，债法的复杂性表现在：债法的内容更加繁多，债法的规则更加模糊不定，债法的适用更加复杂多变。

（一）债法的内容更加繁多

债法的复杂性的第一个主要表现是，与其他民法部门相比，债法的内容是最多的。表现为：其一，除了传统民法所规定的契约债、侵权债、无因管理债和不当得利债之外，债法的内容还包括商法、某些公法甚至国际法所规定的内容；除了包括民法、商法甚至公法所规定的内容之外，债法的内容可能还会包括惯例、习惯、司法判例或者其他行为准则所规定的内容。其二，根据契约自由和意思自治的原则，契约当事人能够签订任何形式的契约，能够签订规定任何内容的契约，只要这些契约形式或者内容不违反公共秩序或者公序良俗，它们都是有效的。因此，当事人有多少形式的契约，规定多少类型的契约，它们的契约就会产生不同的法律效力。其三，在侵权责任债当中，除了存在故意侵权责任和过失侵权责任之外，还存在所谓的严格责任、物的行为引起的侵权责任、危险责任以及所谓的公平责任等。

（二）债法的规则更加模棱两可

债法的复杂性的第二个主要表现是，同其他民法部门相比，债法的规则更加模棱两可，有时简直让人琢磨不透。

例如，侵权责任法虽然明确规定，行为人应当就其实施的过失行为所引起的损害对他人承担赔偿责任，但是，侵权责任法并没有对行为人的行为是不是过失行为作出明确规定，因此，如何判断行为人所实施的某种致害行为是不是过失行为，就成为侵权责任法当中的一个重要问题。某些民法学者认为，应当采取"一般理性人"或者"善良家父"的标准来判断行为人的行为是不是过失行为，某些民法学者认为，应当采取"危险标准"来判断行为人的行为是不是过失行为，而某些民法学者甚至还认为，应当采

---

① Philippe Malaurie Laurent Aynès Philippe Stoffel-Munck, les obligations, 4e edition DEFRENOIS, p. 4.

取法律的经济分析理论来判断行为人的行为是不是过失行为。① 实际上，无论是"一般理性人"或者"善良家父"，无论是"危险标准"还是"法律的经济分析"，它们本身都是不确定、模棱两可的，不同的人有不同的标准。

总之，债法上的许多规则都是不明确的、不肯定的、不清楚的，其具体含义究竟是什么，取决于案件的具体情况，取决于法官的自由裁量。不同的案件或者不同的法官对同样的规则作出的解释可能存在天壤之别。

（三）债法的适用更加复杂多变

债法的复杂性的第三个主要表现是，债法的适用更加复杂多变。

法官在处理有关债的纠纷时，当然应当适用债法的规定。不过，法官对债法的适用有时会比对其他民法部门的适用更加复杂多变。例如，法官在处理有关物权纠纷的时候往往仅仅适用物权法的规定就可以了，因为物权法采取物权法定原则，法官仅需适用物权法的具体规定就能够解决物权法的纠纷。而法官在处理债权纠纷时则没有这样简单。

在某些情况下，法官仅仅适用民法典的规定就可以处理当事人之间的债权纠纷。例如，当行为人所饲养的动物引起他人损害时，法官仅需根据民法典关于动物饲养人就其动物引起的损害对他人承担侵权责任的规定来处理当事人之间的债权纠纷，因为大陆法系国家和我国的民法都对动物饲养人承担的侵权责任作出了明确规定。再如，当雇员在其职务范围内实施的行为引起他人损害时，法官仅需根据民法关于雇主就其雇员的行为对他人承担侵权责任的规定来处理当事人之间的纠纷，因为大陆法系国家和我国的民法对这样的问题作出了明确规定。

在某些情况下，法官根本就无法适用民法典的规定来处理当事人之间的债权纠纷，因为民法典根本没有就当事人之间的债权纠纷问题作出明确规定，此时，他们必须借助于他们的经验、常识、社会通行的道德准则、惯例或者习惯等来解决。例如，当恋爱的一方当事人同另外一方当事人发生争议而意图自杀时，如果另外一方当事人能够加以救助而没有救助，他是否应当就一方当事人自杀身亡引起的损害承担侵权责任，对于这样的问题，大陆法系国家和我国的民法都没有作出规定。此时，法官就必须凭借其经验、常识、道德准则来处理。法官可能会认为，鉴于恋爱的双方当事人之间存在信赖、依赖关系，此种信赖、依赖关系使双方当事人之间产生特殊关系，该种特殊关系使双方当事人之间产生了侵权法上的救助义务。如果一方当事人在能够救助另外一方当事人的情况下不对其予以救助，其不救助行为将构成过失侵权行为，在符合过失侵权责任构成要件的情况下，他们应当承担侵权责任。②

---

① 张民安：《过错侵权责任制度研究》，中国政法大学出版社2002年版，第252—285页。
② 张民安：《侵权法上的作为义务》，法律出版社2010年版，第232—233页。

五、债法的国际性

债法的第四个特征是，债法具有国际性。随着当今社会的国际化倾向的加强，债法也越来越国际化。所谓债法的国际化，是指国际组织或者地区组织通过制定诸如公约、条约、通则或者指令等方式来消除世界范围或者地区范围内不同国家债法的差异性，让世界范围内或者地区范围内不同国家的债法逐渐统一。

债法的国际化主要表现在两个方面：其一，契约法的国际化；其二，侵权责任法的国际化。其中契约法的国际化是最主要的、最重要的表现。债法国际化的方式虽然多种多样，但是主要包括三种方式：通过国际组织所制定的国际条约使契约国际化；通过国际组织所制定的有关契约方面的一般条款、通则等使契约国际化；通过地区性的组织所制定的国际条约、国际公约或者指令让所在地区的国家的债法国际化。

关于这些问题，本书将在债法的渊源当中作出讨论，此处从略。

第二节 债法的地位

一、债法的极端重要性

在当今社会，债法具有十分重要的地位，因为债法不仅在民法当中居于核心地位，而且在整个法律体系当中居于核心地位。债法之所以极端重要，其原因有两方面：其一，从实际生活的角度来看，债法渗透到我们的日常生活的方方面面，贯穿于我们生活的时时刻刻；其二，从理论层面来看，债法不仅在契约领域、侵权责任领域和无因管理、不当得利领域得到广泛适用，而且债法的一般理论已经从传统的债法领域渗透到整个民法领域；债法的一般理论不仅从传统的民法领域渗透到了商法领域，而且还渗透到了国内公法甚至国际公法领域，成为整个民法、商法、公法有效建构和有效运行的重要保障。

二、债法在民法当中的核心地位

与物权法、知识产权法、人格权法等其他民法相比，债法不仅是民法的必要组成部分，而且还是民法的最主要、最重要的组成部分，它在整个民法当中居于核心、支配地位；而与债法相比，物权法、知识产权法或者人格权法等仅仅在民法当中居于次要、附属的地位。债之所以在整个民法当中居于核心、支配地位，其主要原因有三个方面：

首先，债法所调整的法律关系是最主要、最重要的民事法律关系。虽然民法所调整的民事法律关系多种多样，但是，在民法所调整的各种民事法律关系当中，债的法律关其次，债法的一般理论渗透到整个民法领域，使债法的一般理论不再仅仅局限于债的领域。具体来说，在当今社会，债法的一般理论不仅渗透到了物权法领域，而且渗透到了知识产权法领域；不仅渗透到了人格权领域，而且还渗透到了身份法领域，成为整个民法领域的债法。例如，虽然抵押权人对其抵押人提供作担保的抵押物享有的抵押权被认为是物权，但是，该种物权的产生是建立在抵押权人与抵押人之间所签订的抵押契约的基础上，如果没有抵押契约的存在，当然就不会产生所谓的抵押权。抵押权人所享有的抵押权是否有效、是否受到法律的保护，取决于抵押契约是否有效成立。而抵押契约是否有效成立，则属于债法的一般理论问题。可见，离开债法的一般理论问题，物权法根本无法有效运行。

最后，债法保障了其他民法的实现。在民法上，虽然物权法对物权人享有的物权作出了规定，虽然知识产权法对知识产权人享有的知识产权作出了规定，虽然人格权法对民事主体享有的人格权作出了规定，虽然身份法对民事主体享有的各种身份权作出了规定，但是，这些法律所规定的这些权利能否得以实现，往往不取决于这些民法本身的规定，而是取决于债法的规定。因为，在民法当中，侵权责任法不仅确认了民事主体享有的各种民事权利范围，包括他们享有的物权、知识产权、人格权和身份权等，而且还通过侵权责任制度来保障民事主体享有的这些权利不受侵犯。如果没有债法，尤其是如果没有侵权责任法，即便其他民法对民事主体享有的权利作出了规定，这些规定也可能形同虚设，他人根据这些民法规定享有的权利可能同道德权利别无二致。因为有了债法，尤其是因为有了侵权责任法，其他民法对民事主体享有的权利作出的规定才真正具有意义。

三、债法的一般理论对商法领域的渗透

在大陆法系国家和我国，债法除了渗透到民法的所有组成部分之外，也渗透到公司法、海商法、保险法等商法领域，成为这些商法有效建构和有效运行的基础和保障，如果没有债法的一般理论在这些商法当中予以适用，则商法根本就无法予以建构；即便建构起来，商法也无法有效发挥其应有的功能。

例如，公司的章程在公司法上是什么性质？公司章程能够对哪些人产生哪些法律效力？当公司股东之间就公司股东的身份发生纠纷时，如何判断一个人是不是公司股东？对于这些问题，公司法学者采取了公司契约理论，认为公司章程仅仅是一般债法上的契约，该种契约就像一般债法上的契约理论那样产生法律效力：如果某一个人在主观上有成为公司股东的意思表示，并且在客观上有出资的行为，则即便他没有在公司章程上签名，他也被看作公司的股东。[①] 如果没有债法上的一般契约理论，公司法将无法得到有

---

① 张民安：《公司法的现代化》，中山大学出版社2006年版，第365—375页。

效实施，正是因为有了债法上的一般契约理论，公司法才能够得到有效实施。

四、债法的一般理论对公法领域的渗透

债法的一般理论除了大量渗透到商法领域之外，还大量渗透到包括国内公法和国际公法（droit international puiblic）在内的公法领域，成为这些公法有效建构和有效运行的基础和保障，如果没有债法的一般理论在公法领域的适用，公法将无法得到有效建构或者有效实施。

例如，一般债法当中的契约理论就渗透到了行政法领域，使行政法领域所充斥着的强制性因素逐渐得以减缓，因为行政机关有时也会与行政相对人签订行政契约，规定有关当事人之间的权利、义务和责任。再例如，一般债法当中的契约理论也逐渐渗透到刑事诉讼法领域，因为在适用刑事诉讼法来查办案件的时候，某些国家的某些检察机关会同可能会被起诉的犯罪嫌疑人进行协商，实施所谓的"辩诉交易"，当犯罪嫌疑人承认其所犯下的某些罪行之后，检察机关会按照事先同该犯罪嫌疑人达成的协议减轻其罪行。

第三节 债法的渊源

一、债法渊源的类型

所谓债法渊源（souces du droit des obligations），是指债法的表现形式，也就是对债的法律关系进行规范和调整的所有法律规范的总和。债法渊源不同于债的渊源，因为债法渊源是指作为法律组成部分的债法的具体形式，而债的渊源则是指能够导致债的法律关系产生的原因。

本书将债法渊源分为两种：债法的国内渊源和债法的国际渊源。所谓债法的国内渊源，是指仅在一个国家内部产生法律效力的债法渊源。所谓债法的国际渊源，是指各国之间为了规范契约或者其他债的关系而订立的国际条约以及某些国际性组织为了统一有关契约法而制定的一般条款、通则或者指南等。

二、债法的国内渊源

债法的国内渊源多种多样，包括但是不限于以下渊源：民法典，《民法通则》，包括《民法总则》在内的各种各样的民事单行法，混合法，司法判例或者司法解释以及惯例和习惯。

(一) 民法典或者《民法通则》

在制定法尤其是法典化的时代，立法机关的制定法当然是债法最重要的渊源。在大陆法系国家是如此，在我国也是如此。在大陆法系国家，民法典是最主要、最重要的债法渊源，因为大多数债都由民法典作出规定。例如，《法国民法典》以大量的条款对契约债作出了规定。此外，《法国民法典》也对侵权责任债、无因管理债和不当得利债等作出了规定。Terré、Simler 和 Lequette 对此作出了说明，他们指出："在民法典的时代，制定法是债法的最重要渊源。对于契约而言，《法国民法典》的立法机关普遍规定，契约当事人享有签订契约的极大自由，因此，《法国民法典》关于契约方面的规定都具有补充性的特征，也就是对契约当事人的意思表示进行一个补充。对于非契约债，《法国民法典》也同样作出了规定，因此，法律仍然是非契约债的渊源。"① Virginie Larribau-Terneyr 也对此作出了明确说明，他指出："在民法典的时代，制定法是债法的最重要渊源，更准确地说，在民法典的时代，民法典就是债法的渊源。"②

在我国，在立法机关没有制定《合同法》或者《侵权责任法》之前，《民法通则》是债法的最主要、最重要的渊源，因为我国《民法通则》不仅对债的一般理论作出了规定，而且还对各种类型的债作出了明确规定，包括契约债、侵权债、无因管理债和不当得利债。在立法机关制定了《合同法》和《侵权责任法》之后，《民法通则》仍然是我国债法的最主要、最重要的渊源。

(二) 各种各样的民事单行法

在大陆法系国家，虽然民法典是债法的最主要、最重要的渊源，但是立法机关制定的某些民事单行法也属于债法的渊源。例如，法国立法机关在 1985 年 7 月 5 日颁布的道路交通事故方面的法律即 Badinter 法对道路交通事故引起的侵权责任作出了明确规定，使该法成为法国债法方面的重要渊源。③ 再如，法国立法机关在 1966 年 7 月 24 日颁布的商事公司法就对公司契约理论作出了规定，使该种法律成为法国债法的重要渊源。④

在我国，在指日可待的民法典出台之前，除了《民法通则》是债法的主要渊源之外，立法机关制定的各种各样的民事单行法构成债法的重要渊源。《中华人民共和国合同法》是有关合同方面的最主要渊源，《中华人民共和国侵权责任法》是侵权责任方面

---

① Francois Terré Philippe Simler Yves Lequette, Droit civil, Les obligations, 10e edition, Dalloz, p. 13.
② Virginie Larribau-Terneyre, Droit civil Les obligations, 12 e édition, Dalloz, p. 29.
③ 张民安：《现代法国侵权责任制度研究》，法律出版社 2007 年第 2 版，第 267—296 页。
④ 张民安主编：《公司法》，中山大学出版社 2007 年第 2 版，第 31 页。

最主要的渊源。此外,《中华人民共和国民法总则》也属于债法的渊源,因为它也对包括债权在内的各种各样的民事权利作出了规定。

除了民事单行法是我国债法的主要渊源之外,我国立法机关制定的某些商事单行法也是债法的重要渊源,例如,《公司法》《海商法》《破产法》《票据法》等,因为这些商事单行法也对大量的债作出了规定,例如,我国《海商法》对海上运输契约作出了规定,对船舶碰撞引起的损害作出了规定,其中前一种规定属于契约债方面的规定,而后一种规定则属于侵权责任方面的规定。

(三) 混合法

除了民法典或者《民法通则》、民事单行法或者商事单行法属于债法的渊源之外,立法机关制定的混合法也属于债法的渊源,因为除了对公法的内容作出规定之外,混合法也对私法尤其是其中的债法作出规定。所谓混合法,是指单纯的私法和单纯的公法之外的第三类法律部门,我国民法学者传统上将它们视为公法。混合法包括:《产品质量法》《劳动法》《道路交通安全法》和《刑法》等,因为这些制定法既维护公共利益也维护私人利益,既规范和调整公权力机构与私人之间的关系,也规范和调整私人之间的关系,也就是规范和调整债权人与债务人之间的债权债务关系。

例如,法国某些民法学者认为,立法机关制定的消费者法和竞争法是债法的渊源。在我国,《产品质量法》《消费者权益保护法》《道路交通安全法》甚至《刑法》等等都可能成为债法的渊源,因为这些法律不仅对行为人所承担的各种义务作出了明确规定,而且还规定行为人应当就其违反这些义务的行为对他人承担赔偿责任。例如,我国《产品质量法》第41条和第42条规定:因产品存在缺陷造成人身、缺陷产品以外的其他财产(以下简称他人财产)损害的,生产者应当承担赔偿责任。由于销售者的过错使产品存在缺陷,造成人身、他人财产损害的,销售者应当承担赔偿责任。

(四) 司法判例或者司法解释

在大陆法系国家,民法学者普遍认为,法官就有关债权方面的纠纷作出的裁判或者司法判例(la jurisprudence)是债法的渊源。例如,VirginieLarribau-Terneyr 对此作出了明确说明,他指出:"司法判例是债法的最重要渊源。实际上,司法判例被认为是民事责任法方面的突出渊源。因为,在法国,从《法国民法典》第1382条至第1386条过规定的民事责任完全是由司法判例确定的。"

在我国,司法判例是否是债法的渊源,民法学者少有说明。不过,无论我国法官作出的裁判是否能够成为债法的渊源,我国最高法院就有关民法通则、合同法、侵权法或者其他债法作出的各种司法解释当然是债法的渊源。自1988年1月26日最高法院颁布《关于贯彻执行〈中华人民共和国民法通则〉若干问题的意见(试行)》以来,最高法院先后就《民法通则》《合同法》《婚姻法》《担保法》等法律作出了大量的、繁多的司法解释,其中有关债法方面的内容占据了相对大的分量,使它们成为债法的重要渊源。

(五) 习惯、惯例

除了上述债法渊源之外,习惯或者惯例也能够成为债法的渊源,尤其是能够成为有关契约债的渊源,因为契约当事人在签订契约的时候往往都会遵循有关契约方面的习惯或者惯例。

应当注意的是,虽然习惯、惯例主要是契约法的渊源,习惯、惯例也可以成为侵权法的渊源,因为当今两大法系国家和我国的法律都认为,行为人在行为的时候应当遵循其他同类人在同样或者类似情况下所应当遵守的习惯、惯例,如果行为人在行为的时候没有遵循其他人同类人在同样或者类似情况下所应当遵守的习惯、惯例,则他们的行为将构成过失行为,在符合过失侵权责任的其他构成要件的情况下,行为人应当对他人承担侵权责任。例如,律师在为委托人提供法律服务的时候应当遵循律师所遵守的习惯、惯例,否则,其行为将构成过失;同样,会计师在为委托人提供审计服务的时候应当遵守会计审计领域的习惯、惯例,否则,该行为将构成过失,应当对他人承担侵权责任。

三、债法的国际渊源

在19世纪的时候,债法的渊源仅仅表现为国内渊源,因为在19世纪的时候,各国的债法主要表现为各国立法机关所制定的民法典。20世纪以来,随着国际交流的日渐广泛,随着某些国际组织地位的日渐加强,债法的渊源开始从国内渊源向国际渊源发展,并且最终形成了债法的国际渊源与债法的国内渊源并驾齐驱的二元债法渊源的格局。具体来说,债法的国际渊源主要有国际条约、国际商事惯例、地区性的国际条约和国际公约或者指令三种表现形式。

(一) 国际条约

所谓国际条约,是指两个或两个以上的国家通过国际法(le droit international)所订立的国际协议(accord international),国际条约包括了所谓的国际公约。① 国际条约通常由有关国际组织(organismes internationaux)制定,并由有关缔约国签署和批准;国际条约所调整的对象是私法关系而非公法关系,调整的是国际商事关系而非一般的民事关系。②

---

① 张民安:《商法总则制度研究》,法律出版社2007年版,第82页。
② 张民安:《商法总则制度研究》,法律出版社2007年版,第83页。

作为债法渊源的国际条约多种多样,例如,1964年7月1日签署的《国际货物销售统一法公约》,1969年11月29日签署的《国际油污损害民事责任公约》,1973年10月2日签署的《公路交通事故法律适用公约》,1973年10月2日签署的《产品责任法律适用公约》,1974年6月14日签署的《联合国国际货物买卖时效期限公约》,1978年3月14日签署的《代理法律适用公约》,1980年7月7日签署的《关于国际铁路货物运输规则的伯尔尼公约》,1980年4月11日签署的《联合国国际货物多式联运公约》,1980年4月11日签署的《联合国国际货物销售合同公约》,等等。①

(二)国际商事惯例

所谓国际商事惯例(usages de commerce international),是指在国际商事交易领域所普遍认可和广泛适用的国际商事交易习惯。虽然商事惯例在国际商事领域和国内商事领域均存在,但是商事惯例在国际商事领域所起的作用要比在国内商事领域所起的作用重要得多,这是因为,在国内商事领域,商事制定法已经深入社会经济生活的各个方面,商事惯例和习惯适用的范围不大,仅仅对商事制定法起补充的作用,而在国际商事领域,作为商法国际渊源的国际条约虽然存在,但是,此种条约不像国内制定法那样具有普遍和全面的适用效力,它们存在许多缺陷,无法为国际商事活动进行有效的调整,这就需要国际商事惯例发挥更大的作用。②

(三)地区性的国际条约和国际公约或者指令

在当今社会,某些地区性的组织通过制定地区性的条约、公约或者颁布有关指令来统一地区性的契约债或者侵权债,使地区性的国际条约、国际公约和指令成为这些地区的债法渊源。这一点尤其体现在欧共体内部。在欧共体内部存在不同的法律体系,其中的英国属于传统意义上的英美法系国家,而法国和德国等国家则属于传统的大陆法系国家。由于两大法系国家的债法存在这样或那样的差异,欧共体内部各成员国关于债法的规定并不统一。

为了消除欧共体各成员国在债法问题上的差异,为了统一欧共体各成员国之间关于债法尤其是关于契约法的规定,欧共体几十年以来一直致力于通过制定欧共体内部的国际条约、国际公约或者颁布指令的方式来消除欧共体内部债法所存在的差异。例如,欧洲议会和欧洲委员会在1980年制定了《契约债的法律适用公约》(简称《罗马公约 II》)(*Convention on the Law Applicable to Contractual Obligations* 1980),对有关契约债方面的法律适用问题作出了明确规定;在2008年,欧洲议会和欧洲委员会制定了《契约

---

① 张民安:《商法总则制度研究》,法律出版社2007年版,第83页。
② 张民安:《商法总则制度研究》,法律出版社2007年版,第86页。

债的法律适用公约》（简称《罗马公约 I》），取代 1980 年的《契约债的法律适用公约》。例如，为了统一欧共体内部有关产品责任方面的法律，欧共体在 1985 年颁布了有关缺陷产品引起的侵权责任方面的指令。[①]

第四节 债法的历史演变

债法的历史源远流长。在历史上，罗马法已经建立起较为完善的债法制度；近代债法制度在借鉴和吸收罗马债法的基础上对其发扬光大；20 世纪以来，债法制度虽然仍然保有近代债法的特点，但是现代债法在很大程度上对近代债法作出了修正，使现代债法能够适应当今社会的发展和变化。

一、罗马法当中的债法

古罗马法中，债法较为完善，对后世的影响极大，近现代债法的基本概念与规则均可追溯至罗马法。罗马法当中的债法的主要特点有债的人身强制性、债的难以转让性、契约债的严格形式主义和侵权债的特定性等。

（一）债的人身强制性

在罗马法尤其是在早期的罗马债法当中，债所具有的第一个重要特征是，债是债权人对债务人所实施的一种人身强制措施，因为早期的罗马法将债看作债权人和债务人之间的人身关系而非财产关系。

根据早期罗马债法的规定，如果债务人不履行他们对债权人所承担的债务，则债权人只能采取强制措施绑架债务人，将其用脚镣、手链、绳索等捆绑起来，限制其人身自由；当债务人在限制人身自由之后的一段时期之后仍然拒绝履行他们所承担的债务，债权人只能够将债务人处死或者将其贬为奴隶；他们不得对债务人的财产采取强制措施，要求债务人用其财产来履行他们所承担的债务，已如前述。

当然，罗马法后来也逐渐认可了对债务人财产的强制执行，认为当债务人拒绝履行他们对债权人所承担的债务时，债权人也能够对债务人的财产采取强制措施。不过，在罗马法时代，此种发展极其缓慢，并且罗马法从来就没有建立起单纯的仅仅对债务人的财产进行强制执行的一般理论。

[①] 张民安：《现代法国侵权责任制度研究》，法律出版社 2007 年第 2 版，第 261—264 页。

（二）债的难以转让性

在罗马法当中，债所具有的第二个重要特征是，债是不能够转让的，因为罗马法认为，债仅仅是债权人与债务人之间的人身关系而非财产关系。根据罗马法的规定，任何债都是不能够转让的，除了债务人不得将其承担的债务转让给第三人之外，债权人也不得将其债权转让给第三人；在早期的罗马法当中，债法还认为，债权人所享有的债权或者债务人所承担的债务不得被其继承人所继承。

不过，基于信用的维持，后来的罗马法则废除了这样的规则，认为债权人享有的债权或者债务人承担的债务能够被其继承人所继承。

（三）契约债的严格形式主义

在罗马法当中，债所具有的第三个重要特征是，契约债要遵循严格的、特定的形式要求才能够产生法律效力。在罗马法当中，虽然债法认可契约债，认为当事人之间的契约能够产生债，但是，债法也仅仅认可特定的契约债，不认可有关契约债的一般理论。

根据罗马法，契约债的类型很少，并且这些为数不多的契约债都不是建立在契约当事人的意思自治的基础上，而是建立在各种特定的、严格的契约形式上；某种契约之所以对其当事人产生法律效力，不是因为契约当事人对其作出了真实的意思表示，而是因为此种契约具有罗马法所规定的严格形式。

（四）侵权债的特定性

在罗马法当中，债所具有的第四个重要特征是，侵权债仅为有限的、具体的侵权债，没有一般性或者原则性的侵权债。在罗马法当中，能够引起侵权损害赔偿责任发生的侵权行为种类极其有限，不同类型的侵权行为所引起的侵权责任是不同的，债法没有在这些有限的侵权责任的基础上建立起一般的过错侵权责任理论。因此，罗马法上的过错侵权责任理论仅仅是高度具体的、非常特殊的侵权责任制度。

二、近代债法

所谓近代债法，是指19世纪的民法典所规定的债法，包括1804年《法国民法典》和1896年《德国民法典》所规定的债法。与罗马法中的债法相比，近代债法具有自己的许多重要特点，诸如完全的契约自由、契约债的至上性、债法的一般理论和债法的特殊理论相结合以及单一的过错侵权责任等。

（一）完全的契约自由

近代债法的第一个主要特征是，近代债法坚持完全的契约自由理论和意思自治理论，认为契约当事人所享有的契约自由除了受到其他人所享有的同样的契约自由的限制之外不受任何限制；法律除了对契约当事人的意思表示进行补充和保护之外，绝对不会干预契约当事人享有的契约自由和意思自治；契约当事人之间的契约完全按照他们的意思表示产生法律效力。

（二）契约债的至上性

近代债法的第二个主要特点是，虽然近代大陆法系国家的民法典同时认可契约债、侵权债、无因管理债和不当得利债，但是，近代大陆法系国家的民法典认为，在契约债、侵权债、无因管理债和不当得利债当中，契约债居于核心的或者主导性的地位，是最主要、最重要的债，而包括侵权债在内的其他债则仅仅居于次要、附属的地位。近代债法之所以突出强调契约债的至上性，是因为近代社会倡导契约自由和意思自治原则，认为契约是债法的核心和灵魂，已如前述。

（三）债法的一般理论和债法的特殊理论相结合

近代债法的第三个主要特征是，近代债法除了像罗马法那样规定各种具体的、特定的债之外，还在各种具体的、特定的债的基础上抽象出一般的、适用于所有具体的、特定债的理论、原则，这就是所谓的债的一般理论、债的一般原则。例如，近代债法在契约领域建立起一般的契约理论，这就是所谓的意思表示理论，此种理论认为，虽然契约债的类型多种多样。但是，所有的契约债都是契约当事人的真实意思表示；所有的契约债都按照契约当事人的意思表示来发生法律效果。再如，近代债法在侵权责任领域建立起一般的侵权责任理论，这就是所谓的一般过错侵权责任理论，该种理论认为，无论法律是否明确规定，只要行为人所实施的引起他人损害的行为是过错行为，他们就应当对他人承担损害赔偿责任。

（四）单一的过错侵权责任

近代债法的第四个主要特征是，民法虽然责令行为人就其实施的致害行为对他人承担侵权责任，但是民法仅仅责令行为人就其实施的过错行为对他人承担侵权责任，如果行为人在实施致害行为的时候没有过错，则民法不会责令行为人对他人承担侵权责任。这就是单一的过错侵权责任理论。

在法国，1804年《法国民法典》第1382条至第1386条虽然对行为人承担的该种侵权责任作出了规定，但是，这些规定均为过错侵权责任的规定，如果行为人在行为的时候没有过失，他们将不对他人承担侵权责任。根据1804年《法国民法典》的规定，其第1382条所规定的侵权责任在性质上属于故意侵权责任，第1383条所规定的侵权责任在性质上属于过失侵权责任,[①] 而第 1384 条、第 1385 条和第 1386 条所规定的侵权责任在性质上属于过错推定责任,一旦行为人实施了这些条款所规定的致害行为,法律就推定行为人在行为的时候存在过失,如果行为人不能够反证他们在行为的时候没有过失,他们就应当根据这些条款的规定对他人承担过失侵权责任。

三、现代债法

所谓现代债法,主要是指 20 世纪初期以来的债法。20 世纪以来,债法除了在侵权责任领域进行大刀阔斧的改革之外,也在其他领域进行改革,包括契约债、不当得利债等,使现代债法呈现出不同于近代债法的许多重要特征,诸如契约自由原则的衰败和契约债优势地位的丧失、侵权债优势地位的确立、侵权责任理论根据的多样性、侵权责任目的的单一补偿性等。

(一) 契约自由原则的衰败和契约债优势地位的丧失

现代债法的第一个主要特征是,契约自由和意思自治的原则开始衰败,契约债在所有类型的债当中的优势地位丧失。

一方面,现代债法不会再像近代债法那样认为契约当事人签订契约的自由是绝对的、毫无限制的,不会再像近代债法那样认为契约完全按照契约当事人的意思表示来发生法律效力,而是认为契约当事人签订契约的自由是应当受到限制的,契约也不会完全按照契约当事人的意思表示来发生法律效力,除非契约当事人之间的契约条款被认为是建立在真正自由、平等的基础上。基于这样的原因,民法学者普遍认为,当今债法的一个主要特征是,契约自由和意思自治原则的衰败。另一方面,伴随着契约自由和意思自治原则的衰败,伴随着其他债在债的渊源当中的核心地位的确立,契约债已经从近代债法当中的核心地位沦落为现代债法当中的从属地位,债法也已经不再将契约债看作债法的核心或者灵魂。

在当今社会,契约自由和意思自治原则之所以衰败,契约债的优势地位之所以丧失,其原因有三个方面:

其一,当今社会不再像近代社会那样在经济领域实行完全的、绝对自由的经济竞争,国家会对经济领域的活动进行指导甚至控制,防止行为人通过契约形式来摆脱国家对经济领域的指导或者控制。

其二,立法机关会直接制定法律,对处于弱势地位的契约一方当事人尤其是消费者提供保护。在当今社会,许多国家的立法机关都颁布诸如契约的不公平条款法和消费者保护法等法律,明确禁止居于优势地位的一方当事人通过格式条款或者其他方式将不公

[①] 张民安:《现代法国侵权责任制度研究》,法律出版社 2007 年第 2 版,第 6 页。

平的条款强加给居于弱势地位的另外一方当事人尤其是消费者。如果居于优势地位的一方当事人违反这些法律的禁止性规定，将不公平的条款强加给居于弱势地位的另外一方当事人尤其是消费者，则立法机关所制定的这些法律会明确宣告这些条款无效。

其三，司法机关会通过具体的案件宣告契约当事人之间的某些不公平的契约或者条款无效。在当今社会，司法机关强化了对契约领域的契约自由和意思自治的干预，他们认为，如果契约当事人在签订契约时的经济地位悬殊，或者如果他们在签订契约时所具有的谈判力严重不对等，则他们之间签订的契约或者契约的某些条款就会存在不公平的地方，法官应当基于实质上的自由、平等的理念宣告他们之间签订的契约或者契约的某些条款无效，因为他们认为，只有当契约双方当事人之间的自由和平等是实质上的自由和平等时，他们之间所签订的契约才是公平的、合理的和应当得到维持的，如果契约双方当事人之间的自由和平等仅仅是形式上的、表面的，则他们之间所签订的契约往往就是不公平的、不合理的和不应当得到维持的。

（二）侵权债优势地位的确立

现代债法的第二个主要特征是，侵权债从近代债法当中的劣势地位上升到现代债法当中的优势地位，已经成为契约债、侵权债、无因管理债和不当得利债当中最主要、最重要的债。在19世纪末期和20世纪初期，随着工业革命的开展，大量的事故发生，侵权债开始在这些事故领域广泛发挥其积极的作用，使侵权债在整个债法当中的地位不断得到提升。在当今社会，随着契约债优势地位的下降，随着侵权债在社会当中的广泛适用，侵权债无疑已经成为所有类型的债当中最主要、最重要的债。

在现代社会，侵权债之所以能够替代契约债成为债的最主要、最重要渊源，其主要原因有两个方面：

其一，现代债法将他人的人身和财产的安全放在首位。虽然现代债法和近代债法一样都认可他人契约利益的重要性，但是，现代债法认为，与保护他人的契约利益相比，债法更应当保护他人对其人身和财产享有的利益，防止行为人侵害他人享有的人身权和财产权。现代债法之所以更加重视他人对其人身和财产享有的利益，一方面是因为在民法上，他人对其生命、身体、健康享有的人身权和他人对其动产、不动产享有的财产权要比他人对其契约享有的债权更具有价值。[①] 另一方面是因为在当今社会，他人享有的人身权和财产权更容易被行为人所实施的侵权行为所侵犯。在当今社会，随着科学和技术的不断发明和广泛应用，大量的事故发生，他人的人身权和财产权随时面临遭受侵害的危险，使侵权债承担了前所未有的对他人遭受的损害予以赔偿的使命。

其二，现代债法认为，侵权债除了能够在传统的领域适用之外，还能够在契约领域

---

① 张民安、林泰松：《我国〈侵权责任法〉对他人民事权益的保护》，载《暨南学报》2010年第5期，第29页。

适用。在近代债法当中，基于契约自由和意思自治原则的至上性，近代债法认为，即便契约债务人不履行其债务的行为符合侵权责任的构成要件，契约性债权人也只能要求其债务人对其承担违约责任，不得要求他们对其承担侵权责任。这就是侵权责任和契约责任的不竞合规则。该种规则在近代债法当中得到严格的贯彻和执行，其目的是为了保护契约债的纯洁性、独立性和至上性，防止侵权债对契约债领域的渗透并因此使契约债被侵权债所吞没。①

然而，在现代债法当中，人们已经完全或者大范围地放弃了此种不竞合的理论，他们认为，如果契约债务人不履行债务的行为同时也符合侵权责任的构成要件，则契约债权人除了能够要求契约债务人对其承担违约责任之外，也能够要求债务人对其承担侵权责任，究竟是要求债务人对其承担违约责任还是对其承担侵权责任，取决于债权人的自由选择。这就是侵权责任和违约责任的竞合理论。② 实际上，侵权责任和违约责任的竞合理论也仅仅是将妨害侵权债进入契约债领域的那些陈旧的、不合理的规则消除掉，让侵权债渗透到契约债的领域，因此，它既是侵权债效力扩张的表现，也是契约债效力萎缩的表现，既是契约债失败的体现，也是侵权债胜利的体现。③

（三）侵权责任理论根据的多样性

现代债法的第三个主要特征是，行为人就其实施的致害行为对他人承担侵权责任的理论根据多种多样。在近代债法当中，行为人对他人承担侵权责任理论根据只有一个，这就是行为人的过错，如果行为人在行为的时候没有过错，他们就无需对他人承担侵权责任。20 世纪以来，为了强化对受害人的保护，侵权法除了认为行为人的过错是他们对他人承担侵权责任的理论根据之外，还认为行为人实施的异常危险行为也是他们对他人承担侵权责任的根据理论，根据此种理论根据，只要行为人所实施的致害行为在性质上属于异常危险行为，只要他们实施的异常危险行为引起他人损害的发生，即便行为人在实施此类行为的时候没有过错，他们仍然应当对他人承担赔偿责任，除非他们具备法律所规定的拒绝承担侵权责任的某种正当事由。此种侵权责任被称为危险责任。④

在当今法国，除了认可行为人的过错和行为人实施的异常危险行为是他们对他人承担侵权责任的理论根据之外，侵权法还认为，行为人所管理或者控制的物也是他们对他人承担侵权责任的理论根据，因为法国侵权法认为，一旦行为人所管理或者控制的物引

---

① 张民安：《过错侵权责任制度研究》，中国政法大学出版社 2002 年版，第 203—204 页；张民安：《现代法国侵权责任制度研究》，法律出版社 2007 年第 2 版，第 28—31 页。
② 张民安：《过错侵权责任制度研究》，中国政法大学出版社 2002 年版，第 201—202 页、第 205—206 页；张民安：《现代法国侵权责任制度研究》，法律出版社 2007 年第 2 版，第 31—33 页。
③ 张民安：《过错侵权责任制度研究》，中国政法大学出版社 2002 年版，第 222—227 页。
④ 张民安：《现代法国侵权责任制度研究》，法律出版社 2007 年第 2 版，第 120—123 页。

起他人损害的发生，无论行为人所管理或者控制的物是危险物还是非危险物，是有缺陷的物还是没有缺陷的物，是运动当中的物还是静止当中的物，行为人均应当就其物的行为引起的损害对他人承担侵权责任，即便他们在管理或者控制引起他人损害的物的时候已经尽到了合理的注意义务，他们仍然应当对他人承担侵权责任。这就是法国侵权法上的所谓因为"物的行为"产生的侵权责任，① 该种侵权责任将"物的行为"看作行为人对他人承担侵权责任的理论根据。

（四）侵权责任目的的单一补偿性

现代债法的第四个主要特征是，侵权法认为责令行为人就其实施的致害行为对他人承担侵权责任的目的不是为了惩罚行为人，而是为了补偿受害人所遭受的损害。在19世纪末期之前，民法学者大多认为，侵权法责令行为人对他人承担侵权责任的唯一目的是对实施过错侵权行为的行为人予以惩罚，这就是所谓的侵权责任的单一惩罚目的理论。在当今社会，大多数民法学者认为，侵权法之所以责令行为人对他人承担侵权责任，其唯一目的是补偿受害人因为行为人实施的致害行为所遭受的损害，这就是所谓的侵权责任的单一补偿目的理论。

Mazeaud 和 Chabas 对民事责任的单一补偿目的作出了明确说明，他们指出："民事责任不仅意味着某种社会损害的存在，而且意味着某种私人损害的存在。因为责令行为人对他人承担民事责任不再是为了惩罚行为人的行为，而是为了赔偿受害人所遭受的损害。虽然刑事责任的目的是对行为人实施的行为予以惩罚，但是民事责任的目的仅仅是为了对他人遭受的损害予以赔偿。因此，在确定行为人对他人承担民事责任的范围时，法律原则上不考虑引起他人损害的行为人的过错的可责难性，而仅仅考虑他人遭受损害的重要性。"②

第五节　当代债法的改革

一、导论

在大陆法系国家，19世纪的民法典关于债法的规定显然无法适应当今社会发展和变化的要求，因此，仅仅通过法官的裁判或者学者的理论对19世纪的民法典关于债法的规定进行新的解释，仍然无法剔除大陆法系国家民法典关于债法规定所存在的这样或

---

① 张民安：《现代法国侵权责任制度研究》，法律出版社2007年第2版，第91—92页。
② Henri et Leon Mazeaud Jean Mazeaud Francois Chabas, Obligations, 9 e édition, Montchrestien, p. 367.

者那样的问题。此外，基于欧共体私法一体化的要求，欧共体各成员国应当按照欧共体的要求修改其国内法关于债法的规定。在这两种因素的作用下，大陆法系国家开始了真正意义上的债法改革运动，其中的德国已经在2002年完成了此次真正意义上的债法改革运动，而其中的法国也在2016年2月10日完成了此次真正意义上的债法改革运动。

应当说明的是，在当代大陆法系国家，对债法进行的改革主要是甚至完全是由立法机关来进行的，无论是在德国还是在法国，它们对债法所进行的改革都不是由司法机关来完成的，这一点同现代债法形成鲜明的对比，因为现代债法从近代债法当中得以发展和变革，主要是由司法机关来进行的，已如前述。

在我国，在民法典制定的过程当中，我国某些民法学者认为，立法机关应当像制定《中华人民共和国合同法》《中华人民共和国物权法》《中华人民共和国侵权责任法》那样制定单独的《中华人民共和国债法总则》，之后再将所制定好的债法总则编入未来的民法典当中，使债法总则编能够像合同编和侵权责任编一样成为民法典当中的独立一编。实际上，此种主张仅仅是某些民法学者的一厢情愿，因为我国立法机关没有准备制定债法总则，因此，未来的民法典当中也不会存在债法总则编。

二、德国的债法改革

在德国，1896年《德国民法典》关于债法的规定基本上原封不动地保留到20世纪末期。因此，自1896年《德国民法典》对债法作出规定之后，德国立法机关几乎没有对其中的债法规定作出过重大的修改，当19世纪的德国债法无法适应现代社会的要求时，往往由德国的司法机关或者学者对债法作出新的解释。然而，到了20世纪70年代末期，德国有关政府部门开始成立债法改革委员会，开始着手德国债法的改革工作。历经20多年，德国的债法改革终于在2001年完成，因为在2001年10月，德国的立法机关终于通过了《德国债法的现代化法》，自2002年1月1日起开始生效。德国债法的改革主要涉及诉讼时效制度的改革、给付障碍制度的改革、买卖合同制度的改革以及承揽合同的改革等内容。

三、法国的债法改革

（一）法国债法改革的基本情况

在法国，基于债法更新和债法现代化的考虑，基于欧共体债法统一性的要求，法国的民法学者开始起草有关法国债法方面的草案，建议法国的官方机构予以采纳。在法国，民法学者所起草的有关债法方面的草案有两种：其一，《债法改革草案》（*avant-projet du droit des obligations*），也称为《Catala报告》（*Rapport Catala*）。其二，《契约法改革草案》（*Les propositions de réforme du droit des contrats*）。在2008年，这两个草案均已提交给了法国的司法部部长。除了民法学者所提出的这两个债法改革草案之外,法国的有关官方机构也提出了自己的有关债法改革的草案。其中,有关时效方面的债法改革已经被法国立法机关所采纳并且已经被立法机关所通过。

(二) 法国《债法改革草案》

法国《债法改革草案》是由法国教授 Pierre Catala 组织和领导的债法起草小组所起草的债法草案。2003 年,在法国 Capitant 协会的支持下,Pierre Catala 成立了《债法和时效改革草案》小组,负责起草有关法国债法方面的草案。该小组由 37 名法国债法方面的专家所组成,其中既有法国著名的大学债法教授,也有法国最高法院的杰出法官。其目标是对法国民法典有关债法的规定进行修改、补充和完善,而不是为了废除法国民法典关于债法的规定。

在法国,《债法改革草案》的内容包括五个方面:

其一,债的渊源的规定(la souce des obligations)。该草案采纳了法国主流学者的理论,认为债的渊源除了包括法律行为和法律事件之外,还包括法律,例如,因为相邻关系和公共职责所产生的债。

其二,有关契约和约定债的一般规定(Du contrat et des obligations conventionnelles en général)。主要包括七个方面的内容:契约的成立、契约有效的必要构成要件、契约的法律效果、债的限定方式、债的消灭、债权的转让以及债的证明等方面。

其三,准契约,包括三个方面的内容,即无因管理债、不当支付债(du payment de l'indu)以及不当得利债。

其四,民事责任,主要包括预备性条款、民事责任的条件、民事责任的法律效果、民事责任或者损害赔偿的特定原则。

其五,时效制度,主要包括一般规定、占有时效(de la possession)、时效终止的原因、时效中断的原因、时效期间等。

(三) 法国《契约法改革草案》

该草案是由法国民法学者 Francois Terré 组织和领导的民法学者所起草的有关法国契约法方面的草案。同法国《债法改革草案》不同,法国《契约法改革草案》仅仅对法国契约法进行改革并且也仅仅起草有关法国契约法方面的建议草案,没有涉及诸如准契约债、侵权债或者民事责任债等。同时,法国《契约法改革草案》完全放弃了法国民法典关于契约债的规定,它基于法律的经济分析理论所主张的效率理论来起草法国有关契约法方面的内容。在 2008 年,法国《契约法改革草案》也被 Francois Terré 正式提交给了法国司法部部长。[1]

---

[1] Virginie Larribau-Terneyre, Droit civil Les obligations, 12 e édition, Dalloz, p. 35.

法国《契约法改革草案》的主要内容包括：①契约的一般原则，诸如契约自由、公序良俗原则等。②契约的成立，主要内容有要约与承诺、谈判、同意、当事人的缔约能力、契约的内容、契约的形式、电子契约、契约无效和契约被撤销等。③契约的法律效力，包括契约对当事人的法律效力和契约对第三人的法律效力。其中，契约对当事人的法律效力的主要内容包括契约的不履行、契约不履行的例外、代物履行、价格的减少、契约的解除以及损害赔偿；而契约对第三人的法律效力则主要包括为第三人利益的契约、债权人的代位权和债权人的撤销权等。其四，契约的解释。其五，契约的证明。

（四）法国债法改革的现状

在法国，由于《债法改革草案》和《法国契约法改革草案》均在2008年被提交给了司法部，因此，法国现政府从2008年1月1日开始已经着手法国债法的改革。目前，除了侵权责任法的改革还没有完成之外，法国政府关于债法的改革已经完成了大部分的内容。

1. 有关时效制度方面的法律改革已经完成

在2008年6月17日，法国立法机关通过了2008年6月17日的法律，[①] 对民事领域的时效制度进行了改革。该法共两章计26条，主要内容包括：其一，修改、废除《法国民法典》有关消灭时效和取得时效的条款规定，或者在《法国民法典》当中建立有关消灭时效和取得时效方面的新条款。其二，对《法国民法典》之外的其他法律当中有关时效制度方面的内容进行修改，诸如《法国商法典》《法国消费者法》《法国环境法》和《法国保险法》当中关于时效制度的内容作出修改。

2. 有关契约法、债法总则和债的证明方面的法律改革已经完成

在2016年2月10日，法国政府颁布第2016－131号法令（Ordonnance n°2016－131），对《法国民法典》第三卷第三编进行彻底的改革，这就是有关"契约法、债法总则和债的证明的改革"[②]。通过该法令，《法国民法典》已经完全放弃了之前的第三卷第三编的结构和内容，除了采取新的编章结构之外，该法令还完全重新编写了契约法、债法总则和债的证明制度。[③]

在2016年2月10日的债法改革之前，《法国民法典》第三卷第三编的标题是"契

---

① Ordonnance n°2008－561 du 17 juin 2008 portant réforme de la prescription en matière civile.

② Ordonnance n° 2016－131 du 10 février 2016 portant réforme du droit des contrats，du régime général et de la preuve des obligations ； https：//www. legifrance. gouv. fr/affichTexte. do；jsessionid = 65E6C2507600B7D495CA1A63B87144B8. tpdila18v_3？cidTexte = JORFTEXT000032004939&dateTexte = 20160211.

③ Philippe Malaurie Laurent Aynès Philippe Stoffel-Munck，Droit Des Obligations，8e édition，LGDJ，p. 16；Rémy Cabrillac，Droit des Obligations，12e édition，Dalloz，pp. 10－11；Dimitri Houtcieff，Droit des contrats，2e edition，Laecier Paradigme，pp. 43－46.

约或者契约债总论"（Des contrats ou des obligations conventionnelles en général），共七章，分别对契约的定义、契约的类型（第一章）、契约有效应当具备的必要条件（第二章）、债的效力（第三章）、各种类型的债（第四章）、债的消灭（第五章）、债的证明和清偿的证明（第六章）和电子契约作出了详细的规定。该章规定最明显的特征是，它将债法总则等同于契约总则，完全不区分债法总则和契约总则。

在 2016 年 2 月 10 日的债法改革之前，《法国民法典》第三卷第四编对"非契约产生的债"（Des engagements qui se forment sans convention）作出了规定，该编共两章，其中的第一章对两种准契约即无因管理和不当给付作出了规定，这就是第 1371 条至第 1381 条所规定的准契约责任，而第二章则对侵权和准侵权作出了规定，这就是第 1382 条至第 1386 条所规定的侵权责任。

在 2016 年 2 月 10 日的债法改革当中，法国政府对此种现象进行了区分，不再将债法总则等同于契约总则。除了完全改写该章的结构之外，法国政府也对其中的内容进行了大量的改革并因此让《法国民法典》关于契约、债法总则和债的证明的规定现代化了。具体来说，在 2016 年 2 月 10 日的债法改革之后，《法国民法典》第三卷第三编的标题已经改成了"债的渊源"（Des sources d'obligations），该编共分为五分编。

第一分编为"契约"（Le contrat），对契约总则作出了规定，该分编共四章，分别对一般规定（第一章）、契约的成立（第二章）、契约的解释（第三章）和契约的效力（第四章）作出了规定。

第二分编为"侵权责任"（La responsabilité extracontractuelle），对侵权责任作出了规定，该分编共三章，其中的第一章对侵权责任总则作出了规定，第二章对缺陷产品引起的侵权责任作出了规定，第三章对生态损害的赔偿作出了规定。该编最大的特点是，曾经的著名法律条款诸如第 1382 条、第 1383 条[①]、第 1384（1）条已经不复存在,[②] 而为迄今为止不著名的法律条款所取代：《法国民法典》旧的第 1382 条为新的第 1240 条所取代，旧的第 1383 条为新的第 1241 条所取代，旧的第 1384（1）条为新的第 1242（1）条所取代。换言之，在今时今日，对一般过错侵权责任作出规定的法律条款不再是旧的第 1382 条，而是新的第 1240 条，对行为人就别人的行为和其物的行为引起的损害对他人承担一般侵权责任的法律条款不再是旧的第 1384（1）条，而是新的第 1242（1）条。

第三分编为"债的其他渊源"（Autres sources d'obligations），该分编包括三章，分别对三种类型的准契约作出了规定：无因管理（第一章），不当给付（第二章）和不当得利（第三章），该分编最大的特点是，它明确承认了不当得利的存在，使不当得利债

---

① 张民安：《法国民法》，清华大学出版社 2015 年版，第 392—398 页。
② 张民安：《法国民法》，清华大学出版社 2015 年版，第 401—403、406—409 页。

成为无因管理债和不当给付债之外的第三种准契约债。

第四编的标题为"债法总则"（Du régime général des obligations），共五章，分别对债的限定方式（第一章）、债的运行（即债权的转让、债务的转让、债的更新等）（第二章）、债权人享有的债权请求权（第三章）、债的消灭（第四章）和物的返还作出了规定。

第五分编的标题为"债的著名"，包括三章，分别对一般规定（第一章）、证明方式的承认（第二章）和不同证明方式（第三章）作出了规定。

3. 有待进一步完成的债法改革

在2016年2月10日的债法改革当中，法国政府虽然对侵权责任作出了某些方面的改革，但是，它并没有对侵权责任制度作出根本性的改革，除了将法律条款的顺序作出了调整和增加了生态损害的赔偿之外，法国政府基本上没有对侵权责任作出改革。可以预期，随着契约法和债法总则改革的完成，法国政府即将会采取措施，对《法国民法典》所规定的侵权责任制度进行根本性的改革，因为，在2016年4月24日，法国政府已经开始了有关侵权责任改革方面的公众咨询。①

四、我国债法总则的制定

（一）我国民法学者关于债法总则制定的争论

在我国，民法学者在是否应当制定债法总则的问题上存在极大的争议。某些民法学者认为，我国无需制定债法总则，而某些民法学者则认为，我国必须制定债法总则。

那些不主张制定债法总则的民法学者认为，即便我国将来要制定民法典，债法总则也不应当在民法典当中构成独立的一编；而那些主张应当制定债法总则的民法学者则认为，我国立法机关应当首先制定作为民事单行法的债法总则，并且在未来立法机关编纂民法典时将债法总则编入民法典，作为独立的一编。

我们认为，债法总则的编纂确有必要，一个科学的、合理的民法典不应当置债法总则编于不顾。不过，我国立法机关并没有制定债法总则的打算，因此，在即将浮出水面的民法典当中，债法总则编是不会存在的。

（二）主张制定债法总则的理由

在我国，大多数民法学者都主张制定债法总则，也都主张在债法总则制定之后再编入民法典当中，使其成为民法典当中的独立一编。我国大多数民法学学者之所以主张制

---

① Philippe Malaurie Laurent Aynès Philippe Stoffel-Munck, Droit Des Obligations, 8e édition, LGDJ, p. 16; Rémy Cabrillac, Droit des Obligations, 12e édition, Dalloz, p. 11.

定债法总则，其主要原因有三：

其一，制定债法总则是我国民法典科学性和体系性的要求。我国某些民法学者认为，我国应当首先制定作为民事单行法的债法总则，之后再将其编入民法典，使债法总则成为民法典的独立一编，因为这是我国民法典所具有的科学性和体系性的必然要求。此种理论认为，民法典是否设立独立的债法总则编，是一个国家的民法典是否具有科学性和体系性的重要标志。在当今世界上，不仅德国、瑞士、日本、意大利的民法典规定了债法总则编，而且荷兰、俄罗斯、蒙古、越南等国家的民法典也规定了债法总则编，因此，这些国家的民法典具有科学性和体系性。如果我国民法典要像这些国家的民法典一样具有科学性和体系性，我们当然应当首先制定作为民事单行法的债法总则，之后再将其编入民法典当中，使之成为独立的一编。[1]

其二，制定债法总则并且将其编入我国民法典是克服我国《合同法》所存在的问题的必要。我国某些民法学者认为，因为没有制定作为民事单行法的债法总则，我国现行《合同法》超出了自己的范围而规定了本属于债法总则的规则。我们应当首先制定作为民事单行法的债法总则，要按照法律逻辑和体系的要求，使现行《合同法》中属于债法总则的规定回到债法总则当中。[2]

其三，制定债法总则是统领各种具体债的必要。我国某些民法学者认为，我国应当首先制定作为民事单行法的债法总则，之后再将其编入民法典当中作为独立的一编，因为债法总则是对各种不同的债的制度予以统一适用的制度，债法总则的制定能够让各种不同的债"简约化"。这些民法学者认为，我国债的渊源多种多样，包括合同债、单方允诺债、无因管理债、不当得利债以及侵权行为债等等，这些债的理念、构成要件、指导原则和社会功能各不相同，不足以作为债的共同构成要素。只有制定债法总则，才能够对不同类型的债予以共同适用。[3]

（三）反对制定债法总则的理由

在我国，仅有少数民法学者反对制定债法总则，认为我国既不应当制定作为民事单行法的债法总则，也不应当在民法典当中设立独立的"债法总则"编。他们之所以反对制定债法总则，其主要理由有四：

其一，传统债法体系主要是以《合同法》为中心建立起来的，债法中合同法规则占绝大多数而其他债的规则寥寥无几。债法总则实际是《合同法》的总则，债法总则在《合同法》之外的领域适用很少，可以把无因管理、不当得利作为准合同置于《合

---

[1] 梁慧星：《中国民法典编纂中的几个问题》，《人民法院报》2003年4月30日。
[2] 梁慧星：《中国民法典编纂中的几个问题》，《人民法院报》2003年4月30日。
[3] 崔建远：《债法总则与中国民法典的制定》，《清华大学学报（哲学社会科学版）》2003年第4期，第72页。

同法》中。①

其二，债法总则的设立对整个债法的存在并不具有决定性意义。此种理论认为，设立债法总则并不像我国某些民法学者所认为的那样具有非常重要的、重大的意义，是否设立债法总则对于整个债法是否存在并不会产生实质上的影响，因为，设立债法总则更多的是出于法典形式上的合理性维持，而债法总则存在的合理性本身从一开始就受到质疑。②

其三，民法典不规定债法总则编并不影响民法典的有效适用。此种理论认为，虽然德国等大陆法系国家的民法典规定了债法总则，但是，作为大陆法系国家的《法国民法典》并没有规定债法总则的内容，《法国民法典》并没有因为没有像《德国民法典》那样规定债法总则而无法适用，《法国民法典》在200年的历史时期内仍然得到有效的适用。③

其四，债法总则的条款较少，无法制定成像《合同法》《侵权责任法》或者《物权法》那样的民事单行法，也无法成为民法典当中的独立一编。此种理论认为，鉴于我国已经制定了作为民事单行法的《合同法》《侵权责任法》，鉴于作为债法重要内容的《合同法》《侵权责任法》条款众多、内容庞杂，鉴于债法总则的内容较少、内容简单，我国完全没有必要制定债法总则，无所谓要将债法总则编入民法典当中，并成为与《合同法》《侵权责任法》并存的独立一编，否则，民法典的内部结构将会不协调。④

（四）本书对我国是否应当制定债法总则的意见

在我国，立法者不仅已经制定了《合同法》和《侵权责任法》，而且他们还会在未来将这两部民事单行法规定在民法典当中，这就是未来民法典当中的合同编和侵权责任编。在这两编之前，立法者是否应当规定共同适用于它们的债法总则编？如果要规定这样的一编，则立法者应当像制定《合同法》和《侵权责任法》以及《民法总则》一样首先制定一部民事单行法，否则，他们将无法将债法总则规定在未来的民法典当中并因此让其成为单独的一编。

我们认为，从理论上讲，我国立法者应当采取措施，首先制定债法总则，对共同适用于合同和侵权责任的一般理论和一般制度作出规定，之后再采取措施将所规定的债法总则置于未来的民法典当中，并且将其放在合同编和侵权责任编之前。我国立法者之所以应当制定债法总则，其原因多种多样。

---

① 覃有土、麻昌华：《我国民法典中债法总则的存废》，《法学》2003年第5期，第103页。
② 覃有土、麻昌华：《我国民法典中债法总则的存废》，《法学》2003年第5期，第102页。
③ 覃有土、麻昌华：《我国民法典中债法总则的存废》，《法学》2003年第5期，第102页。
④ 张民安、李婉丽主编：《债法总论》，中山大学出版社2008年第3版，第22—23页。

1. 债法总则是民法典编制体例健全的需要

除了存在诸如合同和侵权责任这样的具体债法理论和债法制度之外,债法还存在一般的理论和一般的制度,这就是债法总则和债法总论。关于债法的一般理论和一般制度的内容,我们将在下面的内容当中作出讨论,此处从略。如果未来民法典当中仅仅规定具体的债法理论和债法制度而不规定债法的一般理论或者一般制度,则未来的民法典在编制体例方面将会是残缺不全的,而如果规定了债法总则,则未来的民法典将会是完美无缺的。

2. 债法总则是民法学者的债法总论法典化的需要

早在1761年,被誉为《法国民法典》之父的Pothier就已经承认债法的一般理论和一般制度。因为在这一年,Pothier出版了其影响深远的第一部民法专论,这就是《债法专论》(*Traité des obligations*)。在其《债法专论》当中,Pothier对债的一般理论和债的一般制度进行了系统化的、体系化的整理,使法国债法当中的债法总论得以形成。[①]

首先,他对债的本质、债的渊源和债的法律效果作出了系统化的、体系化的阐述,使债的本质、债的渊源和债的法律效果方面的一般理论和一般制度得以形成。其次,他对债的类型和不同类型的债之间的差异作出了系统化的、体系化的阐述,使债的类型方面的一般理论和一般制度得以形成。再次,他对债消灭的各种各样的原因作出了系统化的、体系化的阐述,使债消灭方面的一般理论和一般制度得以建立。最后,他对债的证明和债的清偿的证明作出了系统化的、体系化的阐述,使债的证据方面的一般理论和一般制度得以建立。[②]

由于受到Pothier的《债法专论》的影响,法国立法者在1804年的《法国民法典》当中对债法总则作出了明确的规定,这就是《法国民法典》第三卷第三编的规定。在今时今日,除了法国民法学者普遍承认债法总论的存在之外,[③]《法国民法典》也对债法总则作出了详尽的规定,这就是《法国民法典》第三卷第三编和第四编的规定,已如前述。

3. 《合同法》的总则编无法取代债法总则

在我国,虽然立法者在《合同法》当中对合同的一般理论和一般制度作出了规定,但是,他们关于合同总则的规定无法取代债法总则的规定。因为,合同总则仅仅是合同的一般理论和一般制度,虽然能够适用于所有的合同分则,但是,它们无法适用于其他

[①] 张民安:《法国民法总论(上)》,清华大学出版社2017年版,第176页。
[②] 张民安:《法国民法总论(上)》,清华大学出版社2017年版,第176—177页。
[③] Henri et Leon Mazeaud Jean Mazeaud Francois Chabas, Obligations, 9e édition, Montchrestien; Philippe Malinvaud Dominique Fenouillet, Droit des obligations, 11e edition, Litec; Francois Terré Philippe Simler Yves Lequette, Droit civil, Les obligations, 10e edition, Dalloz; Philippe Malaurie Laurent Aynès Philippe Stoffel-Munck, Droit Des Obligations, 8e édition, LGDJ; Rémy Cabrillac, Droit des Obligations, 12e édition, Dalloz.

的债法理论和债法制度。

4. 《民法总则》对债法作出的规定不足以否定债法总则的存在

在我国，立法者显然不会像制定《民法总则》或者《合同法》《侵权责任法》那样制定单独的债法总则。因为一方面，他们根本就没有打算制定这样的民事单行法，另一方面，作为一部政治性质的民法典，他们必须在2020年之前最终完成民法典的编纂工作，没有时间来制定债法总则。因为他们不准备或者无法制定债法总则，因此，在2017年的《民法总则》当中，他们对债法的内容作出了规定，以便弥补没有债法总则的缺憾。

具体来说，我国立法者在《民法总则》的第五章当中对债权的渊源、债权的类型作出了规定，这就是《民法总则》当中的第118条至第122条，其中的第118（2）条对债的渊源作出了规定，认为债的渊源是合同、侵权行为、无因管理、不当得利和法律的其他规定。而第121条和第122条对无因管理和不当得利产生的债作出了规定。

不过，我国立法者这样的做法无法完全弥补债法总则的欠缺所存在的问题。一方面，迄今为止，我们的立法者没有在任何民事单行法当中对债的类型作出规定，包括作为债和不作为债、并列债、选择债和随意债、手段债和结果债等。[①] 另一方面，迄今为止，我国立法者没有在任何民事单行法当中对债的消灭原因作出规定，诸如债的清偿、债的抵消、债的混同、债的更新、债的免除等。[②] 而无论是关于债的类型的规定还是债的消灭原因的规定均是债法总则的重要内容。因为没有任何民事单行法对这些内容作出规定，因此，即便我国未来存在民法典，在引起纠纷时，人们也无法在民法典当中找到这些方面的法律根据。

第六节 债法总论涉及的一般理论和一般制度

一、债法总论和债法分论的界定

根据债法理论和债法制度适用范围的不同，债法理论和债法制度可以分为具体理论、具体制度和一般理论、一般制度。

所谓债法的具体理论和具体制度，是指仅仅能够在某一个债法领域加以适用的理论和制度。例如，侵权责任理论和侵权责任制度属于债法的具体理论和具体制度，因为，除了能够在侵权责任法当中适用之外，它们无法在其他债法领域适用。再如，契约理论

---

① 张民安：《法国民法》，清华大学出版社2015年版，第265—272页。
② 张民安：《法国民法》，清华大学出版社2015年版，第300—314页。

和契约制度也属债法的具体理论和具体制度,因为,除了能够在契约法当中适用之外,它们无法在其他债法领域适用。在民法上,人们将债法的具体理论和具体制度称为债法分论。

所谓债法的一般理论和一般制度,是指能够在债法的所有领域均加以适用的理论和制度。当债法的某一种理论和制度能够在整个债法领域适用时,该种理论和制度就属于债法的一般理论和一般制度。例如,债的渊源理论就属于债法的一般理论和一般制度,因为,除了能够在侵权责任领域和契约领域适用之外,债的渊源也能够在其他债法领域适用。在民法上,人们将债法的一般理论和一般制度称为债法总论。

二、大陆法系国家和我国对待债法总论的不同态度

在当今两大法系国家,《法国民法典》第三卷第三编和第四编对债法的一般理论和一般制度作出了规定,法国民法学者也普遍在其债法总论的著作当中对债法的一般理论和一般制度作出了讨论。

而在我国,立法者没有对债法的一般理论或者一般制度作出规定,因为他们没有制定债法总则。不过,我国某些民法学者则对债法的一般理论和一般制度作出了说明,虽然他们的说明非常明显地带有浓烈的异国他乡的味道,尤其是带有德国民法学者的味道。

我们认为,债法的一般理论和一般制度包括的主要内容有:债的定义和债的特征,债法的历史发展,债的渊源,债的分类,债的效力,债的运行和债的消灭。它们结合在一起就形成了民法当中的债法总论或者债法总则,其中的债法总论是民法学者所建构的债法的一般理论和一般制度,而其中的债法总则则是立法者所规定的债法的一般理论和一般制度。

三、债法总论的主要内容

(一) 债的法律关系的性质、特征和构成要件

在民法上,债法总论所涉及的第一个主要内容是,债的法律关系的性质、特征和构成要件。债法所调整的民事法律关系为债的法律关系,该种民事法律关系的性质是什么?它有哪些重要特征?它的构成要件有哪些?它同包括物权、知识产权、人身权在内的其他民事法律关系之间的联系是什么?区别是什么?这些都是债法的一般理论问题,应当在债法总论当中加以讨论。

(二) 债的渊源

在民法上,债法总论所涉及的第二个主要内容是债的渊源。所谓债的渊源,是指能

够引起债权债务关系产生、变更或者消灭的原因。债的法律关系并不是无缘无故产生、变更或者消灭的，而是因为一定的原因所引起的。问题在于，能够引起债的法律关系产生、变更或者消灭的原因有哪些？

因此，债的渊源问题也是债法的一般理论问题，债法要重点讨论债的渊源有哪些。债法之所以将债的渊源看作债法的一般理论问题，是因为债法的一个主要目标是要确定债的法律关系所产生的渊源，建立起科学、合理的债的渊源制度，防止将不是债的渊源的行为或者事件纳入债法当中，或者将原本应当看作债的渊源的行为或者事件从债的渊源当中排除出去。

（三）债的分类

在民法上，债法总论所涉及的第三个主要内容是债的分类，所谓债的分类，是指通过一定的标准将各种各样的债予以分门别类，以便明确不同类型的债所具有的特点。问题在于，债有哪些类型？不同类型的债有哪些不同的特征？对于这些问题，人们应当在债法总论当中作出讨论。

（四）债的效力

在民法上，债法总论所涉及的第四个主要内容是债的效力。债的法律效力是什么？除了对债权人和债务人产生法律效力之外，债是否会对债权人和债务人之外的第三人产生法律效力？如果产生法律效力，债对第三人产生什么样的法律效力？这些问题都是债法的一般理论问题，应当在债法当中予以讨论。

（五）债的运行

在民法上，债法总论所涉及的第五个主要内容是债的运行（Les opérations sur obligations）。所谓债的运行，是指债权的转让、债务的转让、契约的转让等。债的当事人是否能够将他们享有的债权、承担的债务或者责任转让给债权人或者债务人之外的第三人？如果能够转让，他们所为的转让应当具备哪些条件？应当履行哪些程序？他们的转让所产生的法律效力是什么？这些问题都是债法的一般理论问题，应当在债法当中加以讨论。

（六）债的消灭

在民法上，债法总论所涉及的第六个主要内容是债的消灭。债可以因为某种原因而产生，也可以因为某种原因而消灭。问题在于，引起债消灭的原因有哪些？这些能够导致债的消灭的原因应当具备哪些条件或者程序才能够引起债的消灭？这些问题也都是债法的一般理论问题，应当在债法当中予以讨论。

第三章 债的构成要件

第一节 债的主体

所谓债的主体，也称为债的法律关系主体、债的法律关系的当事人（les parties au rapport d'obligation），是指在债的法律关系当中享有权利、承担义务或者责任的人。任何人，一旦他们在债的法律关系当中享受权利，承担义务或者责任，他们就是债的主体。

一、债的主体的三分法

传统民法理论普遍认为，债的主体包括权利主体和义务主体两种，其中，权利主体就是债权人，义务主体则是债务人。此种理论所存在的问题有二：

其一，它们均忽视了第三人在债的法律关系当中的地位问题。在当今社会，虽然大多数债仅仅涉及债权人和债务人之间的法律关系，但是仍然有不少的债还会涉及债权人、债务人与第三人之间的法律关系，使债权人、债务人与第三人之间形成了错综复杂的权利、义务或者责任关系。实际上，在当今民法或者债法上，债的法律关系除了涉及债权人与债务人的利益之外，还会涉及第三人的利益。Virginie Larribau-Terneyre 对此作出了说明，他指出："无论债所产生的渊源是什么，债都会在债的法律关系的当事人之间产生法律关系，也就是，债都会在债权人和债务人之间产生法律效果。应当注意的是，债同样也会对第三人产生法律效果。"[1]

其二，它们均忽视了债权人或者债务人的继承人、受遗赠人，或者债权、债务的受让人，因为这些人也享有债权和承担债务。

基于此，本书认为，债的主体包括债权人和债务人、等同于债权人和债务人的人以及第三人。

二、债权人与债务人

所谓债权人，是指享有要求债务人作出或者不作出某种行为的人。所谓债务人，是指根据债权人的要求或者法官的要求作出或者不作出某种行为的人。在民法或者债法

---

[1] Virginie Larribau-Terneyre, Droit civil Les obligations, 12 e édition, Dalloz, p. 47.

上，债权人被称为积极主体（sujet actif），而债务人则被称为消极主体（sujet passif）。无论是积极主体还是消极主体，他们都被看作债的法律关系的当事人，并且都被看作处于对立地位的当事人。在债的法律关系当中，债权人与债务人均是必要的，离开其中的任何一方当事人均无所谓债的法律关系。

（一）单纯的债权人与单纯的债务人

在通常情况下，谁是债权人和谁是债务人一清二楚，不会存在任何问题，因为在某些债当中，仅有一方当事人享有权利，而另外一方当事人仅承担义务或责任，此时，在债的关系当中，仅仅享有权利的一方当事人就是债权人，这就是所谓的单纯债权人；而在债的关系当中，仅仅承担义务的另外一方当事人是债务人，这就是所谓的单纯债务人。

例如，当甲方与乙方签订手机赠与契约时，作为受赠人的乙方当然是债权人，有权请求甲方对其交付赠与物，而作为赠与人的甲方当然是债务人，应当对乙方承担交付赠与物的义务或者责任，因为在赠与契约当中，仅有赠与人承担义务或者责任，而受赠人除了享有权利之外并不承担义务或者责任。

同样，当甲方殴打乙方并因此导致乙方遭受人身损害时，遭受人身损害的乙方当然是债权人，有权要求甲方对其承担侵权责任，而殴打乙方的甲方当然是债务人，应当对乙方遭受的人身损害承担赔偿责任，因为在此种简单的侵权债当中，仅有甲方承担责任，乙方除了享有权利之外并不承担责任。

（二）同时是债权人和债务人的债权人和债务人

在特殊情况下，谁是债权人和谁是债务人则不是一清二楚的，因为在某些复杂的债当中，不仅一方当事人享有权利，而且另外一方当事人也享有权利；不仅一方当事人承担义务或者责任，而且另外一方当事人也承担义务或者责任。既然此种类型的债当中的两方当事人均享有权利和承担义务或者责任，那么站在权利的角度，他们都是债权人，而站在义务或者责任的角度，他们都是债务人。

例如，当甲方与乙方签订手机买卖契约时，作为出卖方的甲方应当对作为买受方的乙方承担交付手机的义务或者责任，而作为买受方的乙方也应当对作为出卖方的甲方承担支付手机款项的义务或者责任，此时，手机买卖的甲方和乙方均为手机买卖契约的债务人。

不过，在此种手机买卖契约当中，双方当事人不仅承担义务或者责任，他们还享有权利：作为出卖方的甲方享有要求乙方支付手机款项的权利，而作为买受方的乙方则享有要求甲方及时交付手机的权利。此时，手机买卖契约的甲方和乙方均为手机买卖契约的债权人。类似的情况也出现在其他被称为双务契约的契约债当中，因为双务契约当中的任何一方当事人既享有权利,也承担义务或者责任,既是权利主体,也是义务主体,既是债权人,也是债务人。

(三) 债权人或者债务人的单一性或者非单一性

在债法上,债权人或债务人一方可以是单一的,也可以是非单一的。这就是所谓的债的主体的单一性或者非单一性理论。所谓债的主体是单一的,是指债的主体仅有一个人,包括债权人仅有一个人和债务人仅有一个人这两种情况。所谓债的主体是非单一的,是指债的主体有两个或者两个以上的人,包括债权人有两个或者两个以上的人,以及债务人有两个或者两个以上的人。

在债法上,债的主体究竟是单一的还是非单一的,取决于债的具体情况。在某些情况下,债权人是单一的,债务人也是单一的。在某些情况下,仅债权人是单一的,而债务人则是非单一的;在某些情况下,债权人是非单一的,而债务人则是单一的;在某些情况下,债权人是非单一的,债务人也是非单一的。在某些情况下,债仅仅涉及单一或者非单一的债权人与单一或者非单一的债务人之间的法律关系,则在某些情况下,债除了涉及这些债权人和债务人之间的法律关系之外,还会涉及第三人的权利、义务或者责任问题。

例如,如果甲方通过口头方式毁损乙方的名誉,甲方当然应当对乙方承担名誉侵权责任。此时,名誉侵权之债的债务人即甲方是单一的,债权人即乙方也是单一的,他们之间的名誉侵权纠纷不会涉及第三人的问题。再如,如果甲方在媒体上发表毁损乙方名誉的文章时,甲方当然应当对乙方承担名誉侵权责任,除非他们具有拒绝承担名誉侵权责任的某种抗辩事由。此时,名誉侵权之债的债权人和债务人虽然均是单一的,但是此种名誉侵权之债除了涉及债权人和债务人之外还会涉及第三人:为债务人即甲方发表具有名誉毁损性质文章的媒体。

三、等同于债权人或者债务人的人

在民法或者债法当中,除了债权人和债务人被看作债的法律关系的主体之外,债权人或者债务人的继承人、受遗赠人或者受让人也被认为是债的法律关系的当事人,他们也能够像债权人或者债务人那样享有债权、承担义务或者责任。这就是所谓的等同于债权人和债务人的人。

债权人或者债务人的法定继承人、遗嘱继承人以及受遗赠人在债权人或者债务人死亡之后获得债权人或者债务人的身份,他们或者享有债权人身前享有的权利,或者承担债务人身前承担的义务或者责任,因此,他们被认为是等同于债权人或者债务人的人。

应当说明的是,债务人的法定继承人、遗嘱继承人或者受遗赠人仅仅在他们所继承的遗产的实际价值范围内继承债务人的债,超过遗产实际价值的部分,他们无需偿还,但继承人或者受遗赠人自愿偿还的不在此限。

债权或者债务的受让人在从债权人或者债务人那儿受让债权或者债务之后也成为债的法律关系的当事人,在所受让的债权或者债务范围内成为债权人或者债务人。当然,无论是债权的受让人还是债务的受让人,要成为债的法律关系的当事人,都应当具备债权和债务转让的条件,否则,他们无法获得债权或者债务。

四、债权人和债务人之外的第三人

(一) 传统民法或者债法关于第三人的理论

在债法上,人们往往区分债的当事人和第三人。他们认为,债的当事人就是债权人和债务人,而债的当事人之外的人则仅仅是第三人。人们之所以区分债的当事人和第三人,是因为他们认为,只有债的当事人才能够享有债权、承担债务,第三人既不享有债权,也不承担债务。

在区分债的当事人和第三人时,人们首先面临的一个问题是,如何区分一个人究竟是债的当事人还是第三人。对此问题,学者通常采取的理论是,凡是那些在债的产生当中直接发挥作用的人就是债的当事人,否则,就不是债的当事人而仅仅是第三人。因此,如果甲方与乙方签订买卖契约,则甲方与乙方是该种买卖契约的当事人,因为该种买卖契约所产生的直接原因是甲方与乙方的意思表示,如果没有甲方或者乙方的意思表示,他们之间的买卖契约无法产生,买卖契约债也就无法产生。同样,如果甲方的过失侵权行为直接导致乙方人身损害的发生,则甲方与乙方就是债的当事人而非第三人,因为此种侵权债之所以产生,其最直接的原因是,甲方对乙方实施了导致乙方遭受人身损害的过失侵权行为。

(二) 传统民法关于第三人理论所存在的问题

实际上,此种理论仅仅能够在传统民法或者债法当中予以适用,它很难在当今民法或者债法当中予以适用。

首先,现代民法或者债法认为,即便某些人没有对契约债的成立进行交叉的意思表示,他们仍然被看作契约债的当事人,仍然要受到契约债的约束。最典型的例子是,在股份公司当中,公司的契约即公司章程往往仅有公司的发起人进行过交叉的意思表示,公司的非发起人股东都没有进行过交叉的意思表示,虽然如此,他们仍然被认为是公司的股东,仍然被认为是公司契约即章程的当事人,要受到公司发起人所签订的公司契约即章程的约束。[1]

---

[1] 张民安:《公司法的现代化》,中山大学出版社2006年版,第77页。

其次，在现代民法或者债法当中，基于家庭关系稳定和维护的考虑，民法或者债法认为，家庭成员所签订的某些契约在该家庭成员死亡之后仍然对其近亲属产生法律上的效力。换句话说，其近亲属也被看作此种契约的当事人。例如，当丈夫与房屋的出租人签订房屋租赁契约时，如果该丈夫在其所签订的租赁契约的期限没有届满之前死亡，该种契约并不因此而终止，它仍然继续有效，此时，该丈夫的配偶或者其子女被看作其丈夫所签订的契约的当事人，有权要求出租人继续履行租赁契约所规定的义务。Roland 和 Boyer 对此作出了说明，他们指出："当今民法的趋势是拓展契约当事人的范围，为了便于某些法律制度的运行，当今民法直接将契约当事人的近亲属看作契约的当事人。"①

最后，在现代民法或者债法当中，即便那些直接导致侵权债产生的人也未必一定会被看作侵权债的当事人，而是会被看作第三人。例如，当雇主所雇请的雇员在代表雇主行为时实施了侵权行为，该雇员所实施的侵权行为直接导致了侵权债的产生，根据上述理论，他们当然应当被看作侵权债的当事人。但是，受害人在遭受雇员所实施的侵权行为损害之后往往不会起诉该雇员，而是会起诉其雇主。此时，仅有雇主被看作债务人，雇员虽然实施了直接导致此种侵权债产生的侵权行为，他们也仅仅被看作侵权法当中的第三人。同样的情况也出现在其他替代责任当中，因为在这些侵权责任当中，直接实施了侵权行为的人往往被看作第三人，而不是侵权债的债务人。例如，当未成年人对他人实施侵权行为时，受害人往往或者仅能够将未成年人的父母或者其他监护人看作债务人，不愿或者不能够将未成年人本人看作债务人，而仅愿意或者仅能够将未成年人本人看作第三人。

(三) 作为债的法律关系主体的第三人

基于此，笔者认为，在当今民法或者债法当中，我们无需再固守传统民法或者债法的理论，过分强化债的当事人与债的当事人之外的第三人的区别，我们应当模糊债的当事人与第三人之间的关系，除了将债权人、债务人看作债的法律关系的主体之外，还应当将第三人看作债的法律关系的主体。

之所以采取这样的规则，其理由主要有三个方面：

其一，明确、清晰地区分债的当事人与第三人几乎是不可能的，因为迄今为止，还没有一种能够完全将债的法律关系的主体与第三人予以区分的理论根据存在。

其二，明确、清晰地区分债的法律关系主体和第三人没有实质性的意义，对于建构或者解决债的问题没有丝毫的帮助。

其三，在当今民法或者债法上，什么人被看作债权人，什么人被看作债务人，什么

---

① Henr Roland et Laurent Boyer, Contrat, 3e édition, Litec, p. 493.

人被看作第三人，往往不是取决于法律的直接规定，而是取决于主张权利的人对谁主张权利，因为在民法或者债法上，那些对别人主张权利的人当然就是债权人，而那些被债权人主张权利的人则是债务人，同债的产生有直接原因却没有被债权人主张权利的人则是第三人。换句话说，债务人与第三人身份的转换仅仅取决于债权人的选择。例如，当雇员在代表雇主行为时对他人实施了侵权行为，究竟谁是债务人、谁是第三人，当然取决于他人的选择：如果他人仅仅要求雇主对其承担侵权责任，则雇主就是债务人，雇员就是第三人；如果他人仅仅要求雇员对其承担侵权责任，则雇员就是债务人，而雇主就是第三人；如果他人同时起诉雇主和雇员，要求他们对其承担共同责任和连带责任，则雇主与雇员均为债务人。

第二节 债的内容之一：债权

一、债权的性质

所谓债权，是指债权人所享有的要求债务人作出或者不作出某种行为的权利。Toulet 对债权作出了界定，他指出："所谓债权，是指债权人所享有的要求债务人作出某种行为的权利。"① 债权在本质上是一种财产权、请求权和强制权。

（一）债权是一种财产权

既然债是一种财产性的法律关系，则债权人对其债务人所享有的债权在性质上当然就是一种财产权。实际上，说债是一种财产性的法律关系就是说债权是一种财产权，反之亦然。之所以说债权人所享有的债权是一种财产权，是因为债权同物权人享有的物权、知识产权人享有的知识产权一样都具有经济上的价值，人们能够以金钱方式确定债权人债权的价值，已如前述。除此之外，还因为债权人能够像物权人或者知识产权人那样处分其债权，包括将其债权转让给别人、赠与给别人，甚至还能够将其债权用来作为担保。②

（二）债权是一种请求权

债权是指债权人所享有的要求债务人作出或者不作出某种行为的权利。在民法或者债法上，债权人虽然对其债务人享有权利，但是，他们也仅仅能够通过要求债务人作出

---

① Valérie Toulet, Droit civil, Les obligations, Paradigme, p. 4.
② 于海涌主编：《物权法》，中山大学出版社 2007 年第 3 版，第 256—257 页。

或者不作出某种行为的方式来实现其权利，不得通过对债务人的人身或者债务人的任何具体财产予以支配的方式来实现其权利。在债法上，人们将债权人对债务人所享有的要求其作出或者不作出某种行为的权利称为请求权。

（三）债权是一种强制权

当债权人直接对债务人提出请求，要求债务人作出或者不作出某种行为时，如果债务人拒绝按照债权人的要求作出或者不作出某种行为，则债权人能够请求国家尤其是法院采取强制措施，责令债务人作出或者不作出某种行为。一旦国家尤其是法院采取了强制措施，债务人就必须作出或者不作出某种行为。在债法上，债权人寻求国家尤其是法院采取强制措施的此种权利就是所谓的强制权。

在民法或者债法上，债权所具有的强制权的性质具有非常重要的意义，因为在债法上，债权所具有的强制权性质是债权成为受法律保护的权利的真正原因，成为债权区分于道德性权利的主要标志，成为债的法律关系得以维持的基本力量。如果债权仅仅具有请求权的性质而没有强制权的性质，则债权将像道德上的债一样完全丧失了强制执行力或者国家制裁性。

二、债权的特征

（一）债权的相对性

传统民法理论认为，与物权具有的绝对性相比，债权仅仅具有相对性的特征。所谓债权的相对性，是指债权人只能向债务人主张权利，不得向债务人之外的第三人主张权利；债务人也仅仅对债权人承担债务，不对第三人承担债务。换句话说，债权只能由债权人行使，债务也只能由债务人履行，除非当事人另有约定或者法律另有规定。关于债权的相对性，本书已经在前面的内容当中作出了详细的讨论，此处从略。

（二）债权的绝对性

债权既具有相对性，也具有绝对性。所谓债权的绝对性，是指债权人所享有的债权能够对抗任何恶意第三人，一旦第三人知道他人享有某种债权，他们就应当尊重他人的债权，不得侵犯他人的债权，否则，应当就其侵害他人债权的行为对他人承担侵权责任。债权所具有的绝对性在契约债当中得到反映，因为两大法系国家和我国的民法均认为，如果第三人在知道契约债权人对债务人享有契约性债权的情况下还引诱契约债务人违反所承担的契约债务，或者采取其他方式干预他人的契约性关系，他们应当就其侵害他人契约的行为对他人承担侵权责任。①

在我国，民法学者普遍认可债权的相对性特征而反对债权的绝对性特征。实际上，债权具有相对性的特征并不排除债权具有绝对性的特征，因为债权的相对性仅仅是指债权对债务人所产生的法律效力，而债权的绝对性则是指债权对债务人之外的第三人所产生的法律效力。

不过，债权的绝对性与物权的绝对性仍然存在一定的差异，因为从侵权法的立场来看，物权的绝对性不仅意味着行为人应当就其故意侵害他人物权的行为对他人承担侵权责任，而且还意味着行为人应当就其过失侵害他人物权的行为对他人承担侵权责任。而债权的绝对性则仅仅意味着行为人应当就其故意侵害他人债权的行为对他人承担侵权责任，不就其过失侵害他人债权的行为对他人承担侵权责任，因为两大法系国家和我国的侵权法认为，如果行为人不知道他人存在债权，他们不会就其侵害他人债权的行为对他人承担侵权责任。②

（三）债权的平等性

与物权所具有的优先性效力相比，债权具有平等性的特征。在民法或者债法上，债权的平等性表现在两个方面：

其一，无论同一个债务人的债权人有多少，只要他们均是普通的无担保的债权人，无论这些债权人的债权成立的先后顺序是什么，任何债权人都能够请求同一债务人对其承担义务或者责任；同一债务人对任何债权人履行债务的时候不受债权成立的先后顺序的影响。例如，当甲方在2012年10月7日对乙方实施名誉侵权行为时，乙方对甲方享有的债权成立的时间是2012年10月7日。当甲方在2012年10月10日对丙方实施名誉侵权行为时，丙方对甲方享有的债权成立时间是2012年10月10日。在这两个侵权债当中，债权人是两个不同的人，即乙方和丙方，而债务人则是同一个人，即甲方。它们的共同点是，它们均是普通的侵权债，债权人所享有的债权均为普通债权，也就是没有特别担保的债权。它们的区别是，乙方和丙方的侵权债成立的时间不同。不过，乙方和丙方的侵权债成立的时间先后对甲方履行他们的侵权损害赔偿债的先后顺序不产生影响。甲方既可以先履行他对丙方的债，也可以后履行他对丙方的债；既可以先履行他对乙方的债，也可以后履行他对乙方的债。究竟是先履行丙方的债还是乙方的债，既取决于丙方和乙方谁先主张，也取决于甲方先将损害赔偿金交付给谁。

---

① 张民安：《过错侵权责任制度研究》，中国政法大学出版社2002年版，第569—611页；张民安、梅伟：《侵权法》，中山大学出版社2005年第2版，第193—196页；张民安主编：《合同法》，中山大学出版社2003年版，第187—199页。

② 张民安：《过错侵权责任制度研究》，中国政法大学出版社2002年版，第563—594页。

其二，一旦债务人因为资不抵债而陷入破产，在对债务人的破产财产进行分配时，应当按照每一个债权人的债权在所有债权人的债权总额当中所占的比例进行分配。

在民法或者债法上，债权所具有的平等性仅仅是相对于普通债权而言的，有特别担保的债权不具有平等性的特征，因为有特别担保的债权具有优先获得清偿的效力；不过，对此有一个例外，这就是，如果有特别担保的债权人放弃其特别担保债权，在所放弃的特别担保债权范围内，他们的债权仍然具有平等性的特征。此外，如果制定法有明确规定，某种普通债权也可能具有优先于其他普通债权的效力，甚至具有优先于物权的效力。例如，雇员对其雇主享有的工资债权可能仅仅是普通债权，但是此种普通债权可能会优先于一般的出卖人对该雇主享有的货款支付请求权。

（四）债权的期限性

与物权尤其是所有权的恒久性相比，债权具有期限性。所谓债权的期限性，是指债权人对债务人所享有的债权不是永久的，它们或者是有确定期限的，或者应当是短暂的，甚至是可以随时解除的。Raymond 对此作出了说明，他指出："债权从来都不是恒久的，债权最多不超过 99 年。在法国，《法国民法典》第 1838 条对公司的期限作出了明确规定，《法国民法典》第 1780（1）条对雇佣契约的期限作出了明确规定，并且此条规定的期限虽然仅仅针对雇佣契约，但是法官认定该条的规定是一个普遍性的规定，能够适用于任何契约。"①

在我国，《合同法》第 214 条也对租赁契约的期限作出了明确规定，该条规定：租赁期限不得超过 20 年。超过 20 年的，超过部分无效。租赁期间届满，当事人可以续订租赁合同，但约定的租赁期限自续订之日起不得超过 20 年。

民法或者债法之所以明确规定债权的期限性，其目的在于保护债务人的人身自由，防止债权人通过终身契约、长期契约达到限制债务人人身自由的目的，并因此使债务人成为债权人的奴隶。

应当注意的是，债权虽然具有期限性，但是，现代民法或者债法也对债权的期限性规定了例外情况，认为在例外情况下，债权人享有的债权是恒久的、无期限的。例如，婚姻当事人之间的婚姻当然是一种契约，该种契约所规定的债权就应当是无期限的，如果当事人规定了一定期限，则他们对婚姻期限的规定将因为违反公序良俗而无效，他们之间的婚姻仍然被认为是恒久的、无期限的。例如，甲方和乙方在结婚的时候签订契约，明确规定他们之间的婚姻期限是 5 年，5 年之后他们之间的婚姻自动失效。此种规定是无效的，因为它违反了公序良俗。之所以说这样的规定违反了公序良俗，是因为一般的社会观念都认为，婚姻当事人的婚姻关系应当是"一生一世的""白头到老的"或

---

① Guy Raymond, Droit Civil, 2e edition, litec, p. 201.

者"天长地久的"。

（五）债权的转让性

与债务的不得自由转让性的特性相比，债权具有可自由转让性的特征。所谓债权的可转让性，是指债权人能够将其对债务人享有的债权转让给债务人之外的第三人，让第三人取代债权人而成为新的债权人。

在今天，两大法系国家和我国的民法或者债法原则上都认可债权的可转让性。Raymond 对此作出了说明，他指出："除了仅仅能够由债务人本人亲自履行的债之外，债都是能够转让的。债权的转让可以在活着的人之间进行，也可以因为债权人的死亡而发生转移（债权人的继承人继承债权人的物权和债权）。"①

（六）债权的相容性

与物权的排他性的特征相比，债权具有相容性的特征。所谓债权的相容性，是指在债务人的同一个标的物上可以同时成立两个或者两个以上内容相同的债权，这些债权彼此相容，互相有效，不会因为一个债权的享有而使另一个债权无效。

例如，当甲方将其同一部手机出卖给五个买受人时，甲方同这五个买受人之间签订的手机买卖合同均是有效的。尽管最终只有一个买受人获得甲方的手机，有四个买受人无法获得甲方的手机，但是没有获得甲方手机的四个买受人与甲方签订的手机买卖合同都受到法律的保护，甲方仍然应当就其不能够交付手机给他们的行为对这四个买受人承担违约责任。

三、债权与人格权的区别与联系

民法学者之所以讨论债权的特征，第一个主要的目的是将债权同人格权进行区别并且强化债权的特殊性。传统民法理论认为，债权与人格权既有区别又有联系。

（一）债权与人格权的区别

传统民法理论认为，债权与人格权之间的不同点是：

其一，债权仅仅是一种财产性的权利，能够通过金钱方式确定其价值，而人格权则仅仅是一种精神性的权利，不能够通过金钱方式确定其价值。

其二，债权不具有专属性，债权人能够通过买卖契约、赠与契约或者通过其他方式转让其债权，而人格权则具有专属性，权利人不得通过买卖契约、赠与契约或者其他方式转让其人格权。

---

① Guy Raymond, Droit Civil, 2e edition, litec, p. 201.

其三，债权在债权人死亡之后能够作为遗产为继承人所继承，而人格权在权利人死亡之后不得作为遗产为继承人所继承。

其四，债权的法律救济方式不等同于人格权的法律救济方式。当行为人侵害他人享有的债权时，他人原则上仅能够要求行为人对其承担财产损害赔偿责任，不得要求行为人对其承担非财产损害赔偿责任，而当行为人侵害他人享有的人格权时，他人原则上仅能够要求行为人赔偿其遭受的非财产损害，不得要求行为人对其承担财产损害赔偿责任。[①]

（二）债权与人格权之间的联系

实际上，债权虽然同人格权存在一定的差异，但是它们之间的联系也非常紧密。

一方面，人格权是债法所保护的重要权利，当行为人侵害他人享有的人格权时，他人就对行为人享有要求其赔偿所遭受的损害的债权。

另一方面，在当今两大法系国家和我国，民法认为，某些传统上被看作人格权的权利在今天或者完全不再被看作人格权，而仅仅被看作财产权，或者虽然仍然会被看作人格权，但是同时也会被看作财产权，权利人能够通过契约方式转让他们的权利并因此获得经济或者商事利益；当行为人侵害这些具有财产性质的人格权时，侵权法仅仅会或者同时责令行为人对他人承担财产损害赔偿责任。

例如，两大法系国家的侵权法认为，影视明星、体育明星对其肖像、姓名或者其他人格特征享有的权利被完全看作财产权，影视明星或者体育明星能够将其肖像、姓名或者其他人格特征转让给别人使用并因此获得转让费、使用费；如果商人未经影视明星、体育明星的同意就擅自使用他们的肖像、姓名或者其他人格特征来做广告或者从事其他商事活动，则他们应当赔偿这些公众人物所遭受的经济损失或财产损失。[②]

四、债权与物权的共同点与不同点

民法学者之所以讨论债权的特征，第二个主要目的是将债权与物权区分开来并因此强化债权的特殊性。在民法上，债权与物权既存在共同点，也存在不同点。

债权与物权的共同点是：在民法上，债权和物权在性质上都属于财产权，都具有经济上的价值，都能够以金钱的方式确定它们的价值；权利人都能够将他们所享有的债权或者物权转让给别人，在债权人或者物权人死亡之后，他们享有的权利都能够被其继承

[①] 参见张民安《公开权侵权责任制度研究——无形人格权财产性理论的认可》，载张民安主编《公开权侵权责任研究：肖像、隐私及其人格特征侵权》，中山大学出版社2010年版，第2页。

[②] 参见张民安《公开权侵权责任制度研究——无形人格权财产性理论的认可》，载张民安主编《公开权侵权责任研究：肖像、隐私及其人格特征侵权》，中山大学出版社2010年版，第15—19页、25—33页；张民安：《无形人格侵权责任研究》，北京大学出版社2012年版，第19—35页。

人所继承；当行为人侵害他人享有的债权或者物权时，他们都应当对他人承担财产损害赔偿责任。

债权与特权的不同点是：债权为请求权，物权为支配权；债权属于无形财产权，物权则属于有形财产权；债权具有平等性，物权具有优先性；债权没有追击性，物权则具有追击性；债权具有不受限制性，物权则具有受限制性。

（一）债权为请求权，物权为支配权

债权与物权的第一个主要区别是，债权是一种请求权，物权则为一种支配权。所谓债权为请求权，是指债权人对债务人所享有的债权要得到实现，仅能够通过请求债务人履行他们对债权人所承担的义务或者责任的方式，债权人不得直接对债务人的财产甚至人身采取措施。而所谓物权为支配权，则是指物权人对其物所享有的权利的实现仅仅通过他们对其物进行占有、使用、收益等方式即可，无需通过别人的积极行为就能够实现。

（二）债权属于无形财产权，物权则属于有形财产权

债权与物权的第二个主要区别是，债权在性质上属于无形财产权，而物权在性质上则属于有形财产权。所谓无形财产权，是指权利人仅仅对那些看不见、摸不着的无体物享有的权利，诸如权利人对其契约、商誉或者商事名称等享有的权利。所谓有形财产权，是指权利人对其那些看得见、摸得着的有体物享有的财产权，诸如权利人对其手机、住房等动产、不动产享有的权利。应当说明的是，债权人对其债务人享有的任何债权均为无形财产权，包括债权人享有的契约性债权、侵权性债权、不当得利债权等，因为它们均建立在无形财产的基础上。

民法之所以区分有形财产权和无形财产权，是因为无形财产权在性质上看不见、摸不着，侵权法仅对其提供相对性保护，认为行为人仅仅在故意侵害他人无形财产权的情况下才对他人承担侵权责任；而有形财产权则能够看得见、摸得着，侵权法对其提供绝对保护，认为行为人不仅应当就其故意侵权行为对他人承担侵权责任，而且还应当就其过失侵权行为对他人承担侵权责任，在某些情况下，行为人即便没有过错，他们也可能要对他人承担严格责任。[①]

（三）债权具有平等性，物权具有优先性

债权与物权的第三个主要区别是，债权具有平等性，而物权则具有优先性。

---

① 张民安、林泰松：《我国〈侵权责任法〉对他人民事权益的保护》，载《暨南学报》2010年第3期，第29—29页。

所谓债权的平等性，是指在债务人的财产被强制执行时，债务人所有的债权人，无论他们对债务人享有的债权是先成立还是后成立，也无论他们对债务人所享有的债权是多还是少，他们均要按照他们的债权在整个债权当中所占有的比例来分配债务人的财产或者该财产的变卖款或者拍卖款，任何一个债权人均不享有优先于另外一个债权人获得清偿的权利。

所谓物权的优先性，是指在债务人的财产被强制执行时，有财产担保的债权人即担保物权人所享有的债权应当优先于没有担保的债权人的债权而获得清偿，只有在担保物权人所享有的债权获得清偿之后，普通债权人所享有的债权才能够获得清偿。

（四）债权没有追及性，物权则具有追及性

债权与物权之间的第四个主要区别是，债权没有追及性，物权则具有追及性。在民法上，债权人虽然能够对债务人的财产主张权利，要求债务人用其财产来履行他们对债权人所承担的债务或者责任，但是，债权人在法官没有对债务人的财产采取强制执行措施之前不能够直接对债务人的财产采取措施。

因此，在债权人的债权产生之后到法官对债务人的财产采取强制执行措施之前，如果债务人将其财产处分给第三人，债权人原则上不能够对债务人的此种财产处分行为提起诉讼，更不能够对债务人所处分的财产采取强制执行措施，因为债权人所享有的债权并没有追及性的效力。

物权则不同。当物权人的财产因为某种原因而辗转进入第三人的手中时，物权人能够直接向第三人提出请求，要求第三人将其所占有的财产返还给自己，或者能够向法院起诉，要求法官责令第三人将其非法占有的财产返还给自己，因为物权具有追及性。

（五）债权具有不受限制性，物权则具有受限制性

债权与物权的第五个主要区别是，债权具有不受限制性，物权则具有受限制性。在民法上，债权是不受限制的，而物权则是受到限制的，因为物权采取法定原则，物权究竟有多少种类，每一种物权究竟产生什么样的法律效果，往往由立法者通过的制定法明确规定，在立法者所通过的制定法之外，没有物权的类型或者物权的效力；而债权尤其是契约性债权则采取意思自治和契约自由原则，当事人能够按照自己的意思表示来签订任何形式的契约，可以让这些契约产生他们意思表示所设定的任何法律效力，如果他们所规定的契约类型或者契约内容没有违反公序良俗的话。

在债法上，过失侵权责任具有不受限制性的特征，严格责任则具有受限制性的特征，因为两大法系国家和我国的侵权法都认为，只要行为人在行为的时候没有尽到合理的注意义务，他们就应当就其过失行为对他人承担侵权责任，无论他们所实施的过失行为是不是立法者通过的制定法所规定的过失侵权行为；而行为人究竟对他人承担哪些形

式的严格责任,往往由立法者通过的制定法作出规定,在制定法之外无所谓严格责任。不过,法国侵权法认为,严格责任没有受限制性的特征,因为法国侵权法认为,严格责任并不以制定法的明确规定为限,在制定法规定之外也存在严格责任。

五、债权与知识产权的共同点与不同点

民法学者之所以讨论债权的特征,第三个主要目的是将债权同知识产权区分开来并因此强化债权的特殊性。在民法上,债权与知识产权既存在共同点,也存在不同点。

（一）债权与知识产权之间的共同点

债权与知识产权之间的共同点是:在民法上,债权和知识产权在性质上都属于财产权,并且都属于无形财产权,因为它们虽然均具有经济上的价值,都能够以金钱的方式确定它们的价值,但是人们均无法看见它们的存在;权利人都能够将他们所享有的债权或者知识产权转让给别人,在债权人或者知识产权人死亡之后,他们享有的权利都能够被其继承人所继承;无论是债权还是知识产权都受到债法的保护,当他人享有的债权或者知识产权受到行为人所实施的侵权行为的侵害时,侵权法均会责令行为人对他人承担财产损害赔偿责任。

（二）债权与知识产权之间的不同点

债权与知识产权之间的不同点是:知识产权为支配权,权利人可以直接支配其权利客体;债权则为请求权;知识产权具有排他性,债权则不具有排他性;知识产权的客体为智力成果,债权的客体则为债务人的给付行为;知识产权具有公开性,通过向社会公开的方式来取得法律的专有保护,债权不具有公开性,无需对社会公开;知识产权具有法定性,他人是否获得知识产权往往应当由有关国家机关依照法定程序加以确认或授予,而债权尤其是契约性债权实行意思自治和契约自由原则,当事人能够签订任何形式或者任何内容的契约;知识产权具有地域性,其效力只限于授予权利的国家领域之内,在其他国家不发生效力,债权则不具有这样的特性。

第三节　债的内容之二：债务

一、债务的特征

所谓债务,是指债务人所承担的作出或者不作出某种行为的义务或者责任。债务除了具有债的法律关系所具有的特征以及债权所具有的某些特征之外,还具有自己的一些

特征，包括债务具有强制执行力或者国家制裁性、债务具有期限性、债务具有难以转让性。

（一）债务的强制执行力或者国家制裁性

一旦债务人同债权人之间建立了债的法律关系，债务人就应当履行他们对债权人所承担的契约义务或者法定义务；如果债务人拒绝履行他们对债权人所承担的这些义务，基于债权人的请求，法官会责令债务人就其不履行义务的行为对债权人承担民事责任。这就是法律上的债务所具有的强制执行力或者国家制裁性的特征。

债务所具有的强制执行力或者国家制裁性，使法律上的债务同道德上的债务或者宗教上的债务区别开来，因为，在后两种的情况下，虽然债务人也承担道德义务或者宗教义务，但是，当债务人不履行其义务时，法律不会要求国家采取行动，确保债务人履行自己的义务。[1]

当然，应当说明的是，并非所有的法律上的债务都具有强制执行力或者国家制裁性，例如，自然债虽然也是一种法律上的债，但是该种法律上的债就没有强制执行力或者国家制裁性，仅有民事债才具有强制执行力或者国家制裁性。关于自然债的问题，本书将在下面的内容当中作出讨论，此处从略。

（二）债务的期限性

债务人对债权人承担的债务不是永久的，因为债务人对债权人承担的债务往往是有期限的，而且他们对债权人所承担的债务期限往往是短暂的。债法之所以限制债务人对债权人承担债务的期限，是担心债权人滥用自己的优势地位与债务人签订长期甚至终生契约，让债务人的自由消失殆尽并因此成为债权人的奴隶。

债务的期限性主要表现在两个方面：

其一，债务原则上不得被继承。一旦债务人对债权人承担债务，该种债务只能由债务人在有生之年承担，一旦债务人死亡，其债务即消灭，不得由债务人的继承人继承，因此，所谓"父债子还"的观念是违法的，因为，它违背现代民法崇尚的个体平等独立、自己责任的精神；一旦债务人死亡，其未清偿的债务只能以其遗留的财产清偿，如果债务人的遗产不足以清偿债权人的债权，债务人的继承人无需承担补充责任，除非他们自愿承担补充责任。如果继承人继承债务人的遗产，他们也只在所继承遗产的范围内承担偿还债务人遗留债务的责任。

其二，契约规定的债务期限不得过长。如果当事人在契约中规定了长期债务甚至终身债务，该种债务期限应当是无效的，因为，长期期限契约或者终身期限契约实际上是

---

[1] Jean Carbonnier, les obligations, Presses Universitaires De France, p. 16.

对债务人人身的限制,使债务人失去了人身自由,沦落为债权人的奴隶。如果立法机关在某种法律当中对债务人承担债务的期限作出了明确的限定,契约当事人所规定的债务期限不得超过法律明确规定的期限,否则,超出法律规定的最长期限的部分无效。例如,当公司法规定公司存续期最长不得超过 99 年时,如果股东之间订立的章程规定公司存续的年限为 120 年,则该公司所存续的最长年限仅为 99 年,超过的部分无效。如果立法机关没有对债务存续期限作出明确限定,债务人所承担的债务期限是不是过长,应当由法官结合案件的具体情况来判断,法官应当考虑各种各样的因素,包括债务人的具体情况、债务人所处的行业当中的一般惯例等。

当然,债务具有期限性也存在例外,例如,婚姻当事人所承担的债务具有终身性,婚姻当事人不得规定有明确期限的债务,否则,其规定因为违反公序良俗而无效。

(三) 债务的难以转让性

在民法上,虽然债务人所承担的债务就像债权人所享有的债权一样是一种财产,但是,债务人对其债务的转让显然不会像债权人对其债权的转让那样容易。一方面,大陆法系国家和我国的民法往往认为,债务人在转让其债务之前应当获得债权人的同意,如果债权人不同意债务人转让其债务,则债务人不得转让其债务。另一方面,即便债权人同意债务人转让其债务,债务人也会发现愿意购买其债务的人要远远少于愿意购买债权人所出卖的债权的人。债务人的债务之所以难以转让,是因为他们的债务虽然也是一种财产,但是此种财产仅为一种消极的财产,不像债权人的债权那样是一种积极财产。

二、债务的构成要件:义务和责任

(一) 债务的二分法理论

1. 债务的两个必要构成要件

所谓债务的构成要件,是指构成债务人所承担的债务应当具备的各种因素。在债法上,作为债的重要内容的债务究竟有哪些构成要件,民法学者之间虽然存在一定的争议,但是大陆法系国家和我国民法学者普遍认为,债务包括两个构成要素,这就是义务和责任。所谓义务,也称民事义务,是指债务人最初对债权人所承担的作出或者不作出某种行为的债务。所谓责任,也称为民事责任,或者民事法律责任,是指债务人不履行他们最初对债权人所承担的义务时所产生的法律后果或者强制。这就是债务当中义务与责任的二分法理论(conception dualiste)。

2. 大陆法系国家对债务的二分法理论的认可

在法国,Légier, Terre, Simler 和 Lequette 对法国债法理论当中的义务区分于责任的理论作出了说明。Légier 指出:"根据经典的分析方法,债包括两个要素:义务和强制,其中所谓的义务是指债务人所为的积极行为或者消极不作为行为,而强制则是指强迫债务人的权利,也就是向法院起诉要求法官责令行为人承担责任的权利。"① Terre, Simler 和 Lequette 也指出:"债的经典理论将债的构成要件分为两种:其一,义务,是指债务人通过作出行为或者不作出行为的方式来履行已经到期的债务;其二,责任,也就是,债权人对债务人的人身或者财产所采取的强制措施。换句话说,在债的两个构成要件当中,第一个构成要件强调债所具有的价值,而第二个构成要件则强调债的法律关系所具有的强制性特征。第一个构成要件将债看作一种财产,而第二个构成要件则将债看作一种约束。"②

3. 我国民法对债务的二分法理论的认可

在我国,民法学者也普遍认为,债务包括义务和责任两个构成要件,其中,义务是指法律所强加的作出或者不作出某种行为的拘束或者约束,责任则是指债务人或者行为人违反所承担的义务而应受的某种制裁。③ 我国《民法通则》明确区分债务当中的义务和责任。我国《民法通则》第106(1)条规定:公民、法人违反合同或者不履行其他义务的,应当承担民事责任。在这里,《民法通则》明确规定,民事义务是民事责任的基础和前提,而民事责任则是违反民事义务的结果,只有债务人对债权人承担某种义务,他们才有可能要对他人承担民事责任,如果债务人不对债权人承担民事义务,则他们不对债权人承担民事责任。

(二) 债务人承担的义务

在债法上,债务人对债权人承担的义务虽然多种多样,但是,债法会根据不同的标准将其进行区分:其一,根据债务人承担义务的表现形式,债法将其分为作为义务和不作为义务;其二,根据债务人承担的义务的渊源的不同,债法将其分为侵权法上的义务、契约法上的义务、不当得利法上的义务以及无因管理法上的义务;其三,根据债务人承担义务的性质不同,债法将其分为注意义务和忠实义务;其四,根据债务人承担义务的程度,债法将其分为合理的注意义务和最大限度的注意义务;等等。

1. 作为义务和不作为义务

根据债务人承担义务的表现形式不同,债法往往将债务人所承担的义务分为两种:作为义务和不作为义务。所谓作为义务,也称为积极义务,是指债务人所承担的积极作出某种行为的义务,诸如保护义务、警告义务、控制义务、救助义务、检查义务、说明

---

① Gérard Légier, les obligations, 17e édition, 2001, Dalloz, pp. 1 - 2.
② Francois Terré Philippe Simler Yves Lequette, Droit civil, Les obligations, 10e edition, Dalloz, p. 2.
③ 梁慧星:《民法总论》,法律出版社 2004 年第 2 版,第 84 页;傅静坤主编:《民法总论》,中山大学出版社 2007 年第 3 版,第 49—50 页。

义务等。所谓不作为义务,也称消极义务,是指债务人所承担的不作出任何积极行为的义务,诸如不侵害债权人财产的义务,不毁损他人名誉的义务以及不披露他人隐私的义务等。

债法之所以区分债务人所承担的作为义务和不作为义务,其主要原因有三:其一,在侵权法上,债务人所承担的义务原则上是不作为义务,在例外情况下则是作为义务;而在契约法上,债务人所承担的义务原则上是作为义务,在例外情况下则是不作为义务。其二,过错的表现形式不同。如果债务人应当承担某种作为义务而拒绝承担此种义务,则他们拒绝对债权人承担作为义务的行为将构成不作为过错;如果债务人应当承担不作为义务而拒绝承担此种义务,则他们积极实施的行为将构成作为过错或者滥作为过错。其三,侵权法对待两种义务的态度不同。在英美法系国家和我国,侵权法认为行为人原则上不对他人承担作为义务,他们仅在例外情况下才对他人承担作为义务,因此,当行为人没有对他人积极作出某种行为并因此导致他人遭受损害时,行为人原则上不对他人承担侵权责任,这就是所谓的不作为不承担侵权责任的一般原则。[①]

在债法上,债务人所承担的作为义务被称为作为债,他们所承担的不作为义务被称为不作为债。关于作为债和不作为债,本书将在债的分类当中作出详细讨论,此处从略。

2. 侵权法上的义务、契约法上的义务以及其他债法上的义务

根据债务人承担义务的渊源不同,债法往往将债务人承担的义务分为侵权法上的义务、契约法上的义务、不当得利法上的义务和无因管理法上的义务。当债务人根据侵权法的规定对债权人承担义务时,他们所承担的义务就是侵权法上的义务;当债务人根据契约法的规定或者契约的规定对债权人承担义务时,他们所承担的义务就是契约法上的义务。当债务人根据不当得利法或者无因管理法的规定对债权人承担义务时,他们所承担的义务就是不当得利法上或者无因管理法上的义务。

债法之所以区分债务人所承担的侵权法上的义务、契约法上的义务或者其他债法上的义务,其主要原因在于,债务人所承担的义务存在一定的差异。侵权法上的义务同契约法上的义务存在一定的差异:其一,侵权法上的义务原则上是不作为义务,在例外情况下才是作为义务,而契约法上的义务原则上为作为义务,在例外情况下才是不作为义务;其二,侵权法上的义务主要是法律所强加的义务,而契约法上的义务则主要是由契约当事人所规定的义务。关于侵权法上的义务和契约法上的义务之间的联系与区别,本书将在民事责任债当中作出详细的讨论,此处从略。此外,侵权法上的义务同不当得利法上的义务或者无因管理法上的义务也存在一定的差异,这就是,侵权法上的义务往往

[①] 张民安:《过错侵权责任制度研究》,中国政法大学出版社2002年版,第322—325页;张民安:《侵权法上的作为义务》,法律出版社2010年版,第14—19页。

表现为不作为义务，而不当得利法或者无因管理法上的义务往往表现为作为义务。

3. 注意义务和忠实义务

根据债务人承担义务的性质，债法往往将债务人承担的义务分为注意义务和忠实义务。所谓注意义务，是指债务人在履行他们的职责时所承担的花费时间、使用技能或者达到勤勉程度的义务。例如，公司董事所承担的按时参加公司董事会会议的义务，公司董事所承担的遵守公司章程的义务，雇员所承担的按时处理雇主所交付的任务的义务，医师所承担的说明义务、警告义务，等等，都是注意义务。

所谓忠实义务，是指债务人在履行他们的职责时所承担的不得谋求不当利益的义务。例如，公司董事在代表公司对外行为时所承担的不得收受贿赂、某种秘密利益或者所允诺的其他好处的义务，不得同所在公司开展非法竞争的义务，以及不得同所在公司进行自我交易的义务，等等，就是忠实义务。[①]

债法之所以区分注意义务和忠实义务，是因为债法对行为人是否履行这两种义务所规定的判断标准不同。在债法上，行为人是否履行了其承担的注意义务，其判断标准是一般理性人的标准；而在债法上，行为人是否履行了其承担的忠实义务，其判断标准是行为人在行为时是否获得了某种利益。一旦他们在行为时获得了某种利益，他们就违反了所承担的义务，否则，就没有违反所承担的义务。

4. 合理的注意义务和最大限度的注意义务

根据债务人承担注意义务的程度，债法往往将其分为合理的注意义务和最大限度的注意义务。所谓合理的注意义务，是指债法仅仅要求债务人在履行所承担的注意义务时尽到与其年龄、智力、身份或者职业相同或者类似的人在类似的情况下所能够尽到的注意义务，不会要求他们尽到一切可能尽到的注意程度，无论债务人本人的自身条件是否能够达债法所提出的要求。例如，医师在诊疗病患者的时候也仅仅要求达到其他医师在诊疗病患者时所能够达到的注意程度，如果大多数医师在诊疗病患者的时候都认为某病患者不可救药，则当一个医师认为某病患者无药可救的时候，该医师已经尽到了合理注意义务。

所谓最大限度的注意义务，是指债务人在履行他们所承担的义务时不仅应当尽到一般人或者大多数人在同样或者类似情况下所能尽到的注意程度，而且还应当采取一切能够采取的措施防止其行为损害他人的人身或者财产安全。例如，核设施经营者应当采取一切可能的措施防止核泄漏，他们所承担的义务就是最大限度的注意义务。

债法之所以区分债务人所承担的合理注意义务和最大限度的注意义务，是因为债务人违反这两种义务时所承担的民事责任性质不同。当行为人违反所承担的合理注意义务时，他们仅仅对债权人承担过失责任，而当他们违反所承担的最大限度的注意义务时，

---

① 张民安：《公司法的现代化》，中山大学出版社2006年版，第464—465页。

他们应当对他人承担严格责任。

（三）债务人承担的责任

一旦债务人不履行他们所承担的义务并因此引起债权人损害的发生，在符合民事责任构成要件的情况下，债务人应当就其义务违反行为对债权人承担民事责任。

在债法上，债务人对债权人承担的民事责任所面临的问题多种多样，包括但是不限于：其一，民事责任的本质是什么；其二，民事责任的类型有哪些；其三，民事责任的具体形式是什么；其四，民事责任的理论根据是什么；其五，民事责任的构成要件是什么；其六，民事责任的抗辩事由是什么；等等。关于这些问题，本书将在民事责任债当中进行详细讨论，此处从略。

三、自然债

（一）自然债的性质

在民法上，法律上的债包括民事债（obligation civile）和自然债（obligation naturelle）两种。所谓民事债，是指具有法律上的强制执行力（sanction étatique）的债。所谓自然债（obligation naturelle），又称不完全债（obligation imparfaites），是指那些虽然对债权人和债务人有法律上的约束力但是丧失法律上的强制执行力的债。自然债是介于法律上的债和道德上的债之间的一种债，因为它既具有法律上的债的特性，也具有道德上的债的特性。自然债的理论源于罗马法，并为近现代两大法系国家和我国的法律所遵行。

自然债之所以被看作法律上的债，是因为它仍然具有一般法律上的债的特性，自然债的债务人仍然有义务履行他们对债权人所承担的债务。债务人履行债务的行为对债权人而言是有效的行为：一方面，一旦债务人履行了他们所承担的债务，他们的债务履行行为会产生让他们与债权人之间的债的法律关系消灭的后果；另一方面，一旦债务人履行了他们所承担的债务，他们就不得借口不当得利而要求债权人将其所获得的利益返还给自己。此外，债权人在符合债的抵消的情况下能够与债务人进行债的抵消。

自然债与民事债的唯一区别是，民事债具有国家强制性，如果债务人不履行所承担的义务，债权人能够要求法官采取强制措施，责令债务人履行他们所承担的债务或者责任；而自然债则没有国家强制性，如果债务人不履行所承担的义务，债权人不得要求法官采取强制措施，责令债务人继续履行他们所承担的义务或者对他们承担的责任。因此，自然债虽然有一定的法律效力，但是，与民事债相比，其效力是不完全的。基于这样的原因，自然债也被称为不完全债。①

(二) 自然债的种类

一般认为，自然债可以分为三类：因为民事债蜕化而产生的自然债，因为道德义务转化成的自然债，因为赌博而产生的自然债。

1. 因为民事债蜕化而产生的自然债

自然债的第一种主要形式是所谓的经由民事债蜕化而成的自然债（obligation civiles dégénérées）。所谓经由民事债蜕化而成的自然债，是指债务人对债权人承担的债原本是民事债，因为某种原因，此种债丧失了国家的强制执行力。因为民事债蜕化而成的自然债主要是诉讼时效期届满之后的债。两大法系国家和我国的法律都认为，债务人应当在法律规定或者合同规定的期限内履行他们所承担的债务，如果债务人没有在此期限内履行所承担的债务，债权人应当在法律规定的诉讼时效期限内提起诉讼，要求法官责令债务人对其承担民事责任；如果债权人没有在法律规定的诉讼时效期限内提起诉讼，则他们不得再要求法官责令债务人对其承担民事责任。此时，债务人对债权人承担的债就从民事债蜕化产生的自然债。

2. 因为道德义务转化成的自然债

自然债的第二种主要形式是经由道德义务转化而来的自然债。在民法上，如果行为人对他人所承担的债务仅为道德性的债务，债务人既可以履行此种债务，也可以不履行此种债务；当债务人自愿履行他们所承担的道德债务时，他人能够受领其债务的履行行为，债务人不得借口不当得利请求他人将其受领的利益返还给自己；如果债务人拒绝履行他们所承担的债务，债权人不得请求法官责令债务人对其履行所承担的道德债务。这就是所谓的经由道德义务转化而来的自然债。

例如，根据我国婚姻法的规定，兄弟姐妹之间原则上并不承担法定的债务，兄姐对其弟妹并不承担法定的抚养或者扶养义务。但是，基于兄弟姐妹之间的血缘和亲情，兄姐往往自愿对其弟妹承担道德上的抚养或者扶养义务。一旦兄姐基于此种道德债务对其弟妹进行资助，其弟妹有权受领其兄姐的资助，兄姐在支付了自助款项之后无权再请求其弟妹将其受领的资助款项返还给自己。

3. 因为赌债而产生的自然债

自然债的第三种主要形式是因为赌债而产生的自然债。一旦债务人和债权人订立赌债契约（dettes d'honneur），债务人就应当按照赌债契约的规定将所欠下的赌债返还给债权人，如果债务人将其赌债返还给债权人，债权人有权受领其支付的赌债，债务人此后不得基于不当得利请求债权人将其受领的赌债返还给自己。但是，如果债务人拒绝将

---

① Jean Carbonnier, les obligations, Presses Universitaires De France, p. 16.

所欠下的赌债返还给债权人,债权人不得请求法院责令债务人承担返还责任。

(三) 自然债的效力

自然债虽然不具有完全的法律效力,但是,它仍然会产生不完全的法律效力,因为,自然债并非纯道德性的债,它仍然是一种法律上的债,仍然具有民事债所具有的某些特性。自然债的效力表现在三个方面:其一,自然债仍然产生请求效力,虽然它不具有国家的强制执行力;其二,自然债仍然有可能产生给付的效力;其三,自然债可以转换为民事债。

1. **自然债的请求力**

在自然债中,债权人仍然可以请求债务人对其承担债务,债务人仍然应当对债权人承担债务的履行义务,债权人对债务人所为的此种请求行为不构成侵权行为,无需对债务人承担侵权责任。

2. **自然债有可能产生给付效力**

在自然债中,虽然债权人不得强制执行自己的债权,但是,如果债务人自愿履行自己承担的债务,债权人仍然有权受领其给付;一旦债权人受领债务人的给付,债权人与债务人之间的债的法律关系消灭,债务人此后不再对债权人承担债务,债权人此后也不得再请求债务人对其履行债务。换句话说,债务人的给付行为在法律上构成有效给付,因此:其一,债务人此后不得基于不当得利债要求债权人承担返还责任,因为,债务人的给付行为是正当的,不构成不当给付;其二,债务人的给付行为不构成赠与行为,因为,债务人履行债务的目的不是为了赠与,而是为了清偿自己承担的债务并使他们同债权人之间的债的法律关系消灭。[①]

3. **自然债向民事债的转换**

在债法上,债务人承担的自然债可以转换为民事债,此种转换也可以称为债的更新(novation)。自然债一旦转换为民事债,即产生民事债的双重法律效力:直接请求效力和国家强制执行力。此时,债权人不但可以请求债务人履行他们所承担的债务,而且当债务人拒绝履行他们所承担的债务时,债权人还可以请求法院责令债务人对其承担民事责任。

在债法上,自然债向民事债的转换究竟包括一种情形还是包括两种情形,学说存在争议。某些学者认为,所谓自然债的转换,是指债务人和债权人订立协议,承诺履行他们原本对债权人所承担的债务。当事人所为的此种协议原则上要采用书面形式。[②] 某些学者认为,自然债的转换不仅包括此种形式,而且还包括另外一种形式即债务人履行债

---

① Jean Carbonnier, les obligations, Presses Universitaires De France, p. 18.
② Jean Carbonnier, les obligations, Presses Universitaires De France, p. 18.

的行为。① 本书认为，自然债向民事债的转换方式多种多样，包括：债务人同债权人签订契约，承诺继续履行他们原本对债权人承担的债务；债务人虽然没有同债权人签订契约，承诺会继续履行他们原本对债权人承担的债务，但是，他们在事实上已经开始履行或者部分履行对债权人所承担的债务。其中，债务人同债权人签订的契约除了书面契约之外，还包括口头契约。

第四节 债的客体

一、债的客体的界定

债的客体（objet de l'obligation），也称为债的标的或者债的法律关系的客体，是指债务人对债权人所为的某种给付行为（prestation），包括积极作出某种行为的给付行为，也包括消极不作出某种行为的给付行为。其中，积极作出某种行为的给付行为被称为作为行为，而消极不作出某种行为的给付行为则被称为不作为行为。

在债法上，作为债的客体的"给付"是债法所特有的概念，它是指债务人为了履行对债权人所承担的义务或者责任而实施的某种作为行为或者不作为行为，其中所谓作为行为包括诸如交付某种财物的行为、支付价款的行为、移转标的物所有权的行为以及提供劳务的行为等，所谓不作为行为则包括诸如不同债权人展开不正当竞争、不泄露债权人的秘密等。

二、债的客体与债的客体的客体的区别

在债法上，债的客体不同于债的客体的客体。所谓债的客体的客体，也称为债的标的物或者给付客体（objet de la prestation），是指债务人给付债权人的具体财产。债的客体同债的客体的客体的主要区别是，债的客体是行为，是债务人的某种给付行为，而债的客体的客体则是财产，也就是债务人为了履行他们所承担的债务而交付给债权人的某种财产。

例如，当契约债务人同契约债权人签订手机、汽车或者房屋的买卖契约时，这些买卖契约的标的或者是出卖人对买受人所为的手机、汽车或者房屋交付行为，或者是买受人对出卖人所为的货款支付行为，而它们的标的物则是出卖人所交付的手机、汽车或者房屋。

---

① Gérard Légier, les obligations, quatorième édition, mementos dalloz, p. 2.

三、债的客体的构成要件

无论是什么形式的债的客体，均应同时具备三个必要构成要件：债的客体的可能性、确定性和合法性。只有同时具备这三个必要构成要件，债的法律关系才是有效的，否则，缺少其中任何一个必要构成要件，债的法律关系都会存在一定的问题。

（一）债的客体的可能性

债的客体应当具备的第一个必要构成要件是，债的客体是可能的。所谓债的客体是可能的，是指债务人的给付行为在事实上是能够加以实施的。如果债务人在事实上无法具体实施其给付行为，则债的客体就是不可能的。只有在债的客体是可能的时候，债的法律关系才能够成为具有强制执行力的法律关系。如果债的客体是不可能的，则债的法律关系可能是无效的。理论上，债的客体的可能性既是契约债的客体的要求，也是侵权债、不当得利债和无因管理债的客体的要求，不过，债的客体的可能性问题主要是契约债所面临的问题，不是或者主要不是侵权债、不当得利债或者无因管理债所面临的问题。

（二）债的客体的确定性

债的客体应当具备的第二个必要构成要件是，债的客体是确定性的或者是可以确定的。所谓债的客体是确定的，是指债务人所为的给付在债的法律关系产生时就已经明确、肯定和清楚。所谓债的客体的可以确定性，是指在债产生的时候，虽然债务人所为的给付行为在债的法律关系产生时不明确、肯定或者清楚，但是在债的具体履行时债务人的给付行为则是明确的、肯定的和清楚的。[①] 在债法上，只有债的客体是确定的或者可以确定的时候，债的法律关系才能够成为具有强制执行力的法律关系。如果债的客体是不确定的或者不可以确定的，则债的法律关系将是无效的。理论上，债的客体的确定性既是契约债的客体的要求，也是侵权债、不当得利债和无因管理债的客体的要求，不过，债的客体的确定性问题主要是契约债所面临的问题，不是或者主要不是侵权债、不当得利债或者无因管理债所面临的问题。

（三）债的客体的合法性

在债法上，债的客体应当具备的第三个必要构成要件是，债的客体是合法的。所谓债的客体是合法的，是指债的客体应当符合法律的强制性要求，不得违反法律的禁止性规定，不得违反公共秩序的要求。在债法上，只有债的客体是合法的时候，债的法律关

---

① 傅静坤主编：《民法总论》，中山大学出版社 2007 年第 3 版，第 146 页。

系才能够成为具有强制执行力的法律关系。如果债的客体是不合法的,则债的法律关系将是无效的。理论上,债的客体的合法性既是契约债的客体的要求,也是侵权债、不当得利债和无因管理债的客体的要求,不过,债的客体的合法性问题主要是契约债所面临的问题,不是或者主要不是侵权债、不当得利债或者无因管理债所面临的问题。

第四章 债的渊源

第一节 债的渊源概述

一、债的渊源的界定

所谓债的渊源，也称为债发生的法律根据（legal foundation of obligations），是指引起债权人和债务人之间债的法律关系产生的原因。Malaurie，Aynes 和 Stoffel-Munck 对债的渊源作出了界定，他们指出："渊源这个词语是指起因或者产生。在此种意义上，人们论及'债的渊源'。因此，如果债因为买卖或者借贷而产生，则这些债来源于契约；如果他人因为行为人实施的过失行为而遭受损害，则他人对行为人享有的损害赔偿债来源于行为人实施的侵权行为，而不是来源于契约。"[①]

如果行为人毁损他人的名誉并因此导致他人遭受名誉损害，那么，他们就应当就其实施的名誉毁损行为对他人承担损害赔偿责任。此时，行为人与他人之间的侵权债之所以会产生，是因为行为人对他人实施了名誉毁损行为，因此，行为人实施的名誉毁损行为就是名誉侵权债的"渊源"。同样，如果甲方和乙方签订手表买卖契约，则甲方就应当根据契约的规定将其手表交付给乙方，乙方也应当按照契约的规定将其价款支付给甲方。此时，甲方和乙方之间之所以产生契约债，是因为他们双方签订了买卖契约。因此，甲方和乙方之间的买卖契约就是他们之间的契约债的"渊源"。

在债法上，债的渊源不同于债法的渊源。所谓债法的渊源，是指债法的具体表现形式，已如前述。而所谓债的渊源，则是指引起债的法律关系产生的原因。

二、债的渊源在债法当中的地位

在债法上，债的渊源具有十分重要的意义，因为债的渊源是引起债的法律关系产生的原因，而债的法律关系则是债的渊源所产生的必然结果。换句话说，债的渊源与债的法律关系之间存在因果关系，因为有了债的渊源，所以有了债的法律关系；如果没有债的渊源，当然就不可能有债的法律关系。

在债法上，债的渊源虽然会引致债的法律关系的建立，但是，债的渊源也仅仅是债

[①] Philippe Malaurie Laurent Aynès Philippe Stoffel-Munck, les obligations, 4e edition DEFRENOIS, p. 5.

务人对债权人承担民事责任的必要条件之一。因为根据当今的民事责任理论，债务人对债权人承担民事责任债除了应当具备债的渊源之外，还应当具备其他的构成要件，如果仅仅具备债的渊源而不具备其他的构成要件，债务人将无法对债权人承担民事责任。换句话说，在债法当中，债的渊源仅仅是债务人对债权人承担民事责任的必要条件，不是债务人对债权人承担民事责任的充分条件。

虽然行为人对他人实施的致害行为是侵权债产生的渊源，但是，仅仅具备致害行为这一渊源还不足以让行为人对他人承担侵权责任，行为人要就其实施的致害行为对他人承担侵权责任，除了应当具备致害行为这一构成要件之外，还应当具备其他的必要构成要件，诸如他人损害的发生、行为人的致害行为同他人遭受的损害之间的因果关系，等等。

同样，虽然契约债仅仅因为契约当事人之间所为的法律行为而产生，但是，仅仅具备了法律行为这一渊源还不足以让契约债务人对债仅人承担违约责任，债务人要对债权人承担违约责任，还应当具备其他条件，诸如债务人不履行所承担的约定义务，债务人不履行约定义务的行为引起了债权人损害的发生，债务人不履行债务的行为同他人遭受的损害之间存在因果关系，等等。

三、债的渊源与债的类型之间的关系

在债法上，债的渊源同债的类型之间到底是什么样的关系，学者之间有不同的意见。某些民法学者否定债的渊源的独立性，将债的渊源看作债的众多类型当中的一种；而某些民法学者则肯定债的渊源的独立性，认为债的渊源独立于债的类型，明确区分债的渊源同债的类型。

本书认为，从一定的意义上讲，债的渊源当然能够看作债的类型的组成部分，因为债的渊源不同，债的类型也不同：当债的渊源是契约时，因为该种渊源而产生的债就是契约债；当债的渊源是侵权行为时，因为该种渊源而产生的债就是侵权债；等等。但是，债的渊源同债的类型毕竟存在差异，因此，不应当将债的渊源同债的类型混同，应当明确区分债的渊源和债的种类。

债的渊源之所以不同于债的类型，是因为债的渊源要解决的问题是：债是如何产生的，其产生的原因有哪些；而债的种类要解决的问题是：在众多的债当中，要区分哪些债具有相同的性质、特征，能够在将来面临纠纷的时候适用"同类债同样处理"的原则。

本书认为，在债法上，我们要先确定债的渊源，之后再对债进行分类，而不是先对债进行分类，之后再讨论债的渊源，因为债的渊源不同，它们的类型也不同。例如，我们应当首先认定契约或者法律行为是债产生的渊源，之后再对契约或者法律行为进行分类。再如，我们应当首先认定侵权行为是债产生的渊源，之后再对侵权债进行分类。

四、债的渊源所面临的主要问题

在债法上，债的渊源所面临的主要问题是，债的渊源应当如何进行分类。对于这样的问题，法国民法学界存在极大的争议。在法国，民法典虽然对债的渊源作出了明确规定，但是法国民法学者普遍认为法国民法典对债的渊源作出的规定不科学、不合理，因此，他们都主张对债的渊源作出新的分类。基于不同的考虑，法国民法学者对债的渊源作出的分类可谓五花八门。关于这一点，本书将在下面的内容当中作出详细的讨论，此处从略。

在我国，债的渊源所面临的主要问题是：我国的法律是否规定了债的渊源？如果法律已经规定了债的渊源，那么，我国法律所规定的债的渊源有哪些？我国法律所规定的债的渊源是否科学、合理？如果不科学、不合理，我国法律又应当如何规定科学、合理的债的渊源？如果没有规定，我国法律为什么不规定债的渊源？我国法律不规定债的渊源会产生什么问题？这些问题应当如何加以解决？对于这些问题，我国民法学者均没有作出明确说明，因为我国民法学者在讨论债的渊源的时候完全脱离我国《民法通则》或者其他法律的规定，而仅仅根据我国台湾地区的民法学者的意见来对债的渊源作出说明。

第二节 大陆法系国家债的渊源

在大陆法系国家，除了民法典对债的渊源作出了明确规定之外，民法学者也普遍对债的渊源问题作出了说明。

一、罗马法关于债的渊源的规定

在罗马法当中，盖尤斯在其《法学阶梯》当中将债的渊源分为三种：因为契约而产生的契约债，因为侵权行为而产生的侵权债，因为法律规定的其他原因而产生的债。盖尤斯指出："债或者基于契约而产生，或者基于侵权行为而产生，或者基于法律规定的其他原因而产生。"[①] 其中盖尤斯所谓的"基于法律规定的其他原因而产生"实际上是指所谓的准契约，也就是基于不当得利和无因管理行为所产生的不当得利债和无因管理债。

盖尤斯关于债的渊源的理论并没有完全被优士丁尼所采取，因为优士丁尼在其《法学阶梯》当中将债的渊源分为四种，这就是，基于契约产生的契约债、基于侵权行

---

① D. 44, 7, 1pr.

为产生的侵权债、基于准契约行为而产生的准契约债和基于准侵权行为而产生的准侵权债。优士丁尼指出："债或者基于契约而产生，或者基于准契约而产生，或者基于侵权行为而产生，或者基于准侵权行为而产生。"

二、《法国民法典》关于债的渊源的规定

（一）Pothier 采取的债的渊源的五分法理论

在法国，罗马法关于债的渊源的上述理论得到了被称为法国民法之父的 Pothier 的认同，在其 1761 年的著名民法著作《债法专论》当中，除了承认了一种新的债的渊源即制定法的规定之外，他仍然将契约、准契约、侵权和准侵权视为债的渊源，这就是他采取的债的渊源的五分法理论。① Pothier 的五分法理论直接被法国立法者规定在 1804 年的《法国民法典》当中，并且一直保留到 2016 年 2 月 10 日。

（二）《法国民法典》在 2016 年 2 月 10 日之前对债的渊源五分法理论的坚持

在 2016 年 2 月 10 日的债法改革之前，《法国民法典》第 3 卷第 3 编对契约债（obligations contractuelle）作出了明确规定，该编的条款最多，包括了从民法典旧的第 1101 条到旧的第 1169 条的所有条款；内容最全面，包括了契约债的界定、契约债的有效条件、契约债的效果、契约债的种类、契约债的消灭、契约债的证明和契约债清偿的证明等内容，构成法国债法最主要、最重要的法律渊源。《法国民法典》第 3 卷第 4 编对非契约债（obligations extracontractuelle）作出了明确规定，包括准契约债、侵权债和准侵权债，该编的条款较少，包括了从民法典旧的第 1370 条到旧的第 1386 条在内的所有条款，构成法国债法的次要法律渊源。

在 2016 年 2 月 10 日的债法改革之前，法国民法学者普遍认为，《法国民法典》规定的债法渊源有五个：契约（contrat）、准契约（quasi-contrat）、侵权（délit）、准侵权（quasi-délit）和法律（loi）。Carbonner 指出，根据民法典规定的债法渊源对债进行分类，债可以分为五种：契约债、准契约债、侵权债、准侵权债以及法定债。② Cabrillac 也指出，《法国民法典》区分了五种类型的债的渊源：契约、准契约、侵权、准侵权和法律。③

在这五种债的渊源当中，所谓准契约，是指无因管理和不当给付；所谓侵权，是指《法国民法典》旧的第 1382 条所规定的故意侵权；所谓准侵权，是指《法国民法典》

---

① Robert-Joseph Pothier, Traité des Obligations, Dalloz, pp. 4 – 55.
② Jean Carbonnier, Les Obligations, Press Universifaires De France, pp. 29 – 30.
③ Rémy Cabrillac, Droit des Obligations, 12e édition, Dalloz, p. 23.

旧的第 1383 条所规定的过失侵权行为。因此，在讨论债的渊源时，民法学者所谓的侵权不同于他们在讨论侵权责任制度时所谓的侵权，因为在讨论侵权责任制度时，他们所谓的侵权既包括故意侵权和过失侵权，也包括物的侵权和别人的侵权。

（三）《法国民法典》在 2016 年 2 月 10 日之后所采取的债的渊源的三分法理论

在 2016 年 2 月 10 日的债法改革之后，《法国民法典》放弃了债的渊源的五分法理论，而采取了债的渊源的三分法理论，这就是，它将债的渊源分为三种：法律行为、法律事件和制定法。《法国民法典》新的第 1100（1）条规定：债或者源自法律行为，或者源自法律事件，或者源自制定法的单纯权威性。①

在今时今日，法国民法学者普遍遵循《法国民法典》新的第 1100（1）条的规定，将债的渊源分为法律行为、法律事件和制定法的单纯权威性三类。②

三、法国民法学者关于债的渊源的争论

在法国，民法典关于债的渊源的五分法理论受到学者的广泛批判，他们认为《法国民法典》所规定的五分法存在这样或者那样的问题，应当对债的渊源进行重新分类。至于说债的渊源应当如何进行重新分类，法国民法学者之间的意见并不统一，不同的学者有不同的意见，主要包括五种：一分法的债的渊源理论，二分法的债的渊源理论，三分法的债的渊源理论，四分法的债的渊源理论和五分法的债的渊源理论。

（一）一分法的债的渊源理论

在法国，某些学者认为，债的渊源只有一种，这就是法律，因为只有法律的规定才能够产生债的效力，无论是契约债、准契约债、侵权债或者准侵权债，都是基于法律的规定而产生的债。

（二）二分法的债的渊源理论

在法国，某些学者认为，债的渊源分为法律行为（acte juridique）和法律事件（fait juridique）两种，其中的法律行为包括了单方行为、双方行为和多方行为，而法律事件则包括侵权、准侵权和准契约行为。此种观点为当今法国民法学界的主流观点，大多数

---

① Article 1100 Les obligations naissent d'actes juridiques, de faits juridiques ou de l'autorité seule de la loi.
　Elles peuvent naître de l'exécution volontaire ou de la promesse d'exécution d'un devoir de conscience envers autrui.
② Philippe Malaurie Laurent Aynès Philippe Stoffel-Munck, Droit Des Obligations, 8e édition, LGDJ, p. 229; Rémy Cabrillac, Droit des Obligations, 12e édition, Dalloz, pp. 13 – 14; Dimitri Houtcieff, Droit des contrats, 2e edition, Laecier Paradigme, pp. 23 – 28.

民法学者都采取此种理论。①

Carbonnier 对此作出了说明,他指出:"即便人们认为那些在法律文件上签名盖章的人应当像那些盗窃他人机动车的人一样承担债务,但是他们承担债务的原因却非常不同,出于这样的考虑,人们认为区分债产生的原因非常有益。根据债产生的渊源的不同,债可以进行两种形式的分类:其一,民法典对债的渊源的分类,这是制定法对债的渊源进行的分类;其二,学说对债的渊源的分类,认为债的渊源应当分为两种,这就是,法律行为和法律事件。在当今法国,民法典的分类已经不再占有优势地位,而学说的分类已经成为当今法国的主流意见。"②

(三) 三分法的债的渊源理论

在法国,某些民法学者认为,债的渊源应当分为三种,至于应当分为哪三种,民法学者之间有不同的意见。Cabrillac 认为,应当根据科学的方式将债分为三种:①因为当事人的意思表示所产生的债,即因为法律行为而产生的债;②因为准契约行为而产生的债;③因为侵权和准侵权所产生的债,即民事责任。③

Malaurie, Aynès 和 Stoffel-Munck 则认为,债的渊源应当分为三种,即法律行为(主要是契约)、法律事件(准契约、侵权和准侵权)以及身份(le statua)(次要渊源)。④还有某些民法学者认为,债的渊源应当分为法律行为、法律事件以及法律三种。

(四) 四分法的债的渊源理论

在法国,某些学者认为,债的渊源应当分为侵权、准侵权、契约和其他渊源四种,这就是所谓四分法的债的渊源理论。Starck 采取这样的理论。根据这种四分法的理论,"其他的渊源产生的债"包括罗马法当中规定的因为不当得利产生的债和因为无因管理产生的债。⑤

(五) 五分法的债的渊源理论

在法国,某些学者认为,债的渊源应当分为五种,至于应当分为哪五种,民法学者

---

① Jean Carbonnier, Droit civil, les obligations, 17e édition, Presse Universitaires De France, p. 30; Gérard Légier, les obligations, 17e édition, 2001, Dalloz, p. 6; Virginie Larribau-Terneyre, Droit civil Les obligations, 12 e édition, Dalloz, p. 21; Pierre-Gabriel Jobin et Nathalie Vézina, Baudouin et Jobin, Les Obligations, 6eédition, Editions Yvon Blais, p. 49.
② Jean Carbonnier, Les Obligations, Press Universifaires De France, p. 29.
③ Rémy Cabrillac, Droit des Obligations, 9e édition, Dalloz, p. 12.
④ Philippe Malaurie Laurent Aynès Philippe Stoffel-Munck, les, obligations, 4e edition DEFRENOIS, p. 5.
⑤ Starck, no4; V. Jean Carbonnier, Les Obligations, Press Universifaires De France, p. 33.

之间也存在不同的意见。Colin-Morandiere 认为，债的渊源或者因为契约而产生，或者因为单方行为而产生，或者因为非法行为而产生，或者因为不当得利而产生，或者因为无因管理而产生。① Savatier 则认为，债的渊源包括：因为意思自治产生的债（法律行为）、因为意思自治的等同物产生的债（不当得利、准契约）、因为过错侵权行为所产生的侵权责任、因为危险引起的侵权责任和因为社会利益产生的债（诸如相邻关系、监护关系和家庭关系等产生的债）。②

第三节 我国债的渊源

一、我国民法学者关于债的渊源的分类

（一）我国民法学者关于债的渊源的理论分类

在我国，民法学者对债的渊源作出了说明，这些说明虽然存在一定的差异，但是，总的来说，他们的理论有三种：五分法的债的渊源理论、六分法的债的渊源理论和七分法的债的渊源理论。

1. **五分法的债的渊源理论**

在我国，某些民法学者采取五分法的债的渊源理论，认为债的渊源有五种，至于债的渊源有哪五种，这些民法学者的意见并不一致。

王家福教授认为，债的渊源包括合同、侵权行为、不当得利、无因管理和缔约上的过失。③ 而江平教授则认为，债的渊源包括：合同、侵权行为、无因管理、不当得利和其他原因。其中的其他原因包括诸如悬赏广告、缔约上的过失、遗失物的拾得、添附行为、继承等。④

2. **六分法的债的渊源理论**

在我国，某些民法学者采取六分法的债的渊源理论，认为债的渊源有六种，至于债的渊源有哪六种，这些民法学者也有不同的意见。张广兴教授认为，我国债的渊源包括：合同、无因管理、不当得利、侵权行为、缔约上的过失、单方允诺。⑤ 王卫国教授则认为，我国债的渊源包括：合同、侵权行为、不当得利、无因管理、缔约过失以及其

---

① Colin-Morandiere, II, no11; v. Jean Carbonnier, Les Obligations, Press Universifaires De France, p. 33.
② Savatier, II, no86; V. Jean Carbonnier, Les Obligations, Press Universifaires De France, p. 33.
③ 王家福主编:《民法债权》，法律出版社 1991 年版，第 32 页。
④ 江平主编:《民法学》，中国政法大学出版社 2007 年版，第 456—463 页。
⑤ 张广兴:《债法总论》，法律出版社 1997 年版，第 47 页。

他法定原因,所谓"其他法定原因"是指基于法律的特别规定而产生的债。①

3. 七分法的债的渊源理论

在我国,某些学者认为,我国债的渊源分为七种:合同、缔约上的过失、单独行为、侵权行为、无因管理、不当得利和其他原因。魏振瀛教授采取这样的理论,他认为,债产生的渊源包括七种:合同、缔约上的过失、单独行为、侵权行为、无因管理、不当得利和其他原因,其中,其他原因包括拾得遗失物的行为和遗产的保管行为等。②

(二) 我国民法学者关于债的渊源的分类所存在的问题

在我国,民法学者关于债的渊源的分类存在四个主要问题:

其一,在我国,无论是采取五分法、六分法还是七分法的债的渊源理论的学者,几乎都没有结合我国《民法通则》或者其他法律的具体规定来讨论债的渊源问题,他们都没有对《民法通则》或者其他法律是否规定了债的渊源或者规定了哪几种债的渊源的问题作出说明,尤其是,除了少数学者对因为法律的规定所产生的债作出了一些简单的说明之外,其他民法学者都没有论及法律的规定同债的渊源之间的关系。关于我国《民法通则》和其他法律同债的渊源之间的关系,本书将在下面的内容当中作出讨论,此处从略。

其二,在我国,无论是采取五分法、六分法还是七分法的债的渊源理论的学者都认为,缔约上的过失是债的独立渊源,它既独立于契约债,也独立于侵权债,是契约债和侵权债之外的独立债。此种理论所存在的问题是,它除了完全违反民事责任的一般理论之外,还完全违反了我国《民法通则》和《侵权责任法》的规定,将原本应当属于侵权债组成部分的缔约上的过失看作侵权债之外的独立债。关于缔约上的过失引起的债的问题,本书将在下面的内容当中作出讨论,此处从略。

其三,在我国,无论是采取五分法、六分法还是七分法的债的渊源理论的学者,几乎都只看到上述几种不同类型的债的渊源之间的差异性,没有看到上述几种不同类型的债的渊源之间的共同性,导致他们对债的渊源的分类极端分散,无法将某些具有共同性的债的渊源进行归纳并因此形成具有科学性、合理性和体系性的债的分类制度。关于这一点,本书将在下面的内容当中作出讨论,此处从略。

其四,在我国,民法学者关于债的渊源的分类同他们关于民事法律关系变动的分类不一致。在我国,民法学者普遍认为,民事法律关系的产生、变更或者消灭需要一定的原因,能够引起民事法律关系的产生、变更或者消灭的原因就是所谓的"法律事实"。因此,根据此种理论,能够引起某种民事法律关系产生的原因就是所谓"民事法律关

---

① 王卫国主编:《民法》,中国政法大学出版社2007年版,第322—326页。
② 魏振瀛主编:《民法》,北京大学出版社2011年第4版,第343—344页。

系的渊源",该种渊源就是我国民法学者所谓的"法律事实"。

(三)我国民法学者关于债的渊源的分类存在问题的原因

在我国,民法学者对债的渊源的分类作出的说明为什么会存在上述问题?本书认为,我国民法学者对债的渊源的分类之所以会存在上述问题,其主要原因是,我国民法学者在讨论债的渊源问题时完全地、机械性地、丝毫不加分析地照搬我国台湾地区民法学者的理论,将我国台湾地区民法学者尤其是某些少数民法学者有关债的渊源的理论当作圣经。

例如,我们民法学者之所以将缔约上的过失看作债的独立渊源,完全是受到了我国台湾地区某些民法学者尤其是王泽鉴教授的理论的影响,关于这一点,本书将在下面的内容当中作出详细的讨论,此处从略。

再如,我国民法学者之所以普遍将单方行为、单方允诺或者悬赏公告看作债的独立渊源,也是因为他们受到了我国台湾地区民法学者的影响,主要是我国台湾地区王泽鉴教授的理论。在《悬赏广告法律性质之再检讨》当中,王泽鉴教授对悬赏公告的性质问题作出了说明,认为应当将悬赏广告看作契约之外的独立行为。[①] 此种理论被我国民法学者原封不动地照搬过来,这就是我国民法学者之所以主张单方行为、单方允诺或者悬赏广告是独立的债的渊源的原因。

二、我国《民法总则》所规定的债的渊源

在我国,除了《民法通则》对债的渊源作出了规定之外,《民法总则》也对债的渊源作出了规定,并且它们之间的规定是存在差异的,因为《民法通则》在债的渊源的问题上采取了二分法的理论,而《民法总则》在债的渊源的问题上采取了五分法的理论。

(一)《民法通则》所采取的二分法债的渊源理论

在我国,《民法通则》第 84 条已经对债的渊源作出了规定。该条规定:债是按照合同的约定或者依照法律的规定,在当事人之间产生的特定的权利和义务关系。根据此条规定,债的法律关系的产生或者是基于"合同的约定",或者是基于"法律的规定"。当债的法律关系基于"合同的约定"而产生时,该种债就是所谓的合同债、契约债、约定债;当债的法律关系基于"法律的规定"而产生时,该种债就是所谓的法律上的债、法定债。这就是我国《民法通则》所采取的债的渊源的二分法的理论。

---

① 王泽鉴:《民法学说与判例研究》(2),中国政法大学出版社 1998 年版,第 56—72 页。

(二) 我国《民法总则》第 118 (2) 条所采取的五分法的债的渊源理论

在我国，《民法总则》第 118 (2) 条也对债的渊源作出了说明，该条规定：民事主体依法享有债权。债权是因合同、侵权行为、无因管理、不当得利以及法律的其他规定，权利人请求特定义务人为或者不为一定行为的权利。根据该条的规定，债的渊源有五种：合同、侵权行为、无因管理、不当得利和法律的其他规定，这就是《民法总则》所采取的债的渊源的五分法理论。第 118 (2) 条的规定所存在的问题是：

其一，除了合同能够产生债之外，其他民事法律行为也能够产生债。例如，公司设立行为能够产生债，公司股东大会作出的决议也能够产生债。除非我们能够对第 118 (2) 条所规定的合同作出广义理解，认为公司设立行为和股东大会作出的决议也属于该条所规定的合同，否则，该条所规定的合同无法包含所有能够产生债的民事法律行为。

其二，虽然侵权行为、无因管理和不当得利能够产生债，但是，它们应当被合并在一起并因此形成一种统一的债的渊源，这就是法律事件。将它们作出单独的列举，不符合人们在讨论债的渊源时所采取的一贯做法。关于这一点，我们将在下面的内容当中作出讨论，此处从略。

因为这样的原因，我国可以将《民法总则》第 118 (2) 条所规定的五种类型的债的渊源进行重新组合并分成三种：民事法律行为、民事法律事件和法律的其他规定。这就是我们在债的渊源问题上所采取的三分法理论。关于其中的民事法律行为和民事法律事件，我们将在下面的内容当中作出讨论，此处从略。此处仅仅讨论债的渊源的三分法理论当中的第三种即法律的其他规定。

(三) 法律的其他规定

在我国，《民法总则》第 118 (2) 条规定了一种新的债的渊源，这就是该条所规定的"法律的其他规定"。《法国民法典》将《民法总则》第 118 (2) 条所规定的"法律的其他规定"称为"制定法的单纯权威性"（l'autorité seule de la loi），已如前述。

在我国，《民法总则》第 118 (2) 条所规定的"法律的其他规定"当中的"法律"只能够做狭义的理解，不能够做广义的理解，这就是，能够作为债的渊源的"法律"只能够是全国人大或者全国人大常委会所颁布的法律即狭义的制定法，不包括国务院或者地方立法机构制定的行政法规、地方性法规。因为，《民法总则》第 10 条对民法渊源作出了明显限定，认为能够作为民法渊源的法律只能够是狭义的制定法，不包括广义的制定法。该条规定：处理民事纠纷，应当依照法律；法律没有规定的，可以适用习惯，但是不得违背公序良俗。

我们认为，在债的渊源问题上，《民法总则》第 118 (2) 条所规定的"法律的其他规定"主要是指下列法律的规定：

1. 《民法通则》规定的债

在民法典出台和生效之前，《民法通则》仍然具有法律效力，因此，它仍然是债的渊源。

2. 我国的商事单行法规定的债

在我国，立法者制定的商事单行法也能够成为债的渊源，因为这些商事单行法对各种各样的债作出了规定，尤其是对契约债、侵权责任债作出了规定。例如，我国《保险法》对保险契约作出了规定。再如，我国《海商法》同时对海上运输契约和海上事故作出了明确规定。同样，我国《公司法》明确规定，如果公司的董事、监事或者经理在代表公司对外行为时收受第三人给予的任何好处，即便他们没有滥用其职权损害公司利益，他们也应当将其获得的好处返还给公司，因为他们在此时所获得的好处构成不当得利，应当根据不当得利债的规定对公司承担返还责任。

3. 我国的民事单行法所规定的债

在我国，立法者制定的民事单行法对各种各样的债作出了规定，例如，我国的《婚姻法》对夫妻之间的债作出了规定。再如，我国的《物权法》对所有权人与用益物权人之间的债作出了规定，因为用益物权人要对所有权人的不动产取得用益物权，他们必须与所有权人签订契约。同样，我国的《收养法》也对债作出了规定，因为它对收养协议作出了规定。

在民法上，虽然人们普遍将立法者制定的《合同法》视为可以被当事人加以排除的任意法，但是，在合同当事人欠缺规定的情况下，《合同法》的规定也能够自动适用于合同当事人，除非合同当事人通过相反的意思明确排除了《合同法》的规定，已如前述。

4. 我国的混合法规定的债

除了民事单行法和商事单行法所规定的债之外，债还可以因为立法者制定的混合法而产生，因为在混合法当中，立法者明确规定，如果行为人违反混合法所规定的义务，他们应当对他人遭受的损害承担赔偿责任。在我国，《产品质量法》《消费者权利保护法》《道路交通安全法》和《刑法》等混合法均对债尤其是侵权责任债作出了规定，已如前述。

三、缔约上的过失不是债的独立渊源

在我国，由于盲目照搬我国台湾地区民法学者尤其是王泽鉴教授的理论，我国大陆地区几乎所有的民法学者都认为，缔约上的过失是侵权行为之外的独立的债的渊源，缔约上的过失责任是侵权责任之外的独立民事责任。实际上，缔约上的过失并不是债的独立渊源，它仅仅是侵权行为的组成部分，属于侵权债的范畴。缔约上的过失责任也不是

独立的民事责任，它也仅仅是侵权责任的组成部分。

（一）缔约上的过失和缔约上的过失责任

所谓缔约上的过失，是指一方当事人在与另外一方当事人缔结契约时所实施的没有尽到合理注意义务的行为。在两大法系国家和我国，民法均要求当事人在缔结契约的时候要尽到合理的注意义务，应当承担诸如信息公开、保护或者救助等义务。如果当事人在缔结契约的时候没有尽到合理的注意义务，则他们没有尽到合理注意义务的行为就是所谓的缔约过失行为。

在债法上，当事人的缔约过失行为如果没有导致契约不成立、无效或者被撤销，则当事人的缔约过失行为仅仅会让他们对没有缔约过失行为的一方当事人承担违约责任，无所谓我国台湾地区或者我国大陆地区民法学者所谓的缔约过失责任的问题。但是，如果当事人的缔约过失行为导致契约不成立、契约无效或者契约被撤销，则会产生我国台湾地区或者我国大陆地区民法学者所谓的缔约过失责任的问题。因为，根据两大法系国家和我国的债法，如果当事人在缔结契约的时候存在过失并因此导致所缔结的契约不成立、无效或者被撤销，有过失的一方当事人应当对另外一方当事人承担民事责任，如果双方当事人均有过失，则应当按照过失相抵规则分别承担民事责任。

我国《民法通则》第61条对缔约过失责任作出了明确规定，该条规定：民事行为被确认为无效或者被撤销后，当事人因该行为取得的财产，应当返还给受损失的一方。有过错的一方应当赔偿对方因此所受的损失，对方都有过错的，应当各自承担相应的责任。问题在于，当事人根据我国《民法通则》第61条的规定对他人承担的赔偿责任在性质上究竟是什么民事责任？我国民法学者普遍认为，当事人就其实施的缔约上的过失行为引起的损害对他人承担的赔偿责任既不是违约责任，也不是侵权责任，而是违约责任和侵权责任之外的独立责任。① 我国民法学者之所以采取这样的理论，是因为他们认为，当事人的缔约过失行为虽然是债的渊源，但是它既不是契约债，也不是侵权债，而是契约债和侵权债之外的独立债。

（二）缔约上的过失不是债的独立渊源

在我国，将缔约上的过失看作独立的债的渊源是极端错误的，它完全违反了我国《民法通则》的明确规定，具体表现在：

首先，我国民法学者的此种理论违反了我国《民法通则》第106（1）条的规定。

---

① 张广兴：《债法总论》，法律出版社1997年版，第54页；王家福主编：《民法债权》，法律出版社1991年版，第38页；王卫国主编：《民法》，中国政法大学出版社2007年版，第325页；江平主编：《民法学》，中国政法大学出版社2007年版，第618页。

在我国，如果行为人在行为的时候对他人承担某种民事义务，他们对他人承担的民事义务要么是契约义务，要么是侵权上的义务，在契约义务和侵权法上的义务之外没有独立的义务；与此相对应，当他们违反所承担的民事义务时，他们的民事义务的违反行为要么是违反契约义务的行为，要么是违反侵权法上的义务的行为，在违约行为和侵权行为之外没有所谓的独立行为。此种理论为我国《民法通则》第106（1）条所明确规定，该条规定："公民、法人违反契约或者不履行其他义务的，应当承担民事责任。"我国《民法通则》第106（1）条仅将行为人承担的民事义务分为两种："契约义务"和"其他义务"，与此相对应，《民法通则》第106（1）条也仅仅将行为人所实施的义务违反行为分为两种："违反契约义务的行为"和"不履行其他义务的行为"。《民法通则》第106（1）条所规定的"其他义务"或者"不履行其他义务的行为"究竟是指什么性质的义务和行为，《民法通则》第106（1）条虽然没有作出明确的规定，但是，从《民法通则》第6章第二节和第三节的规定可以看出，《民法通则》第106（1）条所规定的"其他义务"仅指侵权法上的义务，《民法通则》第106（1）条所规定的"不履行其他义务的行为"也仅指侵权行为。因此，契约当事人在缔约过程当中对他人承担的先契约义务要么是我国《民法通则》第106（1）条规定的"契约义务"，要么是我国《民法通则》第106（1）条所规定的"侵权法上的义务"，它不可能是这两种民事义务之外的独立义务；与此相对应，契约当事人在缔约过程当中所实施的违反所承担的契约义务或者侵权法上的义务的行为要么是违约行为，要么是侵权行为，不可能是违约行为或者侵权行为之外的独立行为。

其次，契约的一方当事人违反先契约义务的行为不可能是我国《民法通则》第106（1）条所规定的违约行为，只能是《民法通则》第106（1）条所规定的侵权行为。在民法上，先契约义务在性质上不可能是契约义务，因为契约义务是指契约有效成立之后契约当事人所承担的义务，在契约不成立、无效或者被撤销之后，契约当事人所承担的义务不是契约义务。既然缔约过程当中的先契约义务不是《民法通则》第106（1）条所规定的"契约义务"，它只能是《民法通则》第106（1）条所规定的侵权法上的义务；行为人违反先契约义务的行为也不可能是《民法通则》第106（1）条所规定的违约行为，只能是《民法通则》第106（1）条所规定的侵权行为。

最后，缔约上的过失实际上就是我国《民法通则》第106（2）条和侵权责任法第6条所规定的过失侵权行为。在我国，《民法通则》第106（2）条和侵权责任法第6条虽然规定了过错侵权行为，但是他们所规定的过错侵权行为除了包括故意侵权行为之外，还包括过失侵权行为，其中的所谓过失侵权行为是指行为人违反了他们对他人所承担的合理注意义务的行为，这就是，一旦行为人在行为的时候被认为应当对他人承担合理的注意义务，他们在行为时就应当尽到合理的注意义务，否则，他们没有尽到合理注意义务的行为就构成《民法通则》第106（2）条和《侵权责任法》第6条所规定的过失行为。此种规则当然适用于缔约过程当中的当事人,他们在缔约的过程当中也应当尽到合理的注意义务,否则,违反注意义务的行为将构成过失行为。

总之,我国民法学者所谓的缔约上的过失并不是独立的债的渊源,它仅仅是侵权行为这一债的渊源的组成部分,属于其中的过失侵权行为。

(三) 缔约上的过失责任不是独立的民事责任

在我国,将缔约上的过失责任看作违约责任和侵权责任之外的独立责任是极端错误的,它完全违反了我国《民法通则》或者《侵权责任法》的规定,表现在三个方面:

首先,我国民法学者的此种理论违反了我国《民法通则》第6章关于民事责任的规定。在我国,《民法通则》第61条虽然明确规定,当事人应当就其实施的缔约过失行为引起的损害对他人承担赔偿责任,但是该条并没有对当事人所承担的此种民事责任的性质作出明确规定。虽然如此,我国民法学者绝对不能够因此说该条所规定的民事责任既不是违约责任,也不是侵权责任,而是违约责任和侵权责任之外的独立责任。因为,此种理论完全违反了体系解释的要求。具体来说,《民法通则》第6章仅仅规定了违约责任和侵权责任两种民事责任,其中第一节对违约责任和侵权责任的"一般规定"作出了规定,第二节则对"违反契约的民事责任"作出了具体规定,第三节对"侵权的民事责任"作出了具体规定,第四节则对行为人"承担民事责任的方式"作出了具体规定。根据《民法通则》第6章的规定,行为人对他人承担的民事责任要么是违约责任,要么是侵权责任,在违约责任和侵权责任之外没有民事责任。因此,即便《民法通则》第61条没有明确规定缔约过失责任的性质,该条所规定的缔约过失责任要么是《民法通则》第6章所规定的违约责任,要么是《民法通则》第6章所规定的侵权责任,它不可能是《民法通则》第6章所规定的违约责任或者侵权责任之外的独立责任。

其次,缔约过失责任只能是我国《民法通则》所规定的侵权责任。在我国,既然《民法通则》第61条所规定的缔约过失责任要么是违约责任,要么是侵权责任;那么,《民法通则》第61条所规定的缔约过失责任究竟是我国《民法通则》第6章所规定的违约责任还是侵权责任?在我国,《民法通则》第61条所规定的缔约过失责任不可能是《民法通则》第6章所规定的违约责任,因为违约责任必须建立在当事人之间的契约有效成立的基础上,如果当事人之间的契约不成立、无效或者被撤销,则当事人所承担的民事责任不会是违约责任。[①] 既然《民法通则》第61条所规定的缔约过失责任不可能是《民法通则》第6章所规定的违约责任,那么,它只能是我国《民法通则》第6章所规定的侵权责任。

---

① 张民安:《过错侵权责任制度研究》,中国政法大学出版社2002年版,第191页。

最后，我国民法学者所持有的此种理论违反了我国《民法通则》第106（2）条和《侵权责任法》第6条的规定。在我国，缔约过失责任不仅在性质上属于我国《民法通则》所规定的侵权责任，而且在性质上属于我国《民法通则》第106（2）条和《侵权责任法》第6条所规定的过失侵权责任。

我国《民法通则》第106（2）条规定："公民、法人由于过错侵害国家的、集体的财产，侵害他人财产、人身的，应当承担民事责任。"我国《侵权责任法》第6条规定：行为人因过错侵害他人民事权益，应当承担侵权责任。根据这两个条款的规定，如果行为人的过错行为侵害了他人享有的某种民事权益，他们就应当对他人承担过失侵权责任。在缔约过失责任当中，有过失的一方当事人的过失行为侵害了对方当事人享有的财产利益甚至人身利益，因此，他们完全符合《民法通则》第106（2）条和《侵权责任法》第6条所规定的过失侵权责任的构成要件，当然应当根据这两个条款的规定对他人承担侵权责任。

（四）我国民法学者将缔约上的过失看作独立的债的渊源的理由

在我国，民法学者为什么都认为缔约过失是债的独立渊源？他们为什么都认为缔约过失责任是独立的民事责任？这是因为，他们盲目照搬王泽鉴教授的理论，将王泽鉴教授针对《德国民法典》第823（1）条所存在的法律漏洞而提出的理论看作圣经，不加分析地套用到我国民法当中。王泽鉴教授曾经在其大作《缔约上之过失》中对缔约上过失责任的性质作出了分析，认为既不适宜将缔约过失责任看作侵权责任，因为缔约过失责任仅仅保护他人所遭受的信赖利益，要求行为人赔偿他人所遭受的纯经济损失，而侵权法往往不会责令行为人赔偿他人所遭受的纯经济损失；也不适宜将缔约过失责任看作违约责任，因为违约责任建立在契约有效成立的基础上，而缔约过失责任仅仅建立在契约不成立、无效或者被撤销的基础上。①

实际上，王泽鉴教授的此种理论可能针对《德国民法典》或者我国台湾地区民法而言可能是正确的，针对我国《民法通则》和《侵权责任法》而言则是完全错误的。《德国民法典》第823条规定，行为人仅仅就其侵害他人的生命权、身体权、健康权、自由权、财产所有权或者其他权利的行为对他人承担过错侵权责任。如果行为人侵害他人无形财产权并且导致他人遭受纯经济损失，即便他们有过失，他们也不得被责令根据《德国民法典》第823（1）条的规定对他人承担侵权责任。在德国，缔约过失行为所侵害的往往是他人的无形财产权，所导致的损害往往是他人所遭受的纯经济损失，因此，即便行为人存在《德国民法典》第823条所规定的过失，他们也无法被责令对他人承担侵权责任。这就是德国民法学者和我国台湾地区的王泽鉴教授认为缔约过失责任

---

① 王泽鉴：《民法学说与判例研究》（第一卷），中国政法大学出版社1998年版，第86—103页。

不适宜被看作侵权责任的真正甚至是唯一的原因。①

在我国，民法不会面临《德国民法典》第823条所存在的法律漏洞，因为我国《民法通则》第106（2）条和《侵权责任法》第6条均明确规定，只要行为人因为过错侵害了他人享有的某种民事权益，他们就应当对他人承担过失侵权责任。其中被行为人所侵害的"民事权益"包括的范围要比《德国民法典》第823条所规定的范围广泛得多，它既包括有形人格权和无形人格权，也包括有形财产权和无形财产权，因此，当行为人的缔约过失行为侵害了他人所享有的无形财产权并因此导致他人遭受纯经济损失时，他们完全能够根据我国《民法通则》第106（2）条和《侵权责任法》第6条的规定对他人承担过失侵权责任。

第四节 作为债的渊源的法律行为和法律事件

一、债的渊源的重新归类的可能性

在我国，民法学者关于债的渊源的理论所普遍存在的问题是，他们对债的渊源的说明极端分散，他们仅仅看到了不同类型的债的渊源之间的不同点，没有看到不同类型的债的渊源之间的共同点，无法对债的渊源进行科学、合理的分类，导致有关债的渊源的一般理论无法有效建立。因此，他们关于债的渊源的理论欠缺科学性、合理性和体系性。

例如，我国某些民法学者认为，鉴于合同与单方允诺之间所存在的差异，合同和单方允诺应当被看作两种独立的债的渊源。问题在于，合同和单方允诺之间是否存在共同点？我们能否将合同与单方允诺进行归类并因此形成同时包含合同和单方允诺在内的一种债的渊源？再如，我国民法学者普遍认为，鉴于侵权行为、不当得利和无因管理之间所存在的差异，侵权行为、不当得利和无因管理应当被看作三种独立的债的渊源。问题在于，侵权行为、不当得利和无因管理之间是否存在共同点？我们能否将它们合并在一起并因此形成一种独立的债的渊源？

二、债的渊源的新分类：法律行为和法律事件

实际上，我们完全可以这样做。一方面，虽然合同、单方允诺和遗嘱之间存在差异，但是我们仍然能够将它们予以合并并因此形成一种独立的债的渊源，因为合同、单方允诺和遗嘱之间存在共同点。在民法上，合同与单方允诺和遗嘱之间的主要差异是，

---

① 张民安：《过错侵权责任制度研究》，中国政法大学出版社2002年版，第189—190页。

合同需要两个意思表示才能够成立，而单方允诺和遗嘱则仅需具备一方当事人的意思表示就能够成立。它们之间的共同点是，无论是合同、单方允诺还是遗嘱，都是当事人所为的意思表示行为，都是一种法律行为。因此，能够引起债的法律关系产生的合同、单方允诺和遗嘱都可以归类在法律行为这一债的渊源当中。另一方面，虽然侵权行为、不当得利和无因管理之间存在差异，但是，我国仍然可以将它们予以合并并因此形成一种独立的债的渊源，因为它们之间存在共同点。在民法上，侵权行为、不当得利和无因管理之间所存在的差异是，侵权行为是非法行为，不当得利既可能是合法行为，也可能是非法行为，而无因管理则是合法行为。它们之间的共同点是，无论是侵权行为、不当得利还是无因管理都不需要具备意思表示的构成要件，在性质上属于"法律事件"。

基于此，本书将能够引起债的法律关系产生的渊源分为法律行为和法律事件两种。将债的渊源分为"法律行为"和"法律事件"两种，其优点有四个方面：

其一，此种分类符合我国《民法通则》和《民法总则》的精神。在我国，《民法通则》第 4 章和《民法总则》第 6 章对民事法律行为的一般理论作出了明确规定，认为民事法律行为是引起民事法律关系产生、变更和消灭的最主要、最重要的原因。我国《民法通则》第 54 条规定：民事法律行为是公民或者法人设立、变更、终止民事权利和民事义务的合法行为。《民法总则》第 133 条规定：民事法律行为是民事主体通过意思表示设立、变更、终止民事法律关系的行为。我国民法学者认为属于债的渊源的合同、单方允诺和遗嘱当然都属于《民法通则》第 54 条和《民法总则》第 133 条所规定的民事法律行为，都能够引起债的发生。

其二，此种分类符合我国民法学者的一般理论。在我国，几乎所有的民法学者都将引起民事法律关系产生的原因分为"法律行为"和"法律事件"，其中能够引起民事法律关系发生的民事法律行为需要具备意思表示，而引起民事法律关系发生的法律事件则无需具备意思表示，已如前述。此种理论除了适用于其他民事法律关系的产生之外，当然适用于债的法律关系的产生。

其三，此种分类符合大陆法系国家民法学者的一般理论。在大陆法系国家，民法学者普遍将能够引起债的法律关系发生的渊源分为"法律行为"和"法律事件"，已如前述，因此，将我国民法上的债的渊源分为"法律行为"和"法律事件"两种，同大陆法系国家民法学者的主流理论保持一致。

其四，此种分类使债的渊源的一般理论得以建立。在我国，债法理论的一般性要求债的渊源的理论的一般性，如果不对债的渊源进行抽象、归纳并因此形成一般性的债的渊源理论，则债的理论的一般性将会受到影响。将债的渊源分为"法律行为"和"法律事件"，使债的渊源的理论一般化，符合债法理论的一般化要求。

三、作为债的渊源的法律行为

（一）作为债的渊源的法律行为的界定

在大陆法系国家和我国，无论是法律还是学说都认为，法律行为是债的最主要和最重要的渊源，绝大多数债都是因为行为人实施的法律行为所产生的。所谓法律行为，是指民事主体为了产生民事法律效果而进行的意思表示行为。民事主体进行民事法律行为的目的多种多样，他们或者是为了建立某种民事法律关系，或者是为了变更某种民事法律关系，或者是为了终止某种民事法律关系。当民事主体是为了建立某种债的法律关系而进行民事法律行为时，他们所进行的此种民事法律行为就能成为债的渊源。

（二）作为债的渊源的法律行为的统一性和多样性

在债法上，作为债的渊源的法律行为既具有统一性，也具有多样性。所谓法律行为的统一性，是指无论能够引起债的法律关系产生的法律行为有多少类型，它们都是行为人为了建立债的法律关系所进行的意思表示行为。

具体来说，作为债的渊源的法律行为的统一性表现在三个方面：其一，行为人所实施的任何民事法律行为都是他们的意思表示行为，如果行为人没有进行意思表示，则他们的行为并不构成民事法律行为。其二，他们进行意思表示的目的是为了产生某种债的法律关系，行为人之所以进行某种意思表示，其唯一目的就是通过自己的意思表示来促成某种债的法律关系的产生，如果行为人不是为了产生某种债的法律关系而进行意思表示，则他们的法律行为并不是债的渊源。其三，债的法律关系是按照行为人的意思表示来产生的，一旦行为人有产生某种债的法律关系的意思表示，债的法律关系就按照他们的意思表示的内容来产生。

所谓法律行为的多样性，是指虽然法律行为都是行为人基于债的法律关系的产生而进行的意思表示，但是，行为人所为的法律行为并非是单一的，他们所进行的法律行为多种多样。具体来说，能够作为债的渊源的法律行为包括三种：单方行为、双方行为和多方行为。

（三）作为债的渊源的单方行为

所谓单方行为，是指仅凭借一方当事人的意思表示就能够引起债的法律关系产生的法律行为。例如，遗嘱、悬赏广告、对非婚生子女的自愿认领以及未成年人监护权的解除等均是能够产生债的法律关系的单方行为，因此，都能够成为债的渊源。作为债的渊源，单方行为的一个重要特征是，在引起债的法律关系产生时仅需具备行为人一个人的意思表示即可，无需具备两个或者两个以上的行为人的意思表示。

在民法上，能够引起债的法律关系产生的单方行为可以分为两种：财产行为和非财产行为，其中的所谓财产行为是指诸如遗嘱和悬赏广告等行为，而所谓的非财产行为则是指诸如对非婚生子女的自愿认领和对未成年人监护权的解除等行为。

（四）作为债的渊源的双方行为和多方行为

1. 双方行为

所谓双方行为，是指凭借两方当事人的意思表示才能够引起债的法律关系产生的法律行为。在两大法系国家和我国，双方法律行为往往被称为契约、合同或者协议。因此，买卖合同、赠与合同、租赁合同或者加工承揽合同等均是能够产生债的法律关系的双方行为，因此都能够成为债的渊源。作为债的渊源，双方行为的一个重要特征是，仅仅具备一个行为人的意思表示还不能够引起债的法律关系的产生，必须同时具备两个行为人的意思表示才能够引起债的法律关系的产生。

2. 多方行为

所谓多方行为，也称集体行为，是指必须凭借三个或者三个以上的意思表示才能够引起债的法律关系产生的法律行为。例如，集体劳动合同、公司的设立行为、公司的章程以及股东会或者董事会作出的决议等均是能够产生债的法律关系的多方行为，它们都能够成为债的渊源。

作为债的渊源，多方行为具有三个主要特点：其一，不同的多方行为受到不同的法律规范的调整；其二，多方行为的当事人不是一个，也不是两个，而是三个甚至三个以上；其三，多方行为除了对从事多方行为的人产生法律效力之外，还对没有从事多方行为的第三人产生法律效力。因为这样的原因，某些民法学者也认为，在少数情况下，即便当事人仅有两方，当事人之间的法律行为也看作多方行为，最典型的是集体劳动合同，该种劳动合同仅仅由雇主作为一方当事人和雇员的代表作为一方当事人来签订，但是集体劳动合同仍然被看作多方行为，因为该种合同一旦签订就对所有的劳动者产生法律效力。

3. 同时包含双方行为和多方行为的契约理论

传统民法区分作为债的渊源的双方行为和多方行为，认为双方行为和多方行为之间存在差异：其一，双方行为仅有两方当事人，而多方行为则有三方或者三方以上的当事人；其二，双方行为的两方当事人都参与法律行为，而多方行为的多方当事人可能并不全部参与法律行为，某些当事人所为的法律行为对那些没有参与的当事人也产生法律效力。在当今社会，商法尤其是公司法不再严格坚持双方行为与多方行为的区分理论，即便公司的股东人数众多，公司也被认为是所有股东之间的一种契约，此种契约同仅有两方当事人之间的传统契约、合同并没有什么区别，它们也应当像传统的仅有两方当事人的契约、合同那样具备各种必要构成要件，诸如公司股东的非单一性、股东对公司契约的同意、公司契约的客体等;一旦具备这些必要构成要件,公司契约也像仅有两方当事人的契约、合同那样产生法律效力。这就是所谓的公司契约理论。① 在法国,《法国民法典》第 1832 条对公司契约理论作出了明确规定;该条规定:公司是指两个或两个以上的人所订立的契约,根据该种契约,他们将自己的财产(biens)或劳务(industrie)交付给某一共同的企业,以便分享该企业经营所带来的利益。在英国,1985 年《英国公司法》第 14(1)条也明确规定,公司的章程一旦注册登记即对公司和公司的成员产生约束力,就如同公司的每个股东与其他人所订立的契约一样。② 基于此种考虑,本书在下面的内容当中对合同债作出的说明除了包含了传统民法当中的所谓契约、合同或者双方行为之外,当然也包括所谓的多方行为、团体设立行为等。

四、作为债的渊源的法律事件

(一) 法律事件的界定

在大陆法系国家和我国,民法学者普遍认为,除了法律行为是债的主要渊源之外,法律事件也是债的重要渊源,许多债的法律关系也是因为某种法律事件所引起的,尤其是因为行为人所实施的侵权行为引起的。所谓法律事件,是指能够引起债的法律关系产生的所有事件。任何事件,无论它们是否是行为人的主观意志引起的,只要能够引起债的法律关系的产生,就是债的渊源。

在债法上,某些法律事件需要具备主观意志。例如,作为法律事件,故意侵权行为和无因管理行为就应当具备主观意志,如果不具备主观意志,则行为人所实施的行为将不会构成故意侵权行为或者无因管理行为。而某些法律事件无需具备主观意志,例如,作为一种法律事件,不当得利行为就无需具备主观意志,因为根据不当得利债的理论,只要获利人所获得的利益在客观上是不正当的,无论他们是否具有获得不当利益的主观意志,他们都同受损人之间产生了不当得利债。

(二) 法律事件与法律行为的异同

在债法上,法律事件与法律行为既具有共同点,也存在重大的差异。

法律事件与法律行为之间的共同点有两个方面:其一,无论是法律事件还是法律行为都能够引起债的法律关系的产生,因此,它们都是债的渊源。其二,法律行为当然要求行为人具有主观意志,也就是所表示出来的意思,如果行为人没有主观意志,他们所进行的行为当然就不属于法律行为。而某些法律事件也要求行为人具有主观意志,如果

---

① 张民安:《公司法的现代化》,中山大学出版社 2006 年版,第 66—86 页。
② 张民安:《公司法的现代化》,中山大学出版社 2006 年版,第 69 页。

没有主观意志，行为人所进行的行为也不构成该种特定的法律事件。例如，无因管理要求管理者在管理他人事务时具有为他人的利益来进行管理的主观意志，如果管理人在进行管理的时候不是基于利他性的目的进行管理，则他们的管理行为将不会构成无因管理，也不会产生无因管理债。再如，行为人承担的故意侵权责任要求行为人在行为的时候具有损害他人利益的主观故意，如果行为人没有此种主观故意，则他们实施的行为将不构成故意侵权行为，无法对他人承担故意侵权责任。

法律事件与法律行为之间的差异有三：其一，法律事件不要求行为人具有意思表示，而法律行为则要求行为人具有意思表示，如果行为人在行为的时候没有意思表示，则他们实施的行为就不是法律行为，而只能是法律事件。其二，法律事件不是按照行为人的意思表示来产生法律效力，而是按照法律的规定来产生法律效力，而法律行为则按照行为人的意思表示来发生法律效力，只有在行为人的意思表示不明确或者有瑕疵的时候，才会按照法律的规定来产生法律效力。其三，法律事件往往具有法定性，究竟哪些事件能够引起债的法律关系的产生，往往由法律作出明确规定，而法律行为则不具有法定性，行为人实施的任何法律行为都能够引起债的法律关系的产生，除非他们所为的法律行为违反公序良俗。

（三）法律事件的类型

在民法上，能够引起债的法律关系发生的法律事件究竟包括哪些类型，民法学者之间存在不同的意见。

本书认为，能够引起债的法律关系产生的法律事件主要包括侵权行为、不当得利、无因管理和法律。其中的侵权行为除了包括法国民法学者所谓的侵权行为、准侵权行为之外，还包括法国民法学者没有论及的其他侵权行为，诸如行为人实施的异常危险的行为等。而其中的不当得利和无因管理则是法国民法学者所谓的准契约行为，因为，法国民法学者普遍认为，不当得利行为和无因管理行为类似于契约，因为不当得利和无因管理所产生的债准用有关契约债的规定。关于法律引起的债的法律关系的产生问题，本书在前面的内容当中已述，此处仅简单地对其他三种类型的法律事件进行说明。

1. 作为法律事件的侵权行为

一旦行为人对他人实施了某种侵权行为，他们应当就其实施的侵权行为对他人承担侵权责任，因此，行为人实施的侵权行为是引起债的法律关系产生的重要渊源。在我国，能够引起债的法律关系产生的侵权行为不完全等同于法国民法学者所谓的侵权行为。在我国，能够引起债的法律关系产生的侵权行为除了包括过失侵权行为、故意侵权行为之外，还包括其他类型的侵权行为。而在法国，民法学者所谓的侵权行为有时仅指《法国民法典》第 1382 条所规定的故意侵权行为，有时则同时指《法国民法典》所规定的故意侵权行为和过失侵权行为，不包括故意侵权行为或者过失侵权行为之外的侵权行为。

在历史上,传统债法虽然认为侵权行为和合同都是债的渊源,但是,传统债法高度重视合同这种渊源而轻视侵权行为这种渊源,因为传统民法认为,即便行为人违反合同的行为也能够被看作一种侵权行为,法律也禁止他人在此种情况下对行为人主张侵权责任的承担,而只允许他人在此种情况下对行为人主张违约责任的承担,这就是传统民法所采取的禁止违约责任和侵权责任竞合的理论。在当今社会,债法除了高度重视合同引起的债之外,也高度重视侵权行为引起的债,甚至出现了侵权责任向契约责任领域大量渗透的现象,导致了侵权责任的复兴和违约责任的萎缩甚至死亡的理论的出现。关于侵权行为引起的债,本书将在侵权债当中作出详细的讨论,此处从略。

2. 作为法律事件的无因管理

一旦某一个人在没有法定义务或者约定义务的情况下对别人的事务进行管理,他们就有权请求别人对其因为管理事务所支付的合理费用予以补偿,或者对其因为管理事务所遭受的合理损失予以赔偿;而别人也应当支付该人因为管理其事务所支出的合理费用或者所遭受的合理损失。这就是所谓的无因管理债,其中,在没有法定义务或者约定义务的情况下对别人的事务进行管理的人被称为管理人,其事务被管理人所管理的人被称为被管理人或者本人。管理人在没有法定义务或者约定义务的情况下对被管理人的事务所进行的管理被称为无因管理。关于无因管理债,本书将在无因管理债当中作出详细的讨论,此处从略。

3. 作为法律事件的不当得利

一旦行为人在没有任何正当根据的情况下以牺牲他人利益作为代价而获得某种利益,他们就应当将其所获得的该种利益返还给那些因为其获得不当利益而遭受损害的人,那些因为行为人获得不当利益而遭受损害的人有权请求获得不当利益的行为人将其获得的该种利益返还给自己。这就是所谓的不当得利债。其中获得不当利益的人被称为受益人,因为受益人获得不当利益而遭受损失的人则被称为受损人,受益人获得不当利益的行为被称为不当得利。关于不当得利债,本书将在不当得利债当中作出详细的讨论,此处从略。

第五章 债的分类

第一节 债的分类概述

一、债的分类的意义

所谓债的分类，是指根据一定的标准将债进行归纳，将其划分为不同的类型，以便突出不同类型的债所具有的性质和特点。在债法上对债进行分类，其意义主要表现在三个方面：

其一，债法研究和债法教学的需要。通过对各种类型的债进行分类，研究其产生的不同历史、不同构成要件和不同的法律效果，既可以让民法学者和法学院的学生清楚地看出债的问题的复杂性，也可以让他们清晰地理解不同类型的债之间的差异。

其二，一般债法理论建立的需要。在法国，1804年民法典的立法者关于债的规定主要是针对契约债作出的，他们针对"非契约债"作出的规定很少。换句话说，在法国，民法典并没有建立起有关债的类型化的一般理论，虽然它建立起有关契约债的类型化的一般理论。在我国，情况大致如此：我国《民法通则》虽然对契约债、侵权债、无因管理债和不当得利债作出了规定，但是《民法通则》并没有对债的类型作出一般规定；我国《合同法》《侵权责任法》虽然对各种类型的合同和侵权责任作出了规定，但是它们对合同类型和侵权责任的类型作出的规定也仅仅适用于合同和侵权责任，不适用于其他类型的债。因此，就像《法国民法典》没有规定债的类型化的一般理论一样，我国民法也没有规定债的类型化的一般理论。既然债法是一般性的法律，当然就应当建立起一般性的债的类型化理论，否则，债法的一般性理论就会受到不利影响。

其三，债法有效实施的需要。不同类型的债会受到不同的法律规范的调整，不同类型的债会产生不同的法律效果，为了使司法机关能够准确地掌握各种债的不同法律规范和不同的法律效果，以便准确地适用债法制度来解决民商事纠纷，有必要对债的类型作出规定。

二、法国民法学者对债的分类的意见

在大陆法系国家，虽然《法国民法典》对债的类型作出了明确规定，但是，法国民法学者普遍对《法国民法典》关于债的分类表示不满。在对《法国民法典》关于债

的分类普遍表示不满的情况下,法国民法学者开始从学说上对债进行分类。至于应当怎样对债进行分类,法国民法学者之间存在不同的意见。

总的来说,法国民法学者关于债的分类的不同意见表现在两个方面:

其一,债的分类标准是什么,法国民法学者之间存在不同的意见,包括二分法的债的分类标准和三分法的债的分类标准等。例如,Carbonnier 采取了二分法的债的分类标准,他指出:"债,即便是所谓的法律上的债,也都是多种多样的。虽然如此,人们能够根据债的客体和债的渊源来对债进行分类。"[1]再如,Larroumet 采取了三分法的债的分类标准,他指出:"实际上,如果从最一般的观点来看,人们能够以三种方式来对债进行分类:债的性质、债的渊源和债的内容。"[2]

其二,不同分类标准之下的债有哪些类型。在法国,即便民法学者所采取的分类标准是相同的,他们根据相同的分类标准对债作出的分类也未必是相同的,不同的学者有不同的意见。例如,Carbonnier 认为,根据债的客体的不同,债或者可以分为三种:交付财产的债(donner)、作为债(les obligations de faire)和不作为债(les obligations de ne pas faire);[3] 或者可以分为两种:金钱债(obligation de somme d'argent、obligation monétaire 或者 les obligations pécuniaires)和代物债(les obligations en nature)。[4]

例如,Virginie Larribau-Terneyre 认为,根据债的客体的不同,债可以分为:道德上的债与法律上的债,也就是自然债和民事债;财产性的债(obligations patrimoniales)和非财产性的债(obligations extrapatrimoniales);金钱债和代物债;交付财产的债、作为债和不作为债。

三、我国民法学者对债的分类的意见

(一)我国民法欠缺债的一般性规定

在我国,《民法通则》除了对债的渊源作出明确规定之外没有对债的类型作出说明,我国《合同法》虽然对各种典型合同作出了规定,《侵权责任法》虽然对各种类型的侵权责任作出了规定,但是,我国《民法通则》《合同法》或者《侵权责任法》均没有对债的类型问题作出一般性的规定,因此,债应当如何进行分类,往往由我国民法学者作出说明。

(二)债的类型独立于债的渊源

在我国,债的类型与债的渊源是什么样的关系,民法学者之间存在不同的意见。某

---

[1] Jean Carbonnier, les obligations, 17 e édition, Presses Universitaires De France, p. 26.
[2] Christian Larroumet, Droit Civil, Les Obligations le Contrat, 6e édition, ECONOMICA, p. 34.
[3] Jean Carbonnier, les obligations, 17 e édition, Presses Universitaires De France, p. 26.
[4] Jean Carbonnier, les obligations, 17 e édition, Presses Universitaires De France, pp. 26 – 27.

些民法学者将债的渊源看作债的类型之一,认为可以根据债的渊源的不同来对债进行分类,而某些民法学者则明确区分债的类型和债的渊源,认为债的类型不同于债的渊源,已如前述。应当注意的是,在我国,某些民法学者在认可债的渊源独立于债的类型的同时仍然会根据债的渊源对债进行分类。例如,在《中国民法》一书当中,佟柔教授既讨论债的渊源问题,也讨论债的类型问题,他在对债进行分类的时候,除了根据其他的标准对债进行分类之外,还根据债的发生根据将债分为合同债和非合同债。①

(三) 我国民法学者对债作出的分类的意见

在我国,债应当分为哪几种,民法学者之间并没有统一的意见,不同的学者有不同的意见。例如,佟柔教授指出,债可以分为:合同债和非合同债,特定物债和种类物债,单一之债和多数人之债,按份之债和连带之债,简单之债和选择债,等等。② 王家福教授认为,从债的发生原因对债进行分类,债可以分为合同债、侵权行为之债、无因管理债、不当得利债以及缔约上的过失之债;从债的主体方面对债进行分类,债可以分为单一之债和多数人之债,按份之债和连带之债;从债的标的方面对债进行分类,债可以分为特定之债和种类之债,简单之债和选择债,货币之债和利息之债;等等。③ 魏振瀛教授认为,债可以分为种类之债、货币之债、利息之债、选择债和连带之债。④ 在我国,无论民法学者将债分为哪几种,他们在对债进行分类的时候基本上都照搬了我国台湾地区民法学者的理论。

四、本书对债的分类的意见

在我国,学说对债的分类是否科学?本书认为,我国主流学说对债的分类并不科学,因为,一方面,我国学说对某些重要类型的债没有作出说明,使他们对债的分类存在严重的问题,例如,作为债和不作为债、手段债务和结果债务等,我国学说很少作出说明,而这两种类型的债十分重要;另一方面,我国学说过分扩张债的类型,将原本不应当看作独立类型的债当作独立类型的债,违反了两大法系国家债法的基本原则,例如,缔约上的过失责任,我国主流学说都将其看作独立类型的债,而实际上,此种债并非独立的债,它实际上仅仅是一种侵权债,已如前述。

本书认为,我们可以从债的客体、债的复杂程度、债的法律效果和债的限定方式等方面对债进行分类,因为在债法上,不仅债的客体、债的复杂程度会直接影响债的类

---

① 佟柔主编:《中国民法》,法律出版社1990年版,第303—304页。
② 佟柔主编:《中国民法》,法律出版社1990年版,第303—307页。
③ 王家福主编:《民法债权》,法律出版社1991年版,第31—60页。
④ 魏振瀛主编:《民法》,北京大学出版社2010年第4版,第346—355页。

型，而且债的法律效果和债的限定方式也会直接影响债的类型。基于此，本书认为，根据债的客体的不同，债可以分为特定物债和种类物债、作为债和不作为债、金钱债和代物债；根据债的客体复杂程度的不同，债可以分为简单债、并列债、选择债和随意债。根据债的主体复杂程度的不同，债可以分为简单债、按份债和连带债；根据债的限定方式的不同，债可以分为单纯债、附条件债和附期限债；基于债的法律效果的不同，债可以分为结果债和手段债。

第二节 特定物债和种类物债

无论当今民法学者对交付财产的债在债法当中的地位存在怎样的争议，民法学者普遍认为，交付财产的债仍然是一种重要的债，因为在大多数契约当中，债务人所承担的主要义务就是将一定的财产交付给债权人。民法学者之所以普遍认可交付财产的债，是因为民法明确区分特定物的交付行为和种类物的交付行为，认为建立在特定物交付基础上的特定物债和建立在种类物交付基础上的种类物债存在重大的差异。

一、交付财产的债的二分法

在债的法律关系当中，如果债务人所承担的义务是将某种有形的动产、不动产交付给债权人，让债权人因为其交付的财产而获得所转让财产的所有权，则建立在交付该类财产基础上的此种债就是交付财产的债。因此，当手表的出卖人同意将其手表卖给买受人时，该出卖人所承担的债务在性质上就是交付财产的债，因为在此种买卖契约当中，出卖人所承担的义务就是按时将其手表的所有权转让给买受人，让买受人通过交付获得手表的所有权。

换句话说，在交付财产的债当中，"交付财产"当中的"交付"是具有特定的含义的，这就是，债务人将其财产的所有权转让给债权人，让债权人通过其交付获得债务人的财产的所有权。在当今民法上，民法学者往往根据债务人所转让的财产究竟是种类物还是特定物而将交付财产的债分为特定物债和种类物债。

二、特定物债

（一）特定物债的界定

在交付财产的债当中，如果债务人被要求交付的财产是某种具体的、确定的、无法用其他同类物来替代的财产，则债务人就应当将该种具体的、确定的、无法用其他同类物来替代的财产的所有权转让给债权人。其中债务人被要求交付的具体的、确定的、无法用其他同类物替代的财产就是所谓的特定物,建立在此种特定物基础上的债就是所谓的特定物债。在特定物债中,债务人应当转让的财产是某个具体的、确定的财产。例如,当事人之间的房屋买卖契约、古董买卖契约以及字画买卖契约等都是所谓的特定物债,因为在这些契约债当中,出卖人所承担的债务是将特定的房屋、特定的古董和特定的字画交付给买受人,不得将同样或者类似的房屋、古董或者字画交付给买受人。

(二) 特定物债的特点

1. **特定物债的即时转让性**

原则上,特定物债的债务人应当在契约当事人成立特定物债的时候就将特定物交付给债权人,除非契约当事人在契约之中明确约定,债务人在契约成立之后的特定时间交付特定物给债权人。这就是特定物债的标的物的即时转让性。例如,一旦字画的出卖人和字画的买受人就张大千的某一幅字画的买卖达成协议,该字画的出卖人就应当从双方达成该幅字画的买卖协议那一刻开始将该幅字画的所有权转让给买受人,也就是将该幅字画交付给买受人,除非双方当事人明确约定,债务人在买卖契约所规定的特定日期交付该幅字画。

2. **特定物债的不得变更性**

在特定物债当中,债务人只能够交付契约双方当事人所约定的特定物,不得以其他的物来代替所约定的特定物,债权人也只能请求债务人交付双方所约定的特定物,不得要求债务人交付其他的物来替代特定物。

3. **特定物债的毁损灭失的风险**

在特定物债当中,如果债务人不是即时将特定物交付给债权人,而是要按照契约的约定时间来交付特定物,则会涉及特定物买卖契约成立之后到债务人具体交付特定物给债权人之前特定物的风险负担的问题。如果债务人应当交付的特定物在交付之前发生毁损灭失,债务人当然无义务继续交付该特定物。不过,他是否应当承担违约责任,则取决于特定物的毁损灭失是不是因为债务人本身的原因引起的:如果特定物的毁损灭失是因为不可抗力引起的,债务人无需就其无法交付特定物的行为对债权人承担违约责任;如果特定物的毁损灭失是因为债务人的原因引起的,则债务人应当就其无法交付特定物的行为对债权人承担违约责任;如果特定物是因为第三人的行为引起的,则债务人仍然应当就其无法交付特定物的行为对债权人承担违约责任。当然,承担了违约责任的债务人有权要求导致其特定物毁损灭失的第三人对其承担民事责任。

三、种类物债

(一) 种类物债的界定

在交付财产的债当中,如果债务人所交付的财产并非是某种具体的、确定的财产,而是能够用其他财产互换的财产,或者是能够用同类性质或者同类数量的财产替代的财产,则债务人仅需将此类财产当中的某一个财产的所有权转让给债权人。其中债务人所应当交付的能够以其他财产互换的、能够用同类性质或者同类数量替代的财产就是所谓的种类物,建立在种类物基础上的债就是所谓的种类物债。例如,大米买卖契约、水果买卖契约、钢笔买卖契约等都是种类物债。因为在此类买卖契约当中,出卖人所交付的大米、水果或者钢笔都不是具体的、确定的,而是能够同其他大米、水果或者钢笔互换的,或者是能够以同样或者类似的大米、水果或者钢笔取代的。

(二)种类物债的特点

1. 种类物债在交付时转移

原则上,种类物债的债务人不会在契约成立时转让财产的所有权给债权人,他们仅仅在契约成立之后契约所规定的交付时间内转让财产的所有权,除非法律另有规定或者当事人另有约定。在契约成立之后到债务人具体交付财产之前,债务人应当交付的种类物的所有权属于债务人,因此,种类物发生毁损灭失的风险由债务人负担。

2. 种类物债的继续交付

在种类物债当中,债务人当然应当按照契约规定的时间交付所规定的种类物。如果债务人没有按照契约所规定的具体时间交付种类物,债务人的行为将构成违约行为,应当对债权人承担违约责任。如果债权人在债务人违约之后仍然要求债务人继续交付契约所规定的种类物,债务人原则上应当继续交付契约所规定的种类物。这就是契约的继续履行问题。我国《合同法》第110条对此规则作出了明确说明。该条规定:当事人一方不履行非金钱债务或者履行非金钱债务不符合约定的,对方可以要求履行,但有下列情形之一的除外:法律上或者事实上不能履行,债务的标的不适于强制履行或者履行费用过高,债权人在合理期限内未要求履行。

3. 种类物债的特定化

种类物债建立在种类物的基础上,在债成立时,只需确定种类物的质量和数量,无需将其特定化,无需将其从其他财产部分中独立出来。仅仅在债务履行之际,债务人才将债所规定的部分从其他部分中分离出来,这就是种类物的特定化。

(三)种类物债特定化的方法

1. 依债务人一方的行为而特定

按照债的履行方式,种类物债的特定化可分为三种情形。一是在债权人住所地交付的,以债务人将种类物中特定数量的物品送达债权人住所地并提出履行时,标的物即为特定。在此之前,标的物尚未特定化。因此,标的物因不可抗力而损毁灭失时,债务人承担其风险。二是在债务人住所地交付的,以债务人将特定数量的种类物分离出来并将准备履行的意思通知债权人时，标的物即为特定。债务人的标的分离与通知不必一定同时进行，当债权人收到通知时标的物已为分离即可。债权人的住所不明或非因可归责于债务人的事由而无法通知或催告的，债务人将标的物分离并置于可识别状态的，标的物即可认为已特定。三是在债权人和债务人以外的其他地方履行的，如果债务人承担将标的物送交第三地的义务，则在债务人将其标的物送交第三地时其标的物即为特定。如果债务人本无义务但应债权人的请求在第三地履行的，在债务人在将标的物交送运输人时，标的物即为特定。

2. **依当事人的合意而特定**

种类物债以双方当事人意思而特定的，可分为两种情形：一是由当事人双方共同指定种类物中的一部分为给付标的物或者一方指定并经对方同意以种类物中的一部为给付标的物；二是依当事人合意由一方指定，或者由第三人指定，此种情形下，经有权指定的人指定，标的物即为特定。

种类物债一旦变更为特定物债后，发生的效果与前述特定物债相同。

四、区分特定物债和种类物债的意义

（一）债务人交付财产的具体时间不同

原则上，特定物债的债务人应当在契约成立的时候就交付契约规定的财产给债权人，不得在契约成立之后契约所规定的时间内交付该财产，除非法律另有规定或者契约当事人明确约定，债务人要在契约成立之后契约所规定的特定时间内交付契约所规定的财产，已如前述；而在种类物债当中，债务人原则上应当在契约成立之后契约所规定的特定时间交付契约所规定的财产，不得在契约成立的时候就交付该种财产，除非法律另有规定，或者当事人明确约定债务人在契约成立的时候就交付该财产，已如前述。

（二）继续交付财产的可能性

在特定物债当中，如果债务人应当交付的特定物发生毁损灭失，债务人的交付义务即解除，他们无需承担继续交付的义务，已如前述；而在种类物债当中，如果债务人应当交付的种类物发生毁损灭失，在债权人主张债务人继续交付并且其主张合理的情况下，债务人仍然应当继续交付契约所规定的财产，已如前述。

第三节 作为债和不作为债

民法学者除了根据债的客体的不同将债分为特定物债和种类物债之外,还根据债的客体的不同将债分为作为债和不作为债。

一、作为债

(一) 作为债的界定

所谓作为债 (obligation de faire),也称为积极债,是指债务人要积极从事某种行为,以满足债权人的需求。作为债要求债务人积极实施某种行为,如果债务人应当积极实施某种行为而拒绝实施此种行为,则债务人的行为将构成违约行为或者侵权行为,应当对债权人承担违约责任或者侵权责任。例如,医师要救治病患者,商店要保管好顾客的物品,雇主要警告其雇员当心所存在的危险,等等,均为作为债。

在当今民法上,作为债有广义的作为债和狭义的作为债。其中,狭义的作为债是指除了交付财产的债之外的所有要求债务人积极作出某种行为的债;广义的作为债除了包括狭义的作为债之外,还包括交付财产的债,因为作为债除了要求债务人积极作出其他的行为之外,也要求债务人积极地交付某种财产。

(二) 作为债产生的根据

1. 因为合同规定而产生的作为债

如果合同债务人同债权人订立合同,规定债务人为债权人的利益积极实施某种行为,则该种合同规定的债务即构成作为债。一般意义上的作为债主要包括服务性质的合同,诸如雇佣合同、技术开发合同、加工承揽合同等。

2. 因为制定法的规定而产生的作为债

如果某种制定法明确要求债务人对债权人积极实施某种行为,则债务人应根据制定法的规定对债权人积极实施此种行为,他们所承担的此种债务即为作为债。例如,我国刑法规定,如果机动车司机撞伤行人,他们应当及时救助受害人。此时,积极救助债务即因为法律的规定而产生。

3. 因为非制定法的规定而产生的作为债

虽然制定法没有规定,在某些特殊情况下,债务人基于道德、习惯等原因要承担作为债。在没有制定法规定的情况下,债务人究竟是否要对债权人承担作为债,其判断根据虽然多种多样,但主要包括两种理论:其一,合理预见性理论,根据此种理论,如果债务人可以合理预见债权人将会遭受自己危险行为的影响,他们就应当积极采取措施,防止该种危险的发生;其二,特殊关系理论,根据这种理论,如果债务人和债权人之间存在某种特殊关系,诸如恋爱关系、师生关系,则当一方存在某种危险时,另外一方当事人应当承担作为债。例如,当男女双方在河边散步时,如果第三人对女方实施犯罪行为,该男方应当采取措施加以救助。①

4. **因为债务人的行为而产生的作为债**

一方面,如果债务人在没有合同义务或者法定义务的情况下基于自愿对债权人为某种管理行为,他们应当承担继续管理的义务,不得中途放弃其管理行为。另一方面,债务人对因为自己的行为受到伤害的人承担作为义务,如果受害人是因为自己的行为受到伤害,并且,如果受害人因为此种伤害无法保护自己的人身安全,债务人即应采取措施,保护受害人免遭更进一步的伤害。②

(三) 作为债的表现形式

在契约债当中,债务人所承担的作为债多种多样,不一而足。例如,在建筑工程承包契约当中,债务人所承担的作为债包括:勘察行为、规划行为、设计行为、工程施工行为以及验收行为等等。③ 再如,在承揽契约当中,债务人所承担的作为债也是多种多样的,诸如加工行为、修理行为、复制行为、测试行为、检验行为等。④

而在侵权法上,行为人所承担的作为债数量较少,主要包括:保护义务、控制义务、警告义务、救助义务以及检查义务等。

1. **保护义务**

所谓保护义务,是指行为人应当采取某种积极的、合理的措施保护他人的人身或者财产安全,防止他人的人身或者财产遭受损害。⑤ 如果行为人应当采取措施保护他人的人身或者财产安全而没有采取此种措施,他们应当就其违反保护义务的行为对他人承担侵权责任。

2. **控制义务**

所谓控制义务,是指行为人应当采取某种积极的、合理的措施保护他人的人身或者财产安全,避免其控制的危险物件、危险环境对他人造成损害,如果他们能够合理预见其危险物件、危险环境会对他人造成损害的话。根据控制义务理论,如果行为人能够合理预见其所有的或者管理的物件、环境对他人存在某种危险,他们即要采取合理措施保

---

① 张民安:《过错侵权责任制度研究》,中国政法大学出版社 2002 年版,第 329—332 页。
② 张民安:《过错侵权责任制度研究》,中国政法大学出版社 2002 年版,第 333—334 页。
③ 张民安主编:《合同法》,中山大学出版社 2003 年版,第 358—359 页。
④ 张民安主编:《合同法》,中山大学出版社 2003 年版,第 333—335 页。
⑤ 张民安:《侵权法上的作为义务》,法律出版社 2010 年版,第 7—8 页。

护他人免受其危险物件或者危险环境的损害;如果行为人没有采取积极的措施保护他人免受危险物件或者危险环境的损害,当他人因为其危险物件或者危险环境而遭受损害时,行为人应当对他人承担侵权责任。①

3. 警告义务

所谓警告义务,是指行为人应当采取某种积极的、合理的措施,提醒他人当心所存在的危险,防止他人的人身或者财产免受所知的危险的损害。根据警告义务理论,如果行为人知道或者通过合理的注意义务的承担应当知道自己的不动产之内或者不动产之上存在某种可能危及他人人身或者财产安全的危险,知道或者通过合理的注意义务的承担应当知道自己的某种危险行为或者自己生产的某种危险产品可能存在危及他人人身或者财产安全的危险,则他们应当采取合理措施警惕他人注意、提防、当心所存在的危险,以免他人因为其危险而遭受人身或者财产损害。如果行为人应当对他人承担某种危险的警告义务而没有承担此种危险的警告义务,则他们应当对他人因此遭受的损害承担侵权责任。②

4. 救助义务

所谓救助义务(duty to rescue),是指行为人要采取某种积极的合理的措施帮助、援助他人,使他人免受人身损害。如果行为人被认为要对他人承担救助义务的,当他人的人身面临某种威胁时,行为人要采取某种措施帮助他人、援助他人或者救助他人,将他人从危险当中解救出来;如果行为人没有采取积极措施救助他人,他们应当对他人遭受的损害承担侵权责任;如果行为人不对他人承担救助义务,当他人人身遭受损害时,行为人不用就其不作为行为引起的损害对他人承担侵权责任。③

5. 检查义务

所谓检查义务,是指行为人要采取合理的措施检查其控制或者管理的物件或者环境是否存在对他人人身或者财产构成威胁的危险。在民法上,检查义务的承担以行为人不知道其管理或者控制的物件或者环境存在某种危险作为条件,如果行为人在事实上已经知道自己管理或者控制的物件或者环境存在危险,则他们应当采取检查义务之外的其他作为义务,诸如警告义务、保护义务、防范义务等。④ 如果行为人要对他人承担检查义务,他们应当就其违反检查义务的行为对他承担侵权责任。

---

① 张民安:《侵权法上的作为义务》,法律出版社 2010 年版,第 8 页。
② 张民安:《侵权法上的作为义务》,法律出版社 2010 年版,第 9 页。
③ 张民安:《侵权法上的作为义务》,法律出版社 2010 年版,第 10—11 页。
④ 张民安:《侵权法上的作为义务》,法律出版社 2010 年版,第 13 页。

二、不作为债

(一) 不作为债的界定

所谓不作为债 (les obligations de ne pas faire),是指债务人应当抑制自己的积极行为,不应当作出某种行为。例如,债务人不应当杀人放火,商人不应当从事不正当竞争,律师不应当泄露委托人的秘密,等等,都是不作为债。

(二) 不作为债产生的根据

在现代社会,不作为债产生的根据主要是制定法,在例外的情况下也包括合同。其一,制定法规定的不作为债。在现代社会,债务人承担不作为债的根据主要是制定法,尤其是刑法和行政管理法等。一个国家的刑法往往规定了各种不作为债以及违反不作为债所产生的刑法后果。例如,各国的刑法都规定,行为人不应当盗窃他人的财产,不应当抢劫他人的财产,不应当伤害他人等。其二,合同规定。在一般情况下,合同规定的债往往是作为债,它们很少规定不作为债。但是,在例外的情况下,合同当事人也规定不作为债。例如,邻居张三和李四签订合同,规定张三每晚10点钟以后不演奏钢琴。再如,雇主同雇员签订契约,规定雇员不得泄露在工作当中所获得的商业秘密。

(三) 不作为债的表现形式

在契约当中,债务人所承担的不作为债数量较少。例如,商事营业资产的出卖人与买受人往往约定,当商事营业资产的出卖人将其商事营业资产出卖给买受人时,他们按照契约的约定承担不再从事类似商事经营活动的义务,此种义务当然就是典型的契约当中的不作为债。① 再如,雇主往往同其雇员约定,在雇员离开雇主之后的一段时期内,雇员不得为新的雇主从事其原先所从事的工作,尤其是不得从事原先所从事的产品推销工作。此外,雇主往往也会同其雇员签订保密义务,要求雇员保守雇主的商业秘密。

在侵权债当中,行为人所承担的不作为债种类繁多,不一而足。例如,行为人应当承担不侵害他人动产、不动产的义务,行为人应当承担不毁损他人名誉的义务,行为人应当承担不公开披露他人私人信息的义务,行为人应当承担不侵害他人知识产权的义务,等等,都是债务人所承担的不作为债。

---

① 张民安:《商法总则制度研究》,法律出版社2007年版,第363—464页。

三、区分作为债和不作为债的意义

(一) 债务人履行债的方式不同

如果债务人所承担的债仅仅是作为债,则他们履行债的方式是积极实施所要求实施的行为,当他们积极实施了所要求的行为时,他们就履行了所承担的债;如果他们不积极实施所要求实施的行为,则他们的不作为行为就构成违法行为,应当承担民事责任;相反,如果债务人所承担的债仅仅是不作为债,则他们履行债的方式仅仅是不作出某种积极的行为,当他们在客观上没有实施某种积极行为时,他们就履行了所承担的债;如果他们积极实施了某种行为,则他们的积极行为将构成违法行为,应当对他人承担民事责任。

(二) 作为债和不作为债在契约法和侵权法当中地位的差异

在民法上,民法学者之所以区分作为债和不作为债,一个主要的原因在于,虽然契约法和侵权法均认可作为债和不作为债的区分理论,但是作为债和不作为债在契约法和侵权法当中的地位是不一样的。总的来说,在契约法当中,债务人所承担的绝大多数债都是作为债,仅有少数债是不作为债,而在侵权债当中,债务人所承担的绝大多数债都是不作为债,仅有少数债是作为债,已如前述。

(三) 侵权法要明确行为人在哪些情况下对他人承担作为债

在契约法上,债务人对债权人承担哪些作为债往往取决于契约当事人之间的契约性质和契约当事人的具体规定。一旦契约当事人明确规定了债务人所承担的某种作为债,则他们就应当积极履行所承担的作为债。而在侵权法上,债务人所承担的大多数债都是不作为债,他们很少对他人承担作为债。问题在于,他们应当在哪些情况下对他人承担作为债,他们应当对他人承担什么样的作为债,往往应当由法律或者学说作出明确说明。因为侵权法所采取的基本原则是,行为人原则上不对他人承担作为债,他们仅在例外情况下才对他人承担作为债。[①]

[①] 张民安:《过错侵权责任制度研究》,中国政法大学出版社2002年版,第322—341页;张民安:《侵权法上的作为义务》,法律出版社2010年版,第14—49页。

第四节 金钱债和代物债

除了根据债的客体的不同将债分为特定物债和种类物债、作为债和不作为债之外，民法学者还根据债的客体的不同将债分为金钱债和代物债，其中的金钱债包括了所谓的利息债。

一、金钱债

（一）金钱债的界定

在民法上，金钱债也称为货币债（obligation monétaire）或者狭义的经济债（les obligations pécuniaires），是指以给付一定数额的金钱或者货币为客体的债。换句话说，在金钱债当中，债的客体是债务人支付一定数额的金钱或者货币给债权人。例如，当甲方将 2000 元借给乙方时，乙方应当按照约定的时间将 2000 元偿还给甲方。乙方所承担的偿还 2000 元的债就是金钱债或者货币债，因为在该种借贷债当中，乙方所承担的债务是将所借贷的 2000 元偿还给出借人。一旦乙方将 2000 元偿还给了甲方，则乙方对甲方的债务消灭，否则，乙方对甲方的债一直持续存在。

（二）金钱债的契约性和非契约性

在民法上，金钱债虽然主要是一种契约债，但是也可以是非契约债，因为金钱债除了可以因为当事人之间的契约规定而产生之外，也可以因为法律的规定而产生。Larroumet 对此作出了说明，他指出："支付一定数额的金钱债或者经济债既可以是契约债，也可以是非契约债。"[①] 例如，当行为人侵害他人的名誉权并因此导致他人遭受精神损害甚至财产损害时，行为人应当赔偿他人所遭受的损害，应当支付一定数额的赔偿金给他人。此种侵权损害赔偿债就是因为法律的直接规定而产生的债。同样，因为不当得利或者无因管理所产生的债也是一种金钱债，因为在这些债当中，债务人所承担的主要责任就是将一定数额的金钱支付给债权人。

（三）金钱债的主要表现形式

在民法上，金钱债的表现形式多种多样，除了利息债之外还包括以下典型形式：

---

① Christian Larroumet, Droit Civil, Les Obligations le Contrat, 6e édition, ECONOMICA, p. 47.

1. 金钱借贷债

在民法上，一般的民间借贷契约、商事贷款契约和消费借贷契约属于典型的金钱债，因为这些契约债都是以给付、支付一定数额的金钱或者货币为客体，债务人履行他们所承担的债务的方式都是支付一定数额的金钱或者货币给债权人。

2. 以支付一定数额的金钱来履行债务的其他契约

除了这些典型的契约债属于金钱债之外，诸如买卖契约、劳务契约、租赁契约、加工承揽契约或者建筑工程承包契约等也都是金钱债，因为在这些契约债当中，债务人承担债务的方式就是将一定数额的金钱支付给债权人：在买卖契约当中，买受人应当将所购买的货物的价款支付给出卖人；① 在劳务契约当中，雇主应当将工资支付给雇员；在租赁契约当中，承租人应当将租金支付给出租人；② 在加工承揽契约当中，定作人应当将加工费支付给加工承揽者；③ 在建设工程承包契约当中，发包人应当将工程款支付给承包人。④

3. 损害赔偿债

如果债务人违反约定义务或者法定义务的行为引起债权人损害的发生，在符合民事责任的必要构成要件的情况下，债务人应当就其违约行为或者侵权行为引起的损害对债权人承担民事赔偿责任，这就是所谓的损害赔偿债，它是最主要、最重要的民事责任形式。在民法上，损害赔偿债在性质上也属于一种金钱债，因为在此种债当中，债务人履行债务的方式也是将一定数额的损害赔偿金支付给债权人。

二、利息债

（一）利息债的界定

在民法上，金钱债当然也包括利息债。所谓利息，是指债务人在使用债权人所出借的金钱时支付给债权人的对价。当债的客体表现为债务人对债权人支付一定数额的利息时，该种债就是所谓的利息债。通说认为，利息可以分为约定利息和法定利息两种。所谓约定利息，是指契约当事人在其契约当中所规定的利息。所谓法定利息，是指法律明确规定的利息。

（二）利率

无论是法定利息还是约定利息，都要根据一定的利率来计算其具体的数额。所谓利

---

① 张民安主编：《合同法》，中山大学出版社 2003 年版，第 299 页。
② 张民安主编：《合同法》，中山大学出版社 2003 年版，第 326 页。
③ 张民安主编：《合同法》，中山大学出版社 2003 年版，第 349 页。
④ 张民安主编：《合同法》，中山大学出版社 2003 年版，第 374 页。

率，是指利息对于本金在一定期间的比率。根据利率来计算利息的数额，通常以月度或年度为标准，以月度为计算标准的为月利率，以年度为计算标准的则为年利率。该比率可以以十分比、百分比、千分比或分、厘、毫表示。利率也有约定利率和法定利率之分。法定利率是法律强行规定的利率，又分为固定利率和浮动利率。我国法定利率是由中国人民银行决定并公布的。约定利率是由当事人自由确定的利率。对约定的利率，我国法律规定了两项特殊限制：一是以金融机构为债权人或债务人的，约定利率必须在法定最高和最低利率的幅度之内；二是自然人之间的借贷关系利率应以适当高于法定利率为限，而为生产经营借贷的利率又可以适当高于生活性借贷利率，但不得超过法定利率的 4 倍。当事人未约定利率或利率约定不明的，准用法定利率的规定；自然人之间的借贷合同对支付利息没有约定或者约定不明确的，视为不支付利息。①

（三）复利的原则性禁止

虽然民法认可利息债，但是民法在一定的程度上或者一定的范围内禁止契约当事人之间的复利债。所谓复利，是指将利息滚入本金，再生利息。即"利息之利息"，我国民间俗称"利滚利"。由于复利债会使债权额迅速增加，危及公平交易，许多国家民法对此都加以限制。我国法律原则上禁止计算复利。我国《合同法》第 200 条明确规定，借款利息不得预先在本金中扣除，利息在本金中扣除的，应当按照实际借款数额返还借款并计算利息。②

（四）利息债的本质

利息债在本质上是金钱债，因为利息债是以利息给付为客体的债，不过，利息债往往以借贷债的存在作为存在前提，如果没有借贷债的存在，当然也无利息债的存在。因此，利息债虽然也是一种金钱债，但是该种金钱债以主债权的存在为前提，为主债务之从债务。利息债具有从属的性质，即对主债权有附随性或从属性。其从属性具体表现为：一是主债权最初不成立或因无效、被撤销等原因而不存在的，利息之债也不存在；二是主债权移转的，当事人如无特别约定，尚未支付的利息债权也随同移转；三是利息债权与主债权受同一担保。利息之债虽从属于主债，但也有其相对独立性，表现为：其一，在主债权已届清偿期时，利息已产生，债权人可单独请求利息债务的履行；其二，此利息债权可单独让与；其三，利息债权在清偿时，应尽先受偿；其四，利息之债的消灭时效与本债权的消灭时效期间不同；其五，利息之债，可以单独消灭。③

---

① 张民安、李婉丽主编：《债法总论》，中山大学出版社 2008 年第 3 版，第 38 页。
② 张民安、李婉丽主编：《债法总论》，中山大学出版社 2008 年第 3 版，第 38 页。
③ 张民安、李婉丽主编：《债法总论》，中山大学出版社 2008 年第 3 版，第 38 页。

三、代物债

(一) 代物债的界定

所谓代物债(les obligations en nature),是指除了金钱债之外的所有债。任何债,只要在性质上不属于上述所谓的金钱债、货币债,则他们就属于代物债。例如,如果出卖手机之人应当将其手机交付给买受人,则建立在手机交付基础上的此种债就是代物债;如果商店要采取措施防止其顾客摔伤,则商店对其顾客所承担的此种债务就是代物债;同样,如果商事营业资产的出卖人要对其买受人承担不为不正当竞争的债务,则商事营业资产的出卖人所承担的此种债务也是代物债。

(二) 代物债的范围

在民法上,代物债的范围包括金钱债之外的所有债。具体来说,代物债包括的范围有三个方面:其一,交付财产的债。除了债务人交付一定数额的金钱债不是代物债之外,债务人交付或者转移任何财产的债都属于代物债。其二,作为债。一旦债务人要对债权人采取某种积极措施,则债务人对债权人所承担的此种作为债就是代物债。其三,不作为债。一旦债务人要对债权人抑制某种行为,则债务人所承担的此种不作为债务就是代物债。

四、区分金钱债和代物债的意义

(一) 金钱债与代物债的性质不同

在民法上,金钱债在性质上属于种类物债,不属于特定物债,因为在金钱债当中,债务人所支付的金钱在性质上属于种类物而非特定物,它是能够用同样或者类似的金钱互换的,是可以用同等数量的金钱来替代的。Tout 对此作出了明确说明,他指出:"金钱债的客体是将一定数额的金钱的所有权转让给债权人,换句话说,金钱债是一种种类物债(金钱是能够互换的);金钱债能够经受起货币贬值所带来的影响。"[1]Savaux 也对此作出了说明,他指出:"金钱债首先是一种简单的交付财产的债:债务人应当将一定数额的金钱的所有权转让给债权人,也就是说,金钱属于一种种类物。"[2]

而在民法上,代物债除了包括种类物债外,还包括特定物债、作为债和不作为债,如果特定物毁损灭失,债务人不能够以其他财产来替代,已如前述。

---

[1] Valérie Toulet, Droit civil, Les obligations, Paradigme, p. 10.
[2] éric Savaux, Les obligations, 1. L'acte juridique, Quatorzième édition, Dalloz, p. 32.

（二）金钱债与代物债的严格性不同

在民法上，除非债务人被法官宣告破产，否则，金钱债的债务人在任何时候、任何情况下都应当履行他们所承担的金钱债，他们在任何时候、任何情况下都不得借口任何理由来拒绝对债权人履行他们所承担的债务，包括不得主张不可抗力来免责，因为既然金钱债的客体是支付一定数额的金钱，则金钱的支付无所谓给付不能，只有给付延迟的问题；一旦债务人延迟履行他们所承担的金钱债，无论他们对于延迟履行是否有过错，他们都应当就其延迟履行行为对债权人承担民事责任，即使当事人之间的契约无明确的约定，债务人也应赔偿法定利息给债权人。

在代物债当中，尤其是在特定物债和种类物债当中，民法并不实行这样的原则：其一，如果代物债当中的债务人不履行他们所承担的债务，他们往往只对债权人承担民事责任，债权人原则上不得强制债务人继续履行其债务，只能要求债务人承担民事责任；其二，如果债务人没有履行债务的行为是因为不可抗力引起的，债务人能够主张免责，因此代物债当中存在所谓的给付不能。

第五节　简单债、并列债、选择债和随意债

根据债的客体是简单明了还是纷繁复杂的不同，民法学者将债分为简单债和复杂债，其中的复杂债又分为并列债、选择债和随意债。Virginie Larribau-Terneyre 对此作出了说明，他指出："债的客体的多数性有四种具体情况：简单债、并列债、选择债和随意债。"①

一、简单债

所谓简单债（obligation simple），也称为单纯债，是相对于复杂债而言的一种债，是指债的客体仅有一种的债。换句话说，所谓简单债，是指债务人仅为一种给付行为的债。在简单债当中，债务人的给付行为仅有一种，债权人仅能请求债务人实施该种给付行为，不得要求债务人实施其他给付行为，债务人也只实施该种给付行为，无需实施其他给付行为。在民法上，大多数债都是简单债，因为大多数债的客体只有一个，债务人仅仅履行所承担的单一给付义务即可。

例如，当甲方将一定数额的钱借贷给乙方时，该种借贷契约就是简单债，因为在该种借贷契约当中，出借人甲方只能要求借贷人乙方偿还钱款，不得要求借用人以其他方

---

① Virginie Larribau-Terneyre, Droit civil Les obligations, 12 e édition, Dalloz, p. 73.

式履行所承担的给付义务。同样，当甲方将其手机出卖给乙方时，甲方同乙方之间的手机买卖契约就是简单债，因为在此种债当中，甲方的给付义务仅有一种，这就是将手机交付给乙方，乙方所承担的义务也仅有一种，这就是将一定数额的价款支付给甲方。

二、并列债

所谓并列债（obligation conjonctive），也称为累积债（obligation cumulative），是指债的客体有两个或者两个以上并且债务人应当同时为两个或者两个以上给付行为的债。在并列债当中，债务人的给付行为至少有两个或者两个以上，并且他们应当同时实施这些累计的给付行为。只有当债务人实施了两个或者两个以上的所有给付行为时，他们才履行了对债权人所承担的债务；如果债务人仅仅履行其中的一个或者几个给付行为而没有履行全部的给付行为，则债务人没有履行他们所承担的债务，应当对债权人承担民事责任。在复杂债当中，并列债属于最重要的债，因为大多数复杂债都是并列债。

例如，甲方的自行车价值200元，当他用自己的价值仅有200元的自行车交换乙方价值300元的手机时，甲方除了要将其价值200元的自行车转让给乙方之外，还应当补齐其自行车价值同乙方手机价值的差额部分即100元的金钱给乙方，此时，甲方的给付行为包括两个：其一，将其自行车转让给乙方；其二，支付100元的补足金（soulte）给乙方。甲方与乙方之间的物物交换契约就是并列债，因为此种债有两个客体，并且这两个给付行为应当同时进行。再如，当商事营业资产的出卖人将其商事营业资产出卖给买受人时，他们不仅应当交付其有形财产给买受人，而且也应当交付其无形财产给买受人。此时，商事营业资产的买卖契约包含了两个客体：其一，转让有形财产；其二，转让无形财产。

三、选择债

（一）选择债的界定

所谓选择债（obligation alternative obligation disjonctive），是指债的客体虽然有两个或者两个以上，但是债务人仅需根据自己的选择从中实施一个给付行为的债。选择债与并列债的共同点是，它们的客体都是两个或者两个以上。它们之间的差异在于，在并列债当中，债务人必须同时为两个或者两个以上的给付行为；而在选择债当中，债务人仅需根据自己的自由选择从两个或者两个以上的给付行为当中为一个给付行为，无需同时为两个或者两个以上的给付行为。

例如，甲方与乙方签订运输契约，规定承运人甲方通过陆上运输方式或者通过航空运输方式将乙方委托其运输的货物运送到目的地。此种货物运输契约就是选择债，因为在此种债当中，承运人甲方履行货物运输契约规定的义务的方式有两种：其一，通过陆上运输方式运送货物；其二，通过航空运输方式运送货物。甲方可以从这两种方式当中选择一种方式来进行货物运输。再如，甲方与乙方签订的货物买卖契约明确规定，乙方支付货款的币种或者是人民币，或者是美元，或者是法郎，或者是欧元，则此种货物买卖契约就是选择债，因为在此种买卖契约当中，乙方支付货款的币种包括四种：人民币、美元、法郎、欧元。债务人乙方可以从这四种币种当中选择任何一种币种来支付甲方的货款。

选择债的选择对象可谓形形色色，包括但是不限于：其一，给付性质的选择，包括金钱的给付、劳务的给付、交付财产的给付、不作为给付等；其二，给付的标的物的选择，包括给付特定物、给付种类物等；其三，给付手段的选择，包括给付人民币、外币或者给付支票、本票或者汇票等；其四，给付方式的选择，包括航空运输、汽车运输、火车运输或者海洋运输等；其五，其他内容的选择，包括给付时间、地点、数额等。

（二）选择债的选择权

原则上，选择债的选择权属于债务人，在例外情况下，选择债的选择权也可以由债权人行使。所谓例外情况是指：其一，法律明确规定选择债的选择权属于债权人；其二，契约当事人之间的契约明确规定选择债的选择权属于债权人。《法国民法典》第1190条对此原则作出了明确说明，该条规定：除非法律明确将选择权授予债权人，否则，选择权属于债务人。Terré、Simler 和 Lequette 也对此作出了说明，他们指出："法律本身明确规定，选择债的选择权有时归属于债务人，有时则归属于债权人。"[1]

例如，《法国民法典》第1681条规定，选择债的选择权属于债务人，当出卖人因为显失公平的买卖而遭受不当损失时，如果出卖人向法院起诉，要求法官撤销他们与买受人之间签订的买卖契约，买受人在法官同意撤销买卖契约的情况下享有选择权：他们或者选择撤销所从事的买卖契约，或者选择维持买卖契约而支付公平合理的价款给出卖人。

再如，《法国民法典》第1644条规定，选择债的选择权属于债权人，当出卖人将有缺陷的产品或者建筑物出卖给买受人时，买受人对于所购买的缺陷产品或者建筑物享有选择权：或者将有缺陷的产品或者建筑物返还给出卖人；或者保留有缺陷的产品或者建筑物而要求出卖人返还部分价款给自己。

（三）有关选择债的特殊法律规则

（1）当债的给付有两个或者两个以上时，债务人有权自由决定选择给付哪一个，债权人不得强制债务人选择其中的某一个给付行为，也不得要求债务人分别为两个或者

---

[1] Francois Terré Philippe Simler Yves Lequette, Droit civil, Les obligations, 10e edition, Dalloz, p. 1224.

两个以上的给付当中的部分给付。不过，法律要求债务人在作出自由选择的时候，应当是善意的。①

（2）如果债务人应当从两个或者两个以上的给付当中作出选择而拒绝作出选择，基于债权人的请求，法官有权责令债务人作出选择；如果债务人仍然拒绝作出选择，法官既不得为债务人作出选择，也不得授权债权人作出选择；法官此时仅能够判决解除当事人之间的契约并因此责令债务人对债权人承担损害赔偿责任。②

（3）一旦债务人从两个或者两个以上的给付当中选择了一个给付行为，则债务人只能为该种给付行为，不得再选择其他给付行为；债权人也仅能要求债务人实施所选择的此种给付行为，不得要求债务人实施其他给付行为。此时，选择债就变成了简单债，这就是所谓的选择权的不得撤回性。③

（4）如果债的给付有两个或者两个以上，当其中的一个或者几个给付因为不可抗力、非法、债务人的原因或者其他原因而无法实施时，该种债究竟是选择债还是简单债，取决于能够实施的给付的数额：如果两个或者两个以上的给付当中仅有一个给付是能够实施的，则该种债在性质上就不再属于选择债，而属于简单债；如果两个以上的给付当中仍然有两个或者两个以上的给付是能够实施的，则该种债在性质上仍然属于选择债，当事人仍然可以从中进行给付选择；一旦当事人作出了选择，该种债就从选择债变成了简单债。④

（5）如果两个或者两个以上的给付都因为不可抗力的原因而无法实施，则债务人不再履行对债权人的债务，并且无需就其不履行债的行为对债权人承担民事责任；如果因为债务人的原因导致所有的给付都无法实施，债权人有权请求债务人对其承担民事责任。

四、随意债

（一）随意债的界定

所谓随意债（obligation facultative），是指债的客体虽然仅有一个，但是债务人可以不为该种给付行为而随意、自由地为另外一个给付行为的债。Virginie Larribau-Terneyre 对随意债作出了界定，他指出："所谓随意债，是指债务人虽然仅为一种给付行为，但是他们有权通过实施其他的给付行为来清偿他们所承担的债务。"⑤

---

① Rémy Cabrillac, Droit des Obligations, 9e édition, Dalloz, p. 279.
② Virginie Larribau-Terneyre, Droit civil Les obligations, 12 e édition, Dalloz, p. 74.
③ Rémy Cabrillac, Droit des Obligations, 9e édition, Dalloz, p. 279.
④ Virginie Larribau-Terneyre, Droit civil Les obligations, 12 e édition, Dalloz, p. 74.
⑤ Virginie Larribau-Terneyre, Droit civil Les obligations, 12 e édition, Dalloz, p. 74.

例如，甲方和乙方签订的契约规定，甲方应当将一定数量的财产交付给乙方。此种债的客体仅有一个，这就是甲方交付一定数量的财产给乙方。在此种债当中，甲方虽然应当履行所承担的交付一定数量的财产的义务，但是，甲方可以不履行此种义务，他可以基于自己的选择，以支付一定数量的金钱给乙方的方式来清偿他对乙方所承担的债务。一旦甲方将一定数额的金钱支付给了乙方，他与乙方之间的债即消灭。

再如，甲方与乙方签订了赠与契约，明确规定甲方要将一栋房屋赠送给乙方。此种赠与契约的客体仅有一个，这就是甲方赠送一栋房屋给乙方。基于自己的选择，甲方可以不履行房屋赠送的义务，他可以支付乙方一笔与该房屋价值相等的金钱来替代其原本应当履行的债务。一旦甲方将这样的一笔金钱支付给了乙方，则甲方对乙方承担的债务就已经履行，他与乙方之间的债的法律关系就消灭。

（二）随意债的构成

在随意债当中，债的客体仅有一个，债务人也仅仅实施此种单一的给付行为。但是，如果债务人愿意，他们可以不实施此种单一给付行为，可以随意实施另外一个给付行为；当债务人实施了另外一个给付行为时，他们同债权人之间的债的法律关系就消灭。在随意债当中，债的单一客体被认为是主要客体，债务人所为的此种给付行为被认为是主给付行为；而债务人随意所为的另外一个客体被认为是次要客体，他们随意所为的另外一个给付行为被认为是次给付行为。在随意债当中，债务人所为的主给付行为可谓形形色色，不一而足，但是，他们随意所为的次要给付行为只有一个，这就是支付一定数额的金钱替代其主给付行为。

（三）随意债的特殊性

在随意债当中，仅债务人有权不实施主给付行为而以次给付行为替代。债权人只能要求债务人对其实施主给付行为，他们不得要求债务人放弃主给付行为而对其实施次给付行为。

在随意债当中，如果债务人的主给付行为无效或者因为不可抗力而无法履行，债务人同债权人之间的债的法律关系消灭。

五、区分简单债、并列债、选择债和随意债的意义

（一）债的客体不同

民法之所以区分简单债、并列债、选择债和随意债，第一个主要原因是这四种债的客体不同。在简单债和随意债当中，债的客体仅有一个；而在并列债和选择债当中，债的客体有两个或者两个以上。

（二）债务人实施的给付行为不同

民法之所以区分这四种债，第二个主要原因是债务人在不同类型的债当中所实施的给付行为是不同的。在简单债和并列债当中，债务人应当实施所有的给付行为：在简单债当中，债务人应当实施单一的给付行为，而在并列债当中，债务人应当实施全部的并行的、累计的给付行为。在选择债当中，债务人虽然有多种给付行为可以实施，但是他们实际上仅需从多种给付行为当中选择一种给付行为来实施，一旦他们作出了选择，则所谓的选择债就变成了简单债，已如前述。而在随意债当中，虽然债务人仅有一种给付行为可以实施，但是他们可以放弃此种给付行为而以支付金钱的方式来替代其单一的给付行为。

（三）债务人承担民事责任的条件不同

民法之所以区分这四种债，第三个主要原因是债务人承担民事责任的条件是不同的。在简单债和并列债当中，债务人如果不实施单一的或者所有的给付行为，则他们不实施给付行为的行为将构成违法行为，在符合民事责任的一般构成要件的情况下，债务人应当对债权人承担民事责任，除非债务人能够证明他们没有实施单一的或者所有的给付行为是因为不可抗力引起的。而在选择债当中，只有在债务人已经作出了选择之后没有实施所选择的单一给付行为，他们的行为才构成违法行为，才有可能要对债权人承担民事责任。

（四）法律规则的不同

民法之所以区分这四种债，第四个主要原因是法律对简单债、并列债、选择债和随意债所采取的法律规则存在重大的差异。例如，在简单债和并列债当中，法律并没有规定所谓的选择权，而在选择债和随意债当中，法律则规定了所谓的选择权，已如前述。再如，虽然法律在选择债和随意债当中都规定了选择权，但是法律对这两种债当中的选择权作出的规定有差异：在选择债当中，选择权原则上属于债务人，例外情况下则可以由债权人行使；而在随意债当中，选择权仅能由债务人行使，债权人不得行使选择权，已如前述。

第六节 简单债、按份债和连带债

根据债的主体是简单还是复杂，民法学者将债分为简单债和复杂债，其中的复杂债又分为按份债和连带债。

一、简单债和复杂债的界定

（一）简单债的界定

所谓简单债，也称单纯债、单数主体债，是相对于复杂债而言的一种债，是指只有一个债权人和一个债务人的债。在简单债当中，不仅债权人是单一的，而且债务人也是单一的，单一的债权人仅能请求单一的债务人对其承担债务，单一的债务人也仅对单一的债权人承担债务。因此，简单债的法律关系简单明了。

（二）复杂债的界定

所谓复杂债，也称复数债，是指有两个或者两个以上的债权人与两个或者两个以上的债务人的债。任何债，只要其债权人有两个或者两个以上，或者其债务人有两个或者两个以上都是复杂债。在债法上，两个或者两个以上的债权人被称为复数债权人或者多数债权人，而两个或者两个以上的债务人则被称作复数债务人或者多数债务人。他们之间因此所形成的债被称为复数主体债或者多数主体债。具体来说，复杂债包括：其一，单一的债权人与复数的债务人之间的债；其二，单一的债务人与复数的债权人之间的债；其三，复数的债权人与复数的债务人之间的债。

（三）复杂债的类型

在债法上，复杂债包括哪些类型，不同的民法学者作出了不同的回答。本书作者认为，复杂债包括两种类型：按份债和连带债，其中的按份债就是可分债（obligation divisible），连带债就是不可分债（obligation indivisible）。

二、按份债

（一）按份债的界定

所谓按份债（obligations conjointes obligations disjointe），也称可分债（obligation divisible），是指以同一可分割的给付为客体，复数债权人或复数债务人分别按照确定的债权份额或者债务份额享有债权或承担债务的债。按份债的一个主要特征是，无论是债权还是债务均可在复数的债权人或者债务人之间进行分割并因此形成不同的债权份额或者债务份额，债权人仅仅在其债权份额内对其债务人享有权利，这就是所谓的按份债权、积极债权；债务人也仅仅在其债务份额内对其债权人承担债务，这就是所谓的按份债务、消极债务。他们之间因此形成的债权和债务关系就是所谓的按份债。

例如，如果甲方和乙方共欠下丙方 1000 元，当甲方和乙方对丙方所承担的债是按份债和可分债时，这 1000 元的债应当在甲方和乙方之间进行分割，除非甲方和乙方对 1000 元的欠款规定了不平等的分割方法，否则，这 1000 元的债务应当在甲方和乙方之间进行平均分割。甲方应当偿还其中的 500 元给丙方，乙方应当偿还另外的 500 元给丙方，丙方也只能要求甲方偿还 500 元的欠款，仅能要求乙方偿还 500 元的欠款。

（二）按份债在债法当中的普通法地位

虽然两大法系国家和我国的民法将复数主体债、多数主体债分为按份债和连带债，但是按份债和连带债在债法当中的地位并不是相同的，因为两大法系国家和我国的债法都认为，在复数主体债或者多数主体债当中，按份债是主要的，在债法当中居于主导地位、普通法的地位，而连带债则是次要的，在债法当中居于补充地位、特别法的地位。之所以形成这样的地位，是因为两大法系国家和我国的民法都认为，除了法律明确规定或者当事人明确约定他们之间的复数主体债或者多数主体债是连带债之外，所有的复数主体债或者多数主体债都是按份债。

（三）按份债的法律效力

1. 债务人按照自己的份额承担债务或者债权人按照自己的份额享有债权

在民法上，债权人究竟享有多少份额的债权，债务人究竟承担多少份额的债务，取决于契约当事人的约定或者法律的直接规定：如果契约当事人或者法律对债权或者债务份额作出了约定或者规定，则他们将会按照约定或者法律规定的份额享有债权或者承担债务；如果当事人没有对债权人享有的债权份额或者债务人所承担的债务份额作出约定，则法律采取平均享有或者平均分担的原则；如果复数债权人没有对债权人享有的债权份额作出约定，则每一个债权人享有的债权是平等的，也就是债权总额除以所有债权人之后的得数；如果复数债务人没有对债务人承担债务的份额作出明确约定，则每一个债务人承担的债务也是平等的，也就是债务总额除以所有债务人之后的得数。

2. 按份债当中的每一个债的独立性与特定性

按份债虽然包含了多种债，但是按份债当中的多种债都是独立的债，其中的一种债同其中的另一种债之间没有任何法律关系，对任何债权人或债务人所发生的事项也仅仅对该债权人或者债务人产生法律上的效力，不会对其他债权人或者债务人产生法律上的效力。

第一，当复数债务人当中的一个债务人因为资不抵债而破产时，债权人只能够自认倒霉，他们不得要求其他债务人替代该破产的债务人对其承担债务。

第二，当某一个债权人免除某一个债务人的债务时，债权人对债务的免除也仅仅对被免除债务的债务人产生法律效力，对其他债务人不会产生法律效力，其他债务人仍然应当对债权人承担债务。

第三，债权人对某一个债务人的债务履行催告也仅仅对被催告的债务人产生法律效力，对其他债务人不会发生法律效力。

第四，当某一个债务人对某一个债权人主张其契约无效时，该种契约无效的主张也仅仅对该契约债务人和债权人产生法律效力，对其他债权人或者债务人不会产生法律效力。

第五，如果某一个债务人所承担的债务因为履行或者其他原因而消灭时，该种债的消灭也仅仅对该债务人和与之相对应的债权人产生法律效力，对其他债权人或者债务人不会发生法律效力。

第六，当法官就某一个债权人与债务人之间的债权纠纷作出裁判时，该裁判仅仅对这两个特定的债权人和债务人产生法律效力，不对其他债权人或者债务人产生法律效力。

三、连带债

（一）连带债的界定

所谓连带债（obligations solidaires），也称为不可分债（obligation indivisible），是指以同一不可分割的给付为客体，复数债权人均得请求债务人履行全部债务，复数债务人均得履行全部债务的债。连带债的一个主要特征是，无论是复数债权人享有的债权还是复数债务人承担的债务都不能够像可分债、按份债那样分割，并因此形成相同或者不同的债权份额或者债务份额，无论是复数的债权人还是复数的债务人均需连带享有债权或者连带承担债务。

如果复数债权人连带享有债权，则他们享有的债权就被称为连带债权、积极连带（solidarité active），如果复数债务人连带承担债务，则他们所承担的债务就被称为连带债务、消极连带（solidarité passive），他们之间因此形成的债权和债务关系就是所谓的连带债。连带债的主要目的是为了防止同一债权在复数债权人之间进行分割，或者防止同一债务在复数债务人之间进行分割。①

例如，当甲方和乙方所设立的合伙组织向银行借贷10万元时，甲方和乙方就此10万元的贷款所承担的债就是典型的连带债，无论是甲方还是乙方都应当首先偿还这10万元，因为甲方和乙方所承担的此种债是不得予以分割的债。

再如，当甲方和乙方故意侵害丙方的名誉权时，甲方和乙方应当共同对丙方所遭受的财产损害或者非财产损害承担赔偿责任，此种赔偿责任就是典型的连带债，因为在此种连带债当中，不仅甲方应当赔偿丙方所遭受的所有损害，而且乙方也应当赔偿丙方所

---

① Francois Terré Philippe Simler Yves Lequette, Droit civil, Les obligations, 10e edition, Dalloz, p.1227.

遭受的全部损害，甲方或者乙方所承担的赔偿责任不得予以分割。

（二）连带债在债法当中的地位

同按份债的普通法地位相比，连带债在债法当中居于次要地位，仅仅构成债法的特别法或者例外法，这就是，连带债仅仅在契约当事人有明确的契约规定或者法律有明确的、特别的条文规定的情况下才承担，如果契约当事人没有明确规定一方当事人对其另外一方当事人承担连带债，或者法律没有明确规定债务人在某种特殊情况下对债权人承担连带债，则债务人不得被责令对债权人承担连带债，此时，他们也仅仅对债权人承担按份债、可分债。《法国民法典》第 1202 条对此规则作出了明确规定，该条规定：连带债不得予以推定，债务人所承担的连带债要么源于他们与债权人所签订的明示契约，要么源于法律的直接规定。民法之所以将连带债限定在契约当事人有明确约定或者法律有特别规定的场合，是因为连带债虽然对债权人极端有利，但是对复数债务人极端不利，它可能会使债务人承担的债务或者责任过重。

（三）连带债的种类

在民法上，连带债可以分为两种：严格意义上的连带债和连带责任债。所谓严格意义上的连带债，是指契约领域的债，也就是契约当事人基于意思自治原则和契约自由原则所自愿承担的连带债，或者契约当事人基于法律的明确规定所承担的连带债。所谓连带责任债，也称为不完全的连带债或者不真正连带债（obligations imparfaite），是指两个或者两个以上的行为人就其实施的致害行为对同一个受害人所承担的连带损害赔偿责任。在民法上，连带责任债主要是指侵权责任债。

（四）连带债产生的渊源

1. 契约当事人所明示约定的连带债

根据意思自治原则和契约自由原则，契约当事人当然能够为他们自己约定连带债务，一旦契约当事人在他们的契约当中明确约定，债务人要对债权人承担连带债务，则契约债务人就应当对契约债权人承担连带债。在民法上，如果契约当事人签订的书面契约规定了债务人所承担的连带债，债务人当然应当对债权人承担连带债，即便契约当事人之间没有签订书面契约，只要契约当事人有承担连带债的明确意思表示，契约债务人也应当承担连带债务。

2. 法律特别规定债务人承担的连带债

在任何国家，如果民法典或者其他法律特别规定，债务人应当在某种情况下对债权人承担连带债，则债务人就应当根据这些法律的特别规定对债权人承担连带债。例如，我国《合伙企业法》第 39 条明确规定，一般合伙人应当就合伙债务承担连带责任。再如，我国《侵权责任法》第 8 条明确规定：两人以上共同实施侵权行为，造成他人损害的，应当承担连带责任。我国《侵权责任法》第 9 条也明确规定，教唆、帮助他人实施侵权行为的，应当与行为人承担连带责任。

3. 司法判例确定的连带责任债

在 19 世纪，大陆法系国家的民法典虽然规定了连带债，但是，大陆法系国家的民法典往往仅在契约领域规定连带债，没有在侵权责任领域规定连带债。这一点在大陆法系国家的法国是如此，在大陆法系国家的德国也是如此。例如，法国 1804 年《法国民法典》第 1384 条虽然规定了父母应当就其未成年子女实施的侵权行为对他人承担侵权责任，虽然规定了雇主应当就其雇员实施的侵权行为对他人承担侵权责任，但是 1804 年《法国民法典》第 1384 条并没有规定，父母或者雇主应当与其未成年子女或者雇员一起对他人承担连带责任。

此时，法官是否应当责令父母或者雇主与其未成年子女或者雇员一起对他人承担连带责任？由于《法国民法典》与《德国民法典》都明确规定，连带责任仅限于契约当事人有明确约定或者法律有特别规定的时候才承担，因此，法官此时很难责令父母与其未成年子女或者雇主与其雇员一起对他人承担连带责任。不过，为了保护他人的利益，法官最终还是责令父母与其未成年子女或者雇主与其雇员一起对他人承担连带责任，这就是所谓的连带责任债的理论。在大陆法系国家的法国，民法学者认为该种债是一种不完全的连带债（obligations imparfaite），已如前述。

大陆法系国家的民法学者之所以将连带责任债称为不完全的连带债，是因为它们认为，连带责任债仅仅具有严格意义上的连带债的主要法律效力，不具有连带债所具有的次要法律效力。关于这一点，本书将在下面的内容当中作出说明，此处从略。

4. 商事惯例所产生的连带债

自古代以来，商法就认为，商事惯例能够使债务人对债权人承担连带责任。[①]

（五）连带债的法律效力

1. 连带债的双重法律效力

连带债除了产生主要的法律效力之外，还产生次要的法律效力。连带债的主要法律效力包括两个方面：其一，债的客体的同一性（unité d'objet）；其二，债的法律关系的多样性。不过，连带债除了会产生主要法律效力之外，还会产生次要的法律效力（effets secondaires）。我国《民法通则》仅仅对连带债的主要法律效力作出了规定，没有对连带债所产生的次要法律效力作出规定。

---

① Rémy Cabrillac, Droit des Obligations, 9e édition, Dalloz, pp. 283 - 284.

2. 连带债的主要法律效力

连带债的一个基本特征是，债的客体只有一个，这一个客体不能像按份债那样在债权人或者债务人之间进行分割。在民法上，人们将连带债的此种特征称为客体的同一性或者债务的同一性。债的客体的同一性被认为是连带债的第一个也是最重要的特征。基于债的客体的同一性，连带债同时产生下面三个方面的主要法律效力：

其一，债权人能够要求复数债务人当中的任何一个债务人清偿全部债务。在债法上，即便连带债的债务人有两个或者两个以上，债权人也有权根据自己的选择仅仅要求其中的某一个债务人对其履行全部债务，被债权人要求清偿债务的债务人也应当清偿全部债务，不得以存在其他债务人作为拒绝清偿全部债务的理由。

其二，复数债权人当中的某一个债权人一旦受领债务人所为的全部给付行为，则其他债权人享有的债权消灭。在债法上，如果债权人是复数债权人，一旦其中的某一个债权人受领了债务人所为的全部债务给付，则其他债权人对所有债务人享有的债权均消灭，他们不得再受领债务人所为的债务给付，否则，将构成不当得利，应当返还给债务人。

其三，一旦复数债务人当中的某一个债务人履行了对债权人所承担的全部债务，则不仅该债务人对债权人所承担的债务得以消灭，而且其他所有债务人对债权人所承担的债务也都得以消灭。《法国民法典》第1200条对此规则作出了明确说明，该条规定：一旦复数债务人就同一客体对债权人承担连带债时，复数债务人当中的任何一个债务人都应当清偿全部债务；一旦一个债务人清偿了全部债务，其他债务人所承担的债务即消灭。

3. 连带债的次要法律效力

连带债除了会发生上述法律效力之外，还会产生其他法律效力，这就是所谓的连带债的次要法律效力。所谓连带债的次要法律效力，是指债务人作出的或者债权人对债务人作出的某种行为除了会对作出此种行为的债务人或者债权人产生法律效力之外，还会对没有作出此种行为的债务人或者债权人产生法律效力。承认连带债所产生的次要法律效力，其目的有两个：一是方便债权人提起诉讼；二是加重连带债务人的负担。[①]

连带债的次要法律效力主要包括：

其一，债权人对复数债务人当中的某一个债务人所为的债务履行催告对所有复数债务人均产生法律效力。

其二，当债权人针对某一个债务人采取的行为导致诉讼时效中断时，该种诉讼时效中断适用于所有的债务人。例如，一旦债权人向法院起诉某一个连带债务人，则该债权人对该债务人所提起的诉讼就导致其诉讼时效中断，该种诉讼时效中断不仅适用于被债权人起诉的这个债务人，而且适用于没有被债权人起诉的所有其他债务人，债权人也能

---

① Philippe Malaurie Laurent AynèPhilippe Malaurie Laureck, les, obligations, 4e edition DEFRENOIS, p. 725.

够对没有被起诉的其他债务人主张诉讼时效中断。

其三，债权人对某一个债务人提出的要求其支付延迟利息的请求不仅对该债务人产生法律效力，而且还对其他没有被提出此种请求的债务人产生法律效力。

其四，法官对复数债务人当中的某一个债务人作出的判决能够适用于所有的复数债务人。

应当特别说明的是，传统民法认为，上述连带债的主要法律效力既适用于严格意义上的连带债，也适用于连带责任债，而上述连带债的次要法律效力仅仅适用于严格意义上的连带债，不适用于连带责任债。不过，此种理论目前正遭受前所未有的挑战，因为连带责任债和严格意义上的连带债的上述差异正在逐渐缩小，它们之间在上述次要法律效力方面的差异正在消除，两种连带债正在走向融合。

四、区分简单债、按份债和连带债的意义

（一）债的主体的单一性与复数性

民法之所以区分简单债和复杂债，第一个主要原因在于，这两种债的主体是不同的。在简单债当中，无论是债权人还是债务人都是单一的、一个人，没有两个或者两个以上的债权人或者债务人。而在复杂债当中，其主体可能是复数的，主要表现在：要么债权人是两个或者两个以上，要么债务人是两个或者两个以上，要么债权人和债务人同时都是两个或者两个以上，已如前述。

（二）债的客体的可分性和不可分性

民法之所以区分简单债和复杂债，第二个主要原因在于，这两种债的客体在性质上是不同的。在简单债当中，债的客体是绝对无法予以分割的，也是完全没有必要予以分割的，因为债权人和债务人均为单一的、一个人，债权人当然有权要求债务人对其履行全部债务，债务人当然也应当对债权人履行全部债务，因此，简单债是绝对的不可分债。在复杂债当中，债的客体虽然只有一个，但是，这一个客体可以在复数债权人或者复数债务人之间进行分割，使债权人或者债务人仅仅根据他们在债权总额或者债务总额当中所占的份额来主张权利或者承担债务，已如前述。复杂债可分为按份债和连带债，因此，按份债是可分债。而在连带债当中，债的客体虽然也仅有一个，但是这个单一的客体不得在复数债权人或者复数债务人之间进行分割，因此，连带债为不可分债。

（三）债的法律关系的简单性和复杂性

民法之所以区分简单债和复杂债，第三个主要原因在于，这两种债的法律关系复杂程度是不一样的。在简单债当中，债的法律关系简单明了，仅存在一种债的法律关系，

这就是单一的债权人与单一的债务人之间的法律关系。在复杂债当中，复数债权人当中的每一个债权人均与单一债务人或者复数债务人之间发生独立的债的法律关系，有多少个复数债权人或者有多少个复数债务人，他们彼此之间就存在多少种债的法律关系，已如前述。

因此，从债的法律关系的复杂程度而言，简单债的法律关系最简单，复杂债中的连带债的法律关系最复杂，而按份债的法律关系则介于简单债和连带债之间。

第七节 简单债、附条件债和附期限债

按照债的限定方式不同，民法学者将债分为简单债、附条件债和附期限债。在债法上，简单债、附条件债和附期限债在性质上都属于契约债。

一、简单债

所谓简单债（obligation pure et simple），也称为单纯债，是指那些一经产生就会对债的当事人产生法律效力的债。例如，当甲方和乙方在 2010 年 12 月 31 日登记结婚时，他们之间的婚姻就是简单债，因为在该种债当中，甲方和乙方既没有对其婚姻关系的产生规定任何条件，也没有对其婚姻关系的存续规定任何期限。同样，当甲方和乙方签订手机买卖契约时，如果甲方和乙方没有对该手机买卖规定任何条件或者期限，则该种手机买卖契约就是所谓的简单债。换句话说，简单债是相对于附条件债或者附期限债而言的，任何契约债，如果当事人没有在他们的契约当中规定契约生效或者失效的条件或者期限，则该种债就是所谓的简单债。由此，大多数契约债都是简单债。

二、附条件债

（一）附条件债的界定

所谓附条件债（obligation conditionnelles），是指债的生效或者失效取决于债的当事人所规定的条件的成就或者不成就的债。根据意思自治和契约自由的原则，如果契约当事人在其契约当中约定某种条件，并且将该种条件看作其契约生效或者失效的法律根据，则该种契约就会根据契约当事人所约定的条件生效或者失效，这就是所谓的附条件债。在债法当中，当事人所附加的条件应当是未来的某种不确定的事实，包括当事人所实施的某种行为或者某种自然现象。①

---

① 傅静坤主编：《民法总论》，中山大学出版社 2007 年第 3 版，第 179 页。

例如，当父母和其未成年子女约定，一旦其未成年子女考入重点大学，父母将会为其购买苹果牌手提电脑，父母与其未成年子女之间的此种约定就是所谓的附条件债，因为，在此种债当中，父母虽然要为其未成年子女购买苹果牌手提电脑，但是父母购买该种牌子的手提电脑是有条件的，这就是：未成年子女考入重点大学，如果其未成年子女没有考入重点大学，则父母就没有此种义务。再如，甲方和乙方约定，当乙方在 2010 年 12 月 31 日前结婚时，甲方就会赠送乙方一栋房屋，甲方和乙方之间的此种约定就是所谓的附条件债，因为在此种契约当中，甲方赠送一栋房屋给乙方是有条件的，这就是乙方要在 2010 年 12 月 31 日前结婚，如果乙方没有在此期限之前结婚，则甲方无需赠送房屋给乙方。

当事人之所以在他们的契约当中规定一定的条件，其目的是通过所规定的条件来限定债的生效或者失效，让契约按照当事人所预先设定的条件生效或者失效。如果契约当事人所规定的条件实现了或者发生了，则该条件的实现或者发生就是所谓的条件成就；如果契约当事人所规定的条件无法实现或者没有发生，则该条件的无法实现或者没有发生就是所谓的条件不成就。无论条件成就还是不成就，都会引起相应的法律后果。例如，在上述第一个案例当中，如果未成年子女真的考入重点大学，则当事人所规定的条件成就，父母就应当履行其所承担的约定债务，要为其未成年子女购买苹果牌电脑；如果未成年子女未能考入重点大学，则当事人所约定的条件并不成就，父母无需为其未成年子女购买苹果牌电脑。同样，在上述第二个案件当中，如果乙方真的在 2010 年 12 月 31 日前结婚，则契约当事人所约定的条件成就，甲方就应当履行赠送一栋房屋的债务；如果乙方没有在 2010 年 12 月 31 日前结婚，则契约当事人所约定的条件不成就，甲方无需履行所承担的债务。

(二) 附条件债当中条件的要求

在债法上，债的当事人在其契约债当中所规定的条件要同时符合下列要件：

其一，契约债的当事人在其契约当中所规定的条件必须是未来的事实，已经发生的或者正在发生的事实不得作为条件。①

其二，契约债的当事人在其契约当中所规定的条件必须是不确定的事实，如果是确定的事实不得作为条件，② 但是能够作为期限；所谓不确定的事实，是指作为条件的事

---

① Philippe Malaurie Laurent AynèPhilippe Malaurie Laurent Ayn, obligations, 4e edition DEFRENOIS, p. 697；Gérard Légier, les obligations, 17e édition, 2001, Dalloz, p. 215；Rémy Cabrillac, Droit des Obligations, 9e édition, Dalloz, p. 292；傅静坤主编：《民法总论》，中山大学出版社 2007 年第 3 版，第 179 页。

② Philippe Malaurie Laurent AynèPhilippe Malaurie Laurent Ayn, obligations, 4e edition DEFRENOIS, p. 697；Rémy Cabrillac, Droit des Obligations, 9e édition, Dalloz, p. 292；傅静坤主编：《民法总论》，中山大学出版社 2007 年第 3 版，第 181 页。

实既有可能发生，也有可能不会发生，是否发生在契约当事人签订契约的时候还不确定。

其三，契约债的当事人在其契约当中所规定的条件必须是法律规定之外的条件，如果他们所规定的条件是法律所规定的条件，则他们之间的债不是附条件债。①

其四，契约债的当事人在其契约当中所规定的条件必须是合法的、可能的，如果契约债的当事人所规定的条件是非法的、不可能的，则契约债的当事人所规定的条件无效。② 所谓债的条件的合法性，是指当事人在契约当中所附加的条件不得违反法律、公共秩序或者良好风俗。③

（三）附条件债的法律效力

在债法当中，契约当事人往往通过两种方式对债的法律效力施加限制：一是对债的生效附加条件；二是对债的消灭附加条件。其中对债的生效所附加的条件被称为附停止条件（condition suspensive），而对债的消灭所附加的条件则被称为附解除条件（condition résolutoire）。

1. 附停止条件的债的法律效力

在某种债当中，当事人虽然已经成立了某种契约债，但是他们并不希望此种债即刻生效，而是希望在具备所规定的条件的情况下生效。一旦所规定的条件成就，债就产生法律效力；如果条件不成就，则债就不会产生法律效力，此种条件被称为附停止条件。所谓停止条件，是指决定和左右债的法律关系生效的条件。在附停止条件的债当中，在条件成就前，债的法律关系已经成立，但并未生效，因此，其效力处于停止状态。须待条件成就时债的法律关系始生效。如果条件不成就，则该债的法律关系将始终不生效。例如，甲方同乙方签订赠与契约，规定一旦乙方同别人结婚就会赠送一栋房屋。在此种赠与契约当中，当事人之间的赠与契约虽然成立，但是并没有生效，该种赠与契约的生效建立在乙方同别人结婚的基础上。因此，乙方同别人结婚就是所谓的附停止条件。再如，甲方同乙方签订财产买卖契约，乙方同意购买甲方的财产，但是乙方对购买甲方的财产附加了一个条件，这就是乙方能够从别人那里贷到款。在这里，甲方和乙方之间的财产买卖契约已经成立，但是并没有生效，他们之间的契约要生效就必须建立在乙方已

---

① Philippe Malaurie Laurent Aynès Philippe Stoffel-Munck，les，obligations，4e edition DEFRENOIS，p. 696；傅静坤主编：《民法总论》，中山大学出版社 2007 年第 3 版，第 181 页。
② Philippe Malaurie Laurent AynèPhilippe Malaurie l-Munck，les，obligations，4e edition DEFRENOIS，p. 703；Gérard Légier，les obligations，17e édition，2001，Dalloz，p. 215；Rémy Cabrillac，Droit des Obligations，9e édition，Dalloz，，p. 292；傅静坤主编：《民法总论》，中山大学出版社 2007 年第 3 版，第 181 页。
③ Gérard Légier，les obligations，17e édition，2001，Dalloz，p. 215.

经贷到款的基础上，因此，乙方能够贷到款就是所谓的附停止条件的债。①

２．附解除条件的债的法律效力

在某些债当中，当事人之间的债不仅成立而且还开始生效，当事人有时希望他们之间已经发生法律效力的债能够按照他们所规定的条件失效，也就是，一旦他们所规定的条件成就，他们之间的债就会消灭，而如果他们所规定的条件不成就，则他们之间的债就会一直持续有效。在债法上，此种条件被称为解除条件。所谓解除条件，是指决定和左右债的法律关系消灭的条件。在附解除条件的债当中，当事人之间的债的法律关系自成立时起即已生效，如果条件成就，其法律效力即消灭。如果条件不成就，则此种债的法律关系将继续有效。例如，甲方和乙方签订的赠与契约规定，一旦受赠人乙方先于甲方死亡，则他们之间的赠与契约就会终止。此种赠与契约就是典型的附解除条件的债，因为在受赠人没有死亡之前，甲方和乙方之间的赠与契约就一直有效；一旦受赠人先于赠与人死亡，则他们之间的赠与契约就失效。②

三、附期限债

（一）附期限债的界定

所谓附期限债（obligation à terme），是指债的生效或者失效取决于债的当事人所规定的期限的届或者届满的债。根据意思自治和契约自由的原则，如果契约当事人在其契约当中约定某种期限，并且将该期限的届或者届满看作其契约生效或者失效的法律根据，则该种契约就会根据契约当事人所约定的期限生效或者失效，这就是所谓的附期限债。在债法当中，当事人所附加的期限应当是未来的、确定的事实，包括当事人所实施的某种行为或者某种自然现象。

例如，甲方和乙方在2012年12月31日签订房屋租赁契约，明确规定该房屋租赁契约在2013年12月31日生效，该种房屋租赁契约就是所谓的附期限债。因为到2013年12月31日的时候，契约当事人之间的房屋租赁契约开始生效，房屋的出租人就应当将其房屋交付给出租人使用，否则，出租人就违反了所签订的契约，应当对承租人承担违约责任。同样，甲方和乙方在2012年12月31日签订房屋租赁契约，明确规定该房屋租赁契约在2013年12月31日失效，则该种房屋租赁契约也是所谓的附期限债，因为到2013年12月31日的时候，出租人和承租人之间的租赁关系终止，承租人就应当将其承租的房屋退还给出租人，否则，将构成违约行为，应当对出租人承担违约责任。

附期限债同附条件债的共同点有两个方面：其一，它们都是按照当事人所限定的方

---

① Gérard Légier, les obligations, 17e édition, 2001, Dalloz, p. 215.
② Gérard Légier, les obligations, 17e édition, 2001, Dalloz, p. 215.

式生效或者失效；其二，无论是所附加的条件还是所附加的期限，都是未来的事实。它们之间的差异在于：作为期限的事实必须是未来的确定性事实，也就是在未来一定会发生的事实，而作为条件的事实则必须是未来的不确定事实，也就是该种事实在将来可能会发生，也可能不会发生。例如，甲方同乙方签订赠与契约，明确规定甲方死亡之后会将其房屋赠送给乙方，此种赠与契约就是附期限债而不是附条件债，因为甲方对乙方所谓的房屋赠与以甲方死亡作为期限，而甲方肯定是要死亡的，因此，其死亡不被看作条件而仅被看作期限。

（二）期限的类型

在债法上，附期限债当中的期限可以根据不同标准作出不同分类：其一，根据期限是否确定，附期限债当中的期限可以分为确定期限（terme certain）和不确定期限（terme incertain）；其二，根据契约当事人约定期限的方式，当事人所约定的期限可以分为两种：明示期限（terme exprés）和默示期限（terme tacite）；其三，根据期限对债的法律效力的限定方式，期限可以分为两种：停止期限（terme suspensif）和解除期限（terme extinctif）。

如果契约当事人在他们的契约当中明确约定某种期限，则该种期限就是明示期限；即便契约当事人没有在他们的契约当中明确约定期限，如果当事人之间的具体情况表明他们之间暗含地规定了某种期限，则该种暗含的期限就是所谓的默示期限。例如，如果雇主同其雇员签订了劳动契约，明确规定雇员的工作期限，则该种期限就是明示期限，如果雇主没有同其雇员签订劳动契约，没有明确规定雇员的工作期限，则他们之间的期限就可以看作默示期限：仅在雇员已经开始工作一段时间之后，雇员才能够要求雇主对其承担债务。[①]

如果契约当事人规定了契约生效或者失效的确切时间，则契约当事人所规定的此种期限就是确定期限，建立在此种确定期限基础上的债就是附确定期限债；如果契约当事人没有规定契约生效或者失效的确切时间，而仅规定了契约生效或者失效的某种未来的确定性事件，则该种未来的确定性事件就是不确定期限，建立在此种不确定期限基础上的债就是附不确定期限债。例如，在上述房屋赠与契约当中，甲方同乙方所规定的甲方死亡就是不确定期限。

实际上，无论是确定期限还是不确定期限，无论是明示期限还是默示期限，最终都会被归结为停止期限和解除期限，因为它们的效力或者是使已经成立的契约债处于效力停止状态，或者是使已经生效的契约债最终消灭。

---

① Gérard Légier, les obligations, 17e édition, 2001, Dalloz, p. 211.

（三）附期限债的法律效力

当事人之所以在他们的契约当中规定一定的期限，其目的是通过所规定的期限来限定债的生效或者失效，让契约按照当事人所预先设定的时间生效或者失效。当契约按照当事人所规定的时间生效时，当事人所规定的此种期限就是始期，也就是所谓的附停止期限，建立在附停止期限基础上的债就是附停止期限债。在附停止期限债当中，当事人之间的债虽然已经成立，但是还没有生效，债务人对债权人所承担的债务还不需履行，债权人还无权要求债务人对其履行债务。仅在契约当事人所规定的期限届满时，当事人之间的债才产生法律效力，债务人才对债权人承担责任，债权人也才能够要求债务人对其承担债务。

当契约按照当事人所规定的时间失效时，当事人所规定的此种期限就是终期，也就是所谓的解除期限，建立在附解除期限基础上的债就是附解除期限债。在附解除期限债当中，当事人之间的债已经发生法律效力，债务人已经开始对债权人承担债务；此种债的法律效力一直持续，直到契约当事人所规定的期限届满时，契约当事人之间的债才终止、消灭。

四、区分简单债、附条件债和附期限债的意义

民法之所以区分简单债、附条件债和附期限债，其主要原因在于，简单债简单、明了，债的生效或者失效既不会受任何条件的限制，也不会受任何期限的限制，而附条件债和附期限债则复杂纷繁，债的生效或者失效会受某种条件的限制，或者受某种期限的限制。

第八节 手段债和结果债

根据债的法律效果的不同，民法学者将债分为手段债和结果债两种。

一、手段债和结果债的界定

（一）手段债的界定

所谓手段债（les obligations de moyens），也称一般的谨慎和勤勉债，是指债务人在为给付义务时只需尽到一般有理性的人在同样或者类似情况下所能够尽到的注意义务的债。根据手段债，如果债务人在为给付义务时已经尽到了一个有理性的人在同样或者类似情况下所能够尽到的注意义务，他们就履行了其对债权人所承担的债务，无需对债权

人承担违约责任或者侵权责任；如果债务人在为给付义务时没有尽到一个有理性的人在同样或者类似情况下所能够尽到的注意义务，他们就没有履行其对债权人承担的债务，应当对债权人承担违约责任或者侵权责任。例如，医师在诊疗病人的时候所承担的债就是手段债，因为医师在诊疗病人的时候只要尽到了其他医师所能够尽到的合理注意义务，他们就履行了对其病人所承担的债务，即便他们没有最终治好其病人的疾病，他们也无需对其病患者承担违约责任或者侵权责任。

（二）结果债的界定

所谓结果债（les obligations de résultat），也称确定债，是指债务人在为给付义务时要达到某种明确的效果或者取得某种确定的结果的债。根据结果债，如果债务人所为的给付行为已经达到了某种明确的效果或者已经取得了某种确定的结果，他们就履行了对债权人所承担的债务；如果债务人所为的给付行为没有达到某种明确的效果或者没有取得某种确定的结果，他们就没有履行其对债权人所承担的债务，应当对债权人承担违约责任或者侵权责任。例如，当医师明确承诺会治好患者的疾病时，他们对患者所承担的债就是结果债，如果医师治好了患者的疾病，他们就履行了对患者所承担的债务；如果他们没有治好患者的疾病，他们就没有履行对患者所承担的债务，应当对患者承担违约责任或者侵权责任。

（三）手段债和结果债的性质

在民法上，手段债和结果债既可以是一种契约债，也可以是一种侵权债，还可以是不当得利债或者无因管理债，因为无论是手段债还是结果债都可以因为当事人之间的契约而产生，也可以因为行为人实施的侵权行为而产生，还可以因为无因管理行为或者不当得利行为而产生。Mazeaud 和 Chabas 对此作出了说明，他们指出："确定债和一般的谨慎和勤勉债包括所有的契约债和非契约债。例如，在契约债领域，承运人所承担的契约债就是一种确定债，而医师所承担的契约债则是一种一般的谨慎和勤勉债。在侵权和准侵权债当中也存在此种分类：《法国民法典》第1382条和第1383条所规定的合理行为的债就是一般的谨慎和勤勉债，而《法国民法典》第1384（1）条和第1385条关于行为人就其物的行为引起的损害、动物的所有人就其动物引起的损害对他人承担的侵权责任就是确定债。"[①]

[①] Henri et Leon Mazeaud Jean Mazeaud Francois Chabas, Obligations, 9 e édition, Montchrestien, p. 14.

二、手段债和结果债二分法理论的确立

(一) 手段债和结果债二分法理论的产生

在法国,民法学者普遍根据债的法律效果或者债的强度的不同而将债分为手段债和结果债。此种分类方法始于 1925 年,它最初由法国民法学者 Demogue 所主张。在 1925 年所著的《债法总论》当中,Demogue 认为,应当根据债的法律效果的不同强度将债分为手段债和结果债。[1] 在 1936 年的《债的类型化》一文当中,法国民法学者 H. Mazeaud 也主张此种分类方法。[2] 在 1945 年的《结果债与谨慎债的区分》一文当中,法国民法学者 Tunc 也主张此种分类。[3] 自此之后,这种区分理论逐渐为法国民法学者所支持,并且逐渐得到了法国司法判例的适用。

(二) 手段债和结果债二分法理论在法国的广泛认可

在今天,虽然《法国民法典》并没有明确规定手段债和结果债的二分法理论,但是,几乎所有的法国民法学者都认可此种分类,并且法国的法官也明确认可此种分类。此外,鉴于此种理论的科学性和合理性,该种理论也为法国之外的许多国家的民法学者所认可。Larroumet 对此作出了说明,他指出:"虽然《法国民法典》并没有区分手段债(有时也被称为谨慎和勤勉债)和结果债(有时也被称为确定债),但是此种区分理论由 Demogue 第一次提出来之后几乎得到了所有法国民法学者的一致认可,并且也被某些非常重要的外国学者所接受。同时,此种区分理论也被法国司法判例看作法国实在法的组成部分而得到经常的适用。"[4]

(三) 我国民法学者对手段债和结果债二分法理论的认可

在我国,除了本书主编曾经在第二版和第三版的《债法总论》[5] 当中对于此种分类作出了说明之外,我国几乎没有什么民法学者对这样的问题作出明确说明。本书认为,即便我国《民法通则》没有明确规定手段债和结果债的区分理论,我国民法也应当认可此种区分理论,因为在我国,正如在法国或者其他国家,债务人虽然要对他人承担债务,但是他们对他人所承担的债务并非在任何情况下都是相同的,法律对他们履行债务

---

[1] R. Demogue, Traite de obligation en general, Paris, Rousseau, 1925, t. 5, no1237; t. 6, no599.
[2] H. Mazeaud, Essai de classification des obligations, (1936) 35RTDC. 1.
[3] A. Tunc, La distinction des obligations de result et des obligations de diligence, JCP. 1945. I. 449.
[4] Christian Larroumet, Droit Civil, Les Obligations le Contrat, 6e édition, ECONOMICA, p.47.
[5] 张民安、李婉丽主编:《债法总论》,中山大学出版社 2005 年第 2 版,第 48—49 页;中山大学出版社 2008 年第 3 版,第 47—48 页。

所提出的要求也不是完全相同的。基于债务的性质的不同，法律对债务人履行债务所提出的要求有时存在重大的差异。

例如，当医师在诊疗病人时，他们是否有义务或者责任一定要治好病人？如果他们没有治好病人，他们是否应当对病人承担违约责任或者侵权责任？对此问题，我国民法与包括法国民法在内的其他国家的法律所作出的回答是完全一致的。它们都认为，医师在诊疗病人时并不承担治好病人疾病的义务或者责任；即便他们没有治好病人，他们也无需对病人承担违约责任或者侵权责任，除非他们没有治好病人的行为构成过失行为。因为合同法和侵权法都认为，医师在诊疗病人的时候只要尽到了合理注意义务，他们就无需就其没有治好病人的行为对其病人承担违约责任或者侵权责任。[1] 合同法和侵权法之所以实行这样的规则，是因为它们认为，医师所承担的债务仅仅是手段债而不是结果债，医师在诊疗病人的时候只需尽到其他同样或者类似医师所能够尽到的注意义务即可，他们无需承担一定要治好病人的义务。

三、区分手段债和结果债的标准

在民法上，债务人对债权人承担的哪些债是手段债，债务人对债权人承担的哪些债是结果债？对此问题，民法学者少有说明。本书认为，判断债务人所承担的债究竟是手段债还是结果债，其标准包括：其一，债务人所承担的债务性质；其二，债务人的意思表示；其三，债务人的职业或者身份；其四，法律的明确规定。应当说明的是，这四个判断标准之间并非是泾渭分明的，有时会存在交叉的地方。

（一）债务人所承担的债务性质

在民法上，债务人所承担的债务性质是决定他们对债权人所承担的债务究竟是结果债还是手段债的重要标准。在民法上，债务人所承担的某些债生来就是结果债，而他们所承担的某些债生来就是手段债。在民法上，金钱债、利息债在性质上生来就是结果债，只有当债务人将所欠下的钱款还给债权人的时候，他们的债务才得以履行，否则，他们的债就没有得到履行。在民法上，行为人就其过失行为对他人承担的侵权责任生来就是手段债，因为如果行为人在行为的时候已经尽到了合理的注意义务，他们就无需对他人承担过失侵权责任，如果行为人在行为的时候没有尽到合理注意义务，他们就应当对他人承担侵权责任。

（二）债务人的意思表示

在民法上，债务人的意思表示也是决定他们对债权人所承担的债务究竟是结果债还

---

[1] 张民安：《侵权法上的作为义务》，法律出版社2010年版，第13页。

是手段债的重要标准。在民法上，如果债务人明确表示，或者如果债务人同债权人签订的契约明确规定，他们保证或确保为债权人获得某种结果或者达到某种目的，则他们此时所承担的债就是结果债而非手段债，即便他们在没有明确表示或者没有明确约定的情况下仅仅对债权人承担手段债。相反，如果债务人明确表示，或者如果债务人同债权人签订的契约明确规定，他们仅仅试图为债权人获得某种结果或者试图达到某种目的，则他们此时所承担的债就是手段债而非结果债，即便他们在没有明确表示或者没有明确约定的情况下仅仅对债权人承担结果债。

例如，医师承担的债原则上是手段债，医师在诊疗病患者时只要尽到了一般医师在类似情况下尽到的注意义务，他们就已经履行了对病患者承担的债务。因此，即便医师没有将病患者的疾病诊治好，病患者也不得要求医师承担责任。但是，如果医师明确承诺将病患者的疾病诊治好，则他们承担的债务将是结果债务，只要医师在客观上没有将病患者的疾病医治好，他们就没有履行对病患者承担的义务，应当对病患者承担责任。

（三）债务人的身份

在民法上，债务人的身份也是决定他们对债权人所承担的债务究竟是结果债还是手段债的重要标准。现代民法认为，某些人的身份决定了他们对他人承担的债务是手段债，除非他们明确表示他们会对他人承担结果债。在法律上，律师、医师、审计师、会计师、评估师等专业人士的身份，决定了他们作为专业人士只需对其委托人承担手段债，除非他们明确表示愿意对其委托人承担结果债。

例如，律师虽然接受委托人的委托为他们办案，但是他们并不保证一定会为委托人打赢官司，除非他们明确表示会为委托人打赢官司。同样，审计师虽然接受委托人的委托为他们提供财务报告，但是他们并不保证他们所提供的财务报告百分之百准确，除非他们明确承诺会提供百分之百准确的财务报告。同样，现代民法也认为，承运人的身份决定了他们对乘客所承担的债务是结果债，除非他们明确表示他们仅对其乘客承担手段债，或者法律明确规定他们在例外情况下仅对其乘客承担手段债。

虽然同样是专业人士，建筑师和工程师的身份决定了他们对其委托人所承担的债务是结果债而非手段债，因为现代民法认为，建造师和工程师在为委托人建造或者设计房屋时，要确保所设计或者所建造的房屋或者工程具有所要求的质量，能够适合委托人居住或者使用，否则，他们应当对其委托人承担责任。

（四）法律的明确规定

在民法上，法律也是决定债务人对债权人所承担的债务究竟是结果债还是手段债的重要标准。一旦制定法明确规定债务人对他人承担的债是结果债，则债务人对他人承担的债当然就是结果债；一旦制定法明确规定债务人对他人承担的债是手段债，则债务人对债权人承担的债当然就是手段债。

四、区分手段债和结果债的原因

民法之所以区分手段债和结果债，其原因有四个方面：

其一，手段债和结果债的客体不同。民法之所以区分手段债和结果债，第一个方面的原因在于，手段债和结果债对债务人的给付要求是不同的。虽然手段债和结果债的客体都是债务人所为的某种行为，但是，手段债仅要求债务人在为债权人作出某种行为的时候尽到合理的注意义务，不要求债务人作出的行为一定要达到某种确定的目的或者获得明确的结果。而结果债并不要求债务人在行为的时候要尽到合理的注意义务，仅要求他们的行为要达到某种确定的目的或者获得某种明确的结果。

其二，手段债和结果债对债务人不履行债的判断标准和民事责任的构成要件是不同的。民法之所以区分手段债和结果债，第二个方面的原因在于，手段债和结果债对债务人不履行债的判断标准或者所承担的民事责任的构成要件是不同的。

在民法上，如果债务人所承担的债是结果债，则判断债务人是否履行了他们所承担的债的标准简单明了：如果债务人的行为已经达到某种确定的目的或者获得明确的结果，债务人就履行了他们所承担的债务，他们就无需对债权人承担民事责任；如果他们的行为没有达到某种确定的目的或者没有获得明确的结果，债务人就没有履行他们所承担的债务，他们就应当对债权人承担民事责任。

在民法上，如果债务人所承担的债是手段债，则判断债务人是否履行了他们所承担的债的标准是所谓的理性人的标准：如果债务人在行为的时候已经尽到了一个有理性的人在同样或者类似情况下的谨慎、勤勉、技能运用等的注意义务，债务人就已经履行了他们所承担的债务，无需对债权人承担民事责任；如果债务人在行为的时候没有尽到一个有理性的人在同样或者类似情况下的注意义务，他们就没有履行所承担的债，应当对债权人承担民事责任。

其三，债务人的免责事由不同。民法之所以区分手段债和结果债，第三个方面的原因在于，手段债和结果债对债务人的免责要求是不同的。虽然结果债和手段债的债务人均可以因为某种正当理由的存在而拒绝就其不履行债务的行为对债权人承担民事责任，但是，结果债和手段债的债务人所能够主张的免责事由是不同的。如果债务人所承担的债是结果债，当债权人要求他们就其没有履行所承担的结果债对其承担民事责任时，债务人能够主张的免责事由只有一种，这就是不可抗力。如果债务人所承担的债是手段债，当债权人要求他们承担民事责任时，债务人除了能够主张不可抗力来免责之外，还可以以自己没有过失为由来拒绝对债权人承担民事责任。

其四，证明责任的不同。民法之所以区分手段债和结果债，第四个方面的原因在于，结果债和手段债当中的举证责任是不同的。如果债务人所承担的债是结果债，则债务人应当承担举证责任，证明他们不履行债务的原因是不可抗力，如果他们无法证明不可抗力是导致他们不履行债务的原因，则他们应当对债权人承担民事责任；如果债务人所承担的债是手段债，债权人应当承担举证责任，证明债务人在履行他们所承担的债务时没有尽到合理的注意义务，如果债权人无法举证证明，债务人在行为的时候没有尽到合理的注意义务，则债务人无需对债权人承担民事责任。

第二编 债的主要渊源

第六章 合同债

第一节 合同的界定

一、导论

在两大法系国家和我国,合同无疑是债产生的主要渊源,这是因为根据两大法系国家和我国的法律,一旦合同当事人签订了合同,他们就应当根据合同的规定履行他们所承担的债务,否则,应当就其不履行合同所规定的债务行为承担违约责任。

虽然如此,如果你问大多数人什么是合同时,他们通常会告诉你,所谓合同实际上就是他们所签订的一份法律文件,根据该份法律文件,他们可以购买他人的产品,享受他人的服务,或出售自己的货物。的确,他们所签订的这样的法律文件是合同,但合同并非就是他们所签订的这些法律文件。在法律上,合同具有更广泛的意义,可以在各种法律领域使用,诸如商事交易领域、身份领域甚至行政管理领域。

然而,究竟什么是合同,各个国家的法律所作出的回答并不完全相同,甚至同一国家在不同的时期所作出的回答也不同。在大陆法系国家,合同(contrat)被认为是一种双方法律行为(acte juridique bilatéral),是当事人之间的一种合意(accords de vòlonté);而在英美法系国家,合同或者被认为是一种允诺(promise),或者被认为是一种协议(agreement),或者被认为是通过谈判而建立的一种法定债务(obligation)。而在我国,如何对合同加以界定,学者之间亦有不同的学说,虽然《民法通则》和《合同法》对合同所作的说明基本相同。合同意义上的差异并不能掩盖它们本质上的共同点即合同实际上是当事人实现自己利益的法律手段,是当事人的意思表示在私法上的反映。

二、两大法系国家法律关于合同的界定

(一) 大陆法系国家法律对合同的界定

在法国,合同被视为当事人之间的一种协议(convention),是两方或两方以上的当

事人之间的意思表示的一致,即合意。在 2016 年 2 月 10 日的债法改革之前,《法国民法典》旧的第 1101 条对合同作出了界定,该条规定:所谓合同,是一个或者几个人与另外一个或者几个人所签订的协议,根据此种协议,一个或者几个人对另外一个或者几个人承担转移所有权、作出或者不作出某种行为的债务。①

《法国民法典》旧的第 1101 条对合同作出的界定具有一个重要特点,这就是,它明确区分合同和协议,因为它认为,如果当事人是为了产生债权债务关系而签订协议,则他们之间的此种协议就是合同,但是,如果他们仅仅是为了变更或者终止既存的债权债务关系而签订协议,则他们基于这两种目的所签订的协议不是合同。② 因此,在 2016 年 2 月 10 日的债法改革之前,法国民法采取的理论是,虽然合同一定是一种协议,但是,并非所有的协议均是合同。③

《法国民法典》旧的第 1101 条对合同所作的界定受到法国民法学者的批判,他们认为,对合同和协议的区分并无重大益处,因为合同和协议属于两个同义词,能够彼此替换。为了反映法国民法学者的此种意见,在 2016 年 2 月 10 日的债法改革之后,法国政府对合同作出了新的界定,认为除了当事人之间为了建立债权债务关系而签订的协议属于合同之外,他们之间为了变更、转让或者终止债权债务关系而签订的协议也属于合同。这就是《法国民法典》新的第 1101 条,该条规定:所谓合同,是指两个或者两个以上的人为了产生、变更、转移或者消灭他们之间的债而达成的意思表示的合意。④

今时今日,在对合同作出界定时,法国民法学者普遍采用《法国民法典》新的第 1101 条的界定,因为他们认为,该条的界定拓展了合同的范围,除了产生债的协议属于合同之外,变更债、转让债或者消灭债的协议也属于合同。⑤

当然,在今时今日,法国民法学者也认为,要将协议与合同区分开来并不是一件容易的事情,因为,并非当事人之间的所有协议均能够产生债,因此,是不是一种合同,除了要考虑当事人之间所签订的协议之外,还要考虑他们之间的协议是否能够产生债的效力;如果能够产生债的效力,则当事人之间的协议就构成合同,否则,就不构成合同。

---

① Article 1101 Le contrat est une convention par laquelle une ou plusieurs personnes s'obligent, envers une ou plusieurs autres, à donner, à faire ou à ne pas faire quelque chose.
② Jean Carbonnier, Les Obligations, Presses Univeritaires De France, p. 42; Gérard Légier, les obligations, quatorizième édition, dalloz, p. 9.
③ Jean Carbonnier, p. 42.
④ Article 1101 Le contrat est un accord de volontés entre deux ou plusieurs personnes destiné à créer, modifier, transmettre ou éteindre des obligations.
⑤ Philippe Malaurie Laurent Aynès Philippe Stoffel-Munck, Droit Des Obligations, 8e édition, LGDJ, p. 227; Rémy Cabrillac, Droit des Obligations, 12e édition, Dalloz, p. 19; Dimitri Houtcieff, Droit des contrats, 2e edition, Laecier Paradigme, p. 50.

因此，在今时今日，人们仍然能够说，所有的合同均是协议，但是，人们不能够反过来说，所有的协议均是合同：合同仅仅是所有协议当中的一部分内容，不是全部内容。例如，法国民法学者认为，即便当事人之间就礼仪、施加恩惠、协助或者债的担保达成了协议，并因此建立起礼仪行为、施惠行为、协助行为或者君子协定（即名誉债），当事人之间所达成的这些协议也不属于合同。因为，这些协议无法产生债，属于不能够产生债的效力的协议。

（二）英美法系国家法律对合同的界定

在英美法系国家，合同法并没有对合同作出界定。因此，关于什么是合同，学者之间有不同的学说。目前，关于合同大致有三种界定方法，即允诺说、协议说以及法定债务说。

1. 允诺说

此种学说认为，所谓合同，实际上就是一种允诺或一组允诺。所谓允诺，实际上就是某人对其他人所作出的确保某种事务状态存在、自己将会从事某种特定的行为或自己将会不从事某种特定行为的宣告（declaration）或保证（assurance），并且自己要将完成此种宣告或担保的请求权授予给他人。[1] 允诺至少涉及两方当事人，其中一方作出允诺，被称之为允诺人（promisor），另一方接受此种允诺，被称之为受允诺人（promisee）。允诺人和受允诺人明确和肯定，任何因为此种允诺而产生的权利和义务均对他们双方当事人产生约束力；如果允诺人作出允诺之后，没有履行自己的允诺所产生的义务，则对方可以请求允诺人履行自己的义务。因此，允诺可以在当事人之间产生债务。

2. 协议说

此种理论认为，所谓合同，实际上就是具有法律上的强制执行力的协议，此种协议由两个或两个以上的当事人基于自愿而订立，它使当事人之间因此而产生可以由法院强制执行的权利和义务关系。何为协议？美国《合同法复述（第二版）》第3条规定，所谓协议实际上是两个或两个以上当事人的共同同意表示。协议说强调两方当事人意思表示的一致，突出了合同的核心内容，因此，具有一定的合理性。

3. 法定债务说

此种理论认为，所谓合同，实际上就是通过某种交易而创设的全部法定债。此种法定债（legat obligation）实际上就是双方当事人之间的权利和义务，此种定义为美国《统一商法典》第1201（1）条采取。此种意义上的合同同其他意义上的合同的主要区别在于，在法定债务说中，合同包括了无需通过允诺来实现的交易，诸如财产的即刻出卖等。[2]

---

[1] A. G. Guest, Anson's Law of Contract, 25th ed, Clarendon Press, p. 2.
[2] John D. Calamari Joseph M. Perillo, Contracts, second edition, West Publishing Co., p. 3.

(三) 大陆法系国家合同定义与英美法系国家合同定义的比较

我国学者在讨论两大法系国家的合同本质时，认为法国法对合同的理解同英美法对合同的理解存在较大区别，原因在于法国法认为合同是一种合意，而英美法则认为合同是一种或一系列的允诺。① 实际上，法国法关于合同的界定同英美法关于合同的界定并无本质的区别。

首先，无论是法国法还是英美法都认为合同是一种协议，基于双方当事人的合意而产生，没有合意，即不能产生合同，这实际上就是前述英美法的协议说，它同法国法的合意理论并无本质的区别。

其次，即便英美合同法采取允诺说，强调合同是当事人所作的允诺，但此种允诺必须传达给被允诺人，取得被允诺人的同意，合同才能成立；没有被允诺方，允诺人所作出的允诺并非合同；即便有了允诺方作出的允诺，如果被允诺方不接受，合同同样也不能成立。可见，允诺说实际上仍然要求当事人之间有合意，合意仍然是允诺的核心。②

最后，英美合同法中的法定债务说实际上也是协议说的一种表现形式，虽然它仅仅将合同限定在商事交易领域，虽然其范围比法国法所规定的范围要窄。但对合同范围作出限定，并不表明法定债务说不强调合同的核心内容即协议。可见，无论两大法系国家法律或学者对合同作何界定，合同仅仅是当事人之间的一种协议而已，不同的是，此种协议的范围该如何确定。

三、我国法律对合同的界定

在我国，不仅《民法通则》对合同作出了明确界定，而且《合同法》也对合同作出了清楚的界定，并且《民法通则》和《合同法》对合同作出的界定几乎没有什么差异。

我国《民法通则》第 85 条规定：合同是当事人之间设立、变更、终止民事关系的协议。我国《合同法》第 2 条规定：合同是平等主体的自然人、法人、其他组织之间设立、变更、终止民事权利和义务关系的协议。婚姻、收养、监护等有关身份关系的协议，适用其他法律的规定。根据《民法通则》第 85 条和《合同法》第 2 条的规定，所谓合同，是指民事主体之间为了建立、变更或者终止其民事权利或者民事义务所签订的协议。任何协议，只要其目的是为了建立某种民事法律关系、变更某种民事法律关系或者终止某种民事法律关系，就是合同。

---

① 王家福主编：《民法债权》，法律出版社 1991 年版，第 256 页。
② A. G. Guest, Anson's Law of Contracts, 25th ed, p. 2.

（一）合同是两方或者两方以上的当事人之间所达成的一种协议

所谓协议，是指两方或者两方以上的当事人就某种事项所达成的合意，即两个或两个以上的当事人之间的意思表示一致。它要求合同的两方或者两方以上的当事人具有订立合同的意思表示并且此种意思表示要一致。如果一方的意思表示没有获得另一方的同意，则合同因为欠缺合意而未成立。

（二）合同是当事人在平等、自愿、公平和诚实信用的基础上所达成的一种协议

合同是两方或者两方以上的当事人在平等、自愿、公平和诚实信用的基础上就某种事项达成的一种协议。我国《合同法》第3条、第4条、第5条等条款对此规则作出了明确规定。

首先，合同当事人在签订协议时应当处于平等的地位，如果一方当事人在签订此种协议的时候与另外一方当事人处于不平等的地位，则他们之间所达成的协议可能会因为此种不平等而被撤销或者被宣告无效。我国《合同法》第3条规定：合同当事人的法律地位平等，一方不得将自己的意志强加给另一方。

其次，合同当事人在签订协议时应当处于自愿、自由的状态，如果一方当事人在签订协议时处于不自愿、不自由的状态，则他们之间所签订的协议就会被撤销或者被宣告无效。我国《合同法》第4条规定：当事人依法享有自愿订立合同的权利，任何单位和个人不得非法干预。

再次，合同当事人在签订协议时应当本着公平的态度，如果一方当事人本着不公平的态度与另外一方当事人签订协议，则他们之间的协议将会被撤销或者被宣告无效。我国《合同法》第5条规定：当事人应当遵循公平原则确定各方的权利和义务。

最后，合同当事人在签订协议时应当本着诚实信用的态度，否则，他们之间的协议可能因为违反诚实信用原则而被撤销或者被宣告无效。在我国，虽然《合同法》第6条仅仅规定，合同当事人在履行合同义务或者行使合同权利时应当遵循诚实信用的原则，没有明确规定合同当事人在签订协议时应当遵循此种原则，但是，合同当事人在签订协议时当然应当遵循此种原则，否则，如果合同因此不成立、无效或者被撤销，违反此种原则并因此导致合同不成立、无效或者被撤销的一方当事人应当对另外一方当事人承担缔约过失责任，实际上就是过失侵权责任，已如前述。

（三）合同是按照当事人的意思表示发生法律效力的一种协议

合同是按照两方或者两方以上的当事人的意思表示发生法律效力的一种协议。一旦合同当事人就某种事项达成协议，他们所达成的协议就会对合同当事人产生法律上的效

力,此种法律效力就是合同当事人在他们的协议当中所明确规定的权利、义务或者责任。合同当事人应当按照合同的规定主张权利、承担义务或者责任。这就是所谓的意思自治和合同自由原则。我国《合同法》第 8 条对此规则作出了明确规定,该条规定:依法成立的合同,对当事人具有法律约束力。当事人应当按照约定履行自己的义务,不得擅自变更或者解除合同。依法成立的合同,受法律保护。

在通常情况下,合同会按照合同当事人之间的明确意思表示来发生法律效力。但是,如果合同当事人在他们的合同当中没有明确规定合同的法律效力,或者虽然作出了规定,但是他们的规定不清楚,则法官最终会适用"探求合同当事人的真实意思表示"的合同法理论,将认为原本属于合同当事人的意思表示的内容强加给合同当事人,这就是所谓的默示的意思表示理论。

第二节 合 同 法

一、合同法的性质

所谓合同法,是指规范和调整合同当事人之间的债权和债务关系的各种法律规范的总和。合同法都是以合同作为调整对象的法律,内容涉及合同法在民法典中的地位、合同的种类、合同的成立、合同的效力、合同的履行、合同的变更、合同的解除以及合同违反的法律救济等问题。合同法属于民法的范畴,因此,具有私法的性质。合同法的私法性质以合同法的任意性和意思自治的补充性为最重要的特点。

(一) 合同法的任意性

所谓合同法的任意性,是指合同法虽然对合同的种类、效力和形式作了明确规定,但合同法所作出的此类规定并非强行性规定,合同当事人在订立合同时,可以违反合同法的此类规定;一旦合同当事人对合同所作的规定不同于合同法对该合同所作的规定,则当事人对合同的规定仍然是有效规定,并不因为违反合同法的规定而无效或被撤销。这是合同自由原则的重要反映。合同法的任意性的特点同物权法的强行性的特点形成鲜明的对比。根据物权法定原则,物权的种类、效力和形式都只能由法律加以规定,当事人不得根据意思表示而创设物权、左右物权的效力;否则,其行为不会产生物权的效力,而仅会产生债权的效力。

(二) 意思自治的补充性

合同法贯彻意思自治的原则,认为当事人的意思表示即为当事人之间的法律,因此，当事人的意思表示违反合同法的内容时，其意思表示仍然有效。在实行此种原则的情况下，两大法系国家和我国为何还要制定合同法，对各种重要的合同作出规定？这是因为，合同法的规定仅仅对合同当事人的意思表示起补充和完善作用，当合同当事人的意思表示不清楚、有瑕疵或部分无效时，法官即可适用合同法关于该种合同的规定。可见，合同法并非是约束或限制合同当事人意思自治的法律，而仅仅是补充和完善当事人意思自治的法律。

二、罗马法时代的合同法

在罗马法时代，合同主要有四类即口头合同、书面合同、要物合同和诺成合同。口头合同实际上是通过一问一答的对话方式所产生；书面合同则是通过合同当事人的文字方式所产生；要物合同仅通过一方现实地交付某种标的物的方式而产生；诺成合同则仅需要双方当事人的意思表示一致即可，无需具体实物的交付。在这四种类型的合同中，诺成合同是最重要的，它包括的合同范围有委托合同、合伙合同、买卖合同以及租赁合同。在这些类型的诺成合同中，合同当事人无需履行某种特别的程序，只要双方当事人相互同意，债即立刻附着在该同意之上，从而对双方当事人产生约束力。诺成合同的产生和发展，是合同法发展史上的重大事件，它在合同法的发展史上开创了一个新的阶段，所有现代合同的概念都是从这个阶段发轫的，[①] 为近现代合同法的发展奠定了基础。应当指出，虽然罗马法规定了合同法，但是罗马法并没有将这些理论加以抽象化和一般化，没有形成合同法的一般理论。有关合同法的一般理论仅仅是在19世纪末期才产生。

三、近代合同法

随着资本主义的逐渐兴起，尤其是随着19世纪以来的自由资本主义制度的确立，法律逐渐确立起意思自治和契约自由的原则，认为每个人都有追求自己利益最大化的权利，都是自我利益的最好的裁判，有权通过各种手段来满足自己的权益。个人利益的满足、意思自治原则的实现无不是建立在19世纪已经极其流行的合同理论的基础上。

（一）19世纪的合同法形成了高度抽象的一般理论

在19世纪，由于个人主义的高涨，法律认为合同实际上是建立在当事人的意思表示的基础上，当事人的意思表示是合同具有强制执行力的源泉。无论是1804年《法国民法典》的合意主义还是英美普通法的允诺主义，实际上都是以当事人的意思表示为核心。由于合同是建立在当事人的意思表示的基础上，两大法系国家的法律才可以建立起一般性的合同法理论，而这与英美侵权法的理论形成鲜明的对比，因为无论是19世

---

① 梅因：《古代法》，商务印书馆1959年版，第189页。

纪的英美侵权法，还是20世纪的英美侵权法，它们都仅仅是建立在各种具体的、单个的侵权行为制度方面，欠缺一般性的侵权责任理论，而两大法系国家的合同法都是建立在高度抽象的合同法原则基础上，这就是意思自治和合同自由的原则。

（二）暗含合同理论的提出

合同是建立在当事人的意思表示的基础上的，如果当事人之间没有意思表示，他们之间是否存在合同？在19世纪，司法不仅认为明示的意思表示可以导致合同的产生，就是默示的意思表示也可以导致合同的产生，当事人违反明示的意思表示要承担违约责任，违反默示的意思表示也要承担责任，这就是暗含合同理论。暗含合同理论的提出具有重大意义，现代两大法系国家关于暗含合同的各种学说都建立在19世纪的暗含意图的理论基础上，是该种理论在20世纪的延续。

（三）合同法结构的厘定

19世纪以来，随着司法判例的不断发展，学者开始将司法判例系统化，并因此而建立了合同法的结构模式。此种结构包括合同的意义、合同的种类、合同的效力以及合同违反的法律救济等。20世纪以来，学者在19世纪所建立的合同法结构模式仍然得到尊重。近现代合同法的结构模式基本上是19世纪合同法结构模式的再现。

四、现代合同法

20世纪以来，虽然社会的客观情况已经发生了重大变化，但19世纪所确立的合同法原则仍然得到尊重，意思自治和合同自由仍然是现代合同法的基本原则，当事人意思表示的合意仍然被认为是现代合同法的灵魂。然而，20世纪的社会情况毕竟不同于19世纪的社会情况，因此，现代合同法在保留19世纪合同法的灵魂的同时也产生了许多重要的变化，主要表现在意思自治原则的弱化、现代合同法的统一发展趋势和现代合同法的国际化的发展趋势的加强等方面。

（一）意思自治原则的弱化

20世纪以来，某些大企业借口意思自治和合同自由，强行要求合同的另一方当事人接受自己的意志，使意思自治和合同自由成为强者奴役弱者的合法工具。为确保合同实质上的平等，防止那些具有优势地位的人将不公平的合同条款强加在弱者身上，两大法系国家开始采取一系列的手段确保合同当事人实质上的平等，这就使19世纪以来的意思自治原则和合同自由的原则受到重大挑战。20世纪以来，由于立法对合同领域的干预的增强，由于司法对合同领域的干预的增强，意思自治原则开始弱化，如前所述。

（二）现代合同法的统一化趋势

现代社会是一个开放的社会，人与人之间的联系越来越强，现代市场已经不再是封闭的市场，不再是一个地区性或区域性的市场，而是一个日益增长的国际市场。国际市场的形成要求国与国之间的合同规则逐渐统一，使商人之间的商事交易更加快捷、方便和透明。20世纪以来，随着此种市场的逐渐形成、发展和完善，各个国家在合同法领域废除陈旧的规则，借鉴其他国家的合同法，充实、完善本国的合同法，使合同法表现出统一化的趋势。

在美国，为了统一美国各州的合同法，美国法学会（the American Law Institute）在1932年制定了《合同法复述》，该种法律虽然本身没有法律效力，但由于它反映了合同法领域的最新成果而获得美国许多州的喜好。到了1964年，《合同法复述》作了修正，将一些新的合同法理论吸收到该种复述中，被称为《合同法复述（第二版）》。另一方面，美国法学会和美国统一各州法律委员会（the National conference of commissioners on Uniform state Laws）在1952年制定了《统一商法典》，该种法典和美国合同法复述一样本身并没有法律效力，但由于它本身具有的内容的全面性和科学性，美国许多州先后采纳了此种法典，到了1967年，除了路易斯安那州没有采纳外，其他州都采纳了《统一商法典》。

就欧共体而言，合同法同样面临统一化发展的趋势。这种统一化的发展趋势表现在两个方面：其一，欧洲委员会（the European Union）对欧洲委员会各成员国合同法所施加的影响；其二，欧洲委员会正在开始国际化的合同法的统一运动。

就第一个方面的趋势而言，欧洲委员会为统一欧洲委员会的合同法，先后颁发了众多的指令，要求各成员国通过国内立法的方式将这些指令规定在自己的国内法中。例如，欧洲委员会1993年颁发指令（Directive），[①] 规定了有关消费者保护的问题，这就是"关于消费合同中不公平条款的指令"（the Directive on Unfair terms in Consumer Contracts）。该指令第1条对此种指令的目的作了明确说明，即"使各成员国有关消费合同中不公平条款方面的法律、规章和行政性规定统一"。

就第二个方面的发展趋势而言，欧洲委员会在1980年从各个成员国选派学者组成一个组织，即欧洲合同法委员会（the Corrmmission on European Contract Law），其目的在于起草合同法的基本原则，供所有欧洲委员会的成员国适用。该委员会的主席Lando教授在1992年指出："毫无疑问，欧洲需要这样统一化的合同法基本原则，一个统一的欧洲债务法典（a Uniform European Code of Obligations）会促使共同体内部的商事发展和

---

① 931 131EEC.

其他关系的发展。"① 该委员会已经出版了该合同法基本原则的第一部分和第二部分，内容涉及一般规定、合同的成立、代理权、合同的有效性、合同的解释、合同的内容和效力、合同的履行、不履行以及不履行的一般救济和特殊救济。② 在欧共体，鉴于统一的市场的形成，欧共体成员国强烈要求制定一部欧洲合同法（European Contract Law）。因此，欧洲议会（the European Parliament）先后在1989年和1994年通过决议，准备起草欧洲私法法典（the European Code of Private Law），在其导言中，欧洲议会作了这样的陈述："统一可以在私法领域完成，而此种私法的统一对于单一市场的发展至关重要，例如合同法。"③

（三）现代合同法的国际化趋势

虽然美国合同法已经从分立走向统一，虽然欧洲委员会正在努力统一欧共体各成员国的合同法，但它们仅仅是小范围内的统一化趋势。随着经济的全球化和市场的国际化，合同法的统一化趋势必将从区域或局部的统一走向全球性的统一。这就是现代合同法的另一发展趋势即国际合同法的形成。

合同法的国际化的形成主要有两种方式：其一，规定不具有法律约束力的标准合同，规定此种合同的基本原则；其二，建立具有强制执行力的统一合同法。其中，前一种方式主要由私法统一国际协会（the International Institute for the Unification of Private Law）（Unidroit）所采取，而后一种方式则由联合国国际贸易委员会所主张。④

就合同法的国际化的第一种方式而言，自1929年起，私法统一国际协会即决定草拟有关国际货物买卖的统一法，并开始着手准备，后因第二次世界大战而被迫一度中断；20世纪50年代，私法统一国际协会继续被中断的工作，继续拟定有关此种方面的统一法草案。1971年，私法统一国际协会为适应商事合同国际化发展的需要，成立了一个由众多法域的学者组成的委员会，具体研究阐释国际商事合同一般原则的可行性；1980年，该协会又成立了一个特别工作小组，开始起草有关国际商事合同原则的具体条文。经过长达14年的反复讨论、修改和补充，该特别工作小组终于完成了国际商事合同原则条文的起草工作。1994年5月，私法统一国际协会第73届理事会决议通过了这一草案，这就是《国际商事合同通则》（*Principles of International Commercial Contracts*）。该合同通则大约有129条，每一条都作了简单的评注，并具体列明了这样规定的理由，内容涉及一般规定、合同的订立、合同的效力、合同的解释、合同的内容、合

---

① Ewan Mckendrick, Contract Law, 4th ed, Palgrave, p.9.
② Ewan Mckendrick, Contract, 4th ed, Palagrave, p.9.
③ Ewan Mckendrick, Contract, 4th ed, Palagrave, p.9.
④ See Ewan Mckendrick, Contract, 4th ed, Palagrave, p.10.

同的履行、合同的不履行以及不履行的法律救济等。私法统一国际协会在通过此种通则时并没有希望这些通则成为强制性的通则,而仅仅希望它们能够为国际商事社会的合同当事人所选择,为仲裁机构所适用并被某些国家的立法机构所采纳,以替代国内法律中的有关国际商事合同方面的落后规定。① 从理论上讲,国际商事合同通则并不具有法律上的约束力,因此,国际商事社会不承担必须执行的义务。尽管如此,国际商事合同通则因为具有现代性、可操作性和科学性,兼容了不同法域的合同法精神,吸收了国际商事领域的惯例,为统一国际合同法作出了重大的贡献。

就合同法的国际化的第二种方式而言,联合国国际贸易法委员会在1969年作出决议,决定成立专门的工作小组,负责起草国际货物销售合同公约草案。经过长达10年的努力,该工作小组于1978年完成了公约草案的起草工作,并在1980年维也纳联合国大会上获得通过,这就是《联合国国际货物销售合同公约》(United Nations Convention on Contracts for the International Sale of Goods)(简称维也纳公约)。该公约共有101条,内容涉及合同的成立、合同的履行以及违约的法律救济方面。《联合国国际货物销售合同公约》与以前的公约不同的地方在于,一旦某一国家批准该合同公约,则除非合同当事人选择不适用该种公约或不适用该公约的某些规定;否则,该公约对那些符合该公约范围的合同都加以适用。自该公约于1988年生效以来,已经有50多个国家加入了该公约,包括美国、法国、德国和中国等。联合国国际贸易法委员会为何要通过这样的公约?此种公约的倡导者认为,通过制定具有强制执行力的国际货物销售合同,他们可以促成国际贸易的发展,确保各个加入国在国际货物销售合同方面适用共同的标准,可以增加不同国家合同当事人对彼此的信心,有效减少交易的成本,加速交易的快速进行。实际上,国际货物销售合同公约的倡导者所欲实现的目的已经达到,该公约在消除不同法域国家的合同法分歧、统一国际合同法律规则方面具有重大影响。

五、我国合同法的渊源

在我国,合同法的主要渊源有四个方面:我国《民法通则》关于合同债的规定;我国《合同法》关于合同债的规定;《民法通则》和《合同法》之外的某些民事单行法和商事单行法对合同债的规定;我国最高法院关于《合同法》的司法解释。

(一)《民法通则》关于合同债的规定

在我国,《民法通则》对合同债作出了明确规定,成为合同债的重要法律渊源,尤其是在我国《合同法》没有制定之前,成为合同债的最主要、最重要渊源。

在我国,《民法通则》关于合同债的规定表现在两个方面:一方面,《民法通则》

---

① Ewan Mckendrick, Contract, 4th ed, Palagrave, p. 11.

对一般合同债作出了明确规定,这就是《民法通则》第五章第二节关于债权的规定。《民法通则》第五章第二节除了对合同作出界定、对合同的法律效力作出说明之外,还对担保合同、借贷合同以及合同的转让问题作出了说明。另一方面,《民法通则》对违约责任债作出了明确规定,这就是《民法通则》第六章第一节、第二节和第四节关于民事责任的规定,其中第一节和第四节关于民事责任的规定属于一般规定,除了对违约责任适用之外还对侵权责任适用,而其中的第二节则专门对违约责任的问题作出了规定。

囿于我国《民法通则》制定时的政治、经济和认识水平,《民法通则》对合同债的规定存在某些明显的问题。例如,《民法通则》第91条规定,合同债权人转让其债权要获得债务人的同意,并且债权人或者债务人转让债权或者债务时不得牟利。在法律上,合同债务人转让其债务给第三人当然应当获得债权人的同意,因为第三人是否具有履行债的能力将直接关系到债权人的利益,但是,契约债权人转让其债权无需获得债务人的同意,因为债权的转让不会直接影响到债务人的利益。此外,在商事社会,债权人或者债务人基于牟利的动机转让其债权或者债务被认为是理所当然的,因此,《民法通则》关于禁止基于牟利的动机转让债权或者债务显然违反了市场经济的要求。

(二) 我国《合同法》关于合同债的规定

在我国《合同法》制定之后,《合同法》就取代了《民法通则》成为合同债的最主要、最重要的法律渊源。在我国,《合同法》充分借鉴和吸收了两大法系国家和有关国际组织有关合同方面的成功经验,其内容详尽,观念创新,是迄今为止两大法系国家民法当中少有的合同法,对于推动我国合同法的发展和商事经济的繁荣作出了重要的贡献。

在我国,《合同法》分为三编:总则编、分则编和附则编,其中的总则编共八章计129条,内容包括:一般规定、合同的订立、合同的效力、合同的履行、合同的变更和转让、合同的权利义务终止、违约责任以及其他规定。其中的分则编共15章计298条,内容包括:买卖合同、供用合同、赠与合同、借款合同、租赁合同、融资租赁合同、承揽合同、建设工程合同、运输合同、技术合同、保管合同、仓储合同、委托合同、行纪合同、居间合同。其中的附则编仅有一条,即第428条,该条对《合同法》的生效时间问题以及《合同法》之前所制定的《经济合同法》《涉外经济合同法》以及《技术合同法》的废除问题作出了规定。

(三) 其他民事单行法和商事单行法对合同债的规定

在我国,除了《民法通则》和《合同法》对合同债作出了明确规定之外,其他的民事单行法或者商事单行法也对某些特殊的合同债作出了明确规定,也成为我国合同债的重要法律渊源。例如，我国担保法、物权法对担保合同作出了规定，包括担保合同的形式、担保合同的法律效力等问题作出了规定，使我国的担保法、物权法也成为合同债的法律渊源。再例如，我国保险法、海商法对保险合同和海上运输合同作出了明确规定，因此，保险法和海商法也成为我国合同债的法律渊源。此外，我国的合伙企业法、公司法等也都成为合同债的法律渊源，因为它们也分别对合伙当事人之间的合伙协议和公司股东之间的章程作出了规定。

（四）最高人民法院有关《合同法》的司法解释

在我国，最高人民法院针对《民法通则》《合同法》或者其他单行法作出的有关合同债的司法解释也是我国合同债的法律渊源。其中最主要、最重要的司法解释是最高法院针对《合同法》作出的系列司法解释。

1. 最高人民法院《关于适用〈中华人民共和国合同法〉若干问题的解释（一）》

1999年12月1日，最高人民法院通过了《关于适用〈中华人民共和国合同法〉若干问题的解释（一）》，自1999年12月29日起施行。该司法解释共计30条，主要内容包括：法律适用范围、诉讼时效、合同效力、合同债权人的代位权、合同债权人的撤销权、合同转让中的第三人以及请求权竞合等。

2. 最高人民法院《关于适用〈中华人民共和国合同法〉若干问题的解释（二）》

2009年2月9日，最高人民法院通过了《关于适用〈中华人民共和国合同法〉若干问题的解释（二）》，自2009年5月13日起施行。该司法解释共计30条，内容包括合同的订立、合同的效力、合同的履行、合同权利义务的终止、违约责任等。

3. 最高人民法院《关于审理买卖合同纠纷案件适用法律问题的解释》

2012年3月31日，最高人民法院通过了《关于审理买卖合同纠纷案件适用法律问题的解释》，自2012年7月1日起施行，该司法解释共计46条，分别对买卖合同的成立及效力、标的物交付和所有权转移、标的物风险负担、标的物检验、违约责任、所有权保留买卖和特种买卖等内容作出了规定。

第三节 合同的类型

一、导论

合同的类型实际上是根据合同的成立方式、合同的客体以及合同的目的对合同进行的分类，以了解每一类合同的性质、特征，确定其特有的规则，以便民法能够确立科学合理的合同法结构，以便当事人能够准确掌握合同的精神。一般学者从不同的角度对合同提出了不同的分类。

本书结合两大法系国家的合同法,对合同的主要种类进行详细介绍。

二、双务合同和单务合同

(一) 区分的原则

根据合同当事人是否承担对待给付义务,人们将合同分为双务合同和单务合同。

1. 双务合同的界定

所谓双务合同(contrats synallagmatiques contrats bilatéral),是指合同当事人在合同中互为债权人和债务人,一方的债务即为另一方的债权,一方的债权即为另一方的债务,两者互相依赖,彼此都对对方享有债权和承担债务的合同。换言之,所谓双务合同,是指合同的双方当事人均对对方承担债务的合同。[①] 在 2016 年 2 月 10 日的债法改革之前,《法国民法典》旧的第 1102 条对双务契约作出了界定,该条规定:缔约当事人互负债务的合同即为双务契约。在 2016 年 2 月 10 日的债法改革后,《法国民法典》新的第 1106(1) 条对双务合同作出了界定,该条规定:所谓双务合同,是指合同的一方当事人和另外一方当事人之间相互承担债务的合同。[②] 在今时今日,法国民法学者普遍根据新的第 1106(1) 条对双务合同作出界定。[③]

双务合同最典型的表现形式为买卖,在此种合同中,出卖方既是债权人,也是债务人:他享有要求买受人支付价款的权利,对买受人承担交付标的物的义务;买受人既是债务人,也是债权人:他对出卖方负有支付价款的义务,对出卖方享有要求交付标的物的权利。除了买卖合同是双务合同以外,其他合同大都属于双务合同,诸如租赁合同,建筑工程公司合同,等等。

2. 单务合同的界定

所谓单务合同(contrats unilatéraux),是指仅合同一方当事人对另一方承担义务,另一方并不对该方当事人承担义务的合同。在 2016 年 2 月 10 日的债法改革之前,《法国民法典》旧的第 1103 条对单务合同契约作出了界定,该条规定:所谓单务合同,是指一个或几个当事人对另一个或者几个当事人承担债务而另外一个或者几个当事人则不

[①] 张民安:《法国民法》,清华大学出版社 2015 年版,第 321 页。

[②] Article 1106Le contrat est synallagmatique lorsque les contractants s'obligent réciproquement les uns envers les autres.

Il est unilatéral lorsqu'une ou plusieurs personnes s'obligent envers une ou plusieurs autres sans qu'il y ait d'engagement réciproque de celles-ci.

[③] Philippe Malaurie Laurent Aynès Philippe Stoffel-Munck, Droit Des Obligations, 8e édition, LGDJ, p. 209; Rémy Cabrillac, Droit des Obligations, 12e édition, Dalloz, p. 37; Dimitri Houtcieff, Droit des contrats, 2e edition, Laecier Paradigme, p. 61.

对对方承担债务的合同。在2016年2月10日的债法改革之后，《法国民法典》新的第1106（2）条对单务合同作出了界定，该条规定：所谓单务合同，是指一个或者几个人对另外一个或者几个人承担债务，而另外一个或者几个人则不对对方承担债务的合同。① 在今时今日，法国民法学者普遍根据新的第1106（2）条对单务合同作出了界定。②

在单务合同中，仅一方当事人负担债务，成为债务人，另一方当事人享有债权，成为债权人。单务合同主要的表现是赠与合同。在赠与合同中，赠与人承担交付赠与物的义务，并不对受赠人享有债权；受赠人享有要求赠与人交付赠与物的权利，但并不承担任何债务。单务合同不应当与单方行为混淆。单务合同虽然仅由一方当事人承担债务，但它仍然是一种合同，需要由两方当事人合意才成立和有效。因此，赠与是一种合同，因为它的成立和有效需要赠与人和受赠人的合意。③ 而单方行为是指仅依一方当事人的意思表示即可成立的法律行为，如同意、撤销、抵销、非婚生子女的自愿认领以及债务的免除等都是单方行为，它们的成立无需对方当事人的意思表示。④

3. **单务合同向双务合同的转变**

虽然双务合同和单务合同存在明显的区别，但此种区别并非是绝对的而是相对的，在一定的条件下，单务合同可以转化为双务合同。例如，寄存合同，在无偿保管的情况下，该种合同实际上是单务合同：保管人负担返还保管物于寄存人的义务，寄存人享有要求保管人返还保管物的权利。如果当事人在此种合同中增加一个条款，将免费保管变为有偿保管，则该保管合同即从单务合同转为双务合同：保管人负有要求寄存人支付保管费的权利，并在合同到期时负有返还保管物的债务；寄存人负有支付保管费的债务，并享有要求保管人返还保管物的债权。⑤

4. **不完全的双务合同**

所谓不完全的双务合同（contrats synallagmatiques imparfaits），是指在某些合同中，虽然合同当事人彼此之间要享有债权并承担债务，但此种债权和债务并无相互依存性，一方的债务并非就是另一方的债权，一方的债权并非就是另一方的债务。例如在无偿借用合同中，借用人负有在合同到期时将借用物返还给出借人的义务，出借人享有要求借

---

① Article 1106 Le contrat est synallagmatique lorsque les contractants s'obligent réciproquement les uns envers les autres.
Il est unilatéral lorsqu'une ou plusieurs personnes s'obligent envers une ou plusieurs autres sans qu'il y ait d'engagement réciproque de celles-ci.
② Philippe Malaurie Laurent Aynès Philippe Stoffel-Munck, Droit Des Obligations, 8e édition, LGDJ, p. 209; Rémy Cabrillac, Droit des Obligations, 12e édition, Dalloz, p. 37; Dimitri Houtcieff, Droit des contrats, 2e edition, Laecier Paradigme, p. 61.
③ Henr Roland et Laurent Boyer, Contrat, 3e édition, Litec, p. 33.
④ 傅静坤主编：《民法总论》，中山大学出版社2002年版，第130页。
⑤ V. Jean Carbonnier, 1es obligations, Presses Universitaires de France, p. 43.

用人返还的权利，借用合同实际上是单务合同。在合同履行过程中，借用人因为保管借用物而支出的费用，在返还借用物时，有要求出借人予以支付的权利。此时，无偿借用合同是否转化为双务合同？根据主流意见（opinion dominante），它并非是单务合同向双务合同的转化，而是一种不完全的双务合同，不应适用双务合同的法律规则，因为在此种合同中仅仅存在相互并列（juxta position）的债务，并不是相互关联的债务。①

（二）区分的实益

之所以区分单务合同和双务合同，其原因在于这两种合同的效力不同，不履行债务的后果不同，以及风险责任的负担不同。

1. 法律效力不同

法律之所以区分单务合同与双务合同，其重要原因在于两者的法律效力不同。在单务合同中，仅一方当事人承担债务，仅该方当事人有依照合同履行义务的责任，对方当事人并无履行义务的责任，这样，违约责任人仅能由承担债务的一方承担，另一方不承担违约责任。在双务合同中，由于双方当事人互负债务和互享债权，因此，双方均有履行自己债务的责任。由于合同所规定的义务履行之先后的不同，双务合同的当事人往往可能成为违约责任的承担人。

2. 不履行义务时所承担的法律后果不同

在双务合同中，由于双方当事人所承担的义务是相互依存的，因此，如果一方当事人没有履行自己的义务，另一方当事人可以拒绝履行自己的债务，此时，另一方当事人不履行自己债务的行为不构成违约，不向对方承担违约责任，除非对方当事人已经履行自己的债务；否则，自己可以拒绝履行。这实际上就是我国合同法所规定的同时履行抗辩权，在单务合同中则不存在此种同时履行抗辩权。不仅如此，双务合同中还发生所谓的不安抗辩权和后履行抗辩权，而单务合同中不存在此类抗辩权。

在双务合同中，如果一方不履行自己的义务而守约方已经履行合同所规定的义务时，则守约方有权要求违约方承担继续履行合同义务的责任或承担其他违约责任；如有必要，守约方可以解除合同，使合同溯及既往地消灭，而在单务合同中，此种情况并不发生。

3. 风险责任的负担不同

原则上讲，双务合同因为不可归责于双方当事人的原因而不能履行时，如果合同债务人不再履行自己的债务，则该债务人无权要求对方履行自己的义务；如果对方已履行债务的，有权请求返还标的物。在单务合同中，不发生双务合同中风险责任的负担问题。

---

① V. Jean Carbonnier, les obligations, pp. 43 – 44; Henr Roland et Laurent Boyer, Contrat, 3e édition, Litec, p. 33.

三、有偿合同和无偿合同

以合同的一方当事人在获得对方当事人所给付的利益的同时是否要给付利益给对方的不同，合同可以分为有偿合同和无偿合同。

（一）有偿合同

所谓有偿合同（contrats à titre onéreux），是指合同的每一方当事人在获得对方当事人所给付的利益时均会向对方给付某种利益的合同。因此，在有偿合同当中，除了一方当事人会获得另外一方当事人给付的利益之外，另外一方当事人也会获得对方给付的利益，每一方当事人所获得的利益均是对方获得利益的对价或者报偿（contrepartie）。换言之，在有偿合同当中，每一方均是为了获得对方给付的利益而将对对方为利益的给付。① 买卖合同、租赁合同以及保险合同等都是有偿合同。

在英国普通法上，有偿合同属于简单合同，无需正式的、严格的程序，但往往要求当事人根据合同获得的利益与其所支付的对价在价值上对等，因此，对价是有偿合同成立的必要条件，无对价即无有偿合同是英美普通法的重要原则。在现代英美合同法中，虽然对价无需与所获得的利益对等，但对价仍然是有偿合同的必要条件。②

在2016年2月10日的债法改革之前，《法国民法典》旧的第1106条对有偿合同作了明确界定，该条规定：所谓有偿合同，是指任何一方合同当事人都承担给付某种标的物或作出某种行为的债务的合同。法国学者批评此种定义容易同双务合同混淆，因此并不科学和准确。③ 在2016年2月10日的债法改革之后，《法国民法典》新的第1107(1)条对有偿合同作出了界定，该条规定：所谓有偿合同，是指合同的每一方当事人均接受对方当事人所给予的利益，以作为其获得对方利益的对价或者补偿。④

（二）无偿合同

所谓无偿合同（contrats à titre gratuit），是指合同的一方当事人在获得对方给付的利益时并没有向对方给付利益的合同。在无偿合同当中，一方当事人虽然获得了对方给付的利益，但是，他们并没有向对方给付获得利益的对价或者报偿。⑤ 赠与合同、借用

---

① 张民安：《法国民法》，清华大学出版社2015年版，第323页。
② See A. G. Guest, Anson's Law of Contract, 25th ed, Clarendon Press, p. 89.
③ Henr Roland et Laurent Boyer, Contrat, 3e édition, Litec, p. 35.
④ Article 1107 Le contrat est à titre onéreux lorsque chacune des parties reçoit de l'autre un avantage en contrepartie de celui qu'elle procure.
Il est à titre gratuit lorsque l'une des parties procure à l'autre un avantage sans attendre ni recevoir de contrepartie.
⑤ 张民安：《法国民法》，清华大学出版社2015年版，第323页。

合同、无报酬的委任合同等都是无偿合同。

在英美普通法中，无偿合同并不被看作简单合同，而被看作盖印合同（contracts under seal），其成立需要复杂和烦琐的程序。在现代社会，虽然无偿合同的程序已经大大简化，但它仍然有许多不同于普通合同的地方，诸如无偿合同原则上为实践合同，自当事人将标的物交付给对方当事人时始开始成立和生效，而简单合同则自双方当事人达成合意时即开始成立和生效。

在2016年2月10日的债法改革之前，《法国民法典》旧的第1105条对无偿合同作出了界定，该条规定：所谓无偿合同，也称为恩惠合同（contrat de bienfaisance），是指合同的一方当事人完全是为了感激对方当事人而将其利益给付给对方的合同。法国民法学者虽然没有对此条的界定作出批判，但是，法国民法学者普遍没有按照该条的规定对无偿合同作出界定，而是按照一方当事人在给付利益给对方时没有获得对方利益的角度对无偿合同作出界定，已如前述。在2016年2月10日的债法改革之后，《法国民法典》新的第1107（2）条对无偿合同作出了界定，该条规定：所谓无偿合同，是指一方当事人在将某种利益给予对方时没有从对方当事人那里接受对价或者报偿的合同。①

四、实定合同和射幸合同

根据合同当事人之间的给付内容在合同成立时是否已经确定的不同，合同可以分为实定合同和射幸合同。实定合同和射幸合同是对有偿合同所作出的进一步分类。② 因此，此种分类仅仅在有偿合同当中适用，不在无偿合同当中适用。

（一）实定合同

所谓实定合同（contrats communtatifs），是指在合同成立时合同当事人之间的权利义务就已经确定的合同，换言之，所谓实定合同，是指从合同成立之日起合同当事人获得的利益或者给付的债务就已经确定的合同。例如，买卖合同、租赁合同均是实定合

---

① Article 1107 Le contrat est à titre onéreux lorsque chacune des parties reçoit de l'autre un avantage en contrepartie de celui qu'elle procure.
　Il est à titre gratuit lorsque l'une des parties procure à l'autre un avantage sans attendre ni recevoir de contrepartie.
② Henri Roland et Laurent Boyer, Contrat, 3e édition, Litec, pp. 36 – 39；Henri et Leon Mazeaud Jean Mazeaud Francois Chabas, Obligations, 9 e édition, Montchrestien, pp. 94 – 97；Christian Larroumet, Droit Civil, Les Obligations le Contrat, 6e édition, ECONOMICA, pp. 168 – 170；Philippe Malaurie Laurent Aynès Philippe Stoffel-Munck, les, obligations, 4e edition DEFRENOIS, pp. 201 – 203；Philippe Malinvaud Dominique Fenouillet, Droit des obligations, 11 e edition, Litec, pp. 55 – 56；Virginie Larribau-Terneyre, Droit civil Les obligations, 12 e édition, Dalloz, pp. 232 – 233；Jacques Flour Jean-Luc Aubert éric Savaux, Les obligations, 1. L'acte juridique, Quatorzième édition, Dalloz, pp. 75 – 76；Francois Terré Philippe Simler Yves Lequette, Droit civil, Les obligations, 10e edition, Dalloz, pp. 81 – 83.

同，因为在这些合同成立时，债务人承担的债务和债权人享有的债权已经确定。①

（二）射幸合同

所谓射幸合同（contrats aléatoires），也称为机会合同，或者是指在合同成立时合同当事人所获得的利益还不能够确定的合同，或者是指在合同成立时合同当事人所承担的债务还没有确定的合同，或者是指在合同成立时合同当事人所获得的利益或者所承担的债务还不能够确定的债务。②

虽然射幸合同的种类繁多，但是，主要包括保险合同和赌博性游戏合同等。在保险合同中，保险人承担保险标的物有被盗窃或被大火焚毁的风险，一旦此种保险风险发生，保险人即应对被保险人支付损害赔偿金；但如果保险事故没有发生，则保险人不对被保险人承担支付赔偿金的债务。保险人是否承担损害赔偿金的债务，被保险人是否有要求保险人支付赔偿金的权利，均取决于保险风险是否发生。③

在赌博性游戏合同中，参与赌博性活动的人是否取得赌博性游戏合同中规定的利益取决于赌博的人是否完成赌博性游戏合同中规定的条件。无论是保险合同还是赌博性游戏合同，债权人利益的获得，债务人利益的损害均取决于不确定的事实的发生与否，这样，射幸合同实际上是一种机会合同。④

（三）民法区分实定合同和射幸合同的原因

民法之所以区分实定合同和射幸合同，其原因有二：

一方面，是否允许合同当事人以显失公平作为撤销合同的理由。民法之所以区分实定合同和射幸合同，第一个也是最主要的原因在于，如果合同当事人之间的合同在性质上属于实定合同，在他们之间的实定合同对一方当事人显失公平的情况下，因为此种显失公平而遭受损害的一方当事人有权向法院起诉，要求法官撤销其与对方当事人之间的合同，而如果合同当事人之间的合同在性质上属于射幸合同，则合同的任何一方当事人均不得基于显失公平的理由要求法官撤销其与对方之间的合同，这就是法国法上的格言（adage）："合同当事人获得利益的偶然性排除了合同使其遭受损害的可能性。"⑤

另一方面，债务人所承担的债务性质不同。实定合同的债务人所承担的债务属于民事债，该种债具有法律上的强制执行力；而射幸合同的债务人所承担的债务并非均为民事债，在某些情况下，司法判例拒绝将合同债务人承担的债务看作民事债，而是将其看

---

① 张民安：《法国民法》，清华大学出版社2015年版，第324页。
② 张民安：《法国民法》，清华大学出版社2015年版，第324页。
③ 张民安：《法国民法》，清华大学出版社2015年版，第324页。
④ 张民安：《法国民法》，清华大学出版社2015年版，第324—325页。
⑤ 张民安：《法国民法》，清华大学出版社2015年版，第325页。

作自然债，该种自然债不具有强制执行力。①

五、有名合同和无名合同

（一）区分的原则

根据合同是否受到制定法的规定和调整的不同，或者根据合同是否被立法者赋予特定名称的不同，合同分为有名合同和无名合同。②

1. 有名合同

所谓有名合同（contrats hommés），是指民法典或者其他制定法对其作出了明确规定并且赋予它们以独立名称的合同。③ 有名合同多种多样，诸如买卖合同、租赁合同、借贷合同、建筑工程承包合同、运输合同等。

2. 无名合同

所谓无名合同（contrats innomés），是指民法典或者其他制定法没有对其作出明确规定并且没有赋予其特定名称的合同。④ 在当今社会，虽然民法典和其他制定法对众多的有名合同作出了规定，但是，基于合同自由的原则，合同当事人能够按照他们的意思表示成立任何合同，只要他们成立的合同符合合同成立的有效条件，他们所成立的合同就能够产生法律效力，即便民法典或者制定法并没有对这些合同作出规定或者赋予其名称。

3. 区分有名合同和无名合同的原因

在历史上，有名合同和无名合同的区分具有非常重大的意义，因为在罗马法时代，至少在经典罗马法时代，民法仅仅承认有名合同的法律效力，不承认无名合同的法律效力。随着意思自治原则和合同自由原则的产生，有名合同和无名合同的区分逐渐丧失了其重要性，因为，无论是当事人之间的有名合同还是无名合同，均是有效合同，均能够在合同当事人之间产生法律效力，均会受到法律的保护，并且均会受到合同法的一般原

---

① Henri et Leon Mazeaud Jean Mazeaud Francois Chabas, Obligations, 9 e édition, Montchrestien, p. 97；张民安：《法国民法》，清华大学出版社 2015 年版，第 325 页。
② Henri Roland et Laurent Boyer, Contrat, 3e édition, Litec, pp. 39 – 42；Henri et Leon Mazeaud Jean Mazeaud Francois Chabas, Obligations, 9 e édition, Montchrestien, pp. 98 – 99；Philippe Malinvaud Dominique Fenouillet, Droit des obligations, 11 e edition, Litec, pp. 57 – 59；Virginie Larribau-Terneyre, Droit civil Les obligations, 12 e édition, Dalloz, pp. 239 – 240；Jacques Flour Jean-Luc Aubert éric Savaux, Les obligations, 1. L'acte juridique, Quatorzième édition, Dalloz, pp. 76 – 77；Francois Terré Philippe Simler Yves Lequette, Droit civil, Les obligations, 10e edition, Dalloz, pp. 72 – 73.
③ 张民安：《法国民法》，清华大学出版社 2015 年版，第 325 页。
④ 张民安：《法国民法》，清华大学出版社 2015 年版，第 325—326 页。

则和一般规则的约束。①《法国民法典》旧的第1107（1）条即《法国民法典》新的第1105条对此规则作出了说明，它规定：无论当事人之间的合同是有名合同还是无名合同，它们均受到本编规定的一般规则的约束。

在今天，有名合同和无名合同的区分也仅仅具有相对性的意义，因为一方面，所有的合同均受到法律的保护，无论它们是不是有名合同。另一方面，无名合同能够经由立法者的规定而上升为有名合同，有名合同也可能因为立法者的放弃而成为无名合同。虽然如此，有名合同和无名合同的区分仍然有一定的意义。

首先，有名合同可能会受到立法者的重视，立法者可能会对某种有名合同的特殊规则作出规定，要求合同当事人遵循这些特殊的规则。而无名合同不可能存在这样的特殊规则，合同当事人完全按照他们之间的合同确定适用于他们的规则，不会受到立法者规定的特殊规则的约束。②

其次，如果合同当事人之间的合同在性质上属于有名合同，当他们之间的合同对某种内容欠缺规定时，立法者关于该种有名合同的规定自动对他们适用，因为在此种情况下，立法者关于有名合同的规定属于补充性的规定、解释性的规定，被认为属于他们的意思表示的组成部分，已如前述。而在无名合同当中，此种规则不可能适用。③

最后，有名合同不会适用类推适用规则，而无名合同则会适用类推适用规则。在民法上，如果合同当事人之间的合同在性质上属于有名合同，则法官在解决他们之间的合同纠纷时直接适用民法典或者其他制定法的规定，无需采取类推适用其他有名合同的规则来解决合同当事人之间的纠纷。但是，如果合同当事人之间的合同在性质上属于无名合同，则在解决合同当事人之间的合同纠纷时，法官可能会类推适用与当事人之间的无名合同最接近的有名合同的规定，甚至同时类推适用几个与当事人之间的无名合同类似的有名合同。例如，如果合同当事人之间的合同是宾馆住宿合同，则该种合同在性质上属于无名合同，在合同当事人之间发生纠纷时，法官可能会同时类推适用租赁合同、买卖合同和保管合同的规定，因为宾馆住宿合同同时涉及这三个有名合同规定的内容。④

（二）区分的实益

区分有名合同和无名合同的最主要的实益在于，两者适用的法律规则是不一样的。对于有名合同而言，调整它们的规范有两个：其一，适用于所有合同的一般性规则，诸如合同法或债法的基本原则，有关合同成立的有效要件等；其二，适用于该种合同本身

---

① Francois Terré Philippe Simler Yves Lequette, Droit civil, Les obligations, 10e edition, Dalloz, p. 73.
② 张民安：《法国民法》，清华大学出版社2015年版，第326页。
③ 张民安：《法国民法》，清华大学出版社2015年版，第326页。
④ 张民安：《法国民法》，清华大学出版社2015年版，第326—327页。

所具有的规则,诸如买卖合同的特有规则、委托合同的特有规则等。①

对于无名合同而言,其所适用的法律规则如何确定?根据《法国民法典》第1107(1)条的规定,无名合同要受调整所有合同的一般性规则的限制,但它们并没有可供适用的特殊规则,在此种情况下,对它们如何适用法律的规则?学者认为,根据合同自由的原则,当事人的意愿即是他们之间的法律,如果当事人已经对他们之间的特定权利和义务作了规定,则这些规定即构成调整他们合同关系的特有规则。然而,如果当事人没有对此问题作出明确的规定,或者虽有规定,但规定过于模糊,或规定违反公序良俗,此时如何调整他们之间的关系?对此,法律往往明确规定,即类推适用有关其他类似合同(contrats voisins)的规则。② 然而,如果没有可供类推适用的合同规则,应适用何种特殊规则?本书认为,在此种情况下,应当适用合同的解释原则,由法官结合具体的案情,对当事人的真实意图加以解释,并赋予此种真实意图以法律上的效力。此时,司法赋予合同当事人的真实意图即成为合同当事人之间的法律,对他们有约束力。③

六、一次性给付合同和连续性给付合同

(一) 区分的原则

根据合同当事人所承担的债务履行方式的不同,人们将合同分为一次性给付合同和连续性给付合同。

1. 一次性给付合同

所谓一次性给付合同,是指债务人一次性给付行为而使债务人所承担的债务得以履行的合同。一次性履行合同的当事人在设立合同时,合同所规定的义务无需分期分批履行,而仅需在特定的时期通过一次性履约行为使之得到履行,使债权人的债权得到实现。买卖合同是典型的一次性给付合同,在此种合同中,出卖方承担交付所出卖的标的物的义务,而买受人承担支付价款的义务,只要出卖方一次性将所出卖的标的物交付给买受人,出卖方所承担的义务即因为此次交付而得以履行;同样,只要买受人一次性将所支付的价款支付给出卖方,他所承担的义务即得以履行。"至于在合同缔结之前,当事人已经开始了长达几个星期或几年的合同谈判,无关紧要,合同缔结之前的这一段时期并不包括在合同之中,如果买卖合同缔结,合同谈判即结束,该买卖合同即成为一次性给付合同;同样,即便出卖人迟延交付标的物,买受人迟延获得标的物,此种合同仍然是一次性给付合同,出卖人和买受人迟延履行义务对于一次性给付合同的性质不会产

---

① Henr Roland et Laurent Boyer, Contrat, 3e édition, Litec, p. 41.
② 《中华人民共和国合同法》第 124 条; Henr Roland et Laurent Boyer, Contrat, 3e édition, Litec, p. 42.
③ 傅静坤主编:《民法总论》中山大学出版社 2002 年版,第 153—156 页。

生影响。"[1]

2. 连续性给付合同

所谓连续性给付合同，是指根据合同的性质或根据合同当事人的意愿、合同所规定的义务仅在所持续的一段时期内分期履行才能消失的合同。连续性给付合同种类繁多，诸如雇佣合同、劳动合同、合伙合同、租赁合同、保管合同以及仓储合同等。在连续性给付合同中，义务人履行合同义务的持续性（durée）是该合同的构成要素，[2] 没有这一构成要素，连续性给付合同即不能成立。例如，在租赁合同中，租赁期可以持续20年，也可以持续6个月，甚至还可以持续15天，其持续期限的长短对租赁合同的性质不构成影响，只要义务人的义务履行持续了一定的时期。根据连续性给付合同的具体情况，义务人义务的持续性期限可以是确定的持续性期限，也可以是不确定的持续性期限。连续性给付合同是双务合同，双方当事人负担给付的义务，他们所承担的给付义务都具有连续给付的特点。因此，在租赁合同中，出租人在租赁期限内连续性地承担将不动产的使用权交付给承租人行使的义务，承租人应当承担定期支付租金的义务。[3]

与一次性给付合同仅具有单一性的特点形成对比，连续性给付合同有两个特点：其一，义务的履行具有持续性、不间断性的特点，此种合同包括劳动合同和公司合同等。其二，义务的分期履行，在此类合同中，义务的给付一个接一个，或者是定期履行，或者是不定期履行，前者如报纸的预订，后者如煤气或电的预订。[4]

连续性给付合同不应当与规定义务履行期限（terme）的合同混淆。在买卖合同中，人们有时规定，标的物的价格在1个月内支付，在1年内或5年内支付；或者分期给付，每隔一段时间支付部分贷款。此种合同并非是连续性给付合同，而是一次性给付合同，虽然它们像连续性给付合同那样也存在义务的持续期间，因为，如果所规定的价款或分期付款（fraction échelonnées）没有在合同规定的日期支付，则出卖方有权要求解除买卖合同，使所交付的标的物回复到没有交付之前的原始状态，每一方都应将根据此种合同所获得的东西返还给对方，而这在连续性给付合同中是根本不会发生的。[5]

（二）区分的实益

之所以区分一次性给付合同与连续性给付合同，是因为这两类合同所实行的规则不同。

---

[1] Henr Roland et Laurent Boyer, Contrat, 3e édition, Litec, p. 43.
[2] Henr Roland et Laurent Boyer, Contrat, 3e édition, Litec, p. 43.
[3] Henri Roland et Laurent Boyer, p. 43.
[4] B. Gross, Observations sur les contrats par abonnement, JCP. 87, I, 3282; Henri Roland et Laurent Boyer, pp. 43–44.
[5] Henri Roland et Laurent Boyer, p. 43.

1. 因违约而产生的法律后果不同

无论债务人是违反一次性给付合同中所规定的义务,还是违反连续性给付合同中所规定的义务,合同债权人都有权采取一定的方式保护自己的利益。严格而言,一次性给付合同中的合同债权人所享有的权利是解除合同的权利,而连续性给付合同中合同债权人所享有的权利是撤销合同的权利。在一次性给付合同中,债权人在债务人不履行义务时可以解除合同,使合同溯及既往地消灭,当事人依据该种合同所获得的标的物或价款应当返还给对方,使合同恢复到合同没有缔结之前的原始状态;而在连续性给付合同中,债权人在债务人不履行义务时仅可撤销合同,撤销合同的效力对已经履行的部分无溯及力,不溯及既往地使合同当事人之间的关系消灭,而仅仅从撤销之日使合同当事人之间的关系消灭。

因撤销权的行使而产生的法律后果并非原状之恢复,即双方将他们依据合同所得返还给对方,而仅仅是使双方没有履行的合同义务不再履行。

法律之所以实行这样不同的法律规则,是因为原状恢复在连续性给付合同中很难得到适用,例如,在租赁合同中,如果承租人违约不支付租金,出租人不得解除合同,而仅能撤销合同。因为,在出租合同订立以后,承租人即享有出租物的使用权,在合同被解除以后,他们如何使此种租赁物恢复原状?同样,在劳动合同中如果一方违反劳动合同所规定的义务,另一方也不能恢复原状。这样,无论是租赁合同还是劳动合同,在合同被撤销以后,都不溯及从合同缔结之时到合同被撤销之前这一段时期双方的合同关系,而仅仅从合同被撤销之日起向将来生效,使双方没有履行的义务不再履行。

2. 合同条款的变更

因为无法预见的客观情况的产生而使合同当事人之间的义务严重不对等时,法律是否允许当事人变更合同条款?学者认为,这实际上涉及情势变更的效力问题。总的来说,一次性给付合同较少涉及情势变更问题,而连续性给付合同则经常面临情势变更的问题,因为,在连续性给付合同中,债务人所承担的义务往往要在很长的一段时期内连续履行,因为当事人无法预见的原因而使此种义务的履行对债务人而言极其不合理或沉重时,人们认为应当允许当事人变更连续性给付合同中的条款。

七、通过谈判所订立的合同、附合合同和强制合同

(一) 区分的原则

根据合同当事人在与对方当事人缔结合同时是否具有可选择性,合同可以分为通过谈判所订立的合同、附合合同和强制合同。

1. 通过谈判所订立的合同

所谓通过谈判所订立的合同,是指合同当事人在自主、自愿和平等的基础上,经过

讨价还价或协商而订立的合同。通过谈判所订立的合同也被称为经过双方的同意而订立的合同（contrats de grè à gré），因为该种合同是合同当事人对合同的条款至少是主要条款进行过谈判、讨论，并最终缔结的合同。从合同之谈判到合同之缔结可以长达几个星期、几个月甚至几年。通过谈判所订立的合同，其公平性要比通过附合他人的方式所订立的合同更公平。

2. 附合合同

所谓附合合同，也称为标准合同或格式合同，是当事人一方根据自己的意愿而事先拟定、供不特定的第三人在与自己订立合同时不加协商地予以接受的合同。附合合同的产生，是现代交易快捷性和重复性在法律上的必然反映，是现代生产的复杂性、产品的标准化以及营销的全球化或区域化的结果，是对单个的交易构成重大障碍的因素。在附合合同中，合同的条款或者说几乎是全部条款都已由提供此种条款的一方所规定，对方当事人不得对此种条款作出修改、补充或删减；他或者处于全部接受对方合同条款的地位，或者处于全部不接受对方合同条款的地位，一旦他选择接受对方的合同条款，则他仅仅简单地参加并附着在他人事先规定的合同上。①

3. 强制合同

所谓强制合同，是指依据法律的强制性规定而由当事人订立的合同。强制合同的订立即使违反了当事人的意愿，当事人也必须根据法律规定订立此种合同。在市场经济条件下，强制合同仅仅是合同的一种例外，仅在法律明确作出规定的情况下才存在。一般来说，汽车保险合同、计划合同属于强制合同。

（二）区分的实益

1. 当事人的意思在合同效力中的作用不同

之所以将合同分为通过谈判订立的合同、附合合同和强制合同，是因为当事人的自由意思在决定合同的效力中所起的作用是不同的。在通过谈判订立的合同当中，合同的效力完全取决于合同当事人的意思，它完全体现了合同自由的精神，不允许当事人将自己的意思强加给对方；而在附合合同中，仅有当事人一方的意思在合同的效力中起决定作用，这就是提供格式合同的一方，附合他人合同的一方仅有订立此种合同的自由意思或不订立此种合同的自由意思，而对合同的条款无独立的自由意思；在强制合同中，无论当事人的意思如何，当事人均应根据法律的规定订立合同。由于现代社会是一个高度发达的自由社会，合同自由仍然是合同法的基本原则，因此，除非法律作例外规定，否则，强制合同不能作为一般的原则而存在；同样，附合合同也不宜大量存在，除非少数性质上适宜采用格式合同的情况。

---

① Choley, L'offreed contracter et la protection ed l'adhérent dans le contrat d'adhésion, thèse Aix, 1975.

2. 法律的规则不同

由于通过谈判订立的合同体现了当事人的真实意思,因此,法律在此种合同领域严格贯彻合同自由和意思自治的原则,认可合同在当事人之间所具有的法律效力,法官不会或不愿以显失公平作为根据而宣告此种合同或合同的某些条款无效,法律也很少会对此类合同规定特有的规则。附合合同则不同,由于附合合同的提供人往往具有更强的谈判力,其附合的一方往往是消费者,法律往往会对此类合同规定更多的法律规则,限制或禁止当事人规定某些条款;一旦提供附合合同的当事人规定了显失公平的条款,或规定了违反法律的强制性或者禁止性规定的条款,法官可以宣告这些条款无效。

第四节 合同的成立

一、合同成立的界定

所谓合同的成立(la formation du contrat),是指合同当事人为了让他们所签订的协议产生法律效力而实施的法律行为。在法律上,合同当事人为了让他们之间所签订的协议能够按照民法所践行的"意思自治"原则生效,合同当事人必须按照法律的规定实行某些行为,使自己符合法律规定的条件。如果合同当事人在签订协议时不具备法律所规定的条件,他们所签订的协议也无法产生他们所希望产生的法律效力。

二、合同成立的必要要件

合同要产生合同当事人所希望产生的法律效力,就必须具备法律所规定的各种条件,如果不具备法律所规定的各种条件,则即便合同当事人已经签订了协议,产生了法律明确规定的法律效力,他们之间的协议也不会产生他们所希望产生的法律效果,虽然他们之间签订的协议会。在合同法上,人们将使合同产生合同当事人所希望产生的法律效力的这些条件称为合同成立的必要条件。

在2016年2月10日的债法改革之前,《法国民法典》旧的第1108条对合同成立的必要条件做出了明确规定,认为合同要产生合同当事人所产生的法律效力,应当具备四个必要条件:其一,合同当事人之间的合意(consentment);其二,合同当事人的缔约能力(la capacité);其三,合同的客体(objet);其四,合法原因(une cause licite)。这就是法国民法所采取的四构成要件理论。

在合同成立的必要构成要件问题上,法国民法学者普遍反对上述四个构成要件当中的第四个即合法原因,因为他们认为,《法国民法典》旧的第1108条规定的原因究竟是指什么,民法学者之间的争议异常激烈,不同的民法学者有不同的理解。例如,某些民法学者认为,旧的第1108条规定的原因是指契约当事人缔结契约的目的,而某些民法学者则认为,该条所规定的原因是指契约当事人签订契约所追求的利益,尤其是他们所追求的经济利益。

因为民法学者所存在的争议过大,因此,在2016年2月10日的债法改革当中,法国政府废除了合同成立的四构成要件理论,而采取了三构成要件理论,认为合同要产生意思自治的法律效果,应当同时具备三个必要条件,这就是当然人的同意、当事人有缔约能力和合法、确定的内容。因此,除了明确否定了原因的存在之外,它也不再使用客体的概念,而以合同的内容取而代之。《法国民法典》新的第1128条规定:契约的有效应当具备以下三个条件:其一,当事人的同意,其二,当事人有缔约能力,其三,合同的内容合法和确定。

在今时今日,在讨论合同的必要构成要件时,法国民法学者普遍采用新的第1128条的规定,将合同成立的必要构成要件分为三种:当事人的同意,当事人的缔约能力,和合同的内容合法和确定。

在我国,除了《民法通则》对包括合同在内的民事法律行为的必要条件做出了明确规定之外,我国《合同法》也对合同成立的必要条件做出了明确规定。根据这些规定,合同成立应当具备的必要条件包括:其一,存在两方或者两方以上的当事人;其二,合同当事人均具有缔约能力;其三,合同当事人之间的意思表示一致;其四,合同的内容不违反公序良俗。

(一) 必须有双方或多方当事人

合同成立的第一个必要构成要件是,有两个或者两个以上的合同当事人。在包括我国在内的任何国家,合同有效成立的第一个必要构成要件是,合同的当事人至少得有两个,仅有一个当事人就无所谓合同。因为合同是一种协议,需要两个或者两个以上的人才能够达成,仅有一方当事人当然就无所谓协议了。

应当注意的是,仅有两方当事人的协议当然属于合同;有三方或者三方以上的当事人所签订的协议也属于合同,因为根据现代民法的规定,诸如公司成立、合伙组织的成立以及集体合同的成立虽然要三个或者三个以上的当事人,他们就有关公司成立、合伙组织成立或者集体合同成立所达成的协议当然也属于合同,已如前述。

(二) 合同的任何一方当事人都必须具有缔约能力

合同成立的第二个必要构成要件时,合同的任何一方当事人在签订协议时都必须具有缔约能力,如果其中有一方当事人在签订协议时没有缔约能力,则他们之间的合同将会无效。我国《合同法》第9条对此必要构成要件做出了明确规定,该条规定:"当事人订立合同,应当具有相应的民事权利能力和民事行为能力。"如果合同当事人在订立合同时欠缺权利能力或者欠缺行为能力，则他们所订立的合同将会无效或者将会被撤销。

在我国，合同当事人在缔约时是否具有权利能力或者行为能力，此种问题不是由我国《合同法》做出规定的问题，而是由我国《民法通则》做出明确规定的问题。我国《民法通则》对这样的问题做出了非常清楚的规定。对于自然人而言，精神正常的成年人具有完全的缔约能力，有权签订任何形式的合同，对于法人或者非法人组织而言，它们也具有完全的缔约能力，能够缔结任何类型的合同，除非制定法明确禁止它们缔结某种合同。

（三）必须是两方或者两方以上的当事人的意思表示一致

合同成立的第三个必要构成要件是，两个或者两个以上的当事人必须就有关合同的成立达成合意。所谓达成合意，有两个必要构成要素：其一，合同的两方或者两方以上的当事人当中的任何一方当事人都具有意思表示。其二，任何一方当事人的意思表示都同另外一方当事人的意思表示一致。他们合同的当事人之间的意思表示不一致，则他们之间的合同将无法成立。例如，当甲方和乙方就买卖不动产的问题达成协议时，甲方应当有自己的意思表示，乙方也应当有自己的意思表示，而且甲方和乙方的意思表示应当一致。同样，当甲方、乙方和丙方就共同设立公司事务签订协议时，该种协议的成立不仅要求甲方有意思表示，不仅要求乙方和丙方有意思表示，而且还要求甲方、乙方和丙方的意思表示一致，否则，他们之间的公司就无法成立。

传统民法认为，合同的成立要求合同当事人就所有事项达成合意，如果合同当事人没有在所有事项方面达成合意，则他们之间的合同就没有成立，也无法产生法律效力。而现代民法则认为，只要合同当事人就某些主要事项或者重要事项达成合意，即便合同当事人没有就其他事项达成合意，他们之间的合同也已成立并且因此对合同当事人产生法律效力，。我国《合同法》就采取此种理论，根据我国《合同法》第12条的规定，合同究竟应当具备哪些条款才能够成立，完全由合同当事人自己约定，法律不会对合同应当具备哪些条款才能够成立做出明确规定。我国《合同法》第12条规定："合同的内容由当事人约定，一般包括以下条款：（一）当事人的名称或姓名和住址；（二）标的；（三）数量；（四）质量；（五）价款或者报酬；（六）履行期限、地点和方式；（七）违约责任；（八）解决争议的方法。"

在实践当中，合同当事人订立合同往往通过要约与承诺的方式，合同当事人通过要约和承诺的方式签订的合同被称为"协议合同"；在例外情况下，合同当事人也通过格式条款的方式来签订合同，合同当事人通过"格式条款"的方式签订的合同被称为"格式条款合同"。合同法之所以做出这样的分类，是因为"格式条款合同"会面临'协议合同"所没有面临的特殊问题。

（四）合同的内容不违反公序良俗

合同成立的第四个必要构成要件是，合同当事人协议所规定的内容不违反公序良俗。如果合同当事人缔结的合同内容违反了公序良俗，则它们缔结的合同无效。我国《合同法》对此种构成要件做出了明确说明，我国《合同法》第7条规定：当事人订立、履行合同，应当遵守法律、行政法规，尊重社会公德，不得扰乱社会经济秩序，损害社会公共利益。

根据意思自治和合同自由的原则，合同当事人可以就任何事项达成协议，可以签订规定任何内容的合同，法律不会因为他们之间的合同所规定的内容奇特、少见而认定他们所签订的合同无效；也不会因为他们所签订的合同内容违反《民法通则》或者《合同法》的明确规定而无效，因为《民法通则》或者《合同法》的规定仅仅被看作是合同当事人意思表示的补充，不是他们意思表示的强行替代，否则，意思自治和合同自由将形同虚设。不过，法律对此规定了最低限度的限制，这就是，合同当事人所规定的内容不得违反公序良俗，否则，他们之间的合同就因为内容严重违法而无效。

合同当事人的合同内容是否违反了公序良俗，取决于不同国家或者地区的法律规定，也取决于不同国家或者地区的法官对待合同内容的态度。例如，在美国，某些州的法官认为，当事人之间就代孕问题达成的代孕合同是无效的，因为法官认为该种合同违反了公序良俗，而某些州的法官则认为，该种合同并没有违反公序良俗，因此，代孕合同是有效合同。在决定合同当事人之间的合同是不是违反了公序良俗时，法官应当进行利益平衡，既要考虑合同当事人的特殊需求，也要考虑社会公众的承受能力，还要考虑道德规范，等等。

三、协议合同的成立方式

（一）协议合同的成立要件

所谓"协议合同"，是指合同当事人通过讨价还价、通过"协商"或者"磋商"等方式签订的合同。在合同法上，"协议合同"是相对于"格式条款合同"而言的一种合同形式，该种合同往往要通过"要约"与"承诺"的方式来进行，如果没有一方当事人对另外一方当事人的"要约"，就没有另外一方当事人的"承诺"。只有一方当事人的"要约"经过另外一方当事人的"承诺"，合同当事人之间的合同才会成立。在我国和其他国家，大多数合同都是通过此种方式成立的。我国《合同法》第13条规定：当事人订立合同，采取要约、承诺方式。

（二）要约

1. 要约的界定

所谓要约，是指一方当事人为了同另外一方当事人缔结合同而向另外一方当事人提出的建议或者所为的意思表示。我国《合同法》对要约作出了界定，《合同法》第 14 条规定：要约是希望和他人订立合同的意思表示。当一方当事人希望和另外一方当事人签订某种合同时，该方当事人往往会将他希望与另外一方当事人签订合同的意思表示传达给另外一方当事人，他们基于此种目的所为的此种意思表示就是所谓的要约。

在合同法上，要约不同于要约邀请，因为要约是指一方当事人向另外一方当事人所提出的订立合同的建议，而要约邀请则是一方当事人为了引诱另外一方当事人向自己提出签订合同的建议。我国《合同法》对要约邀请作出了明确界定，《合同法》第 15 条明确规定：要约邀请是希望他人向自己发出要约的意思表示。寄送的价目表、拍卖公告、招标公告、招股说明书、商业广告等为要约邀请。要约与要约邀请的主要区别是：其一，要约是一方当事人希望同另外一方当事人签订契约的建议，该种建议一旦获得另外一方当事人的同意，当事人之间的合同就成立；而要约邀请仅仅是一方当事人为了引诱另外一方当事人向其提出签订合同的建议而进行的意思表示，即便另外一方当事人受到其引诱而向其提出签订合同的建议，他们之间的合同还没有成立。其二，要约原则上仅向小范围内的特定人提出，很少会向大范围内的不特定人提出；而要约邀请则刚好相反，它很少会向小范围内的特定人提出，往往会同时向大范围内的不特定人提出。

2. 要约的必要构成要件

在合同法上，一方当事人提出的签订合同的建议或者意思表示未必一定构成要约，一方当事人所提出的此种建议或者此种意思表示要构成要约，应当具备一定的条件，如果不具备所要求的条件，一方当事人所提出的签订合同的建议无法构成要约。

（1）要约人所提出的建议或者所进行的意思表示必须明确具体。要约人所提出的建议或者意思表示要成为要约，其应当具备的第一个条件是，要约人所提出的签订合同的建议或者意思表示应当明确肯定。我国《合同法》第 14 条对这一构成要件作出了明确规定，该条规定：要约人对受要约人的意思表示应当是"内容具体确定"。所谓"内容具体确定"，是指要约人提出的建议或者意思表示应当明确、肯定和清楚，既要对要约人享有的权利、承担的义务或者责任作出规定或者说明，也要对受要约人享有的权利、承担的义务或者责任作出规定或者说明。如果要约人所提出的建议或者意思表示不明确、不肯定或者不清楚，则他们所提出的建议或者意思表示将不被看作要约，而仅被看作一种要约邀请。

（2）要约人本人有受其要约约束的意思表示。要约人所提出的建议或者意思表示要成为要约，其应当具备的第二个条件是，要约人本人在主观上有受其建议或者意思表示约束的真实意愿,也就是说,一旦要约人将其要约传达给了受要约人,在受要约人同意其要约的情况下,要约人就会与受要约人签订合同并且根据所签订的合同对受要约人承担合同义务。我国《合同法》第 14 条对这一构成要件作出了明确规定,该条规定:要约人对受要约人的意思表示应当"表明经受要约人承诺,要约人即受该意思表示约束"。因此,即便要约人的意思表示明确、肯定和清楚,如果其本人不准备受其意思表示的约束,则他们所为的意思表示也不构成要约。

(3) 要约人要将其建议或者意思表示传达给受要约人。要约人所提出的建议或者意思表示要成为要约,其应当具备的第三个条件是,要约人要将其提出的建议或意思表示传达给受要约人,以便受要约人在接到其建议或者意思表示之后能够作出是否同意与要约人签订合同的意思表示。如果要约人仅仅提出建议或者仅仅进行意思表示而没有将其建议或者意思表示传达给受要约人,则他们所提出的建议或者意思表示也不构成要约。

3. 要约的法律效力

要约的法律效力又称要约的拘束力。如果符合一定的构成要件,要约就要对要约人产生一定的效力。所谓要约对要约人产生的法律效力,是指要约一经生效,要约人即受到要约的拘束,要约人不得随便撤回或者撤销其要约。我国《合同法》对此作出了明确规定。根据我国《合同法》的规定,要约人的要约虽然可以撤回,但是,要约人撤回要约的通知应当在要约到达受要约人之前或者与要约同时到达受要约人。同样,要约人的要约虽然可以撤销,但是其撤销要约的通知应当在受要约人发出承诺通知之前到达受要约人。此外,有下列情形之一的,要约不得撤销:一是要约人确定了承诺期限或者以其他形式明示要约不可撤销;二是受要约人有理由认为要约是不可撤销的,并已经为履行合同做了准备工作。

(三) 承诺

1. 承诺的界定

所谓承诺,是指受要约人同意要约的意思表示。换言之,承诺是指受要约人同意接受要约的条件以缔结合同的意思表示。承诺的法律效力在于,要约人的要约经承诺人的承诺并且该承诺送达要约人时,当事人之间的合同便告成立。然而,受要约人必须完全同意要约人提出的主要条件,如果受要约人对要约人提出的主要条件并不完全同意,则意味着受要约人拒绝了要约人的要约,并形成了一项反要约或新的要约。

2. 承诺的条件

由于承诺一旦生效,将导致合同的成立,因此承诺必须符合一定的条件。在法律上,承诺必须具备如下条件,才能产生法律效力。

(1) 承诺必须由受要约人向要约人作出。由于要约原则上是向特定人发出的,因此只有接受要约的特定人即受要约人才有权作出承诺,第三人因不是受要约人,当然无资格向要约人作出承诺,否则视为发出要约。承诺之所以必须由受要约人作出,是因为受要约人是要约人选择的,要约人选定受要约人意味着要约人只是想与受要约人订立合同,而并不愿意与其他人订约,因此只有受要约人才有资格作出承诺。如果允许第三人作出承诺,则完全违背了要约人的意思。当然,在某些特殊情况下,基于法律规定和要约人发出的要约规定,某些第三人可以对要约人作出承诺,此时要约人应当受到承诺的拘束。承诺必须向要约人作出。既然承诺是对要约人发出的要约所作的答复,因此只有向要约人作出承诺,才能导致合同成立。如果向要约人以外的其他人作出承诺,则只能视为对他人发出要约,不能产生承诺的效力。

(2) 承诺必须在规定的期限内达到要约人。承诺只有在到达要约人时才能生效,而到达也必须具有一定的期限限制。我国《合同法》第 23 条规定:"承诺应当在要约确定的期限内到达要约人。"只有在规定的期限内到达的承诺才是有效的。承诺的期限通常都是在要约人发出的要约中规定的,如果要约规定了承诺期限,则承诺人的承诺应当在规定的承诺期限内到达;在没有规定期限时,根据《合同法》第 23 条的规定,如果要约是以对话方式作出的,承诺人应当即时作出承诺;如果要约是以非对话方式作出的,承诺人应当在合理的期限内作出承诺并到达要约人。合理期限的长短应当根据具体情况来确定,一般应当包括一般的交易惯例、受要约人在收到要约以后需要考虑和作出决定的时间,以及发出承诺并到达要约人的时间。如果承诺人未能在合理期限内作出承诺并到达要约人,则他们作出的承诺不能成为有效承诺。如果要约已经失效,承诺人也不能作出承诺。对失效的要约作出承诺,视为向要约人发出新要约,不能产生承诺效力。如果承诺超过了规定的期限作出,则视为承诺迟到,或称为逾期承诺。一般而言,逾期承诺在民法上被视为一项新的要约,而不是承诺。

(3) 承诺的内容必须与要约的内容一致。承诺是承诺人对要约人要约作出同意的意思表示,因此,承诺人的承诺内容应当与要约人要约的内容一致。我国《合同法》第 30 条对此作出说明。该条规定:"承诺的内容应当与要约的内容一致。"承诺的内容要与要约的内容一致,是否意味着承诺的内容与要约的内容必须绝对完全一致呢?答案是否定的,我国合同法认为,承诺的内容与要约的内容一致是指受要约人必须同意要约的实质内容,而不得对要约的内容作出实质性更改,否则,不构成承诺,应视为对原要约的拒绝并作出一项新的要约,或称为反要约。对非实质内容作出更改,不应影响合同成立。

(4) 承诺的方式符合要约的要求。承诺方式是受要约人向要约人传达承诺通知的形式。关于承诺方式,各国法律基本上采取不要式原则,对承诺的方式不加以限制。一般来说,承诺的方式应与要约的方式相同,但如果要约人对承诺的方式有特殊规定的,则承诺应当依照其规定的方式作出。我国《合同法》第 22 条规定:"承诺应当以通知的方式作出,但根据交易习惯或者要约表明可以通过行为作出承诺的除外。"

3. 承诺的法律效力

承诺的法律效力表现为承诺对受要约人的约束力。

所谓承诺对受要约人的约束力，是指受要约人是否能够撤回其作出的承诺。对此问题，我国《合同法》第27条和其他条款作出了明确规定，根据这些规定，承诺可以撤回，但是，撤回承诺的通知应当在承诺通知到达要约人之前或者与承诺通知同时到达要约人。受要约人超过承诺期限发出承诺的，除要约人及时通知受要约人该承诺有效的以外，为新要约。受要约人在承诺期限内发出承诺，按照通常情形能够及时到达要约人，但因其他原因，承诺到达要约人时超过承诺期限的，除要约人及时通知受要约人因承诺超过期限不接受该承诺的以外，该承诺有效。

四、格式条款合同的成立方式

（一）格式条款合同的界定

在我国，《合同法》第二章"合同的订立"除了对协议合同的成立方式作出了明确规定之外，也对格式条款合同的成立方式作出了明确规定。所谓格式条款合同，也称格式合同、标准合同或者附合合同，是指合同一方当事人为了重复使用而预先拟定并且在订立合同时未与对方当事人协商、讨价还价就成立的合同。格式条款合同广泛应用于交通、银行、医院、水电等行业中，是现代社会普遍存在的合同成立方式。

（二）格式条款合同与协议合同的主要差异

我国《合同法》之所以对格式条款合同作出明确规定，是因为此种合同的成立方式不同于协议合同的成立方式。他们之间的差异主要表现在四个方面：

其一，协议合同的成立会经过"协议""协商"或者"讨价还价"的程序，而格式条款合同的成立则不会经过这些程序。

其二，协议合同的成立可能更能够体现合同法所规定的合同当事人之间的"平等""自愿"或者"公平"的理念，因为"协议合同"是合同当事人在讨价还价的基础上签订的；而"格式条款合同"则很难体现合同法所规定的这些理念，因为在此种合同中，一方当事人根本就不会跟另外一方当事人就合同的内容进行"协议""协商"或者"讨价还价"。

其三，相对于协议合同而言，格式条款合同可能对预先确定合同内容的一方当事人更加公平，而对没有预先确定合同内容的另外一方当事人显失公平。

其四，相对于协议合同而言，格式条款合同更容易被法官撤销或者宣告无效。

(三) 格式条款合同的特殊法律规则

1. 立法上的控制

立法控制主要是指各国制定有关格式条款的法律规范。例如，德国制定了《一般合同条款法》，英国制定了《不公平合同条款法》，法国、日本、意大利等也有类似的法律规定。我国《合同法》第40条规定："格式条款具有本法第52条和第53条规定情形的，或者提供格式条款一方免除其责任、加重对方责任、排除对方主要权利的，该条款无效。"我国《消费者权益保护法》第24条规定："经营者不得以格式条款、通知、声明、店堂告示等方式作出对消费者不公平、不合理的规定，或者减轻、免除其损害消费者利益应当承担的民事责任。""格式条款、通知、声明、店堂告示等含有前款所列内容的，其内容无效。"[①]

2. 司法上的控制

司法控制的途径主要有两种：一是法院通过适用法律，判决违反强行法的格式条款无效；二是通过司法解释，作出不利于提供格式条款一方的解释。例如，我国《合同法》第41条规定："对格式条款的理解发生争议的，应当按照通常理解予以解释。对格式条款有两种以上解释的，应当作出不利于提供格式条款一方的解释。格式条款与非格式条款不一致的，应当采用非格式条款。"正因为提供格式合同的一方具有经济上的优势，因而其提供的合同往往包含有利于自己而不利于相对人的条款，所以，作出不利于格式条款提供者的解释有利于当事人之间的利益平衡。[②]

第五节 合同的法律效力

一、合同的法律效力的界定

所谓合同的法律效力，是指合同在合同当事人之间以及合同当事人与合同以外的第三人之间产生的法律效果。根据合同的效力是对合同当事人产生还是对合同当事人之外的第三人产生，合同的效力可以分为对内效力和对外效力。所谓合同的对内效力，是指合同对合同当事人所产生的效力。所谓合同的对外效力，是指合同对合同当事人以外的第三人所产生的效力。[③] 我国学者一般将合同的对外效力理解为合同的保全制度，即合

---

① 张民安主编：《合同法》，中山大学出版社2003年版，第80—81页。
② 张民安主编：《合同法》，中山大学出版社2003年版，第81页。
③ 张民安主编：《合同法》，中山大学出版社2003年版，第91页。

同债权人所享有的撤销权和代位权。实际上，合同对第三人的效力除了包括合同的保全制度之外，还包括合同对第三人的保护力以及合同对第三人的约束力。关于合同对第三人的保护力和对第三人的约束力，本书将在下面的内容作出了说明，此处从略。除非另有说明，否则，本书关于合同效力的说明均为对合同的对内效力的说明。

在合同债中，债权人的主要权利是要求债务人严格按照合同规定的内容对自己履行合同规定的义务；当合同债务人不履行或者不适当履行他们所承担的义务时，债权人有权请求债务人继续履行或者承担违约责任；如果债务人不履行或者不承担此种责任，合同债权人有权向法院起诉，要求法官责令债务人对自己承担违约责任。因此，合同债的法律效力表现为两个方面：其一，债权人请求债务人履行他们所承担的合同义务，债务人应当对债权人履行他们所承担的合同义务；其二，如果债务人不履行他们所承担的合同义务，则债权人有权请求债务人对其承担违约责任；债务人也应当对债权人承担违约责任。

在合同债的第一个方面的法律效力当中，合同法所面临的主要问题有两个方面：其一，合同债务人所承担的合同义务有哪些；其二，合同债务人应当如何履行他们所承担的义务。

在合同债的第二个方面的法律效力当中，合同法所面临的主要问题有三个方面：其一，债务人承担违约责任应当具备哪些必要条件；其二，债务人承担的违约责任有哪些表现形式；其三，债务人拒绝承担违约责任的抗辩有哪些事由。

二、合同债务人所承担的义务

（一）合同债务人承担的合同义务的分类

合同债务人所承担的合同义务究竟有哪些？民法学者对此有不同的分类，例如，按照合同债务人所承担的义务是交付财产还是作出或者不作出某种行为，民法学者将合同债务人所承担的义务分为三种：交付财产的合同义务，作出某种行为的合同义务，不作出某种行为的合同义务。按照合同义务的强度，民法学者将合同义务分为手段义务和结果义务。实际上，本书关于债的分类的理论大多适用于合同债务人所承担的合同义务。

除了按照债的一般分类理论对合同债务人所承担的义务进行分类之外，民法学者还会采取其他理论来对合同债务人所承担的合同义务进行分类，主要有三种分类：一是按照合同义务是不是直接来源于合同当事人的明确约定，合同义务分为明示合同义务和默示合同义务；二是按照合同义务产生的阶段不同，合同义务分为合同成立之前承担的义务、合同成立之后承担的义务以及合同消灭之后承担的义务；三是按照合同债务人承担合同义务的地位不同，合同义务可以分为主要合同义务和次要合同义务。

(二) 明示合同义务和默示合同义务

1. 明示合同义务和默示合同义务的界定

按照债务人承担合同义务的来源不同，合同债务人所承担的合同义务可以分为明示合同义务和默示合同义务。所谓明示合同义务，也称为明示义务、约定义务，是指合同当事人在他们的合同当中明确、肯定和清楚规定的义务。所谓默示合同义务，也称默示义务、暗含义务或者所谓的附随义务，是指合同当事人虽然没有在他们的合同当中明确、肯定和清楚规定，但是，法官根据公平正义理念、习惯惯例或者诚实信用原则推定合同当事人原本会在他们的合同当中约定的义务。与此相对应，合同条款可以分为合同的明示条款和合同的默示条款。所谓合同的明示条款，是指合同当事人明确规定债务人承担的合同义务的条款。所谓合同的默示条款，是指合同当事人虽然没有在其合同中明确规定，但是合同债务人仍然应当承担义务的条款。[①]

2. 区分明示合同义务和默示合同义务的主要原因

民法之所以区分合同债务人所承担的明示合同义务和默示合同义务，其主要原因有两个方面：

其一，合同债务人是否承担合同义务方面的差异。合同债务人肯定会对合同债权人承担明示合同义务，因为此类义务是合同当事人明确约定的，除非基于公平、正义或者公序良俗的理由，法官认定债务人自愿承担的明示合同义务是违反公平正义或者公序良俗的，否则，合同债务人就一定要履行他们所承担的明示合同义务。而合同债务人是否要对合同债权人承担默示合同义务，就具有不确定性。在某些情况下，债务人可能要对债权人承担默示合同义务，而在某些情况下，债务人可能不会对债权人承担默示合同义务，是否承担默示合同义务，取决于案件的实际情况和法官的自由裁量。

其二，合同债务人承担哪些义务方面的差异。即便合同债务人要对债权人承担明示合同义务和默示合同义务，他们究竟承担什么范围内的明示合同义务和默示合同义务，仍然存在差异。在合同法上，合同债务人承担的明示合同义务有哪些，在合同成立的时候就已经明确、肯定和清楚，合同当事人约定了哪些合同义务，债务人就应当履行哪些合同义务；而合同债务人承担的默示合同义务有哪些，在合同成立的时候并不明确、肯定或者清楚，它会随着案件情况的不同而不同，会随着法官的自由裁量的不同而不同。

3. 合同债务人承担默示合同义务的法律根据

在大陆法系国家，民法典明确认可合同债务人所承担的默示合同义务。在2016年2月10日的债法改革之前，《法国民法典》旧的第1135条就明确规定，合同当事人在合同当中明确规定的义务当然对债务人产生法律效力，而且根据公平原则、习惯或者合

[①] 张民安主编：《合同法》，中山大学出版社2003年版，第73页。

同的性质所产生的合同义务也对合同债务人产生法律效力。

在 2016 年 2 月 10 日的债法改革之后,《法国民法典》新的第 1194 条承认默示合同义务的存在,因为该条规定:契约不仅对当事人明确规定的内容产生约束力,而且还对公平、习惯和制定法所引起的所有后果产生约束力。在这里,公平、习惯和制定法所引起的所有后果实际上就是指合同当中的默示义务。

在英美法系国家,合同法也承认合同债务人所承担的默示义务,例如,英美法系国家的合同法规定,即便合同当事人没有明确规定合同债务人要承担某种明示义务,如果法官认定习惯法对合同债务人强加了某种义务,则合同债务人仍然应当对合同债权人履行习惯法所规定的此种义务。[1]

在我国,《合同法》第 60（2）条明确认可了默示义务理论,该条规定:当事人应当遵循诚实信用原则,根据合同的性质、目的和交易习惯履行通知、协助、保密等义务。在这里,合同债务人根据合同的性质、目的和交易习惯所承担的通知、协助或者保密等义务就是所谓的默示合同义务,该种义务被认为是基于诚实信用原则的要求而产生的义务。

4. 合同债务人承担的主要默示合同义务

在合同法上,债务人所承担的默示合同义务多种多样,包括但是不限于以下几种:①照顾义务。如在旅游合同中,旅游组织者应当为游客办理人身保险的义务。②保管义务。如买卖合同被解除、被撤销或无效时,买方对其占有的货物应当妥善保管。③协助义务。如技术转让方应当对其转让的技术提供必要的技术支持。④保密义务。在合同订立、履行过程中,当事人对其知悉的秘密应当不泄露给别人。⑤保护义务。如在医疗合同中,医院对病人应当尽到保护义务,避免被其他疾病感染或受其他的伤害。[2]

(三) 合同成立之前承担的义务、合同成立之后承担的义务和合同消灭之后承担的义务

1. 合同义务、先合同义务和后合同义务的界定

按照合同债务人承担的义务是在合同成立之前、合同成立之后还是合同消灭之后所产生,合同债务人所承担的义务可以分为合同成立之前承担的义务、合同成立之后承担的义务和合同消灭之后承担的义务。

所谓合同成立之后承担的义务,也称为合同义务,是合同债务人在合同成立之后对合同债权人所承担的义务。合同债务人所承担的此种义务除了包括明示合同义务之外,还包含默示合同义务。所谓合同成立之前承担的义务,在我国也被称为先合同义务,是

---

[1] 张民安主编:《合同法》,中山大学出版社 2003 年版,第 76 页。
[2] 张民安主编:《合同法》,中山大学出版社 2003 年版,第 69 页。

指合同当事人在缔约过程中对彼此所承担的义务,也就是,合同当事人在就合同的成立展开谈判、协商或者讨价还价的时候,基于公正正义、习惯惯例或者诚实信用原则所产生的义务。所谓合同消灭之后承担的义务,在我国也被称为后合同义务,是指在合同当事人之间的合同关系消灭后,一方当事人依公正正义、习惯惯例或者诚实信用原则对另外一方当事人所承担的义务。

民法之所以区分合同成立之前承担的义务、合同成立之后承担的义务和合同消灭之后承担的义务,一个主要原因在于确定先合同义务、后合同义务的性质以及债务人违反这些义务所承担的民事责任的性质。在民法上,债务人在合同成立之后所承担的义务在性质上当然属于合同性质的义务,债务人违反此种性质的义务对债权人承担的民事责任当然是违约责任,因为该种义务是合同债务人在合同有效成立之后所承担的义务。问题在于,债务人在合同成立之前或者合同消灭之后对债权人所承担的义务是不是合同义务;他们违反所承担的此类义务对债权人承担的民事责任是不是违约责任。

2. 先合同义务的性质

在我国,由于受到我国台湾地区王泽鉴教授理论的影响,我国民法学者普遍认为,先合同义务既不是合同性质的义务也不是侵权性质的义务,行为人违反此种义务的行为即缔约过失行为既不是违约行为也不是侵权行为,行为人就其违反此种义务的行为对他人承担的民事责任即缔约过失责任既不是违约责任也不是侵权责任,而是所谓的独立责任,已如前述。实际上,此种理论存在严重的错误。

本书认为,先合同义务究竟是什么性质的义务,取决于合同当事人之间的合同最终是否成立和有效。如果合同当事人之间最终成立了有效的合同,则合同当事人在合同成立之前所承担的先合同义务应当被看作合同性质的义务,如果合同当事人在缔约过程当中没有履行所要求的义务,则他们没有履行先合同义务的行为可以看作违约行为,按照违约责任来处理。如果合同当事人之间最终没有成立有效的合同,则合同当事人在缔约过程当中的先合同义务应当被看作侵权性质的义务,如果合同当事人一方在缔约过程当中没有履行所承担的先合同义务并因此导致另一方遭受损害,债务人应当就其没有履行先合同义务的行为对遭受损害的债权人承担侵权责任,这就是所谓的缔结过失责任。

3. 后合同义务的性质

在我国,民法学者普遍认可债务人所承担的后合同义务,该种义务要求合同债务人在与合同债权人之间的合同关系终止之后的一段合理期间内仍然要对合同债权人承担义务,诸如通知义务、保护义务、警告义务或者说明义务等。例如,虽然甲方和乙方之间的租赁关系已经终止,但是,基于公正正义、习惯惯例或者诚实信用原则的要求,乙方仍然应当在其与甲方的租赁关系终止后的一段合理时期内对甲方承担义务,例如,当有人打电话到乙方的住所找寻甲方时,乙方应当通知甲方或者告知甲方的新电话号码。问题在于,债务人在合同关系已经终止的情况下对债权人承担的此类义务究竟是什么性质的义务？本书认为，合同当事人在合同终止之后所承担的义务在性质上仅可以看作侵权性质的义务，不是合同性质的义务，债务人就其违反后合同义务的行为对债权人承担的民事责任仅为侵权责任，不是违约责任。

合同债务人在合同终止之后对债权人所承担的义务在性质上之所以是侵权性质的义务，是因为从严格意义上讲，债务人对债权人承担的义务已经不再是合同性质的义务。因为合同义务以合同有效成立并且没有终止作为必要前提，如果合同已经因为某种原因而终止，债务人所承担的义务就不再是严格意义上的合同义务。

(四) 主要合同义务和次要合同义务

按照合同债务人所承担合同义务的地位不同，合同债务人承担的合同义务可以分为主要合同义务和次要合同义务。所谓主要合同义务，在我国也被称为主给付义务、主要义务，是指合同债务人所承担的那些能够决定债务人与债权人之间的合同关系性质的义务。所谓次要合同义务，在我国也被称为次给付义务、次要义务，是指合同债务人所承担的不能够决定债务人与债权人之间的合同关系性质的那些义务。

民法之所以区分主要合同义务和次要合同义务，是因为这两种义务在债务人所承担的合同义务当中的地位存在差异，其中合同债务人所承担的主要合同义务是他们承担的最重要的义务，这些义务决定了合同债务人与合同债权人之间的合同究竟是什么性质的合同。而合同债务人所承担的次要合同义务也仅仅是合同债务人所承担的次要义务，该种义务对于合同债务人与合同债权人之间的合同究竟是什么性质的合同不会产生影响。

在民法上，合同债务人所承担的哪些义务是主要合同义务，哪些义务是次要合同义务，取决于合同的具体情况，不同性质的合同当中的主要合同义务和次要合同义务并不完全相同。例如，在买卖合同中，出卖人交付标的物和转移财产的所有权的义务是主要合同义务，买受人支付价款的义务也是主要合同义务；而出卖人按照约定或者交易习惯向买受人交付提取标的物的单证以外的有关单证和资料的义务则是次要合同义务。再如，在借贷合同当中，出借人所承担的主要义务是提供贷款的义务，而保守借款人的商业秘密或者保管借款人提供的担保物的义务则是次要合同义务。[1]

三、合同债务人对所承担的合同义务的履行

(一) 合同债务人履行合同义务的原则

一旦合同债务人对合同债权人承担了合同义务，无论他们所承担的合同义务是明示义务还是默示义务，是主要义务还是次要义务，他们都应当全面履行他们所承担的合同

---

[1] 张民安主编：《合同法》，中山大学出版社 2003 年版，第 64—65 页。

义务。我国《合同法》第 60 条对合同债务人履行合同的要求作出了明确说明,该条规定:当事人应当按照约定全面履行自己的义务。当事人应当遵循诚实信用原则,根据合同的性质、目的和交易习惯履行通知、协助、保密等义务。关于合同债务人按照诚实信用原则的要求履行他们所承担的合同义务问题,本书已经在前面的内容当中作出了说明,此处从略。本书在此处仅仅讨论合同义务的全面履行原则。

根据《合同法》第 60 条的规定,合同债务人一旦承担了合同义务,他们就应当全面履行他们所承担的合同义务,这就是所谓的"全面履行原则"。所谓"全面履行原则",就是要求合同义务的履行主体、履行客体、履行时间、履行地点和履行方式等完全符合合同当事人的约定,不得在任何方面存在不符合合同约定的情况,否则,合同债务人的履行就会存在问题,构成违约行为,在符合违约责任构成要件的情况下,合同债务人应当对债权人承担违约责任。

(二) 合同义务的履行主体要符合合同的约定

合同主体与合同履行主体不同,合同主体是合同的当事人;合同履行主体是实际履行合同义务的人,他既可以是合同的当事人,也可以是合同当事人之外的第三人。一般来讲,合同是基于当事人的相互依赖而订立的,因此,合同的履行一般由当事人自己亲自履行。但当事人也可在合同中约定由第三人履行合同义务或向第三人履行义务。无论是由当事人履行还是第三人履行都必须符合合同的约定。[①]

如果合同约定的第三人不履行合同规定的义务,则合同债务人应当就第三人不履行合同义务的行为对债权人承担违约责任;基于同样的理由,如果合同当事人约定由债务人向第三人履行合同义务的,当债务人未向第三人履行所承担的合同义务时,他们应当对债权人承担违约责任。我国《合同法》第 64 条和第 65 条对这样的规则作出了明确规定,其中第 64 条规定:当事人约定由债务人向第三人履行债务的,债务人未向第三人履行债务或者履行债务不符合约定,应当向债权人承担违约责任。其中第 65 条规定:当事人约定由第三人向债权人履行债务的,第三人不履行债务或者履行债务不符合约定,债务人应当向债权人承担违约责任。

(三) 合同义务的履行客体要符合合同约定

合同的客体实际上就是合同债的客体,该种客体可能会因为合同的性质或者合同当事人的约定的不同而不同,它既可以是交付某种货物,也可以是支付一定数额的金钱,还可以是完成某种工作或者提供某种劳务,等等,已如前述。无论合同的客体是什么,合同债务人均应当按照合同的约定客体来履行其义务,不得以其他方式来替代其原本应当

[①] 张民安主编:《合同法》,中山大学出版社 2003 年版,第 115 页。

履行的客体；否则，其合同义务的履行就不构成全面履行，应当对债权人承担违约责任。

（四）合同义务的履行的时间、地点要符合合同的约定

合同债务人应当按合同约定的时间、地点履行他们所承担的合同义务，不得违反合同约定的时间或者地点履行他们所承担的合同义务，否则，他们的义务履行行为将构成违约行为，应当对债权人承担违约责任。

首先，合同债务人应当按照合同约定的时间履行他们所承担的合同义务，既不能提前履行，也不得迟延履行，因为，在一般情况下，履行时间是当事人在订立合同时根据自己的情况确定的，提前履行或迟延履行都会给债权人带来不便。① 不过，我国《合同法》第71条对此规则设定了一个例外，这就是，如果债务人提前履行所承担的合同义务对债权人有利，则合同债务人可以提前履行他们所承担的合同义务。我国《合同法》第71条规定：债权人可以拒绝债务人提前履行债务，但提前履行不损害债权人利益的除外。债务人提前履行债务给债权人增加的费用，由债务人负担。

其次，合同债务人应按照合同规定的地点履行他们所承担的合同义务，不得在合同约定的地点之外履行他们所承担的义务，因为合同义务履行地点的改变不仅仅是给债权人造成不便的问题，它还直接关系到债权人和债务人之间的利益分配问题，诸如接受履行的成本问题、运输的成本问题等。

最后，如果合同当事人对合同债务人履行合同义务的时间、地点没有作出明确约定的，则适用我国《合同法》第61条的规定，即：履行期限不明确的，债务人可以随时履行，债权人也可以随时要求履行，但应当给对方必要的准备时间。履行地点不明确，给付货币的，在接受货币一方所在地履行；交付不动产的，在不动产所在地履行；其他标的，在履行义务一方所在地履行。

（五）合同义务的履行方式符合合同的约定

合同债务人应当按照合同约定的方式履行他们所承担的合同义务，不得违反合同约定的方式履行他们所承担的合同义务，否则，他们的义务履行行为将构成违约行为，应当对债权人承担违约责任。例如，一旦合同约定债务人应当一次性履行他们所承担的合同义务，他们就不得分期、分批履行他们所承担的合同义务；同样，一旦合同约定债务人通过水路运输的方式交付货物，他们就不能够通过其他运输方式交付货物。

如果合同当事人没有约定债务人履行合同义务的方式，则根据我国《合同法》第62条的规定，按照有利于实现合同目的的方式履行。

---

① 张民安主编：《合同法》，中山大学出版社2003年版，第115页。

四、合同债务人承担的违约责任

一旦合同债务人对合同债权人承担了某种合同义务,他们就应当全面履行所承担的合同义务;如果合同债务人不履行或者不全面履行所承担的合同义务,则他们不履行或者不全面履行合同义务的行为就构成违约行为,在符合违约责任的其他构成要件的情况下,合同债务人应当就其违约行为对合同债权人承担违约责任,合同债权人除了有权要求合同债务人对其承担损害赔偿责任之外,还有权要求合同债务人采取其他法律救济措施,以维护自己的利益。

(一)违约责任

所谓违约责任,也称违反合同的民事责任,是指合同债务人就其不履行或者不全面履行所承担的合同义务的行为对合同债权人所承担的民事责任。违约责任一方面要求债务人要对债权人承担合同义务,如果合同债务人不对合同债权人承担合同义务,则合同债务人当然不会对合同债权人承担违约责任;违约责任另一方面又要求债务人存在违约行为,也就是债务人没有履行或者没有全面履行他们对债权人所承担的合同义务,如果合同债务人已经全面履行了他们对合同债权人所承担的合同义务,则他们无需对合同债权人承担违约责任。

在民法上,违约责任属于民事责任的一种,具有一般民事责任的所有特征,它的成立也应当具备一般民事责任的所有必要构成要件,也就是,债务人实施了某种非法行为、债务人实施的非法行为引起了债权人损害的发生、债务人实施的非法行为同债权人遭受的损害之间存在因果关系等。当然,合同债务人对合同债权人承担违约责任究竟是不是需要债务人存在过错,是不是需要债权人遭受某种损害,民法学者之间存在较大的争议。关于这些问题,本书将在民事责任债当中作出详细的讨论,此处从略。

(二)违约责任的方式

一旦合同债务人没有履行或者没有全面履行他们所承担的合同义务,在符合违约责任的上述必要构成要件的情况下,合同债务人就应当对合同债权人承担违约责任。问题在于,合同债务人承担的违约责任方式有哪些?对此问题,我国《合同法》作出了明确规定,认为合同债务人承担违约责任的方式多种多样,包括继续履行、采取补救措施或者赔偿损失等等。我国《合同法》第107条规定:当事人一方不履行合同义务或者履行合同义务不符合约定的,应当承担继续履行、采取补救措施或者赔偿损失等违约责任。

1. 继续履行合同义务

如果债务人不履行或者不全面履行他们所承担的合同义务,当合同债权人仍然希望合同债务人履行他们所承担的合同义务时，合同债务人原则上应当继续履行他们所承担的合同义务，直到他们对合同债权人所承担的合同义务全面履行为止。我国《合同法》之所以规定了这样的规则，其目的在于确保合同债权人的履行利益得以实现，防止合同债务人通过其他方式尤其是通过赔偿损失的方式拒绝履行他们所承担的合同义务。不过，在例外情况下，合同债务人有权拒绝继续履行他们所承担的合同义务。根据我国《合同法》第110条的规定，如果合同债务人所承担的合同义务在法律上或者事实上不能履行；或者如果合同债务人所承担的债务客体不适于强制履行或者履行费用过高；或者如果债权人在债务人违约之后的一段合理期限内没有提出请求，则债务人有权拒绝继续履行其合同义务。

2. 责令合同债务人拆毁或者拆除所建造的建筑物或者工程

在我国，民法学者普遍认为，责令行为人恢复原状、排除妨害或者消除影响仅仅是侵权责任的表现形式，不是违约责任的表现形式。实际上，此种理论显然存在问题，因为行为人除了应当在侵权责任领域承担这些民事责任之外，还应当在违约责任领域承担这些民事责任。

因此，如果债务人所建造的房屋不符合合同的约定，债权人有权要求债务人采取措施，拆毁其所建造的不符合要求的房屋；如果债务人拒绝拆除所建造的房屋，债权人有权自己采取措施，拆毁债务人所建造的房屋，债权人因此支出的费用由债务人承担。

《法国民法典》旧的第1143条对此规则作出了明确规定，该条规定：如果债务人违反约定从事了某种行为，债权人有权要求债务人予以消除；债权人也可以自己采取措施消除债务人违反约定所作出的行为，其因此支出的费用应当由债务人承担。Viney 和 Jourdain 对此作出了明确说明，他们指出："民法典（旧的）第1143条规定：如果债务人违反约定从事了某种行为，债权人有权要求债务人予以消除；债权人也可以自己采取措施消除债务人违反约定所作出的行为，其因此支出的费用应当由债务人承担。在法国，法官在某些违约责任案件当中根据《法国民法典》（旧的）第1143条的规定责令债务人采取措施消除其违约行为所产生的后果。不过，法国法官对《法国民法典》（旧的）第1143条所规定的适用范围予以扩张，认为该条的规定除了能够在违约责任当中予以适用之外，还能够在侵权责任当中予以适用，因为法官认为，在某些情况下，法官能够根据该条的规定颁发命令，责令行为人采取措施消除其侵害行为所产生的后果。当然，法官在侵权责任领域还没有走向极端，不会责令行为人消除其违法行为所产生的一切物质后果。"[①]

---

① Geneviève Viney Patric Jourdain, Traité De Droit Civil, les effets de la responsabilité, 2e édition, L. G. D. J. pp. 63 - 64.

3. 合同债务人采取合理的补救措施

如果合同债务人违反合同义务的行为能够予以补救，则合同债务人除了应当对合同债权人承担损害赔偿责任之外，还应当采取各种补救措施。问题在于，我国《合同法》第107条所规定的"补救措施"有哪些？本书认为，我国《合同法》第107条所规定的"补救措施"实际上是指我国《合同法》第111条所规定的"修理、更换、重作、退货、减少价款或者减少报酬等"。

4. 赔偿损失

在合同法上，债务人承担违约责任的最主要、最重要的方式是赔偿合同债权人遭受的损害或者损失，因此，违约责任往往就等同于损害赔偿责任或者损失赔偿责任。此种责任要求合同债务人赔偿一笔数额的金钱给合同债权人，以便弥补债权人因为合同债务人不履行或者不全面履行合同义务所遭受的损害。

（三）合同债务人承担损害赔偿责任的限制

在两大法系国家和我国，民法虽然要求合同债务人就其实施的违约行为对合同债权人承担损害赔偿责任，但是，基于公共政策的考虑，两大法系国家和我国的民法也认为，合同债务人对合同债权人所承担的损害赔偿责任应当是受到限制的，在一定的情况下，合同债务人所承担的违约责任应当是被免除的，这就是违约责任的减轻或者免除制度。例如，两大法系国家和我国的民法普遍认为，如果债务人违约是由于不可抗力引起的，则合同债务人无需对合同债权人承担违约责任。同样，两大法系国家和我国的民法也认为，如果合同当事人对合同债务人承担的违约责任范围施加了限制，则合同债务人仅仅在被限定的范围内对合同债权人承担违约责任。关于违约责任的减轻或者免除制度，本书将在民事责任债当中作出详细的讨论，此处从略。

五、合同对第三人的法律效力

合同除了对合同债权人和合同债务人产生法律效力之外，还会在例外情况下对合同当事人之外的第三人产生法律效力，这就是，即便第三人不是合同的当事人，他们也能够享有合同债权人享有的请求权，能够像合同债权人那样请求合同债务人就其违反合同义务的行为对其承担违约责任。换句话说，在合同法上，合同除了对合同债权人提供保护之外，还对合同债权人之外的某些第三人提供保护，让他们在没有合同关系的情况下能够主张合同当事人所规定的权利，这就是合同对第三人的保护力。合同对第三人的保护力是合同相对性规则被稀释的结果，已如前述。

（一）明示的为第三人利益的契约

两大法系国家的合同法认为，一旦契约债权人同契约债务人在他们的契约当中明确规定，他们是为了第三人的利益签订契约，则该种契约所规定的第三人就能够享有契约当事人在其契约当中所规定的权利，即便第三人在契约当事人为他们规定契约利益时不知道契约当事人为他们所规定的利益，他们也能够主张契约当事人所规定的契约利益。①

(二) 暗含的或者默示的为第三人利益的契约

两大法系国家的合同法认为，即便契约债权人与契约债务人没有在他们的契约当中明确约定，他们是为了第三人的利益签订契约，法官基于某种原因也可能会认为，契约债权人与契约债务人具有为第三人利益签订契约的意图，并因此允许第三人根据契约债权人与契约债务人之间的契约来主张权利或者利益。这就是所谓的暗含的或者默示的为第三人利益的契约理论。②

(三) 附保护第三人效力的契约

德国的民法或者债法理论认为，一旦契约债权人与契约债务人之间的契约成立，该种契约不仅对契约当事人产生法律上的效力，而且还对契约债权人的亲朋好友产生法律效力，契约债务人除了对契约债权人承担契约义务之外，还要对那些与契约债权人有密切关系的第三人承担合理的注意义务，否则，当他们违反所承担的此种义务并因此导致第三人遭受损害时，他们也应当对第三人承担违约责任，这就是德国法上的附保护第三人效力的契约理论。③ 例如，当百货公司将其热水器卖给甲方时，他们除了应当对甲方承担确保该热水器安全的义务之外，还应当对甲方的亲朋好友承担确保该热水器安全的义务；一旦该热水器因为质量存在问题让甲方的亲朋好友遭受人身损害时，百货公司应当对甲方的亲朋好友承担违约责任，要赔偿他们所遭受的损害，即便他们同甲方的亲朋好友之间没有契约关系。

(四) 可转移的瑕疵担保责任

法国的民法或者债法理论认为，动产或者不动产的最初出卖人对其动产或者不动产的最初买受人所承担的瑕疵担保责任可以随着最初买受人将所购买的动产、不动产转让给第三人而对第三人承担，当第三人因为所购买的动产、不动产存在瑕疵而遭受损害时，他们除了能够要求最初的买受人承担瑕疵担保责任之外，还能够要求最初的出卖人

---

① 张民安：《论为第三人利益的合同》，载《中山大学学报》2004年第4期，第60页；张民安：《现代法国侵权责任制度研究》，法律出版社2007年第2版，第45页。
② 张民安：《论为第三人利益的合同》，载《中山大学学报》2004年第4期，第60—61页；张民安：《现代法国侵权责任制度研究》，法律出版社2007年第2版，第45—46页。
③ 张民安：《过错侵权责任制度研究》，中国政法大学出版社2002年版，第214—219页。

对其承担瑕疵担保责任。这就是所谓的可转移的瑕疵担保责任。① 例如，当甲方从乙方处购买了热水器时，乙方应当对甲方承担热水器的瑕疵担保责任；当甲方将其从乙方处购买的热水器卖给丙方时，乙方仍然应当对丙方承担热水器的瑕疵担保责任，当丙方因为热水器的质量问题受到损害时，乙方仍然应当对丙方承担违约责任。

（五）对利益第三人的明示或者默示担保

在美国，《统一商法典》第 2～318 条规定，缺陷产品的出卖人对其缺陷产品所承担的明示或者默示担保责任不仅对其买受人承担，而且也对该买受人的亲朋好友承担，甚至还会对买受人之外的任何第三人承担，如果缺陷产品的出卖人能够合理预见买受人的亲朋好友或者任何其他第三人会使用买受人所购买的缺陷产品并因此会遭受其缺陷产品的损害的话，这就是所谓的对利益第三人的明示或者默示担保理论。② 因此，当缺陷产品买受人的亲朋好友或者其他第三人因为使用缺陷产品而遭受损害时，除了缺陷产品的买受人有权要求出卖人对其承担瑕疵担保责任之外，买受人的亲朋好友或者其他第三人也都有权要求出卖人对其承担瑕疵担保责任。

---

① 张民安：《可转移的瑕疵担保责任——法国民法的新学说》，载《中外法学》1997 年第 2 期，第 112—115 页。
② 张民安：《过错侵权责任制度研究》，中国政法大学出版社 2002 年版，第 219—220 页。

第七章 侵权债

第一节 侵权行为的界定

一、侵权行为与侵权债之间的关系

（一）侵权债的界定

所谓侵权债，也称为侵权责任债，是指行为人就其实施的侵权行为对他人承担的侵权责任。一旦行为人对他人实施了某种侵权行为，在符合侵权责任构成要件的情况下，行为人应当就其实施的侵权行为对他人承担侵权责任。在侵权债当中，债权人是那些遭受或者将要遭受行为人所实施的侵权行为损害的人，也就是所谓的他人；而债务人则是对债权人实施侵权行为的人，也就是所谓的行为人，其中的债权人有权请求债务人对其承担侵权责任，而债务人也应当对债权人承担侵权责任，他们之间因此所形成的债权和债务关系就是所谓的侵权债。

（二）侵权债与合同债的主要区别

侵权债虽然与合同债一样都是债的表现形式，但是侵权债与合同债仍然存在一定的差异，主要表现在两个方面：其一，侵权债仅仅是一种民事责任债，也就是，实施侵权行为的债务人应当就其实施的侵权行为对遭受损害的债权人承担赔偿责任。而在合同债当中，合同债除了包括合同债务人就其违约行为对合同债权人承担违约责任之外，还包括合同债务人对合同债权人所承担的合同义务，一旦合同债务人全面履行了他们所承担的合同义务，他们同合同债权人之间的合同债就消灭，无法产生违约责任债；违约责任债仅在合同债务人不履行或者不全面履行所承担的合同义务时才产生。其二，侵权债的法律效果除了包括损害赔偿责任之外，还包括其他的民事责任形式，虽然违约责任的方式也包括诸如继续履行等方式，但是违约责任债的主要表现形式还是损害赔偿责任。

（三）作为侵权债产生渊源的侵权行为

在侵权法上，行为人所承担的侵权责任债是因为他们实施的侵权行为引起的，虽然行为人实施的侵权行为未必一定会让行为人对他人承担侵权责任，但是，如果没有行为人实施的侵权行为,行为人对他人承担的侵权债也就无法产生。因为侵权行为是侵权债产生的原因、渊源,而侵权债则是侵权行为引起的后果,他们之间存在因果关系。因为这样的原因,民法学者尤其是英美法系国家的民法学者往往会从侵权行为开始讨论侵权责任。本书也遵循这样的规则,从侵权行为开始讨论侵权债。

学说普遍认为,现代意义上的"侵权""侵权行为"等词语源于拉丁语 tortus 和 twisted,其本来的含义是指被扭曲和弯曲的行为,是指行为人实施的行为偏离了正道,有污点,因此,应当被社会所反对。在长期的发展过程中,侵权所具有的此种含义逐渐从日常用语中退出,逐渐成为法律上的专门词语,并且逐渐成为一种具有技术性含义的法律术语。[①] 然而,此种技术性的含义是什么,各国的制定法并没有作出说明。因此,对侵权行为的界定应当由学说去完成。总的说来,关于侵权行为的界定,学说有两种理论:法定义务违反理论和法定利益侵犯理论。

二、法定义务违反理论

(一) 法定义务违反理论的界定

法定义务违反理论认为,所谓侵权行为,是指行为人违反了对他人承担的某种法定义务的行为。根据法定义务违反理论,如果行为人对他人承担某种法定义务并且如果他们在行为时违反了所承担的此种法定义务,则他们违反法定义务的行为将构成侵权行为,应当对他人承担侵权责任。在侵权法上,法定义务违反理论也被称为民事违法行为理论(civil wrongs),因为行为人违反法定义务的侵权行为实际上构成非法行为。

在侵权法上,法定义务违反理论主要是英美法系国家侵权法采取的理论,该种理论在 19 世纪末期产生,经过 20 世纪初期的发展,至今仍然成为英美法系国家侵权法普遍认可的一种理论。[②]

20 世纪 50 年代以来,由于受到英美法系国家侵权法的影响,大陆法系国家开始借鉴英美法系国家侵权法的客观分析方法,对过错采取客观的界定,认为过错侵权行为仅仅是一种法定义务的违反行为,法定义务违反理论被引入大陆法系国家。在今天,大陆法系国家的侵权法都认可法定义务违反的理论。

(二) 我国民法对法定义务违反理论的明确规定

在我国,《民法通则》和《民法总则》完全认可法定义务违反理论。《民法通则》第 106(1)条规定:公民、法人违反合同或者不履行其他义务的,应当承担民事责任。

---

① W. Page Keeton, Prosser and Keeton on Torts, fifth edition, West Publishing Co, p. 2.
② Macpherson & Kelley v. Kevin J. Prunty & Associates [1983] V. R. 573.

在该条规定当中,"不履行其他义务"就是指行为人不履行他们对他人所承担的法定义务。《民法总则》第176条规定:民事主体依照法律规定和当事人约定,履行民事义务,承担民事责任。在该条当中,所谓"依照法律规定""履行民事义务"就是指行为人按照法律的规定对他人承担法定义务。

我国《侵权责任法》部分认可了法定义务违反理论。例如,我国《侵权责任法》第55条就认可了法定义务的违反理论,认为医务人员的侵权行为就是违反所承担的法定义务的行为。其中第55(1)条规定:医务人员在诊疗活动中应当向患者说明病情和医疗措施。需要实施手术、特殊检查、特殊治疗的,医务人员应当及时向患者说明医疗风险、替代医疗方案等情况,并取得其书面同意;不宜向患者说明的,应当向患者的近亲属说明,并取得其书面同意。其第55(2)条规定:医务人员未尽到前款义务,造成患者损害的,医疗机构应当承担赔偿责任。其中第55(1)条是对医务人员承担的说明义务作出的规定,第55(2)条则是对违反说明义务的过错行为引起的侵权责任作出的规定。

同样,我国《侵权责任法》第57条认可了医疗机构和医务人员侵权责任领域的法定义务理论,该条规定:医务人员在诊疗活动中未尽到与当时的医疗水平相应的诊疗义务,造成患者损害的,医疗机构应当承担赔偿责任,其中"未尽到与当时的医疗水平相应的诊疗义务"就是过错侵权行为。除了我国《民法通则》和《侵权责任法》明确规定法定义务违反理论之外,我国民法学者也广泛认可法定义务违反理论。

三、法定利益侵犯理论

法定利益侵犯理论认为,所谓侵权行为,是指行为人所实施的侵犯他人享有的受法律保护的某种利益的行为。当他人享有某种法定利益时,如果行为人侵犯他人享有的此种法定利益,则他们的侵犯行为将构成侵权行为,应当对他人承担侵权责任。在当今两大法系国家和我国,民法普遍认可了法定利益侵犯理论。

在我国,不仅《民法通则》认可法定利益侵犯理论,而且我国《侵权责任法》也认可法定利益侵犯理论。一方面,我国《民法通则》认可了法定利益侵犯理论,因为我国《民法通则》第117条、118条、119条和第120条分别对侵害他人动产、不动产、知识产权、生命、身体、健康、姓名、肖像和名誉利益的行为产生的侵权责任制度作出了明确规定,这些规定显然都是建立在他人法定利益被侵犯的基础上。另一方面,我国《侵权责任法》也认可法定利益侵犯理论。《侵权责任法》第2条规定:侵害民事权益,应当依照本法承担侵权责任。本法所称民事权益,包括生命权、健康权、姓名权、名誉权、荣誉权、肖像权、隐私权、婚姻自主权、监护权、所有权、用益物权、担保物权、著作权、专利权、商标专用权、发现权、股权、继承等人身、财产权益。根据我国《侵权责任法》第2条的规定,如果行为人侵害《侵权责任法》第2条规定的18种具体的民事权益,行为人的侵害行为当然构成侵权行为,应当对他人承担侵权责任。如果行为人侵害《侵权责任法》规定的 18 种民事权益之外的其他利益,他们也应当对他人承担侵权责任。不过,除了《侵权责任法》第 2 条规定的 18 种民事权益之外,侵权法还保护哪些民事权益,应当由法官在具体案件当中确定。无论如何,他人对其身体享有的权利,他人对其自由享有的权利,他人对其声音享有的权利,他人对其人格尊严享有的权利,他人对其纯经济利益享有的权利均应当受到我国侵权法的保护,即便我国《侵权责任法》第 2 条没有明确规定这些民事权益。

四、本书对侵权行为的界定

在侵权法上,仅仅将侵权行为看作某种法定义务的违反行为,或者仅仅将侵权行为看作某种法定利益的侵犯行为都是不科学的,要对侵权行为作出科学的界定,必须同时考虑行为人对某种法定义务的违反和行为人对某种法定利益的侵犯。

(一) 法定义务违反理论的弊端

法定义务违反理论存在的弊端在于,它认为,一旦行为人违反了所承担的某种法定义务,则他们的义务违反行为将构成侵权行为,应当对他人承担侵权责任。实际上,此种规定不符合两大法系国家和我国侵权法的精神,因为两大法系国家和我国的侵权法都认为,即便行为人对他人承担某种法定义务,即便行为人违反了所承担的法定义务,他们的义务违反行为也未必构成侵权行为,他们也未必一定要对他人承担侵权责任。因为如果行为人所实施的违反法定义务的行为没有侵犯他人受侵权法保护的利益,则行为人仍然无需对他人承担侵权责任,虽然他们此时可能要承担行政责任或者刑事责任。

例如,行为人在驾驶机动车时当然要承担不超速的法定义务,当行为人高速驾驶机动车闯红灯时,他们当然违反了所承担的法定义务。但是,如果他们闯红灯的行为没有引起他人伤亡的后果或者没有导致他人财产遭受损失的后果,他们的义务违反行为也不得被看作侵权行为,无需对他人承担侵权责任。此时,他们可能仅仅承担行政责任。只有当行为人高速闯红灯的行为导致他人死亡或者导致他人财产遭受损失时,行为人闯红灯的行为才能够被看作侵权行为,他们也才对他人承担侵权责任。

(二) 法定利益侵犯理论的弊端

法定利益侵犯理论存在的弊端在于,它认为,只要行为人在客观上侵害了他人享有的某种民事权益,他们的利益侵犯行为就构成侵权行为,行为人也就应当对他人承担侵权责任。实际上,此种理论并不符合两大法系国家和我国侵权法的精神,因为,两大法系国家和我国的侵权法都认为,即便行为人实施的某种行为在客观上侵害了他人享有的某种法定利益,他们实施的侵害行为也未必构成侵权行为,无需对他人承担侵权责任,如果行为人要就其侵害他人民事权益的行为对他人承担侵权责任，必须以行为人在侵害他人民事权益的时候违反了所承担的法定义务作为必要前提。例如，当行为人为了捍卫自己的生命权而剥夺他人生命时，他们剥夺他人生命的行为当然侵害了他人享有的生命权，他们无需就其自卫行为引起的损害对他人承担侵权责任，除非他们的自卫行为超过了应有的限度并因此构成过错行为。

（三）侵权行为是指行为人违反法定义务并且侵犯他人受法律保护利益的行为

可见，侵权行为并非仅仅是某种法定义务的违法行为，也并非仅仅是某种民事权益的侵犯行为。只有行为人在侵害他人法定利益的时候违反了所承担的某种法定义务，他们的利益侵犯行为才构成侵权行为，他们也才对他人承担侵权责任。换句话说，只有行为人在违反法定义务的时候侵害了他人受侵权法保护的某种法定利益时，他们的义务违反行为才构成侵权行为，他们才对他人承担侵权责任。

为此，本书对侵权行为的概念作如下界定：所谓侵权行为，是指行为人违反法定义务侵害他人法定利益的行为。侵权行为一方面要求行为人在客观上侵害了他人享有的某种民事权益，另一方面又要求行为人在侵犯他人民事权益的时候违反了所承担法定的义务。只有同时符合法定义务的违反和法定利益的侵犯要求的行为才构成侵权行为，否则，不构成侵权行为，无需对他人承担侵权责任。对侵权行为进行两个方面的限制，既是为了防止侵权法将所有的法定义务的违反行为均看作侵权行为，也是为了防止侵权法将所有的民事权益的侵犯行为均看作侵权行为，防止行为人承担的侵权责任过重，以便保护行为人的利益。

第二节　侵权行为的种类

一、侵权行为的分类

侵权行为如何分类，学说并无详细说明，本书结合两大法系国家和我国的法律，将侵权行为分为五类：人的侵权行为和物的侵权行为，本人的侵权行为和第三人的侵权行为，单独侵权行为和共同侵权行为，故意侵权行为和过失侵权行为，作为侵权行为和不作为侵权行为。

二、人的侵权行为与物的侵权行为

根据行为人是否借助于物的媒介来实施致害行为，侵权行为可以分为人的侵权行为和物的侵权行为。在侵权法上，此种分类既为两大法系国家的侵权法所采取，也为我国侵权法所采取。

（一）人的侵权行为

所谓人的侵权行为，是指行为人在没有借助于物的媒介作用的情况下对他人实施的侵权行为。例如，当行为人用手敲破他人脑袋时，他们敲破他人脑袋的行为就构成人的侵权行为；同样，当行为人使用身体撞伤他人时，他们实施的侵权行为也构成人的侵权行为。只要行为人实施了人的侵权行为，在符合侵权责任的其他构成要件的情况下，他们就应当对他人承担侵权责任。

（二）物的侵权行为

所谓物的侵权行为，是指行为人在借助于物的媒介作用的情况下对他人实施的侵权行为。例如，当行为人驾驶机动车撞伤他人时，他们撞伤他人的行为就构成物的侵权行为；当行为人用棍棒打伤他人时，他们打伤他人的行为就构成物的侵权行为。只要行为人实施了物的侵权行为，在符合侵权责任的其他构成要件的情况下，他们就应当对他人承担侵权责任。

在现代侵权法中，人们将物的侵权行为分为两种，即高度危险物的侵权行为和非高度危险物的侵权行为。所谓高度危险物的侵权行为，是指行为人借助于那些具有致命危险的物来实施的侵权行为。例如，行为人借助于高压来实施的侵权行为，行为人借助于烟花爆竹来实施的侵权行为，都是高度危险物的侵权行为。所谓非高度危险物的侵权行为，是指行为人借助于那些不具有致命危险的物来实施的侵权行为。例如，行为人借助于自行车来实施的侵权行为，行为人借助于钢笔实施的侵权行为，都是非高度危险物的侵权行为。

（三）侵权法区分人的侵权行为和物的侵权行为的原因

在现代侵权法中，人们区分人的侵权行为和物的侵权行为的原因有两个方面：

其一，行为人实施侵权行为的媒介不同，行为人实施人的侵权行为时无需借助于物作为媒介，而行为人实施物的侵权行为时则必须借助于物的媒介，没有物的积极介入，行为人就无法实施侵权行为。

其二，行为人承担的侵权责任性质不同。如果行为人实施的侵权行为是人的侵权行为，他们仅仅就其侵权行为对他人承担过错侵权责任，不对他人承担严格责任。如果行为人实施的侵权行为是物的侵权行为，他们可能会对他人承担过错侵权责任，也可能会对他人承担严格责任，如果行为人实施的侵权行为是高度危险物的侵权行为，他们应当对他人承担严格责任，否则，他们仅仅对他人承担过错侵权责任。

三、本人的侵权行为与第三人的侵权行为

根据行为人是否亲自实施侵权行为,人的侵权行为还可以继续分为本人的侵权行为和第三人的侵权行为。在侵权法,此种分类既为两大法系国家的侵权法所采取,也为我国的侵权法所采取。

(一) 本人的侵权行为

所谓本人的侵权行为,是指行为人亲自实施的侵权行为。例如,当行为人亲自动手殴打他人时,他们殴打他人的行为就构成本人的侵权行为。只要行为人实施了本人的侵权行为,在符合侵权责任其他构成要件的情况下,他们就应当对他人承担侵权责任。

(二) 第三人的侵权行为

所谓第三人的侵权行为,是指行为人通过第三人实施的侵权行为。例如,当雇主通过其雇员实施侵权行为时,雇员所实施的侵权行为就构成第三人的侵权行为。当监护人通过被监护人实施侵权行为时,被监护人所实施的侵权行为就构成第三人的侵权行为。一旦第三人实施了侵权行为,对该第三人承担控制义务的行为人就要对他人承担侵权责任,他们就第三人实施的侵权行为对他人承担的侵权责任被称为替代责任。[1]

(三) 侵权法区分本人的侵权行为与第三人的侵权行为的原因

在现代侵权法当中,人们区分本人的侵权行为和第三人的侵权行为的主要原因有两个方面:

其一,侵权责任承担的要求不同。如果行为人所实施的侵权行为仅为本人的侵权行为,则他人仅能要求行为人对其承担侵权责任;如果行为人所控制的第三人实施了侵权行为,则他人除了能够要求第三人对其承担侵权责任外,还能够要求对第三人予以控制的行为人对其承担侵权责任,并且他们往往要对他人承担连带责任。

其二,侵权法对待本人的侵权行为和第三人的侵权行为的态度存在差异。如果行为人本人实施了侵权行为,那么,他们原则上应当对他人承担侵权责任;如果第三人实施了侵权行为,那么,行为人原则上不就第三人实施的侵权行为对他人承担侵权责任,他们仅在例外情况下才就第三人实施的侵权行为对他人承担侵权责任。所谓例外情况,是指行为人因为同第三人存在某种特殊关系而对第三人承担了某种控制义务,要采取合理措施控制第三人的行为,防止第三人对他人实施侵权行为。如果行为人同第三人之间没有这样的特殊关系,没有对第三人承担某种控制义务,则当第三人实施侵权行为时,行

---

[1] 关于侵权法上的替代责任的详细论述,可参见张民安《侵权法上的替代责任》,北京大学出版社2010年版。

为人不就第三人实施的侵权行为对他人承担侵权责任。这就是行为人原则上不就第三人实施的侵权行为对他人承担侵权责任的原则。①

四、单独侵权行为与共同侵权行为

根据侵权行为实施者的人数多少来分类，侵权行为可以分为单独侵权行为和共同侵权行为。在侵权法上，此种分类既为两大法系国家的侵权法所采取，也为我国侵权法所采取。

所谓单独侵权行为，是指行为人一个人实施的侵权行为。所谓共同侵权行为，是指两个或者两个以上的行为人一起实施的侵权行为。侵权法之所以区分单独侵权行为和共同侵权行为，是因为单独侵权行为的规则相对简单，而共同侵权行为的规则相对而言更加复杂。因为，如果行为人单独实施侵权行为，他们当然要单独对他人承担侵权责任。如果行为人共同实施侵权行为，侵权法就会面临如何责令他们对他人承担侵权责任的问题：共同侵权行为人是对他人承担连带责任、按份责任还是单独责任，承担连带责任的共同行为人如何在其内部分担责任。

（一）共同侵权行为的特征

1. 行为人的非单一性

共同侵权行为的第一个主要特征是，实施侵权行为的行为人有两个或者两个以上，他们或者共同故意实施某种侵权行为，或者共同过失实施某种侵权行为，如果只有一个人实施侵权行为，则此种侵权行为仅仅是单独侵权行为，不是共同侵权行为。例如，当甲方和乙方共同制订抢劫他人财产的计划并且共同实施了抢劫他人财产的侵权行为时，甲方和乙方的行为就构成共同侵权行为。如果仅仅甲方制订抢劫他人财产的计划和实施其抢劫计划，则甲方的行为将仅仅构成单独侵权行为。

2. 受害人的同一性

共同侵权行为的第二个主要特征是，两个或者两个以上的行为人仅仅针对一个特定的受害人实施侵权行为，仅仅造成了该特定受害人的人身或者财产损害。例如，甲方和乙方共同实施抢劫丙方财产的行为，对丙方而言，甲方和乙方的行为就构成共同侵权行为，因为甲方和乙方的共同侵权行为均是针对同一个人即丙方。当然，如果甲方和乙方同时针对两个或者两个以上的受害人进行财产抢劫，他们的抢劫行为对每一个人而言均构成共同侵权行为，因为他们实施的抢劫行为会分别导致每一个人遭受损失。

3. 损害的可以分割性和不可分割性

共同侵权行为的第三个主要特征是，两个或者两个以上的行为人实施的共同侵权行

---

① 张民安：《过错侵权责任制度研究》，中国政法大学出版社2000年版，第362—363页。

为对同一个人造成了损害。此种损害或者是可以分割的损害或者是不可分割的损害。所谓可以分割的损害，是指当两个或者两个以上的行为人实施的共同侵权行为造成他人损害时，能够确定他人遭受的哪一部分损害是由某一个共同侵权行为人造成的。例如，甲方的机动车和乙方的机动车同时折断丙方的胳膊和大腿，其中丙方的胳膊折断是由甲方的机动车造成的，而丙方的大腿折断则是由乙方的机动车造成的，此时，丙方遭受的损害就是可以分割的损害。所谓不可分割的损害，是指当两个或者两个以上的行为人实施的共同侵权行为造成他人损害时，无法确定他人遭受的哪一部分损害是由其中的某一个行为人造成的。例如，甲方的机动车和乙方的机动车同时撞上丙方并因此导致丙方最终死亡，如果人们无法确定究竟是甲方的机动车最终造成丙方的死亡还是乙方的机动车最终造成丙方的死亡还是双方的机动车共同造成丙方的死亡，丙方遭受的死亡损害就是不可分割的损害。

4. 责任的单独性、连带性和分担性

共同侵权行为的第四个主要特征是，一旦行为人实施了共同侵权行为，他们或者要就其实施的共同侵权行为对他人承担单独侵权责任，或者要就其实施的共同侵权行为对他人承担连带侵权责任。如果共同侵权行为人造成的损害是可以分割的损害，则共同侵权行为人仅仅就其侵权行为造成的那一部分损害对他人承担赔偿责任，不就其侵权行为没有造成的那一部分损害对他人承担赔偿责任。如果共同侵权行为人造成的损害是不可分割的损害，则共同侵权行为人应当对他人遭受的全部损害承担连带责任，其中的任何一个行为人均有义务首先赔偿他人遭受的全部损害，不得以其他行为人要承担侵权责任作为拒绝承担侵权责任的理由。当其中一个行为人赔偿了他人遭受的全部损害之后，他有权要求其他行为人对其承担按份赔偿责任，将其他行为人原本应当赔偿的那一部分赔偿给自己，这就是侵权责任的分担性。责任的连带性是针对共同侵权人的外部关系而言的，而责任的分担性则是针对共同侵权人的内部关系而言的。

（二）共同侵权行为的类型

在当今两大法系国家和我国，共同侵权行为究竟有哪些类型，侵权法学说虽然存在争议，但是，两大法系国家和我国的侵权法学说普遍认为，共同侵权行为主要包括五种类型：代理人和被代理人实施的共同侵权行为、行为人和第三人实施的共同侵权行为、共同故意侵权行为、一般共同过失侵权行为、特殊共同过失侵权行为和混合共同侵权行为。

1. 代理人和被代理人实施的共同侵权行为

代理人是基于被代理人的委托，代表被代理人从事某种特定活动的人。代理人要在被代理人授权范围内从事代理活动，不得超越代理权限。但是，如果被代理人明示或默示授权代理人实施侵权行为，则代理人实施的侵权行为被认为是被代理人和代理人共同

实施的侵权行为,此时,被代理人就代理人实施的侵权行为要与代理人一起共同承担连带侵权责任。两大法系国家的制定法往往对这样的规则作出了明确规定,我国某些特别法也对这样的规则作出了明确规定。例如,我国合伙法规定,当一个合伙人在代表合伙组织行为时实施侵权行为,其他合伙人应当与该合伙人一起对他人承担侵权责任。因为合伙人之间互为代理人和被代理人,彼此应当就其他合伙人实施的侵权行为对他人承担侵权责任。

2. 行为人和第三人实施的共同侵权行为

如果行为人同第三人之间存在某种特殊关系,此种特殊关系使行为人对第三人承担了控制义务,当第三人在行为人对其承担控制义务的情况下实施侵权行为时,除了第三人要就其实施的侵权行为对他人承担侵权责任之外,行为人也要就第三人实施的侵权行为对他人承担侵权责任,行为人和第三人有时要共同对他人承担连带责任。因此,行为人和第三人在这些情况下构成共同侵权行为人,他们的行为构成共同侵权行为。例如,公司对其董事承担控制义务,当公司董事在代表公司行为时实施了侵权行为,两大法系国家的和我国侵权法都认为,公司应当同董事一起对他人承担连带责任。行为人和第三人实施的共同侵权行为或者是共同故意侵权行为,或者是共同过失侵权行为。

3. 共同故意侵权行为

所谓共同故意侵权行动,是指两个或两个以上的行为人基于共同的目的(common design)或者共同的计划所实施的侵权行为。例如,当甲方和乙方密谋抢劫他人财产时,如果他们根据其密谋实施了财产抢劫行为并因此导致他人遭受损害,他们实施的财产抢劫行为就属于共同故意侵权行为;同样,当甲方和乙方共同计划谋杀他人时,如果他们根据其计划实施了杀害他人的行为,他们实施的杀人行为也构成共同故意侵权行为。一旦行为人实施了共同故意侵权行为,他们就应当对他人承担连带责任。我国《侵权责任法》第8条明确规定:二人以上共同实施侵权行为,造成他人损害的,应当承担连带责任。

共同故意侵权行为的主要特点有:一是所有的行为人均具有侵害他人民事权益的故意,都知道自己和其他行为人具有主观上的侵害他人民事权益的意愿。因此,如果甲方和乙方当中仅有甲方有侵害他人民事权益的故意,而乙方没有这样的故意,则当他们共同实施侵权行为时,他们实施的侵权行为不构成共同故意侵权行为。二是所有的行为人或者其中的某些行为人根据他们的共同目的或者计划实施了侵害他人民事权益的侵权行为,并因此导致他人遭受人身或者财产损失。在侵权法上,只要甲方和乙方具有实施共同侵权行为的目的、计划,即便该种目的最终仅为甲方所具体实施并因此导致他人遭受损害,甲方和乙方也构成共同侵权行为人,他们就应当对他人承担连带责任,乙方不得以甲方具体实施了其目的或者计划为由拒绝承担侵权责任。但是,如果乙方在和甲方制定了实施侵权行为的目的或者计划之后又反悔,拒绝并且反对甲方按照他们预先设定的目的或者计划实施侵权行为,当甲方实施了侵权行为之后,乙方无需承担侵权责任,因为乙方此时不再是共同侵权行为人。

4. 一般共同过失侵权行为

所谓一般共同过失行为,是指两个或两个以上的行为人在没有共同目的、共同计划的前提下违反各自所承担的合理注意义务时所实施的侵权行为。例如,当甲方因为过失而在骑自行车的时候撞上丙方时,乙方也因为过失在骑自行车的时候同时撞上丙方,导致丙方受伤,甲方和乙方的行为就构成共同过失侵权行为。同样,当甲方因为过失将其垃圾堆放在路口时,乙方也同时因为过失将其垃圾放在同一路口,导致黑夜回家的丙方绊倒受伤,甲方和乙方的行为也构成共同过失行为,在符合过失侵权责任的其他构成要件的情况下,甲方和乙方应当对丙方承担侵权责任。

一般共同过失行为的主要特点:一是所有行为人在实施致害行为的时候均违反了他们各自所承担的注意义务,其行为均构成过失;如果有一个行为人没有违反所承担的注意义务,则该行为人将不对他人承担侵权责任。二是所有行为人实施的过失行为共同造成他人人身或者财产损害。

5. 特殊共同过失侵权行为

所谓特殊共同过失侵权行为,也称被推定的共同过失侵权行为,是指侵权法在特殊情况下推定所有可能会实施过失侵权行为的人共同实施的过失侵权行为。根据特殊共同过失侵权行为,当他人遭受的损害仅仅由两个或者两个以上的行为人当中的某一个行为人所造成时,如果他人无法举证证明导致他们遭受损害的行为人究竟是谁,则侵权法将推定所有可能会实施过失侵权行为的人均实施了共同过失侵权行为,责令他们对他人承担连带责任,但是,如果可能的行为人能够通过反证证明自己没有实施侵权行为,则他们无需对他人承担侵权责任。例如,当甲方和乙方去狩猎时,如果他们同时射出的两颗同样型号的子弹有一颗射死了丙方,当丙方的继承人无法证明究竟是甲方还是乙方射死丙方时,侵权法就会推定甲方和乙方共同实施了过失侵权行为并要求他们共同对他人承担连带责任,除非他们能够证明自己射出的子弹不会击中丙方。同样,当他人被居民小区楼上掉落的花瓶砸伤时,如果他人无法证明砸伤自己的花瓶究竟是谁的,侵权法就推定居住在该楼上的所有住户均是侵权行为人,认定他们共同实施了过失侵权行为,要对他人承担侵权责任,除非他们能够证明,所掉落的花瓶不是自己家的。

特殊共同过失侵权行为实际上就是我国学说所谓的共同危险行为,其主要特点是:①他人仅仅遭受了某一个单独行为人实施的侵权行为的损害。②他人无法证明自己遭受的损害究竟是众多可能行为人当中的哪一个行为人造成的,如果他人能够证明自己遭受的损害是哪一个行为人造成的,则他人仅仅能够要求该行为人单独承担侵权责任,不得要求其他行为人承担连带责任。③被要求承担连带责任的所有行为人均无法证明自己没有实施侵权行为。

特殊共同过失侵权行为可以分为两种：①两个或者两个以上的行为人分别实施了侵权行为，只有其中一个行为人实施的侵权行为给他人造成了损害，他人无法证明给其造成损害的行为人究竟是谁。例如，三个人分别投抛石头，只有其中一个人投抛的石头击中他人的眼睛，他人无法证明击中其眼睛的行为人究竟是三个人当中的哪一个。②两个或者两个以上的行为人当中只有一个行为人实施了侵权行为，其他的可能行为人均没有实施侵权行为，他人无法证明实施该侵权行为的人究竟是众多可能行为人当中的哪一个。例如，当他人因为居民小区的某一个居民所违法堆积的垃圾而绊倒受伤时，他们无法证明究竟是谁违法堆放引起其损害发生的垃圾。

6. 混合共同侵权行为

所谓混合共同侵权行为，是指在两个或者两个以上的行为人共同实施的侵权行为当中，某些行为人实施的侵权行为是故意侵权行为，而某些行为人实施的侵权行为是过失侵权行为。例如，当甲方趁乙方中小学校的门卫酣睡之际潜入中小学校杀害丙方时，甲方和乙方的侵权行为构成混合共同侵权行为，因为，甲方的侵权行为是故意侵权行为，而乙方的侵权行为则构成过失侵权行为，甲方的故意侵权行为和乙方的过失侵权行为共同导致了丙方的死亡。同样，当甲方带着大刀大摇大摆地进入乙方银行抢劫丙方的钱款并因此导致丙方人财两空时，甲方和乙方的侵权行为构成混合共同侵权行为，因为其中甲方的侵权行为构成故意侵权行为，而乙方的侵权行为构成过失侵权行为，甲方和乙方的共同侵权行为导致丙方遭受了财产和人身损害。一旦行为人实施了混合共同侵权行为，在符合侵权责任其他构成要件的情况下，他们应当对他人遭受的损害承担侵权责任。

（三）共同侵权行为人的单独责任、连带责任或者按份责任

一旦行为人实施了上述各种共同侵权行为并因此导致他人遭受人身或者财产损害，他们应当对他人承担侵权责任。在侵权法上，共同侵权行为人在某些情况下承担的损害赔偿责任是单独侵权责任，他们在某些情况下承担的损害赔偿责任是连带侵权责任或者按份责任。其中单独侵权责任和连带责任是行为人对外承担的侵权责任，而按份责任则是行为人对内承担的侵权责任。

1. 共同侵权行为人承担的单独侵权责任

即便行为人实施了共同侵权行为，他们在某些情况下也仅仅对他人承担单独侵权责任，既无需对他人承担连带责任，也无需对他人承担按份责任。在一般国家，侵权法认为，如果行为人实施的共同侵权行为造成的损害是可以分割的损害，则他们应当分别就其侵权行为造成的损害对他人承担单独侵权责任，无需承担连带责任或者按份责任。在我国，《侵权责任法》规定了两种情况下的单独侵权责任，这就是《侵权责任法》第10条和第12条的规定。《侵权责任法》第10条规定：二人以上实施危及他人人身、财

产安全的行为,其中一人或者数人的行为造成他人损害,能够确定具体侵权人的,由侵权人承担责任。《侵权责任法》第 12 条规定:二人以上分别实施侵权行为造成同一损害,能够确定责任大小的,各自承担相应的责任;难以确定责任大小的,平均承担赔偿责任。其中所谓的平均责任实际上也是单独侵权责任。不过,我国《侵权责任法》第 12 条规定的平均责任违反了两大法系国家侵权法的精神,因为两大法系国家的侵权法认为,行为人在此种情况下承担的侵权责任应当是连带责任,不是单独责任,当行为人承担了连带责任之后有权要求其他行为人对自己承担责任,此时,行为人内部的侵权责任可以是平均责任,也就是按份责任。

2. 共同侵权行为人承担的连带责任

在一般情况下,实施共同侵权行为的所有行为人应当就其实施的共同侵权行为对他人承担连带责任。我国《侵权责任法》对这样的原则作出了明确规定。《侵权责任法》第 8 条规定:二人以上共同实施侵权行为,造成他人损害的,应当承担连带责任。《侵权责任法》第 10 条规定:二人以上实施危及他人人身、财产安全的行为,其中一人或者数人的行为造成他人损害,不能确定具体侵权人的,行为人承担连带责任。《侵权责任法》第 11 条规定:二人以上分别实施侵权行为造成同一损害,每个人的侵权行为都足以造成全部损害的,行为人承担连带责任。《侵权责任法》第 13 条规定:法律规定承担连带责任的,被侵权人有权请求部分或者全部连带责任人承担责任。

一旦共同侵权行为人承担的侵权责任是连带责任,他人可以仅仅对实施共同侵权行为的某一人或几个人提起诉讼,要求他们单独承担侵权责任,也可以对所有的共同侵权行为人提起诉讼,要求他们共同承担侵权损害赔偿责任。无论是对其中的一个侵权行为人提起诉讼,还是对其中的几个侵权行为人提起诉讼,或者对所有的侵权行为人提起诉讼,被提起诉讼的任何一个侵权行为人均应赔偿他人遭受的全部损害,不得以其他人也实施了侵权行为为由而主张不承担侵权责任或者仅仅承担部分侵权责任。如果他人只对部分侵权人提起诉讼,但是,没有获得全部的损害赔偿,他们还可以对其他侵权人提起诉讼,要求他们在自己没有获得赔偿的范围内承担侵权赔偿责任。

3. 共同侵权行为人承担的按份责任

一旦某一个共同侵权行为人赔偿了他人遭受的全部损害,则该行为人有权对其他共同侵权人提起诉讼,要求他们对自己承担侵权责任,将原本应当由他们支付的赔偿金支付给自己。一般来说,共同侵权人每人承担的赔偿责任范围是全部损害赔偿范围除以共同侵权人所得出的平均数。我国《侵权责任法》对这样的规则作出了明确规定,其第 14 条规定:连带责任人根据各自责任大小确定相应的赔偿数额;难以确定责任大小的,平均承担赔偿责任。支付超出自己赔偿数额的连带责任人,有权向其他连带责任人追偿。

五、故意侵权行为与过失侵权行为

根据行为人对待其侵权行为的态度,侵权行为可以分为故意侵权行为和过失侵权行为。

(一) 故意侵权行为与过失侵权行为的界定

所谓故意侵权行为,是指行为人在知道自己对他人承担某种法定义务的情况下实施的侵权行为。故意侵权行为的主要特性在于,行为人在实施侵权行为的时候知道自己实施的行为构成侵权行为。所谓过失侵权行为,是指行为人在不知道自己对他人承担某种法定义务的情况下对他人实施的侵权行为。过失侵权行为的主要特点是,行为人在实施侵权行为的时候不知道其行为构成侵权行为。

(二) 两大法系国家和我国的侵权法对待故意侵权行为和过失侵权行为的态度

在两大法系国家,侵权法均区分故意侵权行为和过失侵权行为。在2016年2月10日的债法改革之前,《法国民法典》旧的第1382条规定的侵权责任是故意侵权责任,而旧的第1383条规定的侵权责任是过失侵权责任。[1] 在2016年2月10日的债法改革之后,《法国民法典》新的第1240条对故意侵权责任作出了规定,认为当行为人故意实施侵权行为时,他们应当对他人遭受的损害承担赔偿责任,而《法国民法典》新的第1241条则对过失侵权责任作出了规定,认为当行为人实施的过失行为引起他人损害的发生时,他们应当对他人遭受的损害承担赔偿责任。

在德国,民法典第825条和第826条规定的侵权责任是故意侵权责任,而第823(1)条所规定的侵权责任则属于过失侵权责任。[2] 在英美法系国家,无论是制定法还是侵权法学说均区分故意侵权行为和过失侵权行为,认为它们构成不同的侵权责任的理论根据。在英美法系国家,行为人实施的大多数侵权行为在性质上属于过失侵权行为,仅少数侵权行为属于故意侵权行为,包括殴打侵权,攻击侵权,虚假监禁侵权,虚假逮捕侵权,虚假诉讼侵权,故意侵犯他人的契约,胁迫侵权,共谋侵权,欺诈侵权。[3]

在我国,无论是《民法通则》还是《侵权责任法》均不区分故意侵权行为和过失侵权行为,因为我国《民法通则》和《侵权责任法》都将故意或者过失统称为过错。例如,我国《民法通则》第106(2)条规定,行为人因为过错侵害他人财产、人身

---

[1] 张民安:《法国民法》,清华大学出版社2015年版,第371页。
[2] 张民安:《过错侵权责任制度研究》,中国政法大学出版社2002年版,第96—97页。
[3] 张民安:《过错侵权责任制度研究》,中国政法大学出版社2002年版,第93—96页。

的，应当对他人承担侵权责任。我国《侵权责任法》第 6 条规定，行为人因为过错侵害他人民事权益的，应当对他人承担侵权责任。

在我国，过错侵权责任制度虽然没有区分故意侵权行为和过失侵权行为，但是，我国侵权法在某些领域仍然区分故意侵权行为和过失侵权行为，例如，在惩罚性损害赔偿领域，我国侵权法实际上区分故意侵权行为和过失侵权行为，因为只有在行为人实施故意侵权行为的时候，我国侵权法才会责令行为人对他人承担惩罚性损害赔偿责任，如果行为人仅仅实施过失侵权行为，则侵权法不得责令行为人对他人承担惩罚性损害赔偿责任。

（三）侵权法区分故意侵权行为与过失侵权行为的原因

1. **主观性分析方法和客观性分析方法**

侵权法区分故意侵权行为和过失侵权行为的第一个理由是，侵权法对故意侵权行为采取的分析方法不同于侵权法对过失侵权行为采取的分析方法，因为侵权法对故意侵权行为采取的分析方法是主观性分析方法，在认定行为人是否具有故意的时候，法官会分析行为人在实施侵权行为的时候的主观意图。而侵权法对过失侵权行为采取的分析方法是客观性分析方法，在认定行为人是否有过失时，法官不会分析行为人的主观意图，而仅仅看他们是否在客观上违反了所承担的某种注意义务。

2. **故意侵权行为的种类法定而过失侵权行为的种类不法定**

侵权法区分故意侵权行为和过失侵权行为的第二个理由是，在侵权法上，行为人实施的故意侵权行为种类较少，往往由侵权法作出明确规定，这就是所谓的故意侵权行为的种类法定理论。例如：蓄意检控他人的故意侵权行为，滥用诉讼程序的故意侵权行为，虚假监禁的故意侵权行为，虚假逮捕的故意侵权行为，欺诈侵权行为，胁迫侵权行为，引诱他人违约的侵权行为，共谋侵权行为，假冒侵权行为，等等。而行为人实施的过失侵权行为种类繁多，即便侵权法会对一些重要的、典型的过失侵权行为作出明确规定，也无法对所有的过失侵权行为作出明确规定。

3. **故意侵权责任保护的民事权益范围不同于过失侵权责任保护的民事权益范围**

侵权法区分故意侵权行为和过失侵权行为的第三个理由是，故意侵权责任保护的民事权益范围不同于过失侵权责任保护的民事权益范围。在侵权法上，故意侵权责任和过失侵权责任保护的民事权益范围存在交叉的现象，无论行为人是故意侵害这些民事权益还是过失侵害这些民事权益，他们都应当对他人承担侵权责任，侵权法不会过分区分行为人的过错是故意还是过失。例如，侵害他人生命权、身体权、健康权、动产所有权、不动产所有权的行为既可以是故意侵权行为，也可以是过失侵权行为。在少数情况下，侵权法仍然区分故意侵权责任和过失侵权责任保护的民事权益范围，认为他人享有的某种民事权益仅仅通过故意侵权法来保护，不会通过过失侵权法来保护，行为人仅仅在故意侵害这些民事权益的情况下才对他人承担侵权责任,如果他们过失侵害这些民事权益,则他们无需对他人承担侵权责任。例如,他人的契约、纯经济利益、公共官员和公众人物的名誉权与隐私权等。

4. 可以预见的损害后果和不可预见的损害后果

侵权法区分故意侵权行为和过失侵权行为的第四个理由是,如果行为人实施了故意侵权行为,他们原则上应当就其故意侵权行为引起的一切损害后果承担侵权责任,无论他们是否能够合理预见到这些损害,行为人不得以他人遭受的损害是无法合理预见的损害为由拒绝承担侵权责任。如果行为人实施了过失侵权行为,他们原则上仅仅就其过失侵权行为引起的某些损害后果对他人承担侵权责任,不会对过失侵权行为引起的所有后果承担侵权责任。在两大法系国家和我国,侵权法往往认为,如果行为人能够合理预见其过失行为会引起某种损害,他们应当对此种损害承担侵权责任;如果他们无法合理预见其过失行为会引起某种损害,他们无需对他人承担侵权责任。

5. 惩罚性损害赔偿责任

侵权法区分故意侵权行为和过失侵权行为的第五个理由是,如果行为人实施了故意侵权行为,他们往往要对他人承担惩罚性损害赔偿责任,他们承担的赔偿责任范围要远远大于他人遭受的实际损失。而如果行为人仅仅实施了过失侵权行为,他们不对他人承担惩罚性损害赔偿责任。

六、作为侵权行为与不作为侵权行为

根据行为人违反的法定义务是作为义务还是不作为义务,行为人实施的侵权行为可以分为作为侵权行为和不作为侵权行为。

(一) 作为侵权行为的界定

所谓作为侵权行为,是指行为人违反了所承担的不作为义务而实施的侵权行为。当行为人对他人承担某种不作为义务时,如果他们违反了所承担的不作为义务而实施了某种作为行为,则他们实施的作为行为就构成作为侵权行为。例如,行为人应当承担不殴打他人的不作为义务,当他们违反此种义务而实施殴打他人的行为时,他们的殴打行为就构成作为侵权行为。同样,当行为人承担不谋杀他人的义务时,如果他们违反所承担的不作为义务而实施了谋杀他人的行为,则他们的谋杀行为将构成作为侵权行为。

(二) 不作为侵权行为的界定

所谓不作为侵权行为,是指行为人违反了所承担的作为义务而实施的侵权行为。当行为人对他人承担某种作为义务时,如果他们违反了所承担的作为义务而不实施某种积极的行为,则他们违反作为义务的不作为行为就构成不作为侵权行为。例如,当行为人

承担警告他人的义务时，如果他们不对他人履行所承担的警告义务并因此导致他人遭受损害，行为人的不警告行为将构成不作为侵权行为。同样，当行为人承担保护他人人身安全的作为义务时，如果行为人没有采取合理措施保护他人的人身安全并因此导致他人遭受损害，行为人的不保护行为将构成不作为侵权行为。

（三）侵权法区分作为侵权行为与不作为侵权行为的原因

侵权法之所以区分作为侵权行为和不作为侵权行为，其原因有两个方面：

其一，他们违反的法定义务是不同的。行为人在实施作为侵权行为时所违反的法定义务是不作为义务，行为人在不应当采取某种措施的时候却采取了该种措施。而行为人在实施不作为侵权行为的时候所违反的法定义务是作为义务，行为人在应当采取某种积极措施的时候却没有采取并因此导致他人遭受了损害。在侵权法上，行为人承担的作为义务多种多样，包括保护义务、警告义务、控制义务、救助义务、检查义务、说明义务等，如前所述。①

其二，侵权法对待作为侵权行为和不作为侵权行为的态度不一样。原则上讲，侵权法会责令行为人就其实施的作为侵权行为对他人承担侵权责任，不会责令行为人就其实施的不作为行为对他人承担侵权责任，因为侵权法原则上不会将行为人的不作为行为看作侵权行为。这就是侵权法上的不作为行为不承担侵权责任的一般原则。②

第三节 侵 权 法

一、侵权法的性质

（一）侵权法的界定

所谓侵权法，是指对因为侵权行为引起的债权和债务关系进行规范和调整的法律，包括对侵权行为、侵权责任的构成要件、侵权责任的承担和侵权责任的抗辩事由等内容进行规范和调整的法律。在英美法系国家，学者普遍将规范这些内容的法律称为侵权行为法，他们很少将其称为侵权法，因为他们认为，英美法系国家的侵权行为法仅仅包含各种具体的特殊侵权行为或者特殊的侵权责任制度，没有大陆法系国家和我国所谓的一

---

① 张民安：《侵权法上的作为义务》，法律出版社 2010 年版，第 7—14 页。
② 张民安：《侵权法上的作为义务》，法律出版社 2010 年版，第 14—19 页。

般侵权责任理论。① 在大陆法系国家，民法学者很少将规范这些内容的法律称为侵权法，因为他们往往仅在民事责任或者侵权责任当中讨论侵权债。

在我国，在立法机关没有制定《侵权责任法》之前，民法学者普遍将规范这些内容的法律称为侵权行为法；在立法机关通过了《侵权责任法》之后，民法学者普遍将规范这些内容的法律称为侵权责任法。实际上，将规范这些内容的法律称为侵权行为法显然是不适当的，因为侵权行为法的称谓仅为英美法系国家的民法学者所使用该种称谓，与我国《民法通则》既规定了特殊侵权责任也规定了一般侵权责任的现状不符。同样，将规范这些内容的法律称为侵权责任法也存在问题，因为规范这些内容的法律除了包括行为人对他人承担的侵权责任之外，也包含行为人不对他人承担侵权责任的问题。

在民法上，将规范这些内容的法律称为侵权法最恰当，因为侵权法的称谓既表明侵权法有一般的侵权责任理论，也表明侵权法有各种具体的侵权责任制度，既表明侵权法会规范行为人所承担的侵权责任，也表明侵权法会对行为人提供法律上的保护，避免他们动不动就被责令对他人承担侵权责任。

（二）侵权法的私法性与公法性

在债法上，侵权法具有一般民法所具有的私法性质，但同时也具有公法的性质。其中，侵权法的私法性是侵权法的本质属性，而侵权法的公法性则是侵权法的次要属性、非本质属性。

侵权法的私法性表现在三个方面：

其一，侵权法集中关注私人之间的利益，关注私人之间的权利、义务和责任。

其二，他人是为了自己的利益而提起侵权诉讼。当行为人实施的侵权行为侵害了他人享有的某种法定利益时，他人当然能够向法院起诉，要求法官责令行为人对他们承担侵权责任，他人提起此种诉讼的目的是为了维护自己的利益，是为了使自己遭受的人身、财产损害或经济损失恢复到侵权行为发生之前的状态。他们很少是为了社会公共利益向法院起诉，要求法官责令行为人就其实施的侵权行为承担侵权责任，即便我国某些人在提起侵权诉讼的时候宣称，他们不是为了维护自己的利益而提起侵权诉讼，而是为了公益目的提起侵权实施，他们提起侵权诉讼的目的仍然是为了维护自己的利益。

其三，行为人有权同他人协商，就损害赔偿的问题作出明确规定。在两大法系国家和我国，侵权法允许行为人就其具体赔偿数额、支付赔偿金的时间和方式等问题与他人协商，他人也可以根据自己的意愿减轻或者免除行为人承担的侵权责任。我国《侵权

---

① 张民安：《英美法系国家侵权责任构成要件总论》，载梁慧星主编《民商法论丛》第50卷，法律出版社2012年版，第586—587页。

责任法》第 25 条对这样的规则作出了明确规定：损害发生后，当事人可以协商赔偿费用的支付方式。

侵权法的公法性表现在两个方面：

其一，侵权法关系到社会的公共利益，反映了公共利益的要求，法官在认定行为人的致害行为是否构成过错行为时，或者在决定是否责令行为人就其实施的过错行为对他人承担侵权责任时，会考虑公共利益的要求。

其二，两大法系国家和我国的侵权法都禁止他人预先放弃自己的侵权请求权，认为当事人之间不得预先订立契约，免除或者限制行为人就其实施的侵权行为对他人承担的侵权责任。如果当事人事先通过契约方式排除或限制他人所享有的侵权损害赔偿请求权，则此种事先放弃侵权责任的行为是无效的，因为它违反了公共秩序。[1]

（三）侵权法的地位

1. 侵权法在英美法系国家的独立地位

在英美法系国家，侵权行为法是独立的法律部门，就像合同法是独立的法律部门一样。在英美法系国家，即便少数学者也在讨论债法的理论，甚至将侵权债看作债法的组成部分，但是，英美法系国家的大多数学者都认为侵权行为法属于独立的法律部门。英美法系国家之所以将侵权行为法看作独立的法律部门，是因为英美法系国家既没有所谓的一般债法，也没有所谓的一般民事责任法，因此，它们无法将侵权行为法看作独立的债法的组成部分，也无法将侵权行为法看作一般民事责任法的组成部分。

2. 侵权法在大陆法系国家当中的非独立地位

在大陆法系国家，无论是 1804 年《法国民法典》还是 1896 年《德国民法典》都认为，侵权法不是独立的法律部门，而仅仅是《法国民法典》和《德国民法典》所规定的债法的组成部分，就像合同债、无因管理债和不当得利债仅仅是大陆法系国家债法的组成部分一样。在今天，《法国民法典》和《德国民法典》仍然坚持这样的规则，认为侵权法并非独立的法律部门，它仅仅是民法的组成部分，属于民法当中债法的组成部分，既不能够脱离债法而存在，也不得脱离民法而存在。因为这样的原因，大陆法系国家的学者往往将侵权法放在债法当中进行讨论。

3. 侵权法在我国的非独立地位

在我国，某些民法学者认为，鉴于侵权债所具有的特殊性，尤其是鉴于侵权债除了包括侵权损害赔偿责任之外，还包括诸如赔礼道歉、消除影响、恢复名誉等特殊的侵权责任形式，侵权债已经不再属于债的范畴，侵权法也因此不再属于债法的渊源。此种理论是错误的，表现在：其一，它仅仅看到了侵权债同其他债尤其是合同债之间的差异，

---

[1] Jean Carbonnier, Droit civil, les obligations, Presse Universitaires De France, p. 510.

没有看到侵权债同其他债之间的共同点。无论侵权债有哪些特殊性,侵权债同其他债一样都是债权人和债务人之间的一种请求权和强制性,因此,均属于债。其二,它违反了我国《民法通则》的明确规定。在我国,《民法通则》第84条明确规定,债除了包括合同债之外还包括依照法律规定所产生的侵权债、不当得利债和无因管理债。其三,此种理论也违反了大陆法系国家的理论。在大陆法系国家,民法学者普遍认为侵权债属于债法的组成部分,已如前述。

既然侵权债在性质上属于债的组成部分,则规范和调整侵权债的法律当然就属于债法的组成部分,不会像英美法系国家那样构成独立的法律部门,它仅仅是民法当中的债法的组成部分。在我国,虽然立法机关在2009年12月26日制定了《中华人民共和国侵权责任法》(以下简称《侵权责任法》),对侵权责任的一般原则和各种具体侵权责任制度作出了明确规定,但是,我国《侵权责任法》仍然不是独立的法律部门,它仍然属于民法的组成部分,仍然属于债法的组成部分。就像我国立法机关制定了《中华人民共和国合同法》(以下简称《合同法》)之后,我国《合同法》仍然属于民法的组成部分和属于民法当中的债法组成部分一样。

在我国,合同债固然具有重要意义,但是侵权债在我国债法当中的地位得到显著上升,已经一跃成为最重要的债。因为这样的原因,我国《侵权责任法》也已经取代我国《合同法》成为我国最重要的债法渊源。

二、侵权法的历史发展

从古代社会的结果责任发展到古罗马法时代的过错责任,从近代过错责任发展到现代的严格责任,侵权法的发展经历了漫长而又复杂的历史过程。

(一) 古代社会的结果责任

在古代社会,侵权行为实际上就是对有关禁止杀人、侵害或盗窃等法律的违反,根据犹太基督教(judeo-christian)传统,违反这些法律的行为本质上是一种罪行(sin),而这种原则也同样对非基督教团体的早期法律加以适用。因此,学者认为,在古代社会,侵权法的特征只能通过其宗教根源始能发现。[①] 在古代社会,侵权法的重要特点有三个方面:其一,侵权法具有惩罚性,一旦行为人实施侵权行为,即应当承担责任,以惩罚行为人;其二,侵权法具有补偿性,使遭受侵权行为损害的人获得赔偿;其三,侵权法实行结果责任,只要侵权行为引起损害后果的发生,侵权人即应承担损害赔偿责任,无论行为人在行为时是否有过错。

---

① Francesco Parisi, Liabiltiy for Negligence and Judicial Discretion, 2nd ed, University of Califormia at Berkeley, p. 25.

(二) 罗马法的侵权责任制度

在罗马法的早期,侵权法仍然具有古代社会侵权法的特点即民刑不分,侵权法的目的仍然是为了惩罚侵权人。只有到了阿奎利亚法(lex Aquilia)时期,罗马法的侵权法才得到惊人的发展,此种发展大致表现在两个方面:其一,侵权法逐渐超出特定侵权形态的范畴而向一般侵权法的方面发展,一般性侵权原则逐渐得到确立。这就是不得损害他人的原则(damnum iniuria datum)。其二,侵权责任逐渐从结果责任转向过错责任,并因此而确立了过错侵权责任的原则地位,这就是阿奎利亚法中的过失(culpa)制度。

在罗马法中,所谓过错就是没有预见到并且没有阻止一个谨慎的人原本可以预见和可以阻止的某种东西。因此,过错是一种客观性的标准,即善良家父(bonus paterfamilias)的标准。根据罗马法,善良家父的行为并没有确定的要求,客观情况不同,善良家父所作的行为也就不同,他对其行为所承担的注意要求也就不同。虽然如此,此种注意标准仍然是客观的,这就是,任何人在同样的情况下都会遵循的标准,而不管其实际拥有的技能或不利条件。

在查士丁尼法典时期,虽然侵权法对过错采取前述客观性的分析方法,但此时,侵权责任也呈逐渐主观化的发展过程;到了后古典时期,侵权责任的过错已经同个人的道德的考虑联系在一起,仅仅在个人的侵害行为具有主观上的可责难性时,其行为才使行为人对他人承担法律责任。

(三) 近代侵权责任制度

在19世纪,侵权法仅仅规定了一元性的责任根据,认为法律仅仅在行为人有过错时才能责令他们对他人承担侵权责任,如果行为人在行为时没有过错,则他们的行为所带来的损害风险即不应由他们本人承担,而仅由遭受损害的人来承担。这在法国法中是如此,在德国法中是如此,在英美法中也是如此。

19世纪末期以来,随着人类所面临的危险日趋增加,人们开始提出这样的观念,即法律将这些危险所导致的损害强加给他人,由他人来承受此类事故损害,是不公平的。为加强对危险事故当中的受害人的保护,法律应当将此种事故所导致的损害转嫁给受害人以外的其他人来分担。这就是所谓的危险责任理论。

(四) 现代过错侵权责任的立法模式

在现代社会,过错侵权责任的立法模式有:①高度抽象的过错侵权责任制度,为《法国民法典》所采取;②高度具体化的过错侵权责任制度,为英美法系国家的侵权行为法所采取;③一般与特殊相结合的过错侵权责任制度,为《德国民法典》所采取。

1. 高度抽象的过错侵权责任制度

所谓高度抽象的过错侵权责任制度，是指侵权法既不对过错侵权责任所保护的利益范围作出明确规定，也不对各种具体的过错侵权行为作出清楚的规定，而仅仅简单地规定，一旦行为人实施的行为构成过错行为，他们就应当就其实施的过错侵权行为对他人承担侵权责任。无论他们所实施的过错侵权行为是故意侵权行为还是过失侵权行为，无论他们所实施的过错侵权行为所引起的损害是什么性质的损害，行为人均应当对他人承担侵权责任。

在两大法系国家，仅《法国民法典》采取此种立法模式。在 2016 年 2 月 10 日的债法改革之前，《法国民法典》旧的第 1382 条和旧的第 1383 条对此种制度作出了说明，旧的第 1382 条规定：当行为人实施的"行为"（fait）引起他人损害发生时，如果他们实施的行为构成过错（la faute），则他们应当就其过错行为引起的损害对他人承担赔偿责任。① 无论是 19 世纪的立法者、当今的立法者还是 19 世纪的民法学者和当今的民法学者均认为，《法国民法典》旧的第 1382 条所规定的"行为"具有特殊的含义，这就是，它仅仅是指行为人实施的故意行为，不包括行为人实施的过失行为。因此，《法国民法典》旧的第 1382 条所规定的侵权责任属于故意侵权责任。② 在 2016 年 2 月 10 日的债法改革之后，《法国民法典》新的第 1240 条对故意侵权责任作出了说明，该条规定：如果行为人实施的行为引起他人损害的发生，在他人的行为属于过错的情况下，他们应当就其过错行为引起的损害对他人承担赔偿责任。③

《法国民法典》旧的第 1383 条规定：任何行为人不仅应当就其"行为"（fait）引起的损害对他人承担赔偿责任，而且还应当就疏忽（négligence）或者不谨慎（imprudence）引起的损害对他人承担赔偿责任。④ 在这里，《法国民法典》旧的第 1383 条当中的"行为"是指《法国民法典》旧的第 1382 条当中的"行为"，也就是"故意"，而旧的第 1383 条当中的"疏忽"或者"不谨慎"则是指行为人所实施的过失行为。⑤ 在 2016 年 2 月 10 日的债法改革之后，《法国民法典》新的第 1241 条对过失侵权责任作出了说明，该条规定：行为人不仅应当就其本人的行为引起的损害对他人承担赔偿责

---

① Article 1382：Tout fait quelconque de l'homme, qui cause à autrui un dommage, oblige celui par la faute duquel il est arrivé à le réparer.
② 张民安：《法国民法》，清华大学出版社 2015 年版，第 392 页。
③ Article 1240：Tout fait quelconque de l'homme, qui cause à autrui un dommage, oblige celui par la faute duquel il est arrivé à le réparer.
④ Article 1383：Chacun est responsable du dommage qu'il a causé non seulement par son fait, mais encore par sa négligence ou par son imprudence.
⑤ 张民安：《法国民法》，清华大学出版社 2015 年版，第 392 页。

任，而且还应当就其疏忽或者不谨慎引起的损害对他人承担赔偿责任。①

在法国，人们有时将新的第 1240 条的规定视为一般过错侵权责任的根据，有时则将新的第 1240 条和新的第 1241 条所规定的侵权责任视为一般过错责任的根据。法国过错侵权责任制度最重要的特点是，其适用的领域在表面上的开放性和不受限制性：一方面，它对他人享有的所有权利、利益均提供保护，无论他人享有的权利、利益是有形的、无形的还是纯经济利益，只要行为人实施的过错行为侵犯了并因此引起他人损害的发生，他们均应当根据这些法律条款的规定对他人承担赔偿责任。另一方面，只要行为人实施的过错行为引起他人损害的发生，他们就应当赔偿他人所遭受的损害，无论是他人所遭受的财产损害、非财产损害还是纯经济损失。

2. 高度具体化的过错侵权责任制度

所谓高度具体化的过错侵权责任制度，是指侵权法不仅明确区分故意侵权责任和过失侵权责任，而且不同的故意侵权责任和不同的过失侵权责任之间并没有能够统一予以适用的一般过错侵权责任的理论。在两大法系国家，英美法系国家的侵权法采取此种立法模式。在英美法系国家，侵权行为法明确区分行为人所实施的各种故意侵权行为和他们所实施的各种过失侵权行为，不仅行为人实施的各种不同的故意侵权行为有自己的独立名称、独立的法律构成要件、独立的法律效果和独立的抗辩事由，没有形成能够统一适用的一般故意侵权责任理论，而且他们所实施的各种不同的过失侵权行为也有自己的独立名称、独立的法律构成要件、独立的法律效果和独立的抗辩事由，没有形成能够统一适用的一般过失侵权责任理论。当然，与英美法系国家的故意侵权责任相比，英美法系国家的过失侵权责任逐渐形成了能够统一适用的一般过失侵权责任理论。

3. 一般与特殊相结合的过错侵权责任制度

所谓一般与特殊相结合的过错侵权责任制度，是指侵权法一方面对过错侵权责任所保护的利益范围施加明确的限制，另一方面又对过错侵权责任所保护的利益范围持开放的态度，认为行为人原则上仅就其侵害侵权法所明确规定的利益的行为对他人承担过错侵权责任，虽然侵权法也在某些特别例外的情况下会责令行为人就其侵害侵权法所没有明确规定的某些利益的行为对他人承担过错侵权责任。在两大法系国家，《德国民法典》采取此种立法模式。《德国民法典》第 823（1）条规定：如果行为人因为过错侵害他人享有的生命权、身体权、健康权、物权和自由，他们应当对他人承担侵权责任。根据《德国民法典》第 823（1）条的规定，过错侵权责任原则上仅保护他人享有的五种利益，即生命权、身体权、健康权、物权和自由；但是在例外情况下，德国的过错侵权责任也保护他人享有的其他利益，诸如他人的一般人格权、经营权等。

---

① Article 1241　Chacun est responsable du dommage qu'il a causé non seulement par son fait, mais encore par sa négligence ou par son imprudence.

(五) 现代严格责任制度的立法模式

在现代社会，严格责任制度的立法模式有两种，即高度抽象性的严格责任模式和高度具体化的立法模式，前者由法国法所采取，后者由其他国家的法律所采取。

1. 法国高度抽象的严格责任模式

《法国民法典》旧的第 1384（1）条规定：行为人不仅应当就其本人的行为引起的损害对他人承担侵权责任，而且还应当就其管理的物引起的损害对他人承担侵权责任。《法国民法典》旧的第 1385 条规定：动物的所有权人或者动物的使用人应当就其管理或者使用的动物引起的损害对他人承担侵权责任，无论动物引起的损害是发生在所有权人或者使用人管理或者使用期间还是发生在动物逃逸或者丢失期间，均是如此。《法国民法典》旧的第 1386 条规定：建筑物的所有权人应当就其建筑物的坍塌引起的损害对他人承担侵权责任，如果其建筑物的坍塌是因为建筑物欠缺维护或者因为建筑物此种缺陷而引起的话。

在 19 世纪末期之前，这些法律条款所规定的侵权责任均被视为过错推定责任，如果行为人能够举证证明，他们在管理或者控制引起他人损害的物件时没有过错，则他们无需对他人承担侵权责任。① 为了适应 20 世纪以来社会发展的需要，法国司法机关通过民法解释学的方法，对这些法律条款作出新的解释，认为这些条款所规定的侵权责任并不是过错责任，而是当然责任、严格责任，即便物的所有人或管理人在管理有关物的时候没有过错，他们也应当对他人承担赔偿责任，除非有明确的免责事由免除他们所承担的侵权责任。

在 2016 年 2 月 10 日的债法改革之后，《法国民法典》新的第 1242（1）条②取代了旧的第 1384（1）条，新的第 1343 条③取代了旧的第 1385 条，新的第 1244 条④取代了旧的第 1386 条。因此，这些新的法律条款所规定的侵权责任也属于当然责任、严格责任。在当今法国，旧的第 1384（1）条即新的第 1242（1）条所规定的侵权责任属于一般侵权责任，因为根据该条的规定，任何物，无论是什么形式的物，是危险物还是非危险物，是动产还是不动产，是瑕疵物还是非瑕疵物，只要造成他人损害，物的所有人或管理人就应当对他人遭受的损害承担赔偿责任，即便他们在管理或者控制物时没有过

---

① 张民安：《法国民法》，清华大学出版社 2015 年版，第 372—374 页。
② Article 1242　On est responsable non seulement du dommage que l'on cause par son propre fait, mais encore de celui qui est causé par le fait des personnes dont on doit répondre, ou des choses que l'on a sous sa garde.
③ Article 1243　Le propriétaire d'un animal, ou celui qui s'en sert, pendant qu'il est à son usage, est responsable du dommage que l'animal a causé, soit que l'animal fût sous sa garde, soit qu'il fût égaré ou échappé.
④ Article 1244　Le propriétaire d'un batiment est responsable du dommage causé par sa ruine, lorsqu'elle est arrivée par une suite du défaut d'entretien ou par le vice de sa construction.

错,也是如此。①

2. 高度具体化的严格责任模式

在现代社会,两大法系国家的法律基本上都是采取此种立法模式,认为严格责任制度适用的范围要受到制定法的明确限制,在什么情况下适用严格责任,要有明确的制定法作为根据,没有明确的制定法作为根据,任何人均不得被责令就自己的行为对他人承担严格责任。两大法系国家的法律之所以实行高度具体化的严格责任模式,是为了保护社会的公共利益,防止行为人就其实施的任何侵害行为对他人承担侵权责任。

三、侵权法的目的

(一) 学者关于侵权法功能的论争

侵权法的功能是什么,学说存在极大的争议。某些学者认为,侵权法的目的在于制裁行为人的侵权行为,惩罚其在道德上有罪过的行为,这就是所谓的惩罚性理论;某些学者认为,侵权法的目的在于阻却被告和其他人的行为,防止他们将来再实施侵权行为,这就是所谓的阻却理论;某些学者认为,侵权法的目的是为了补偿受害人的损失,使其损失恢复到侵权行为实施之前的状态,这就是所谓的补偿理论;某些学者认为,侵权法具有确认他人享有的某种权利的功能,具有使行为人尊重他人享有的这些权利的功能,这就是所谓的权利确认功能。某些学者认为,侵权法的目的是为了保护他人享有的各种民事权益,防止行为人侵犯他人享有的民事权益,这就是所谓的保护理论。

某些民法学者认为,侵权法仅仅具有上述某一个功能;而某些民法学者则认为,侵权法具有上述两个或者两个以上的功能;还有学者甚至认为,侵权法具有上述所有方面的功能。例如,Grynbaum 认为,侵权法的目的有两个:补偿他人遭受的损害和对行为人的行为予以惩罚。② Virginie Larribau-Terneyre 认为,侵权法有补偿他人遭受的损害、惩罚行为人的行为以及预防他人损害发生的功能。③ 再如,Viney 和 Jourdain 认为,侵权法有补偿他人遭受的损害、对行为人的行为进行"私人惩罚"、损害的预防以及恢复原状的功能四个目的。④

我国《侵权责任法》第 1 条对侵权法的目的作出了明确说明,该条规定:为保护民事主体的合法权益,明确侵权责任,预防并制裁侵权行为,促进社会和谐稳定,制定本法。其中所谓的"保护民事主体的合法权益"实际上就是指侵权法的保护目的,"预

---

① 张民安:《现代法国侵权责任制度研究》,法律出版社 2003 年版,第 180—181 页;张民安:《法国民法》,清华大学出版社 2015 年版,第 406—409 页。
② Luc Grynbaum, Droit civil, les obligations, 2e édition, HACHETTE, p. 168.
③ Virginie Larribau-Terneyre, Droit civil Les obligations, 12 e édition, Dalloz, p. 499.
④ Geneviève Viney Patric Jourdain, Traité De Droit Civil, les effets de la responsabilité, 2e édition, L. G. D. J. p. 1.

防侵权行为"实际上就是指侵权法的阻却目的,"制裁侵权行为"实际上就是指侵权法的惩罚目的。

(二) 侵权法的惩罚理论

1. 侵权法的惩罚理论的界定

侵权法的惩罚性理论认为,侵权法之所以责令行为人就其实施的侵权行为对他人承担侵权责任,是为了惩罚、制裁行为人实施的侵权行为,让他们能够意识到其行为的违法性、危害性,让他们为其实施的非法行为付出代价。在法国,民法学者将侵权法或者侵权责任的惩罚功能称为"私人刑罚"功能。

2. 侵权法是否具有惩罚功能的争论

侵权法的惩罚性理论源于早期社会,因为早期社会的侵权法将侵权行为等同于犯罪行为,将侵权责任等同于刑事责任,侵权责任具有刑事责任的功能,刑事责任具有侵权责任的功能,因为无论是侵权法还是刑法,无论是侵权责任还是刑事责任,都是为了制裁行为人实施的违法行为,都是为了惩罚行为人实施的违法行为。在现代社会,侵权法是否具有惩罚性,学术界见仁见智。总的说来,在20世纪60年代之前,大陆法系国家的侵权法学说广泛认可侵权法的惩罚性,因为在20世纪60年代之前,大陆法系国家的侵权法对过错采取主观性分析方法,认为过错仅仅是一种应当受到责难、受到谴责的主观意志状态。

20世纪60年代以来,随着大陆法系国家侵权法对主观过错理论的放弃,大陆法系国家的主流学说不再坚持侵权法的惩罚性理论。虽然如此,仍然有少数民法学者主张侵权法的惩罚功能,因为他们认为,即便过错不再具有主观性的特点,侵权法责令行为人对他人承担侵权责任仍然是为了惩罚、制裁行为人。

3. 侵权法的惩罚功能的具体表现

在我国,无论民法学者对侵权法的惩罚性持有怎样的意见,我国《侵权责任法》已经在第1条当中明确认可了侵权法的惩罚目的。在我国,侵权法的惩罚目的主要表现为,我国《侵权责任法》在例外情况下认可惩罚性损害赔偿责任,该种侵权责任认为,一旦行为人故意实施某种侵权行为,他们应当就超出其侵权行为引起的损害对他人承担赔偿责任。

(三) 侵权法的阻却理论

1. 侵权法的阻却理论的界定

在侵权法上,阻却理论分为经典阻却理论和现代阻却理论。

经典阻却理论认为,侵权法之所以责令行为人就其实施的侵权行为对他人承担侵权责任,是为了阻止行为人再次实施同样或者类似的侵权行为,或者是为了阻止其他人实施同样或者类似的侵权行为，从而减少或者预防侵权行为的发生。例如，当行为人殴打他人的时候，法官通过责令行为人就其殴打他人的侵权行为对他人承担侵权责任就能够防止行为人再次实施殴打行为，当社会公众知道了法院责令行为人承担侵权责任的判决时，社会公众也就不再实施同样或者类似的侵权行为。经典阻却理论尤其认为，责令雇主就其雇员实施的侵权行为对他人承担侵权责任，能够导致雇主采取严厉措施控制其雇员的行为，减少或者防止其雇员实施侵权行为。

所谓现代阻却理论，是指20世纪70年代以来法律的经济分析学派采取的阻却理论，这些学者认为，侵权法之所以责令行为人就其实施的侵权行为对他人承担侵权责任，是为了让行为人放弃实施那些在经济上没有效益的行为。例如，当行为人生产了具有缺陷的产品时，法官通过责令行为人就其生产行为对他人承担侵权责任就能够阻止行为人再次生产同样或者类似的产品。

2. 关于侵权法是否具有阻却功能的争论

在我国，无论民法学者对侵权法或者侵权责任是否具有阻却功能存在怎样的争议，我国《侵权责任法》第1条都已经明确规定，侵权法具有阻却功能，已如前述。应当注意的是，即便我国《侵权责任法》已经明确认可侵权法的阻却性，侵权法的阻却功能也不应当被高估，原因如下：

其一，侵权法的阻却性和侵权法的惩罚性之间的界限模糊，侵权法的阻却性可以包含在侵权法的惩罚性之中。

其二，在现代社会，侵权案件多得数不胜数，法院所作出的侵权案件的判决并非均能产生家喻户晓的效果，因此，即便法院的某些判决的确可能产生较大的社会反响，法院的绝大多数判决不可能对社会公众产生影响，也不可能对绝大多数人的行为产生阻却效力。

其三，利益最大化永远是商事社会的行为准则，追求自身利益的冲动使许多行为人在行为的时候，根本不会顾及自己或者别人曾经被责令对他人承担侵权责任的事实，他们仍然可能反复实施某种侵权行为。这就是为什么交通事故、杀人放火的案件屡屡重复发生的缘故。

其四，对于雇主的替代责任而言，现代法律不仅对雇主承担的侵权责任规定了严格的责任构成要件，使雇主承担责任的可能性大大减少，而且还通过第三人责任保险方式使雇主所承担的侵权责任被消化，这样，即便在19世纪，替代责任的确具有阻却他人从事经营活动的效力，那么，在20世纪，此种效力也因为责任保险而消失。

（四）侵权法的赔偿理论

1. 侵权法的赔偿理论的界定

侵权法的补偿性理论认为，侵权法之所以责令行为人就其实施的侵权行为对他人承担侵权责任，其目的是为了赔偿他人因为行为人实施的侵权行为所遭受的财产损失或者非财产损失，使他人因为行为人的侵权行为所遭受的财产损失或者非财产损失恢复到侵权行为实施之前的状态。在当今两大法系国家和我国，民法学者普遍认可此种理论，认为侵权法或者侵权责任的主要甚至唯一功能就是补偿他人所遭受的损害。

2. 侵权法的补偿功能的普遍认可

在当今两大法系国家和我国，某些民法学者认为侵权法或者侵权责任的补偿性是侵权法或者侵权责任的唯一功能。例如，Mazeaud 和 Chabas 采取此种理论，他们指出："民事责任不仅意味着某种社会损害的存在，而且意味着某种私人损害的存在。因此，责令行为人对他人承担民事责任不再是为了惩罚行为人的行为，而是为了赔偿受害人所遭受的损害。虽然刑事责任的目的是对行为人实施的行为予以惩罚，但是民事责任的目的仅仅是为了对他人遭受的损害予以赔偿。因此，在确定行为人对他人承担民事责任的范围时，法律原则上不考虑引起他人损害的行为人的过错的可责难性，而仅仅考虑他人遭受损害的重要性。"①

在当今两大法系国家和我国，某些民法学者虽然认为侵权法或者侵权责任的目的多种多样，但是他们仍然认为，侵权法或者侵权责任的补偿功能是侵权法或者侵权责任的首要功能、最重要的功能。例如，虽然 Viney 和 Jourdain 认为民事责任的目的多种多样，但是他们认为，民事责任的补偿目的是民事责任的主要目的、基本目的（la fonction principale），他们指出："在所有的西方国家，民事责任的主要功能都是确保受害人所遭受的损害获得赔偿。损害赔偿理论在民事责任当中的基本地位通过金钱损害赔偿的优先性得到具体落实，因为金钱损害赔偿的优先性理论认为，在经济发达的国家，行为人对他人承担的损害赔偿责任原则上应当通过金钱的价值交换方式来承担。"②

（五）侵权法的确认理论

此种理论认为，侵权法或者侵权责任的一个主要目的是将他人所主张的某种利益上升为权利，使他人原本无法获得侵权法保护的利益成为受侵权法保护的权利。

在英美法系国家，虽然民法学者很少对侵权法或者侵权责任所具有的确认功能作出说明，但是，英美法系国家的侵权法或者侵权责任无疑成为民事权利的确认者。同样，在大陆法系国家，虽然大多数民法学者都没有对这样的问题作出说明，大陆法系国家的侵权法或者侵权责任同样也是民事权利的确认者。不过，在法国，少数民法学者对这样的问题作出了明确说明。例如，Viny 认为，侵权责任具有确认他人享有的某种主观性

---

① Henri et Leon Mazeaud Jean Mazeaud Francois Chabas, Obligations, 9 e édition, Montchrestien, p. 367.
② Geneviève Viney Patric Jourdain, Traité De Droit Civil, Les effets de la responsabilité, 2e édition, L. G. D. J. p. 2.

权利（droit subjectifs）的功能。他指出："在法国，因为没有最具体的途径或者手段来确认他人享有的某种权利，因此，民事责任就成为一种确认他人享有某种权利的途径或者手段，成为使行为人尊重他人享有的这些权利的途径和手段。"[1]

在我国，侵权法或者侵权责任是否具有权利确认的功能，民法学者基本上持反对的意见，因为他们认为，侵权法或者侵权责任仅仅是对已经被其他法律确认的既有权利进行保护的法律，不会也不可能会起到确认主观性权利的功能。例如，某些民法学者认为，他人享有的物权是通过立法者所制定的法律确认的，这就是所谓的"物权法定"理论。实际上，民法当中的所谓绝对权、相对权，均是通过侵权法或者侵权责任来确认的。

例如，当他人的住所被侵扰时，他人是否能够获得隐私侵权法的保护？如果法官认为，他人的住所在被侵扰之后无法获得隐私侵权法的保护，则他人无权请求法官责令行为人对其承担隐私侵权责任，此时，他人对其住所就不享有隐私权；但是，一旦法官认定他人的住所应当获得隐私侵权法的保护，则他人有权请求法官责令行为人对其承担隐私侵权责任，此时，他人对其住所享有的利益就成为一种权利，这就是所谓的隐私权。他人对其住所享有的隐私权最终被确立为一种主观性的权利，当然是通过侵权法或者侵权责任来实现的，这就是侵权法或者侵权责任对隐私权的确认。

在我国，侵权法或者侵权责任对权利的确认是非常明显的。例如，我国《民法通则》没有规定人格尊严权或者人身自由权，通过最高法院《关于确定民事侵权精神损害赔偿责任若干问题的解释》第1条，我国民法实际上就认可了自然人所享有的人格尊严权和人身自由权，当行为人再侵犯他人享有的这两种权利的时候，他人就能够要求法官责令行为人对其承担侵权责任。[2] 再如，我国《民法通则》没有规定他人享有的隐私权，通过我国《侵权责任法》第2条的规定，隐私权就正式成为我国民事主体享有的主观性权利之一，因为我国《侵权责任法》第2条明确规定，侵害他人享有的隐私权，应当对他人承担侵权责任。

（六）侵权法的保护理论

侵权法的保护理论认为，侵权法的目的既不是为了惩罚行为人实施的侵权行为，也不是为了阻却行为人再次实施侵权行为，更不是为了补偿他人因为行为人的侵权行为所遭受的损失，而是为了保护他人依法享有的各种民事权益，防止行为人或者社会公众非法侵犯他人享有的各种民事权益。

侵权法的保护理论认为，无论是侵权法的惩罚性理论、阻却性理论还是侵权法的补

---

[1] Geneviève Viney, Traité De Droit Civil, Introduction à La Responsabilité 2e édition, L. G. D. J. p.67.
[2] 张民安：《无形人格侵权责任研究》，北京大学出版社2012年版，第792—794页。

偿性理论都是事后补救性质的理论，它们仅仅是为了论证，在行为人实施了侵权行为之后，侵权法为什么要责令行为人就其实施的侵权行为对他人承担侵权责任。因此，这些理论均过于消极。侵权法应当具有更加积极的意义，这就是，对他人享有的民事权益提供保护，防止行为人实施各种侵权行为，侵犯他人享有的民事权益。

四、我国的侵权法

（一）我国侵权法的渊源

在我国，侵权法的渊源有四个方面：《中华人民共和国民法通则》（以下简称《民法通则》）、最高人民法院的有关司法解释、全国人大常委会制定的单行法以及全国人大常委会制定的《中华人民共和国侵权责任法》（以下简称《侵权责任法》）。在这四种渊源之中，最重要的侵权法渊源是《民法通则》和《侵权责任法》，它们构成侵权责任方面的一般法。

1. 《民法通则》规定的侵权责任制度

《民法通则》由第六届全国人民代表大会第四次会议于 1986 年通过，自 1987 年 1 月 1 日起开始生效，一共九章 156 条。其中的第六章对侵权责任制度作出了明确规定，该章共分为四节，其中第一节为一般性规定，对侵权责任的一般原则作出了规定；第三节对各种具体的、典型的侵权责任制度作出了明确规定；第四节对行为人承担侵权责任的方式作出了明确规定。在我国，《民法通则》规定的侵权责任制度构成一般意义上的侵权责任制度。

2. 最高人民法院有关司法解释规定的侵权责任制度

自 1988 年以来，最高人民法院分别作出了众多的司法解释，对有关侵权责任制度作出说明。主要有：

（1）最高人民法院在 1988 年 1 月 26 日颁布了《最高人民法院关于贯彻执行〈中华人民共和国民法通则〉若干问题的意见（试行）》。该意见共 200 条，其中的第 142 条至 162 条是关于侵权责任制度的规定，这些规定的许多内容为 2009 年的《侵权责任法》所采用。

（2）最高人民法院在 1993 年 8 月 7 日颁布了《最高人民法院关于审理名誉权案件若干问题的解答》。该解答共计 11 条，内容主要涉及人民法院对当事人关于名誉权纠纷起诉的审查问题，名誉侵权案件的管辖问题，死者名誉的保护问题，新闻媒体的名誉侵权问题，名誉侵权责任的认定问题，文章、评论或者作品引起的名誉侵权问题，名誉权的各种法律救济措施如何适用的问题。这些内容并没有被 2009 年的《侵权责任法》所采取。

（3）最高人民法院在 1998 年 7 月 14 日颁布了《最高人民法院关于审理名誉权案

件若干问题的解释》，自1998年9月15日起施行。该司法解释共计11条，内容涉及名誉权案件如何确定侵权结果发生地的问题，单位内部资料涉及的名誉侵权问题，新闻媒体和出版机构转载作品引起的名誉权纠纷问题，检举、控告引起的名誉权纠纷问题，新闻单位报道国家机关的公开的文书和职权行为引起的名誉权纠纷问题，因提供新闻材料引起的名誉权纠纷问题，因医疗卫生单位公开患者患有淋病、梅毒、麻风病、艾滋病等病情引起的名誉权纠纷问题，对产品质量、服务质量进行批评、评论引起的名誉权纠纷问题，等等。主要涉及名誉侵权责任的各种具体抗辩问题和名誉侵权案件的受理问题。这些内容并没有被2009年的侵权责任法所采取。

（4）最高人民法院在2001年2月26日颁布了《最高人民法院关于确定民事侵权精神损害赔偿责任若干问题的解释》，自2001年3月10日起施行。该司法解释共计12条，内容涉及精神损害赔偿责任产生的根据、死者近亲属的精神损害赔偿请求权、侵害他人特定物件时产生的精神损害赔偿责任、精神损害赔偿请求权同其他法律救济措施之间的关系、确定精神损害赔偿时要考虑的各种具体因素、精神损害赔偿金的表现形式等。这些规定并没有被2009年的《侵权责任法》所采取。

（5）最高人民法院在2003年12月4日通过的《最高人民法院关于审理人身损害赔偿案件适用法律若干问题的解释》，自2004年5月1日起施行。该司法解释共计36条，内容除了涉及人身损害赔偿的各种具体问题之外，还规定了众多新的侵权责任制度，这些新的制度基本上都被2009年的《侵权责任法》所借鉴。

3. 全国人大常委会制定的单行法规定的特殊侵权责任制度

（1）《中华人民共和国产品质量法》（以下简称《产品质量法》）规定的特殊侵权责任制度。我国《产品质量法》对缺陷产品的生产者和销售者承担的特殊侵权责任制度作出了规定。根据《产品质量法》的规定，因产品存在缺陷造成他人人身、缺陷产品以外的其他财产损害的，生产者应当承担赔偿责任。由于销售者的过错使产品存在缺陷，造成人身、他人财产损害的，销售者应当承担赔偿责任。销售者不能指明缺陷产品的生产者也不能指明缺陷产品的供货者的，销售者应当承担赔偿责任。但是，生产者能够证明有下列情形之一的，不承担赔偿责任：未将产品投入流通的；产品投入流通时，引起损害的缺陷尚不存在的；将产品投入流通时的科学技术水平尚不能发现缺陷存在的。

（2）《中华人民共和国消费者权益保护法》（以下简称《消费者权益保护法》）规定的特殊侵权责任制度。我国《消费者权益保护法》对经营者承担的特殊侵权责任制度作出了明确规定。根据《消费者权益保护法》的有关规定，经营者提供商品或者服务，造成消费者或者其他人人身伤害的，应当对他人承担侵权责任。经营者提供商品或者服务有欺诈行为的，应当按照消费者的要求增加赔偿其受到的损失，增加赔偿的金额为消费者购买商品的价款或者接受服务的费用的一倍。

(3)《中华人民共和国道路交通安全法》(以下简称《道路交通安全法》)规定的特殊侵权责任制度。我国《道路交通安全法》第76条规定,机动车发生交通事故造成人身伤亡、财产损失的,由保险公司在机动车第三者责任强制保险责任限额范围内予以赔偿;不足的部分,按照下列规定承担赔偿责任:机动车之间发生交通事故的,由有过错的一方承担赔偿责任;双方都有过错的,按照各自过错的比例分担责任。机动车与非机动车驾驶人、行人之间发生交通事故,非机动车驾驶人、行人没有过错的,由机动车一方承担赔偿责任;有证据证明非机动车驾驶人、行人有过错的,根据过错程度适当减轻机动车一方的赔偿责任;机动车一方没有过错的,承担不超过百分之十的赔偿责任。交通事故的损失是由非机动车驾驶人、行人故意碰撞机动车造成的,机动车一方不承担赔偿责任。

(4)《中华人民共和国国家赔偿法》(以下简称《国家赔偿法》)规定的特殊侵权责任制度。我国《国家赔偿法》明确规定,国家机关和国家机关工作人员违法行使职权侵犯公民、法人和其他组织的合法权益造成损害的,他人有依照本法取得国家赔偿的权利。根据国家赔偿法的有关规定,国家赔偿责任分为行政赔偿责任和司法赔偿责任两种形式,无论是行政赔偿责任还是司法赔偿责任都由《国家赔偿法》明确规定的赔偿义务机关承担赔偿责任。

4.《中华人民共和国侵权责任法》规定的侵权责任制度

2009年12月26日,第十一届全国人民代表大会常务委员会第十二次会议通过了《中华人民共和国侵权责任法》(以下简称《侵权责任法》),自2010年7月1日起施行。该法共八章计92条,内容包括:一般规定,责任构成和责任方式,不承担责任和减轻责任的情形,关于责任主体的特殊规定,产品责任,机动车交通事故责任,医疗损害责任,环境污染责任,高度危险责任,饲养动物损害责任以及物件损害责任。

(二)《侵权责任法》与其他侵权法渊源的关系

在《侵权责任法》通过之后,《侵权责任法》与其他三种侵权法渊源的关系如何协调和处理?对于这样的问题,我国《侵权责任法》第5条作出了明确说明,该条规定:其他法律对侵权责任另有特别规定的,依照其规定。依照《侵权责任法》第5条的规定,《侵权责任法》的作用并不是为了取代其他法律,而是为了补充其他法律,因此,在《侵权责任法》通过之后,其他法律规定的侵权责任制度仍然有效,仍然应当加以适用,不得因为《侵权责任法》的生效而废止。问题是,《侵权责任法》第5条规定的"其他法律"如何理解?本书认为,《侵权责任法》第5条规定的"其他法律"仅仅是指《民法通则》和全国人大常委会制定的上述几种单行法,不包括最高人民法院颁布的上述有关司法解释,因为,一般而言,"法律"一词往往是指全国人大或者全国人大常委会制定的法律,不包括最高人民法院的有关司法解释。不过,即便如此,《侵权责任法》通过之后，最高人民法院的上述有关司法解释仍然能够适用，至少其中的大部分司法解释是完全能够适用的，因为我国侵权责任法的规定过于粗糙，没有规定最高人民法院在上述司法解释当中所规定的大部分内容。

（三）我国侵权法的立法模式

在我国，《民法通则》和《侵权责任法》规定了侵权责任的立法模式，此种立法模式既不同于法国侵权法和德国侵权法规定的立法模式，也不同于英美法系国家侵权法规定的立法模式，而是形成了有中国特色的侵权责任立法模式。同两大法系国家侵权责任的立法模式相比，我国侵权责任的立法模式有两个重要特点：其一，两大法系国家的侵权法仅仅规定了过错侵权责任的立法模式和严格责任的立法模式，没有所谓的公平责任的立法模式，而我国《民法通则》和《侵权责任法》则不仅规定了过错侵权责任的立法模式和严格责任的立法模式，而且还规定了所谓的公平责任的立法模式。其二，两大法系国家的侵权法仅仅规定过错侵权责任的立法模式和严格责任的立法模式，没有在过错侵权责任的立法模式和严格责任的立法模式之上再建立高度抽象、高度原则的一般侵权责任的立法模式。而我国《民法通则》和《侵权责任法》不仅规定了过错侵权责任、严格责任和公平责任的立法模式，而且还在这三种具体的立法模式之上建立高度抽象、高度原则的一般侵权责任的立法模式。

1. 高度抽象和高度原则的侵权责任立法模式

在我国，无论是《民法通则》还是《侵权责任法》均在过错侵权责任、严格责任和公平责任的立法模式之上建立统一的侵权责任立法模式。此种立法模式是高度抽象的、高度原则的立法模式，包括了三种具体的侵权责任立法模式，这就是过错侵权责任的立法模式、严格责任的立法模式和公平责任的立法模式。此种立法模式为我国《民法通则》第 106（1）条和《侵权责任法》第 2 条所采取。

我国《民法通则》第 106（1）条规定：公民、法人违反合同或者不履行其他义务的，应当承担民事责任。根据此条的规定，一旦行为人违反所承担的合同义务，他们就应当对他人承担违约责任，此种违约责任或者是我国《民法通则》第 111 条所规定的违约责任，或者是我国《合同法》第 107 条所规定的违约责任，或者是《合同法》其他条款规定的违约责任。一旦行为人违反所承担的法定义务，他们就应当对他人承担侵权责任，此种侵权责任或者是《民法通则》第 106（2）条和其他具体条款规定的过错侵权责任，或者是《民法通则》第 106（3）条和其他具体条款规定的严格责任，或者是《民法通则》第 132 条和其他具体条款规定的所谓公平责任。我国《侵权责任法》第 2 条规定：侵害民事权益，应当依照本法承担侵权责任。本法所称民事权益，包括生命权、健康权、姓名权、名誉权、荣誉权、肖像权、隐私权、婚姻自主权、监护权、所有权、用益物权、担保物权、著作权、专利权、商标专用权、发现权、股权、继承权等人身、财产权益。依照《侵权责任法》第2条的规定，一旦行为人侵害了《侵权责任法》第2（2）条规定的18种民事权利或者《侵权责任法》没有明确规定的其他民事权益，他们就应当对他人承担侵权责任。此种侵权责任或者是《侵权责任法》第6条和其他具体条款规定的过错侵权责任或者过错推定责任，或者是《侵权责任法》第7条和其他具体条款规定的严格责任，或者是《侵权责任法》第24条规定的所谓公平责任。

虽然《民法通则》和《侵权责任法》均规定了高度抽象、高度原则的侵权责任立法模式，但是，《民法通则》规定的立法模式仍然区别于《侵权责任法》规定的立法模式，因为，《民法通则》是通过法定义务违反理论来规定高度抽象的立法模式，而《侵权责任法》则是通过法定利益侵犯理论来规定高度抽象的立法模式，已如前述。

2. 高度抽象与高度具体相结合的过错侵权责任立法模式

在我国，《民法通则》和《侵权责任法》规定的过错侵权责任的立法模式是高度抽象和高度具体相结合的立法模式。其中，高度抽象的立法模式为《民法通则》第106（2）条和《侵权责任法》第6条所规定。《民法通则》第106（2）条规定：公民、法人由于过错侵害国家的、集体的财产，侵害他人财产、人身的应当承担民事责任。《侵权责任法》第6条规定：行为人因过错侵害他人民事权益，应当承担侵权责任。根据法律规定推定行为人有过错，行为人不能证明自己没有过错的，应当承担侵权责任。其中，高度具体的立法模式则为《民法通则》第117条、第118条、第119条和第120条，以及《侵权责任法》第16条、第17条、第18条、第19条、第20条、第21条和第22条所规定。这些条款或者具体规定了行为人就其侵害他人生命权、身体权或者健康权所承担的侵权责任，或者具体规定了行为人就其侵害他人动产、不动产、知识产权等财产权承担的侵权责任，或者具体规定了行为人就其侵害他人姓名、名誉、隐私、肖像等无形人格权承担的侵权责任。

3. 高度抽象与高度具体相结合的严格责任立法模式

在我国，《民法通则》和《侵权责任法》规定的严格责任的立法模式是高度抽象和高度具体相结合的立法模式。其中，高度抽象的立法模式为《民法通则》第106（3）条和《侵权责任法》第7条所规定。《民法通则》第106（3）条规定：没有过错，但法律规定应当承担民事责任的，应当承担民事责任。《侵权责任法》第7条规定：行为人损害他人民事权益，不论行为人有无过错，法律规定应当承担侵权责任的，依照其规定。其中，高度具体的立法模式为《民法通则》第123条、第124条、第127条和《侵权责任法》第48条、第65条、第69条、第70条、第71条、第72条、第73条、第74条、第75条、第78条等所规定。这些条款对行为人承担的各种具体严格责任制度作出了明确规定。

4. 高度抽象和高度具体相结合的公平责任立法模式

在我国，无论是《民法通则》还是《侵权责任法》规定的公平责任的立法模式都是高度抽象和高度具体相结合的立法模式，其中，高度抽象的立法模式为我国《民法通则》第 132 条和《侵权责任法》第 24 条所规定。《民法通则》第 132 条规定：当事人对造成损害都没有过错的，可以根据实际情况，由当事人分担民事责任。《侵权责任法》第 24 条规定：他人和行为人对损害的发生都没有过错的，可以根据实际情况，由双方分担损失。其中，高度具体的立法模式则由《民法通则》第 109 条和《侵权责任法》第 23 条、第 31 条、第 33 条和第 87 条所规定，这些具体条款对几种特定情形下行为人承担的公平责任作出了具体规定。

第四节　侵权责任的法律效力

一、侵权责任的二分法

一旦行为人实施某种侵权行为，在符合侵权责任的必要构成要件的情况下，行为人应当对他人承担侵权责任。问题在于，行为人对他人承担的侵权责任究竟是仅指损害赔偿责任，还是指包括损害赔偿责任在内的其他侵权责任。对此问题，两大法系国家的侵权法作出的回答并不完全相同。

（一）两大法系国家的侵权法对待侵权责任的态度

在大陆法系国家，虽然民法学者广泛将侵权责任限定在损害赔偿责任的范围内，认为侵权责任等同于侵权损害赔偿责任，但是，大陆法系国家的民法典实际上有时也对侵权责任采取广义的理论，认为侵权责任除了包含侵权损害赔偿责任之外，还包括侵权损害赔偿责任之外的侵权责任。例如，《法国民法典》第 9 条就明确规定，当行为人侵害他人的隐私权时，行为人除了应当对他人承担侵权损害赔偿责任之外，还应当承担其他的侵权责任方式。例如，销毁侵害他人隐私权的出版物，禁止播放侵害他人隐私权的电影，等等。在英美法系国家，虽然侵权法频繁使用侵权责任这样的术语，但是，学说很少对侵权责任的含义进行界定，侵权法学说一般使用法律救济措施这样的术语，认为当行为人实施侵权行为时，他人能够向法院起诉，要求法官采取各种法律救济措施来保护他人的利益，其中最主要和最重要的法律救济措施是损害赔偿和禁止令的颁发。

（二）我国侵权法对待侵权责任的态度

在我国，无论是《民法通则》还是《侵权责任法》均对侵权责任采取广义的理论，认为行为人对他人承担的侵权责任除了包括大陆法系国家和英美法系国家所谓的损害赔偿责任之外，还包括损害赔偿责任之外的其他侵权责任形式，这就是我国《民法通则》

第 134 条和第 15 条的规定,根据这两个条款的规定,行为人对他人承担的侵权责任主要包括停止侵害、排除妨碍、消除危险、返还财产、恢复原状、赔偿损失、消除影响、恢复名誉以及赔礼道歉。行为人承担的这些侵权责任既可以单独适用,也可以合并适用。

(三)侵权责任的二分法

本书认为,虽然两大法系国家和我国的侵权法所规定的侵权责任形式多种多样,但是,两大法系国家和我国的侵权法所规定的侵权责任可以分为两大类:侵权损害赔偿责任和侵权损害赔偿责任之外的其他侵权责任,其中的侵权损害赔偿责任所包括的损害赔偿多种多样,诸如名义上的损害赔偿、补偿性的损害赔偿以及抚慰性的损害赔偿等,而侵权损害赔偿责任之外的其他侵权责任所包含的侵权责任同样多种多样,诸如停止侵害、排除妨碍、消除危险等。在具体讨论这两类侵权责任之前,本书先讨论这两种侵权责任之间的关系。

在侵权法上,究竟是侵权损害赔偿责任居于主导的、优先的地位还是侵权损害赔偿责任之外的其他侵权责任居于主导的、优先的地位?对此问题,两大法系国家和我国的侵权法作出的回答并不完全相同。在法国和英美法系国家,侵权法认为侵权损害赔偿责任居于主导的、核心的地位,而侵权损害赔偿责任之外的其他侵权责任则仅居于次要的、附属的地位,因为法国和英美法系国家的侵权法认为,当他人遭受行为人所实施的侵权行为侵害时,他们应当首先要求行为人对其承担损害赔偿责任,仅在此种损害赔偿责任无法完全保护他人的利益时,他人才能够主张损害赔偿责任之外的其他侵权责任。[①]

在德国,侵权法则刚好相反,认为侵权损害赔偿责任之外的其他侵权责任居于主导的、优先的地位,当他人遭受行为人所实施的侵权行为侵害时,他们应当首先要求行为人对其承担损害赔偿责任之外的其他侵权责任,仅在其他的侵权责任无法主张时,行为人才主张损害赔偿责任。[②] 在我国,虽然民法学者主张德国侵权法的理论,认为损害赔偿责任之外的其他侵权责任应当优先于侵权损害赔偿责任,但是,我国《民法通则》和《侵权责任法》实际上采取法国和英美法系国家侵权法的立法模式,认为侵权损害赔偿责任应当优先于其他的侵权责任形式。

二、侵权责任的构成要件

在侵权法上,无论行为人对他人承担的侵权责任是损害赔偿责任还是损害赔偿责任

---

① 张民安:《名誉侵权的法律救济研究》,载张民安主编《名誉侵权的法律救济》,中山大学出版社 2011 年版,第 16 页,第 27—28 页。

② 张民安:《名誉侵权的法律救济研究》,载张民安主编《名誉侵权的法律救济》,中山大学出版社 2011 年版,第 11—12 页。

之外的其他侵权责任，他们对他人承担侵权责任均应具备最低限度的条件，这就是侵权责任的必要构成要件。在两大法系国家和我国，民法学者往往重点讨论侵权损害赔偿责任的必要构成要件，认为侵权损害赔偿责任的必要构成要件包括侵权行为、损害以及侵权行为与损害之间的因果关系等。其中的侵权行为是指行为人所实施的违反某种法定义务的行为，或者侵害他人所享有的某种法定利益的行为，已如前述。其中的所谓损害，则是指行为人实施的侵权行为所引起的损失、不利后果，而其中的因果关系则是指行为人所实施的侵权行为同他人所遭受的损害之间的前因后果的关系。关于侵权责任的构成要件，本书将在民事责任债当中作出详细的讨论，此处从略。

除了讨论侵权损害赔偿责任的必要构成要件之外，两大法系国家的民法学者有时也讨论侵权损害赔偿责任之外的其他侵权责任的构成要件。不过，他们对侵权损害赔偿责任之外的其他侵权责任的必要构成要件的说明较为简单，缺少系统性。关于侵权损害赔偿责任之外的其他侵权责任的构成要件，本书将在下面的内容当中作出简单说明，此处从略。

三、侵权责任的免除和减轻

即便具有侵权责任的必要构成要件，行为人也未必一定会对他人承担侵权责任，如果行为人具备某种正当的抗辩事由，他们无需就其实施的侵权行为对他人承担侵权责任，这就是侵权责任的免责制度。例如，如果存在不可抗力，则行为人对他人承担的侵权责任可以免除，同样，如果受害人是故意的，则行为人对他人所承担的侵权责任也可以免除。关于侵权责任的免责制度，本书将在民事责任债当中作出详细的讨论，此处从略。

在侵权法上，即便行为人应当对他人承担侵权责任，如果行为人具备某种正当理由，行为人对他人承担的侵权损害赔偿责任可以减轻，这就是侵权责任的减轻责任。例如，如果受害人在遭受损害的时候也有过失，则行为人对受害人承担的侵权责任可以减轻，这就是所谓的共同过失。再如，如果受害人在遭受损害之后应当采取合理措施减轻所遭受的损害而没有采取措施减轻其损害，则行为人对受害人应当减轻的损害不承担赔偿责任，这就是所谓的减损规则。关于侵权责任的减轻责任，本书将在民事责任债当中作出讨论，此处从略。

四、损害赔偿责任之外的侵权责任

（一）停止侵害的侵权责任

1. **停止侵害的界定**

所谓停止侵害的侵权责任，是指当行为人正在实施的或者将要实施的某种侵害行为可能会危及他人的某种权利时，基于他人的请求或者法官的命令，行为人应当停止其正在或者将要实施的致害行为，避免给他人造成或者进一步造成损害。在英美法系国家，停止侵害的法律救济措施也被称为颁发禁止令。根据停止侵害的侵权责任，如果行为人已经开始实施侵权行为并且该种侵权行为还在持续进行中的话，或者行为人虽然还没有开始实施但正准备实施某种致害行为的话，他人有权要求行为人立即停止其侵害行为或者放弃其即将实施的侵权行为，行为人应当即刻停止所实施的侵权行为或者不再实施还没有实施的侵权行为；如果行为人拒绝停止所实施的侵权行为或者继续实施其侵权行为，他人可以向法院起诉，要求法院责令行为人停止其侵权行为，或者放弃其即将实施的侵权行为。

2. **停止侵害侵权责任的构成要件**

在侵权法上，行为人对他人承担停止侵害的侵权责任应当具备三个必要构成要件：其一，行为人正在对他人实施侵权行为；或者行为人虽然还没有开始实施侵权行为，但他们极有可能会实施侵权行为。其二，行为人实施的侵权行为或者即将实施的侵权行为已经危及或者将会危及他人的人身、财产安全，使他人已经或者可能会遭受财产损害或者非财产损害。其三，损害赔偿的法律救济措施将无法弥补他人遭受的损害。在行为人正在实施或将要实施某种侵权行为时，如果责令行为人对他人承担损害赔偿责任足以保护他人利益的话，则他人不得要求行为人对其承担停止侵害的侵权责任。只有在损害赔偿责任无法或者不足以对他人提供有效保护时，他人才能够要求行为人对其承担停止侵害的侵权责任。

3. **停止侵害的种类**

根据两大法系国家和我国侵权法的规定，法官颁发的禁止令可以是临时禁止令（temporary injunction），也可以是永久禁止令（perpetual injunction）。所谓临时禁止令，也称诉前禁止令，是指法官在诉前基于申请人的申请临时颁发的禁止令。申请人申请临时禁止令，往往应当提供担保。所谓永久禁止令，也称最终禁止令（final injunction），是指法官根据申请人或者他人的申请通过终审裁判所颁发的禁止令。临时禁止令和最终禁止令的主要区别是，临时禁止令仅仅禁止行为人在特定期间实施或者继续实施申请人或者他人要求禁止的行为，也就是禁止行为人在法官同意申请人的禁止令申请之后到法官作出终审裁判之前实施或者继续实施申请人要求禁止的行为；而永久禁止令则禁止行为人在裁判最终生效之日起实施或者继续实施法官禁止行为人实施的行为。

4. **停止侵害救济措施适用的领域**

在我国，停止侵害的法律救济措施能够针对行为人实施的一切侵权行为或者可能实施的一切侵权行为，无论是侵害他人有形人格权的侵权行为、侵害他人无形人格权的侵权行为、侵害他人有形财产权的侵权行为还是侵害他人无形财产权的侵权行为。我国《侵权责任法》第21条对这样的规则作出了明确规定，该条规定：侵权行为危及他人人身、财产安全的,被侵权人可以请求侵权人承担停止侵害、排除妨碍、消除危险等侵权责任。

(二) 排除妨碍、消除危险的法律责任

1. 排除妨碍救济措施的适用条件

如果行为人实施的某种侵权行为会给他人造成妨碍,他人有权向法院提出申请,要求法官责令行为人采取合理的措施,将其妨碍行为予以排除,这就是排除妨碍的法律责任。对于他人而言,他们享有的此种权利被称为排除妨碍请求权。

例如,当行为人将其垃圾堆放在他人门口时,他人有权向法院提出申请,要求法官责令行为人采取措施将其堆放的垃圾清除。法官也应当责令行为人采取合理措施,清除其堆放的垃圾,以便他人能够顺畅通行。他人主张排除妨碍请求权应当具备三个条件:其一,行为人实施了妨碍他人行使权利的侵权行为。其二,行为人实施的妨碍行为是让人无法容忍的行为,是重大的非法行为。如果行为人实施的行为仅仅轻微地妨碍他人权利的行使,他人不得主张此种请求权。其三,他人的权利行使遭受了重大的妨碍。

2. 消除危险救济措施的适用条件

如果行为人的行为或者所控制或者管理的物存在危及他人人身、财产安全的危险,在他人还没有遭受财产损害或者非财产损害之前,他人有权要求法官责令行为人采取合理措施,消除可能存在的危险。在他人的人身、财产面临损害危险的情况下,法官也应当颁发命令,责令行为人消除所存在的危险,这就是消除危险的法律责任。对于他人而言,他们享有的此种权利被称为消除危险请求权。例如,当行为人的树木存在倒塌的危险时,他人有权向法院提出申请,要求法官责令他人采取合理措施,或者加固该树木防止其倒塌,或者砍断该树木,消除树木倒塌存在的危险隐患。法官也应当责令行为人采取合理措施,防止树木倒塌损害他人的人身或者财产利益。

他人主张消除危险请求权,应当具备三个条件:其一,行为人实施了某种危及他人人身或者财产安全的行为;其二,行为人实施的危险行为是让人无法容忍的行为,是严重的侵权行为;其三,他人的人身或者财产将面临损害的重大危险。

3. 排除妨碍和消除危险救济措施的适用领域

在我国,排除妨碍和消除危险的法律救济措施能够针对行为人实施的一切侵权行为或者可能实施的一切侵权行为,无论是侵害他人有形人格权的侵权行为、侵害他人无形人格权的侵权行为、侵害他人有形财产权的侵权行为还是无形财产权的侵权行为。我国《侵权责任法》第 21 条对这样的规则作出了明确规定,该条规定:侵权行为危及他人人身、财产安全的,被侵权人可以请求侵权人承担停止侵害、排除妨碍、消除危险等侵权责任。

(三) 返还财产、恢复原状的法律责任

如果他人的财产被行为人侵占，他人有权请求行为人承担返还所侵占的财产的责任；如果行为人拒绝返还，他人有权向法院起诉，要求法院责令行为人返还；法院可以颁发命令，责令侵占人返还。这就是返还财产的侵权责任。在侵权法上，财产返还责任以行为人占有他人财产作为条件，如果行为人已经通过买卖合同或者赠与合同处分了该项财产，并且受让该项财产的第三人是善意的，则他人不得请求行为人返还财产，他们只能请求行为人承担侵权损害赔偿责任。应当注意的是，返还财产的责任只能在有形财产领域适用，不得在人身领域或者无形财产领域适用。

如果他人的财产被行为人毁坏，则行为人应当采取措施修复该项财产，这就是恢复原状的侵权责任。此种侵权责任的承担以他人的财产具有可修复性为条件。所谓可修复性，是指修复该项财产具有可行性，包括在事实上的可行性和法律上的可行性，前者是指，可以通过他人的修复使被毁坏的财产恢复到或者基本上恢复到侵权行为实施之前的状态，后者是指修复被毁损的财产的费用不会超出该财产本身的价值；因为，一般国家的法律认为，如果修复财产的费用超出该财产本身的价值，则该财产不具有可修复性。当然，此种侵权责任也仅仅在有形财产领域适用，不得在无形财产或者人身领域适用。

(四) 消除影响、恢复名誉、赔礼道歉的法律责任

如果行为人实施的名誉毁损行为使他人的名誉遭受损害，他人有权要求行为人采取措施，消除其行为给自己造成的不良影响；或者要求行为人采取某种措施，使自己的名誉恢复到侵权行为实施之前的状态；并因此给自己赔礼道歉。如果行为人拒绝这样做，他人可以向法院起诉，要求法院责令行为人这样做，这就是所谓的消除影响、恢复名誉和赔礼道歉的侵权责任。

在侵权法上，消除影响、恢复名誉和赔礼道歉仅仅是名誉侵权领域的法律责任，既不是其他无形人格权遭受侵害时的法律责任，更不是其他利益遭受损害时的法律责任。我国某些学者认为这三种法律责任可以对隐私侵权或者其他无形人格侵权适用显然是错误的。

在侵权法上，行为人采取什么样的方式来消除影响、恢复名誉和赔礼道歉，取决于他们采取什么样的方式来实施名誉侵权行为。如果行为人通过口头方式实施名誉侵权行为，他们应当通过口头方式来消除影响、恢复名誉和赔礼道歉；如果他们通过书面方式来实施名誉侵权行为，则他们也应当通过书面方式来消除影响、恢复名誉和赔礼道歉。

在侵权法上，行为人在什么范围内来消除影响、恢复名誉和赔礼道歉取决于他们在什么范围内实施侵权行为。如果行为人当着他人亲朋好友的面毁损他人名誉，他们应当应当当着他人的亲朋好友的面来消除影响、恢复名誉和赔礼道歉；如果行为人在全国性

质的大报上毁损他人名誉,他们也应当在同样或者类似的大报上消除影响、恢复名誉和赔礼道歉;如果他们在地方性的电台、电视台上毁损他人名誉,他们也应当在同样或者类似的地方电台、电视台上消除影响、恢复名誉和赔礼道歉。

此外,行为人应当在其名誉毁损行为确立之后的合理时间内对他人消除影响、恢复名誉和赔礼道歉。

五、损害赔偿责任

所谓损害赔偿责任,也称赔偿损失责任,是指行为人应当给付一定数量的金钱给他人,使他人遭受的损失恢复到侵权行为实施之前的状态。在现代侵权法中,侵权损害赔偿责任是侵权责任方式中最重要的方式。因此,受到各国法律的高度重视,并且此种责任方式可以同时在有形财产和无形财产领域适用,可以同时在有形人格和无形人格领域适用。在侵权法上,损害赔偿的种类包括四种:名义上的损害赔偿,补偿性的损害赔偿,抚慰性的损害赔偿,惩罚性的损害赔偿。

(一) 名义上的损害赔偿

1. 名义上的损害赔偿的界定

所谓名义上的损害赔偿(nominal damages),是指当行为人实施的侵权行为没有给他人造成损害时,或者虽然造成了损害,他人仅仅要求法官责令行为人赔偿一点点数量的赔偿金时,法官责令行为人象征性地赔偿他人一定数额的赔偿金,以便证明行为人实施的致害行为的侵权性。在侵权法上,名义上的损害赔偿的功能既不是为了补偿他人遭受的损害,也不是为了惩罚行为人实施的侵权行为,而是为了宣示他人民事权益的受保护性和不可侵犯性,宣示行为人实施行为的违法性和侵权性。

2. 名义上的损害赔偿的适用范围

因为这样的原因,名义上的损害赔偿仅仅在例外情况下才会得到适用,在一般情况下不会得到适用。名义上的损害赔偿仅仅在以下两种情况下适用:

其一,行为人虽然实施了侵权行为,但是,他们实施的侵权行为并没有给他人造成损害,或者没有造成重大的、实际的损害。此时,基于他人的主张,法官责令行为人象征性地支付他人一定数额的金钱,以便证明行为人行为的错误性和侵权性。例如,当行为人未经他人同意就擅自进入他人家中时,他人的物权虽然遭受了侵害,但是,他人并没有遭受很严重的损害。当他人向法院起诉,要求法官责令行为人对其承担损害赔偿责任时,法官会象征性地责令行为人赔偿他人很小的一笔赔偿金,以便表明行为人的进入行为的非法性、侵权性。

其二,行为人实施的侵权行为虽然给他人造成了严重的、重大的损害,他人仅仅要求行为人象征性地赔偿他们一笔很小数额的赔偿金,以便证明行为人实施的致害行为的侵权性。此时，法官按照他人的主张仅仅责令行为人赔偿他人所要求的象征性赔偿数额。例如，当行为人严重毁损他人名誉时，他人虽然遭受了严重的损害，但是他人在向法院主张损害赔偿请求权时仅仅要求法官责令行为人赔偿他们1元钱，法官根据他人的赔偿请求权仅仅责令行为人赔偿他人1元的损害赔偿金。

3. 行为人赔偿数额的象征性

在责令行为人对他人承担名义上损害赔偿责任时，法官有权根据案件的实际情况来责令行为人象征性地赔偿他人一定数额的金钱，至于说这一笔数额的赔偿金究竟是多少，完全由法官自由裁量，法官有权根据案件的具体情况或者责令行为人赔偿他人1元钱的赔偿金，或者责令行为人赔偿他人10元钱、100元钱甚至1000元钱的赔偿金。无论行为人支付的赔偿数额是多少，他们的赔偿均应当是象征性的，不应当是实质性的，否则，就会背离名义上损害赔偿责任制度的初衷，使名义上的损害赔偿无法区分于补偿性的损害赔偿。

（二）补偿性的损害赔偿

1. 补偿性的损害赔偿的界定

所谓补偿性的损害赔偿（compensatory damages），是指当行为人实施的侵权行为给他人造成损害时，法官责令行为人支付一笔同等数量的金钱给他人，以便弥补他人因为行为人实施的侵权行为而遭受的损害。补偿性损害赔偿的目的既不是为了证明行为人实施的行为的非法性和侵权性，也不是为了证明他人民事权益的受保护性和不被侵犯性，既不是为了安抚、抚慰他人的心理，也不是为了惩罚行为人实施的侵权行为，而是为了补偿他人因为行为人实施的侵权行为所遭受的实际损害。

2. 补偿性的损害赔偿的适用范围

在侵权法上，补偿性损害赔偿的适用范围十分广泛，它既可以在有形财产侵权领域适用，也可以在无形财产侵权领域适用；既可以在有形人格侵权领域适用，也可以在无形人格侵权责任领域适用，只要在这些领域，行为人实施的侵权行为给他人造成了财产损害或者非财产损害。

在通常情况下，补偿性损害赔偿在他人遭受财产损害的时候当然能够适用，在他人遭受非财产损害的时候也同样能够适用。例如，当行为人破坏他人动产时，侵权法会责令行为人赔偿他人遭受的实际损失，行为人的此种损害赔偿当然是补偿性的损害赔偿。同样，当行为人侵害他人生命权、身体权或者健康权时，侵权法会责令行为人赔偿他人遭受的肉体疼痛、美感损失、娱乐损失或者时光损失，这些损害赔偿当然也是补偿性的损害赔偿，不是抚慰性的损害赔偿。

3. 补偿性损害赔偿的实质性

在责令行为人对他人承担补偿性损害赔偿责任时，法官应当根据他人遭受的实际损害来决定行为人支付的损害赔偿金的数额,行为人支付的损害赔偿金的数额应当同他人遭受的实际财产损害相适应,他人遭受了多少损失,行为人就应当赔偿他人多少数额的金钱,这就是所谓的全部损害赔偿原则。在特殊情况下,法官应当根据案件的具体情况来确定他人遭受的肉体疼痛、美感损失、娱乐损失或者时光损失是多少,并责令行为人赔偿这些非财产损害。

(三) 抚慰性的损害赔偿

所谓抚慰性损害赔偿,是指当行为人实施的侵权行为给他人造成损害时,法官责令行为人支付给他人一定数额的金钱,以便安抚、慰藉他人遭受的精神痛苦、心理损害。抚慰性损害赔偿的目的既不是为了证明行为人行为的侵权性,也不是为了证明他人民事权益的不可侵犯性,既不是为了补偿他人遭受的损失,也不是为了惩罚行为人实施的侵权行为,而是为了安慰、安抚、慰藉他人遭受痛苦的心理、精神,减轻或者缓解他人的精神痛苦、心理伤害。

在侵权法上,抚慰性损害赔偿往往在有形人格侵权、无形人格侵权当中适用,当行为人侵害他人享有的某种有形人格权或者无形人格权时,侵权法往往会责令行为人赔偿他人因此遭受的精神损害。此外,两大法系国家和我国的侵权法有时也认为,在例外情况下,如果行为人侵害他人具有感情因素、纪念意义的有形财产或者无形财产,侵权法也会责令行为人赔偿他人因此遭受的精神损害。例如,法国侵权法认为,当行为人杀害他人宠物狗时,他们应当赔偿他人遭受的精神损害。两大法系国家的侵权法都认为,一旦行为人故意破坏他人婚姻关系,他们应当对他人遭受的精神损害承担赔偿责任。

在责令行为人对他人承担精神损害赔偿责任时,法官享有自由裁量权,他们有权根据案件的具体情况来决定行为人支付给他人的精神抚慰金的数额是多少。法官在作出这样的决定时,应当考虑各种具体因素。案件的具体情况不同,法官责令行为人赔偿的精神损害的数额也不同。

(四) 惩罚性的损害赔偿

1. 惩罚性的损害赔偿的界定

所谓惩罚性的损害赔偿(punitive damages exemplary damages),是指当行为人实施的侵权行为给他人造成实际损害时,法官责令行为人支付一笔超过他人实际损害的赔偿金给他人,以便惩罚行为人实施的侵权行为。惩罚性损害赔偿的目的既不是为了证明行为人行为的侵权性,也不是为了证明他人民事权益的不可侵犯性,既不是为了补偿他人遭受的损失,也不是为了抚慰他人遭受的心灵创伤,而是为了惩罚行为人实施的某些侵权行为,让他们为其实施的侵权行为付出更高的代价。

2. 惩罚性的损害赔偿责任制度在侵权法上的地位

在当今大陆法系国家，无论是法国侵权法还是德国侵权法均不承认惩罚性损害赔偿责任制度，认为该种制度违反了实际损害赔偿原则，会使他人获得不当得利。Lambert-Faivre 教授指出："损害赔偿应当与他人遭受的真正损害相适应，不应当为了惩罚有过错的责任方而增加此种损害赔偿金的数额，对行为人的过错行为进行惩罚应当严格限制在刑事处罚中，笔者完全反对在民事侵权法中引入私人刑罚，美国法中的惩罚性的损害赔偿制度实际上是偏离我们的民事侵权制度的。"[1] 在英美法系国家，侵权法认可惩罚性的损害赔偿责任制度，认为行为人在故意或者蓄意实施侵权行为的时候，法官有权根据案件的具体情况判决行为人承担惩罚性损害赔偿责任。

在我国，虽然某些学者认为我国侵权法应当全面规定惩罚性的损害赔偿责任制度，但是，我国侵权法并没有反映这样的意见。我国侵权法仅仅在三种例外情况下认可惩罚性的损害赔偿责任制度：

其一，《消费者权益保护法》规定的双倍惩罚性损害赔偿责任制度。我国《消费者权益保护法》第 49 条规定，经营者提供商品或者服务有欺诈行为的，应按照消费者要求增加赔偿其受到的损失。增加赔偿的金额为消费者购买商品价格或者是服务费用的一倍。该条首次认可经营者对消费者承担的惩罚性损害赔偿责任。这就是双倍惩罚性损害赔偿责任制度。

其二，我国《食品安全法》规定的十倍惩罚性的损害赔偿责任制度。我国《食品安全法》第 96 条规定：生产不符合食品安全标准的食品或者销售明知是不符合食品安全标准的食品，消费者除要求赔偿损失外，还可以向生产者或者销售者要求支付价款十倍的赔偿金。

其三，我国《侵权责任法》规定的惩罚性的损害赔偿责任制度。我国《侵权责任法》仅仅在第 47 条当中规定了产品责任领域的惩罚性的损害赔偿责任制度，该条规定：明知产品存在缺陷仍然生产、销售，造成他人死亡或者健康严重损害的，被侵权人有权请求相应的惩罚性赔偿。在我国，惩罚性的损害赔偿责任制度仅仅是制定法上的制度，在制定法之外不存在惩罚性的损害赔偿责任制度。因此，法官只能在上述三种情况下判处行为人以惩罚性的损害赔偿责任，在其他情况下，法官不得责令行为人对他人承担惩罚性的损害赔偿责任。

3. 惩罚性的损害赔偿的适用条件

惩罚性的损害赔偿的适用应当具备相应的条件，包括：其一，行为人实施了故意或者蓄意侵权行为。在侵权法上，惩罚性的损害赔偿仅仅在行为人基于故意或者蓄意实施侵权行为的时候才能够判处，在行为人没有故意或者蓄意的时候不得判处。例如，当行

---

[1] Yvonne Lambert-Faiver, Droit du dommage corporel, systèmes d'indemnisation, 3e édition 1996, Dalloz, p. 161.

为人知道其具有名誉毁损的陈述是虚假陈述时，他们可能会被责令对他人承担惩罚性损害赔偿责任。如果行为人不知道其具有名誉毁损的陈述是虚假陈述时，他们不得被责令承担惩罚性损害赔偿责任。其二，行为人实施的故意或者蓄意侵权行为给他人造成了实质性损害。在侵权法上，惩罚性的损害赔偿以行为人实施的故意或者蓄意行为给他人造成了实质上损害作为必要条件，如果行为人实施的故意或者蓄意行为没有给他人造成实质性损害而仅仅造成名义上损害，则法官不得责令行为人对他人承担惩罚性的损害赔偿责任。

4. 惩罚性的损害赔偿金的数额

在英美法系国家，侵权法不会对行为人支付的惩罚性的损害赔偿金的数额作出明确规定，行为人究竟应当支付他人多少数额的惩罚性的损害赔偿金，由法官根据案件的具体情况来决定，案件的情况不同，法官判处的惩罚性的损害赔偿金的数额也不同。总的说来，英美法系国家的法官倾向于判处大数额的惩罚性的损害赔偿金，因为英美法系国家的法官轻则让行为人赔偿他人几倍的损失，重则让行为人赔偿他人几十倍甚至上百倍的损失，以便体现惩罚性损害赔偿的目的。在我国，《消费者权益保护法》对经营者承担的惩罚性的损害赔偿责任作出了明确限定，认为经营者如果欺诈消费者，他们也仅仅赔偿他人双倍的损失。我国《食品安全法》也对行为人的惩罚性的损害赔偿责任范围作出了明确限定，认为如果商品生产商知道其商品存在重大缺陷而仍然生产、销售的，他们应当赔偿他人十倍的损失。我国《侵权责任法》第47条没有规定行为人支付的惩罚性的损害赔偿金的数额究竟是多少，因此，应当由法官根据案件的具体情况自由裁量。

六、侵权责任对第三人的法律效力

在通常情况下，行为人仅仅就其本人实施的侵权行为对他人承担损害赔偿责任，不就第三人实施的侵权行为对他人承担侵权责任；但是，在例外情况下，行为人仍然应当就第三人实施的侵权行为对他人承担侵权责任。同样，在通常情况下，行为人仅仅对其债权人承担侵权责任，不对其债权人之外的第三人承担侵权责任；但是，在例外情况下，行为人仍然应当对债权人之外的第三人承担侵权责任。

（一）行为人就第三人的行为对他人承担的替代责任

在侵权债领域，行为人原则上应当就其本人实施的侵权行为对他人承担侵权责任，不会就第三人实施的侵权行为对他人承担侵权责任。此种规则在现代两大法系国家和我国的侵权法当中均得到坚持。但是，侵权法在坚持此种原则的基础上也在例外情况下认为，在某些情况下，行为人应当就与其有某种特殊关系的第三人所实施的侵权行为对他人承担侵权责任。在侵权法上，行为人就第三人实施的侵权行为对他人承担的侵权责任被称作替代责任（vicarious liability）、优势责任（respondeat superior）、被强加的过失责任（imputed negligence）、间接责任（responsabilité indirecte）或者因别人的行为承担的侵权责任（responaabilité du fait d'autrui）。其中，替代责任是英美法系国家和我国学说使用的概念，优势责任、被强加的过失责任是英美法系国家使用的概念，而间接责任、因别人的行为承担的侵权责任则是法国学说使用的概念。①

在侵权法上，无论是替代责任、优势责任、被强加的过失责任、间接责任还是因别人的行为承担的侵权责任，它们的意义都是一样的，这就是，行为人不是就自己的侵权行为对他人承担侵权责任，而是就第三人的侵权行为对他人承担侵权责任。行为人承担的替代责任独立于行为人承担的个人责任，因为，行为人承担的替代责任是就第三人实施的侵权行为对他人承担的侵权责任，在侵权责任性质方面属于间接责任，而行为人承担的个人责任则是就自己实施的侵权行为承担的侵权责任，在侵权责任性质方面属于直接责任。②

在侵权法上，行为人就第三人的行为对他人承担的替代责任有哪些，取决于各国侵权法的具体规定，不同的国家有不同的规定。虽然如此，两大法系国家和我国的侵权法大都认为，行为人就第三人的行为对他人承担的替代责任主要包括：雇主就其雇员实施的侵权行为对他人承担的侵权责任，父母就其未成年子女实施的侵权行为对他人承担的侵权责任，国家就其国家机关或者国家机关工作人员实施的侵权行为对他人承担的侵权责任，中小学校就其中小学生或者中小学教师所实施的侵权行为对其中小学生承担的侵权责任，医疗机构就其医师实施的侵权行为对其病患者承担的侵权责任，等等。③

（二）审计师、会计师或者律师对委托人之外的第三人承担的侵权责任

传统民法或者债法理论认为，审计师、会计师或者律师在提供专业服务的时候仅仅对其委托人承担侵权法上的合理注意义务，不对委托人之外的第三人承担合理注意义务。当他们的专业过失行为引起损害时，他们也仅仅对其委托人承担侵权责任，不对委托人之外的第三人承担侵权责任。20世纪60年代以来，侵权法逐渐改变了此种规则，认为审计师、会计师或者律师不仅应当对委托人承担合理注意义务，而且还应当对委托人之外的某些第三人承担合理的注意义务，否则，应当就其违反注意义务的行为对委托人之外的第三人承担侵权责任。④ 因此，当审计师、会计师、律师在为上市公司提供审

---

① 张民安：《雇主替代责任在我国未来侵权法中的地位》，载《中国法学》2009年第3期，第15页；张民安：《侵权法上的替代责任》，北京大学出版社2010年版，第1页。
② 张民安：《雇主替代责任在我国未来侵权法中的地位》，载《中国法学》2009年第3期，第15页；张民安：《侵权法上的替代责任》，北京大学出版社2010年版，第1页。
③ 张民安：《侵权法上的替代责任》，北京大学出版社2010年版，第22—31页。
④ 张民安：《侵权法上的作为义务》，法律出版社2010年版，第607—611页。

计报告或者出具法律意见书时,他们不仅应当对上市公司承担合理的注意义务,而且还应当对那些依赖审计师、会计师或者律师所提供的审计报告或者法律意见书作出决定的股东或者投资者承担合理的注意义务;如果他们在提供审计报告或者法律意见书时没有尽到合理注意义务,导致他们所提供的审计报告或者法律意见书存在虚假的、误导性的内容,他们应当对因为信赖这些虚假的审计报告或者法律意见书而遭受损害的股东或者投资者承担侵权责任。[①]

(三)精神病医师就其精神病人的行为对第三人承担的侵权责任

20世纪70年代以来,美国的侵权法认为,精神病医师或者心理病医师在诊疗精神病人或者心理病人的时候,不仅应当对其精神病人或者心理病人承担合理的注意义务,而且还应当对那些可能遭受精神病人或者心理病人行为损害的第三人承担合理注意义务。精神病医师要采取合理的措施保护这些第三人免受其精神病人或者心理病人所实施的侵权行为的损害,包括通知潜在的受害人,或者通知有关执法机关,等等,否则,当精神病人或者心理病人对第三人实施侵权行为并因此导致他们遭受损害时,精神病医师或者心理病医师应当就其精神病人或者心理病人所实施的侵权行为对第三人承担侵权责任。[②]

(四)商事经营者或者公共服务者就第三人实施的行为对其顾客承担的侵权责任

现代侵权法认为,当商人或者公共服务者能够预见到他们的顾客可能会遭受第三人行为的损害时,他们应当采取合理的措施,保护其顾客免受第三人侵权行为的损害;如果商人或者公共服务者没有采取合理措施保护其顾客的人身或者财产安全,导致他们的顾客遭受了第三人实施的侵权行为的损害,他们应当对其顾客遭受的损害承担侵权责任,要赔偿其顾客所遭受的人身或者财产损害。[③]我国《侵权责任法》第37条对此作出了明确规定,该条规定:宾馆、商场、银行、车站、娱乐场所等公共场所的管理人或者群众性活动的组织者,未尽到安全保障义务,造成他人损害的,应当承担侵权责任。因第三人的行为造成他人损害的,由第三人承担侵权责任;管理人或者组织者未尽到安全保障义务的,承担相应的补充责任。因此,银行应当采取合理措施保护其储户的人身或者财产安全,防止歹徒当其储户在存取款时对其储户实施抢劫行为;如果银行在保护其储户的人身或者财产安全方面没有尽到合理的注意义务,导致其储户被歹徒杀死或者

[①] 张民安:《侵权法上的作为义务》,法律出版社2010年版,第642—645页。
[②] 张民安:《侵权法上的作为义务》,法律出版社2010年版,第642—645页。
[③] 张民安:《侵权法上的作为义务》,法律出版社2010年版,第54—102页。

砍伤，银行应当对其储户遭受的损害承担侵权责任。同样，宾馆、酒店或者停车场都应当采取合理措施保护其客人的人身或者财产安全，防止他们遭受第三人的非法攻击、抢劫或者抢夺；否则，应当对其客人遭受的人身或者财产损害承担侵权责任。

（五）网络经营者就其网络用户实施的侵权行为对他人承担的侵权责任

原则上讲，网络经营者仅仅就其本人实施的侵权行为对他人承担侵权责任，不就第三人实施的侵权行为对他人承担侵权责任。在例外情况下，网络经营者应当就第三人实施的侵权行为对他人承担侵权责任。所谓例外情况是指，网络经营者在保护他人免受第三人所实施的侵权行为损害方面没有尽到合理的注意义务，诸如在接到他人投诉的情况下没有及时采取删除、屏蔽、断开链接等必要措施。一旦网络经营者存在这样的过失，他们就应当就第三人实施的侵权行为对他人承担侵权责任。我国《侵权责任法》第36条对此规则作出了明确说明，该条规定：网络用户利用网络服务实施侵权行为的，被侵权人有权通知网络服务提供者采取删除、屏蔽、断开链接等必要措施。网络服务提供者接到通知后未及时采取必要措施的，对损害的扩大部分与该网络用户承担连带责任。网络服务提供者知道网络用户利用其网络服务侵害他人民事权益，未采取必要措施的，与该网络用户承担连带责任。

（六）侵害他人契约所承担的侵权责任

现代民法或者债法理论认为，一旦第三人知道契约债权人同契约债务人之间存在具有法律约束力的契约，则他们不得干预契约债权人与契约债务人之间的契约关系；如果第三人故意引诱债务人违反他们对契约债权人所承担的契约债务，或者采取其他方式干预契约债权人与契约债务人之间的契约，而因此导致契约债务人无法履行对契约债权人所承担的契约债务，他们应当就其实施的侵权行为对契约债权人承担侵权责任；契约债权人有权要求第三人或者契约债务人对其承担侵权责任，也有权要求第三人与契约债务人一起对其承担连带侵权责任。这就是侵害他人契约所承担的侵权责任制度。[①]

[①] 张民安：《第三人契约性侵权责任研究》，《中山大学学报》1997年第4期，第35—42页；张民安：《过错侵权责任制度研究》，中国政法大学出版社2002年版，第569—611页；张民安：《现代法国侵权责任制度研究》，法律出版社2007年第2版，第68—81页。

第八章 无因管理债

第一节 无因管理概述

一、无因管理债的本质

（一）无因管理和无因管理债的界定

所谓无因管理（la gestion d'affaire），是指行为人在不对他人承担法定义务或者约定义务的情况下，为了他人的财产利益或者人身利益免受损害，基于自愿而管理他人事务或为他人提供服务的行为。其中，对他人事务进行管理的人称为管理人（gérant），其事务被管理的人称为被管理人（géré）或者本人（maitre）。管理人因为管理被管理人的事务而支出的费用或者遭受的损害，可以要求被管理人补偿或者赔偿；管理人因为没有尽到合理的注意义务而导致被管理人遭受损害，应当对被管理人承担损害赔偿责任。管理人与被管理人之间因此产生了债权债务关系。此种债权债务关系是双务的而非单务的，双方都要承担，这就是无因管理债。

在我国，《民法通则》和《民法总则》均对无因管理债作出了规定。《民法通则》第93条规定：没有法定的或者约定的义务，为避免他人利益遭受损失进行管理或者服务的，有权要求受益人偿付由此而支出的必要费用。《民法总则》第121条规定：没有法定的或者约定的义务，为避免他人利益受损失而进行管理的人，有权请求受益人偿还由此支出的必要费用。

在无因管理债中，管理人管理他人事务不是基于法律的强制性规定，也不是基于合同的约定，而完全是基于管理人自己的意愿，因此，其管理被称为无因。所谓无因是相对于有因而言的。所谓有因管理，是指管理人管理他人事务存在适当的原因，此种原因或者是法律的规定，或者是基于合同的规定。例如，父母管理其未成年子女的财产，要采取措施防止他人侵占或者损害未成年人的财产。父母承担的此种管理义务是父母职责的需要，父母必须履行，否则，即要承担一定的责任，因为，各国法律都作出了这样的规定。

（二）无因管理和无因管理债的范例

无因管理债在现实生活中大量存在。最经典的无因管理债有：管理人的邻居外出，其房屋可能遭受暴风雨的侵袭而倒塌或者毁损，管理人为了保护其邻居的房屋倒塌或者毁损而购买材料加固其房屋，使其邻居的房屋经受了暴风雨的侵袭而没有倒塌，邻居回来后应当将管理人因为加固其房屋而支出的合理费用偿还给管理人；一匹狂飙的马脱离其主人，冲进人群，一个勇敢的壮士冲上前将该马制服，并将其交还给主人，马的主人应当赔偿该壮士因为制服马受到的损害；一个行人外出散步时发现有个病人病倒在街道上，自己花钱将该病人送到医院并为其办理了住院手续。当该病人的病治好后应当将该行人支付的出租车费用和住院费用偿还给行人。除了这些经典的无因管理债外，现实生活中还存在新型的无因管理债，诸如：实行夫妻分别财产制的夫妻，当一方为另一方支付应当由另一方支付的水电费时，此种支付行为即构成无因管理行为，另一方应当偿还对方为自己支付的费用；当共有人出钱修缮共有物时，此种修缮行为构成无因管理行为，其他共有人应当偿还。[1]

（三）无因管理债的本质

无因管理债的本质在于平衡私法和道德的冲突，使法律和道德的原则在管理人和被管理人之间寻找到最佳平衡点。在任何社会，私法都坚持这样的基本原则：除非法律作相反的规定或者合同作相反的约定，否则，他人的事务应由他人自己处理，别人不得干涉；任意干涉他人事务的行为构成侵权行为，一旦导致他人遭受损失，行为人即应对他人承担侵权损害赔偿责任。因此，法律不允许行为人干预他人事务。而道德不同，道德鼓励行为人积极干预他人事务，在他人人身或者财产正在或者将要遭受重大损害时，道德要求行为人能够危难相助，见义勇为，以便维护他人利益。

在他人人身或者财产正在或者将要遭受重大损害时，行为人究竟应当根据法律规定的原则行为还是应该根据道德的要求行为？对此问题，法律并没有作出非此即彼的规定，因为行为既要生活在法律当中，要按法律规定的原则生活，也要生活在道德当中，要按照道德规范行事。实际上，行为人既不能完全根据法律的原则行为，也不应完全根据道德的要求行为，而应当根据自己和他人的实际情况来决定。如果行为人在他人人身或者财产正在或者将要遭受重大损害时能够对他人提供救助并且该种救助行为不会危及自己的人身或者财产安全，他们可以基于道德的要求为他人提供服务或者救助行为；如果他们没有能力救助他人或者虽然有能力救助，但是其救助行为会使自己的利益遭受更大损害，则行为人可以基于法律的要求不对他人提供救助。

当行为人最终根据道德的要求对他人事务进行管理时，如果他们在管理时已经尽到了合理的注意义务并且其管理行为最终对他人有益，则法律认可行为人的行为，不将其管理行为看作侵权行为而将其看作合法行为，会产生无因管理的法律效力；否则，就会

---

[1] Jean Carbonnier, les obligations, Presses Universitaires De France, p. 535.

构成侵权行为，管理人要对被管理人承担侵权损害赔偿责任。

二、无因管理制度的历史

（一）大陆法系国家的无因管理制度

通说认为，无因管理源于古罗马法，虽然该种法律制度在古罗马法中是如何产生的，学说并没有作出清楚的说明。[①] 在罗马法中，无因管理被视为一种准契约，它也能够像契约那样产生债。在其《法学金典》当中，盖尤斯认为，准契约包括四种：无因管理、监护、继承和不当给付。盖尤斯的此种分类被查士丁尼所采取，因为除了在其《法学阶梯》当中将准契约分为无因管理、监护、继承和不当给付之外，查士丁尼皇帝仅增加了一种类型的准契约，这就是共有（l'indivision）。[②]

由于受到查士丁尼《法学阶梯》的影响，在法国旧法时期，被誉为《法国民法典》之父的 Pothier 明确将包括无因管理在内的准契约看作债产生的渊源。在其《债法专论》当中，Pothier 对准契约的类型作出了明确的例示说明，认为继承人对继承的接受行为、不当给付行为以及无因管理行为均属于准契约行为。他指出："当一方当事人在另外一方当事人不在场的情况下对另外一方当事人的事务进行的管理行为也属于准契约行为，该种行为除了让管理人在管理的时候承担考虑被管理者的利益的债务之外，也让不在场的被管理人承担支付管理者所支付的费用的债务。"[③]

由于受到 Pothier 的影响，在 1804 年的《法国民法典》当中，法国立法者明确将无因管理视为债的渊源，因为他们也认为，无因管理属于一种准契约。《法国民法典》旧的第 1371 条至旧的第 1381 条分别对准契约、因为无因管理和不当给付所产生的债作出了具体规定。它们完全由法国 1804 年民法典的立法者所规定并且一直被原封不动地保留到 2016 年 2 月 10 日。《法国民法典》旧的第 1371 条对准契约作出了界定，该条规定：所谓准契约，是指行为人所实施的纯自愿的行为（faits purement volontaires），这些行为或者使他们对他人承担债务，或者使行为人与他人之间相互承担债务。

《法国民法典》旧的第 1372 条对无因管理债的一般规定作出了说明，该条规定：如果管理人基于自愿管理被管理人的事务，无论被管理人是否知道管理人在对其事务进行管理，一旦他们已经开始对被管理人的事务进行了管理，他们就必须承担默示的继续管理的义务，并且要管理到被管理人能够亲自管理自己的事务为止。除了对所管理的事务进行管理之外，管理人还应当对同其管理事务有关的事务予以管理。管理人在管理被

[①] Jean Carbonnier, les obligations, Presses Universitaires De France, p. 538.
[②] Jean-Philippe Lévy André Castaldo, Histoire du droit civil, 2e édition, Dalloz, p. 834.
[③] Robert-Joseph Pothier, Traité des obligations, Dalloz, 2011, p. 52.

管理人的事务时应当承担明示委托契约当中受托人对委托人所承担的所有义务。

在2016年2月10日的债法改革当中,法国政府也将包括无因管理在内的准契约视为债的渊源,这就是《法国民法典》新的第1300条,该条规定:所谓准契约,是指行为人基于单纯的自愿所实施的能够让他们对他人或者有时也能够让他人对行为人承担某种债务的行为。准契约包括由本分编所规范和调整的无因管理、不当给付和不当得利。① 具体来说,在《法国民法典》第三卷第三编第三分编的第一章当中,法国立法者对无因管理产生的债作出了规定,这就是《法国民法典》中新的第1301条至新的第1301-5条。

(二) 英美法系国家的无因管理制度

在英美法系国家,学说往往并不区分无因管理债和不当得利债,他们往往将无因管理看作不当得利的一种表现形式,因此学说往往在不当得利制度中讨论无因管理的问题,或者在侵权行为中讨论此种问题。站在侵权行为的角度,英美法认为,如果行为人基于自愿对他人承担保护或者管理的职责,则他们在保护或者管理他人事务时应当尽到合理的注意义务;否则,即构成侵权,要承担侵权责任。如果他们已经尽到了合理的注意义务,则构成无因管理行为,按照不当得利的原则,被管理人要将管理人因为管理其事务支出的费用或者遭受的损害补偿或者赔偿给管理人。因此,在英美法中,虽然作为独立的无因管理债并不存在,但是,大陆法系和我国民法所规定的无因管理债的基本精神还是存在的。

(三) 我国民法规定的无因管理制度

在我国,虽然《民法通则》第93条和《民法总则》第121条对无因管理债作出了明确的规定,但是,它们的规定过于简单,属于高度抽象性的一般规定,对于管理人在管理他人事务时承担的注意义务和忠实义务没有作出详细的说明,因此,我国民法学者往往对无因管理债作出了说明。

遗憾的是,到目前为止,由于受到我国台湾地区某些民法学者的影响,尤其是受到王泽鉴教授的影响,在对无因管理债作出说明时,他们的说明存在严重的问题,因为他们认为,无因管理分为合法的无因管理和不合法的无因管理,并根据这两种类型分别讨论其构成要件和法律效力。所谓合法的无因管理,是指一般学说所谓的无因管理,即我

---

① Article 1300 Les quasi-contrats sont des faits purement volontaires dont il résulte un engagement de celui qui en profite sans y avoir droit, et parfois un engagement de leur auteur envers autrui.
Les quasi-contrats régis par le présent sous-titre sont la gestion d'affaire, le paiement de l'indu et l'enrichissement injustifié.

国《民法通则》第93条和《民法总则》第121条所规定的无因管理,也就是本书正在讨论的无因管理。所谓不合法的无因管理,也称不适法无因管理,其具体定义分为广、狭两种。

狭义的不合法无因管理认为,不合法无因管理是指管理人无法定或者约定义务而为他人管理事务,并且其管理违反本人意思的行为。① 根据此种理论,不适法的无因管理仅仅指主观意义上的不合法无因管理,无论管理人的管理行为是否有利于被管理人,只要管理人违反了被管理人明示或者可以推知的意思而管理其事务,其管理行为即构成不合法的无因管理。

广义的不合法无因管理认为,不合法无因管理是指管理人无法定或者约定义务而为他人管理事务,其事务的管理不利于被管理人或者违反了被管理人明示或者可以推知的意思。② 根据此种理论,不合法的无因管理包括客观意义上的不合法无因管理和主观意义上的不合法无因管理,前者是指,只要管理人的管理行为在客观上不利于被管理人,即便管理人在主观上是为了被管理人的利益,其管理行为也是不适法的。后者实际上就是前述狭义的不适法无因管理。

无因管理能否分为合法的无因管理和不合法的无因管理?本书认为,无因管理不能分成合法的无因管理和不合法的无因管理,因为,无因管理本身具有合法性,它不具有非法性。法国著名学者Carbonnier教授指出:"根据《法国民法典》第1371条,人们可以将准合同界定为一种合法行为(fait licite),该种合法行为是行为人自愿实施的,因为此种行为的自愿性,行为人要对第三人承担民事义务。"③法国所有的学者都认为,无因管理行为是合法行为而非非法行为。可见,无因管理行为本身具有合法性,不合法的无因管理本身并非无因管理,不能产生无因管理债的法律效力。我国学说所谓的不合法无因管理实际上就是侵权行为,应当产生侵权行为之债的法律效力。

三、无因管理的理论根据

为什么行为人对他人事务进行干预的行为不构成侵权行为而构成合法行为,为什么该种干预行为能够在行为人和其他人之间产生产生债权和债务关系,这是学说一直以来都在探讨的问题。关于这个问题,学说存在很大的争议,主要包括三种学说:准委任理论、纯法定债务理论以及道德上的互助义务理论。

(一)准委任理论(quasi-mandat)

此种理论认为,无因管理行为实际上是一种类似于合同的行为,该种合同就是委任

---

① 张广兴:《债法总论》,法律出版社1997年版,第81页。
② 王泽鉴:《民法学说与判例研究》第2册,中国政法大学出版社1998年版,第90页。
③ Jean Carbonnier, les obligations, Presses Universitaires De France, p. 533.

合同，因为，无论是无因管理行为还是委任行为，都要求行为人有为他人利益行为的意思表示（volonté），没有行为人的意思表示，既不能成立委任合同，也不能构成无因管理行为。受托人之所以要对委托人承担义务，是因为该种义务产生于受托人的意思表示；无因管理的管理人之所以要承担义务，同样是因为该种义务产生于管理人的意思表示。因此，学说将无因管理行为称为准委任行为、不完全的委任行为（mandat imparfait）。① 鉴于无因管理同委任合同之间存在相似性，学说认为，凡是受托人承担的义务，管理人都要承担；凡是受托人承担的责任，管理人都要承担。

（二）纯法定债务理论（obligation purement légale）

此种理论认为，无因管理债并非产生于管理人的意思表示，而完全是产生于法律的直接规定，没有法律的明确规定，管理人与被管理人之间不产生债权和债务关系；在无因管理债中，管理人承担什么样的债务，被管理人承担什么样的债务，应当由法律明确规定，不应当根据管理人的意思表示来确定。因此，无因管理债被称为法定之债。②

（三）道德上的互助义务理论（devoir d'entraide）

道德上的互助义务理论认为，当行为人基于自愿而管理他人事务时，他们实际上是在本着乐善好施和见义勇为的道德精神为别人服务，因为，当别人的生命、身体、健康或者财产将要或者正在遭受威胁时，社会通行的道德准则要求行为人能够采取行动保护他人人身或者财产免受损害。行为人这样做，不仅仅是为了他人的利益，而且也是为了自己的利益，因为，如果在他人的人身或者财产遭受损害时，行为人不采取行动保护他们利益免受损害，则在行为人自己的人身或者财产遭受损害时，别人也不会采取行动保护其利益免受损害。行为人今天为别人的利益采取的管理行为就是为了换取别人明天为了自己的利益而采取的管理行为。

四、无因管理与其他民事制度的关系

（一）无因管理与侵权行为

无因管理行为像侵权行为一样都是债的产生根据，并且都是法定债的表现形式，两者都是根据法律的直接规定而产生法律上的效力，因此，他们之间存在共性。不过，无因管理和侵权行为之间也存在区别，因为，无因管理债是侵权行为之外的独立之债。

1. 无因管理行为与侵权行为的区别

无因管理行为不同于侵权行为，两者在性质上、构成上和法律后果上都存在以下区

---

① Baudry-Lacantinerie-Brarde, IV, n2790.
② Vizion, la notion de quasi-contrat, Th. Bordeaux, 1912, 234.

别：其一，无因管理行为与侵权行为的性质不同。无因管理行为是合法行为，因为无因管理符合社会通行的道德准则，对他人和社会有益，是法律应该鼓励和保护的行为；而侵权行为是违法行为，因为侵权行为违反社会通行的道德准则，对社会有害无益，是法律不予保护的行为。其二，无因管理行为的构成要件与侵权行为的构成要件不同。无因管理行为基于管理人的意思表示而产生，法律要求管理人要有为他人利益管理的意思表示；而侵权行为不是基于行为人的意思表示而产生，法律不要求侵权行为人要有为他人谋利益的意思。其三，无因管理行为产生的后果与侵权行为产生的后果不同。管理人实施无因管理行为，有权要求被管理人支付自己为管理支出的有益费用和必要费用，而侵权行为人实施侵权行为，不得要求受害人对其承担任何责任。

2. 无因管理行为向侵权行为的转变

侵权行为与无因管理行为虽然存在上述区别，但是，它们之间的区别有时非常模糊。当管理人的管理行为不符合无因管理的构成要件时，其管理行为即变成侵权行为，管理人要根据侵权债规则对他人承担侵权损害赔偿责任。

(二) 无因管理与民事代理或者委托

1. 无因管理与委托或者代理之间的共同点

无因管理是管理人管理他人事务的行为，代理或者委托也是管理人管理他人事务的行为，因此，两者存在共同的地方：其一，无因管理要求管理人有行为能力，代理或者委托同样要求代理人或者受托人具有行为能力；其二，在无因管理债中，管理人承担的债务源于管理人的意思表示，而在代理或者委托中，代理人或者受托人承担的债务同样源于他们的意思；其三，无因管理人承担的债务和责任准用代理人或者受托人承担的债务和责任；其四，无因管理行为一旦被管理人追认即转变为代理行为或者委托行为。因为无因管理和代理或者委托之间存在这些联系，大陆法系国家才将无因管理看作准委托或者准合同。

2. 无因管理与委托或者代理之间的区别

无因管理同代理或者委托的区别在于：①无因管理是管理人在无先存义务的情况下基于自愿而自发实施的行为，代理或者委托则是代理人或者委托人在有先存义务的情况下实施的行为。②无因管理的构成需要管理人有管理意思，但该管理意思无须明确表示出来；实施代理或者受托行为，需要代理人或者委托人有将法律后果归属于本人或者委托人的意思，且必须明确表示出来。③代理人或者受托人是以被代理人或者委托人的名义从事某种行为，而无因管理人往往是以自己的名义从事某种行为。④代理或者委托要求双方当事人的意思表示合致，而无因管理行为仅仅要求管理人有管理意思，无须要求被管理人有意思表示。⑤它们的成立要件存在区别。

第二节　无因管理的构成条件

所谓无因管理的构成条件（conditons），是指无因管理成立和发生法律效力时应当具备的基本要件。如果不具备法律所规定的要件，即不得产生无因管理的法律效力。一般来说，无因管理的构成条件包括三个方面：对管理人的条件，对管理行为的条件和对被管理人的条件。

一、管理人的条件

一般认为，如果要成立无因管理，首先要求从事管理行为的管理人具备一定的条件，包括：管理人的行为能力，管理行为的自发性，管理行为的利他性。

（一）管理人的行为能力

从事无因管理行为的管理人是否要具备行为能力？对此问题，有两种完全冲突的理论。在我国，学说持否定态度，认为从事无因管理的行为人无须具备行为能力，因为，无因管理行为并非法律行为，而是事实行为。因此，管理人是否具备行为能力无关紧要，有行为能力的人可以实施无因管理行为，没有行为能力的人也可以实施无因管理行为，只要他们在实施管理行为时有管理意思即可。[1] 在法国，学说普遍持肯定态度，认为从事无因管理行为的人应当具备完全的行为能力，没有行为能力的人不得从事管理行为。[2]

在上述两种理论中，究竟哪一种理论更合理？本书认为，第二种理论更合理，其理由有三：其一，无因管理在历史发展过程中一直被认为是一种准合同，该种准合同像一般合同那样要求行为人具有行为能力，要求行为人有意思表示。其二，管理人在管理他人事务时有时会同第三人签订合同，由第三人来为被管理人的利益从事某种行为，例如管理人同承揽人签订协议，由承揽人修缮其邻居的房屋，以防止该房屋倒塌。如果不要求管理人有行为能力，则该种合同将会被认定为无效，会产生一系列的法律后果。其三，无因管理行为需要管理人具备相当的经验、能力或者判断，否则，其管理行为将难以进行。

（二）管理行为的自发性

管理人管理他人事务的行为必须是自发的（spontanée），其管理行为不是为了履行

---

[1] 张广兴：《债法总论》，法律出版社1997年版，第66页。
[2] Jean Carbonnier, les obligations, Presses Universitaires De France, p. 533; Gérand, Légier, droit civil, p. 136.

事先已经存在的某种义务或者职责，如果行为人管理他人事务是为了履行某种预先已经存在的义务或者职责，则其管理行为不构成无因管理而构成有因管理，不产生无因管理债的法律效力，而应当产生其他债的法律效力。

从理论上讲，行为人在为他人利益行为时，其身份可以有以下三种：

其一，行为人基于合同的规定为他人利益行为，此时，行为人的身份可以表现为受托人或者表现为代理人或者承揽人，他们在为委托人的利益行为时应当承担各种义务，可以享受各种权利。行为人承担的此种债务之所以产生，是因为他们自愿同委托人签订合同，因此，我们将此种债务称为合同性债务。

其二，行为人基于法律的明确规定为他人利益而行为，此时，行为人的身份可以表现为监护人、法定代表人或者雇员等。根据我国《民法通则》的有关规定，监护人要保护好被监护人的利益，要采取措施保护好被监护人的人身安全和财产安全；根据我国《民法通则》和公司法的规定，企业或者公司的法定代表人要管理好公司的资产，防止公司的资财被人侵占；根据一般民法理论，公司雇员在从事雇佣活动时，要保护好自己雇主的财产，为了自己雇主的利益而采取合理的行动。在这些情况下，行为人之所以要承担债务，是因为法律对他们有明确的要求，此时，我们可以将此种债务称为法定债务。

其三，行为人基于道德的要求为他人利益行为。如果合同或者法律没有要求行为人为了他人利益而行为，而行为人基于道德的要求为他人利益而行为，此时，行为人的身份主要表现为无因管理人或者侵权行为人。如果行为人的管理行为符合无因管理的构成要件，则其身份是无因管理人，承担法律明确规定的债务；否则，产生侵权行为的法律效力。

在民法上，人们将行为人在没有约定或者法定义务的前提下基于道德的要求管理他人事务的行为称为自发行为。这就是管理行为的自发性。Carbonnier 教授对此作出了说明，他指出：管理人对他人事务所为的干预行为必须是自发的。如果他是根据某种预先存在的债务来行为，无论该种债务是合同性的（委托）还是法定性的（监护），其干预行为不构成无因管理，而应当适用合同法或者法律的规定。

但是，对此有一个例外，这就是，如果约定管理人或者法定管理人尤其是代理人在管理他人事务时超越其权限，则管理人超越法律规定或者合同约定范围的管理行为应当构成无因管理，产生无因管理债的法律效力。[①] 衡量管理人是否有法定或约定义务，应以管理事务或提供服务开始之时为标准。若管理人在管理事务之初负有义务，则不构成无因管理，但如该义务中途消失，自此时起构成无因管理。如果管理人在管理事务开始时无法定或约定义务，那么自此时起构成无因管理；但是，中途因管理人与本人订立合同而产生义务时，自此时起管理事务不再为无因管理。

---

① Jean Carbonnier, les obligations, Presses Universitaires De France, p. 535.

衡量管理人有无法定或约定义务，应以客观标准确定，而不以管理人的主观认识为标准，如果负有义务而管理人误认为没有义务，其管理事务不能成立无因管理；如果本无义务而管理人误认为有义务，则其管理事务仍然构成无因管理。

（三）管理行为的利他性

行为人在管理他人事务时，应当具有为他人利益而管理其事务的意思，如果没有此种管理意思，则其管理行为不构成无因管理行为，不产生无因管理的法律效力。所谓具有为他人利益而管理的意思，是指管理人在具体实施管理行为时，知道自己不是为了自己的利益而管理某种事务，而是为了自己以外的第三人的利益而管理该种事务。此时，第三人可以是确定的。如果某种事务实际上是别人的事务，但是行为人误以为是自己的事务而进行管理，则其行为不构成无因管理，但可以构成不当得利。因此，是否具有为他人利益而行为的主观意思是无因管理区别于不当得利的重要条件。

一般来说，判断行为人是否具有管理意思，应从本人对其事务的管理要求、事务管理的社会常识、管理人的管理知识水平等方面综合考虑。在管理人的管理水平与社会常识相当的情况下，如果本人已明确表示过管理要求并且该要求符合社会常识，管理人据此要求以适当方法进行了管理，就应认为管理人有管理意思。如果本人虽明确表示过管理要求，但该要求违法或违反社会客观规律，则管理人按社会常识进行了管理，也应视为有管理意思。在本人未曾明示管理要求时，只能根据社会常识加以判断，即管理事务符合社会常识，就可认定管理人有管理意思；反之，就没有管理意思。在管理人的管理水平高于或低于社会常识的情况下，判断管理人是否具有管理意思的标准也应相应有所提高或降低。但不应过于苛刻，否则会阻碍人们互相帮助的积极性。

二、管理行为的条件

（一）管理行为条件的界定

所谓管理行为的条件，是指管理人实施的管理行为应当具备的基本要件。一般认为，管理行为的条件包括两个：管理行为的合法性和管理行为的功效性。所谓管理行为的合法性，是指管理人为管理的事务应当是合法的事务，不得是法律明确禁止的事务，否则，不得构成无因管理。所谓管理行为的功效性，是指管理行为在客观上必须对被管理人有利，如果管理行为在客观上对被管理人无利，则即便管理人是本着高尚的道德精神为被管理人的利益行为，其管理行为也不构成无因管理，不产生无因管理债的法律效力，而产生侵权损害赔偿之债的法律效力。

（二）管理行为的合法性

无因管理行为虽然要由有行为能力的管理人实施，但是，他们实施的管理行为并非一定是法律行为。管理人实施的管理行为既可以是法律行为，也可以是非法律行为。管理行为究竟是什么行为，取决于管理事务的性质和管理人的生活经验和常识。有时，被管理人的具体事务要求管理人采取法律行为。例如，管理人自己不会修缮其外出邻居的房屋，就同承揽人签订合同，由第三人为其邻居修缮房屋，此时，管理人与修缮人签订的合同行为是管理行为，是法律行为。有时，被管理人的具体事务要求管理人采取事实行为。例如，行为人没有时间找到第三人修缮其外出邻居的房屋，在情况紧急的时候自己修缮该房屋。有时，被管理人的具体事务要求管理人采取单一的保全行为，有时，被管理人的具体事务要求管理人采取一系列的保全行为或者管理行为；有时，被管理人的具体事务要求管理人采取的行为是处分行为，如处分邻居容易腐烂变质的食物的行为。

但是，无论是什么样的管理行为，其管理的事务都应当是合法的事务，如果是违法的事务，则不能成立无因管理。一般认为，下列事务不得成立无因管理行为：①违法事项，如保管邻居抢劫来的赃物；②不适宜发生债权债务关系的纯粹宗教、道德、习俗、公益性质的事项；③纯粹自己的事务；④依法必须由本人亲自实施或经本人授权才能管理的事项，如结婚。

（三）管理行为的功效性

管理人在管理他人事务时不仅要具有为他人利益管理的主观意思，而且还要求其管理行为在客观上有利于被管理人，这是无因管理债成立的重要条件。[①] 如果管理人的管理行为没有给被管理人带来好处，则管理人的管理行为不构成无因管理，不产生无因管理债的法律效力，其行为构成侵权，要对被管理人承担侵权损害赔偿责任。至于如何判断管理人的管理行为是否有利于被管理人，法律没有作出规定，学说和司法判例也没有作出说明。本书认为，应当采取收益与损失的衡平理论。根据此种理论，如果管理人通过管理行为带来的收益大于其承担的责任范围，则可以成立无因管理；否则，不构成无因管理。

管理行为是否具有功效性，应斟酌一切与管理人、被管理人和管理事务的性质有关的因素予以判断，其判断时日应当是管理人具体实施管理行为的时候，只要在实施管理行为时，其管理行为对被管理人有益，即便此后所预期的利益没有产生或者消灭，而管理人对此利益的没有产生或者消灭没有过错，仍然要成立无因管理。例如，管理人为自己的外出邻居修缮房屋，使其邻居的房屋经受了暴风雨的侵袭而没有倒塌，在没有来得

---

① Guy Raymond, droit civil, 2e edition, p. 269.

及通知其邻居之前，该房屋因为此后发生地震而倒塌，管理人的管理行为构成无因管理，产生无因管理债的法律效力，被管理人应当偿还管理人支出的费用。当然，管理人的管理行为是否具有功效性，应当由管理人承担举证责任。①

三、被管理人的条件

在无因管理关系中，法律并不关心被管理人的条件，尤其不关心被管理人是否有行为能力，因为，从理论上讲，被管理人并没有介入管理人的管理行为，他们仅仅以某种方式容忍别人对其事务进行管理。但是，对此有一个例外条件，这就是，被管理人对管理人的管理并不知情，不知道别人在管理自己的事务。如果被管理人知道别人在管理自己的事务，他们即应当对此表示意见，或者反对，或者赞成。如果被管理人表示反对后管理人还继续管理，则其管理行为构成侵权行为，应当对被管理人承担侵权损害赔偿责任；如果被管理人表示赞成后，管理人继续管理其事务，则管理人的管理行为转变为明示委托关系，此时，产生民法关于委托关系的法律效力。

如果被管理人知道他人在管理自己的事务后既不表示反对，也不表示赞成，管理人的管理行为产生什么样的法律后果？我国学说没有作出明确说明。法国学说普遍认为，如果被管理人知道管理人的管理行为之后既不表示反对，也不表示赞成，而是听任管理人的管理行为，则被管理人的听任行为实际上等于是默认行为，其默认行为使管理人的管理行为转变为默示委托行为，产生明示委托的法律效力，不产生无因管理的法律效力。② 当然，应当强调的是，被管理人是否知道管理人的管理行为，应当以管理人开始管理其事务时为判断标准，如果此时不知道，可以成立无因管理；如果此时知道，不得成立无因管理。

第三节 无因管理的法律效果

所谓无因管理的法律效果，是指无因管理在管理人和被管理人之间以及第三人之间产生的权利、义务和责任关系，也就是管理人享有的权利和承担的义务、被管理人享有的权利和承担的义务以及第三人享有的权利和承担的义务；等等。不过，一般学说往往站在义务的角度讨论无因管理的法律效果。本书采取此种立场，从义务的角度将无因管理的法律效果分成三个方面：管理人对被管理人承担的义务，被管理人对管理人承担的义务，管理人、被管理人对第三人承担的义务。

---

① Guy Raymond, droit civil, 2e edition, p.271.
② Guy Raymond, droit civil, 2e edition, p.270.

一、管理人对被管理人承担的义务

管理人对被管理人承担的义务包括：一个代理人或者受托人对其委托人承担的义务，合理的注意义务，继续管理的义务。

（一）一个代理人或者受托人承担的义务

无因管理被认为是一种准合同，与民法上的委托合同或者代理合同类似，因此，管理人在管理被管理人的事务时应当像受托人或者代理人那样承担义务，凡是受托人或者代理人承担的义务，管理人都要承担。根据此种规则，管理人承担的义务包括三种：以被管理人明示或者可以推知的方法管理、通知义务和计算义务。

1. 以被管理人明示或者可以推知的意思管理其事务

管理人在为被管理人的利益进行管理时，应当尊重被管理人的明确意思，不得违反被管理人明示的意思表示，否则，其管理行为构成侵权，管理人应当承担侵权责任；如果被管理人没有明确的意思，则管理人应当按照一般理性人的意思来管理。违反一般理性人的意思来管理，其管理行为不构成无因管理，而应当构成侵权行为。在民法上，学说将被管理人已经明确表示的意思称为明示意思，将没有明确表示出来而根据一般理性人的意思加以确定的意思称为可以推知的意思。前者如遇难之人喊"救命"，行为人根据其明确表示出来的意思将其送到医院；后者如昏迷不醒的人躺在马路边，行为人将其送到医院救治。

管理人虽然在管理他人事务时要尊重被管理人的意思表示，但是，如果被管理人的明示意思表示违反了社会公共利益，行为人违反被管理人明示的意思表示对其事务进行管理，其行为是否构成无因管理？学说普遍认为，在此种情况下，管理人的管理行为仍然构成无因管理，不构成侵权行为，仍然产生无因管理债的法律效果，因为，管理人的行为虽然违反了被管理人的意愿，但是却符合社会公共利益的要求。例如，被管理人扬言自己不想活并因此跳河，管理人违反其意愿跳下河将其救起，管理人的行为构成无因管理。一般认为，即便违反了被管理人的意思，如果行为人是为了履行公益上的义务或者是为了被管理人应当履行的法定抚养义务，则管理人的行为不构成侵权。所谓公益上的义务，是指义务具有公益性，此项可以是私法上的义务，如道路建设施工单位未设置警示标志而代为设置，商家未履行约定的送货义务而代为履行；也可以是公法上的义务，比如代为纳税，代为交纳罚款。所谓法定扶养义务，是指法律规定的本人及其亲属间扶养义务，如赡养人有赡养老人的义务而不为之，管理人代行赡养义务，成就无因管理。

2. 通知义务

管理人开始管理时，在可能和必要的情况下，应将管理的事实及时通知被管理人。若管理人不知被管理人为谁，或不知被管理人的住址或者下落等，则不负通知义务。如果管理的事务不属于紧急情况，管理人在发出通知后应中止管理行为，听候本人的指示，一旦本人有回音，并要求移交其事务的，应及时移交所管理的事务。一时难以移交的，应积极创造条件，以便尽快移交。

3. 计算义务

管理人的计算义务包含三项内容：管理人应将管理事务进行的情况报告给被管理人；在无因管理结束时，管理人应向被管理人报告管理情况，提供有关单据和证明；管理人因管理他人事务所取得的物品、钱款及孳息等应交付给被管理人；管理人若为自己的利益使用原本应交付于被管理人的金钱时，应自使用之日起支付利息。

（二）合理的注意义务

管理人在管理被管理人的事务时应当尽到合理的注意义务，该种注意义务要求管理人根据被管理人的事务的具体情况，结合一般人的生活常识或者经验，采取合理的措施保护被管理人的人身利益或者财产利益。在英美法中，此种合理的注意义务被称为理性人的注意义务；而在法国法中，此种合理的注意义务被称为善良家父的注意义务。如果管理人采取的方法不适当，导致他人遭受损害，其管理行为不构成无因管理，而构成侵权行为，应当承担侵权损害赔偿责任。例如，某甲在路上遇见某乙病发昏倒，必须进行抢救。在当时情况下，甲可以采取救助的方法显然不止一种。如果甲租用或拦截途经的车辆将乙送往附近医院进行抢救，使之转危为安，该种救助方法，无疑是符合患者本人明示或可推知的意愿。反之，若某甲舍近求远，或嫌送医院麻烦，将乙抬往乡下，用土法治疗，或求神拜佛，以致延误抢救时间，导致乙死亡，应当承担侵权责任。但是，在确定管理人承担侵权损害赔偿的责任范围时，基于管理人的申请，法官可以适当减少其损害赔偿数额。[①]

（三）继续管理的义务

无因管理人原本不承担管理他人事务的义务，因此，如果他们没有管理别人的事务，或者在他人利益将要遭受重大损害时，能够救助而没有救助，导致他人遭受财产损害或者人身损害，他们并不对受害人承担损害赔偿责任。但是，一旦他们基于自愿而管理他人事务，他们即应承担继续管理的义务，应当继续采取措施防止他人利益遭受损害，不得中途放弃对他人事务的管理；否则，因为其放弃管理导致被管理人遭受损害，应当对受害人承担侵权损害赔偿责任。管理人继续管理他人事务到什么时候为止？学说认为，应当到被管理人能够对其事务予以控制时为止。在被管理人无法控制其事务前，管理人不得中途放弃管理行为。

---

① Guy Raymond, droit civil, 2e edition, p. 272.

二、被管理人对管理人承担的义务

(一) 报酬支付义务

管理人为被管理人管理事务,纯属义举,因此,在管理结束时,管理人不得要求被管理人支付报酬,否则,管理人的行为将不属于无因管理,也违反了管理行为的自愿性特征。但是,对此有一个例外,这就是,如果管理人是一个专业人士,则被管理人应当支付报酬给管理人。[①]

(二) 必要费用的偿还义务

因为无因管理行为是一种有利于被管理人的行为,因此,法律不应当让管理人承担不利的后果。管理人因为管理他人事务而预先支出的必要费用、有益费用,被管理人应当偿还给管理人;但是,如果是奢侈的费用、超出合理限度的费用,被管理人不承担偿还的责任。[②] 管理人支出的费用是否为必要费用、有益费用,应以费用支出时的客观情况决定,如支出之时该费用为必要和有益,即使其后为不必要和无益,也应视为必要费用、有益费用;反之,如果管理人支出之时该费用是不必要的、无益的,则即便其后转化为必要费用和有益费用,一般也不应视为必要费用和有益费用,被管理人无偿还的责任。

(三) 法定利息的支付义务

根据两大法系国家和我国法律的规定,被管理人还应当支付管理人支出的必要费用和有益费用产生的利息,此种利息根据法定利率确定,从管理人支出费用之日起开始计算。

(四) 损害赔偿责任义务

管理人因为管理被管理人的事务而遭受人身损害的,被管理人应当承担损害赔偿责任义务。此种赔偿责任既不是侵权损害赔偿责任,也不是合同损害赔偿责任,而纯属无因管理债产生的法律效力。

三、管理人、被管理人和第三人之间的关系

(一) 无因管理中的第三人

管理人为了管理被管理人的事务往往需要与第三人签订合同,或者购买他们的原材

[①] Guy Raymond, droit civil, 2e edition, p. 272.
[②] Civ. 1re, 27févr, 1963, Bull. Civ. 1, n131.

料，以便用购买的原材料加固被管理人的房屋；或者从他们那儿获得贷款，以便用该贷款购买有关原材料，加固被管理人的房屋；或者由第三人具体承揽修缮被管理人房屋的事项。此时，管理人为被管理人的利益与第三人签订的合同是否对被管理人产生法律上的约束力？学说认为，管理人、被管理人和第三人之间的关系取决于被管理人和管理人的态度。

（二）被管理人追认管理行为时与第三人的关系

如果被管理人事后追认管理人进行的管理行为，则无因管理行为将溯及既往地转换为委托合同关系；在与第三人的关系方面，管理人变成了被管理人的代理人或者受托人，被管理人应当就管理人与第三人签订的合同承担责任。[1] 因此，如果管理人购买了第三人的原材料，被管理人应当支付该原材料的实际价款给第三人；如果管理人从第三人那儿获得贷款，被管理人应当偿还该贷款；如果管理人与第三人签订合同，由第三人具体承揽修缮事务，被管理人应当支付报酬给第三人。

（三）被管理人没有追认管理行为时与第三人的关系

如果被管理人没有追认管理人的管理行为，管理人与第三人的关系取决于管理人管理事务的方式。如果管理人以自己的名义同第三人签订合同而没有告知第三人他是为了被管理人的利益签订合同，则管理人与第三人之间的关系同普通合同当事人之间的关系一样，管理人应当自己对第三人承担合同所规定的义务，包括支付价款、偿还贷款或者支付报酬给第三人，第三人不得请求被管理人对自己承担合同责任；如果管理人告知第三人，他是为了被管理人的利益与第三人签订合同，则该第三人也变成了被管理人事务的无因管理人，此时，管理人变成了居间人，该种居间允许在被管理人和第三人之间直接产生无因管理债的法律效力，第三人有权要求被管理人对自己承担上述责任，包括支付价款、偿还贷款等。无因管理人不再对该第三人承担个人性质的责任。[2]

四、无因管理向委托合同的转换

如果被管理人是有行为能力的人，他们可以追认管理人所为的管理行为，此时，无因管理行为将溯及既往地转换为委托合同，管理人的管理行为将排除无因管理债的法律效力，而产生民法或者合同法规定的委托合同的法律效力。此时，管理人成为被委托人，有权要求被管理人支付必要费用、有益费用，而且也有权要求被管理人支付非必要费用和无益费用，只要这些费用是管理人在管理被管理人的事务过程中支付的，因为，必要费用和有益费用的偿还是无因管理区别于委托合同关系的重要标志。

---

[1] Guy Raymond, droit civil, 2e edition, p. 273.
[2] Guy Raymond, droit civil, 2e edition, p. 273.

第九章　不当得利债

第一节　不当得利概述

一、不当得利和不当得利债的界定

（一）不当得利的定义

所谓不当得利（unjust enrichment enrichissement san cause），是指行为人在没有合法根据的情况下使自己获得某种利益并因此使他人遭受损失的行为。在债法上，人们将获得不当利益的人称为受益人（accipiens），将因为受益人的行为而遭受损失的人称为受损人（solvens）。受益人有义务将自己获得的不当利益返还给受损人，受损人有权要求受益人将获得的不当利益返还给自己，两者之间形成的此种债务和债权关系就是不当得利债。其中，负有返还不当得利义务的受益人是债务人，有权要求债务人返还不当得利的受损人是债权人。

（二）古罗马时代的不当得利制度

通说认为，近现代意义上的不当得利制度源于罗马法上的财产返还诉讼制度。在古罗马，如果一个人提起诉讼，要求他人对自己承担财产返还责任，他应当根据合同债或者根据侵权之债来主张。此时，他的诉讼请求应当符合合同债或者侵权之债的构成要件。如果他不能根据合同债或者侵权之债主张财产的返还，他能够通过其他方式要求他人将所获得的财产返还给自己吗？

在罗马，法律认为，如果债权人无法通过合同债或者侵权之债主张自己的权利，他们还可以向法院起诉，要求法院责令获得财产的人将获得的财产返还给自己；法院可以责令获得他人财产的人将所获得的财产返还给他人，这就是罗马法上的财产返还诉讼制度（l'idée des condictiones）。此种制度发展到后来就演变为不当得利制度（condictio sine causa）。但是，古罗马法仅仅承认某些具体形态的不当得利制度，没有建立有关不当得利方面的一般原则。

（三）《法国民法典》对不当得利制度的规定

在1804年的《法国民法典》当中，法国立法者仅仅零星地规定了某些类型的不当得利制度，没有建立一般意义上的不当得利制度。例如，《法国民法典》第 555 条对不动产所有权人承担的不当得利债作出了规定，根据该条的规定，当他人在不动产所有权人的不动产之上建造建筑物或者种植林木等时，如果不动产所有权人在收回其不动产所有权时保留他人所建造的建筑物或者所种植的林木等，则不动产所有权应当对他人进行合理的补偿。该条规定的补偿责任实际上就建立在不当得利制度的基础上，因为，如果不动产所有权人不对他人进行此种补偿，则他们将会获得不当利益，而该种不当利益则是以牺牲他人的利益为代价而获得的。再如，《法国民法典》第 1312 条也对处于监护当中的未成年人或者成年人与他人签订的契约被宣告无效之后所产生的不当得利债作出了明确规定。

为了克服《法国民法典》在不当得利债方面所存在的法律漏洞，借助于自然法尤其是其中的公平原则，法国最高法院在 1892 年的著名案件即 Boudier 一案①当中确立了一般意义上的不当得利制度。法官在该案当中指出，当一方当事人以牺牲另外一方当事人的利益作为代价而获得利益时，另外一方当事人有权向法院起诉，要求法官责令获得利益的一方当事人将其获得的利益返还给自己。法官在该案当中还认为，一般意义上的不当得利制度的基础是公平原则（principe d'équité）。法国最高法院在该案当中所确立的原则不仅被它本身所遵循，而且还被其他法院的法官所遵循，并因此成为具有重要意义的原则。②

在 2016 年 2 月 10 日的债法改革当中，法国政府最终将不当得利债规定在《法国民法典》当中，这就是《法国民法典》第三卷第三编第三分编的第三章，也就是《法国民法典》新的第 1303 条至新的第 1303 - 4 条的规定。除了《法国民法典》对不当得利债作出了一般规定之外，法国民法学者也普遍承认不当得利债的存在，无论是在债法改革之前还是之后，都是如此。③

（四）我国《民法总则》对不当得利制度的规定

在我国，《民法通则》第 92 条和《民法总则》第 122 条规定了一般意义上的不当得利制度。《民法通则》第 92 条规定：没有合法根据，取得不当利益，造成他人损失

---

① Req. 15 juin 1892, S. 93, I, 281, D. 92, I, 696.
② 张民安：《法国民法》，清华大学出版社 2015 年版，第 442—443 页。
③ Jean Carbonnier, Droit civil, Volume II, Les biens les obligations, puf, pp. 2435 - 2444;; Francois Terré Philippe Simler Yves Lequette, Droit civil, Les obligations, 10e edition, Dalloz, pp. 1057 - 1070; Philippe Malaurie Laurent Aynès Philippe Stoffel-Munck, les, obligations, 4e édition DEFRENOIS, pp. 577 - 586; Philippe Malaurie Laurent Aynès Philippe Stoffel-Munck, Droit Des Obligations, 8e édition, LGDJ, pp. 613 - 622; Rémy Cabrillac, Droit des Obligations, 12e édition, Dalloz, pp. 203 - 209; 张民安：《法国民法》，清华大学出版社 2015 年版，第 442—447 页。

的，应当将取得的不当利益返还受损失的人。《民法总则》第122条规定：因他人没有法律根据，取得不当利益，受损失的人有权请求其返还不当利益。

在我国，虽然立法者对不当得利债作出了规定，但是，他们的规定高度原则、异常抽象，因此，不当得利债的适用范围有哪些？不当得利应当具备哪些必要条件？不当得利者所承担的返还责任范围是什么？《民法通则》或者《民法总则》均没有作出说明。因此，我们应当借鉴《法国民法典》的做法，对不当得利制度作出更进一步的规定。

二、不当得利制度的理论根据

通说认为，不当得利制度的理论根据是所谓的公平观念。所谓公平，是指任何人，如果要使自己获得某种利益，必须不损害他人利益；一个人获得利益，要么根据合同的规定，要么根据法律的规定。此时，行为人获得的利益是非常公平的，因为合同是公平的，它反映了当事人的意愿；法律是公平的，因为它反映了社会公众的意愿。如果行为人获得某种利益没有合同根据或者法律根据，则其获得利益的行为是不公平的、不公正的。为了实现公平正义的目的，法律和道德要求获得不当利益的人将所获得的不当利益返还给受损人，以便使被扭曲的公平交易得以恢复。

将公平观念作为不当得利根据的做法源于罗马法。早在罗马法时代，法律就坚持这样的格言：任何人都不应以牺牲他人利益为代价而追求个人利益。到了近代社会，自然法学家都坚持这样的观念：任何人都不应当以损害他人利益的方式来达到致富的目的。[1] 法国司法判例明确指出，不当得利制度是建立在任何人不得以损害他人利益为代价来实现致富目的的公平观念基础上的。[2]

三、不当得利制度的社会功能

不当得利制度是法律平衡社会公共利益和当事人私人利益的重要表现：如果法律认为一切使自己获得利益而使他人利益受到损害的行为都构成不当得利，都产生获得利益的人返还利益于他人的法律效力，则社会的公共利益就会受到损害，行为人行为的积极性就会受到损害，社会经济的发展和社会文明的进步就不可能取得；如果法律放任行为人为所欲为，听凭行为人肆无忌惮地以损害他人利益作为手段而谋求自己的利益，则他人的利益就会受到严重损害。法律是平衡社会公共利益和受害人利益的手段。首先，法律将行为人行为的积极性作为自己的重要目标，禁止借口受害人利益的保护而将行为人一切有损受害人利益的行为都看作不当行为；其次，法律在强调行为人积极行为的重要意义的同时，也要适当考虑受害人利益的保护，禁止以行为人行为积极性的保护为由而

---

[1] V. Jean Carbonnier, les obligations, Presses Universitaires De France, p. 533.
[2] Civ., 12 mai 1914: S. 1918, 1, 41.

严重损害受害人的利益。基于此种理论，各国法律虽然建立了一般意义上的不当得利制度，但是，此种制度很少得到司法判例的广泛适用，司法往往仅仅承认某些形态的不当得利债，并且现代司法判例在确定特定形态的不当得利制度时，还以众多的方式限制不当得利债的适用范围。

四、不当得利制度在债法中的地位

在现代债法体系中，不当得利制度究竟处于什么地位？它同合同债、侵权行为之债和无因管理债是什么关系？当原告的诉讼请求同时符合合同债、侵权行为之债、无因管理债和不当得利债的构成要件时，原告是否可以任意选择其中一种债权请求权而主张？

本书认为，为了确保债法体系的完整性，为了确保合同债、侵权行为之债、无因管理债和不当得利债的相互独立性，应当正确确定不当得利制度在这四类债中的地位，认为不当得利债仅仅处于从属地位，仅仅在其他债权请求权无法主张时，才可以主张不当得利债。如果原告的诉讼请求符合前三类债权请求权的构成要件，原告只能主张这些请求权，不允许在其他债权请求权的条件具备时主张不当得利请求权。因为，如果将一切获得利益的行为都看作不当得利的行为，都可以产生不当得利债的法律效力，则其他债法制度，诸如合同制度、侵权行为制度、无因管理制度将统统失去其存在的必要。违约人违约将会使违约人获得不当利益；一方实施侵权行为后往往也会使自己获得某种利益；一方实施无因管理行为后，往往会使自己获得某种利益。这样，不当得利债可以同合同债、侵权行为之债、无因管理债构成竞合，法律仅仅承认不当得利债就可以了，无须再要求其他形式的债。

五、不当得利制度与其他制度的关系

（一）不当得利制度与物权制度

我国《民法通则》第 61 条规定："民事行为被确认为无效或被撤销后，当事人因该行为取得的财产，应当返还给受损失的一方。"第三人根据此条承担的返还责任，其根据究竟是不当得利制度还是物权请求权制度？在我国，这个问题不容易回答。一方面，该条规定同物权行为的理论有很大的联系。如果我国法律不认可物权行为制度，则《民法通则》第 61 条所规定的返还责任根据是物上请求权；如果我国法律认可物权行为制度，坚持物权行为的区分原则，认为债权行为独立于物权行为，则《民法通则》第 61 条规定的返还责任根据不是物上请求权，而是不当得利返还请求权。在我国，虽然有许多人主张物权行为理论，坚持区分原则，但是，此种理论并没有得到法律的遵守，因此，《民法通则》第 61 条规定的返还责任根据是不当得利制度。另一方面，《民法通则》第 61 条是否可以构成债权请求权和物上请求权的竞合？本书认为，可以构成

竞合，由第三人自由选择，他们既可以主张物上请求权，也可以主张不当得利返还请求权。

（二）不当得利制度与侵权行为制度的关系

不当得利制度和侵权行为制度都是债的重要制度，两者都具有债的一般特征。但是，两者毕竟是两种不同的债务制度，两者在性质、构成和效力方面都存在差异。原则上讲，不当得利债被认为是准合同债，类似于借贷合同，因此，不当得利的行为并非是非法行为。而侵权行为是非法行为。因此，我国学说将众多的侵权行为看作不当得利行为显然存在问题。

（三）不当得利制度与无因管理制度的关系

不当得利制度和无因管理制度都是准合同，因此两者往往难以区别。总的说来，不当得利制度要求的条件要比无因管理制度要求的条件低，在不符合无因管理的构成要件时，如果行为人获得某种不应当获得的利益，则可以成立不当得利债。因此，如果无因管理人是未成年人，他不得通过无因管理债请求受益人承担返还责任，而只能通过不当得利债提出此种请求。如果不当得利债和无因管理债的条件同时具备，当事人应当主张无因管理债，不得主张不当得利债。

第二节　不当得利的构成要件

一、不当得利构成要件的分类

所谓不当得利构成要件（éléments），是指成立不当得利债和发生不当得利债的法律效果所应当具备的条件。如果不具备这些条件，就不能成立不当得利债，也不能因此产生应当产生的法律效力。

不当得利应当具备哪些要件，学说有不同的意见。在我国，学说普遍认为，不当得利的构成要件有四个方面，即受益人获得财产上的利益、受损人遭受财产上的损失、所受利益与所受损失之间有因果关系和受益人获得利益无合法的原因。在法国，某些学者认为，不当得利应当具备三个要件：事实要件、法律要件和心理要件。[1] 某些学者认为，不当得利仅仅要具备两个要件：事实要件和法律要件。[2] 区别在于学者对不当得利

---

[1] V. Jean Carbonnier, les obligations, Presses Universitaires De France, p. 550.
[2] Gérard Légier, les obligations, quatorième édition, mementos dalloz, pp. 140–141.

种类的区分。

所谓事实要件,是指要构成不当得利,必须存在某种财产利益从一方当事人转到另一方当事人的事实。学说将其分为三个含义:一方当事人获得某种利益,另一方遭受某种损失,一方获得的利益和另一方遭受的损失之间存在某种对应关系。所谓法律要件,是指受益人获得利益欠缺正当原因。所谓心理要件,是指在因为不当给付产生的不当得利中,给付人是基于误解对他人为给付。一般而言,因不当给付产生的不当得利要求具备心理要件,其他不当得利则不要求具备心理要件。

关于不当得利的心理要件,本书将在不当得利的种类中作出说明。我国学说关于不当得利的构成要件同其他国家关于不当得利的构成要件并没有什么本质的区别,因为我国学说关于不当得利构成要件的前三个要件实际上就是法国学者所谓的事实要件,后一个要件实际上就是法国学说所谓的法律要件。为了同现代两大法系国家的学说保持一致,本书将不当得利制度的构成要件分为两种,即事实要件和法律要件。

二、不当得利的构成要件之一:事实要件

(一) 一方当事人获得某种利益

要构成不当得利,其首要的条件是受益人在客观上获得了某种利益。如果受益人没有获得某种利益,则即便他人遭受损失,也不构成不当得利。原则上讲,受益人获得的利益只能是物质利益、财产利益,包括有形的财产利益和无形的财产利益,[①] 不包括精神上的利益。同时,根据两大法系国家和我国学说的主流观点,一方当事人获得的利益应当作广泛的理解,包括财产的积极增加和财产的消极增加两种。

所谓财产的积极增加,是指权利的增强或义务的消失,使财产范围扩大。其具体表现形式多种多样,诸如:①财产权利的取得,如物权、知识产权及债权的取得等;②占有的取得,哪怕占有人尚未取得占有物的所有权或其他物权,也标志着占有人取得了具有财产利益的法律地位;③财产权的扩张及效力的增强,如因附合而使所有权范围扩大;④财产权限制的消失,如因抵押权的消失而使所有权的负担消灭;⑤其他原因使财产积极增加,如因第三人的行为和非债清偿等而发生的财产积极增加。

所谓财产的消极增加,是指当事人一方财产原本应当减少而没有减少,也就是避免了某种财产上的损失。其具体表现形式多种多样,诸如:①本应支出某种费用而没有支出;②本应负担某种债务而没有负担;③本应在自己的财产上设定某种负担而没有设定;等等。

[①] Civ., 25 janv. 1965: Gaz. Pal. 1965, 1, 198.

（二）另一方当事人遭受某种损失

不当得利的成立须以另一方当事人遭受经济上或者物质上的损失为必要条件。因此，仅仅遭受精神上的损失，不得成立不当得利。与一方获得的利益对应，另一方遭受的损失也应作广泛的理解，它包括财产的积极减少和财产的消极减少。所谓财产的积极减少，是指当事人的现有财产数额的直接减少；所谓消极减少，是指当事人的财产应当增加而没有增加。

（三）某种因果联系的存在

要成立不当得利，除了要具备上述两个事实要件之外，还应当具备第三个事实要件，这就是，一方当事人获得的利益和另一方当事人遭受的损失之间存在一定的因果联系。这种因果联系不仅包括直接的联系，而且还包括间接的联系，这就是间接因果关系理论。

间接因果关系理论认为，一方获得的经济利益和另一方遭受的经济损失之间的因果关系，不限于同一原因造成受益和受损的情况，即受益和受损是由两个原因事实造成的，如果社会观念认为二者有牵连关系，也认为二者之间存在因果关系，可以成立不当得利。因此，间接因果关系理论实际上认为，受益人和受损人之间的对应关系可以是直接的，也可以是间接的。前者如：非婚同居当事人在同居关系结束时，一方因为对方管理自己的房地产而没有支付报酬给对方，已经获得了不当利益，应当返还不当利益给对方。后者如：一个佃农购买生产商的肥料而没有支付价款，当土地主收回佃农耕种的土地时，他们实际上已经获得了不当利益，因此，应当将佃农没有支付给生产商的肥料钱返还给他。

三、不当得利的构成要件之二：法律要件

（一）法律要件的界定

所谓法律要件，是指获得利益的人在获得利益并使受损人遭受经济上的损失时没有合法的原因。如果受益人获得某种经济上的利益存在某种合法的根据，则其行为不构成不当得利，不产生利益的返还责任。在任何社会，一个人要获得某种利益，都必须要有某种原因。所谓原因，是指证明获得利益是正当的法律上的理由。[①] 如果一个人获得利益具有法律上的原因，则其获得的利益不构成不当得利；如果一个人获得利益没有法律上的原因，则其获得的利益构成不当利益，应当将自己获得的利益返还给受损人。

---

① Rémy Cabrillac, Droit des obligations, 2e edition, Dalloz, 1996, p. 142.

（二）行为人获得利益的正当原因

1. 合同

此种原因或者是买卖合同或者是赠与合同，一方根据这些合同获得出卖人交付的财产或者金钱，其利益的获得是有正当原因的，因此不构成不当得利。

2. 法律

此种原因或者是某种制定法的明确规定，因为，该种法律明确规定，某些人可以获得某些利益，此时，受益人获得利益是有正当理由的，其获得的利益不构成不当得利。例如，劳动法规定劳动者享有获得报酬的权利，因此劳动者获得报酬的行为虽然使雇主遭受损失，其行为也不构成不当得利。

3. 惯例

此种原因或者是某些惯例，如果行为人所在的行业惯例认为行为人可以获得某些利益，则他们获得有关利益时，其行为不构成不当得利。例如，酒楼根据惯例对顾客加收服务费，虽然使顾客遭受经济上的损失，但是，其行为不构成不当得利。

4. 法院的裁判

此种原因或者是法院的裁判，一旦行为人根据法院的裁判获得某种经济上的利益，即便该种行为使他人遭受损失，受益人的行为也不构成不当得利，因为法院的裁判是人们获得经济利益的正当根据。

5. 受损人自己的行为

此种原因或者是受损人的个人行为，因为，既然受损人基于自愿从事某种有益于自己的活动，则当他们的行为有益于别人时，他们不得主张不当得利。例如，行为人装修自己的房屋，以便以更好的价格出租，因为其行为使该人邻居的房价上升，行为人不得主张不当得利。

（三）正当原因的推定

如果一个人不是因为上述原因获得经济上的利益，则其获得利益的行为构成不当得利。原则上讲，法律推定受益人获得经济上的利益存在正当原因，如果受损人要主张受益人获得利益欠缺正当原因，受损人应当承担举证责任。[1]

---

[1] Gérard Légier, les obligations, quatorième édition, mementos dalloz, p. 141.

第三节 不当得利的种类：不当给付

许多国家的民法虽然建立了一般意义上的不当得利制度，但是，此种一般意义上的不当得利制度并没有得到司法判例的适用，司法判例往往仅在特定的情况下讨论不当得利制度。因此，与其说不当得利制度是有关债法方面的一般制度，不如说不当得利制度仅仅是有关债法方面的具体制度。因为这样的原因，学说往往对不当得利进行分类，并分别讨论其特殊的构成要件甚至法律效果。通说认为，根据不当利益的取得是否基于给付行为，可将不当得利分为两大类：因不当给付产生的不当得利和因不当给付以外的原因产生的不当得利。本书在这里仅仅讨论因为不当给付产生的不当得利。

一、给付与不当给付

所谓给付（paiement），是指债务人为了履行自己对债权人承担的债务而对债权人作出一定的行为、交付一定的产品或者金钱，以便消灭自己承担的债务。给付的特征有三个要素。其一，给付具有明确的目的性，债务人之所以对债权人为给付，其目的是为了消灭自己对债权人承担的债务；其二，给付具有一定的手段性，债务人要履行自己的债务，使自己的债务关系消灭，应当采取一定的手段，诸如提供劳务、交付产品、支付价款等。其三，给付具有明确的指向性，是由债务人对债权人为劳务的提供、产品的交付或者价款的交付等。所谓不当给付（paiement indu），是指不能够产生使债务人承担的民事债务或者自然债务消灭的法律效果的给付。[①] 在不当给付中，债务人原本并不对他人承担债务，债务人误以为自己对他人承担某种债务，为了消灭原本并不存在的债务，债务人对他人作出了给付行为。当他人因为债务人的不当给付而获得利益时，其获得的利益构成不当得利，受益人应当将其获得的利益返还给受损人。这就是因为不当给付产生的不当得利制度。关于不当给付产生的不当得利制度，《法国民法典》第1235条作出了明确规定：所有的给付都以某种债务（dette）存在为前提；如果行为人在不存在债务的情况下对他人为给付，获得此种给付的人应当将获得的利益返还给行为人。通说认为，不当给付可以根据返还原因发生的时间分为两种：返还原因在给付当时就存在的不当给付、返还原因在给付之后存在的不当给付。无论是哪种形式的不当给付，都可以产生不当得利债的法律效果。

---

① Gilles Goubeaux, Droit Civil, 24 e edition, p. 419.

二、不当给付的种类之一：返还原因在给付当时就存在的不当给付

（一）返还原因在给付当时就存在的不当给付的界定

所谓返还原因在给付当时就存在的不当给付，是指行为人原本对他人不承担债务，但是行为人基于误解以为自己对他人承担债务，为了消灭此种假想的债务，行为人对他人为债务的履行，诸如对他人提供劳务、支付价款或者交付财产等。由于债务人为给付时，其给付目的就不存在，因此，受益人获得的利益没有正当原因，构成不当得利，应当承担返还的责任。

（二）返还原因在给付当时就存在的不当给付的构成要件

要构成此种意义上的不当得利，除了要具备不当得利的一般构成要件之外，还应当具备特殊要件，这就是说，行为人对他人为债务的给付行为，债务人事实上并不对他人承担债务，债务人基于误解对他人为给付行为。

1. 债务人对他人为债务的给付行为

债务人为了消灭自己的债务对他人为债务的履行行为，包括交付产品、提供劳务或者支付价款等。

2. 债务人在事实上并不对他人承担债务

债务人如果对他人承担某种债务，债务人履行自己对他人承担的债务，其所为的债务给付行为不构成不当给付。债务人在事实上并不对他人承担某种债务，债务人为了履行债务的目的对他人为债务的给付行为，此种给付行为构成不当给付。根据学者的意见，此种意义上的不当给付可以分为客观的不当给付（indu objectif）和主观的不当给付（indu subjectif）。

所谓客观的不当给付，是指债务人假想的债务根本就不存在，债务人仍然对他人为债务给付行为。客观的不当给付有多种表现形式，主要包括：其一，债务人从来就没有对他人承担债务，债务人基于纯粹的假想而对他人为债务给付。例如，张三根本就没有借过李四的钱，但是张三以为自己曾经借过他的钱，因此，将300元支付给李四，以便消灭所谓的债务。在债法上，人们将此种不当给付称为绝对的不当给付（indu absolu）。其二，债务人曾经的确对他人承担某种债务，但是债务人已经履行了此种债务，债务人以为自己还没有履行此种债务，为了消灭此种债务，债务人又对他人为债务的履行行为。其三，债务人的确对他人承担某种债务，并且此种债务还没有消灭，债务人为了消灭此种债务对他人为债务给付行为，但是，他们所为的给付超过了应当给付的范围，其超出的部分构成不当给付，可以成立不当得利。例如，张三应当交付300吨货物给李四，但是，张三实际上交付了350吨货物，超出的50吨货物成立不当得利。

所谓主观的不当给付,是指债务人的确应当承担某种债务,并且所承担的此种债务还没有消灭,但是,债务人承担的此种债务并不是对获得利益的人承担,而是对其他人承担。债务人以为自己对获得利益的人承担债务并因此对其为债务给付行为。债务和债权关系是一种相对性关系,原则上只对债权人和债务人产生法律上的效力。债务人应当对真正的债权人履行债务,债权人应当接受真正的债务人的给付行为。如果获得他人给付利益的人不是真正的债权人,或者如果对他人为给付行为的人不是真正的债务人,则产生主观意义上的不当给付。主观的不当给付包括两种情况:其一,受损人对不是自己债权人的人为债务的给付行为。例如,债务人张三的债权人李四死亡,张三应当对李四的继承人承担债务,张三误以为王五是李四的继承人而对其为债务给付,张三的给付行为构成不当给付。其二,受损人原本不是债务人,但是他误以为自己是债务人而对他人为债务的给付。例如,张三以为自己是李四的继承人而偿还李四对他人承担的债务,张三的给付行为构成不当给付。

3. 债务人基于误解对他人为给付行为

债务人在并不对受益人承担债务的情况下基于债务消灭的目的对他人为债务的给付行为,应当建立在误解(erreur)的基础上,才能够构成不当给付,否则,不构成不当给付。所谓误解,是指债务人在对他人为债务给付行为时发生的错误理解。无论是主流学说还是制定法或者是司法判例都认为要具备误解这一要件。《法国民法典》第 1377 条明确:误以为自己对他人承担债务而为债务给付时,行为人有权要求他人承担返还责任。法国司法判例也明确要求具备这一要件。法国最高法院在 1974 年的司法判例中明确指出:"任何人,如果要求他人返还基于不当给付所产生的钱款,不仅要证明自己已经对他人支付了要求返还的钱款,而且还要证明自己在为给付时存在误解。"[1]法国著名学者 Carbonnier 教授指出:"原则上讲,如果受损人要求受益人返还所获得的不当利益,应当具备这样的要件,即受损人基于错误相信存在某种债务而对他人为债务给付。"[2]

(三) 不当得利的排除

如果具备上述条件,受损人可以主张不当得利返还请求权,要求受益人承担返还责任。但是,如果不具备上述条件,则不产生不当得利的法律效力,受损人不得主张返还责任。这就是不当得利的排除制度。一般认为,如果具备下列情形之一者,即应排除不当得利制度的适用。

1. 给付是为了履行道德上的义务

如果行为人的给付行为是为了履行所承担的道德上的义务,则受损人不得以受益人

---

[1] Soc., 24 mai 1973: D. 1974, 365.
[2] Jean Carbonnier, les obligations, Presses Universitaires De France, p.544.

获得不当得利为由而主张返还。至于行为人所履行的义务是否是道德上的义务，应当以一般的社会观念加以判断。凡是社会观念认为某种义务构成道德上的义务，则行为人履行该种义务时，其给付行为不构成不当给付。例如，夫妻离婚后，原本富裕的丈夫潦倒，其前妻基于曾经的共同生活而给付其前夫一定的金钱，此种给付显然是基于道德上的考虑，不构成不当给付。

2. 对未到期的债务提前清偿

债务人为清偿未到期债务而对债权人为债务给付的，不得请求债权人承担返还责任。债务到期前清偿，债务并非不存在，债权人受领给付，不能够认为无法律上的原因。如果债权因此而消灭，债权人也没有获得不当得利。因此，各国法律均认为债务人不享有返还请求权。

3. 明知无债务而为给付

债务人对他人为债务给付以债务人消灭对他人所承担的债务作为条件，如果债务人知道自己对他人不承担债务，则债务人对他人所为的给付不应当看作不当给付，而应当看作赠与行为，债务人不得基于不当得利而请求返还，因为，在此时，受损人基于自愿所为的给付是有正当原因的，不符合不当得利的一般构成要件。[①]

4. 不法给付或者不道德的给付

所谓不法给付，是指行为人违反法律的禁止性规定对他人所为的给付。例如，一方为了购买枪支而向对方支付款项，行为人支付枪支款项的行为构成不法给付。所谓不道德的给付，是指行为人违反社会通行的道德准则，对他人为给付。例如，嫖客向妓女支付服务费用。不法给付和不道德给付是否构成不当给付，产生不当得利的法律效力？一般国家的法律都认为，不法给付或者不道德的给付不产生不当得利债的法律效力，受损人不得请求受益人承担返还责任。

应当特别强调的是，只有受益人和受损人双方都具有违法或者违反道德的地方时或者仅仅受益人有违法或者不道德的行为时，当事人之间才不成立不当得利。[②] 如果违法或者不道德仅存在于受益人一方时，受损人仍然有权请求受益人承担返还责任。比如，为了挽救人质，给付金钱回赎绑票以阻止犯罪等。因为违法或者不道德的行为产生的利益，如果当事人不得请求返还，则该种利益应当收归国家。

不过，不道德的行为不产生不当得利的规定也受到挑战，因为，某些人的行为也许的确是不道德的，但是，他们的行为的确使他人获得了利益，如果不允许他们之间成立不当得利债，对于受损人而言很不公平。例如，近些年来，中国"二奶"现象引起人们的关注。某些人结婚后，因为某种原因无法或者没有与自己的配偶离婚，又同"二

[①] Jean Carbonnier, les obligations, Presses Universitaires De France, p. 544.
[②] Gilles Goubeaux, Droit Civil, 24 e edition, p. 421.

奶"共同生活，共同经营，使自己的商事事业兴旺发达。当这些人同"二奶"解除同居关系时，他们是否要补偿"二奶"为其商事事业作出的贡献？本书认为，受益人应当承担这样的责任；否则，"二奶"将会遭受重大损失。

5. 对自然债务的给付

所谓自然债务，是指仍然对债务人产生约束力但是不具有强制执行力的债务。例如，超过了诉讼时效期间的债务。债务人履行自然债务，其给付行为不属于不当给付，不产生不当利益的返还责任。[1]

三、不当给付的种类之二：返还原因在给付之后才存在的不当给付

所谓返还原因在给付之后才存在的不当给付，是指债务人在对债权人为债务给付行为时存在正当的原因，但是，当债务人履行自己的债务后，发现自己依据其履行债务的正当原因消灭，此时，债务人有权要求债权人将依据已经消灭的原因获得的利益返还给自己。因此，双方之间成立不当得利，发生不当得利的法律效果。在实际生活中，因为此种原因产生的不当得利有三种形式：因为合同无效、被撤销而产生的不当得利，因为合同被解除而产生的不当得利，因为附条件行为规定的条件没有成就而产生的不当得利。

（一）因为无效合同、被撤销合同产生的不当得利

所谓无效合同，是欠缺合同有效成立要件的合同。无效合同因为欠缺效力要件，因此，虽然已经成立，但是自始就不发生合同当事人意图发生的效力。因为合同无效，一方根据合同取得的财产应当返还给另一方；一方根据合同取得的金钱也必须返还给另一方，这就是因为无效合同产生的不当得利债。所谓可撤销合同，是指其效力最终取决于享有可撤销权的人的行为的合同。如果可撤销权人基于自己的选择而不撤销所缔结的合同，则该合同即为有效合同；否则，为无效合同。在没有作出撤销的意思表示之前，此种合同为有效合同。在撤销之后即成为无效合同，当事人根据该种无效合同获得的利益应当返还给对方，此种返还的根据也是不当得利。[2]

（二）因为合同解除产生的不当得利

合同有效成立后，在债务人全部履行自己的债务之前，当事人基于法律的规定或者通过协商，有权解除所订立的合同。当该种合同被解除后，当事人即应将根据该合同获得的利益返还给对方，此种返还的根据也是不当得利。《中华人民共和国合同法》第97条规定，合同解除后，尚未履行的，终止履行；已经履行的，当事人可以要求恢复原

---

[1] Gilles Goubeaux, Droit Civil, 24 e edition, p. 420.
[2] 张民安主编：《合同法》，中山大学出版社2003年版，第18页。

状。所谓恢复原状，实际上就是财产的返还，其根据就是不当得利。

（三）因为附条件的民事法律行为所规定的条件没有成就而产生的不当得利

如果一方当事人根据附条件的民事法律行为对他人为某种给付行为，当此种民事法律行为因为条件没有成就而没有发生法律效力时，根据此种行为获得利益的人应当将获得的利益返还给对方。此种利益的返还责任根据就是不当得利。例如，张三和李四签订婚约，张三根据此种婚约对李四赠与财产，当李四将来不同张三结婚时，李四应当将其获得的财产返还给张三，否则，其获得的利益将构成不当利益。

第四节　不当得利的种类：其他形式的不当得利

除了因为不当给付产生不当得利债外，不当得利债还可以因为其他众多的原因而产生。诸如因为夫妻关系而产生、因为非婚同居关系而产生、因为法律的特别规定而产生等。

一、因为夫妻关系产生的不当得利

男女因为结婚而成为夫妻，夫妻享有各种权利、承担各种义务。夫妻关系包括人身关系和财产关系，其中，夫妻财产关系包括夫妻的财产所有制、夫妻间的扶养关系和夫妻财产继承权等。与不当得利制度有关的财产关系主要表现在夫妻的财产所有制方面。所谓夫妻财产制（Matrimonial regime），也称婚姻财产制，是指关于夫妻婚前财产和婚后所得财产的归属、管理、使用、收益、处分以及债务的清偿、婚姻解除时财产清算的根据等方面的法律制度。[①] 夫妻结婚后究竟采取什么样的财产制，由各国法律作出规定，总的说来，两大法系国家和我国法律都允许婚姻当事人对财产制度作出约定。如果当事人决定采取分别财产制，则他们在共同的婚姻生活期间将不适用共同财产制。因此，男方和女方结婚后，其婚前个人财产和婚后财产都归他们自己所有。按照中国社会的传统观念，婚姻实行男娶女嫁，大多数男人结婚之前都会买好房屋，准备用来迎娶女方。当女人最终嫁给男方以后，他们只能居住在丈夫的房屋内，无论经过多少年，女人都不能获得该房屋的所有权。当夫妻因为某种原因而决定离婚时，该房屋不得作为夫妻共有财产进行分割。但是，在夫妻共同生活期间，妻子为了保护、维修或者保养丈夫的房屋花费了大量的时间、精力或者金钱，对于妻子付出的此种劳动，妻子是否有权要求

---

① 卓冬青主编：《婚姻家庭法》，中山大学出版社2002年版，第141页。

丈夫在离婚时予以补偿？在法国，无论是学说还是司法判例都坚持肯定的意见，认为妻子可以根据不当得利制度要求丈夫承担返还责任。在我国，司法判例和学说都没有作出说明，本书认为，我国法律当然要坚持这样的原则，否则，妻子的利益将遭受重大的损害。对于其他财产而言，也应当实行这样的规则。

二、因为非婚同居关系产生的不当得利

所谓非婚同居，是指男女双方在不具有结婚的主观意图的情况下基于自愿而共同生活在一起，并因此而建立非婚姻家庭关系的行为。非婚同居与婚姻的区别主要表现在两个方面：一方面，非婚同居当事人虽然生活在一起，但是，他们没有成为夫妻的主观意愿；另一方面，非婚同居当事人虽然完全具备结婚的实质要件，但是欠缺结婚的形式要件。20世纪70年代之前，两大法系国家的法律都不承认非婚同居关系，认为此种关系违反了社会通行的道德准则，但是，20世纪70年代之后，两大法系国家都认可了此种关系，认为他们之间可以产生一定的财产关系甚至人身关系。[1] 非婚同居与不当得利制度有一定的关系。当非婚同居当事人结束他们之间的同居关系时，他们之间的财产分割问题可以适用不当得利制度。如果非婚同居的当事人为了对方的利益而付出了大量的劳动、花费了大量的心血，则在解除当事人之间的同居关系时，因为对方当事人的努力而获得利益的人应当将获得的利益返还一部分给对方。此种返还的基础实际上就是不当得利。

三、因为费用的支出产生的不当得利

如果一方为了对方的利益而支出某些费用，则对方应当承担返还的责任。此种返还责任的根据是不当得利。因为费用的支出而产生的不当得利有众多的表现。

（一）因为质物的保管而产生的不当得利

质权人为了保管质物而支出的有益和必要费用，出质人应当承担补偿的责任，此种责任的根据是不当得利。

（二）因为让与担保而产生的不当得利

债务人为了担保自己能够履行对债权人承担的债务，将自己财产的所有权转移给债权人，当债务人履行了自己的债务之后，债权人应当将担保物的所有权转移给对方。债权人为了保管债务人转移的标的物而支出的有益和必要费用，有权要求债务人承担补偿责任，此种补偿责任的根据是不当得利。

---

[1] 卓冬青主编：《婚姻家庭法》，中山大学出版社2002年版，第168—182页。

（三）因为占有他人不动产而产生的不当得利

如果承租人承租他人不动产，包括土地或者房屋，在承租期限届满时，承租人应当将土地上的房屋拆除或者将它们交付给出租人。如果出租人获得该土地或者房屋，对于该土地或者房屋的增值部分，出租人应当承担一定的补偿责任，此种补偿责任的根据是不当得利。

四、因为其他原因产生的不当得利

（一）因受损人的行为而产生的不当得利

如果受损人基于误解而实施某种行为，使他人获得利益而自己遭受损失，受损人有权要求他人承担返还责任。例如，行为人将他人的土地误认为自己的土地而耕种，将他人的牲畜误以为自己的牲畜而喂养，受损人得向受益人请求返还该不当得利。

（二）基于第三人的行为而产生的不当得利

如果受益人因第三人的行为而取得应归于他人的利益，则受益人应当将获得的不当利益返还给他人。例如，甲擅自将乙的肥料施于丙的土地，第三人以受损人的饲料喂养受益人的家禽，受损人得向受益人请求返还不当得利。

（三）基于事件造成的不当得利

如果受益人获得某种不当得利不是因为某种行为，而是因为某种自然事件，受益人仍然要承担利益的返还责任。例如，甲养的鱼自然逃入乙承包的鱼塘中，乙因此获得的利益构成不当得利，应当返还给甲。

第五节　不当得利的法律效果

所谓不当得利的法律效果，是指不当得利在受益人和受损人之间产生的权利、义务和责任关系。受损人有权要求受益人对自己承担利益返还责任，受益人应当承担此种责任。

一、受益人承担的义务

（一）返还责任的一般原则

受益人承担的义务是将所获得的利益返还给受损人。问题在于，受益人返还利益的范围是什么。在通常情况下，受益人获得利益的范围与受损人遭受损失的范围相同，此时，受益人究竟是在自己获得利益的范围内承担返还责任还是在受损人遭受损失的范围内承担返还责任，对受益人承担的责任没有什么影响。因为法律认为，如果受益人获得的利益等于受损人遭受的损失，受益人应当将自己获得的所有利益返还给受损人；但是，如果受益人获得的利益不等于受损人遭受的损失，受益人是在自己获得利益的范围内承担返还责任还是在受损人遭受损失的范围内承担返还责任？通说认为，如果受益人获得的利益大于受损人遭受的损失，则受益人仅仅在受损人遭受损失的范围内承担返还责任。① 如果受益人获得的利益小于受损人遭受的损失，受益人仅仅在自己获得利益的范围内承担返还责任。②

（二）善意或恶意对返还责任范围的影响

通说认为，在具体确定受益人承担的返还责任范围时，应当考虑受益人的善意或者恶意对返还范围的影响。所谓善意，是指受益人在受领受损人的给付时，不知道受损人对自己不承担债务。所谓恶意，是指受益人在受领受损人的给付时，知道受损人对自己不承担债务。在受损人没有能够证明受益人是恶意之前，法律推定受益人是善意的。③ 受益人为善意时，仅于现存利益的范围内负返还义务。所谓现存利益，首先是指受益人获得的实物，如果该实物还存在，受益人要将该实物返还给受损人；如果实物因为其过错被毁坏或者损坏而无法返还，受益人应将其价值返还给受损人；如果受益人将受领的实物出卖给第三人，应当将获得的出卖价款返还给受损人；如果原物或者本金产生了孳物或者孳息（fruits），善意受益人无须返还孳物或者孳息。但是，在受损人对受益人提出返还催告之后的合理时期内，如果受益人没有履行返还责任，则受益人应当支付利息。④ 如果受益人是恶意的，他们不仅要将实物或者实物的替代价值返还给受损人，而且还要将实物或者金钱产生的孳息或者利息返还给受损人，此种孳息或者利息从受损人为给付之日起计算；如果实物被毁损，即便是因为不可抗力导致的，受益人也要返还。⑤

（三）受益或者受损的确定时期

在决定受益人或者受损人获得的利益或者遭受的损失时，法律是以原告为给付行为时日为基础还是以原告提起诉讼的时日为基础或是以法院的判决为基础？对此问题的回

---

① Civ. 1re, 25 mai1992: Bull. civ. I, n. 165.
② Guy Raymond, Droit Civil, 2e edition, litec, p. 278.
③ Guy Raymond, Droit Civil, 2e edition, litec, p. 275.
④ Guy Raymond, Droit Civil, 2e edition, litec, p. 275.
⑤ Civ, 1re, 26 avril 1988: Bull. Civ. I, n. 117.

答，对受益人或者受损人的利益影响极大。例如，当承租人承租他人土地后，承租人对该土地进行开发经营，使出租人土地价值提升。当土地出租合同到期时，承租人将土地交还给出租人时，承租人付出的劳动使出租人获得了10000元的利益。承租人请求出租人返还10000元的不当利益。出租人不同意。承租人为此向法院起诉，要求法院责令出租人承担返还责任。此时，原告付出的劳动价值从10000元上升到12000元。到法院作出判决时，承租人付出的劳动价值又上升到14000元。法官是判决被告返还10000元、12000元还是14000元给原告？我国学说没有作出说明。法国司法判例明确指出，在此时，法官应当根据原告起诉时受益人或者受损人获得的利益或者遭受的损失来决定被告承担的返还责任范围，而不应当根据受损人为给付时或者法院判决时利益或者损失状态来确定。[1] 因此，在本案中，被告承担的返还责任范围是12000元。本书认为，此种学说存在合理性，它既考虑了原告的利益，也兼顾了被告的利益，应当为我国法律所采用。

二、受损人承担的义务

与受益人承担的义务相比，受损人很少会承担什么义务。但是，当他们主张不当得利请求权、要求受益人承担不当利益的返还责任时，他们也要承担两项义务即证明义务和费用的偿还义务。

（一）受损人的证明义务

所谓证明义务，是指受损人主张不当得利返还请求权时，要承担证明给付行为存在的责任，要承担证明给付欠缺正当原因的责任，要承担证明受益人存在恶意的责任。如果他们无法证明这些因素的存在，即无法成立不当得利债或者无法获得更多的返还利益。

（二）受损人的费用偿还义务

所谓费用的偿还义务，是指当受益人因为保管或者管理受损人交付的标的物而支出有益和必要费用时，受损人在请求受益人返还的同时，应当将受益人支付的这些费用补偿给他们，即便受益人是恶意受益人，也是如此。

---

[1] Civ., 18 janv. 1960: JCP 61, éd G, II, 11994.

第三编　债的效力

第十章　债的效力的基本理论

第一节　债的效力概述

一、债的效力的法律根据

债的效力，是指债之关系发生后，为实现其内容，法律上赋予之效果。[①] 有些国家的民法典债编的债权总则部分对于债的效力作出专门规定。例如，《日本民法典》第三编第一章债权总则第二节的标题就是债的效力。我国没有制定统一的民法典，债权关系目前主要由合同法来调整，对于债的效力没有专门、集中的规定。我国现行法律体系中，债的效力包括哪些内容，其内涵是什么，并不明确。因此，确定债的效力的内容，一方面要参考外国民法典的相关内容把合同法（主要）相应条款归纳出来，另一方面还要根据债法理论进行推论以弥补其不足。

二、债的对内效力

债权是债权人请求债务人为一定给付的权利。债的关系从权利的角度看是债权关系，从义务的角度看是债务关系。但是，民法以权利为本位，债权法的主要着眼点在于保护债权人权利并保障其实现。《民法通则》规定的"债权人有权要求债务人按照合同的约定或者依照法律的规定履行义务"，正好说明了这一点。可知，债是以债权人的权利及其实现为核心并以强制债务人履行义务为补充的一种制度。因此，所谓债的效力即民法为债权债务关系所赋予的法律效果之内涵，应当是以债权的实现为主、并以债务履行为辅的诸规则所组成的动态体系。

所以，债的效力之内容，既表现为债权人在债的关系中所享有的权利和保障其实现的手段，也包括债务人在债的关系中所承担的义务和履行义务的约束。这就是所谓债的对内效力，即对债权人和债务人的效力。概括起来讲，债权的对内效力，表现为债权人

[①] 黄立：《民法债编总论》，中国政法大学出版社2002年版，第426页。

在债权债务关系中所享有的权利和实现权利的各种救济手段，以及债务人所承担的义务和责任。

另外，债务清偿的受领是债权人的权利，而不是义务。但从债务履行的角度讲，不经债权人受领债务也得不到履行。因此，本书把债权人受领迟延也放在债权效力这一章的第三节予以阐释。

三、债的对外效力

一般来说，债权具有相对性，债权人不得请求第三人清偿债务（第三人提供物上担保的除外）。同时，债权以债务人的责任财产为担保，其实现也不受第三人行为的影响，债权人不得干涉第三人与债务人实施法律行为。但是，如果债务人与第三人实施的财产行为使其责任财产减少，以致危害债权实现时，为保全债务人的责任财产以保证债权实现，法律还赋予债权人在一定条件下可干预债务人与第三人之间的财产行为的权利，即债权人代位权和债权人撤销权。

另外，债权人对侵害债权的第三人享有一定排除妨害请求权。因为，债权作为可请求一定给付的权利，第三人理应负有尊重的义务。但债权侵害与物权侵害不同，有其特性。物权侵害，行为人一旦对物（无主物除外）实施侵害，即使不知道物权人为何人，但应当明知其行为已侵害他人的权利。然而，债权侵害与此不同，实施行为的第三人不易察觉特定人之间债权关系的存在，如果轻易认定债权侵害，将会无限加重第三人的责任；再加上在契约的领域里遵循自由竞争原理，如果轻易认定债权侵害，将导致限制竞争的严重后果，这是与市场经济的要求格格不入的。因此，债权人对侵害其债权的第三人的妨害请求权，必须设定极其严格的适用要件。

上述两种情形之下，债权人所享有的与第三人的行为或者利益有关的权利，为债权及其实现也起到一定的保障作用，不能将其排除在债权的效力之外。这两种权利主要针对的是债权人与第三人所为的法律行为，或第三人的行为。故可将其称为债的对外效力。

本章中主要探讨债的对内效力，即对债权人的效力和对债务人的效力。关于债的对外效力中的债的保全制度，即债权人代位权和债权人撤销权，本书相关章节将进行详细的探讨，故在此不作赘述。债权对第三人是否有效的问题，在这里也不做探讨。[①]

[①] 关于债权对第三人是否具有一般效力问题，可参考张民安主编《债法总论》，中山大学出版社 2005 年第 2 版，第 113 页及其相关参考文献。

第二节 对债权人的效力

《中华人民共和国宪法》第 3 条规定:"公民的合法的私有财产不受侵犯。国家依照法律规定保护公民的私有财产权和继承权。"债权人所享有的债权作为财产权受到国家法律的保护。国家为保障债权的存续和债权内容的实现,为债权人准备了各种法律手段,这些制度就是我们所说的债权的效力。从债权实现的目的和债权实现的途径看,保证债权利益实现的效力表现为法律赋予债权如下效力,即请求力、执行力或者强制力、保持力、获得损害赔偿。债权是为保障债权人利益的实现为目的而设立的制度,因而,保障债权实现的效力是债权效力的最主要方面。

一、债的请求力

(一) 债的请求力的界定

债的关系中,债权人享有请求债务人为一定给付的权利。我国《民法通则》第 84 条第 2 款规定:"债权人有权要求债务人按照合同的约定或者依照法律的规定履行义务。"这就是债权请求权的实体法规范基础。让债务人为一定给付的请求潜藏着侵害债务人的一般行为自由之危险,但因债权具有请求力,故这种请求将被视为合法,债务人对此负有容忍的义务。请求力因其行使方式即诉讼还是诉讼外行使的不同,发生不同的效果。

(二) 诉讼外的请求力

诉讼外的请求力即对债务人的请求权。届期债务应当履行是债务人应承担的法定义务,故债权人的请求不是债务履行的前提条件。所以,诉讼外的请求(催告)的意义,仅在于让债务人意识到债务的存在,唤起债务人的规范意识,促使其自动履行债务。[①]但是,诉讼外的请求,也因法律的规定引起诉讼时效的中断(《民法通则》第 139 条规定:诉讼时效因债权人的请求履行债务而中断)、迟延履行的发生(《民法通则》第 123 条解释:未确定履行期限的,经债权人的请求并催告,债务人仍不为履行的,负迟延履行的责任)、留置权的生效(《担保法》第 87 条)等法律效果。

[①] (日) 奥田昌道等编:《讲义民法 4 债权总论》,株式会社悠悠社 2007 年版,第 45 页。

（三）诉求力

债权人可通过诉讼方式行使其请求权，这种效力叫诉求力。当债务人不自动履行债务时，债权人可通过法定程序获得国家机关的支持，不顾债务人的意愿强制实现债权内容。这种权能叫作债权的强制力（广义）。

诉求力实现债权内容的作用可分为两个阶段。首先，债权人可通过向债务人提起给付之诉，获得胜诉判决。其次，该判决一旦生效，债权人就可以请求强制执行，以实现债权内容。

二、债的执行力或者强制力

债权具有请求力，却不能保证其实现。债权人请求债务人履行债务，即使通过诉讼，胜诉判决已经生效，如果债务人仍不履行的，债权内容也无法实现。因为，债权人不能对债务人实行人身和财产的强制，让其履行债务。这就说明，债权只有请求力还不够，为保证其实现，必须赋予债权以公权力救济的途径。

债权的执行力或强制力，是指胜诉判决虽已生效，但债务人仍不履行债务的，债权人可请求法院通过执行程序强制实现其债权的效力。正因为债权具有这种权能，所以，强制执行虽属于干涉和限制债务人权利的行为，但仍被视为合法的权利行使。

三、债的保持力

债的保持力是指债权人有受领并保持债务履行利益的效力。债权之所以具有保持力，其基础是债的发生具有合法的根据，即基于合同或法律的规定而产生。《合同法》第 8 条规定，依法成立的合同，对当事人具有法律约束力。在债权债务关系中，履行债务是债务人的法律义务、受领其履行结果是债权人的合法权利。换句话说，债务人为给付是其法律义务的履行，债权人受领是其合法权利的行使。作为债务人履行法律义务、债权人行使合法权利的法律后果而产生的利益当然具有合法性、债权人自然可以永久性享有和保持。

从债权实现的具体过程来看，债务人按照约定的时间、地点和方式，全面、适当地履行其债务内容，债权人也应当受领其履行以实现其债权利益。当然，债务人提前履行，如果债权人同意也可以受领。据上述阐释，债权人基于债务人的履行，通过受领而实现或获得的利益，将被视为合法，可以永久享有和保持。这就是债的保持力的具体体现。如果债权人的受领没有合法根据，就没有这种保持力；其获得的利益就成为不当得利，应当予以返还。《民法通则》第 92 条规定，没有合法根据，取得不当利益，造成他人损失的，应当将取得的不当利益返还受损失的人。债权人基于受领而获得的利益，是债权人和债务人履行法律义务、债权人行使合法权利的法律后果，不构成不当得利，不产生返还义务。

四、损害赔偿

请求债务人完全履行债务是债权人的权利而不是其义务。所以，在债务人发生迟延履行或不完全履行时，即使债务有完全履行的可能性，债权人也没有义务必须接受其履行。因此，债权人可以以损害赔偿代替原来的给付，或请求完全履行的同时一并提出损害赔偿。损害赔偿是让债权人取得债权的金钱价值，因此，可以把损害赔偿也看作债权的效力。当然，损害赔偿请求权作为金钱债权，本身也具有保持力、请求力、执行力。[①]

第三节 债务不履行

一、债务不履行概述

（一）债务不履行的界定

债务不履行，即债务人未依债的本旨履行义务致使债权不能实现的状态。债务不履行是债务人不按照债务本旨履行债务[②]。债务人未按债务本旨为给付，债权未得到实现，故债务不履行应承担相应的法律后果。

如上所述，债的效力既表现为债权人的权利和保障其实现的手段，也表现为债务人所承担的义务和履行义务的约束。债对债务人的效力可以从两个层面上进行考察。首先，债务人应当遵循诚实信用的原则，按照合同约定的内容全面、正确地履行债务，以实现债权人的权利。如果债权人做到了这一点，债权就会消灭，不发生第二层面的效力。其次，如果不能全面、正确地履行债务，即发生债务不履行时，债权对债务人产生第二层面的效力，即强制执行、损害赔偿等。可见，债务不履行是债权对债务人发生第二层面效力的前提条件。所以，民法一般对债务不履行的种类、构成要件和后果都会作出明确的规定。本书其他章节对债务不履行的主要后果，即强制执行、损害赔偿等作专门阐述，因此，本节只研究债务不履行及其相关问题。

债务履行是否符合债务的本旨，要根据法律的规定、合同的主旨、交易惯例、诚实

[①] （日）奥田昌道等编：《讲义民法 4 债权总论》，株式会社悠悠社 2007 年版，第 47 页。
[②] （日）内田贵：《民法 3 债权总论·担保物权》，东京大学出版会 2004 年第 2 版，第 107 页；加藤雅信：《新民法大系Ⅲ债权总论》，有斐阁平成 19 年（2007 年）版，第 103 页。

信用的原则等为标准，进行综合的分析判断。

(二) 债务不履行的归责原则

近代大陆法系国家，"不论是在债法上，还是泛泛地在民法中，均以过错主义为原则。"[①] 因而，债务人承担不履行的责任，不仅要有债务不履行的事实，而且还须以债务人的过错为要件。关于债务不履行，《民法通则》第 106 条第 1 款规定："公民、法人违反合同或者不履行其他义务的，应当承担债务违反的责任。"我国《合同法》第 107 条规定："当事人一方不履行合同义务或者履行合同义务不符合约定的，应当承担继续履行，采取补救措施或者赔偿损失等违约责任。"上述法律因其条文中未明确规定"过错"两个字，故导致学术界有关归责原则之争。有的学者认为法律条文没有写明以过错为归责原则，故主张实行严格责任原则；[②] 另外，某些学者认为合同法采用的仍然是过错责任。[③]

笔者认为，我国相关法律条文虽没有明文规定过错为归责原则，我国合同法仍然以过错责任为原则。因为，私法以意思自治为最高原则，民事主体在私的领域里可依其内心意思建立各种社会关系、为各种法律行为，并对其行为的后果负责；行为人只对因其过错而造成的损害后果负损害赔偿的责任（针对社会公害等危害行为法律特别规定的无过错责任除外）。过错责任以意思自治为基础，意思自治以过错责任为保障，两者相互统一、相辅相成，是不可分割的。

首先，从理论上讲，认为合同法以无过错责任（严格责任）为归责原则的观点，从根本上违背意思自治这一私法基本原则。其次，从实践中看，如果合同法采用无过错责任原则，将会限制民事主体的行为自由、增加其负担、加重其责任，与民法所尊崇的保护民事主体的合法权利、保障民事主体的行为自由、维护民事主体的合法利益的根本宗旨也是格格不入的。最后，分析《合同法》107 条的内容，从表面上看虽没有采用"过错"两个字来表述，但已经明确规定"不履行合同义务""履行合同义务不符合约定"等过错的客观形态，作为行为人承担责任的前提条件。

当代民法和刑法不同，确定当事人有无过错不是像刑法那样从当事人行为时的主观心理状态上去认定，而是从当事人所为的法律行为的客观形态上去确定其有无过错。如果当事人（债务人）的行为符合过错的客观形态，如存在"不履行合同义务""履行合同义务不符合约定"等情形，不考虑其主观心理状态如何，就认定其有过错；当事人（债务人）要免除其责任须举证证明自己无过错（如不可抗力、第三人的原因等），这

---

① （德）迪特尔·梅迪库斯：《德国债法总论》，法律出版社 2004 年版，第 235 页。
② 梁慧星：《从过错责任到严格责任》，载《民商法论丛》第 8 卷。
③ 崔建远：《严格责任？过错责任？》，载《民商法论丛》第 11 卷。

就是所谓"过错的客观化"①。我国合同法采用了这种"过错客观化"的当代立法技术或在立法时参考了这种立法模式,从而导致理解和解读上的困惑。关于违约责任和侵权责任的归责原则问题,本书将在民事责任当中作出详细的讨论,此处从略。

(三) 债务不履行的诸形态

关于债务不履行的情形,《合同法》第107条规定"不履行合同义务""履行合同义务不符合约定";《合同法》第108条、第94条规定,"债务人明确表示或者以自己的行为表明不履行主要债务"。

所谓"不履行合同义务"有两种可能性,即能够履行而不履行导致迟延,或欲履行也无法履行。按照债权法理论来分析,前者为履行迟延,后者为履行不能。所谓"履行合同义务不符合约定"可理解为不完全履行。所谓"明确表示或行为表明不履行"的即为拒绝履行。

据以上分析,债务不履行的具体形态,应当包括履行迟延、履行不能、拒绝履行、不完全履行等几个方面。

二、履行迟延

(一) 履行迟延的概念

履行迟延,是指债务人无正当理由而未按期履行债务的情形。履行迟延主要以债务的履行期限为标准来判断债务履行是否迟延,而不关注债务人的主观状态是否有恶意。履行迟延是履行期届满后债权仍未得到实现的状态。

履行迟延是实践中最为常见的违反履行义务的一种形态。在许多情况下,债务人方面不存在不履行债务的意思表示,而迟延发生之后仍会继续履行债务,这点与拒绝履行不同。同时,如果履行迟延的债务人只要愿意履行,债务仍有履行的可能,债权也能够实现,这与履行不能有别。履行迟延与履行不能、拒绝履行又有联系。如果履行迟延后债务人拒绝履行,则履行迟延转化为拒绝履行;由于意外原因发生履行不能的情形时,履行迟延转化为履行不能。

(二) 履行迟延的构成要件

1. 履行须为可能

这是履行迟延和履行不能的最大区别,债务是否能够履行是区分履行迟延和履行不

---

① (日)内田贵:《民法Ⅱ债权各论》,东京大学出版会,1997年版,第312以下;内田贵:《民法Ⅲ债权总论·担保物权》,东京大学出版会2004年第2版,第139页。

能的基本标准。如果债务在客观上已经不能履行，自然无履行迟延可言，应属于履行不能。如果履行迟延之后导致债务不能履行，从那时起就当作履行不能来对待。

2. 债务已届履行期

履行迟延的性质是债务人违反债务履行的时间要求。因此，债务已届履行期是履行迟延的关键性要件，债务人有届期而不履债务的行为即构成履行迟延。下面根据债务履行期的不同情况予以分述。

首先，债务有确定履行期的按照如下规则予以判断其具体期限：债务有确定履行日期的，以该日期为履行期届至的时间；债务定有固定履行期限的，以最后期限为履行期届至日期；对于分期履行的债务，以每一期是否按期履行确定是否构成履行迟延。

其次，债务有不确定履行期限的，以该不确定期限的到来日期为履行期，但以债务人知道为限。如乙向甲借款，甲当时正要出国留学，所以双方约定等到甲回国之后还款。甲虽然回国但乙不知道的，仍不能认为债务已到履行期。

最后，未定履行期的债务，债权人可以随时请求履行（应给对方合理的准备时间）。履行期未定的债务包括当事人未约定履行期限的债务和法定之债，后者如无因管理债中管理人的报酬请求权和不当得利债中的利益返还请求权。债权人的请求称为催告。催告和实际的债务在数量或价金等方面有一些出入也没有关系，只要能够让债务人认识到被请求的债务的存在就可发生法律效力。这种债务履行期限为债权人催告后的合理期限。此期间届满，债务人未圆满履行债务的，才可构成履行迟延。

3. 须有可归责于债务人的事由

债务人须有过错才构成履行迟延。过错一般指故意或过失。但是，履行迟延的过错不是指债务人的主观过错即主观故意或过失的心理状态，而是过错被客观化，债务人只要发生未按期履行债务的事实就具备过错要件。债权人只要证明债务未按期履行这种事实的存在即可，无需举证债务人主观有无过错。债务人要免除履行迟延的责任，需要证明自己不存在可归责事由。[①] 一般情况下，不可抗力造成的履行迟延，债务人才能证明自己不存在归责事由，才可免除其责任。

4. 债务人无正当理由

未按期履行债务一般会构成履行迟延。但是，债务人如果存在能够使其行为正当化的法律上的原因就不构成履行迟延。如履行迟延是由于债务人正当行使抗辩权，或债权人应协助履行而未予协助导致的，则债务人也应免除责任。

（三）履行迟延的法律后果

我国《合同法》第 107 条概括规定当事人一方不履行合同义务或者履行合同义务

---

① （日）内田贵：《民法3 债权总论·担保物权》，东京大学出版会 2004 年第 2 版，第 139 页。

不符合约定的，应当承担继续履行、采取补救措施或者赔偿损失等违约责任。另外，我国《合同法》第 94 条规定，当事人一方迟延履行主要债务，经催告后在合理期限内仍未履行，或者有其他违约行为致使不能实现合同目的的，当事人可以解除合同。合同法的这两条规定是确定债务不履行所应承担的法律责任的根据条款。根据合同法的上述规定，并结合违约责任的相关理论，履行迟延发生如下法律后果。

1. 继续履行

如果迟延履行对债权人仍有意义，最好的救济措施是继续履行债务，来满足债权人的要求。所以，只要债权人请求继续履行的，债务人就有义务在可能的范围内继续履行其债务。如果债务人不自动履行的，债权人还可以以诉讼方式请求人民法院强制执行。

2. 拒绝受领

凡是债务人履行迟延的债权人是否都可以拒绝受领，并请求代替原来给付的损害赔偿？债权人拒绝受领应当受条件限制，如为定期行为的债务因时间超过已经失去履行的意义；迟延履行之后，继续履行对债权人已经没有实际利益的，债权人才可以拒绝受领，并请求债务人赔偿损失。

3. 损害赔偿

损害赔偿是债务人因迟延履行给债权人造成损失时，向债权人支付一定数额的金钱来弥补其损失的责任方式。损害赔偿包括添补赔偿和迟延赔偿。关于前者，《合同法》第 113 条规定，当事人一方不履行合同义务或者履行合同义务不符合约定，给对方造成损失的，损失赔偿额应当相当于因违约所造成的损失，包括合同履行后可以获得的利益。就是说，债务人迟延履行时，债权人采取拒绝受领、解除合同等措施的同时，还可要求债务人赔偿其实际损失。关于后者，《合同法》第 112 条规定，当事人一方不履行合同义务或者履行合同义务不符合约定的，在履行义务或者采取补救措施后，对方还有其他损失的，应当赔偿损失。履行迟延是届期不履行债务，属于履行合同的时间不符合约定（或法律规定）。债务人除承担继续履行的义务之外，还要赔偿因迟延履行给债权人造成的损害。

4. 解除合同

合同法规定，当事人一方迟延履行主要债务，经催告后在合理期限内仍未履行，或者当事人一方迟延履行债务或有其他违约行为致使不能实现合同目的的，债权人可以解除合同，并可请求债务人承担违约责任。

5. 责任扩大

《合同法》第 117 条规定，当事人迟延履行后发生不可抗力的，不能免除责任。根据该条的规定，在迟延履行期间遭受不可抗力导致债务不能履行或标的物毁损灭失等后果的，债务人应承担履行不能的责任，不得以不可抗力主张免责。但能证明履行迟延和损害之间不存在因果关系的不在此限。例如，买方应当将货物装载于当月 1 日出航的船上发货，但因疏忽未能赶上，却装载于当月5日出航的船发货。后得知前后出发的两艘船均在海上沉没，货物全部灭失。在这种即使不发生迟延也要确定无疑地发生履行不能的情形之下，债务人不承担责任。

三、履行不能

（一）履行不能的概念

履行不能，指由于某种原因，债务人事实上已不可能履行债务，债权的目的无法实现，因而导致债的消灭或者转化为损害赔偿之债。① 一般来说，履行不能既包括物理上的不能，也包括社会观念上的不能履行。履行不能主要包括如下三方面含义：①物理上、自然法则上的不能。如标的物的毁灭、酒已经流失、船已经沉没，再如演员声带嘶哑，不能出演等给付无法履行。②法律上的不能。如进口的汽车被国家机关没收。③经济上的不能。如给付标的物沉于海底，找寻和打捞物理上虽属可能，但经济上并无意义。

（二）履行不能的种类

1. 自始不能与嗣后不能

以什么时间即债务成立时还是法律行为时为准来判断自始还是嗣后，观点不一致。通说认为，自始不能指法律行为成立时履行已经不可能，如甲12时将其一幅名画卖给乙，但此画于11时已经焚毁。嗣后不能，指法律行为成立后发生履行不能，如订立房屋买卖合同之后，在交付之前房屋被烧毁。②

2. 事实不能与法律不能

事实不能是由于不可抗力等自然原因而使债务履行不能，如洪水冲垮铁路而不能履行运输合同。法律不能是因法律上的原因而使履行不能。这包括两种情形：一是履行违反禁止性的法律规定，如买卖禁止流通物；二是"一物二卖"的情形，如房主将房屋出卖后，又出卖给第三人并完成登记，则对第一买受人即构成履行不能。③

3. 客观不能与主观不能

这主要有三种观点：其一，凡任何人均不能给付的，为客观不能，仅债务人不能给付而第三人给付有可能的，为主观不能。其二，因给付之性质不能实现债务本旨的，为客观不能；因债务人的个人事由而不能实现债务本旨的，为主观不能。其三，因实物的

---

① 张广兴：《债法总论》，法律出版社1997年版，第172页。
② 孙森焱：《民法债编总论》（下册），法律出版社2006年版，第418页。
③ 张民安主编：《债法总论》，中山大学出版社2005年第2版，120页。

原因不能履行的为客观不能；非专属于债务人之给付，其不能系基于债务人之人的原因的，为主观不能。①

4. 永久不能与一时不能

根据债务给付期或债务人可以给付的期间，可分为永久不能与一时不能。所发生的给付障碍无法预见其消失（或消除）期间的，为永久不能。如不可抗力的发生，导致标的物的灭失，致使履行不能。永久履行不能的后果是免责或损害赔偿。一时不能，是指在债务给付期或债务人可给付期间，给付有暂时不能实现的情形。换句话说，债务在履行期内出现给付障碍而导致履行不能，但能够预见障碍在债务的消灭时效到来之前能够消失（或消除）的情形。履行障碍一旦消除，债务人仍可继续履行。

5. 全部不能与部分不能

全部不能指债务完全不能履行，部分不能指在履行期内债务一部分不能履行。这种区分在损害赔偿之债中具有现实意义。

（三）履行不能的法律后果

传统债法上，自始履行不能将导致法律行为无效的法律后果。现代债法理论已放弃了这种传统观念，自始客观履行不能不再是债权债务关系无效的原因。因此，可以说履行不能有多种原因，但法律后果却是一样，即债务人承担违约责任。

履行不能按是否可归责于债务人的原因而发生，产生不同的法律后果。

1. 因可归责于债务人的事由而致履行不能的法律后果

陷入履行不能的客观过错形态已经具备，同时，债务人又具有可归责性，因此，债务人无法免除其损害赔偿责任。在此情形之下，产生如下两个方面的法律后果：①债权人可以请求损害赔偿。债务人所负的原有债务转换为损害赔偿之债。债务人虽可不履行义务，但应以损害赔偿金弥补债权人的损失。如果债务部分履行不能，且其余部分的履行对债权人无利益时，债权人可以拒绝该部分的履行，并提出全部履行不能的损害赔偿。②双务合同中，债务人虽然陷入履行不能，但债权人的对待给付义务不能因此而消灭，因此，债权人可以解除合同并请求承担违约责任。

2. 因不可归责于债务人的事由而致履行不能的法律后果

（1）免除债务人履行原债务的义务，且免除债务人不履行的责任。

（2）在双务合同中，是否免除债权人对待给付的义务，则成为风险负担的问题。

（3）如果履行不能是因第三人的不法行为造成的，此时债权人可向债务人主张违约责任，也可向债务人请求让与其对第三人的损害赔偿请求权（代偿请求权）。如果标的物投保的，债权人可代位取得保险赔偿金。

---

① 孙森焱：《民法债编总论》（下册），法律出版社2006年版，第418—420页。

四、拒绝履行

(一) 拒绝履行的概念

传统债法认为,债务履行期到来以前,债务人并不负履行的义务,因而并不发生拒绝履行的行为;债务履行期届至时,债务人拒绝履行与履行迟延无异,债权人可依履行迟延请求违约损害赔偿。现代各国债法改变了这一态度,一般确认拒绝履行为一种独立的违反履行义务的形态。我国《合同法》第 108 条规定,当事人一方明确表示或者以自己的行为表明不履行合同义务的,对方可以在履行期限届满之前要求其承担违约责任。另外,《合同法》第 94 条规定,在履行期限届满之前,债务人明确表示或者以自己的行为表明不履行主要债务的,债权人可以解除合同。可见,我国合同法已经将拒绝履行作为债务不履行的独立的形态予以规定。同时,也明确规定了这种违约行为的法律后果即合同解除、违约责任。

拒绝履行,是指债务人能够履行债务而故意不履行。拒绝履行是严重违背诚实信用原则和损害债权人利益的行为。拒绝履行有两种形态:其一,债务履行期到来之前,债务人明确表示不履行债务。此时,债务根本没有履行。其二,在债务履行过程中,债务人履行一部分而拒绝继续履行。

(二) 拒绝履行的构成要件

1. 拒绝履行发生于债权成立之后,且债务须客观存在

首先,拒绝履行属于一种违法事实,如果债务客观上不存在,而以债务客观上不存在为理由表示不履行的,不属于拒绝履行。并且,债务不仅客观存在,还必须具有强制执行效力。债务虽客观存在,但已经成为无强制执行效力的自然债务(如诉讼时效已过的债务),对其拒绝履行,也不属于拒绝履行。其次,债务须合法。债务不合法,债权债务关系就不受法律保护,债务履行也没有约束力,也就不存在拒绝履行的问题。

2. 须有履行的可能

这一点是拒绝履行与履行不能之间的最大的区别。债的可履行性是拒绝履行的前提条件,如果债务无履行的可能性,则构成履行不能。是否具有履行的可能性应由法官依具体情事予以判断,不需要债权人举证。但对于债务人拒绝履行的事实,则须由债权人举证。

3. 须债务人有拒绝履行的意思表示

这一点是拒绝履行与履行不能之间的又一区别。拒绝履行与履行不能不同,履行不能是债务客观上不能履行,与债务人的主观意思无关;而拒绝履行是债务可以履行但债务人明确表示不履行,故意不为给付的行为。

这种表示须是明确的作为形式。债务人须有口头声明、解除合同的通知或其他表明其不履行债务的行为。仅陈述债务人缺乏履行能力等不属于拒绝履行；债务人的默示，如怠于履行债务等也不属于拒绝履行。债务人拒绝履行的表示必须到达债权人，即须为债权人明知；债务人通过第三人告知其不履行的意思也必须让债权人知晓，才能构成拒绝履行。如果意思表示未到达债权人，则不构成拒绝履行。

因此，拒绝履行与履行迟延也是不同的。履行迟延只是时间上的迟延，债务人并无拒绝履行债务的主观恶意，仍有履行的可能性；而拒绝履行是指债务人根本无意履行债务。

4. 拒绝履行无合法理由

债务人有合法理由，则属于正当的权利行使，不构成拒绝履行。如以履行期限未到、同时履行抗辩、诉讼时效届满等为由拒绝履行。没有合法理由而又不履行债务反映了债务人的主观恶意，是债务不履行的根本原因，也是债务人承担损害赔偿责任的基础。

（三）拒绝履行的法律后果

1. 强制履行

当事人之间成立债权债务关系的根本目的是通过债务的履行来满足其需要、实现其利益，而不是为了获得损害赔偿。当债务人拒绝履行债务时，债权人根据具体情况和需要可以申请法院采取措施强制债务人履行债务（不得强制执行的债务除外）。强制履行的方式有两种：其一，直接强制债务人为一定给付，以满足债权人的债权；但不适用于具有人格特征的债务，如画家的创作肖像画的债务、演员的出场表演的债务等。其二，如果是作出一定行为的债务，可由债权人或第三人代替债务人履行债务，代替履行的费用由债务人承担。例如，道歉广告的刊登，如果侵害他人名誉权的债务人拒绝刊登道歉广告的，按照法院的判决可由第三人以其名义刊登道歉广告。相关费用由侵权人支付。

2. 损害赔偿

依《合同法》第94条和第108条的规定，债务人于履行期届满前明确表示拒绝履行的，债权人即可解除合同、请求损害赔偿。对于未定履行期限的债务，在债权人请求之前或者当债权人请求时，债务人拒绝履行债务的，债权人即可解除合同、请求损害赔偿。

3. 实行担保权

有担保的债务，于债务人拒绝履行时，债权人即可请求连带保证人履行保证债务；在有物的担保时，债权人在债务人明确表示拒绝履行后，即可依法实行担保物权。《物权法》第195条规定，债务人不履行到期债务，被担保债权从变卖抵押财产所得的价款中优先受偿。

4. 拒绝履行的表示，非经债权人同意，不得撤回

债务人拒绝履行的意思表示一旦到达债权人即刻发生法律效力，未经债权人同意，债务人不得随意撤销。另外，债务人明确表示不履行债务的，债权人当然不会期望债务得以履行。为避免遭受更大的损失，债权人可能另与他人订立替代契约以实现其利益。如果允许债务人随意撤回拒绝履行的表示，则会损害债权人的利益。同时，债务人出尔反尔的行为也违背诚实信用原则。因此，除非经债权人同意，债务人拒绝履行的表示即使履行期届至前也不得撤回。

五、不完全履行

（一）不完全履行的概念

债务不履行除履行不能、履行迟延之外，还有不完全履行，这是德国、日本及我国台湾地区学者的通说。① 不完全履行，又称为不完全给付、积极侵害债权，指债务人有积极履行债务的行为，但其履行不符合债权的目的，或造成债权人其他损害的情形。

不完全履行与履行不能、拒绝履行、迟延履行不同。后三者是都没有实际履行债务，均为不给付之债务不履行，是为债权的消极侵害。反之，不完全履行则因债务人的积极的给付，以致债权人遭受损害，因此，又称债权的积极侵害。具体来讲，如果债务无法履行，则为履行不能；如果债务能够履行而债务人故意不履行，即为拒绝履行；债务未按期履行而其履行又有可能的，应为履行迟延；而不完全履行是债务表面上已经履行，但履行不符合债务之本质要求；也可能仅违反债务内容中的附带义务，即告知义务、保护、谨慎及照顾义务。②

《德国民法典》制定之初并未确立不完全履行（积极侵害债权）制度。原来所谓不完全给付系德国私法学家及律师施韬布（Staub）在德国民法施行后，于1902年第二十六届德国法曹（法律实务家）学会纪念文集上发表了《论积极的契约侵害及其法律上效果》一文，指出债务不履行不仅包括给付的消极侵害，还包括不完全给付的积极侵害。此后，他进一步阐述其见解，从而建立了较为完整的理论体系。施韬布列举了《德国民法典》实行后发生的14个特殊的案例，认为民法典规定的给付不能与给付迟延系债务人应为而不为，而其所举的案例，则属于债务人不应为而为之，即债务人虽已履行，但其履行有瑕疵，致债权人或特定第三人受到损害。民法典对此问题未作规定，是其漏洞。此理论提出后，引起广泛重视。德帝国法院于1903年即采用此种理论而为判决。其后，德国学者认为此种履行义务的违反，不仅在合同之债中有之，在其他的债

---

① 孙森焱：《民法债编总论》（下册），法律出版社2006年版，第473页。
② 黄立：《民法债编总论》，中国政法大学出版社2002年版，第451页。

也有，并将其称为"积极侵害债权"。在日本和我国台湾地区，学者多称之为"不完全给付"。① 由于不完全给付在语义上与部分履行容易混淆，"其实相较于'不能给付'或'给付迟延'，不完全给付对于契约或债之关系的侵害更为积极，因此所谓积极侵害一词并非十分妥当。"② 因而笔者称之为不完全履行。

（二）不完全履行的构成要件

不完全履行的构成要件须有履行行为、无正当理由、可归责事由的存在。关于无正当理由在履行迟延和履行不能中已经作了阐述，故在此不再赘述。仅对其余两个要件加以说明。

1. 须有履行行为

债务人有履行行为，并且该履行不完全。

（1）债务人不为履行行为，或属履行不能，或属履行迟延，或属拒绝履行，并不构成不完全履行。因此，债务人已为履行行为是不完全履行的前提。如果债务人履行迟延后又伴随不完全履行，则同时构成履行迟延和不完全履行；在履行之前要负履行迟延的责任，履行之后要负不完全履行的责任。债务人所为的履行行为，是指具有履行的意思而为的行为，与履行债务无关的行为造成债权人损害的仅构成单纯的侵权行为。

（2）债务人履行行为不完全。履行不完全是指债务人的履行不符合债务本旨，包括如下三方面的内容③：其一，履行标的有瑕疵，不能满足债权的要求。这主要表现为履行标的物质量的瑕疵或行为的不当：如交付的产品不合格；卖方未告知设备的使用方法致使买受人无法正常操作；房屋修缮人偷工减料，使房屋价值减少。其二，履行方法有瑕疵。如发货人的运输方法不得当，存在野蛮装卸；返还借贷物不符合礼仪要求。其三，给付时未尽到必要的注意。也称为加害给付，指债务人的履行行为造成债权人的人身、财产损害。如债务人交付有传染病的家畜，致使债权人的其他家畜受传染；医生未告知药品的副作用致病人出现不良反应或病情加重。

2. 须可归责于债务人

不完全履行的归责事由比较复杂。在履行迟延、履行不能中，何为迟延、何为不能，这种债务不履行的事实客观上非常明确。然而，在不完全履行中，何为债务不履行的事实本身就不明确。一般来说，在不完全履行中，债务人违反给付义务或违反附随义务就是债务不履行的事实。因为，在债权债务关系中，义务应当履行，否则肯定会给对

---

① 张广兴：《债法总论》，法律出版社1997年版，第183页。孙森焱：《民法债编总论》（下册），法律出版社2006年版，第473页，有更详细的介绍。
② 黄立：《民法债编总论》，中国政法大学出版社2002年版，第451页。
③ （日）奥田昌道等编：《讲义民法4 债权总论》，株式会社悠悠社2007年版，第86页。

方造成损害。这一点债务人应当明确且应当避免。所以,债务人违反义务侵害对方本身就是客观的过错。① 因此,需要认定债务人所附义务的范围,否则,无法判断是否义务违反和是否债务不履行。换句话说,确定了债务人有违反义务的事实,才能认定不完全履行。

在此,举证责任问题是另一个重要问题。在请求损害赔偿时,不是由债权人证明债务人有归责事由,而是债务人为免除其责任而举证证明不存在归责事由。因此,归责事由这个要件,不是应由原告举证的事实,这一点和侵权行为中的过错的举证是不同的。②

(三) 不完全履行的法律后果

不完全履行中,债务未得到完全履行,债权人可请求债务人完全履行债务;另外,与履行迟延、履行不能的情形一样,还可以解除合同、请求损害赔偿。

1. 不完全履行的补正

所谓补正,是指债务人作出完全给付,以满足债权的行为。补正主要适用于给付瑕疵。例如,债务人更换有质量瑕疵的产品,出租人对出现有裂缝的租赁房屋予以维修。

一般来讲,债务人负有补正不完全履行的义务。不完全履行属于可补正的,债权人将瑕疵给付返还债务人,请求完全的给付。返还与补正之间的关系则适用有关同时履行的规定。依据公平原则,债权人受领后应于发现瑕疵之日起,在一定期间内通知债务人。如果已经使用瑕疵标的物的,只能请求修补瑕疵或损害赔偿。③

值得注意的是,补正请求权是原债权的履行请求权,而不是不完全履行导致的结果。因此,即使债务人不存在可归责事由的情形之下,只要存在补正可能性,也可以行使补正请求权。④ 经债权人通知并请求补正之后,债务人能补正而不为补正的,债务人可请求法院强制履行,但具有人身性质的债务除外。

我国合同法对买卖合同的瑕疵通知期间作了特别规定,即赋予其时效的法律效果。我国《合同法》第158条第1款规定:"当事人约定检验期间的,买受人应当在检验期间内将标的物的数量或者质量不符合约定的情形通知出卖人。买受人怠于通知的,视为标的物的数量或者质量符合约定。"如果债权人在此期间不通知的,其补正请求权、损害赔偿请求权等都要丧失。

不完全履行,债务人即使再进行完全给付也不一定能达到债权的目的。例如,因医

---

① (日) 内田贵:《民法Ⅱ债权各论》,东京大学出版会1997年版,第312页。
② (日) 内田贵:《民法Ⅲ债权总论·担保物权》,东京大学出版会2004年版,第139—140页。
③ 孙森焱:《民法债编总论》(下册),法律出版社2006年版,第479页。
④ (日) 奥田昌道等编:《讲义民法4:债权总论》,株式会社悠悠社2007年版,第90页。

院的不当手术患者已经死亡，或者运输部门的野蛮装卸艺术品已经损毁的，补正没有任何意义。对于不可补正的不完全履行应当适用履行不能的规定。如果债务人有可归责事由的，履行请求权将转换为损害赔偿请求权；债务人不存在可归责事由的，债务被免除。①

因债务人的补正致使履行迟延的，债务人应承担迟延履行责任。

2. 不完全履行的损害赔偿

债权人可以请求赔偿因不完全履行而造成的损失。无论是不完全履行还是加害履行，债权人均可请求损害赔偿。赔偿额应当包括与不完全履行具有相对因果关系的全部损失。可请求赔偿的范围不仅包括因不完全履行而产生的损害，而且还包括由此引起的其他损害，即扩大损害。

对于加害履行，债务人的行为究竟是构成侵权责任还是违约责任颇有争议。加害履行是在债务履行过程中发生的，与债权具有密切联系，但是债务人侵害的却是债权人或特定第三人的人身或财产权，这与违约责任不同。因此加害履行属于侵权责任与违约责任竞合情形，债权人既可选择违约之诉，也可选择侵权之诉。例如，依据我国《产品质量法》第43条的规定，因产品存在缺陷造成人身、他人财产损害的，受害人可以向产品的生产者要求赔偿，也可以向产品的销售者要求赔偿。

第四节 受领迟延

一、受领迟延概述

（一）受领迟延的概念

债务人即使有给付能力且愿意履行债务，但由于债权人的原因导致迟延履行，甚至无法履行的情形，在现实中也会发生。除不作为债务或以银行汇款方式履行的债务之外，绝大多数债务的履行都需要债权人的协助。债务人已经提供符合债务本旨的履行，而债权人不予受领就会导致债务不能履行。此种情形之下，如果债务人仍不能摆脱债务，甚至还要承担履行迟延责任和其他不利后果，那么，这种结果对债务人来讲过于苛刻，是不公平的。为救济这种债务人而设立的制度就是受领迟延。

受领迟延，是指债务人即使提供符合债务本旨的履行，但债权人不予协助或不予受领，以致给付效果无法及时发生的状态。在这种情形之下，从表面上看债务人仍处于履

---

① （日）奥田昌道等编：《讲义民法4：债权总论》，株式会社悠悠社2007年版，第89页。

行迟延、无法履行债务的状态，债权人和债权人之间的债权债务关系也不能消灭。

(二) 受领迟延的构成要件

受领迟延应具备下列构成要件：

1. 债务履行需要债权人的协助

无须债权人协助的债务，如不作为债务、债务人自行可完成的债务等，就不能适用受领迟延。

大多数债务须有债权人的协助才能得到履行，债权的目的才能得到实现。这些债务有以下几种：①债务人应到债务人的住所接受货物或收取金钱；②债权人应提供材料，如加工制作；③债权人应为指示，如提供挖沟筑堤的规格尺寸；④债权人应为接受行为，如债务人送货上门；⑤债权人应提供履行场地，如演出的剧场；⑥债权人应与债务人共同办理登记手续，如不动产买卖；⑦债权人应将物品送往特定地点，如仓储保管；⑧在选择之债中，选择权归债权人时，债权人应为选择；⑨债权人应当有某种不作为，如静坐以便债务人画像或者拍照、病人容忍医生诊治等。在以上这些债的关系中，债权人如果不为协助，债务人将无法完成其履行行为。因此，债权人不为协助时，即可能构成受领迟延。①

2. 须债务已届履行期

债务已届履行期，为受领迟延的时间标准。受领迟延的构成必须包括以下两方面：①有确定履行期限的债务，履行期间届至前，债务人原则上不得提前履行，如其履行，债权人可予以拒绝，并不成立受领迟延。但履行期间届满，债权人未予受领就要构成受领迟延。②未定有履行期的债务，债务人提出履行应确定一个合理的期限，未确定合理期限提出履行的，债权人可拒绝受领，不构成受领迟延。合理期限届满债务人提出履行，债权人拒绝受领就会构成受领迟延。在未定履行期或债务人有权在指定期间提前履行的，不能因为债权人一时不能受领而构成受领迟延，但债务人已在此前适当期间向其通知履行的，不在此限。

3. 须债务人合法实施给付行为②

受领迟延的构成，以债务人已实际履行或已做好履行的准备，并通知债权人受领为前提条件。如果债务人陷入履行不能、拒绝履行、迟延履行的情形，因缺乏迟延受领的前提条件，不会发生债权人的受领，也就无所谓受领迟延。

(1) 债务人合法提出给付债权人才可能负迟延之责任。合法指合乎债之本质，债

---

① 张广兴：《债法总论》，法律出版社 1997 年版，第 191 页。
② 本段内容主要参考黄立所著《民法债编总论》的相关内容而编写。见黄立《民法债编总论》，中国政法大学出版社 2002 年版，第 465—466 页。

务人非按债务本旨提出给付的，属于代物清偿。换句话说，合法给付必须按照契约规定的时间、地点及内容提出履行。

（2）债务人提出给付的两种方式。

第一，现实提出。现实提出是指债务人必须将给付标的物置于债权人无须为其他行为，仅为受领为已足之状态。如卖方已将货物运到买方住所，以待点收。现实提出应当注意以下两点：①现实提出必须是对债务的全部履行，如果是债务的部分履行，债权人拒绝受领也不构成受领迟延。②现实提出是事实行为，不是意思表示或通知；因此，现实提出不以意思表示或意思到达为其生效要件。例如，购买的家电于约定的时间送到顾客家，而家里没有人受领，顾客也构成受领迟延。

第二，言词提出。言词提出是指债务人完成债务履行的一切准备并将准备履行的事实告诉债权人。言词提出，适用于债权人预期拒绝受领或履行需要债权人协助的情形。言词提出应符合以下要件：首先，债权人预期拒绝受领或履行需要债权人协助。债权人预期拒绝受领是一种意思通知，即债权人表示将来履行时拒绝受领。这种意思通知应当在债务实际履行之前到达于债务人。一般来讲，债权人拒绝受领时不能免除债务人的履行义务。但是，也不需要债务人现实履行，债务人只要通知债权人想要履行债务的事实就可以了。履行需要债权人协助，是指根据事实或约定债务人的单独行为不能完成债务履行，例如，双方约定由需货方（债权人）从供货方（债务人）住所提取货物之合同的履行，供货方即言词提出。债务履行需要债权人协助的情形，也不需要债务人现实提出，做好债务履行的准备并通知债权人提供协助就可以了。其次，债务人须完成履行准备。完成履行准备，是指债务人应当做到如果债权人决定受领即可现实提出；或者债权人提供协助继续履行并无障碍。最后，债务人将准备履行的事实通知债权人。目的在于让债权人知道债务人可现实提出的事实，或债权人进一步协助的要件已经具备。债务人言词提出的法律性质是意思通知，即催告债权人受领或者提供协助。意思通知到达债权人处便发生法律效力。

4. 须债权人未受领给付

债权人未受领给付包括拒绝受领和不能受领两种形态。

（1）拒绝受领。拒绝受领是债权人明确表示不受领债务人履行的行为。拒绝受领属于意思通知，参照合同法关于邀约与承诺之到达与生效的规定确定其效力，即对话式的通知即时生效；非对话式的通知到达债务人时生效。互付对价的双务合同中，债权人在债务未届履行期而预先表示拒绝受领的，一般可推定其不履行对价义务，可认为是债权人预期违约。债务人可依据《合同法》第94条"在履行期限届满之前，当事人一方明确表示或者以自己的行为表明不履行主要债务"解除合同。履行期限届满，债权人拒绝受领或债务人提出履行而债权人拒绝受领应视为受领迟延。

（2）不能受领。不能受领指因债权人自身的原因客观上无法受领。不能受领既包括债权人个人的原因如债权人失踪、患病、死亡、外出旅行、未能准备受领设备等原因而导致的受领迟延,也包括不可抗力、意外事故的发生而导致的受领迟延。不能受领只关注客观事实,债权人主观上有无过失在所不问。"因为受领迟延的法律规定,其主旨在保护债务人的利益。而债权人有无过失,只要有受领迟延的客观情形,即可能使债务人的利益受到影响,可能造成损失。如果债权人因无过失而不构成受领迟延,其后果同样又不具有过失的债务人承担,无疑有失公平。"[1]

值得注意的是,债务人的履行不能和债权人的受领不能法律后果不同。债务人的履行不能,不会导致债权人受领迟延的责任;而债权人的受领不能,不能免除债务人的履行义务。例如,债权人死亡,债务人应向其权利的继承人履行。这是因为履行的目的是实现债权人的利益,受领一般为债权人的权利。因此,无论债权人是主观还是客观的受领不能,债务人都应当通过提存或其他合法方式积极清偿债务。

二、受领迟延的法律性质

受领是债权人的权利还是债权人的义务,各国立法与学说不一。下面仅介绍日本的相关理论。

(一) 法定责任说

法定责任说认为,受领清偿是债权人的权利而不是义务。当发生受领迟延时,为了公平起见,既需要免除债务人的不履行责任,同时,也不能让其承担履行迟延的不利后果;而这种不利后果应当让债权人来承担。所以,受领迟延的责任不是以债权人的受领义务为其前提,而是根据公平、诚实信用等原则而产生的法律上的责任。[2]

(二) 义务说

义务说认为,如果没有债权人的协助,债务人不完成债务的履行,那么,债权人负有协助履行的义务(受领义务);受领迟延就是债权人不履行这种协助义务即受领义务所产生的责任。并提出如下理由:第一,《日本民法典》把规定受领迟延的第413条放在债务不履行的部分;第二,债权债务关系是为达到共同目的而组成的同一个社会关系,当事人应当遵循诚实信用的原则共同实现债权的目的是双方的共同义务。[3]

笔者赞同法定责任说的观点。受领是债权人的权利,而不是义务。债权人有放弃债权的权利,这一点足以说明问题。但是,受领迟延的情形之下,并不必然免除债务人的

---

[1] 王家福主编:《中国民法学·民法债权》,法律出版社1991年版,第174页。
[2] (日) 奥田昌道等编:《讲义民法4:债权总论》,株式会社悠悠社2007年版,第95页。
[3] (日) 奥田昌道等编:《讲义民法4:债权总论》,株式会社悠悠社2007年版,第95页。

责任，从表面上看债务人仍处于履行迟延的状态。所以，为了公平起见，为免除债务人的不履行责任并不让其承担因债权人的原因引起的不利后果，法律特别允许的责任就是债权人受领迟延。

三、受领迟延的法律后果

1. 债务人注意义务减轻

债权人受领迟延的，如果给付仍有可能的，债务人仍有继续履行的义务。债务人应当谨慎保管标的物以避免发生履行不能。但是，当债权人受领迟延时，从迟延发生时起债务人对标的物保管的注意义务减轻，仅对其故意或重大过失造成的损失负责。

2. 风险负担移转于债权人

债务履行过程中，风险一般由债务人承担。我国《合同法》第142条规定买卖合同的"标的物毁损、灭失的风险，在标的物交付之前由出卖人承担，交付之后由买受人承担"。但债权人发生受领迟延之后的风险责任转由债权人承担。《合同法》第143条规定"因买受人的原因致使标的物不能按照约定的期限交付的，买受人应当自违反约定之日起承担标的物毁损、灭失的风险"。

3. 停止支付利息

在金钱之债中，债权人受领迟延后，债务人因金钱债务所应付的利息，自受领迟延时起停止支付。因为，债权人受领迟延时，债权人仍可随时请求返还本金；债务人也必须做好时刻偿还的准备，因此，债务人没有机会利用本金取得收益，当然没义务再支付利息。所以，债权人即不得再请求支付嗣后的利息。

4. 缩小孳息返还范围

债务人依债之关系（或事实，如恶意占有）占有债权人所有物的，负有收取、返还其占有标的物所生孳息的义务。债权人受领迟延后，债务人只须返还其已收取的孳息，对迟延后所生的孳息，免除债务人的收取义务。受领迟延导致债务人注意义务的减轻，已经收取的孳息发生减少或灭失的，债务人有故意或重大过错时才承担责任。

5. 债务人可自行消灭债务

债权人受领迟延后，债的标的物为动产者，债务人可以以提存的方式消灭债务；不便提存或提存费用过大时，债务人得以拍卖或变卖方式，将其价金为提存。标的物为不动产的，债务人可以抛弃占有，以消灭债务。但不动产占有之抛弃，应尽可能通知债权人。

受领迟延可因下列事项而消灭：债务的免除、清偿、履行不能等导致债权消灭的、债务人免除受领迟延的、债权人解除原先的拒绝受领并作出同意受领的意思表示的、完成必要的协助之准备并催告债务人履行的等等。

第十一章 债的一般担保

第一节 债的一般担保概述

一、债的一般担保的概念

（一）债的一般担保的界定

债的一般担保，是督促债务人履行债务和保障债权人债权得以实现的一种法律制度。由于债的担保是一种使债权人利益得到满足的制度，因此也称债权担保。一旦债务人不履行自己承担的债务，导致债权人的债权难以实现时，债权人有权要求债务人或者担保人对自己承担民事责任，这就是债权人享有的担保权制度。在债法中，债权人享有的担保权分为两种，即一般担保权和特别担保权。

所谓一般担保权（le droit de gage général），是指当债务人的财产因为某种原因应当增加而没有增加或者因为某种原因不应当减少而减少时，债权人有权采取行动或者以债务人的名义行使其对第三人享有的权利，使债务人的财产得以增加，或者采取行动，要求法院撤销债务人与第三人进行的欺诈行为，使债务人的财产不至于不当减少。前者就是债权人享有的代位权，后者就是债权人享有的撤销权。我国学者一般将这两种担保权称为债的保全制度，也称为债的保全权。

所谓特别担保权，是指当债务人不履行自己承担的债务时，债权人有权采取行动要求法院拍卖或者变卖债务人或者第三人的财产，要求从拍卖或者变卖价款中优先获得清偿的权利；或者当债务人不履行自己的债务时，债权人要求保证人或者给付定金的债务人承担相应的民事责任。特别担保权建立在各种特别的担保基础上，包括保证、定金、抵押、质押以及留置等。特别担保权的存在是为了弥补一般担保权存在的问题，是债权人为了更好地保护自己的利益而采取的一种担保制度。关于特别担保权，本书将在下面一章作出说明，本书在此处仅仅讨论一般担保权。

（二）债的一般担保的制定法根据

在我国，《民法通则》没有规定债的一般担保制度，虽然学说长期以来都认可债权人代位权和债权人撤销权。而在大陆法系国家，众多国家的民法典都规定了债的一般担保制度。在法国，民法典不仅规定了债权人代位权和债权人撤销权，而且还在这两个条款之外单独规定了债权人享有的一般担保权制度。《法国民法典》第 2092 条规定：任何人，只要对他人承担个人债务，即应当用自己所有的动产和不动产来偿还自己的债务，无论此类财产是现有的财产还是将来的财产。债的一般担保制度包括哪些内容？在我国，学说往往认为债的一般担保仅仅指债的保全制度，包括债权人代位权和债权人撤消权。而在法国，学说除了将这两种权利归入债的一般担保权范围之外，还认可第三种担保方式即直接请求权。本书采取此种理论，认为债的一般担保除了包括债的保全制度外，还包括债权人享有的直接请求权，因为，我国合同法实际上已经认可了此种直接请求权。

（三）债的一般担保制度的意义

在债法中，债的一般担保具有重要意义，因为，当债务人不履行自己承担的债务时，债权人无法对债务人的人身采取强制执行措施，而仅可以对债务人的财产采取强制措施，要求债务人用自己的财产偿还所承担的债务。因此，如果债务人不履行自己承担的债务，债权人仅仅有权要求债务人对自己承担侵权责任或者违约责任，要求他们给付一定数量的金钱给自己，作为民事责任的具体表现形式；一旦债务人拒绝承担民事责任，债权人仅可以向法院起诉，要求法院责令债务人承担民事责任，法院只能对债务人的财产采取强制执行措施，扣押或者查封债务人所有的财产，用此种财产的拍卖价款或者变卖价款来偿还债权人的债权，使其与债务人之间的债权和债务关系消灭，法官原则上不得对债务人的人身采取强制执行措施，仅能在某些例外的情况下对他们的人身采取强制措施，对他人予以人身监禁。

此时，债权人债权实现的程度将取决于债务人可供扣押财产的多少。如果债务人可供扣押的财产越多，则债权人债权的实现将越有保障；如果债务人可供扣押的财产越少，则债权人债权的实现将越无保障。因为，普通债权人债权的实现并非建立在债务人特定的财产基础之上，而是建立在债务人所有财产的基础上，债务人所有的财产都是普通债权人债权实现的一般担保。法国学者 Gérard Légier 教授指出："当债权人的债权没有得到清偿时，他们最终的手段是向法院申请，要求法院采取强制执行措施，扣押债务人的财产，通过出卖该财产使债权人的债权得以实现，因为，债权人债务人的所有财产都是债权实现的一般担保。"①

---

① Gérard Légier, les obligations, quatorzième édition, 1993, dalloz, p. 177.

二、债的一般担保的特征

(一) 债的一般担保权建立在债务人的所有财产基础上

在债的一般担保中，担保人并没有用自己特定的财产担保债务人债务的履行，债务人仅仅是用自己所有的、一般的财产来担保债务的履行。如果债务人在同债权人产生债务和债权关系后出卖自己的财产、变卖自己的财产或者不当处分自己的财产，则债权人债权担保的基础将削弱，债权人将无法对被债务人处分的财产行使任何权利，他们不得扣押被处分的财产，因为，他们不对被处分的财产享有物权人原本可以享有的追及权，他们仅仅能够在法院采取强制执行措施时对债务人剩余的财产享有权利。可见，在一般担保中，普通债权人债权的实现面临债务人财产减少的风险，此种减少或者因为债务人转让自己的财产而发生，或者因为债务人挥霍自己的财产而发生，或者因为债务人怠于行使自己的权利而发生。[1]

在债的一般担保中，虽然学说普遍认为，债务人的所有财产都是债权人债权实现的一般担保，但是，当债务人不履行自己的债务时，债权人无权要求法院采取强制执行措施，扣押债务人的所有财产。因为，在债法上，并非债务人的一切财产均具有可扣押性，仅仅某些财产具有可扣押性，法院仅仅能够扣押债务人的那些具有可扣押性的财产，并将这些财产予以拍卖或者变卖，并从所拍卖或者变卖的财产价款中偿还债权人的债权。债务人的哪些财产是可以扣押的财产，哪些财产是不可以扣押的财产，取决于债务人财产的性质和各国法律的具体规定。总的来说，与债务人人身密切相关的财产不得予以扣押。

(二) 债的一般担保的债权人不享有优先受偿权

债的一般担保同特别担保形成明显的对比。在特别担保中，担保权人是非普通债权人，当债务人不履行自己的债务时，债权人可以向法院申请，要求法院拍卖或者变卖担保人用来作为担保的特定财产，并享有优先于其他债权人而受偿的权利。而在一般担保中，担保权人仅仅是普通债权人，当债务人不履行自己的债务时，债权人虽然可以向法院申请，要求法院强制执行债务人的财产，但是，担保权人无权从拍卖或者变卖价款中优先实现自己的债权，如果债务人的财产无法完全满足债权人债权的需要，则当其他债权人向法院起诉，要求债务人偿还自己的债务时，法院会将债务人的所有可供扣押的财产予以拍卖或者变卖，并根据所有债权人的债权比例来分配价款，因为，根据一般担保权理论，所有的担保权人都是普通债权人，根据债权平等的原则，当他们与同一债务人

---

[1] Gilles Goubeaux, droit civil, 24 e edition, pp. 571–572.

发生债权和债务关系时，无论此种债权和债务关系发生的先后，均对债务人的所有财产享有平等的权利，均对债务人的财产享有同等性质的权利。

由于一般担保权人对债务人的财产并不享有优先权，因此，当债务人同该债权人发生债务关系后，如果债务人在没有清偿该债权人的债权时又同其他债权人发生债务关系，则该债务人承担的债务得到增加。此时，债权人的债权将因为后一债权人的存在而面临无法完全实现的可能。所以，在一般担保制度中，普通债权人经常面临债务人债务过度增加的风险。

三、债的一般担保权的保护

如果债务人在没有清偿债权人债权的情况下采取某些措施损害债权人债权实现的一般担保基础，危及债权人债权的安全。例如，债务人为了逃避可能对债权人承担的民事责任而对其财产进行挥霍、转移、变卖、隐藏等，债权人可以向法院提出申请，要求法院采取各种保全措施，防止债务人减少自己财产的行为发生；在情况紧急的时候，债权人可以申请诉前财产保全，要求法院采取保全措施，查封、扣押债务人的财产，使债务人无法转移、处分自己的财产；在诉讼进行期间，如果债务人擅自处分自己的财产，以便使法院将来作出的裁判无法执行，债权人有权向法院提出申请，要求法院对债务人的财产采取保全措施，查封或者扣押债务人的财产，防止其非法转移或者处分自己的财产，使债权人债权担保的一般基础削弱。这就是诉讼财产保全制度。

四、债的保全制度在民法典中的地位

在大陆法系国家，债的保全制度可以同时适用因为合同产生的债权、因为无因管理产生的债、因为不当得利产生的债、因为侵权行为产生的债。在我国，债的保全制度适用的范围是什么？在我国，《民法通则》没有规定债的保全制度，因此，其具体适用范围是什么，法律没有作出说明。我国《合同法》对合同领域的债权人代位权和撤销权作出了规定，因此，债的保全制度自然适用合同领域。当合同债权人因为自己的合同债务人不积极主张自己的债权请求权或者故意从事损害合同债权人一般担保基础的行为时，在符合其他构成条件的情况下，合同债权人可以行使债权人代位权或者撤销权。

我国法律在合同领域规定债权人代位权和撤销权，是否意味着债权人代位权或者撤销权仅仅适用合同债权人而不适用于其他领域的债权人？答案是否定的，因为，根据一般国家的债法理论，债权人代位权适用的领域并非仅仅限于合同领域，对于因为侵权行为发生的债、无因管理发生的债、因为不当得利发生的债、均可适用债权人代位权或者撤销权。

第二节 债权人代位权

一、债权人代位权概述

所谓债权人代位权（l'action oblique），是指债权人为了保全自己的债权而在一定条件下行使债务人对第三人享有的权利。例如，甲将30000元的钱款借贷给乙，乙应当在2005年4月6日之前返还给甲。当甲请求乙返还该本金时，甲发现乙已经没有可以强制执行的财产。此时，甲发现乙曾经将40000元的钱款借贷给丙，并且发现按照乙和丙之间的借贷合同，丙应当按照合同的规定将本金40000元返还给乙。乙担心自己在请求丙将本金40000元返还给自己后，甲会要求自己将其中30000元返还给自己，因此，乙故意不向丙方主张债权请求权。甲为了自己的利益，代位乙向丙提出请求，要求丙将其中的30000元返还给自己，使乙方对自己承担的债务了结，这就是债权人代位权。从本案可以看出，债权人代位权涉及三方当事人：债权人，债务人，债务人的债务人。在本案中，甲为债权人，乙为债务人，丙为债务人的债务人。学说一般也将债务人的债务人称为第三人或者次债务人。

债权人代位权的制度起源于法国，是由法国习惯法首先确立的，1804年《法国民法典》第1166条规定：债权人可以行使其债务人享有的一切权利，但是，与债务人的人身有关的权利除外。1804年《法国民法典》第1166条规定出来之后，即被其他大陆法系国家的民法典所借鉴，成为债权人债权一般担保的重要保障。在我国，《民法通则》没有规定债权人代位权，但是，学说一直以来都认可债权人代位权，司法判例也允许债权人在实际生活中行使债权人代位权。1999年，我国《合同法》第73条第一款首次规定了债权人代位权制度。它规定：因债务人怠于行使其到期债权，对债权人造成损害的，债权人可以向人民法院请求以自己的名义代位行使债务人的债权，但该债权专属于债务人自身的除外。由于《合同法》第73条的规定过于模糊，最高人民法院在1999年颁布了《关于适用〈中华人民共和国合同法〉若干问题的解释（一）》，对债权人代位权行使的条件、案例的受理以及行使的法律效力等问题作出了明确的说明。

二、债权人代位权行使的条件

债具有相对性，仅仅对债权人和债务人产生约束力，债原则上不具有涉及第三人的利益，债仅仅在例外的情况下具有涉及第三人的法律效力。其中，债权人代位权就是此种例外的情形之一。为了防止债权人动辄主张债权人代位权，各国法律对债权人代位权的行使都规定了严格的条件。在法国，债权人要行使代位权，要符合下列条件：债权人对债务人享有的债权是确定的、可以行使的；债权人行使代位权是必要的；债务人没有对第三人主张自己应当主张的权利。[1] 在我国，最高人民法院《关于适用〈中华人民共和国合同法〉若干问题的解释》第 11 条明确规定了代位权行使的要件：债权人依照《合同法》第 73 条的规定提起代位权诉讼，应当符合下列条件：①债权人对债务人的债权合法；②债务人怠于行使其到期债权，对债权人造成损害；③债务人的债权已到期；④债务人的债权不是专属于债务人自身的债权。

（一）债权合法、确定和可予行使

只有债权人的债权是合法的、确定的、可予行使的，债权人才可以行使代位权。[2] 所谓债权合法，是指债权人对债务人的债权、债务人对第三人享有的债权是合法债权，是应当受到法律保护的债权。非法的债权不会受到法律的保护，自然不会产生法律规定的债权效力。既然债权人对债务人享有合法债权是债权人行使代位权的前提条件，因此，如果债权人对债务人不享有合法债权，如赌博之债、买卖婚姻之债，债权人就不能行使代位权。如果合同因违法而被认定无效、被撤销或者合同已过诉讼时效，债权人也不能行使代位权。

所谓债权确定（certain），是指债权人对债务人享有的债权和债务人对次债务人享有的债权是肯定的、明确的、清楚的，如果债权人对债务人享有的债权是模糊的、不清楚的，则债权人不得行使代位权。所谓债权的可予行使（exigile）是指债权人对债务人的债权、债务人对次债务人享有的债权已经到了清偿期，债务人应当按照有关债的规定履行自己对债权人承担的债务。如果债权人对债务人的债权或者债务人对次债务人的债权还没有到期，则债权人不得行使代位权；同样，如果债权人对债务人享有的债权是附条件的债权，则在所附条件成就之前，债权人也不得主张代位权。

当然，根据债法的一般理论，债权的确定并不必然要求在债的发生时已经确定，只要在债权人向法院起诉时其债权已经确定，债权人就可以行使代位权。

（二）债务人怠于行使自己的权利

所谓债务人怠于行使自己的权利，是指债务人不积极采取行动对次债务人主张自己的权利。如果债务人对次债务人的债权到期后债务人积极采取行动，对次债务人主张自己的债权，则债权人不得代位债务人向次债务人主张权利。只有在债务人存在消极不作为时，债权人才可以代位债务人向次债务人主张权利。所谓积极采取行动向次债务人主张权利，包括债务人直接对次债务人提出请求，要求次债务人偿还所拖欠的钱款或者交

---

[1] Guy Raymond, Droit Civil, 2e edition, litec, pp. 390-391.
[2] Juris. constante depuis Req., 25mars1924, DH 1924. 282.

付应当交付的财产,以便清偿次债务人对债务人承担的债务,使两者之间的债权债务关系消灭;包括债务人通过提起诉讼或仲裁的方式向次债务人主张权利。为什么当债务人不积极主张自己的权利时,债权人可以代替该债务人行使其对次债务人享有的权利?这是因为,根据债的一般原理,债务人的所有财产都是债权人债权实现的一般担保,债务人一旦同债权人产生债权债务关系,即要对债权人承担维持自己财产充足的义务,承担管理好自己所有财产的义务,否则,债务人没有管理好自己的全部财产,将会给债权人造成损害,而债务人在自己的财产不足以清偿债权人的债权时应当积极主张对次债务人享有的权利,这是债务人对债权人承担的重要义务。一旦债务人不对次债务人主张自己的权利,即表明债务人在管理自己的财产时存在不当行为,法律即可授权债权人来管理债务人的财产,代替其向次债务人主张权利。

(三) 债权人有行使代位权的必要

仅仅存在债务人不积极对次债务人行使权利的要件还不足以使债权人行使代位权,债权人要行使其债务人对次债务人享有的权利,还必须存在这样的要件,即债务人的消极不作为行为对债权人的债权造成损害。虽然债务人没有积极行使对次债务人享有的权利,但是,如果债务人的个人财产足够清偿债权人的债权,则债权人不得行使代位权。债权人的代位权仅仅应当在债务人已经丧失了清偿自己债务能力时才能够行使。债务人是否已经丧失了清偿债务的能力,应当由债权人承担举证责任。①

(四) 债权人行使权利的范围

在法国,债权人可以对次债务人行使其债务人享有的所有权利,可以采取债务人原本可以采取的一切行动,包括采取保全措施、提起诉讼等。但是,如果债务人享有的权利或者采取的行动专属于债务人本身时,则债权人不得代位行使,诸如人身权(离婚权)、道德性的财产权(赠与人因为受赠人忘恩负义而享有的赠与撤销权)或者不得被扣押的财产权(养老金支付请求权)等。② 在我国,《合同法》第 73 条第一款规定,债权人不得行使专属于债务人人身的债权。哪些债权是专属于债务人人身的债权?我国合同法没有对此作出明确说明,但最高人民法院《关于适用〈中华人民共和国合同法〉若干问题的解释》第 12 条规定:《合同法》第 73 条第一款规定的专属于债务人自身的债权,是指基于扶养关系、抚养关系、赡养关系、继承关系产生的给付请求权和劳动报酬、退休金、养老金、抚恤金、安置费、人寿保险、人身伤害赔偿请求权等权利。如果债务人对次债务人享有的债权是这些类型的债权,则即便符合前面所规定的构成条件,

---

① Civ., 11juill. 1951: D. 1951, 586.
② Gérard Légier, les obligations, quatorième édition, mementos dalloz, p.141.

债权人也不得行使代位权。

三、债权人代位权的具体行使

(一) 债权人代位权行使的名义

债权人在行使代位权时,究竟是以自己的名义行使还是以其债务人的名义行使? 对此问题,有两种不同的理论:其一,认为债权人在行使代位权时只能以其债务人的名义行使,不得以债权人本人的名义行使。此种理论为《法国民法典》所采取。在法国,无论是司法判例还是民法学说都认为,债权人代位权不是直接诉讼权而是间接诉讼权,因此,债权人在行使代位权时只能以债务人的名义行使,不得以债权人自己的名义行使,因为,代位权的行使是为了债务人的利益而不是为了债权人的利益。[①] 其二,认为债权人在行使代位权时只能以债权人的个人名义行使,不得以债务人的名义行使。此种理论为我国法律所采取。我国《合同法》第73条第一款明确规定,债权人行使代位权时只能以债权人本人的名义行使。之所以形成两种不同的理论,是因为,法国法认为,债权人行使代位权的目的是为了债务人的利益,债权人通过诉讼获得的利益应当返还给债务人,作为所有债权人债权实现的共同担保。而在我国,法律认为,债权人行使代位权的目的是为了自己的利益,他们通过诉讼获得的利益可以用来清偿自己的债权,其他债权人对此利益无分享的权利。

(二) 债权人代位权行使的方法

在法国,债权人要行使代位权,只能通过提起诉讼的方式行使。在我国,《合同法》第73条明确规定,债权人代位权必须通过诉讼方式来行使,不允许在诉讼外行使代位权。我国学说认为,将代位权的行使方式限制在诉讼方面,存在众多的问题,因此,可以通过诉讼以外的方式来主张,诸如对债务人的债务人提出直接请求,要求他们履行所承担的债务或者通过仲裁方式。本书认为,债权人行使代位权的方式可以多种多样,包括诉讼、仲裁或者直接对次债务人提出履行债务的请求等。允许债权人直接对次债务人提出请求,可以减少诉讼,增加效率,降低社会成本,因为,民事诉讼不仅费时费力,还劳民伤财,违反效率原则,应尽量避免使用。

(三) 代位权行使的范围

我国《合同法》第73条第二款规定,代位权行使的范围以债权人的债权为限。债权人行使代位权的必要费用,由债务人负担。学说普遍认为,所谓"以债权人的债权

---

① Guy Raymond, Droit Civil, 2e edition, litec, p.391.

为限"是指，某一债权人行使代位权，只能以自身的债权为基础，不能以未行使代位权的全体债权人的债权为保全的范围。也就是说，当债权人有多个的时候，各债权人都有权依代位权起诉，债权人的代位权行使范围仅以作为原告的债权人的债权为限，不包括其他未行使代位权的债权人所享有的债权。[1] 最高人民法院《关于适用〈中华人民共和国合同法〉若干问题的解释》（以下简称《解释》）第21条规定：在代位权诉讼中，债权人行使代位权的请求数额超过债务人所负债务额或者超过次债务人对债务人所负债务额的，对超出部分人民法院不予支持。同时，该《解释》第19条规定：债权人代位权的范围还包括债权人为提起诉讼而支付的诉讼费用，在代位权诉讼中，债权人胜诉的，诉讼费由次债务人负担，从实现的债权中优先支付。

（四）代位权行使主体

代位权行使的主体包括债务人的所有债权人，如果他们符合代位权行使的条件的话。有担保物权的债权人，其享有的债权数额超过担保物价值的，对于超过部分可以主张代位权，如果担保物价值并未超过债权数额，则意味着该债权人没有行使代位权的必要，不符合行使代位权的条件，当然不可以行使代位权。另外，债权人为数人时，该债权人可单独行使，也可共同行使代位权。债权人提起代位权诉讼的，由被告住所地人民法院管辖。债权人提起代位权诉讼应该以次债务人为被告，债务人为第三人；如果未将债务人列为第三人的，人民法院可以追加债务人为第三人，这里只是"可以追加"，并不是必须追加。两个或者两个以上债权人以同一次债务人为被告提起代位权诉讼的，人民法院可以合并审理。

四、债权人代位权的法律效果

（一）债务人处分权的限制

债权人行使代位权后，债务人对其权利处分是否受到限制，存在肯定说和否定说。肯定说认为，一旦债权人行使代位权，则债务人对次债务人享有的债权处分权将受到限制，债务人不得抛弃、免除或让与其享有的权利，否则，债权人代位权制度将失去效用。否定说认为，既然债权人代位权行使的效果归于债务人，当债权人行使代位权时，债务人仍得处分其对次债务人享有的权利，可以抛弃、免除或者让与自己的债权；如果债务人的处分行为有损于债权，债权人可以再次行使撤销权，要求法院撤销债务人所作出的处分行为。法国学说采取此种观点。Gérard Légier教授指出："债权人代位权的行使行为并非是一种财产扣押行为，它并没有剥夺债务人对次债务人享有的权利，因此，

---

[1] 张民安主编：《合同法》，中山大学出版社2003年版，第159页。

债务人仍然对次债务人享有权利，债务人仍然有可能接受次债务人的清偿行为或者免除次债务人的给付行为。"①

在我国，法律应当采取肯定说还是否认说？本书认为，我国法律应当采取肯定说，一旦债权人已经代位行使债权人代位权，则债务人对次债务人享有的处分权即应受到限制，债务人即不应当转让、处分或者免除次债务人对债务人承担的债权。之所以如此，是因为，法国法认为，债权人代位权的行使是为了债务人的利益，通过权利的行使所带来的利益应当归债务人，债权人行使代位权并不改变财产权利归属，债务人债权并没有转让，债权人行使代位权的结果也是归属于债务人，债务人作为权利主体理应享有处分权。而我国法律的规定不一样，因为，根据我国合同法的规定，债权人行使代位权是为了自己的债权能够得以实现，而不是为了债务人的利益，因此，如果允许债务人在债权人主张代位权之后处分自己享有的权利，则债权人行使代位权的目的将会落空。为了确保债权人的利益不因为债务人的行为而受到更进一步的损害，我国法律当然要限制债务人的处分权。

（二）代位权行使的法律后果的归属

债权人行使的代位权一旦成功，次债务人即应按照债的规定将应当支付的价款、应当交付的财产或者应当支付的损害赔偿金给付给债权人。债权人是否可以直接从这些利益中受偿？各国法律的回答并不相同。

在法国，司法判例认为，行使代位权的债权人并不是为了自己的利益行使其权利，而是为了全体债权人的利益行使代位权，因此，一旦通过诉讼使次债务人对债务人履行了债务，次债务人支付的价款、交付的财产或者损害赔偿金应当重新归于债务人，成为债务人的财产，这些财产成为债务人所有债权人一般担保权的基础，债务人的所有债权人均可以对其采取强制执行措施，此时，如果债务人的财产不足以清偿所有债权人的债权，应当由所有债权人按照债权比例平等受偿。行使债权人代位权的债权人不享有优先受偿权。②

在我国，学说将此种理论称为入库规则。入库规则打击债权人行使代位权的积极性，因此，在法国，虽然民法典明确规定了债权人代位权，但是，此种权利在实践中很少被债权人主张。为了保护主张代位权的债权人的利益，我国法律废除了此种理论，认为行使代位权的债权人可以直接从次债务人的给付行为中清偿自己的债权，学说将其称为直接受偿理论。

最高人民法院《关于适用〈中华人民共和国合同法〉若干问题的解释》第20条规

---

① Gérard Légier, les obligations, quatrième édition, mementos dalloz, p. 141.
② Civ., 9juill. 1934: DP1935, I, 102.

定：债权人向次债务人提起代位权诉讼经人民法院审理后认定代位权成立的，由次债务人向债权人履行清偿义务，债权人与债务人、债务人与次债务人之间相应的债权债务关系即予消灭。可以说，该解释是对债的保全制度的突破，实际是赋予债权人直接受偿的效力，而不必将债务人的债权全部归还于债务人。但是直接受偿的效力不同于优先效力，因此，如果有其他债权人在代位权诉讼期间主张自己的债权，则法院应追加其为代位权人而参与平均受偿，而不应有先后之分、优劣之别。①

（三）次债务人的抗辩权

对次债务人来说，其法律地位和利益不应因为债权人代位权的行使而受到影响。为了保护次债务人的利益免受损害，法国法律和我国法律都规定了次债务人享有的抗辩权。在法国，学说普遍认为，债权人仅仅可以行使其债务人享有的权利，不得行使自己本身享有的权利，因此，当债权人行使债务人的权利时，次债务人可以对债权人主张他们原本可以对债务人主张的一切抗辩权，诸如债权因为抵消而消灭，债权因为免除、抛弃而消灭，等等。② 在我国，最高人民法院《关于适用〈中华人民共和国合同法〉若干问题的解释》第18条规定：在代位权诉讼中，次债务人对债务人的抗辩，可以向债权人主张。比如，不可抗力抗辩、权利瑕疵抗辩、权利消灭抗辩、诉讼时效抗辩，以及双务合同中的先履行抗辩、同时履行抗辩、不安抗辩，等等。

第三节 债权人撤销权

一、债权人撤销权概述

（一）债权人撤销权的界定

债权人撤销权，又称保罗诉权（l'action paulienne），是指当债务人所为的财产处分行为危害到债权人的债权实现时，债权人为保障自己的债权能够实现，依法请求法院撤销该行为的权利。例如，债权人甲同债务人乙签订合同后，甲依照合同规定将货物交付给乙，乙应当按照合同的规定在2005年5月30日之前将货款20万元支付给甲，在2005年5月25日前，乙为了逃避对甲承担的债务将自己价值18万元的小汽车赠与了丙。当乙履行交付货款的期限到来时，乙因为没有财产而无法对甲承担合同所规定的债

---

① 张民安主编：《合同法》，中山大学出版社2003年版，第154页。
② Gérard Légier, les obligations, quatorième édition, mementos dalloz, p. 141.

务。甲为了保障自己的债权不至于落空，于 2005 年 6 月 10 日向法院起诉，要求法院撤销乙与丙之间签订的小汽车赠与合同。法院认为，乙赠与小汽车的行为显然是为了减损债权人债权实现的一般担保，应当被撤销。在本案中，甲向法院起诉的行为实际上就是行使债权人撤销权的行为。

（二）债权人撤销权制度的历史

学说普遍认为，债权人撤销权制度起源于罗马法，由古罗马法学家保罗（Paul）首先创立，之后，中世纪的罗马法学家继承了此种理论。到了 19 世纪，1804 年《法国民法典》第 1167 条明确规定了此种制度。1804 年《法国民法典》第 1167 条规定：债权人可以自己的名义对债务人所为的有害于自己债权的行为提起诉讼。《法国民法典》规定的此种制度被其他大陆法系国家的民法典所借鉴，德国、瑞士、意大利、日本民法都规定了此项制度。在现代法国，学说都将债权人撤销权称为保罗诉权，都以古代罗马法学家保罗的名字来称呼该种诉讼权，因为，法国学说认为，在当今社会，不仅债权人撤销权源于古罗马法，人们对债权人撤销权所作出的解释也是古罗马法学家所作出的解释。① 各国法律之所以都认可债权人撤销权，是因为此种撤销权制度可以保护普通债权人，使他们免受债务人欺诈行为的危害，确保其债权实现的一般担保基础不至于因为债务人的财产处分行为而受到削弱，以维护自己的利益。

（三）债权人撤销权制度在我国法律中的地位

在我国，虽然《民法通则》没有规定债权人撤销权，但是，我国学说和司法判例一直以来都认可债权人撤消权，认为，如果债务人同第三人串通，实施损害债权人的行为，债权人有权向法院起诉，要求法院撤销债务人与第三人之间的有害行为。我国立法机关反映学说和司法判例的要求，首次在《中华人民共和国合同法》中规定了债权人撤销权制度。

我国《合同法》第 74 条规定，因债务人放弃其到期债权或者无偿转让财产，对债权人造成损害的，债权人可以请求人民法院撤销债务人的行为。债务人以明显不合理的低价转让财产，对债权人造成损害，并且受让人知道该情形的，债权人也可以请求人民法院撤销债务人的行为。撤销权的行使范围以债权人的债权为限。债权人行使撤销权的必要费用，由债务人负担。《合同法》第 75 条规定，撤销权自债权人知道或者应当知道撤销事由之日起一年内行使。自债务人的行为发生之日起五年内没有行使撤销权的，该撤销权消灭。此外，最高人民法院在《关于适用〈中华人民共和国合同法〉若干问题的解释》中对债权人撤销权的一些问题作出了说明。

---

① Jean Carbonnier, les obligations, Presses Universitaires De France, p. 657.

(四) 债权人撤销权的性质

通说认为，债权人撤销权兼具形成权与请求权的两种性质：撤销债务人与第三人所为行为的权利为形成权，请求第三人返还债务人交付财产的行为为请求权，前者对应形成之诉，后者对应给付之诉。法国民法学说采取此种理论，我国学说也采取此种理论，因为，债权人行使撤销权的主要目的在于撤销债务人与第三人所为的有害民事行为，要求第三人将所取得的财产返还给自己，以便直接从这些财产中清偿自己的债权。如果债权人行使撤销权的目的仅仅是要求法院撤销债务人与第三人所为的有害行为，而不同时要求第三人返还所取得的财产，则债权人根本不会提起债权人撤销权。

二、债权人撤销权的构成条件

(一) 债权人撤销权构成要件的分类

所谓债权人撤销权的构成条件，是指债权人向法院起诉要求法院撤销债务人与第三人所为有害行为时必须要具备的要件，只有符合这些构成条件，债权人才能行使撤销权，要求法院撤销债务人与第三人所为的有害行为，否则，债权人不得行使撤销权。

债权人撤销权的行使应当符合哪些条件，各国的法律并没有作出明确说明，不同的学说站在不同的立场，分别作出了不同的说明。Goubeaux 将债权人撤销权的构成条件分为两种：法院受理债权人撤销权的条件（conditions de recevabilité）和债权人诉讼成功的条件（conditions de succès），前者包括债权人债权的性质、债权发生的时间、债务人所为的行为的性质，后者包括损害和欺诈。[①] Raymond 也将债权人撤销权的构成条件分为两类：有关债权的条件和有关债务人所为行为的条件，前者包括债权发生的时间和债权所要具备的性质，后者包括损害和欺诈。[②] Carbonnier 将债权人撤销权的构成条件分为五种：被起诉要求撤销的行为的条件，债权人的条件，债务人的条件，债权人遭受的损害，以及损害债权人的故意。[③]

在我国，学说往往将债权人撤销权的构成要件分为两种，即客观要件和主观要件。虽然学说之间的分类各不相同，但是，他们之间并没有本质的区别。本书结合当代主流学说的意见，将债权人撤销权的构成条件分为三种：有关债权的构成条件，有关债务人所为行为的条件，有关行为当事人的构成条件。

---

① Gilles Goubeaux, Droit Civil, 24e edition, pp. 575-578.
② Guy Raymond, Droit Civil, 2e edition, litec, pp. 392-393.
③ Jean Carbonnier, les obligations, Presses Universitaires De France, p. 657.

(二) 有关债权的构成条件

1. 原告的债权应当是合法的、确定的、可予行使的

当债权人作为原告向法院起诉要求法院撤销债务人与第三人所为的有害行为时,作为原告的债权人对债务人享有的债权应当是合法的、确定的、可予行使的,如果债权人的债权是非法的、非确定的、无法行使的,则债权人不得主张撤销权。债权人债权的合法性、确定性和可予行使性的要件,同债权人代位权中的债权要件完全一致。由于本书已经在前一节中对此问题作出了说明,在此处不作讨论。

2. 原告的债权应当发生在债务人所为的财产处分行为之前

债权人的债权应当发生在债权人主张撤销的行为之前,如果债务人所为的财产处分行为发生在债权人的债权成立之前,则债权人不得对其债务人所为的有害行为行使撤销权,这是因为,债权人在与债务人发生债权之时就应该对债务人的履行能力进行充分的估量,原本应当了解债务人的一般担保财产状态,若在这种情况下允许行使撤销权,则债的安定性无从实现。①

(三) 有关债务人所为的行为的条件

债权人只能对债务人所为的财产行为主张撤销权,此种有害行为属于财产的积极减少行为,并且此种有害行为使债务人丧失了债务的清偿能力。

1. 债务人所为的行为

在债法中,债务人所为的行为必须是财产处分行为。原则上讲,债务人所为的一切行为均可以被债权人提起诉讼,要求法院予以撤销,包括法律行为和事实行为,前者如买卖行为等,后者如债权让与的通知行为等。在法律行为的场合,债务人所为的行为可以是权利让与的处分行为,也可以是抵押、质押等负担行为;债务人的法律行为可以是有偿行为,也可以是无偿行为。

但是,债务人所为的下列行为不得被债权人主张撤销:

(1) 债务人对其债务所为的清偿行为。债务人对其债务的清偿是债务人承担的义务,也是其享有的权利,因此债务人对其债务的清偿行为不得被债权人主张撤销;况且,债务人清偿债务的行为并没有使债务人的财产真正减少,因为,债务人清偿其债务的行为是为了使自己对债权人承担的债务消灭。当然,如果债务人同第三人共同串通,以债务清偿为名侵害其他债权人的利益,则债权人可以行使撤销权,要求法院撤销债务

---

① 张民安主编:《合同法》,中山大学出版社 2003 年版,第 163 页;Guy Raymond, Droit Civil, 2e edition, litec, p. 575.

人所为的行为。①

（2）债务人所为的行为是有关人身性质的行为。债权人撤销权不能针对债务人所为的非财产行为主张，即便这些行为能够产生财产后果，会减少债务人的现有财产，如结婚行为、离婚行为、非婚生子女的认领行为等，因为债权人撤销权的目的是避免债务人一般担保财产的减少，债务人的行为如果不以财产为标的时，对于保全债务人的一般担保财产并无必要。②

2. 债务人所为的财产积极减少行为

债权人只能向法院起诉，要求法院撤消债务人所为的财产积极减少行为。只要债务人的行为在客观上导致了债务人现有财产的减少，债权人在符合其他条件的情况下可以主张撤消权，诸如债务人所为的财产赠与行为、抛弃行为或者以低价出售财产的行为等。同时，法国司法也承认，当债务人以自己的财产去交换他人同等价值的财产时，如果被交换的财产更难强制扣押，则该种行为也是财产的积极减少行为。

如果债务人面临增加财产的某种机会时债务人拒绝增加自己的财产，债权人是否可以向法院起诉，要求法院撤销债务人所为的不增加财产的行为？传统债法认为，债权人撤销权只能针对债务人所为的财产积极减少行为主张，不得针对债务人的不作为行为主张，当债务人面临财产的增加机会时，如果他们拒绝增加自己的财产，使债权实现的一般担保基础没有加强，债权人不得主张撤销权，要求法院撤销债务人所为的不作为行为。

债务人拒绝接受他人的赠与行为、放弃他人的遗赠行为以及抛弃所有权的行为，债权人都不得主张撤销权。因为，传统债法认为，债权人撤销权的目的不是为了使某种财产成为债务人的新财产，并且债权人也仅仅是自己财产的管理者，他们不是债务人财产的管理者，债务人有权自己决定是否接受他人的赠与财产、是否抛弃自己的财产。不过，传统债法对此规则设定了一个例外，这就是，此种规则不适用于继承权的抛弃。因为，根据继承法的一般规则，一旦被继承人死亡，被继承人的遗产被认为已经成为债务人的财产，债务人放弃其继承权的行为实际上是积极减少自己现有财产的行为，使债权担保的一般基础削弱，法律应当允许债权人主张撤销权。③

3. 债务人所为的财产积极处分行为有害债权人

债权人要主张债权人撤销权，必须以债务人与第三人从事了有害债权实现的行为作为条件。只有债务人实施的积极行为对债权人享有的一般担保权造成损害，债权人才能主张撤销权；债务人虽然从事了减少财产的积极行为，但是，如果债务人的行为没有损

---

① Rémy Cabrillac, Droit des obligations, 2e édition Dalloz, 1996, p. 298.
② Rémy Cabrillac, Droit des obligations, 2e édition Dalloz, 1996, p. 298.
③ Civ. 1re, 7 nov 1984, Bull. civ. no 298.

害债权的一般担保基础，则债权人不得主张撤销权。同时，根据债法的一般原理，债务人的行为必须已经对债权人的债权造成损害，如果仅仅存在造成危害的可能性，现实的损害还没有发生，债权人也不得主张撤销权。

如何判断债务人的行为对债权人的债权造成危害？学说和司法判例普遍采取债务人所为行为是否导致债务人丧失债务的清偿能力的理论。此种理论认为，只有债务人的积极行为使他们已经丧失了履行债务的能力，债权人才能主张撤销权。如果债务人处分财产的行为没有导致债务人丧失债务的清偿能力，债权人不得主张撤销权。[1] 不过，法国司法判例对损害的概念予以扩张。法国司法判例认为，即便债务人的积极行为没有使他们丧失债务清偿能力，只要债务人实施的行为使债权人特定权利无法行使，债权人也可以行使撤销权。[2]

债务人所为的行为是否有害于债权人，其举证责任应当由债权人承担，债权人要证明，因为债务人实施了债权人主张撤销的积极行为，使债务人的一般担保财产减少或者不当流失，他们已经丧失了履行债务的能力并因此使自己的债权无法实现而遭受损失。

（四）有关行为当事人的构成条件

当债务人与第三人从事有害于债权人债权的行为时，债权人只能在债务人存在欺诈债权人意图时主张债权人撤销权；但是，仅仅存在债务人的欺诈行为，债权人往往还无法主张债权人撤销权，因为，撤销权的主张除了涉及债务人的利益之外，还涉及与债务人从事交易的第三人的利益。因此，债权人是否能够主张撤销权还要考虑第三人的主观状态。现代债法分有偿行为和无偿行为两种情况来讨论第三人的欺诈问题。在具体分析债务人的欺诈行为和第三人的欺诈行为之前，本书先讨论欺诈的概念。

1. 欺诈的界定

在历史上，司法判例最初在界定欺诈的概念时，将欺诈看作债务人的故意，认为，当债务人与第三人从事有害的财产处分行为时，债务人的主观目的就是为了通过财产的处分行为来损害债权人的利益，使自己因为财产处分行为丧失债务的履行能力，无法履行对债权人承担的债务。后来，司法判例放弃此种故意理论，并认为，只要债务人在处分自己的财产时知道或者已经意识到自己的财产处分行为会使自己无法履行对债权人承担的债务，则表明债务人存在欺诈行为。目前，无论是司法判例还是学说都采取后一种理论。对债务人的欺诈是如此，对第三人的欺诈也是如此。

2. 债务人的欺诈

债权人要主张撤销权，必须证明债务人在为财产的处分行为时存在欺诈，如果行为

---

[1] Civ. 1re, 6 janv. 1987; JCP87, éd. G. TV, 83.
[2] Civ. 1re, 10 décembre 1974, D. 1975.777.

人在为财产处分行为时不是基于欺诈，则即便债务人的行为有害于债权人的债权，债权人也不得主张撤销权。债务人是否存在欺诈，应当采取上述知悉理论：如果债务人在为财产处分行为时知道或者意识到其行为会对债权人造成损害而仍然为财产处分行为，其行为即构成欺诈。

3. 第三人的共谋欺诈

在这里，要区分被主张撤销行为的有偿性和无偿性。如果债务人与第三人所为的财产处分行为是有偿行为，则债权人在要求法院撤销债务人与第三人所为的有害行为时，必须证明第三人在与债务人交易时了解到该种行为对债权人造成的损害。这是因为，要求法院撤销债务人与第三人的行为会引起第三人的损害。债权人必须证明第三人具有可以予以责难的过错即共谋欺诈。此时，债权人撤销权建立在第三人的侵权行为基础上。如果债务人与第三人所为的行为是无偿行为，则当债权人主张撤销权时，该种行为对受赠人的影响不大：他们在分文未付的情况下获得利益，债权人撤销债务人与他们进行的行为也仅仅使他们丧失了所获得的利益，没有导致他们遭受损失。因此，债权人在债务人与第三人实施无偿行为时只需证明债务人有欺诈行为即可主张撤销与第三人的行为，无需证明第三人有欺诈的共谋。① 此时，撤销权并非建立在侵权行为的基础上，而是建立在不当得利的基础上。②

4. 再获得者的欺诈共谋

当债务人将财产转让给第三人时，如果该第三人再将所获得的财产转让给其他人，债权人是否可以对该再获得者主张撤销权？学说认为，债权人可以对再获得者主张撤销权，但应符合一定的要件：如果第三人（最初的获得者）从债务人那儿有偿取得财产，并且第三人没有欺诈共谋行为，则第三人获得财产的所有权，债权人不能主张撤销权，此时，当第三人将获得的财产出让给再购买人时，债权人不得对该再获得者主张撤销权，此时，无需讨论该再获得者是否是善意行为人。③

如果最初获得者（acquéreur primitif）无偿取得债务人转让的财产，或者虽然有偿取得，但存在欺诈共谋，则债权人原本可以对该最初的获得者成功主张撤销权，此时，最初获得者将财产转让给再获得者，债权人是否可以对再获得者主张撤销权？学说认为，如果再获得者无偿受让，或者虽然有偿受让，但在受让时也存在欺诈共谋，则债权人亦可对其主张撤销权。④

---

① Civ. tre, 23 avril 1981, D. 1981. 395.
② Guy Raymond, Droit Civil, 2e edition, litec, p. 577.
③ Guy Raymond, Droit Civil, 2e edition, litec, p. 578.
④ Guy Raymond, Droit Civil, 2e edition, litec, p. 578.

三、债权人撤销权的具体行使

（一）债权人撤销权的行使方法

债权人撤销权只能通过向法院提起诉讼的方式行使，既不得直接向第三人主张之，也不得通过仲裁方式行使，即便债务人与第三人所为的有害行为是无偿行为，也是如此。法律之所以要求债权人以诉讼方式主张债权人撤销权，是因为债权人一旦成功主张此种权利，债务人与第三人所为的行为将受到影响，损害了交易的安全性。

（二）债权人撤销权诉讼中的当事人

撤销权诉讼主体也包括原告、被告、第三人。撤销权诉讼中的原告是主张撤销权的债权人，他们是对债务人享有合法债权的权利主体。只要债务人所为的行为对债权人产生危害，债权人即可以提起诉讼，要求法院撤销债务人所为的行为，即便债权人对债务人的债权还没有到期，也是如此，这是债权人撤销权制度与债权人代位权制度的一个重要区别。在债权人行使撤销权的诉讼中，谁应当做诉讼的被告？最高人民法院《关于适用〈中华人民共和国合同法〉若干问题的解释》第24条规定，债权人依照《合同法》第74条的规定提起撤销权诉讼时只以债务人为被告，未将受益人或者受让人列为第三人的，人民法院可以追加该受益人或者受让人为第三人。因此，按照最高人民法院的此种司法解释，在债权人主张撤销权诉讼时，被告似乎只能是债务人，第三人不能成为被告或者与债务人一起成为共同被告，第三人充其量只能作为诉讼中的第三人。本书认为，此种观点存在问题。因为，当债务人与第三人实施有害于债权人的行为时，债务人与第三人都存在欺诈，存在共谋欺诈行为，他们的行为实际上构成共同侵权行为，可以作为共同被告。

（三）债权人行使债权的范围

我国《合同法》第74条规定，撤销权的行使范围以债权人的债权为限。这里，"债权人的债权"是指全体债权人的债权还是指行使撤销权的债权人的债权，法律没有作出明确的说明。学说对此存在争议。某些学者认为，债权人行使撤销权的目的在于保全所有债权人的债权，因此，其行使债权的范围不以保全行使撤销权的债权人享有的债权额为限，而应以保全所有债权人的全部债权为其限度。本书认为，债权人行使撤销权的目的显然是为了保护自己的利益而不是其他债权人的利益，因为，即便是在法国这样明确区分撤销权和代位权的国家，法律也认为，胜诉的债权人可以直接从获得的财产中清偿自己的债权，无须将其通过诉讼获得的利益归入债务人的财产，供所有的债权人按比例分配，因此，债权人行使撤销权的行为仅仅以自己的债权为范围，对于超出自己债权以外的财产处分行为，债权人不得主张。①

（四）债权人行使撤销权的时效期间

在法国，债权人行使撤销权的时效期间为普通诉讼时效期间即 30 年。在我国，《合同法》第 75 条规定，撤销权自债权人知道或者应当知道撤销事由之日起 1 年内行使。自债务人的行为发生之日起 5 年内没有行使撤销权的，该撤销权消灭。该条是对债权人的撤销权除斥期间的规定，债权人自应于权利行使期间内行使，否则，除斥期间届满后，债权人的撤销权即消灭。

四、债权人撤销权的法律效果

（一）债务人的行为溯及既往地失去效力

在我国，学说普遍认为，债权人撤销权的性质是形成权，债务人所为的有害行为一旦被法院撤销，则债务人与第三人所为的有害行为溯及既往的失去法律效力，第三人根据该种行为取得财产的行为即失去法律依据，他们应当承担财产的返还责任；如果第三人无法返还原物，则第三人应当支付与原物价值相等的损害赔偿金。在法国，无论是司法判例还是学说都没有采取此种理论，因为，法国学说认为，债权人撤销权的行使虽然可以使第三人将获得的财产或者损害赔偿金返还给行使撤销权的债权人，但是，此种撤销行为不足以导致债务人与第三人所为行为的无效，他们之间的行为仍然有效，仅仅导致对抗力的问题：债务人与第三人所为的行为仍然有效，但是，第三人不得以该种行为对抗主张撤销权的债权人，一旦债权人行使撤销权，法院即认定债务人与第三人所为的行为自始不得对抗债权人。债权人可以要求法院采取强制措施，扣押第三人手中的财产；此时，第三人可以代位债务人清偿他们对债权人承担的债务。

（二）效果归于债务人还是债权人

债权人通过行使撤销权获得的上述财产或者损害赔偿金究竟是作为全部债权人债权实现的一般基础还是仅仅作为主张撤销权的债权人债权实现的基础？我国法律没有作出说明，学说普遍持前一种观点，认为，债权人通过撤销权的行使所获得的财产或者损害赔偿金应当归入债务人的一般财产中，效力涉及全体债权人，构成所有债权人的一般担保。债权人不能直接从第三人返还的财产或者损害赔偿金中优先清偿自己的债权。

我国学说的此种观点是否有说服力？本书认为，如果我国学说的观点成立的话，则当债务人处分自己的财产时，即便债务人所为的此种行为对某一债权人的债权十分有

---

① Gérard Légier, les obligations, quatorième édition, mementos dalloz, p. 180.

害，该债权人也无主张撤销权的兴趣，这将会使该种制度在实际生活中失去其应有的意义。为了鼓励债权人积极主张撤销权，我国法律应当放弃此种学说，采取法国司法判例和学说采取的理论。法国学说和司法判例都认为，债权人不是为了其他债权人的利益来主张撤销权的，他们仅仅是为了自己的利益主张撤销权的，因此，当债权人撤销权诉讼成功时，提起撤销权诉讼的债权人可以直接从获得的利益中清偿自己的债权。

（三）第三人对债务人的权利

当第三人有关财产或者损害赔偿金返还或者支付给债务人或者债权人之后，受到损害的第三人是否可以要求债务人对自己承担法律责任？我国学说和司法判例没有对此作出说明。本书认为，如果第三人因为债务人的行为受到损害，他们当然有权要求债务人对自己承担民事责任。如果第三人与债务人所为的行为是有偿行为，当第三人将所获得的财产返还给债务人或者债权人时，或者承担了损害赔偿责任时，他们有权要求债务人承担损害赔偿责任；如果第三人与债务人所为的行为仅仅是无偿行为，则当第三人将财产返还给债务人或者债权人时，他们并没有受到损害，因此，无权要求债务人承担责任。

第十二章 债的特别担保

第一节 债的特别担保概述

一、债的特别担保的概念

债的特别担保，也就是狭义的担保，即通常所说的债的担保制度，是指以第三人的信用或者以特定财产上设定的权利来保障债权实现的一种法律手段。一般所称担保，仅指债的特别担保。我国《担保法》上所称的担保也仅指债的特别担保，其主要方式包括保证、抵押、质押、留置和定金。本书在本章讨论的担保均为特别担保。抵押、质押和留置是民法物权法学研究的问题。但其与保证、定金一样，制度目的也是为确保债权的实现；并且与保证、定金共同构成民法担保制度的不可分割的有机整体。本书考虑到担保制度本身内容的完整性和制度目的的一致性，在债的特别担保中对抵押、质押这两种担保物权也予以阐述。至于留置权，因其适用范围较窄，不是普遍使用的担保方式，因此本书不作探讨。

二、债的特别担保的功能

（一）弥补债务人责任财产的不足，增强债权实现的程度

1. 责任财产的有限性与债权人平等性会造成债权保全的缺陷

债务人的全部财产是清偿其债务的一般担保，债务人对数个债权人负有债务时，其财产成为所有债权实现的共同担保。当债务人的财产不足以清偿所有债权时，各债权人只能按照各自的债权比例从债务人的财产中获得清偿。担保制度可以弥补债务人责任财产的不足，以增强债权实现程度。即人的担保可扩张一般担保财产的数量，物的担保可以使债权在第三人（包括债务人）的特定财产上优先受偿。

2. 弥补债权保全制度的缺陷

债务人可以自由处分其财产，债权人不得随意限制债务人行使这种权利。债务人处分财产的积极行为或怠于行使债权的消极行为都有可能使其责任财产减少，导致债权得不到实现、债权人利益受到损害的后果。债权法虽设有债权人代位权、撤销权等保全措施，通过限制债务人滥用财产处分权，来保护债权人利益。但是，采取债权保全措施要

符合严格的法定要件,并且这些措施均具有滞后性、弥补性,作用往往局限于既成损害的挽回。

担保制度将债权与债务人的财产相分割开来,使债权的实现不受债务人财产处分行为的影响,以增强债权的受偿效果。即保证将第三人的信誉和财产作为债权实现的担保,如债务人资不抵债则以第三人的财产来清偿;物的保证将特定的物作为债权实现的担保,担保物移转到哪里担保权也随其转移;担保物转换其价值形态时,担保权也在换价形态上继续存在。担保制度极大地增强了债权实现的程度。

(二) 确保债务履行

确保债务履行是设定担保制度的直接目的,也是担保制度最基本的功能。设定担保之后,债权的实现不受或少受债务人财产状况的限制,即使债务人的一般财产不足以清偿数个并存的债权,被担保的债权一般也能得以实现。具体而言,在人的担保情况下,是通过扩张一般担保的财产数量,即不但把债务人的全部财产作为责任财产,还可以把保证人的全部财产纳入可以履行债务的范畴或列入可以承担责任的系列,从而大大增强了债权实现的可能性。在物的担保的情况下,是通过债权人对债务人或第三人的特定财产优先享有的形式使债权得到满足。在所有权保留的情况下,是通过买受人全部付清价款之前不转移标的物所有权来促使债务人积极付清全部价款;即使买受人不付清价款,出卖人也能基于所有物返还请求权取回标的物,从而免受损害。在金钱担保的情况下,是通过特定数额的金钱得失效力使当事人产生心理压力,为避免自己的金钱损失而积极履行债务,保障债权实现。①

三、债的特别担保的性质

债的特别担保的性质,是指债的担保不同于其他民事制度的属性,也可以称之为债的特别担保特征。因债的特别担保是为保障债权的实现而设,故债权具有从属性、补充性、相对独立性的特征。

(一) 债的特别担保的从属性

债的特别担保的从属性又称为债的特别担保的附随性,是指债的特别担保从属于主债,依附于已经发生的主债或将来发生的主债而存在的一定的债权关系。物的担保依附于已经存在或将要存在的主债而产生,随着主债的消灭而消灭,一般也随着主债的变更而变更。需要说明的是,担保法和物权法已经允许为将来发生的债权设定保证或财产担保。我国《担保法》第14条规定,保证人与债权人可以协议就一定期间连续发生的借

---

① 崔建远:《合同责任研究》,吉林大学出版社1992年版,第38—40页。

款合同或者某项商品交易合同订立一个保证合同。我国《物权法》第 203 条规定，债务人或者第三人对一定期间内将要连续发生的债权提供担保的，债务人不履行到期债务或者发生当事人约定的实现抵押权的情形，抵押权人有权在最高债权额限度内就该担保财产优先受偿。

（二）债的特别担保的补充性

担保的补充性有两层含义。首先，从债务清偿来看，主债务人与担保人履行清偿义务有严格的先后顺序（连带保证除外）。主债务人有先清偿的义务，主债关系因债务人适当履行而消灭时，补充义务（担保义务）也要消灭；补充义务，只有在主债务得不到履行，而且担保人又无抗辩事由时才被要求履行。我国《担保法》第 17 条规定，一般保证的保证人在主合同纠纷未经审判或者仲裁，并就债务人财产依法强制执行仍不能履行前，对债权人可以拒绝承担保证责任。其次，债的担保一经有效成立，在被担保的主债关系的基础上补充某种权利义务关系，通过所补充的权利义务加强主债的效力，从而起到保障债权实现的作用。如保证、抵押、质押、定金等法律关系使责任财产扩张或在特定财产上产生优先权。

（三）债的特别担保的相对独立性

担保关系为一相对独立的民事法律关系。首先，债的特别担保的成立，须有当事人的合意，或者依照法律的规定而发生，与被担保债权的发生或者成立分属于两个不同的法律关系。其次，债的担保效力，依照法律规定或当事人的约定，可以不依附于被担保的债权而单独发生效力，被担保的债权不成立、无效或者失效，对已经成立的债的特别担保不发生影响。再次，担保的范围也不必与所担保债务的范围完全一致。最后，债的特别担保有其自己的成立要件和消灭原因，而且当债的特别担保不成立、消灭或者无效，对其所担保的债权不发生影响。①

四、债的特别担保的分类

债的特别担保方式，是指当事人用于担保债权的手段。按照不同的标准可以对债的特别担保方式作出不同的分类。下面简单介绍人的担保和物的担保、典型担保和非典型担保以及约定担保和法定担保等几种分类。

（一）人的担保和物的担保

根据用以担保债权之标的的不同来划分，担保可分为人的担保和物的担保。人的担

---

① 张民安主编：《债法总论》，中山大学出版社 2005 年第 2 版，第 151 页。

保也称信用担保，是指以人的信用提供担保，即以第三人的信用担保债权的实现。物的担保也称财产担保，是指以债务人或第三人所有的特定财产（包括动产、不动产或其他财产权利）担保债权的实现。

人的担保就是保证，它是由保证人以自己的信用担保债务人履行债务的担保。债务人不履行债务时，由担保人负责清偿。保证是把债务主体及其责任财产范围由债务人扩张至第三人以增加债权人的受偿机会。

但是，保证担保中，债权人的利益能否确保还取决于第三人即保证人的信用，而保证人的信用具有浮动性，其财产也是处于不断的变动中的。如果债务人不履行债务而保证人的全部财产又不足以清偿其被担保债务的，债权人的利益仍有不能实现的危险。保证有其设定方便、简便易行特点，但也有其不足之处。

物的担保，是直接以一定财产来作为债权担保的担保方式。物的担保所重视的是供作担保的财产，至于何人提供财产对债权人无实质性意义。为担保债权在物上设定的权利，称为担保物权；为确保债务的履行而提供担保的财产称为担保物。担保权成立之后，享有担保物权的债权人在债务人不履行债务时得优先从担保物的变价中受偿。可见，担保物权是为确保债权的实现而设定的，是以直接取得或支配特定财产的交换价值为内容的一种物权。物的担保的实质是淡化担保财产的交易功能，或使其退出交易领域，或使其受限制以增强债权的受偿性，从而保障债权的实现。与人的担保相比，物的担保更能保障债权人的利益。担保物权包括主要抵押担保、质押担保、留置权等。

（二）约定担保和法定担保

约定担保和法定担保是根据其设定依据来划分的。约定担保又称意定担保，是基于当事人的合同约定所设定的担保物权。抵押权和质权为典型的约定担保物权。法定担保物权通常为担保一定特殊债权而设定，故具有强烈的从属性。约定担保物权通常具有融资媒介的作用，故又称为融资性担保物权。法定担保是在一定条件下，依法律规定而当然发生的担保物权，如留置权、优先权。

（三）典型担保和非典型担保

以担保是否为民法典明文规定为标准，担保可分为典型担保和非典型担保。凡民法典明文规定的担保为典型担保物权，如抵押权、质押权、留置权。非典型担保是指在交易实践中自发产生，而后为判例、学说所承认的担保，如让与担保和所有权保留等。

本章依次介绍保证、定金、抵押、质押等内容。

第二节 保 证

一、保证的概念

我国《担保法》第 6 条规定：保证，是指保证人和债权人约定，当债务人不履行债务时，保证人按照约定履行债务或者承担责任的行为。

保证是债权人、债务人和保证人三者之间发生的关系。首先，债权人和债务人之间的债权债务关系，称为主债权和主债务关系。这是保证合同关系发生的前提条件。保证合同是为确保主债务的履行而订立的合同，故可称为从属性合同关系。其次，债权人和保证人之间的保证合同关系，保证人以主债务人不履行债务为条件，向主债权人承担保证责任，即按照约定履行债务或者承担责任。故可称为补充性合同关系。最后，保证人和债务人之间，债务人负有先清偿债务的义务（连带保证除外），在其不履行或不能履行清偿义务时，由保证人代位其履行清偿义务。债务人清偿债务，保证人的保证责任也随之消灭；保证人清偿债务，债务人的债务也消灭，保证人取代债权人对债务人享有代位求偿权。

保证是债权人和保证人之间的合同关系。保证人与主债务人约定，当主债务人不履行债务时，由保证人代替其履行。但保证不以担保人的特定财产为履行被担保债务的基础，而是以保证人的信用和不特定的一般财产担保债务人履行债务，主债务人只能请求保证人履行保证义务，而不能直接支配其财产。故保证是一种请求权关系，是一种可期待的信用关系。主债务人不是保证合同的主体，因此保证人和主债务人之间的具体情况，即债务人向保证人怎样解释担保债务的数量、债务人的财产状况等，对保证合同的内容不产生直接影响。即使债务人对上述情况发生错误或存在欺诈，均不影响保证合同的效力。

保证是一种人的担保方式。保证不以担保人的特定财产为履行被担保债务的基础，而是以保证人的信用和不特定的一般财产担保债务人履行债务。在这一点上，保证不同于抵押、质押、留置等以担保人特定财产为担保标的物的担保方式。抵押、质押、留置为物的担保，在主债务人不履行债务时，债权人得基于对担保物的交换价值的支配权，实现其担保权。而保证担保方式，在债务人不履行债务时债权人可以请求保证人承担保证责任，而当保证人应当承担保证责任时，债权人也不得直接处分担保人的财产获得清偿，只能请求保证人履行保证责任；若保证人不履行保证责任，债权人可以请求法院强制保证人履行保证责任。

二、保证的方式

保证的方式,是指保证人对债权人承担保证责任的方式。按照保证人对债权人承担保证责任的性质,保证方式有两种,即一般保证和连带保证。

(一) 一般保证

一般保证是指当事人在保证合同中约定,只有在债务人不能履行债务,并在强制执行其财产后仍不能清偿债务时,才由保证人履行保证债务的保证方式。我国《担保法》第 17 条规定:当事人在保证合同中约定,债务人不能履行债务时,由保证人承担保证责任的,为一般保证。《担保法》第 19 条规定:当事人对保证方式没有约定或者约定不明确的,按照连带责任保证承担保证责任。根据上述规定,债权人和保证人在合同中明确约定债务人承担一般保证责任的才成立一般保证;未约定或者约定不明确的,一般保证不成立。

一般保证的特点是当债务人不能履行债务时,保证人并不立即履行保证合同中约定的保证债务,而是债权人先向主债务人诉请履行并在诉请法院强制债务人履行仍然不能实现债权时,保证人才履行保证责任。因此在一般保证中保证人享有先诉抗辩权。

关于先诉抗辩权,我国《担保法》第 17 条规定:一般保证的保证人在主合同纠纷未经审判或者仲裁,并就债务人的财产依法强制执行仍不能履行债务前,对债权人可以拒绝承担保证责任。先诉抗辩权又称检索抗辩权,在一般保证中,债权人对债务人的财产强制执行而得不到清偿之前,保证人可以拒绝履行主债务的抗辩权。这是由保证的从属性和补充性而产生的,专属于一般保证人的抗辩权。

先诉抗辩权是保证人对抗债权人请求的防御性权利,属于延期性抗辩权。先诉抗辩权的行使应当受一定条件的限制。《担保法》第 17 条规定,债务人有下列情形之一的,保证人不得行使先诉抗辩权,仍应承担保证责任。即债务人住所变更,致使债权人要求其履行债务发生重大困难的;人民法院受理债务人破产案件,中止执行程序的;保证人以书面形式放弃抗辩权的。

(二) 连带保证

连带保证,也称为连带责任保证,是指主债务人在债务履行期限届至时未履行债务,债权人可以请求债务人履行债务,也可以请求保证人承担保证责任的保证方式。

1. 债务人保证人的连带责任

我国《担保法》第 18 条规定:当事人在保证合同中约定保证人与债务人对债务承担连带责任的,为连带责任保证。连带责任保证的债务人在主合同规定的债务履行期届满没有履行债务的,债权人可以要求债务人履行债务,也可以要求保证人在其保证范围内承担保证责任。另外,《担保法》第 19 条还规定：当事人对保证方式没有约定或者约定不明确的,按照连带责任保证承担保证责任。

连带责任保证的发生有两种情形,即当事人约定连带责任保证而发生,或当事人未约定保证方式或者未约定采用一般保证的,亦发生连带责任保证。

连带责任保证与一般保证的区别为连带责任保证人对债权人没有先诉抗辩权。

当主合同债务履行期限届满时,债权人可请求主债务人履行债务,也可请求保证人履行保证责任。在债权人请求其承担保证责任时,连带保证人只能以主债务人享有的抗辩权对抗债权人的请求。

连带责任保证适用民法关于连带债务的规定。《民法通则》第 87 条规定：债权人或者债务人一方人数为两人以上的,依照法律的规定或者当事人的约定,享有连带权利的每个债权人,都有权要求债务人履行义务；负有连带义务的每个债务人,都负有清偿全部债务的义务,履行了义务的人,有权要求其他负有连带义务的人偿付他应当承担的份额。

在债务已届清偿期时,债权人可以请求债务人或者保证人履行全部或部分债务；在债务人或者保证人中的一人履行债务后,另一人的债务在同等数额范围内消灭。在提起诉讼时,债权人有权以债务人或者保证人或者两者作为被告；清偿人有权要求其他负有连带义务的人偿付他应当承担的份额。

2. 共同保证人的连带责任

共同保证,是指两个或两个以上的保证人为同一债务人的同一债务提供保证。即数个保证人为同一债务人提供保证,并且为同一债务提供保证。构成共同保证通常有两种情形。第一种情形,数个保证人在提供保证时,相互之间有意思上的联络,即彼此之间明知除自己以外还有其他保证人。第二种情形,各保证人事先没有意思联络,并分别与同一个债务人签订保证合同为其同一债务提供保证,也可构成共同保证。

我国《担保法》第 12 条规定：同一债务有两个以上保证人的,保证人应当按照保证合同约定的保证份额,承担保证责任。没有约定保证份额的,保证人承担连带责任,债权人可以要求任何一个保证人承担全部保证责任,保证人都负有担保全部债权实现的义务。已经承担保证责任的保证人,有权向债务人追偿,或者要求承担连带责任的其他保证人清偿其应当承担的份额。

依据《担保法》第 19 条,即当事人对保证方式没有约定或者约定不明确的承担连带责任的规定,共同保证人对保证方式未约定或者约定不明的情形,应认为连带责任保证。

怎样确定构成共同连带保证的保证人与债权人的清偿责任的先后,也值得探讨。根据《担保法》的规定,可存在共同连带的一般保证和共同的连带保证责任两种情形：第一种情形,共同连带保证的保证人如果明确约定其保证责任方式为一般保证的,适用一般保证的规定。即在债务人不能履行债务时，由共同保证人承担连带保证责任。第二种情形，未约定保证责任方式或约定不明的，各保证人与主债务人为共同连带责任保证。债权人可以分别请求每一个保证人或主债务人履行全部或部分债务。

三、保证的设立

根据《担保法》的规定，保证应当具备下列条件：

（一）保证人应当具有保证人资格

1. 保证人应当具备代偿能力

我国《担保法》第7条规定：具有代为清偿债务能力的法人、其他组织或者公民，可以作保证人。保证能力应当理解为保证人订立合同并承担保证责任的能力。首先，订立保证合同属于法律行为，保证人应当具有相应的民事行为能力，一般应当具有完全民事行为能力。但具有代偿能力的限制行为能力人经其监护人同意可为保证人。其次，保证人应当具有代偿能力。因为保证人需要以自己的财产代替债务人清偿债务。关于保证人自始没有代偿能力，并且其后也未能具备代偿能力；或原来有代偿能力而需其代偿时无代偿能力的问题，笔者认为保证合同有效，保证人应当承担代替履行的责任。因为，保证合同是债权人和保证人之间订立的合同，债权人同意了保证人为债务人提供保证的意思表示（需要订立书面合同）即可认定保证人认为自己具备代偿能力，债权人也认为其具备代偿能力。至于保证人事实上是否具有保证能力并不影响合同的效力。最高人民法院关于《适用〈担保法〉若干问题的司法解释》（以下简称《担保法解释》）第14条规定，不具有完全代偿能力的法人、其他组织或者自然人，以保证人身份订立保证合同后，又以自己没有代偿能力要求免除保证责任的，人民法院不予支持。

2. 保证人资格的限制

根据我国有关法律，下列组织不得作为保证人：

（1）我国《担保法》第8条规定：国家机关不得为保证人，但经国务院批准为使用外国政府或者国际经济组织贷款进行转贷的除外。

（2）我国《担保法》第9条规定：学校、幼儿园、医院等以公益为目的的事业单位、社会团体不得为保证人。因为，这些都是以公益为目的的单位，如果它们作保证人其承担的公益事业无法完成。

（3）我国《担保法》第10条规定：企业法人的分支机构、职能部门不得为保证人。因为这些机构不具有法人资格，没有独立的财产，仅对财产有经营管理权，不能独立承担民事责任。企业法人的分支机构有法人书面授权的，可以在授权范围内提供保证。

（4）我国《担保法》第11条规定：任何单位和个人不得强令银行等金融机构或者

企业为他人提供保证；银行等金融机构或者企业对强令其为他人提供保证的行为，有权拒绝。因为银行资金来自于存款人，银行擅自担保或强令其担保关系到存款人存款的安全。

（二）保证人和债权人之间意思表示一致

1. 保证人的意思表示

保证人以其信誉为债务人作担保，因此，保证人须有明确的承担保证责任的意思表示。只有第三人向债权人传达保证人愿意担保的意思的，或者行为人只是对债务人清偿能力予以肯定的，不能成为提供保证的意思表示。

保证人的意思表示必须真实，否则保证不能成立。《担保法》第30条规定，主合同当事人双方串通，骗取保证人提供保证的；主合同债权人采取欺诈、胁迫等手段，使保证人在违背真实意思的情况下提供保证的，保证人不承担民事责任。

保证合同是保证人和债权人之间的双方法律行为，债权人和保证人必须对债务代偿合同的主要条款达成协议，订立合同。

2. 保证合同

（1）保证合同的主要条款。《担保法》第15条规定，保证合同应当包括以下内容：被保证的主债权种类、数额，债务人履行债务的期限，保证的方式，保证担保的范围，保证的期间，双方认为需要约定的其他事项。另外，该条文还规定，保证合同不完全具备前款规定内容的，可以补正。合同订立时内容不完整也不影响合同的效力，事后由当事人补充即可。

（2）保证合同的特征。第一，保证合同是单务合同，即保证人只负有保证给付的义务，而不享有请求任何对待给付的权利。第二，保证合同是无偿合同，债权人享有给付请求权，而不用为保证人偿付代价。第三，保证合同是诺成合同，保证合同的成立无须保证人交付财产。另外，保证合同是从合同。同时，保证合同是要式合同，对此，本书将在下面进行解释。

（三）保证为要式法律行为

保证合同是当事人约定，保证人在债务得不到清偿时代替债务人清偿债务的合同。合同形式一定要符合法定形式。保证涉及债权人、债务人和保证人三者之间复杂的利益关系，因此，法律要求保证合同一般应以书面形式订立。

《担保法》第13条规定，保证人与债权人应当以书面形式订立保证合同。保证合同的成立和生效，不仅债权人和保证人就债务代偿问题意思表示一致，还需要订立书面合同。

保证合同可以是单独的保证合同，也可以是主合同的保证条款。《担保法解释》第

22条规定，第三人单方以书面形式向债权人出具担保书，债权人接受且未提出异议的，保证合同成立；主合同中虽然没有保证条款，但是，保证人在主合同上以保证人的身份签字或者盖章的，保证合同成立。

四、保证的范围

保证的范围又称保证责任范围或保证债务范围，是指保证人在主债务人不履行债务时，向债权人履行义务的限度。保证范围直接涉及保证责任的大小或者保证债务的多少，无论对于债权人还是保证人都是非常重要的。

我国《担保法》第21条规定：保证担保的范围包括主债权及利息、违约金、损害赔偿金和实现债权的费用。保证合同另有约定的，按照约定。当事人对保证担保的范围没有约定或者约定不明确的，保证人应当对全部债务承担责任。根据《担保法》的这一规定，保证范围可分为约定保证范围和法定保证范围。

（一）约定保证范围

《担保法》关于保证范围的规定属于任意性而非强制性规定，在上述法定保证范围内，当事人可以自主约定保证范围。但是，约定的保证范围原则上不得大于债务的范围，最多只能等于该范围，这是由保证债务的从属性决定的。当事人就保证范围问题发生纠纷时，根据保证人和债权人的约定来确定保证范围。

（二）法定保证范围

如果当事人之间没有约定保证范围，保证范围为全部债务。即包括主债权及利息、违约金、损害赔偿金和实现债权的费用。

（1）主债权。从债务的角度讲，保证合同成立时主债务人所负担的全部债务；于保证合同成立后新增加的债务，未经债务人同意的不在保证范围之内。

（2）利息债务。利息既包括当事人约定的利息，也包括债务人迟延履行的罚息。但在保证合同成立后债权人与债务人约定增加的利息，不应在保证范围之内。

（3）违约金。违约金是主债务人与债权人约定的或法律直接规定的，于主债务人不履行主债务时应给付的款项。但是，保证合同成立后债务人与债权人新约定的违约金不在保证范围内。

（4）损害赔偿金。损害赔偿金是主债务人不履行债务而应向债权人承担的损害赔偿金，应当在保证范围内。

（5）实现债权的费用。实现债权的费用，从属于主债务的必要负担，并保证人在设定保证担保时应当预见的部分也在保证范围之内。①

（三）保证与担保物权并存时的担保范围

同一个债务如果同时设立担保物权和保证的，债务人不履行到期债务或者发生当事人约定的实现担保物权的情形时，担保人应根据《物权法》第176条和《担保法解释》第38条的精神确定其各自的担保范围。

（1）如果债权人与保证人或物的担保人事先约定担保责任的分担，则按约定处理。

（2）如果债权人与保证人或物的担保人事先无约定或约定不明确，则应区分两种情况承担担保责任：①债务人自己提供物的担保的，物权担保优于保证人担保，即债权人应当先就该物的担保实现债权，保证人对物权担保实现的剩余债务再负担保责任。②第三人提供物的担保的，物权担保与保证人担保并存，债权人既可以就物的担保实现债权，也可以要求保证人承担保证责任，两个第三人地位平等。提供担保的第三人承担担保责任后，有权向债务人追偿。

（3）债权人放弃物权担保的，不论是债务人或者第三人提供担保物的，保证人在债权人放弃的权利范围内免除保证责任。

（4）如果物的担保合同被确认无效或者被撤销，保证人仍应当按合同的约定或者法律的规定承担保证责任。

（5）担保物因不可抗力的原因灭失而没有代位物的，保证人仍应当按合同的约定或者法律的规定承担保证责任。

（6）债权人在主合同履行期届满后怠于行使担保物权，致使担保物的价值减少或者毁损、灭失的，视为债权人放弃部分或者全部物的担保。保证人在债权人放弃权利的范围内减轻或者免除保证责任。②

五、保证期间

（一）保证期间的意义

保证期间，是由当事人约定或者由法律规定的保证人承担保证责任的时间范围。也就是说，保证期间是债权人依保证合同主张保证请求权的有效期间，也是保证人承担保证责任的有效期间。即保证人仅在保证期间内承担保证责任；在此期间内债权人未提出代偿请求的，保证人的保证责任消灭。根据保证期间产生的原因不同，可分为约定的保证期间和法定的保证期间。

---

① 郭明瑞主编：《民法》，高等教育出版社2003年版，第391页。
② 江平主编：《民法学》，中国政法大学出版社2011年第2版，第437—438页。

（二）约定的保证期间

约定的保证期间是债权人和保证人在保证合同中自行约定承担保证责任的保证期限。根据《担保法》第25条的规定，保证期间自主债务履行期届满之日起算，并依据当事人的约定确定其终止日期。

如果主债务的清偿期不确定的，保证期间从什么时候起算？应依据《民法通则》第88条"履行期限不明确的，债务人可以随时向债权人履行义务，债权人也可以随时要求债务人履行义务"的规定确定其履行期。并且，未规定债务履行期的，债务人从债权人请求履行之日发生履行迟延（《日本民法典》第412条第3款），故债权人请求之日即主债务履行期届满之日。所以，保证期间的始期，一般保证从债权人向主债权人请求清偿之日起算；连带保证从债权人向主债权人或保证人请求清偿之日起算。因为，债务（包括连带债务）清偿期不确定的，债权人随时（留给必要的准备时间）可以要求债务人（主债务人或保证人）履行债务。确定保证期间的起算时间，即可依据当事人约定的保证期间确定其终止日期。

（三）法定的保证期间

债权人和保证人未约定保证期间的，或约定不明确的，保证期间适用法定期间。未约定保证期间的情形，包括当事人根本未约定期间和保证合同约定的保证期间早于或者等于主债务履行期限的情形（《担保法解释》第32条）。保证期间约定不明确，是指保证合同约定保证人承担保证责任直至主债务本息还清时为止等类似内容的情形（《担保法解释》第32条）。一般保证的保证人与债权人未约定保证期间的，保证期间为主债务履行期届满之日起六个月（《担保法》第25条）。《担保法》第26条对连带保证的保证期间也作出了相同的规定。所以，连带保证的法定保证期间为主债务履行期届满之日起六个月。约定不明确的保证期间为主债务履行期届满之日起2年（《担保法解释》第32条）。

一般保证中，在法定的保证期间，债权人未对债务人提起诉讼或者申请仲裁的，保证人免除保证责任；债权人已提起诉讼或者申请仲裁的，保证期间适用诉讼时效中断的规定（《担保法》第25条）。如果债权人在保证期间内主张权利，保证期间的作用停止，转为保证合同诉讼时效期间，保证合同诉讼时效期间从判决或者仲裁裁决生效之日起算（《担保法解释》第34条第1款）。

连带保证中，在法定的保证期间内债权人未要求保证人承担保证责任的，保证人免除保证责任（《担保法》第26条）。连带责任保证的债权人在保证期间届满前要求保证人承担保证责任的，从债权人要求保证人承担保证责任之日起，开始计算保证合同的诉讼时效（《担保法解释》第34条第2款）。

无论是约定的保证期间还是法定的保证期间,法律后果是一样的,即保证期间保证人承担保证义务;期间届满保证人的保证责任就要消灭。

对于保证期间的性质,学术界有争议。保证期间是一种特定的不变期间。既不是诉讼时效期间,也不是除斥期间。首先,保证期间不是诉讼时效期间,诉讼时效期间是法定期间,该期间不能约定而保证期间可以约定;诉讼期间届满消灭的是胜诉权,实体权不消灭。而保证期间届满,保证人免除保证责任,债权人实质上丧失的是实体权利。诉讼时效期间可以终止、中断或延迟,保证期间不因任何事由发生中断、中止、延长的法律后果(《担保法解释》第31条)。其次,保证期间不是除斥期间。除斥期间是否定的不变期间,而保证期间既有法定的也有约定的不变期间。另外,除斥期间适用撤销权、解除权等形成权,除斥期间届满,丧失的是形成权;而保证期间指向的是请求权,保证期间届满,债权人不得再请求保证人履行保证义务。①

六、保证责任的免除与消灭

发生法定或约定的事由保证人的保证责任消灭或免除,保证人不再履行保证责任。保证责任的免除与消灭问题在上述各部分中都已经涉及。为避免造成不必要的重复,在这里仅概括列举保证责任的免除或消灭的情形。

(1) 在合同约定的保证期间和法定的保证期间,债权人未对债务人提起诉讼或者申请仲裁的,保证人免除保证责任(《担保法》第25条)。

(2) 债权人放弃物的担保的,保证人在债权人放弃权利的范围内免除保证责任(《担保法》第28条)。

(3) 保证期间,债权人许可债务人转让部分债务未经保证人书面同意的,保证人对未经其同意转让部分的债务,不再承担保证责任(《担保法解释》第29条)。

(4) 债权人与债务人协议变更主合同的,应当取得保证人书面同意,未经保证人书面同意的,保证人不再承担保证责任(《担保法》第24条)。

(5) 保证合同无效或撤销的保证人不承担民事责任(《担保法》第30条)。

(6) 主合同当事人双方协议以新贷偿还旧贷,除保证人知道或者应当知道的以外,保证人不承担民事责任保证债务消灭,保证合同解除或终止,保证人的保证责任消灭。

(7) 主债务获得清偿或与清偿有同等效力的事实(提存、抵销、主债务被免除、混同)而消灭时,保证也随之消灭。

(8) 保证人死亡而无遗产可供保证或法人终止而无财产可供保证的。

---

① 江平主编:《民法学》,中国政法大学出版社2011年第2版,第437页。

第三节 定 金

一、定金概述

（一）定金的意义

定金是指合同一方当事人为确保合同的履行而预先向他方当事人支付一定数量的货币或其他替代物。我国担保法将其作为债务担保方式予以规定。我国《担保法》第89条规定，当事人可以约定一方向对方给付定金作为债权的担保。债务人履行债务后，定金应当抵作价款或者收回。给付定金的一方不履行约定的债务的，无权要求返还定金；收受定金的一方不履行约定的债务的，应当双倍返还定金。

（二）定金的特征

定金作为一种债权担保方式，具有以下特征：

1. 定金担保的效果较弱

定金是订立合同时一方向对方支付一定数额的金钱来担保合同的履行，故定金为金钱担保。定金和其他形式的担保相比，其担保功能比较弱，只具有象征意义。当事人一方违约，使对方不能从定金中获得充分清偿，只产生双倍返还定金的请求权或实际获得对方交付的定金的后果；违约者也只承担定金损失或双倍返还对方交付定金的义务。实际造成的损失就无法获得有效的补偿。

2. 定金担保的适用范围窄

定金是合同之债特有的担保方式。合同当事人一方在订立合同时向对方支付，故法定之债无法适用定金。定金的目的仅为担保合同的履行而设定，定金合同是主合同的从合同，定金交付时生效。

3. 定金担保的效力仅限于当事人

首先，定金担保的设定人和定金的接收人均为当事人，而其他担保方式中设定人也可以是第三人，如保证人、抵押人、质押人。其次，定金是主合同双方互为担保。其他担保方式以保障债权受偿为目的，具有单向性；而定金的作用则在于督促双方当事人自觉履行合同，任何一方不履行合同都适用定金罚则。

二、定金的设立

定金担保是约定担保，是通过主合同当事人设立定金合同而产生的。我国《担保法》第 90 条规定，定金应当以书面形式约定。当事人在定金合同中应当约定交付定金的期限。定金合同从实际交付定金之日起生效。

根据担保法的上述规定，定金的设立须经双方合意而订立书面合同，并实际交付定金时合同才生效。从定金合同的生效要件看，定金合同具有如下的特点：

（1）定金合同是从合同。定金是当事人双方为确保合同的履行而订立的，即定金合同的设立是为了担保主合同的实现。定金合同可以是独立的合同，也可以是主合同的条款的形式设定。

（2）定金合同是要式合同。书面形式是定金合同的成立要件，当事人双方不仅达成合意还需要订立书面合同。在实践中，当事人未订立书面合同，一方已经实际交付定金而对方也已经接受的，应当认为合同有效。

（3）定金合同是实践合同。定金合同订立书面合同而成立，但还不生效。交付是定金合同的生效要件，定金合同从实际交付定金之日起生效。①

三、定金的种类

根据定金合同的性质、目的及其发生的效果的不同，可以将其划分为以下几种类型：

（一）成约定金

《担保法解释》第 116 条规定，当事人约定以交付定金作为主合同成立或者生效要件的，给付定金的一方未支付定金，但主合同已经履行或者已经履行主要部分的，不影响主合同的成立或者生效。成约定金，是指作为合同成立要件或生效要件而约定的定金。就是说，当事人约定有成约定金的，未交付定金合同不成立或不生效；但主合同已经履行或者已经履行主要部分的，任何一方当事人都不得未交付定金而主张合同不成立或不生效。

（二）立约定金

立约定金，是指当事人为保证将来正式订立合同而约定的定金。关于立约定金，《担保法解释》第 116 条规定，当事人约定以交付定金作为订立主合同担保的，给付定金的一方拒绝订立主合同的，无权要求返还定金；收受定金的一方拒绝订立合同的，应当双倍返还定金。此条涉及的定金为订约定金。

---

① 江平主编：《民法学》，中国政法大学出版社 2011 年第 2 版，第 440 页。

（三）证约定金

证约定金是为证明合同关系的成立而设定的定金。证约定金不是定金合同的成立要件，只是证明合同成立的证据。

（四）解约定金

解约定金，是当事人为保留单方解除合同的权利而交付的定金。关于解约定金，《担保法解释》第117条规定，定金交付后，交付定金的一方可以按照合同的约定以丧失定金为代价而解除主合同，收受定金的一方可以双倍返还定金为代价而解除主合同。

解约定金是保留合同解除权利而支付的代价，即交付定金的当事人可以抛弃定金以解除合同，而接受定金的当事人也可双倍返还定金获得合同的解除权。

（五）违约定金

违约定金是为担保合同的实际履行而设定的定金。即设定定金之后，任何一方违约都要受到定金罚则的制裁。给付定金的一方如不履行债务时，接受定金的一方得没收定金。定金有预付违约金的性质。我国《担保法》第89条规定的定金为履约定金。

我国现行《合同法》所规定的定金兼具证约定金和违约定金的性质。我国关于定金的规范为任意性规范，允许当事人约定其他性质的定金，如订约定金、解约定金等。

我国担保法规定的定金种类比较多，上述分类的依据就是其所起的作用，即各种定金的法律效力。因此，本书不再专门讨论定金的各种效力。

第四节 抵 押 权

一、抵押权概述

（一）抵押权的概念与特征

1. 抵押权的概念

抵押权是指，抵押权人在债务人或者第三人为担保债务而提供的不转移占有的财产上，优先于其他债权人获得清偿的制度。在抵押关系中，提供担保财产的债务人或第三人称为抵押人，享有债权的债权人称为抵押权人；抵押人提供的担保财产为抵押物。

2. 抵押权的特征

（1）抵押权为担保物权。抵押权人在为担保债务而提供的抵押物上优先于其他债权人获得清偿的制度。债权人通过支配抵押财产的交换价值，以促使债务人清偿债务。

(2) 抵押权为抵押物上设定的物权。抵押物包括动产、不动产和权利。不动产是土地及其定着物。定着物是固定且附着于土地并具有连续性的物即建筑物、灯塔等。不动产以外的物均为不动产，如汽车、家具等。权利主要是指荒地等土地承包经营权和建设用地使用权等。

(3) 抵押权为不转移占有的物权。抵押权与质权不同，抵押权设定之后抵押物仍由抵押人占有，无须转移其占有。

(二) 抵押权的法律性质

(1) 从属性。是指抵押权从属于被担保债权而存在，包括成立上的从属性和消灭方面的从属性。即被担保债权不存在，抵押权也不成立；被担保债权消灭，抵押权也随之消灭。在中国，从属性还意味着抵押权不得与债权分离而让抵押权为其他债权担保。

(2) 不可分性。在被担保债权未获全部清偿之前，抵押权的效力及于标的物的全部，即债权人可以就抵押物的全部行使其权利。日本的判例和通说认为债权被部分转让的，抵押权属于抵押权人和受让人共有。①

(3) 物上代位性。抵押标的物因出售、出租、灭失或者毁损转变为金钱及其他物（代偿物），抵押权的效力及于该金钱及其他物（代偿物）之上。例如，抵押物转让的，抵押权在受让人受让的标的物上继续存在，发生可实行抵押权的情形时，债权人有权实行抵押权；抵押物毁损而获得损害赔偿的，抵押权人可在赔偿金上行使抵押权。

二、抵押权的设定

我国《物权法》第185条规定，设立抵押权，当事人应当采取书面形式订立抵押合同。抵押权是约定担保物权，所以，主要依照当事人之间的合同而设定。

(一) 抵押权关系的当事人

1. 抵押权设定合同的当事人包括抵押权人和抵押人

抵押权人仅限于被担保债权的债权人。我国不存在像德国那样的所有权人抵押权。抵押人不限于债务人，第三人也可以在自己的不动产上设定抵押，为他人的债务提供担保。这种第三人称为"物上保证人"，虽然自己不承担债务，但以自己的财产为债务人承担责任。物上保证人既可以代替债务人清偿债务使抵押权消灭，或债务人不清偿债务而抵押权被实行时，抵押权人通过其他代偿给付来消灭债务人的债务。

---

① （日）近江幸治：《民法物权 III：担保物权》，成文堂2004年版，第111页。

2. 抵押人须对抵押物享有处分权

抵押权的设定属于处分行为，因此，设定者有必要对其标的物享有处分权利（所有权）或处分权能（代理等）。所以，应当注意以下问题：①设定者无处分权限时，如标的物为他人所有的不动产，抵押权不成立。②当事人约定就未取得的特定不动产将来取得时设定抵押权的，该设定行为有效。抵押人取得不动产时抵押权就要成立。例如，为购买新不动产而筹措资金在不动产上设定抵押权，这是经常看到的现象。③抵押权效力的限制。抵押人即使享有处分权，但有时抵押权的效力会受到限制。例如，被宣告破产之后设定抵押权的，或在受到扣押、假扣押的不动产上设定抵押权的，抵押权的对抗力将被剥夺，抵押权人丧失优先受偿权。①

（二）抵押权的标的物

抵押权的标的物是抵押人用于设定抵押权的财产。一般认为抵押物应当符合具有特定性；具有交换价值和可让与性；须为非消耗物，不因抵押人继续占有、使用该物而灭失或毁损；不属于法律禁止抵押的财产等要求。

日本物权法理论和实务从债权保全的目的出发，认为适于公示的财产才可以成为抵押权的标的物。抵押权不转移标的物的占有，故抵押权及其所担保的债权的保全只能依赖公示制度。因此，抵押权的标的物应当适于在登记簿上记载予以公示。这种标的物在民法上有不动产（土地、建筑物）、地上权和永佃权。另外，在特别法上已扩大到农用机械设备、机动车及航空器等动产抵押。②

关于抵押权标的物，我国物权法分为可作为抵押的财产和不能抵押的财产。

1. 可以抵押的财产

根据《物权法》第180条的规定：可抵押的财产范围既包括不动产也包括动产。即建筑物和其他土地附着物，建设用地使用权，以招标、拍卖、公开协商等方式取得的荒地等土地承包经营权，生产设备、原材料、半成品、产品，正在建造的建筑物、船舶、航空器，交通运输工具，法律、行政法规未禁止抵押的其他财产。抵押人可以将前款所列财产一并抵押。《物权法》第181条还规定：经当事人书面协议未来将有的生产设备、原材料、半成品、产品也可抵押。

抵押物须具有特定性和独立性，根据这种属性应当注意以下几个问题：

（1）在共有不动产的份额上能否设定抵押权的问题。因为标的物不能特定，所以不能直接设定抵押权。学说认为，当事人应当确定其份额比例并进行登记才可以设定抵押权。

---

① （日）近江幸治：《民法物权Ⅲ：担保物权》，成文堂2004年版，第118页。
② （日）近江幸治：《民法物权Ⅲ：担保物权》，成文堂2004年版，第119、263页。

（2）未完成的建筑物上设定抵押权的问题。司法实务中的处理方法为，在未完成的建筑物上设定抵押权的，只发生债权性效果；在建筑物完成之后不签订设定合同的，不能产生物权效力。因此，作为抵押权设定登记所需的登记原因证书是，建筑物完成之后制作的抵押权设定合同书。但是，学术界认为应当以建筑物的完成为停止条件，允许在未完成建筑物上设定抵押权，并根据需要在建筑物完成时补充必要的文书。

（3）附属建筑物上设定抵押权的问题。仓房等附属建筑物，因其独立于主建筑物而存在，能够独立成为抵押权的标的物。但是，附属物与建筑物合体登记的，应当先进行建筑物分割登记，然后才可以设定抵押权。

（4）抵押权设定之后建筑物的合体问题。对于 B 享有所有权的没有主从关系的甲乙两个建筑物，在甲建筑物或者乙建筑物上设定了 A 的抵押权之后，甲乙建筑物的隔墙被拆除成为一栋建筑物丙，甲建筑物或乙建筑物上的抵押权将会怎么样？判例认为：在甲建筑物或者乙建筑物上设定的抵押权，与丙建筑物中甲建筑物或者乙建筑物的价格之比相应的份额为标的继续存在。

2. 法律禁止抵押的财产

我国《物权法》第 184 条规定，下列财产不得抵押：土地所有权，耕地、宅基地、自留地、自留山等集体所有的土地使用权，但法律规定可以抵押的除外；学校、幼儿园、医院等以公益为目的的事业单位、社会团体的教育设施，医疗卫生设施和其他社会公益设施；所有权、使用权不明或者有争议的财产；依法被查封、扣押、监管的财产；法律、行政法规规定不得抵押的其他财产。

（三）抵押权设定合同

设定抵押权的合同经当事人意思表示一致达成合意而成立，一般还需要以登记作为生效要件。

（1）须由债权人和抵押人签订书面抵押合同。我国《物权法》第 185 条规定：设立抵押权，当事人应当采取书面形式订立抵押合同。抵押权设定合同可以单独订立，也可以采取在债权文书上载明抵押权条款的方式订立。抵押合同一般包括下列条款：被担保债权的种类和数额，债务人履行债务的期限，抵押财产的名称、数量、质量、状况、所在地、所有权归属或者使用权归属，担保的范围。另外，《物权法》第 186 条规定，抵押权人在债务履行期届满前，不得与抵押人约定债务人不履行到期债务时抵押财产归债权人所有。因此，抵押合同不是把抵押财产的所有权转移给债权人的合同。抵押权人在变卖抵押物而获得的价金中优先获得清偿，不能直接以抵押物抵偿债务。

（2）一般抵押权合同须登记才生效。根据《物权法》第 187 条规定，债务人或者第三人以建筑物和其他土地附着物，建设用地使用权，以招标、拍卖、公开协商等方式取得的荒地等土地承包经营权，正在建造的建筑物抵押的，经过主管部门登记才能设立。抵押权登记不仅公示抵押权的存在，还要公示抵押权的内容（优先受偿的范围）。所以，作为登记事项除"债权额"之外，在登记原因中还记载"利息""因债务不履行"而发生的"损害赔偿"、附于"债权"的"条件"等事项。有时会发生因登记错误而导致登记内容和实际不符的情况。发生严重错误以致无法辨认实际登记与抵押权之间的同一性的，抵押权的效力以登记事项为标准予以确定。①

生产设备、原材料、半成品、产品，正在建造的船舶、航空器，交通运输工具抵押的抵押权自抵押合同生效时设立，未经登记不能对抗善意第三人。抵押权的本体性效力是换价力和优先受偿力，即使未登记的抵押权也当然具有这种效力。只是抵押权人与第三人之间发生利害关系对立时，基本上以登记作为标准来确定其优劣。

（四）抵押权的担保范围

1. 债权种类可设定抵押权的债权没有特别的限制

即使对于金钱债权以外的债权，如果债务不履行而可以转化为损害赔偿请求权的债权，均可设定抵押权。

2. 被担保债权的范围是指抵押权人实行抵押权时，能够优先受偿的债权的范围

根据我国《物权法》第 173 条的规定：抵押权的担保范围包括主债权及其利息、违约金、损害赔偿金、保管担保财产和实现担保物权的费用。当事人另有约定的，按照约定。

（1）主债权是抵押权担保的主要对象，设定担保权时决定担保的原本债权。该原本债权应在抵押权设定时登记，使其得以确定。

（2）利息是由原本债权所生孳息，在通常情况下无论法定利息或约定利息均属于抵押权担保的范围。也包括迟延履行须支付的迟延利息，即金钱债务履行迟延时债权人可以请求支付的利息。利息原则上应以法定利息为基准。关于利息，当事人有约定的从其约定，但约定利息应受最高法定利率限制；当事人无约定的按法定利息计算。

（3）债务人不履行债务时应当支付给债权人的违约金或损害赔偿金，也在抵押权担保的债权范围之内。

（4）实行抵押权的费用，如实行强制执行的费用、评估费用、拍卖费用等，完全系因债务人不履行债务而生，故应当在抵押权担保范围之内。

（5）保全抵押权的费用，是指抵押权人因抵押人的行为导致抵押物价值减少，且情况急迫不得不为必要的保全所生的费用。

3. 抵押权的设定应当注意的问题

（1）以一个债权的一部分为被担保债权而设定的抵押权。

---

① （日）近江幸治：《民法物权Ⅲ：担保物权》，成文堂 2004 年版，第 124 页。

（2）为担保数个债权可以设定一个抵押权。数个债权无论属于"同一个债权人"还是属于"数个债权人"均无不可。后者，数个金融机构在为同一个项目共同融资或者协调融资等金融担保中具有意义。这时，一个抵押权成为各抵押权人准共有。

（3）为担保将来发生的债权设定抵押权的问题。《日本民法》原则上不认可为担保将来发生的债权设定抵押权。但以下几种情况例外：第一，为担保借款债务，在金钱消费借贷合同生效之前可设定抵押权。这是金钱的交付晚于设定抵押权的情况。判例认为不要求设定抵押权的程序和债务发生必须同时，从而予以认可。第二，为担保保证人求偿权可预先设定抵押权。保证人的求偿权是在主债务人不清偿时保证人清偿而发生的债权，是将来债权（附条件的债权）。第三，为担保将来反复发生和消灭的不特定债权可设定"浮动"抵押权。第四，限度贷款、分割贷款可设定抵押权。"限度贷款"是将一个债权分成数回提供贷款，但是，融资者可以根据金融市场的情况确定付款额。"分割贷款"是贷款分割交付的贷款。[①]

三、抵押权的效力

（一）抵押权对抵押物的效力

抵押权对抵押物的效力，是指抵押权人实行抵押权时可以依法予以变卖的效力。其核心是实行抵押权时可变卖抵押物的范围。抵押权的效力当然及于抵押物本身，即抵押权实行时可以变卖抵押物以其变价优先获得清偿。除此之外，一般认为还包括抵押物的从物、从权利、孳息、代位物和附合物。

1. 从物

从物是非主物的成分，常助主物的效用而同属于一人的物。我国《物权法》第115条规定：主物转让的，从物随主物转让。主物的处分及于从物。《担保法解释》第63条规定：抵押权设定前为抵押物的从物的，抵押权的效力及于抵押物的从物。但是，抵押物与其从物为两个以上的人分别所有时，抵押权的效力不及于抵押物的从物。根据以上法律规定，实行抵押权而变卖抵押物，其从物也属变卖之列。《担保法解释》第63条规定针对的是例外情形，即抵押物与其从物为两个以上的人分别所有时，主物上设定的抵押权的效力不及于从物。

抵押权的效力是否及于抵押权设定后增加的从物，学术上有不同意见。通说认为抵押权的效力不仅及于设定前存在的从物，而且原则上也及于设定后增加的从物。但如果设定抵押权时已经明确记载建筑物若干面积的，抵押权的效力不宜及于设定后增建的车库等不动产；设定抵押权之前第三人已就从物取得物权或具有物权性效力的权利的，抵

[①] （日）近江幸治：《民法物权Ⅲ：担保物权》，成文堂2004年版，第124页。

押权的效力也不及于该从物。①

2. 抵押物的从权利

所谓从权利，是指为主权利的效力而存在的权利。从权利比照从物的规定处理。我国《物权法》第165条规定，土地承包经营权、建设用地使用权等抵押的，在实现抵押权时，地役权一并转让。即土地承包经营权、建设用地使用权等抵押的，抵押权的效力及于土地上的地役权。实行抵押权而变卖建筑物的，其建筑物所在的建设用地使用权一并买卖，也属此类。

3. 抵押物的附合物

所有人不同的两个以上的物相结合，且交易上认为一物的，称为附合。附合物与抵押物附合为一物，不可分离。因此，抵押权的效力及于附合物。《担保法解释》第62条规定，抵押物因附合、混合或者加工使抵押物的所有权为第三人所有的，抵押权的效力及于补偿金；抵押物所有人为附合物、混合物或者加工物的所有人的，抵押权的效力及于附合物、混合物或者加工物；第三人与抵押物所有人为附合物、混合物或者加工物的共有人的，抵押权的效力及于抵押人对共有物享有的份额。

4. 抵押权的孳息

孳息是原物所生的收益。抵押权的效力所及的孳息范围，以抵押财产被人民法院依法扣押的时间先后来确定。我国《物权法》第197条规定：债务人不履行到期债务或者发生当事人约定的实现抵押权的情形，致使抵押财产被人民法院依法扣押的，自扣押之日起抵押权人有权收取该抵押财产的天然孳息或者法定孳息，但抵押权人未通知应当清偿法定孳息的义务人的除外。前款规定的孳息应当先充抵收取孳息的费用。

5. 抵押财产的代位物

抵押物的代位物，是指抵押物毁损、灭失、被转让或者被征收而发生的价值转化形态。抵押物无论转变为什么形态，如金钱、实物或请求权，抵押权人均可以其为标的行使抵押权。

根据我国《物权法》第174条、第191条的规定：抵押物毁损、灭失、被转让或者被征收等，抵押权人可以就获得的保险金、赔偿金或者补偿金等优先受偿。抵押权不到实行期的也可以预先提存该保险金、赔偿金或者补偿金等。

（二）抵押权对抵押权人的效力——抵押权人的权利

1. 抵押权的保全权

在抵押权关系中，因抵押权人不占有抵押物，如果抵押人实施减少抵押物价值的行为，被担保债权就有可能得不到完全清偿。有鉴于此，法律赋予抵押权人以保全其抵押

---

① 梁慧星等主编：《物权法》，法律出版社2004年第4版，第314页。

权的权利，即为抵押权的保全权。

我国《物权法》第 193 条规定：抵押人的行为足以使抵押财产价值减少的，抵押权人有权要求抵押人停止其行为。抵押财产价值减少的，抵押权人有权要求恢复抵押财产的价值，或者提供与减少的价值相应的担保。抵押人不恢复抵押财产的价值也不提供担保的，抵押权人有权要求债务人提前清偿债务。

根据上述规定，抵押权人有权请求抵押人停止其侵害行为，以防止抵押财产价值减少；抵押权人有权请求抵押人恢复抵押财产的价值、有权请求增加担保，以保证债权得以全部清偿；抵押权人还有权请求债务人提前清偿债务及提前实行抵押权的权利。当然，请求恢复抵押财产的价值或增加担保物，抵押人不接受或拒绝的，债权人才可以请求提前清偿债务，提前实行抵押权。

2. 抵押权的处分权

抵押权的处分是指抵押权的让与、放弃或转抵押。但我国《物权法》第 192 条规定：抵押权不得与债权分离而单独转让或者作为其他债权的担保。故上述处分行为不得与抵押物所担保的债权分离而单独进行。

3. 抵押权的顺位权

物权法实行一物一权的原则，物权具有排他性，即在同一物上不能同时存在两个以上不相容的物权。但一个物上可设定数个抵押权，而不与物权的排他性相矛盾。其原因就在于抵押权具有严格的受偿顺序。抵押权的顺位是指同一个抵押物上设定数个抵押权时，各个抵押权人受偿的先后顺序。我国《物权法》第 199 条规定：同一财产向两个以上债权人抵押的，拍卖、变卖抵押财产所得的价款依照下列规定清偿：抵押权已登记的，按照登记的先后顺序清偿；顺序相同的，按照债权比例清偿；抵押权已登记的先于未登记的受偿；抵押权未登记的，按照债权比例清偿。值得注意的是，我国物权法采用抵押权顺位升进的原则，即前顺位的抵押权消灭时，后顺位的抵押权得当然升进。另外，按照物权优于债权的原则，相对于一般债权而言，无论抵押权的先后顺序如何，抵押权人就同一抵押物卖得的价金均优先于一般债权人受偿。

四、抵押权的实行与抵押权的消灭

（一）抵押权的实行

债务人不履行到期债务或者发生当事人约定的实行抵押权的情形时，抵押权人可处分抵押物从变卖的价金中优先获得清偿。《物权法》第 195 条规定，债务人不履行到期债务或者发生当事人约定的实现抵押权的情形，抵押权人可以与抵押人协议以抵押财产折价或者以拍卖、变卖该抵押财产所得的价款优先受偿。

根据物权法的上述规定，抵押权实行方式有如下两种：

（1）以抵押财产折价。首先，以抵押财产折价，涉及各方当事人的利益，故抵押权人与抵押人必须订立取得抵押物所有权的合同。其次，合同只能在债权清偿期届满后订立。如果在债务履行期届满之前就约定债务未获清偿抵押物归债权人所有，会损害抵押人或其他债权人的利益。所以，我国《物权法》第186条规定，抵押权人在债务履行期届满前，不得与抵押人约定债务人不履行到期债务时抵押财产归债权人所有。最后，不得损害其他债权人的利益。折价应当参照市场价格公平作价。

（2）拍卖抵押财产。以拍卖方式处分抵押权，通过竞买不仅能够充分实现抵押财产的价值，而且拍卖由法院或公共拍卖机构主持进行，对债权人与抵押人也较为公平。所以，拍卖是抵押权实现的基本方式。

（二）抵押权的消灭

抵押权作为物权的一种，除因物权消灭的共同原因消灭之外，还会因发生以下特殊原因而消灭：

（1）主债权消灭。抵押权是一种从属性的权利，依附于主债权而存在。如果主债权因受偿、抵销等原因全部消灭时，抵押权也随之消灭。

（2）抵押权实现。抵押权人实行抵押权，无论所担保的债权是否获得全部清偿，抵押权均归消灭。如果债权未获全部清偿的，其剩余部分成为债务人的一般债务。

（3）抵押物灭失。抵押物的灭失包括法律上的灭失和事实上的灭失。前者如抵押物被征收，后者如因他人失火导致抵押物焚毁。但因抵押物灭失而抵押人获得赔偿金、保险金等费用时，抵押权不消灭，继续移存于所受的其他费用之上。

（4）除斥期间的经过。为尽快确定各类复杂法律关系的需要，我国《物权法》第202条规定：抵押权人应当在主债权诉讼时效期间行使抵押权；未行使的，人民法院不予保护。

第五节　质　权

一、质权概述

质权是一种担保物权。我国《物权法》第208条规定："为担保债务的履行，债务人或者第三人将其动产出质给债权人占有的，债务人不履行到期债务或者发生当事人约定的实现质权的情形，债权人有权就该动产优先受偿。"据此规定，质权，是指债务人不履行到期债务或者发生当事人约定的实现质权的情形时，债权人可以就债务人或者第三人移转占有而供作担保的动产或权利所卖得的价金优先受偿的权利。在质权关系中，债权人称为质权人，提供担保财产的债务人或第三人称为出质人，供作担保的财产称为质押财产。

质押是债务人或第三人依担保协议将担保财产移转给债权人占有的担保方式。在质权关系中，质权人作为债权的担保可以占有债务人或者第三人提供的财产，并优先于其他债权人从该物中获得清偿。质权人获得标的物的占有实际上起着两个方面的作用。第一，以此证明质权存在的公示作用；第二，通过对标的物的强制留置来间接强制债务人清偿债务的留置作用。

抵押权和质权最大的区别在于是否转移担保物的占有。抵押权为非占有性担保权，而质权是占有性担保物权。所以，抵押权主要以适宜登记公示的财产即不动产或建设用地使用权等不动产权为标的，而质权则以适宜转移占有的动产或权利为其标的。另外，质权因质权人实际占有质押财产，故具有留置的效力；而抵押权则没有这种效力。

我国《物权法》规定的质权包括不动产质权和权利质权。《物权法》规定权利质权的条款仅有八条，而且主要涉及设定质权的程序性规定。本节仅介绍动产质权。

二、质权设定合同

（一）合同的订立

1. 当事人

质权是由质权人（债权人）和出质人（债务人或第三人）通过质权设定合同而设立的。"第三人"是为了债务人的利益在自己的财产上设定质权，不负担债务、只承担责任的"物上保证人"。如果第三人偿还债权人的债务，或者质权人实行质权，第三人就会失去质物的所有权。第三人可向债务人行使求偿权。

2. 质权的标的物

质权的标的物必须是可以转让的物。包括动产和可以质押的权利。《担保法》第75条规定：汇票、支票、本票、债券、存款单、仓单、提单，依法可以转让的股份、股票；依法可以转让的商标专用权，专利权、著作权中的财产权，依法可以质押的其他权利等权利可以质押。

禁止转让意味着如下两点：第一，所有人不能依其意思而转让，禁止品就属于此类；第二，法律禁止或限制转让的权利，如渔业权、采矿权等。

3. 被担保债权

质权所担保的债权没有限制。不仅以金钱为标的的债权，而且特定物的给付或以一定行为为标的的债权也可以。因为，这些债权通过质权的留置作用可以间接地强制履行；并且，在债务不履行时转化为损害赔偿债权。

4. 合同主要条款

《物权法》第 210 条规定质权合同一般包括下列条款：被担保债权的种类和数额，债务人履行债务的期限，质押财产的名称、数量、质量、状况，担保的范围，质押财产交付的时间。

（二）要物合同——生效要件

1. 书面合同

根据我国《物权法》第 210 条、《担保法》第 64 条的规定：设立质权，当事人应当采取书面形式订立质权合同。

2. 合同的生效

（1）须交付标的物。设定质权，标的物交付给债权人才生效。《物权法》第 212 条、《担保法》第 64 条的规定：质权自出质人交付质押财产时设立。在质权的设定中，转移标的物的占有是质权的生效要件。所谓的"交付"不只是现实交付，简易交付、指示交付的方式移转也可以。

（2）占有改定的禁止。禁止通过占有改定的方式交付标的物。因为占有改定不能使质权人占有出质物。德国民法、法国民法也均禁止通过占有改定的质权设定。这是因为占有改定使质权丧失留置效力。

3. 特殊规定

质押合同法律有特别规定的，经过登记后才生效。

《物权法》第 226 条规定：以基金份额、股权出质的，当事人应当订立书面合同。以基金份额、证券登记结算机构登记的股权出质的，质权自证券登记结算机构办理出质登记时设立；以其他股权出质的，质权自工商行政管理部门办理出质登记时设立。《物权法》第 227 条规定以注册商标专用权、专利权、著作权等知识产权中的财产权出质的，当事人应当订立书面合同。质权自有关主管部门办理出质登记时设立。

三、动产质权

（一）动产质权的取得

动产质权是债权人占有质押财产，于债务人不履行到期债务或者发生当事人约定的实现质权的情形时，从变卖质押物的价金中优先受偿的权利。

《物权法》第 210 条规定：设立质权，当事人应当采取书面形式订立质权合同。质权合同一般包括下列条款：被担保债权的种类和数额，债务人履行债务的期限，质押财产的名称、数量、质量、状况，担保的范围，质押财产交付的时间。上述条款不齐备的一般不影响合同的效力，当事人可以补正。《物权法》第 212 条规定：质权自出质人交付质押财产时设立。质权设立合同是实践合同。故《担保法解释》第 87 条规定:"出质人代质权人占有质物的,质押合同不生效;质权人将质物返还于出质人后,以其质权对抗第三人的,人民法院不予支持。因不可归责于质权人的事由而丧失对质物的占有,质权人可以向不当占有人请求停止侵害、恢复原状、返还质物。"可见,标的物的交付不仅是质权设立合同生效的要件,而且质权人持续占有出质物是质权存续的要件。

(二) 动产质权的效力

1. 动产质权所担保的债权范围

质权担保的债权范围比起抵押权要广泛。不仅包括《物权法》第 173 条规定的主债权及其利息、违约金、损害赔偿金、保管质押财产和实现质权的费用等,还包括因质物有隐蔽瑕疵而造成质权人其他财产损害的损害赔偿金(《担保法解释》第 90 条规定)。当然,出质物对质权人造成的损害,质权人在出质物移交时明知有瑕疵而予以接受的除外。

2. 动产质权及于标的物的效力

动产质权基于标的物的范围与担保物权大体相同,当然及于转移给质权人占有的标的物、从物、孳息和代位物、添附物等。但对于从物与抵押权略有不同。因为质权是占有性物权,故质权效力所及的从物应当限于与出质物一同交付的从物。

(三) 动产质权对于质权人的效力

1. 留置质物的权利

质权是占有性担保物权,质权人享有留置担保物的权利。《担保法解释》第 95 条规定:债务履行期届满质权人未受清偿的,质权人可以继续留置质物,并以质物的全部行使权利。

2. 质物孳息的收取权

孳息是质物所生的收益。我国《物权法》第 213 条规定,质权人有权收取质押财产的孳息。但孳息并不归质权人所有,应当依照法律规定先充抵收取孳息的费用,最后充抵主债务。

3. 质物变价权

我国《物权法》第 216 条规定:因不能归责于质权人的事由可能使质押财产毁损或者价值明显减少,足以危害质权人权利的,质权人有权要求出质人提供相应的担保;出质人不提供的,质权人可以拍卖、变卖质押财产,并与出质人通过协议将拍卖、变卖所得的价款提前清偿债务或者提存。

4. 转质权

转质是质权人为担保其债务,将质押物转移给其债权人设定新质权的行为。根据

《物权法》第 217 规定："质权人在质权存续期间，未经出质人同意转质，造成质押财产毁损、灭失的，应当向出质人承担赔偿责任。"在这里，物权法只是对转质的责任作出规定，并没有禁止转质。

5. 实行质权优先获得清偿

《物权法》第 219 条规定，债务人不履行到期债务或者发生当事人约定的实现质权的情形，质权人可以与出质人协议以质押财产折价，也可以就拍卖、变卖质押财产所得的价款优先受偿。所谓优先获得清偿，主要包括以下两个问题：首先，债务人有数个债权人的，质权人就质押物变卖的价金优先受偿；其次，质押物上存在抵押权（一般不会存在）等其他物权的，应以权利设定的先后予以确定。作为实行质权的方式拍卖、变卖等，基本与抵押权相同，在此不再赘述。

动产质权的消灭，有一点需要注意，即质权人丧失对质押物的占有的情形。如果依质权人的意思而丧失，质权消灭；如果因不可归责于质权人的原因而丧失，可以行使恢复请求权恢复其质权。其他情形与抵押权的消灭原因基本相似，在此不再赘述。

第四编 民事责任债

第十三章 民事责任的性质与类型

第一节 民事责任概述

一、责任与法律责任

（一）责任的界定

关于责任的界定，民法学者有不同的意见。某些民法学者对责任采取道德性的界定方式，认为所谓的责任是指行为人就其本人实施的行为或者别人实施的行为负责。某些民法学者从可责难性和后果承担的角度对责任作出界定，认为所谓的责任是指行为人承受其具有可责难性的行为引起的后果。某些民法学者从行为人对其行为后果承担赔偿责任的角度对责任作出界定，认为所谓的责任是指行为人对其实施的某种行为负责或者予以担保的债。[1]

（二）责任的类型

1. **责任的三分法**

根据行为人所负责任的性质不同，责任可以分为三种：政治上的责任、道德上的责任和法律上的责任。如果行为人所负的责任在性质上属于政治性的，则该种责任就是所谓的政治上的责任，简称为政治责任。所谓政治责任，是指政府就其实施的行为对国会或者议会负责的债。

2. **道德责任**

如果行为人所负的责任在性质上属于道德性的，则该种责任就是所谓的道德上的责任，简称为道德责任。所谓道德责任，是指自然人就其实施的行为对其良心负责的债。Mazeaud 和 Chabas 对道德责任作出了明确界定，他们指出："所谓道德责任，是指行为

---

[1] V. Luc Grynbaum, Droit civil, les obligations, 2e édition, HACHETTE, p. 167.

人就其实施的行为对上帝和自己的良心负责。"①

3. 法律责任

如果行为人所负的责任在性质上属于法律性的，则该种责任就是所谓的法律上的责任，简称为法律责任。所谓法律责任，是指行为人就其实施的行为对国家或者其他人负责的债。Mazeaud 和 Chabas 对法律责任作出了明确界定，他们指出：所谓法律责任，是指行为人就其实施的行为对人负责。

4. 三种责任之间的差异

无论是所谓的政治责任、道德责任还是所谓的法律责任均是广义意义上的债，因为广义上的债实际上包含了行为人在政治上、道德上或者法律上对其行为负责的含义，已如前述。虽然如此，法律责任既不同于政治责任，也不同于道德责任。

法律责任与政治责任的主要区别在于，政治责任仅仅涉及民主政治当中政府和国会、议会之间的责任关系：政府的任何重大措施、决定均应取得国会、议会的信任和通过才能够执行，否则，要么政府解散国会、议会，并重新进行选举，要么政府首脑辞职。法律责任也不同于道德责任，因为道德责任仅仅是一种单纯的主观性责任，行为人是否履行他们所承担的道德责任，完全取决于行为人的良心、内心，法律不会对那些没有履行所承担的道德责任的人予以强制性的制裁。而法律责任则不同，行为人对待其行为的良心、内心无关紧要，行为人一定要具体实施某种违反刑法、行政法或者民法的违法行为，并且行为人违反这些法律的行为会受到法律的强制性制裁。此外，道德责任往往是罪过责任、过错责任，而法律责任未必一定是过错责任。

（三）法律责任的类型

根据行为人承担法律责任的法律渊源不同，法律责任可以分为刑事责任、行政责任和民事责任。当行为人违反刑法的规定时，他们应当就其实施的犯罪行为对国家负责，这就是所谓的刑事责任。当行为人违反行政法的规定时，他们应当就其实施的违法行为对国家负责，这就是所谓的行政责任。当行为人违反民法的规定时，他们应当就其实施的违法行为对受害人负责，这就是所谓的民事责任。

从债法的角度尤其是民事责任的角度来看，行政责任同民事责任之间的关系不大，因此，虽然有个别民法学者也会在他们的债法著作当中讨论民事责任与行政责任的关系，但是，大多数民法学者均不对这样的问题进行讨论，本书遵循主流学者的做法，不对行政责任和民事责任之间的关系作出说明。从债法的角度尤其是从民事责任的角度来看，刑事责任同民事责任关系密切，因此，民法学者在讨论民事责任时普遍会对民事责任与刑事责任进行对比，以便确定这两种法律责任之间的区别与联系，本书也遵循这样

---

① Henri et Leon Mazeaud Jean Mazeaud Francois Chabas, Obligations, 9 e édition, Montchrestien, p. 366.

的做法，在讨论民事责任时也会将民事责任同刑事责任进行对比研究。

二、民事责任的界定

（一）民事责任的两种界定方式

在当今两大法系国家和我国，虽然民法学者普遍认可民事责任，但是关于民事责任的界定方法，民法学者的界定未必完全相同。主要有两种理论：

其一，狭义的民事责任理论。该种民事责任理论认为，所谓民事责任，是指行为人就其实施的行为所引起的损害对他人所承担的损害赔偿责任。根据该种民事责任理论，所谓民事责任，是指行为人应当对其实施的行为所引起的损害负责的债，也就是行为人作为债务人应当对作为受害人的债权人承担赔偿责任，要将一定数额的金钱支付给债权人，以便弥补债权人因为其行为所遭受的损害。

其二，广义的民事责任理论。该种民事责任理论认为，所谓民事责任，是指行为人就其实施的行为对他人所负责任的债。在广义的民事责任理论当中，行为人所承担的民事责任除了包括狭义的民事责任之外，还包括其他的民事责任形式。在大陆法系国家，民法学者普遍对民事责任采取狭义理论，而在我国，《民法通则》和《侵权责任法》普遍对民事责任采取广义的理论。

（二）民事责任的狭义界定

在大陆法系国家，民法学者普遍对民事责任作出狭义的界定，认为民事责任仅仅是指行为人就其实施的行为所引起的损害对他人承担的损害赔偿责任。Mazeaud 和 Chabas 对民事责任采取狭义的界定方式，认为民事责任是指行为人对他人遭受的损害予以赔偿的责任，他们指出："所谓民事责任，是指行为人应当在民法上对他人遭受的损害予以赔偿的责任。"① Légier 也对"民事责任"采取狭义的界定，认为民事责任是指行为人对他人承担的损害赔偿责任，他指出："所谓民事责任，是指行为人就其行为对他人造成的损害负责任的债（无论行为人所实施的行为是否构成犯罪行为）。"②

（三）民事责任的广义界定

在我国，无论是《民法通则》还是《侵权责任法》均对民事责任作广义的界定，认为行为人所承担的民事责任除了包括大陆法系国家狭义的民事责任之外，还包括狭义民事责任之外的其他民事责任。

---

① Henri et Leon Mazeaud Jean Mazeaud Francois Chabas, Obligations, 9 e édition, Montchrestien, p. 365.
② Gérard Légier, les obligations, 17e édition, Dalloz, p. 133.

一方面，我国《民法通则》对民事责任采取广义的界定，认为民事责任除了包括损害赔偿责任之外还包括损害赔偿责任之外的其他责任。我国《民法通则》第134条明确规定，行为人承担的民事责任除了包括赔偿损失的责任之外，还包括停止侵害、排除妨碍、消除危险、返还财产、恢复原状、修理、重作、更换、支付违约金、消除影响、恢复名誉以及赔礼道歉等民事责任，已如前述。

另一方面，我国《侵权责任法》也对民事责任采取广义的理论，认为民事责任除了包括损害赔偿责任之外，还包括其他的民事责任。我国《侵权责任法》第15条明确规定，行为人承担的侵权责任除了包括赔偿损失的责任之外，还包括停止侵害、排除妨碍、消除危险、返还财产、恢复原状、赔偿损失、赔礼道歉、消除影响和恢复名誉的侵权责任，已如前述。

因为这样的原因，我国民法学者普遍对民事责任采取广义的理论，认为民事责任既包括损害赔偿责任，也包括损害赔偿责任之外的其他责任。

（四）狭义民事责任和广义民事责任的趋同性

民事责任虽然存在广义的理论和狭义的理论，并且虽然民事责任的广义理论和民事责任的狭义理论在表面上存在差异，但是，民事责任的广义理论和民事责任的狭义理论之间的此种差异不应当过分夸大。因为在大陆法系国家，虽然民法学者普遍对民事责任采取狭义的理论，认为民事责任仅仅是指损害赔偿责任，但是，他们所谓的损害赔偿责任除了包括我国民法学者所谓的损害赔偿责任之外，还包括我国民法所谓的损害赔偿责任之外的其他民事责任。

大陆法系国家，某些民法学者认为，停止侵害的民事责任、返还财产的民事责任或者恢复原状的民事责任在性质上也属于损害赔偿责任的表现形式，他们将这些不是以金钱方式来进行的损害赔偿责任称为代物赔偿（réparation en équivlent）责任，以便同所谓的金钱损害赔偿（réparation en argent）责任相对应。在法国，所谓的金钱赔偿又称为"等价赔偿"（réparation en équivlent），是指行为人通过支付一笔与他人所丧失的利益价值相当的金钱来对他人作出的赔偿。而所谓代物赔偿，又称为"金钱赔偿"之外的赔偿、"行为赔偿"，是指行为人通过一定的作为行为或者不作为行为来对他人作出的赔偿，例如，停止侵害、返还财产或者恢复原状等。

（五）大陆法系国家民事责任与我国民法当中民事责任范围的一致性

因为这样的原因，我们完全可以说，大陆法系国家的民法学者所谓的民事责任也是广义的民事责任，使我国民事责任同大陆法系国家的民事责任之间的差异缩小甚至消灭，并因此导致我国民事责任和大陆法系国家民事责任的趋同性。由于本书已经在前面的有关章节当中对损害赔偿责任之外的其他民事责任作出了说明，本书在此编当中仅仅讨论狭义的民事责任，也就是损害赔偿责任。

三、民事责任的特征

（一）民事责任是行为人违反所承担的民事义务的结果

民事责任的第一个主要特征是，民事责任是民事主体违反他们所承担的某种民事义务的后果。因此，如果行为人不对他人承担民事义务，他们就不会对他人承担民事责任，只有当行为人对他人承担民事义务时，他们才有可能会对他人承担民事责任，因为在债法上，民事义务是民事责任的前提，而民事责任是违反民事义务的法律后果。例如，当小偷进入他人家中偷窃并因此滑倒受伤时，他人无需对小偷遭受的损害承担侵权责任，因为他人在侵权法上不对小偷承担民事义务。同样，当医师因为过失导致他人丧失生育能力时，医师原则上不对他人的配偶承担侵权责任，因为医师原则上仅对他人承担注意义务，不对他人的配偶承担注意义务。

当然，还应当说明的是，即便行为人在行为的时候要对他人承担民事义务，如果他们在行为的时候没有违反所承担的民事义务，他们仍然无需对他人承担民事责任；如果他们在行为的时候违反了所承担的民事义务，他们就应当对他人承担民事责任。

（二）民事责任主要是一种财产责任

民事责任的第二个主要特征是，民事责任主要是一种财产责任，这就是，一旦行为人违反他们所承担的约定义务或者法定义务并因此导致他人损害的发生，他们应当赔偿他人所遭受的损害，应当将一定数额的金钱支付给他人，以便他人能够恢复到致害行为发生之前的状态。

当然，民事责任除了包括财产责任之外，也包括非财产责任，这就是，通过金钱赔偿之外的方式来承担民事责任，诸如撤回、校正对他人作出的具有名誉毁损性质的陈述、请求法官颁发禁制令，禁止行为人实施或者继续实施某种侵害行为，等等。例如，当行为人毁损他人名誉时，他们应当承担撤回其作出的具有名誉毁损性质的陈述的责任，或者承担赔礼道歉的责任，这些责任就是非财产责任。

（三）民事责任以恢复被侵害的民事权益为目的

民事责任的第三个主要特征是，民事责任是为了补偿他人因为行为人实施的致害行为所遭受的损害，使他人遭受的损害恢复到致害行为实施之前的状态。一方面，虽然民事责任往往建立在行为人实施的过错行为的基础上，但是，行为人对他人承担民事责任的范围原则上不取决于行为人的过错程度，而取决于他人遭受的损害范围，行为人原则上应当赔偿他人遭受的全部损害，他人遭受了多少损害，行为人就应当赔偿他人多少损害，这就是所谓的实际损害赔偿原则。另一方面，虽然民法学者对民事责任的目的作出各种各样的解释，认为民事责任或者是为了惩罚、制裁行为人，或者是为了教育行为人，或者是为了预防行为人再次实施致害行为。实际上，这些目的都不是大陆法系国家的民法典所明确规定的目的，也不是法官所首肯的目的，它们实际上仅仅是民法学者"纸上谈兵"或者"闭门造车"的结果。因为无论是立法者还是法官都认为，责令行为人对他人承担民事责任仅仅是为了补偿他人遭受的损害或者损失，已如前述。

四、民事责任的性质

（一）民事责任是一种债

在民法上，民事责任在本质上仍然是一种债，它同一般的债一样，也是特定的债权人和特定的债务人之间的一种债权债务关系。因为在民事责任当中，违反约定义务或者法定义务的行为人是债务人，他们应当就其实施的义务违反行为对他人承担赔偿责任或者其他民事责任，而因为行为人所实施的义务违反行为遭受损害的人则是债权人，他们有权请求债务人对其承担赔偿责任或者其他民事责任。

虽然如此，民事责任这种债不同于一般的债，尤其是不同于一般的契约债，它构成一种特殊的债。民事责任之所以是一种特殊的债，一方面是因为该种债仅仅因为法律的规定而产生，另一方面是因为此种债要以债务人不履行所承担的民事义务作为前提。

（二）民事责任是依据法律的直接规定而产生的债

民事责任之所以不是一般意义上的债而是一种特殊意义上的债，其第一个方面的主要原因是，无论是违约责任债还是侵权责任债均依据法律的直接规定而产生，民事责任债是否产生、什么时候产生完全与当事人的意思表示无关。而在一般的债当中，尤其是在合同债或者契约债当中，债务人对债权人所承担的约定义务完全是根据或者主要是根据合同当事人的意思表示产生的，如果没有合同当事人的主观意思表示，合同债或者契约债根本就无法产生。虽然合同债或者契约债的产生应当依据合同当事人的意思表示，但是合同债务人对合同债权人所承担的违约责任债是否产生则完全不取决于合同当事人的意思表示，而直接取决于法律的明确规定。

（三）民事责任以行为人不履行所承担的民事义务作为产生的前提条件

民事责任之所以不是一般意义上的债而是特殊意义上的债，其第二个方面的主要原因是，民事责任债仅在行为人不履行或者不全面履行他们所承担的民事义务的情况下产生，如果债务人已经履行了或者已经全面履行了他们所承担的民事义务，则民事责任债将不会产生。因为，民事责任债实际上是民事义务债的嬗变，是债务人不履行或者不全面履行所承担的民事义务所引起的后果。

第二节 民事责任和刑事责任

一、民事责任和刑事责任之间的关系

所谓刑事责任，是指行为人就其违反刑法的规定所实施的犯罪行为对国家或者社会负责的债。

在历史上，法律并不明确区分民事责任和刑事责任，认为行为人就其实施的诸如杀人、放火、强奸或者盗取等行为对他人承担法律责任仅仅是为了报复行为人。在现代两大法系国家和我国，虽然法律明确区分民事责任和刑事责任，认为它们是两种性质不同的法律责任，或者认为两种法律责任之间存在重大的差异，但是实际上，民事责任和刑事责任之间的关系非常密切，两种法律责任之间存在一脉相承的关系。

二、民事责任和刑事责任的主要区别

（一）民事责任与刑事责任的法律根据不同

民事责任和刑事责任的第一个主要区别是，刑事责任是因为行为人违反刑法的明确规定而产生的法律责任，行为人在什么情况下要承担刑事责任，要承担什么样的刑事责任，以及要承担多大幅度的刑事责任均要由刑法作出明确规定，在刑法明确规定之外，行为人无需承担刑事责任，这就是所谓的罪刑法定理论。而民事责任则是行为人违反约定义务或者法定义务所产生的法律责任。虽然两大法系国家和我国的民法会对某些民事责任尤其是侵权责任领域的严格责任作出明确的规定，认为严格责任仅仅在法律明确规定的情况下产生，但是，无论是违约责任还是一般过错侵权责任均不实行法定，即便法律没有明确规定，只要行为人违反了他们所承担的注意义务，他们就应当就其实施的过错行为对他人承担民事责任。

（二）民事责任与刑事责任的目的不同

民事责任和刑事责任的第二个主要区别是，民事责任的目的不同于刑事责任的目的，因为行为人承担民事责任的主要目的甚至唯一目的就是补偿他人所遭受的损害；行为人对他人承担民事责任的范围不取决于行为人实施的过错程度，而取决于他人所遭受的损害范围，因此，行为人的过错程度对其民事责任范围不会产生影响。而刑事责任的目的则是制裁、惩罚行为人，让他们就其实施的犯罪行为付出代价；行为人实施犯罪行为时的主观罪过不同,他们所承担的刑事责任也不同。因此,刑事罪过的程度直接决定着行为人所承担的刑事责任范围。

(三) 民事责任与刑事责任的构成要件不同

民事责任和刑事责任的第三个主要区别是,民事责任的构成要件不同于刑事责任的构成要件。如果将民事责任限定在狭义的损害赔偿责任范围内,则行为人对他人承担民事责任除了应当具备违法行为等构成要件之外,还应当具备损害这一必要构成要件,也就是,行为人实施的违法行为应当引起他人损害的发生,行为人才有可能会对他人承担民事责任,如果行为人实施的违法行为没有引起他人损害的发生,则他们无需对他人承担民事责任。而在刑法上,行为人承担刑事责任无需具备损害这一必要构成要件,只要行为人实施了某种犯罪行为,即便他们所实施的犯罪行为没有引起他人损害的发生,他们也应当承担刑事责任。换句话说,在刑法上,行为人实施的犯罪行为所引起的损害后果不是他们承担刑事责任的条件,而仅仅是定罪量刑的条件。

(四) 民事责任与刑事责任当中的过错理论不同

民事责任和刑事责任的第四个主要区别是,虽然过错均为民事责任和刑事责任的必要构成要件,但是民事责任当中的过错和刑事责任当中的过错所采取的理论是不同的。

在当今两大法系国家和我国,民法已经放弃了民事责任领域的主观过错理论,认为过错仅仅是一种客观的行为,这就是,如果行为人在行为的时候没有尽到合理的注意义务,他们没有尽到合理注意义务的行为就是过错行为,在符合民事责任的其他构成要件的情况下,行为人就应当对他人承担民事责任;反之,行为人所实施的行为就不是过错行为,无需对他人承担民事责任,这就是所谓的客观过错理论。在判断行为人所实施的行为是不是过错行为时,法律采取"一般理性人"的标准或者"危险"理论,认为行为人在行为的时候如果没有尽到一个有理性的人在同样或者类似情况下所能够尽到的注意义务,或者如果行为人的行为给他人造成了"不合理的危险",则行为人的行为就是过错行为。[①]

在当今两大法系国家和我国,刑法仅仅对过错采取主观理论,认为行为人是否应当就其实施的行为承担刑事责任,要考虑行为人在主观上对待其行为的态度,如果行为人明知其行为会引起他人损害的发生而仍然实施此种行为,则他们所实施的过错行为就是故意;如果行为人应当预见到他们的行为会引起他人损害的发生而因为疏忽、懈怠而没有预见,则他们所实施的过错行为就是过失。

[①] 张民安:《过错侵权责任制度研究》,中国政法大学出版社2002年版,第259—276页。

三、民事责任和刑事责任的主要联系

（一）民事责任与刑事责任之间的趋同性

20世纪以来，民事责任和刑事责任之间的上述差异逐渐缩小，它们之间的趋同性越来越明显，主要表现在三个方面：

其一，民事责任方式的刑事化。在19世纪，民事责任的方式表现单一，法律仅认可损害赔偿责任这一种方式。而在20世纪和21世纪，民法除了认可损害赔偿责任这种形式之外，还逐渐将原本仅为刑事责任方式的某些方式纳入民事责任领域，使民事责任的方式与刑事责任的方式相似。例如，如果行为人违反刑法的规定建造建筑物或者从事违法经营活动，刑事法官能够对行为人判处拆除建筑物、关闭非法经营场所的刑事处罚。如今，此种刑事责任方式除了在刑事责任当中适用之外，也在民事责任当中适用。再如，如果行为人违反刑法的规定，通过拍摄电影、出版书籍等方式诽谤他人的名誉，他们的行为当然构成刑事诽谤罪，应当承担刑事责任，法官能够对行为人判处没收、销毁其电影、书籍的刑事处罚。如今，此类刑事责任方式也在名誉侵权责任当中得到适用。

其二，民事责任所保护的范围与刑事责任所保护的范围的趋同性。在当今社会，刑法所调整的领域与民法所调整的领域基本相同。例如，刑法会保护他人的生命权、身体权和健康权，民法也会保护他人的生命权、身体权和健康权；同样，刑法会保护他人的隐私权、名誉权；而民法也会保护他人的隐私权和名誉权；等等。民法和刑法所调整的范围之所以高度雷同，是因为对他人权利的保护仅仅通过刑法或者仅仅通过民法来保护均存在问题，只有同时通过民法和刑法来进行保护，他人的利益才能够得到有效保护。因为这样的原因，刑法上的大多数犯罪行为均构成侵权法上的侵权行为，使刑事责任和民事责任之间产生了所谓的竞合现象。

其三，刑事责任的客观化。传统上，刑事责任属于主观责任，因为刑事过错仅仅是一种主观过错，尤其是一种故意过错。而在当今两大法系国家和我国，刑事责任也逐渐像民事责任那样客观化，因为刑事过错也像民事过错那样客观化。例如现代刑法认为，不仅自然人能够承担刑事责任，而且法人也能够承担刑事责任，即便法人无法像自然人那样具有主观上的过错。

（二）民事责任与刑事责任的竞合

在两大法系国家和我国，民事责任和刑事责任可能会发生竞合，这就是，行为人实施的同一违法行为既构成侵权行为，也构成犯罪行为，既违反了民法的规定，也违反了刑法的规定。此时，行为人既应当就其实施的同一违法行为对他人承担民事责任，也应

当就其实施的同一违法行为对国家承担刑事责任。行为人不会因为已经承担了民事责任而无需承担刑事责任，也不会因为已经承担了刑事责任而无需承担民事责任，他们应当同时就其同一违法行为承担民事责任和刑事责任。我国《侵权责任法》第4（1）条对此规则作出了明确说明，该条规定：侵权人因同一行为应当承担行政责任或者刑事责任的，不影响依法承担侵权责任。

（三）侵权诉讼程序在刑事诉讼程序中的适用

如果行为人实施的犯罪行为同时构成侵权行为的话，他人在要求行为人就其实施的犯罪行为、侵权行为对自己承担侵权责任时，他们是通过刑事诉讼程序还是民事诉讼程序来主张其侵权损害赔偿请求权？对此问题，两大法系国家和我国的法律作出的回答并不完全相同。在法国，无论是学说还是司法判例都认为，当他人对犯罪行为人提起侵权诉讼时，他们可以自由选择或者向刑事法庭提出，或者向民事法庭提出。[1] 在英国，如果行为人的侵权行为构成重罪，则他人必须向刑事法庭起诉，要求刑事法庭作出损害赔偿的判决。[2]

在我国，如果行为人的犯罪行为构成侵权行为，他人只能适用刑事附带民事诉讼程序要求侵权人对自己承担赔偿责任。在我国，他人在刑事附带民事诉讼程序当中要求行为人对其承担损害赔偿责任，其优点有两个方面：一方面，一旦刑事法庭宣告行为人实施了犯罪行为，则刑事法庭就能够将行为人的刑事罪过等同于行为人的侵权过错，并因此责令行为人对他人承担侵权责任；另一方面，一旦刑事法庭宣告行为人实施了犯罪行为，他人就可以将刑事法庭的判决看作行为人存在过错的证据，他们在要求行为人承担侵权责任的时候无需再提供证据，证明行为人存在过错。

在我国，让犯罪行为的受害人在刑事附带民事诉讼程序当中主张损害赔偿责任的承担，其缺点有三个方面：

其一，刑事诉讼程序的开启有时会费时费力，刑事诉讼过程可能会复杂漫长，使他人的利益无法得到及时保护。

其二，刑事诉讼程序的目的在于便利法院查明犯罪嫌疑人的犯罪事实，而不在于确定侵权行为的受害人遭受了多少损失，刑事法官很少像民事法官那样有充分的时间和精力调查受害人遭受的损失。

其三，刑事法庭的法官在判决行为人对他人承担赔偿责任时比民事法庭的法官更保守，不允许他人在刑事附带民事诉讼中主张精神损害赔偿。

因此，在行为人实施的犯罪行为同时构成侵权行为时，我国法律应当允许他人自由

---

[1] 张民安：《现代法国侵权责任制度研究》，法律出版社2003年版，第18页。
[2] W. V. H. Rogers, Winfield and Jolowioz on Tort, thirteen edition, Sweet & Maxwell, 1990, p. 10.

选择究竟是适用刑事附带民事诉讼程序还是提起单独的侵权诉讼。同时，即便适用刑事附带民事诉讼，刑事法庭的法官也应当遵循侵权损害赔偿的基本原则，给予他人以精神损害赔偿，使他人通过此种诉讼程序获得的赔偿同他们通过民事诉讼程序获得的赔偿范围相同，因为，在没有构成犯罪行为的侵权案件当中，法官都给予他人以精神损害赔偿，而在已经构成犯罪行为的侵权案件当中，法官更应当给予他人以精神损害赔偿，只要行为人实施的犯罪行为符合精神损害赔偿的构成要件。①

四、民事责任对刑事责任的优先适用

如果行为人实施的同一违法行为既让他们承担民事责任，也让他们承担刑事责任，当行为人承担的刑事责任与他们承担的民事责任冲突时，行为人应当首先承担民事责任，仅仅在民事责任承担之后还能够承担刑事责任时，行为人才承担刑事责任。例如，当行为人生产的假冒伪劣产品导致他人死亡时，其生产行为既构成侵权行为，也构成犯罪行为，行为人除了要赔偿他人遭受的财产损害和非财产损害之外，还应当承担刑事罚金的责任。如果行为人的全部财产不足以赔偿他人遭受的财产损害和非财产损害，则他们的财产应当首先用来偿还他人遭受的损害，不得首先用来支付刑事罚金。我国《侵权责任法》第4条第二款对这样的规则作出了明确规定：侵权人因同一行为应当承担侵权责任和行政责任、刑事责任，侵权人的财产不足以支付的，先承担侵权责任。

第三节 民事责任的类型

一、民事责任的二分法或者三分法

按照行为人承担民事责任的性质不同，民事责任或者分为两种：违约责任和侵权责任，这就是所谓的民事责任的二分法；或者分为三种：违约责任、侵权责任和返还责任，这就是所谓的民事责任的三分法。其中的民事责任二分法是大陆法系国家民法的分类方法，因为从罗马法时代以来，大陆法系国家民法就将民事责任分为违约责任和侵权责任。而其中的民事责任的三分法则是英美法系国家的民法的分类方法，因为当今英美法系国家的民法学者将民事责任分为违约责任、侵权责任和返还责任。

二、大陆法系国家民事责任的二分法

二分法的民事责任理论和三分法的民事责任理论的主要差异在于，在大陆法系国

---

① 张民安：《过错侵权责任制度研究》，中国政法大学出版社2002年版，第683—684页。

家，因为不当得利或者无因管理所产生的民事责任并非独立的民事责任，而仅仅被看作一种违约责任，这就是所谓的准契约责任或者准合同责任，有关不当得利或者无因管理所产生的民事责任准用有关一般违约责任的规则，已如前述。因为这样的原因，大陆法系国家的民法学者认为，违约责任和侵权责任的二分法是民事责任的基本分类方法。

三、英美法系国家民事责任的三分法

在英美法系国家，民法学者不再将不当得利或者无因管理所产生的债称为准契约债，也不再将这两种债所产生的民事责任称为准契约责任，而是将其称为返还责任，该种返还责任既独立于违约责任，也独立于侵权责任，是违约责任和侵权责任之外的第三种民事责任。

Goff 和 Jones 对返还责任的独立性作出了明确说明，他们指出："大多数成熟的法律制度都发现，我们有必要在合同责任和侵权责任之外认可返还责任，这就是，当行为人获得某种不当利益时，他们应当根据不当得利的理论根据将其获得的不当利益返还给他人。在许多情况下，被告会发现他们持有正义要求其返还给他人的利益。"[①]

应当说明的是，在英美法系国家，返还责任虽然被等同于不当得利责任，但是英美法系国家的返还责任或者不当得利责任当中既包括了大陆法系国家和我国民法当中的不当得利制度，也包含了大陆法系国家和我国民法当中的无因管理制度，因为英美法系国家的返还法认为，无因管理制度仅仅是不当得利制度的组成部分，不是不当得利制度之外的独立制度。

四、我国民事责任三分法理论的确立

（一）我国《民法通则》和学说对民事责任二分法理论的认可

在我国，民事责任究竟是采取大陆法系国家的二分法理论还是采取英美法系国家的三分法理论？对此问题，我国《民法通则》采取了大陆法系国家的二分法的民事责任理论，认为民事责任应当分为违约责任和侵权责任两种，因为我国《民法通则》第六章明确将民事责任区分为两种民事责任："违反合同的民事责任"和"侵权的民事责任"。同时，由于受到我国《民法通则》的影响，我国民法学者普遍认可民事责任的二分法理论，认为民事责任分为契约责任和侵权责任。

（二）民事责任二分法理论所存在的问题

如果民事责任真的像我国《民法通则》或者我国民法学者所言的那样分为违约责

---

① R. Goff & G. Jones, The Law of Restitution, seventh edition, LondonSweet & Maxwell, pp. 12 – 13.

任和侵权责任两种,那么,我国《民法通则》第 92 条和第 93 条所规定的因为不当得利或者无因管理所产生的债是不是民事责任?如果是民事责任,该种民事责任究竟是什么性质的民事责任?它们同《民法通则》第六章所规定的违约责任或者侵权责任之间是个什么样的关系?对于这些问题,不仅我国《民法通则》没有作出明确规定,而且我国民法学者几乎均没有作出说明。

　　本书认为,对于这样的问题,我们要么采取大陆法系国家民事责任的二分法,将不当得利或者无因管理所产生的民事责任看作准契约责任,对其类推适用民法有关契约责任的规定,即我国《民法通则》第六章关于"违反合同的民事责任"准用于《民法通则》第 92 条和第 93 条关于不当得利或者无因管理所产生的民事责任;要么采取英美法系国家民事责任的三分法理论,将不当得利和无因管理所产生的民事责任归为一种独立的民事责任并因此与违约责任、侵权责任并行不悖。无论是采取大陆法系国家的二分法理论还是采取英美法系国家的三分法理论,民法学者均应当对这样的问题作出明确说明,否则,就会产生上述各类问题。

　　在民法上,将不当得利和无因管理所产生的债看作准契约责任存在严重的问题,主要表现在两个方面:

　　其一,将不当得利债或者无因管理债看作准契约责任扭曲了默示或者暗含契约理论。虽然两大法系国家和我国民法均认可默示或者暗含契约理论,认为契约债务人对契约债权人所承担的义务、责任并不限于契约明确规定的范围,在契约规定之外,契约债务人应当对他人承担某些义务和责任,但是,默示契约或者暗含契约理论以契约当事人之间预先存在某种契约作为前提,如果当事人之间预先并不存在某种契约,则默示契约或者暗含契约理论将无法适用。而在大陆法系国家的准契约理论当中,不当得利债或者无因管理债的当事人之间预先并不存在契约,他们甚至有时根本就不认识,为了让其中的一方当事人对另外一方当事人承担责任,强行认定根本就不认识的人之间存在默示或者暗含契约显然极其荒唐。例如,甲方的宠物狗走失,乙方拾得之后喂养了一个月,甲方要求乙方将其宠物狗返还给自己时,甲方和乙方完全是陌生人,他们之间预先并没有所谓的契约。仅仅是为了让乙方承担返还宠物狗的目的,法律就强行认定甲方和乙方之间原本存在乙方有返还宠物狗的默示或者暗含义务,显然既违反了默示或者暗含契约理论的初衷,也非常不近情理。

　　其二,将不当得利债或者无因管理债看作准契约责任过分限制了不当得利制度的适用范围。在传统的大陆法系国家,不当得利制度的地位较低,因为其适用范围有限。而在当今两大法系国家和我国,不当得利制度的适用范围得到极大的拓展,它不仅在私法领域的适用范围广泛,而且还在公法当中得到适用。例如,如果税务机关超过了应当征缴的范围对纳税人征税,它们应当就其多征收的税款返还给纳税人,税务机关所承担的此种责任当然就是民法上的不当得利责任。如果再将不当得利制度看作一种准契约,将不当得利责任看作一种准契约责任,实际上同不当得利制度和不当得利责任在当今社会的地位不相称。

(三) 民事责任三分法理论在我国债法当中的确立

基于此,本书作者认为,我国民法也应当采取英美法系国家的民法理论,将不当得利债和无因管理债合并为在一起,形成统一的第三种债即不当得利债,将《民法通则》第 92 条和第 93 条所规定的两种民事责任合并在一起,形成违约责任和侵权责任之外的第三种独立民事责任,这就是不当得利责任,也就是英美法系国家所谓的返还责任。在我国,《民法通则》第 92 条所规定的不当得利债之所以包括《民法通则》第 93 条规定的无因管理债,是因为当管理人基于自愿对他人事务进行管理时,他人因为管理人所进行的管理而获得了利益,此种利益也构成不当利益,他人应当将其获得的不当利益返还给管理人。基于同样的理由,我国《民法通则》第 92 条所规定的不当得利债责任也包括《民法通则》第 93 条规定的无因管理责任。

五、违约责任、侵权责任和返还责任

(一) 违约责任

所谓违约责任,也称违反合同的民事责任、合同责任,是指契约债务人就其不履行契约义务的行为对契约债权人承担的民事责任。一旦契约债务人对契约债权人承担某种契约义务而不履行所承担的此种契约义务,他们就应当对契约债权人承担违约责任。

违约责任的主要特点体现在以下三个方面:

其一,违约责任是当事人违反有效设立的合同所承担的民事责任,因此,如果合同不成立,或者合同虽然成立,但是合同无效或者被撤销,则当事人所承担的责任不是违约责任而是侵权责任;同样,除非司法或者法律强行拟制,否则,当事人在合同成立之前或者合同履行完毕之后所承担的责任不是违约责任而是侵权责任。所谓司法或者法律强行拟制,是指在当今社会,由于侵权责任对受害人保护不力,某些国家的司法判例或者法律在原本应当适用侵权责任的时候适用违约责任,通过违约责任的方式来解决当事人之间的纠纷。

其二,违约责任是合同当事人不履行合同义务所产生的民事责任。传统民法认为,合同义务是合同当事人自愿约定的义务,该种义务不同于法律所规定的义务。违反当事人自愿约定的义务所产生的责任是违约责任,违反法律规定的义务所产生的责任是侵权责任。

其三,违约责任可以由当事人自由约定。合同自由的原则在违约责任领域的反映是合同当事人可以自由约定违约责任的范围,当事人可以事先或者事后通过协商的方式决定违约责任的范围,他们既可以减轻违约人的责任范围,也可以免除违约人的责任范围。但是,通过合同条款的预先约定减轻或者免除违约人的责任范围,必须符合一定的要件,并且不得违反法律的禁止性规定,否则,其合同条款不发生法律效力。①

(二) 侵权责任

所谓侵权责任,是指行为人就其实施的侵权行为对他人承担的民事责任。在侵权责任债当中,实施侵权行为的人是债务人,应当就其实施的侵权行为对他人承担民事责任;遭受行为人侵权行为损害的受害人则是债权人,有权请求债务人对其承担民事责任。他们之间因此形式的法律关系就是侵权责任债,简称侵权债,已如前述。侵权责任是民事责任的重要形式。

侵权责任的主要特点有三:

其一,侵权责任是行为人违反法律所规定的义务而承担的民事责任。传统民法理论认为,侵权责任产生的根据在于行为人对其所承担的某种法定义务的违反,此种法定义务或者源于法律的直接规定,或者源于社会的道德或者当事人之间的特殊关系或者源于行为人的自愿。行为人违反该种义务,导致他人遭受损失,即应承担赔偿责任,该种责任即为侵权责任。

其二,侵权责任具有法定性。侵权责任之承担源于法律的规定。因此,一旦该种责任产生,当事人即应承担法律责任。当事人不得事先减少或者免除该种责任,否则,其减少或者免除侵权责任的条款无效。不过,由于侵权责任属于民事责任,因此,在该种责任发生以后,法律允许当事人就该种责任的范围进行协商,当事人可以就赔偿的范围、赔偿的方式等内容达成协议。

其三,侵权责任领域更多地贯彻了公共政策理论,以便平衡行为人的利益和受害人的利益,防止行为人承担的侵权责任范围过重、过多。

(三) 返还责任

所谓返还责任,是指当行为人以牺牲他人利益作为代价而获得某种利益时,如果行为人在获得此种利益的时候欠缺某种正当理由,则他们所获得的此种利益就构成不当利益,他们应当将其所获得的利益返还给他人;如果行为人拒绝将其所获得的不当利益返还给他人,他人有权向法院起诉,要求法官责令行为人将所获得的不当利益返还给自己。在返还责任当中,获得不当利益的人是债务人,利益遭受损害的人则是债权人,债务人应当将其获得的不当利益返还给债权人,债权人有权请求债务人将其获得的不当利益返还给自己,他们之间因此形成的此种法律关系就是返还责任债,也就是不当得

---

① 张民安主编:《合同法》,中山大学出版社 2003 年版,第 80—81 页。

利债。

返还责任的主要特点是：

其一，一旦行为人以牺牲他人利益作为代价而获得不当利益，他们均应将其所获得的不当利益返还给利益受到损害的人。

其二，返还责任适用的领域广泛。返还责任除了在传统的民法领域得到适用之外，还在商法尤其是公司法领域得到适用。此外，返还责任的理论已经延伸到大量的公法领域，使公法的规则私法化。

其三，返还责任在性质上不属于过错责任。即便行为人在获得某种不当利益的时候是善意的、无辜的，他们也应当将其所获得的利益返还给他人。

（四）三种民事责任之间的关系

在我国，行为人对他人承担的某种民事责任要么是违约责任，要么是侵权责任，要么是返还责任，其中的违约责任以当事人之间预先存在某种契约作为基础，如果当事人之间预先并不存在任何契约，则他们之间的民事责任就不可能是违约责任，此时，他们之间的民事责任要么是侵权责任，要么是返还责任。在大多数情况下，行为人所实施的同一行为仅仅符合这三种民事责任当中的某一种民事责任的构成要件，不符合其他两种民事责任的构成要件，此时，他们仅仅对他人承担一种民事责任，不会让他们对他人承担两种或者两种以上的民事责任。问题在于，在某些情况下，行为人实施的同一行为可能同时符合其中的两种甚至三种民事责任的构成要件，此时，行为人是否应当同时对他人承担两种或者两种以上的民事责任？

本书认为，总的原则是，如果行为人实施的同一行为同时符合违约责任和侵权责任的构成要件，行为人仅仅承担其中的一种民事责任，无需同时承担两种民事责任。但是，如果行为人的行为同时符合返还责任和违约责任的构成要件，或者同时符合返还责任和侵权责任的构成要件，则行为人应当同时承担返还责任和违约责任，或者同时承担返还责任和侵权责任。

1. 侵权责任和返还责任

在某些情况下，行为人实施的同一行为可能会使他们既对他人承担侵权责任，也对他人承担返还责任，行为人此时应当同时对他人承担侵权责任和返还责任。例如，当甲方和乙方签订的契约因为甲方的原因而无效或者不成立时，甲方既要对乙方承担侵权责任，要赔偿乙方因为其过失行为而遭受的损害，也要对乙方承担返还责任，要将其根据无效或者不成立的契约所获得的利益返还给乙方。

2. 违约责任和侵权责任

在某些情况下，行为人实施的同一行为可能会使他们既对他人承担违约责任，也对他人承担侵权责任，此时，行为人仅仅对他人承担一种民事责任，不得同时承担两种民事责任。在此种情况下,行为人究竟是对他人承担违约责任还是承担侵权责任,取决于他人的选择,一旦他人要求行为人对其承担违约责任,则行为人应当对他人承担契约责任;一旦他人要求行为人对其承担侵权责任,行为人就应当对他人承担侵权责任。这就是所谓的违约责任和侵权责任的竞合。

3. 违约责任和返还责任

在某些情况下,行为人实施的同一行为可能会使他们既对他人承担违约责任,又对他人承担返还责任;此时,行为人应当同时对他人承担这两种民事责任。例如,当甲方在代表所在的公司与乙方签订契约时,如果甲方收受了乙方所赠送的手表,则甲方所在的公司可以在确认甲方所签订的契约是有效的契约,同时要求甲方将其所接受的手表返还给公司。

第四节 违约责任和侵权责任的关系

一、违约责任和侵权责任之间的主要差异

传统民法理论认为,民事责任之所以应当被分为违约责任和侵权责任两种,是因为这两种民事责任之间存在重大差异,诸如行为人违反的民事义务性质不同,行为人承担民事责任的构成要件不同,行为人承担的责任范围不同,等等。

(一)行为人违反的民事义务性质不同

传统民法理论认为,虽然行为人对他人承担的民事责任均建立在行为人违反所承担的某种民事义务的基础上,但是,行为人在违约责任当中和侵权责任当中所违反的民事义务是不同的。在违约责任当中,行为人所违反的民事义务是所谓的约定义务,该种义务产生于合同当事人的合同规定;而在侵权责任当中,行为人所违反的民事义务则是所谓的法定义务,该种义务不是来源于当事人的规定。

(二)违约责任和侵权责任的形式不同

无论行为人是实施侵权行为还是实施违约行为,民法均会责令行为人对他人承担民事责任。但是,行为人承担侵权责任的形式不同于行为人承担违约责任的形式。总的说来,侵权责任的形式多于违约责任的形式。当行为人实施侵权行为时,他们对他人承担的侵权责任形式多种多样,诸如赔偿损失、停止侵害、恢复名誉、赔礼道歉,扣押、销毁涉及名誉侵权的、隐私侵权或者知识产权侵权的报纸杂志、作品或者产品,等等,已如前述。当行为人实施违约行为时,他们对他人承担的违约责任主要是赔偿损失,例外

情况下还包括继续履行契约等责任形式,已如前述。

(三) 违约责任和侵权责任的范围不同

即便损害赔偿责任同时构成违约责任和侵权责任的主要形式,行为人在侵权责任领域所承担的损害赔偿责任范围同他们在违约责任领域所承担的损害赔偿责任范围也存在差异。总的来说,行为人承担的侵权损害赔偿责任的范围往往会大于他们承担的违约损害赔偿责任范围。其表现在三个方面:

其一,侵权法不允许行为人预先对其承担的侵权责任范围加以限制,如果行为人预先对其承担的侵权责任范围施加限制,其限制条款无效,行为人仍然应当按照一般侵权责任的原则对他人承担损害赔偿责任。而契约法则允许契约当事人预先对违约人承担的违约责任范围施加限制,当违约人违反所承担的约定义务时,他们仅仅根据所约定的赔偿责任范围对他人承担违约责任。

其二,侵权法认为,在某些情况下,行为人不仅要就其法定义务的违反行为对他人承担财产损害赔偿责任,而且还就其法定义务的违反行为对他人承担非财产损害赔偿责任。而契约法认为,在一般情况下,契约债务人仅仅就其约定义务的违反行为对他人承担财产损害赔偿责任,不对他人承担非财产损害赔偿责任。不过,在当今大陆法系国家,此种理论受到挑战,因为民法学者认为,在大量的契约当中,尤其是在涉及他人人身安全的契约当中,契约债务人违反契约义务的行为除了会导致他人财产损害的发生之外,还会导致他人非财产损害的发生,因此,在这些契约当中,契约债务人除了应当就违约行为对他人承担财产损害赔偿责任之外,还应当就其违约行为对他人承担非财产损害赔偿责任,如前所述。

其三,在英美法系国家和我国,侵权法在例外情况下认可惩罚性损害赔偿责任,而契约法不认可惩罚性损害赔偿责任。

(四) 违约责任和侵权责任的能力不同

在两大法系国家,行为人就其实施的侵权行为对他人承担的侵权责任不会受其年龄、智力的影响,无论他们年龄有多大,无论他们是否成年,无论他们是否对其实施的侵权行为有识别能力、判断能力,只要他们在行为的时候没有尽到其他同类年龄或者同类智力的人在同样或者类似情况下所能够尽到的注意义务,他们应当就其实施的侵权行为对他人承担侵权责任。这就是侵权责任领域的所谓客观过错理论。[①]

在我国,民法学者经常将行为能力理论适用到侵权责任领域,认为哪些没有行为能力的人也没有侵权责任能力。此种理论所存在的问题是,它将仅仅在契约领域或者整个

[①] 张民安、林泰松:《未成年人的过错侵权责任能力探究》,《法学评论》2011年第3期,第138—143页。

法律行为领域适用的行为能力理论拓展到侵权责任领域，犯了"牛头不对马嘴"的错误，因为侵权责任领域根本就无所谓民事行为能力的问题。

（五）违约责任和侵权责任的诉讼时效不同

一旦行为人实施了侵权行为或者违约行为并因此导致他人遭受损害，他人均应当在法律明确规定的时效期间内向法院提起诉讼，要求法官责令行为人对他们承担侵权责任或者违约责任。因此，侵权责任和违约责任均适用于诉讼时效。在今时今日，除了《法国民法典》统一了违约责任和侵权责任的诉讼时效之外，我国《民法总则》也统一了违约责任和侵权责任的诉讼时效。因为《法国民法典》第2224条规定，普通诉讼时效期间为5年，我国《民法总则》第188条规定，普通诉讼时效期间为3年。这点来说，侵权责任与违约责任的诉讼时效两者仍然存在差异。

二、违约责任和侵权责任之间的共同性

（一）法定义务和约定义务之间的交叉性

在现代社会，侵权行为与违约行为关于民事义务源渊之间的区别实际上是虚幻的，无论这种区别在表面上多么具有吸引力。①

一方面，并非所有的侵权义务均独立于行为人的意图，同样，并非所有的契约义务均依赖于行为人的意图。有时存在这样的情况，即不违反契约的义务是法律本身所强加的义务，同时也存在这样的情况，即便契约当事人之间欠缺契约意图，他们也可能要承担契约责任。所有的民事义务当然都是由法律强加的，现代法律认为，契约当事人之所以要承担契约义务，其原因不在于当事人有承担契约义务的意图或同意承担此种义务，而是因为法律将此种义务强加在契约当事人所作的允诺之上，即便契约当事人没有承担契约义务的意图，他们仍然要承担此种契约义务。② 另一方面，即便契约当事人之间存在契约，法律也会在他们之间确立法定义务，行为人违反此种法定义务，也要承担侵权责任。因为，在决定行为人是否对他人承担法定义务和侵权责任时，法律要考虑行为人与他人之间的关系，考虑他们之间订立的契约条款。这样，行为人对他人承担的契约义务与他们对他人承担的法定义务实际上相同。

可见，契约义务和侵权义务的渊源相同，均产生于法律的强制。

---

① Seavey, Review of Winfield, Province of the Law, of Tort, 1931, 45 Harv. L. Rev. 209.
② W. Page Keeton, Prosser and Keeton on Torts, fifth ed, West Pwblishing Co., p. 6.

(二) 法定义务和约定义务性质的趋同性

传统民法理论认为，侵权行为是指行为人违反对一切不特定的人所承担的义务行为，而违约行为则是指行为人违反对特定的债权人所承担的义务行为；在侵权责任领域，被违反的义务具有绝对性和对世性的特点。而在违约责任领域，被违反的义务具有相对性和对人性的特点。现代法律也认为，此种区别同样是虚幻的。

一方面，侵权义务具有相对性，行为人仅就其义务的违反行为对特定的受害人承担责任，不就其义务的违反行为对所有的受害人承担责任，已如前述。另一方面，契约义务亦具有对世性和绝对性的特点，因为，作为行为人的契约债务人如果违反契约义务，不仅要就其义务违反行为对契约债权人承担责任，而且还要就其义务违反行为对与契约债权人有密切关系的第三人承担责任，即便他们同契约债务人无契约关系。例如，热水器的生产商既要对热水器的购买人承担契约性瑕疵担保责任，也要对购买者的妻子、儿女、父母和其他亲朋好友承担契约性瑕疵担保责任。因生产的热水器有质量问题，引起热水器爆炸，他们既要对购买人承担契约责任，也要对购买者的亲朋好友承担契约责任，已如前述。当然，他们也可能会承担侵权责任。

(三) 侵权行为和违约行为侵害的对象

传统民法理论认为，建立在法定义务基础上的侵权法仅仅保护他人期待利益之外的利益，包括他人对其生命、身体、健康、自由、名誉、隐私等享有的有形人格利益和无形人格利益，他人对其动产、不动产享有的财产利益。而建立在约定义务基础上的契约法仅仅保护他人的期待利益，不保护他人期待利益以外的其他利益，诸如他人的有形人格利益、无形人格利益和动产、不动产利益。在当今两大法系国家和我国，此种传统民法理论已经被放弃，侵权法保护的利益范围同契约法保护的利益范围趋同。一方面，侵权法不仅保护他人期待利益之外的利益，而且还保护他人的期待利益，当行为人侵害他人享有的期待利益并因此导致他人遭受损害时，侵权法仍然责令行为人对他人承担侵权责任。另一方面，契约法不仅保护他人的期待利益，而且还保护他人期待利益之外的利益，包括他人的有形人格利益、无形人格利益、动产和不动产利益等。[①]

(四) 违约责任和侵权责任目的的趋同性

现代民法理论认为，违约责任和侵权责任的目的是相同的，因为它们均是为了补偿他人因为行为人的违法行为所遭受的损害。此种理论认为，无论是契约法还是侵权法都认为，行为人应当就其实施的违法行为对他人承担损害赔偿责任，对他人损害赔偿责任

---

① 张民安：《过错侵权责任制度研究》，中国政法大学出版社 2002 年版，第 173—184 页。

的承担均是为了补偿他人所遭受的损害。这样,契约责任的目的和侵权责任的目的具有趋同性。

三、违约责任和侵权责任之间的竞合

(一) 违约责任和侵权责任竞合的界定

鉴于法定义务与约定义务之间的差异越来越小,鉴于法定义务与约定义务之间的共同性越来越多,两大法系国家的民法都认为,一旦行为人违反约定义务的行为也构成违反法定义务的行为,民法应当允许他人根据自己的意愿,或者向法院提起违约诉讼,要求行为人对他们承担违约责任,或者向法院提起侵权诉讼,要求行为人对他们承担侵权责任。这就是所谓的侵权责任和契约责任的竞合理论。

所谓违约责任和侵权责任的竞合,是指当行为人实施的违法行为同时符合侵权责任的构成要件和违约责任的构成要件时,民法允许他人根据自己的意愿或者要求法官责令行为人对他们承担侵权责任,或者要求行为人对他们承担违约责任,行为人不得以他们同他人之间存在契约关系作为拒绝承担侵权责任的根据。此种理论为两大法系国家的侵权法所采取,也为我国的合同法所采取。

(二) 两大法系国家侵权法对违约责任和侵权责任竞合的认可

在法国,虽然学说和司法判例原则上否认侵权责任和契约责任的竞合,认为当行为人承担的法定义务和他们承担的约定义务发生重合的时候,他人应当优先要求行为人对他们承担违约责任,不得要求行为人对他们承担侵权责任,但是,法国司法判例对这样的原则设定了大量的例外,认为他人在例外情况下能够要求行为人对他们承担侵权责任,即便他们同行为人之间存在契约。由于法国司法判例设定的例外情况越来越多,法国学说认为,在法国,侵权责任支配着契约责任。[1]

在英美法系国家,无论是侵权法学说还是司法判例都认可侵权责任同违约责任之间的竞合,认为他人在行为人的违法行为同时符合侵权责任和违约责任的构成要件时,能够根据自己的选择,或者要求行为人对他们承担侵权责任,或者要求行为人对他们承担违约责任。[2]

(三) 我国法律对侵权责任和违约责任竞合的认可

在我国,《合同法》第122条和《民法总则》第186条均对违约责任和侵权责任的

---

[1] 张民安:《现代法国侵权责任制度研究》,法律出版社2007年第2版,第31—32页。
[2] 张民安:《过错侵权责任制度研究》,中国政法大学出版社2002年版,第201—202页。

竞合问题作出了规定，根据这些规定，在行为人实施的违法行为同时符合违约责任构成要件和侵权责任构成要件的情况下，他人能够根据自己的意愿作出选择：或者要求行为人对其承担违约责任，或者要求行为人对其承担侵权责任。

《合同法》第 122 条规定：因当事人一方的违约行为，侵害对方人身、财产权益的，受损害方有权选择依照本法要求承担违约责任或者依照其他法律要求承担侵权责任。《民法总则》第 186 条规定：因当事人一方的违约行为，损害对方人身权益、财产权益的，受损害方有权选择请求其承担违约责任或者侵权责任。在我国，《合同法》第 122 条的规定究竟如何理解？该条是不是在任何情况下均能够适用？我国侵权法学说很少作出明确说明。

本书认为，在理解《合同法》第 122 条的时候，应当注意以下几点：

其一，虽然侵权责任和违约责任的竞合理论被规定在我国《合同法》当中，侵权责任和违约责任的竞合理论并非是合同法上的理论，而是侵权法上的理论，因为侵权责任和违约责任的理论并不是表明违约责任对侵权责任领域的扩张或者渗透，而是表明侵权责任对违约责任领域的扩张和渗透。

其二，如果契约当事人在他们的契约当中规定了违约责任的限制条款，则他人在要求行为人对其承担侵权责任的时候，他们要求行为人承担的侵权责任范围不得超出他们在其契约当中预先规定的范围，否则，侵权责任的承担将违反了契约当事人的意愿，使侵权责任成为他人规避违约责任限制条款的手段。

例如，如果契约当事人在他们的契约当中约定，一方当事人违反契约规定义务时最多赔偿对方 30 万元，当行为人违反契约规定的义务时，如果他人要求行为人对他们承担违约责任，行为人也仅仅对他人承担不超过 30 万元的损失；如果他人要求行为人对他们承担侵权责任，行为人也仅仅对他人承担不超过 30 万元的损失，即便行为人实施的侵权行为使他人遭受了 50 万元的损失，行为人也不赔偿他人遭受的其他 20 万元的损失。

其三，在非常特殊的情况下，即便行为人的违约行为同时构成侵权行为，他人也只能要求行为人对他们承担侵权责任，不得要求行为人对他们承担违约责任。其中最主要的表现就是航空公司就其航空事故对其遭受伤亡的旅客承担的侵权责任。

当航空公司将其机票出卖给自己的旅客时，航空公司就应当对乘坐其航空器的旅客承担注意义务，此种注意义务既源于航空公司同其旅客之间签订的合同，也源于航空公司同其旅客之间的特殊关系，还源于制定法的明确规定，因此，此种注意义务既是约定义务，也是法定义务。当航空公司在运输旅客的过程当中违反了所承担的注意义务并因此导致其旅客伤亡时，航空公司当然应当对其旅客承担赔偿责任。

问题在于，航空公司承担的损害赔偿责任究竟是违约责任、侵权责任还是竞合责任。在我国，学说普遍认为，航空公司对他人承担的损害赔偿责任构成竞合责任，他人有权根据我国《合同法》第 122 条和《民法总则》第 186 条或者要求航空公司对其承担违约责任，或者要求航空公司对其承担侵权责任。实际上，即便航空公司违反了同旅客之间的契约，他们也只能对他人承担侵权责任，不对他人承担违约责任。

一方面，如果航空公司对他人承担违约责任，则他们将要赔偿他人遭受的期待利益损失，此种期待利益的损失将会非常巨大，航空公司赔偿之后将会遭受巨大的经济负担，甚至会因此破产。例如，如果他人是一个大公司的年轻总裁，其年薪高达 1000 万美元，航空公司如果按照违约责任对其进行赔偿，它们的赔偿数额将可能高达几亿甚至几十亿美元。航空公司的经济负担加重甚至破产，对社会公共利益会造成致命的影响，不符合社会的公共利益。

另一方面，航空公司对他人承担的侵权责任往往以航空公司进行航空事故的保险作为条件，而保险公司对航空事故的保险以航空事故承担赔偿责任具有确定性为条件，如果航空公司对他人承担损害赔偿责任的范围不确定，保险公司根本无法为其进行事故保险。如果航空公司对他人承担契约责任，则它们承担的损害赔偿责任范围将无法确定，如果航空公司对他人承担侵权责任，则它们承担的损害赔偿责任范围才能够确定，因为两大法系国家和我国的侵权法对行为人承担的某些严格责任规定了最高额的限制。

因为这样的原因，两大法系国家和我国的航空事故法对航空公司承担的损害赔偿责任作出了最高额的限制，防止航空公司对他人承担违约责任，借以保护航空公司的利益和社会的公共利益。

四、违约责任和侵权责任的统一

（一）统一的民事责任理论

在两大法系国家，鉴于违约责任和侵权责任之间的差异越来越小，鉴于违约责任和侵权责任独立性的维持所带来的各种问题，某些民法学者认为，我们应当废除民事责任的二分法理论，将违约责任和侵权责任予以统一，以便形成统一适用的、单一的民事责任，这就是所谓的民事责任的统一理论。

（二）统一民事责任的性质

民事责任的统一理论认为，在某些领域，行为人对他人承担的民事责任既不是违约责任，也不是侵权责任，而是一种独立的法定责任。Malaurie 和 Aynès 等人对此作出了明确说明，他们指出："民事责任分为两种：违约责任和侵权责任。人们大量讨论这两种民事责任之间的区别，他们甚至对'契约责任'这一词语也进行过大量讨论。违约责任和侵权责任之间当然存在大量的区别。其中的一个主要区别是，违约责任的内容来源于契约当事人的意思表示，此种主要差异又产生了其中的差异。英国的一位学者强调这两种责任之间的精神差异。不过,违约责任和侵权责任之间的此种差异在道路交通事故引起的损害责任领域、在缺陷产品引起的损害责任领域以及某种法定义务的违反领域则无关紧要。因为,在这些情况下,行为人所承担的责任既不是违约责任,也不是侵权责任,而仅仅是一种法定责任。"[1]

(三) 统一民事责任理论的部分成功

在当今社会,主张单一民事责任理论的学者已经获得了部分成功,因为某些国家的制定法明确规定,在某些情况下,如果行为人违反的义务同时构成法定义务和约定义务,当他人因为行为人的义务违反行为遭受损害时,他人虽然有权要求行为人对其承担损害赔偿责任,但是,他们不得主张其损害赔偿请求权是侵权请求权或者契约请求权,法官也无需区分他们的损害赔偿请求权究竟是侵权请求权还是契约请求权。他人仅仅需要阐述行为人实施违法的行为事实,阐述他们因为行为人实施的违法行为所遭受的损害的事实,无需说明行为人实施的违法行为究竟是侵权行为还是违约行为。法官也仅仅对案件的具体事实进行审查,并且根据案件的具体事实作出是否责令行为人对他人承担损害赔偿责任的裁判,法官不得说明他们据以责令行为人承担的损害赔偿责任究竟是侵权责任还是违约责任。这样,侵权责任和违约责任在这些领域已经统一。

总的来说,某些国家的法律已经在三个主要领域统一了违约责任和侵权责任,这就是:

其一,道路交通事故所产生的民事责任。在某些国家,如果承运人在运送旅客过程当中违反了所承担的注意义务并因此导致其旅客遭受了人身损害,承运人应当对其旅客遭受的人身损害承担损害赔偿责任。承运人所承担的此种损害赔偿责任既不是独立的契约责任,也不是独立的侵权责任,而是统一的民事责任。

其二,缺陷产品引起的民事责任领域。在某些国家,如果生产商或者经销商所生产或者经销的缺陷产品引起消费者人身或者财产损害,他们应当就其生产或者经销的缺陷产品引起的损害对消费者承担民事责任,他们所承担的此种民事责任既不是违约责任,也不是侵权责任,而是独立的、统一的民事责任。

其三,违反某些制定法所规定的某些义务所承担的民事责任领域。在某些国家,如果行为人违反了那些规定人身安全保障义务内容的制定法,则行为人违反这些制定法时所承担的民事责任既不是契约责任,也不是侵权责任,而是统一的、独立的民事责任。

---

[1] Philippe Malaurie Laurent Aynès Philippe Stoffel-Munck, les, obligations, 4e édition DEFRENOIS, p. 545.

第十四章 民事责任的根据

第一节 民事责任根据的性质

一、民事责任根据的界定

所谓民事责任的根据（fondements de la responsablité civile grounds for liability），是指行为人对他人承担民事责任的原因。当行为人实施的行为引起他人损害的发生时，民法为什么要责令行为人对他人遭受的损害承担赔偿责任？民法为什么要将他人遭受的损害转嫁给行为人？民法认为，当行为人实施的行为引起他人损害的发生时，基于某种原因的考虑，行为人应当对他人承担赔偿责任；他人也应当将其遭受的损害转嫁给行为人。在民法上，行为人对他人遭受的损害承担赔偿责任的此种原因或者他人将其遭受的损害转嫁给行为人的此种原因就是民事责任的根据。

二、民事责任的"归责原则"用语的扬弃

在我国，由于受到我国台湾地区民法学者理论的影响，民法学者尤其是侵权法学者都将债法责令行为人对他人承担民事责任的根据称为民事责任的"归责原则"。实际上，将债法责令行为人对他人承担民事责任的原因称为"归责原则"是不恰当的，表现在以下两个方面：

其一，民事责任的"归责原则"是20世纪之前债法实行的主观过错理论的产物，与当今债法所实施的客观过错理论格格不入。在20世纪之前，大陆法系国家的债法认为，行为人对他人承担民事责任的根据是行为人在道德上应当遭受谴责的主观心理状态，而不是行为人所实施的客观义务违反行为，让行为人对他人承担民事责任的根据不是他们所实施的行为，而是他们内心对待其行为的主观态度。而在当今两大法系国家和我国，债法已经放弃了主观过错理论，采取了客观过错理论，已如前述。既然支配"归责原则"的主观过错理论已经不存在，"归责原则"这个概念当然也应当被抛弃。

其二，民事责任的"归责原则"是20世纪之前债法尤其是侵权法实行单一的过错责任的产物，与当今两大法系国家和我国的债法实行多种民事责任的现状不符。在20世纪之前，债法尤其是侵权法仅仅认可单一的过错侵权责任，行为人仅仅就其过错引起的损害对他人承担民事责任，如果行为人没有过错，他们当然不对他人承担民事责任，

已如前述。因此，在 20 世纪之前，民事责任的"归责原则"仅仅是指"过错责任"的"归责原则"，不包括过错责任之外的其他民事责任的"归责原则"。而在今天，债法除了认可过错责任之外，还认可其他的民事责任，诸如严格责任、异常危险责任等。再将仅仅用来表示单一的主观过错的民事责任的概念适用于既包括客观过错也包括其他民事责任在内的整个民事责任，显然是非常不适当的。

三、"民事责任根据"用语的合理性

在债法上，将行为人对他人承担民事责任的原因称为"民事责任的根据"是非常适当的，表现在三个方面：

其一，"民事责任根据"这一词语没有道德性、主观性的含义，符合当今民事责任客观化和社会化的要求。

其二，"民事责任根据"这一词语适用的范围广泛，除了包括行为人对他人承担民事责任的过错根据之外，还包括当今两大法系国家和我国的债法所确认的其他根据。

其三，"民事责任根据"这一词语是两大法系国家的民法学者所使用的词语，既为大陆法系国家的法国民法学者所使用，也为英美法系国家的民法学者所使用。在法国，所有的民法学者都将行为人对他人承担民事责任的原因称为"民事责任根据"或者"民事责任的理论根据"。[①] 在英美法系国家，侵权法学者也普遍将行为人对他人承担侵权责任的原因称为"侵权责任的根据"。

四、民事责任根据的重要性

在民事责任当中，民事责任的根据占据非常重要的地位，因为，站在行为人的角度，如果他们不具备民事责任的根据，他们就无需对他人承担民事责任；站在他人的角度，一旦具备民事责任的根据，他们就能够要求行为人对其承担民事责任；站在社会的角度，民事责任能够通过平衡行为人的利益和他人的利益的方式来实现社会的公共利益；站在民事责任的角度，民事责任的根据决定着行为人对他人承担民事责任的性质、民事责任的构成要件、民事责任的范围以及行为人所能够主张的民事责任抗辩事由。

（一）民事责任根据对行为人利益的保护

民事责任根据在民事责任当中的重要性的第一个主要表现是，民事责任的根据对行为人提供了强有力的保护，使行为人无需就其实施的一切行为或者一切引起他人损害的

[①] Rémy Cabrillac, Droit des Obligations, 9e édition, Dalloz, p. 183；Virginie Larribau-Terneyre, Droit civil Les obligations, 12 e édition, Dalloz, pp. 98 – 499；Valérie Toulet, les obligations, 10e édition, Paradigne, p. 313；Francois Terré Philippe Simler Yves Lequette, Droit civil, Les obligations, 10e edition, Dalloz, pp. 692 – 694.

行为对他人承担民事责任,因为如果行为人不具备民事责任的任何正当根据,他们当然不会对他人承担民事责任。

在当今两大法系国家和我国,民法尤其是侵权法实行"损害自担""风险自负"的一般原则。根据此种原则,当他人因为行为人实施的某种行为而遭受损害时,他人原则上应当自己承受所遭受的损害,不得将其遭受的损害转嫁给行为人,除非他们具有某种正当的理由。其中所谓的正当理由就是民事责任的根据。民法尤其是侵权法之所以实行这样的原则,一个重要的指导思想是要保护行为人享有的各种自由权,诸如言论自由权和行为自由权等,防止行为人动不动就要就其实施的行为对他人承担民事责任,防止行为人对他人承担的民事责任过多、过重,让他们在积极从事任何行为的时候无需谨小慎微、担惊受怕。

(二) 民事责任根据对他人利益的保护

民事责任根据在民事责任当中的重要性的第二个主要表现是,民事责任根据能够对他人提供有效保护,防止他人在遭受行为人所实施的行为损害时无法获得有效的法律救济,因为,一旦行为人具备了应当承担民事责任的某种原因,他人当然就能够要求行为人对其承担民事责任,除非行为人具有拒绝承担民事责任的正当理由,否则,行为人就应当对他人承担民事责任。例如,一旦行为人在实施引起他人损害发生的行为时没有尽到合理注意义务,他们就应当对他人遭受的损害承担民事责任,他人就能够要求行为人就其过错行为引起的损害对其承担赔偿责任。

(三) 民事责任根据对社会公共利益的保护

民事责任根据在民事责任当中的重要性的第三个主要表现是,民事责任根据能够对社会公共利益提供保护。虽然民事责任既保护行为人的行为积极性,也保护他人的利益,但是,民事责任的最终目的仍然是通过平衡行为人和他人之间的利益来实现社会的公共利益。表面上,民事责任是在平衡行为人的自由权和他人的安全权,但是实际上,民事责任的最终目的仍然是为了维护社会的公共利益。

一方面,民事责任要通过保护行为人的行为积极性来推动社会的发展和进步。如果不规定民事责任的理论根据,则行为人可能动不动就会被责令对他人承担民事责任,此时,行为人就会因为被责令对他人承担民事责任而意志消沉、不思进取,而社会则会因为行为人的消极不作为而停滞不前,因为在任何社会,行为人积极进取的行为都是社会发展和前进的根本动力。而规定了民事责任的根据之后,行为人仅仅在法律明确规定的情况下才会就其实施的行为对他人承担民事责任,如果他们不具备民事责任的任何根据,他们当然无需对他人承担民事责任。这样,民事责任的理论根据通过保护行为人行为的积极性的方式达到了刺激社会发展和进步的目的。另一方面,民事责任要通过保护他人的安全利益的方式来维护社会的公平有序。在当今社会,民事责任之所以要对他人的利益进行保护,认为在具备民事责任的某种根据的情况下,他人就能够要求行为人对其承担民事责任,其根本目的仍然是为了维护社会的公共利益。因为如果法律实行绝对的、完全的"损害自担""风险自负"的一般原则,让他人承受行为人实施的一切行为的风险,则行为人就会在行为的时候无所顾忌、铤而走险,他人的人身安全或者财产安全就会遭遇巨大的危险。那些遭遇巨大的人身或者财产安全风险的受害人就会同那些无所顾忌、铤而走险的行为人之间产生无法克服的矛盾,并最终使社会陷入混乱。而通过规定民事责任的理论根据的方式,让行为人对他人遭受的某些损害承担责任,就能够减轻他人的负担,减少甚至消除社会动荡不安的根源,使社会能够平稳发展。

(四) 民事责任的根据决定着民事责任的性质、构成、责任范围或者责任抗辩

民事责任根据在民事责任当中的重要性的第四个主要表现是,民事责任的根据既决定着行为人对他人承担民事责任的性质,也决定着行为人对他人承担民事责任的构成要件,既决定着行为人对他人承担民事责任的范围,也决定着行为人能够主张的民事责任抗辩事由。

首先,民事责任的根据直接决定着行为人对他人承担民事责任的性质。在债法上,行为人对他人承担民事责任的根据不同,他们对他人承担的民事责任的性质也不同。因此,如果行为人对他人承担民事责任的根据是故意,则他们对他人承担民事责任的性质就是故意民事责任;如果行为人对他人承担民事责任的根据是过失,则他们对他人承担民事责任的性质就是过失民事责任;如果行为人对他人承担民事责任的根据是他们所实施的异常危险行为,则他们对他人承担民事责任的性质就是所谓的危险责任、严格责任;等等。

其次,民事责任的根据直接决定着行为人对他人承担民事责任的构成要件。在债法上,行为人对他人承担民事责任的根据不同,他们对他人承担民事责任的构成要件也不同。因此,如果行为人对他人承担民事责任的根据是过错,则他们对他人承担民事责任就应当具备过错这一必要构成要件,如果不具备过错这一必要构成要件,行为人将不会对他人承担民事责任。如果行为人对他人所承担民事责任的根据是异常危险行为,则他们对他人承担民事责任就无需具备过错这一构成要件,行为人在没有过错的情况下仍然应当对他人承担民事责任。

再次,民事责任的根据直接决定着行为人对他人承担民事责任的范围。在债法上,行为人对他人承担民事责任的根据不同,他们对他人承担民事责任的范围也可能会不同。例如,如果行为人对他人承担民事责任的根据是行为人的故意,则他们应当就其故意行为引起的一切损害后果承担民事责任,包括可以合理预见到的损害,也包括无法合

理预见到的损害，如前所述。再如，如果行为人对他人承担民事责任的根据是异常危险行为，则他们对他人承担民事责任的范围往往会受到制定法的明确限定，行为人仅仅在制定法所限定的范围内对他人承担民事责任，如前所述。

最后，民事责任的根据直接决定着行为人能够主张的责任抗辩事由。在债法上，行为人对他人承担民事责任的根据不同，他们能够主张的抗辩事由也不同。例如，如果行为人对他人承担民事责任的根据是故意，则他们不能够以受害人存在过失作为拒绝承担民事责任的抗辩事由，但是，如果行为人对他人承担民事责任的根据是过失，则他们能够以受害人存在过失作为减轻其民事责任的抗辩事由，这就是所谓的过失相抵规则。同样，在某些国家，如果行为人对他人承担民事责任的根据是过失，则行为人能够主张不可抗力来免责，但是，如果行为人对他人承担民事责任的根据是异常危险行为，则他们不能够主张不可抗力来免责。当然，在某些国家，行为人在这两种情况下均能够主张不可抗力来免责。

五、民事责任根据的多样性与统一性

在民法上，行为人承担的民事责任虽然多种多样，但是，他们所承担的民事责任在性质上可以分为违约责任、侵权责任和返还责任三种，已如前述。问题在于，契约责任的根据同侵权责任、返还责任的根据是否存在差异？如果存在差异，这三种民事责任的根据存在哪些差异？如果没有差异，它们之间是否存在能够予以普遍适用的民事责任的根据？

（一）两大法系国家对待民事责任根据的态度

在大陆法系国家，民法学者对这样的问题作出的回答并不完全相同。在法国，大多数民法学者分别在违约责任和侵权责任当中讨论行为人对他人承担违约责任的根据和行为人对他人承担侵权责任的根据，他们并没有讨论共同适用于违约责任和侵权责任在内的所有民事责任的理论根据。而少数民法学者则在统一的民事责任当中讨论行为人对他人承担民事责任的理论根据，不过，他们在进行此种讨论时也主要讨论或者重点讨论侵权责任的理论根据，对违约责任的理论根据讨论较少。在英美法系国家，由于没有大陆法系国家民法所谓的统一民事责任制度，因此，民法学者往往分别在契约法、侵权行为法和返还法当中对行为人承担违约责任、侵权责任和返还责任的根据作出说明，他们很少会对包括违约责任、侵权责任和返还责任在内的一般民事责任的根据问题作出统一说明。

（二）我国《民法通则》对待民事责任根据的态度

在我国，《民法通则》当然在表面上建立起统一适用的民事责任的根据制度，因为

我国《民法通则》在第六章第一节当中对民事责任的"一般规定"作出了明确说明,其中《民法通则》第 106 条就是关于民事责任根据的规定。《民法通则》第 106 条第一款规定:公民、法人违反合同或者不履行其他义务的,应当承担民事责任。《民法通则》第 106 条第二款规定:公民、法人由于过错侵害国家的、集体的财产,侵害他人财产、人身的,应当承担民事责任;《民法通则》第 106 条第三款规定:没有过错,但法律规定应当承担民事责任的,就应当承担民事责任。在我国,民法学者很少会从民事责任根据的角度对《民法通则》第 106 条第一款的规定作出解释,但是,他们大多会从民事责任根据的角度对《民法通则》第 106 条第二款和第 106 条第三款作出解释,认为这两个条款是我国《民法通则》关于民事责任根据的法律规定,其中《民法通则》第 106 条第二款是对过错责任的规定,而第 106 条第三款则是对严格责任的规定。问题在于,我国《民法通则》第 106 条第二款和第 106 条第三款分别规定的过错责任和严格责任究竟是侵权责任的根据、违约责任的根据还是返还责任的根据?

从《民法通则》的体系解释的角度来看,我国《民法通则》第 106 条第二款和第 106 条第三款所规定的责任既是违约责任的根据,也是侵权责任的根据,因为我国《民法通则》第 106 条第二款和第 106 条第三款被规定在《民法通则》第六章第一节"一般规定"当中,该节的内容自然对《民法通则》第二节"违反合同的民事责任"和第三节"侵权的民事责任"予以适用。如果此种解释合理的话,则行为人对他人承担违约责任的根据和行为人对他人承担侵权责任的根据就能够高度统一,因为无论是行为人对他人承担的违约责任还是行为人对他人承担的严格责任,均属于《民法通则》第 106 条第二款和第 106 条第三款所规定的过错责任和严格责任。实际上,此种解释显然存在问题,因为在我国,正如在其他国家,行为人对他人承担的违约责任在性质上仅仅属于过错责任,不包括严格责任。关于这一点,本书将在下面的内容当中进行讨论,此处从略。

(三)侵权责任的根据对其他民事责任的适用

在民法上,即便某些民法学者会在统一的民事责任根据当中对民事责任的根据作出说明,但是,他们对民事责任根据的说明也大多倾向于对侵权责任根据的说明,很少会对违约责任或者返还责任的根据问题作出详细的说明。同样,即便某些民法学者会分别在契约法、侵权法或者返还法当中对这三种民事责任的根据作出说明,但他们也主要是对侵权责任的根据问题作出详细的说明,对违约责任或者返还责任的根据作出的说明较为简单。

在当今两大法系国家和我国,有关侵权责任根据方面的一般理论除了能够适用于侵权责任之外,还可以适用于违约责任甚至返还责任。有关侵权责任根据方面的一般理论之所以能够适用于违约责任甚至返还责任,是因为侵权法所建立起来的过错责任理论或者严格责任理论逐渐具有普遍的、一般的意义，它们逐渐从侵权责任的理论上升为包括违约责任甚至返还责任在内的所有民事责任的理论。

一方面，侵权责任领域的过错理论除了能够在侵权责任领域适用之外，还能够在违约责任领域适用。在我国，虽然民法学者对违约责任究竟是过错责任还是严格责任存在较大的争议，但是，违约责任在性质上仅是一种过错责任，不是严格责任，该种违约责任建立在行为人所实施的过错行为的基础上，该种过错行为同侵权责任领域的过错行为大同小异，因此，侵权责任领域的过错理论自然能够在违约责任领域适用。

另一方面，侵权责任领域的过错理论除了能够在侵权责任和违约责任领域适用之外，还能够在返还责任领域适用。在任何情况下，行为人对他人承担的返还责任均是过错责任，该种过错责任建立在行为人所实施的过错行为的基础上，该种过错行为同侵权责任领域的过错行为大同小异，因此，侵权责任领域的过错责任理论自然能够在返还责任领域适用。

第二节　民事责任的各种根据

在民法上，行为人对他人承担民事责任的根据有哪些？对此问题的回答取决于众多的因素，诸如社会发展的不同历史时期，不同的国家甚至不同的学者的意见。总的来说，曾经被看作行为人对他人承担民事责任的根据多种多样，诸如：损害，行为人的主观状态，行为人所实施的客观义务违反行为、异常危险行为、无过错行为及公平，等等。

一、损害

在人类历史上，最早被看作行为人对他人承担民事责任的根据，是行为人实施的行为所造成的损害。根据此种理论，一旦行为人所实施的行为给他人造成了某种损害，无论行为人对他人造成损害的原因是什么，无论行为人对待他们所采取的行为的主观态度是什么，他们均应当就其实施的行为引起的损害对他人承担民事责任。建立在此种损害基础上的民事责任就是所谓的结果责任。

学者普遍认为，结果责任是古代社会所实行的民事责任制度。因为古代社会的法律认为，一旦行为人实施的某种行为导致他人遭受损害，他们就必须就其实施的致害行为对他人承担民事责任。他们承担民事责任的最初方式就是要忍受他人实施的任何报复行为；此种民事责任方式后来被"同态复仇"、支付"赎金"等方式所替代，已如前述。[①]

---

① 张民安：《过错侵权责任制度研究》，中国政法大学出版社2002年版，第27—33页。

结果责任的主要特征有：其一，行为人对他人承担民事责任的唯一根据，是行为人所实施的行为对他人造成的损害。只要行为人实施的行为对他人造成某种损害，他们就应当对他人承担民事责任，只要行为人实施的行为没有给他人造成损害后果，他们就无需对他人承担民事责任，这就是"有损害就有责任、无损害就无责任"的原则。其二，在决定行为人对他人承担民事责任时，法律仅仅考虑行为人实施的行为是否给他人造成损害，不考虑行为人实施其行为的目的、动机或者手段，因为根据结果责任，无论行为人基于什么目的、动机或者手段实施其行为，均不影响他们对他人民事责任的承担。其三，一旦他人要求行为人对他人承担民事责任，行为人不得以任何理由拒绝承担民事责任。换句话说，在结果责任当中，行为人所承担的民事责任是绝对责任，行为人没有任何可以免除责任的正当理由。

二、主观状态

（一）作为民事责任根据的主观状态

在民法上，人们有时会将行为人对待其行为的主观态度看作他们对他人承担民事责任的根据。根据此种理论，如果行为人明知其实施的行为会引起他人损害的发生，或者如果行为人原本能够预见到其实施的行为会引起他人损害的发生而没有预见，当他们实施的行为引起他人损害时，他们就应当就其实施的行为对他人承担民事责任，如果行为人不知道并且如果行为人无法预见他们的行为会引起他人损害的发生，则当他们实施的行为引起他人损害的发生时，他们将不对他人承担民事责任。在历史上，建立在行为人对待其行为的主观态度基础上的此种民事责任就是所谓的主观过错责任，该种主观过错责任主要是一种侵权性质的民事责任。

（二）主观过错理论的历史

在历史上，主观过错理论是在罗马法的后古典法时代开始产生的。因为当时，在决定行为人实施的行为是不是过错行为时，侵权法不再单纯地使用罗马法上的"善良家父"的客观判断标准，而是参考了行为人的个人道德因素：如果行为人实施的行为在主观上具有可责难性时，行为人就应当对他人承担民事责任。[①] 在中世纪，由于受到寺院法的影响，过错仍然被看作行为人对待其行为的主观状态，过错仍然被认为是一种应当受到谴责的道德上的罪过。[②] 在近代社会，虽然1804年《法国民法典》第1382条和第1383条对行为人承担的过错侵权责任作出了明确规定，但是，该法并没有说明这两

[①] 张民安：《过错侵权责任制度研究》，中国政法大学出版社2002年版，第40页。
[②] 张民安：《过错侵权责任制度研究》，中国政法大学出版社2002年版，第49页。

个条款所规定的过错究竟是主观过错还是客观过错。虽然如此，在 20 世纪 60 年代末期之前，大陆法系国家的民法学者普遍对近代民法所规定的过错侵权责任采取主观性分析方法，认为作为侵权责任唯一理论根据的过错仅仅是一种主观过错、道德性的过错。① 20 世纪 60 年代末期以来，随着客观过错理论在大陆法系国家民法理论当中的最终确立，主观过错理论最终寿终正寝。

（三）主观过错责任的特点

主观过错责任的主要特点有：其一，行为人对他人承担民事责任的根据不是行为人实施的行为引起的损害，而是行为人在实施致害行为的时候对待其行为的主观态度，虽然主观过错理论也要求行为人实施的行为引起他人损害的发生，但是，行为人的行为引起的损害不是他们对他人承担民事责任的根据。其二，因为行为人对待其行为的主观态度不同，行为人的过错可以分为各种不同的类型，如故意、蓄意、过失等，其中的过失又可以根据行为人的主观态度不同分为重大过失、一般过失、轻过失、不可宽宥的过失等等。② 其三，民法之所以将行为人对待其行为的主观态度看作他们对他人承担民事责任的根据，是为了通过民事责任的承担来实现道德上的目的：对有主观过错的行为人进行道德上的谴责，让侵权法上的主观过错等同于道德上的罪过观念。③

三、客观的义务违反行为

（一）作为民事责任根据的客观义务违反行为

在民法上，人们往往将行为人违反他们对他人承担的某种民事义务的行为看作他们对他人承担民事责任的根据，这就是，一旦行为人对他人承担某种民事义务，只要行为人在行为的时候违反了他们所承担的此种民事义务，他们就应当就其实施的义务违反行为对他人承担民事责任；如果行为人不对他人承担某种民事义务，或者他们虽然要对他人承担某种民事义务，但是，他们在行为的时候并没有违反所承担的此种民事义务，他们无需对他人承担民事责任，即便他们实施的行为引起他人损害的发生，即便他们实施的行为与他人遭受的损害之间存在某种因果关系，也是如此。

在民法上，建立在行为人所实施的某种民事义务违反行为基础上的民事责任被称作过错责任或者客观过错责任，因为在决定行为人是否对他人承担民事责任时，人们无需像主观过错理论那样探究行为人对待其行为的态度，他们仅需讨论行为人是否要对他人

---

① 张民安：《过错侵权责任制度研究》，中国政法大学出版社 2002 年版，第 228—229 页。
② 张民安：《过错侵权责任制度研究》，中国政法大学出版社 2002 年版，第 232—239 页。
③ 张民安：《过错侵权责任制度研究》，中国政法大学出版社 2002 年版，第 239—240 页。

承担某种民事义务以及行为人是否已经违反了他们所承担的此种民事义务。

(二) 客观过错理论的历史

在人类历史上，客观过错理论是在罗马法的查士丁尼时代确立的，根据查士丁尼时代的罗马法，所谓过错，是指行为人没有预见并且没有阻止一个谨慎的人原本能够预见和阻止的行为。因此，过错是一种客观的行为标准，行为人引起他人损害的行为是不是过错行为，应当采取"善良家父"的判断标准。[1] 从17世纪开始一直到今天，英美法系国家的侵权法都认为，行为人所实施的行为是否是过错行为，应当采取一般理性人的判断标准，一旦行为人在行为的时候没有尽到一般理性人所能够尽到的注意义务，他们的行为就构成过错，应当对他人承担侵权责任。[2] 在大陆法系国家，在20世纪60年代末期以来，侵权法放弃了主观过错理论而采取客观过错理论，认为一旦行为人在行为的时候违反了"善良家父"的注意标准，他们所实施的行为就构成过错行为，在符合过错侵权责任的其他构成要件的情况下，行为人应当对他人承担侵权责任。[3] 在我国，《民法通则》第106条第一款和《侵权责任法》明确认可了客观过错理论。

(三) 客观过错理论的侵权性和契约性

应当注意的是，在民法上，行为人就其违反某种客观义务的行为对他人承担的民事责任既可以是侵权责任，也可以是违约责任。其中，行为人就其违反某种客观义务的行为对他人承担的侵权责任就是所谓的过错侵权责任，而行为人就其违反某种客体义务的行为对他人承担的违约责任也是所谓的过错违约责任。无论是侵权责任领域的过错责任还是违约责任领域的过错责任，它们均面临共同的问题，诸如民事义务的来源、民事义务的违反等。关于这些问题，本书将在有关过错责任当中进行讨论，此处从略。

(四) 客观过错责任的特点

客观过错责任的主要特点有：

其一，行为人对他人承担民事责任的根据不是行为人对待其行为的态度，而是行为人在客观上所实施的某种民事义务的违反行为。

其二，在过错侵权责任当中，法律所面临的主要问题是，行为人在哪些情况下要对他人承担民事义务，而在违约责任当中，法律虽然也会面临所谓的默示义务在哪些情况下产生的问题，但是法律所面临的此种问题没有侵权责任领域所面临的问题复杂，因为

---

[1] 张民安：《过错侵权责任制度研究》，中国政法大学出版社2002年版，第36页。
[2] 张民安、林泰松：《未成年人的过错侵权责任能力探究》，《法学评论》2011年第3期，第140—141页。
[3] 张民安、林泰松：《未成年人的过错侵权责任能力探究》，《法学评论》2011年第3期，第139—140页。

在违约责任当中,契约当事人往往在他们的契约当中对契约债务人承担的义务作出了明确规定,只要行为人违反契约所规定的义务,他们的义务违反行为就构成过错。

其三,在决定行为人是否应当对他人承担民事责任时,法律面临前后相关的两个问题:行为人在某种具体情况下是否对他人承担民事义务;如果行为人在此种情况下要对他人承担民事义务,他们在行为时是否违反了所承担的民事义务。关于客观过错理论所面临的两个主要问题,本书将在下面的内容当中作出详细的讨论,此处从略。

四、异常危险行为

(一) 作为侵权责任根据的异常危险行为

在民法上,人们有时将行为人实施的异常危险行为、高度危险行为看作他们对他人承担民事责任的根据,这就是,一旦行为人所实施的行为属于异常危险行为,当该种行为引起他人损害的发生时,他们就应当对他人承担民事责任;如果行为人实施的行为不属于异常危险行为,即便他们实施的行为引起他人损害的发生,他们也不对他人承担民事责任,除非他们所实施的此种行为构成过错行为。

在民法上,行为人基于其实施的某种异常危险行为对他人承担的民事责任在性质上属于危险责任,因为行为人所实施的异常危险行为对他人的人身、财产构成严重的、致命的危险,因此,即便行为人在实施这些行为的时候已经尽到了合理注意义务,即便他们在行为的时候没有过错,他们仍然应当就其实施的异常危险行为引起的损害对他人承担侵权责任。

(二) 危险责任的历史和现状

在历史上,行为人就其实施的异常危险行为对他人承担的侵权责任最早出现在英国,它是由英国的法官在 1866 年的著名案件 Fletcher v. Rylands[1] 一案中首次确立的。在该案中,法官认为,即便行为人在实施引起他人损害发生的行为时没有过错,如果他们所实施的行为是异常危险行为,他们也应当对他人承担民事责任,除非他们能够证明,他们具备不可抗力的免责事由。[2]

在 19 世纪末期,随着欧美工业革命的爆发,大量的工业事故发生,使工人遭受巨大的人身损害。为了保护工人免受频繁发生的事故损害,法国的法官最终放弃了侵权责任领域的单一过错侵权责任理论,建立起危险责任理论。该种理论认为,企业主、工厂主所从事的行为是异常危险的行为,他们从其实施的异常危险行为当中获得大量的利

---

[1] L. R. 1 EX. 265 (1866).
[2] 张民安:《过错侵权责任制度研究》,中国政法大学出版社 2002 年版,第 138—139 页。

润,因此,即便他们对于损害事故的发生没有过错,他们也应当赔偿工人所遭受的损害。①

在当今两大法系国家和我国,民法普遍认可行为人就其实施的异常危险行为对他人承担的危险责任。在美国,《侵权法复述(第二版)》第 519 条对此原则作出了明确规定:一旦行为人实施的异常危险行为引起他人人身、动产或者不动产的损害,他们就应当对他人遭受的损害承担责任,即便他们在行为的时候已经尽到合理的注意义务。在我国,《侵权责任法》第 69 条也明确规定:从事高度危险作业造成他人损害的,应当承担侵权责任。

(三) 危险责任的特点

其一,危险责任完全建立在行为人所实施的某种异常危险行为的基础上,一旦他们实施的行为被认为是异常危险行为,他们就应当就其实施的行为对他人承担侵权责任。如果行为人实施的行为不是异常危险行为,他们就不会对他人承担侵权责任,除非他们在实施此种行为时有过错。

其二,在大陆法系国家,尤其是在法国之外的大陆法系国家,行为人就其实施的异常危险行为对他人承担的危险责任往往受到制定法的特别限定,行为人在哪些情况下对他人承担危险责任,制定法会作出明确规定,在制定法规定之外,行为人不对他人承担危险责任,他们仅仅对他人承担过错责任,也就是仅在有过错的情况下才对他人承担侵权责任。不过,在英美法系国家和我国,危险责任除了制定法所规定的侵权责任之外,还包括非制定法所规定的危险责任,因为根据英美法系国家和我国的法律,即便制定法没有明确规定行为人应当就其实施的异常危险行为对他人承担侵权责任,如果行为人所实施的行为是异常危险行为,他们也应当就其实施的异常危险行为对他人承担侵权责任,即便他们在实施这些行为的时候没有过错,也是如此,已如前述。

其三,基于社会公共利益的考虑,两大法系国家和我国的制定法往往会对承担危险责任的行为人所承担的危险责任施加限制,防止他们所承担的危险责任范围过重。两大法系国家和我国的制定法之所以对危险责任的范围施加限制,是因为从事异常危险行为的人所从事的异常危险行为是关于社会公共利益的行为,此类行为虽然风险巨大,但是,它们同社会公众的利益密不可分;如果不对行为人承担的危险责任施加限制,则行为人可能会因为承担过重的侵权责任而陷入破产,并且最终影响社会的公共利益。

---

① 张民安:《现代法国侵权责任制度研究》,法律出版社 2007 年第 2 版,第 88—91 页。

五、无过错行为

(一) 作为民事责任根据的无过错行为

在民法上,人们有时将行为人所实施的某种无过错行为看作他们对他人承担民事责任的根据,这就是,一旦行为人实施的某种行为引起他人损害的发生,即便行为人实施的行为不是异常危险行为,即便行为人在行为的时候已经尽到了合理的注意义务,他们也应当对他人承担民事责任。在民法上,行为人就其实施的无过错行为对他人承担的民事责任要么是行为人就其"物的行为"所承担的侵权责任,要么是行为人所承担的严格责任。

(二) 法国侵权法上的行为人就其"物的行为"对他人承担的侵权责任

在民法上,严格责任或者"物的行为"引起的侵权责任与危险责任之间究竟是什么样的关系,我国民法学者虽然作出了某些说明,但是,他们所作出的说明并不准确。在大陆法系国家,尤其是在大陆法系国家的法国,19世纪末期和20世纪初期的民法学者习惯于使用危险责任的概念,因为他们认为,虽然行为人在没有过错的情况下应当对他人承担侵权责任,但是,他们在此种情况下对他人承担的侵权责任是有条件的,这就是,行为人实施的行为是高度危险的行为、异常危险的行为,如果行为人所实施的行为不是高度危险的行为或者异常危险的行为,则他们仅仅对他人承担过错侵权责任。

20世纪30年代以来,随着法国最高法院对"物的行为"所产生的一般侵权责任的理论的确立,法国民法学者和司法判例就逐渐放弃了"危险责任"这样的术语,转而使用"物的行为"引起的侵权责任这样的术语。

根据法国侵权法上的此种制度,一旦行为人管理或者控制的物引起他人损害的发生,无论引起他人损害发生的物是危险物还是非危险物,是异常危险物还是一般危险物,是有缺陷的物还是没有缺陷的物,是运动当中的物还是静止状态当中的物,是动产还是不动产,是人手所发动的物还是机械所发动的物,行为人均应当就其管理或者控制的物引起的损害对他人承担侵权责任,即便行为人在管理或者控制物的时候已经尽到合理的注意义务,也是如此。[①]

在法国,行为人就其管理或者控制的物引起的损害对他人承担的一般侵权责任或者特殊侵权责任在性质上属于所谓的"当然责任",也就是,即便行为人在管理或者控制引起他人损害的物时已经尽到了合理注意义务,即便他们在行为时没有过错,他们也应当对他人承担侵权责任,不得以自己没有过错作为拒绝承担侵权责任的抗辩事由。

---

① 张民安:《现代法国侵权责任制度研究》,法律出版社2007年第2版,第231—234页。

（三）英美法系国家和我国的严格责任

在英美法系国家和我国，严格责任除了包括上述所谓的危险责任之外，还包括行为人就其实施的某些非危险行为或者一般的危险行为对他人承担的侵权责任。此时，行为人所承担的严格责任既包括行为人就其实施的异常危险行为对他人承担的严格责任，也包括行为人就其实施的非危险行为或者一般的危险行为对他人承担的侵权责任，即便行为人在实施这些非危险行为或者一般的危险行为时已经尽到了合理的注意义务，他们仍然应当对他人承担侵权责任。例如，在英美法系国家，虽然生产商或者经销商生产或者经销缺陷产品的行为不属于异常危险行为，他们仍然应当就其生产或者经销的缺陷产品引起的损害对他人承担侵权责任，即便他们在生产或者经销该产品的时候已经尽到了合理的注意义务，也是如此。同样，在英美法系国家，虽然行为人饲养的温顺动物的行为不属于异常危险行为，当他们所饲养的温顺动物引起他人损害的发生时，在某些条件下，他们也应当对他人承担严格责任，即便他们在管理或者控制其温顺动物的时候没有过错。

在我国，虽然行为人排放污染物的行为不属于《民法通则》或者《侵权责任法》所规定的"高度危险作业"行为，但是，当行为人排放的污染源引起他人损害时，他们仍然应当对他人承担侵权责任，即便他们在排放污染物的时候已经尽到了合理的注意义务。同样，在我国，虽然行为人饲养动物的行为不属于异常危险行为，但是，当他们所饲养的动物引起他人损害时，他们仍然应当对他人承担侵权责任，即便他们在饲养或者管理动物时没有过错。

在债法上，人们之所以要区分上述两种意义上的严格责任，是因为这两种意义上的严格责任存在一定的差异，表现在以下方面：

其一，行为人就其实施的异常危险行为对他人承担的严格责任建立在行为人实施的某种异常危险行为的基础上，该种行为不仅具有危险性，而且其危险性是非常巨大的，一旦其危险发生，所导致的后果也是致命的。而行为人就其实施的非危险行为或者一般危险行为对他人承担的严格责任则是建立在行为人所实施的一般行为的基础上，该种行为可能根本就没有危险性，或者虽然有危险，但是其危险性不像异常危险行为那样属于致命危险。

其二，法律有时会对行为人就其实施的异常危险行为对他人承担的严格责任施加限制，防止行为人所承担的严格责任过重，以便保护社会的公共利益，但是，法律很少会对行为人就其实施的非危险行为或者一般危险行为对他人承担的严格责任施加限制，行为人对他人承担的严格责任范围适用一般侵权损害赔偿责任方面的原则，也就是赔偿他人所遭受的全部损害原则。

其三，法律往往强制要求从事异常危险行为的行为人购买强制性的责任保险，当行为人所实施的异常危险行为引起他人损害时,他们能够将其承担的严格责任转嫁给保险公司。而法律往往不会强制要求从事非危险行为或者一般危险行为的行为人购买强制性责任保险,是否购买责任保险取决于行为人自愿。

其四,基于社会公共利益的维护,某些国家的法律甚至规定,当行为人实施的某些异常危险行为引起他人损害的发生时,国家甚至会通过社会保障制度来赔偿他人所遭受的损害,而当行为人实施的行为不是异常危险行为时,国家不会通过社会保障制度来赔偿他人所遭受的损害。

六、公平

(一) 作为侵权责任根据的公平

在我国,《民法通则》和《侵权责任法》将抽象的公平观念作为行为人就其实施的行为对他人承担侵权责任的根据,它们认为,一旦公平正义要求行为人就其实施的行为对他人承担民事责任,行为人就应当就其实施的行为对他人承担侵权责任,即便行为人在实施行为的时候已经尽到合理的注意义务。这就是我国《民法通则》第132条和《侵权责任法》第24条所规定的一般公平责任以及《民法通则》和《侵权责任法》的其他条款所规定的特殊公平责任。我国《民法通则》第132条规定:当事人对造成的损害都没有过错的,可以根据实际情况,由当事人分担民事责任。我国《侵权责任法》第24条规定:受害人和行为人对损害的发生都没有过错的,可以根据实际情况,由双方分担损失。

(二) 公平责任的主要特征

根据《民法通则》第132条和《侵权责任法》第24条的规定,公平责任的主要特征有:

其一,行为人对他人承担侵权责任的根据是所谓的公平,也就是《民法通则》第132条和《侵权责任法》第24条所规定的"可以根据实际情况"让行为人对他人承担侵权责任。

其二,行为人实施的行为与他人遭受的损害之间存在法律上的因果关系,也就是行为人所实施的行为被认为是导致他人损害发生的法律上的原因,而他人遭受的损害被认为是行为人实施的行为引起的法律上的结果。

其三,行为人在引起他人损害发生时已经尽到了合理注意义务,也就是,他们的行为没有过错,如果行为人在行为时没有尽到合理的注意义务,他们当然应当对他人承担过错侵权责任。

其四,他人在遭受行为人实施的行为损害时已经尽到了合理注意义务,也就是说,他人对于自己损害的发生也没有过错,如果他人对于自己损害的发生存在过错,则他们不得要求没有过错的行为人对其承担侵权责任。

(三) 责令行为人对他人承担侵权责任是否"公平"要考虑的因素

在上述四个特征当中,第一个特征最重要,因为该种特征是法官责令行为人对他人承担侵权责任的根据,如果没有这一个特征,行为人当然就无法对他人承担侵权责任。根据《民法通则》第132条和《侵权责任法》第24条的规定,如果侵权案件当中的原告与侵权案件当中的被告之间的"实际情况"要求被告要对原告承担侵权责任,被告就应当对原告承担侵权责任。至于原告与被告之间的哪些"实际情况"使被告要对原告承担侵权责任,取决于法官的自由裁量。通常来说,我国法官在决定案件的"实际情况"时往往是从原告与被告之间的经济状况、社会地位以及原告与被告的坚毅态度等方面来判断责令被告对原告承担侵权责任是否公平。

1. 原告与被告之间的经济状况

在决定被告对原告承担公平责任是否公平时,法官要考虑的第一个也是最主要、最重要的因素是原告与被告之间的经济地位的差异。总的来说,原告与被告之间的经济地位越悬殊,则责令被告对原告承担侵权责任越公平,法官越有可能责令被告对原告承担侵权责任。因此,如果原告一贫如洗而被告是千万富翁,则原告与被告之间的"实际情况"表明,责令被告对原告承担侵权责任当然就是"公平"的,此时,法官当然就会责令被告对原告承担侵权责任。在某些情况下,即便原告还没有达到一贫如洗的程度,而被告也没有达到富可敌国的程度,如果原告与被告之间的经济地位相差较远,法官也会认为原告与被告之间的"实际情况"表明,责令被告对原告承担侵权责任是"公平"的,此时,法官同样会责令被告对原告承担公平责任。

2. 原告与被告之间的社会地位

在决定被告对原告承担公平责任是否公平时,法官要考虑的第二个因素是,原告与被告之间的社会地位的差异,总的说来,原告与被告的社会地位越是悬殊,责令被告对原告承担侵权责任越是公平,法官越有可能责令被告对原告承担侵权责任。因此,如果被告是一个上市公司的CEO或者是政府的高级官员,而原告仅是一个普通市民,则原告与被告之间的"实际情况"表明,责令被告对原告承担侵权责任就是"公平"的,此时,法官当然就会责令被告对原告承担侵权责任。而如果原告和被告均是普通市民,或者如果原告与被告均是上市公司的CEO或者政府的高级官员,则原告与被告之间的"实际情况"表明,责令被告对原告承担侵权责任就是不"公平"的,此时,法官当然就不会责令被告对原告承担侵权责任。

3. 原告和被告对待侵权诉讼的坚毅态度

在决定被告对原告承担公平责任是否公平时,法官要考虑的第三个因素是,原告与被告对待侵权损害赔偿责任的态度。总的来说，原告越强烈地要求被告对其承担赔偿责任，则法官越是有可能责令被告对原告承担侵权责任；反之，原告要求被告对其承担侵权责任的态度一般，或者不强烈，法官就会根据过错侵权责任驳回他们的侵权责任请求。同样，被告越强烈反对对原告承担侵权责任，法官越是有可能拒绝责令被告对原告承担侵权责任，否则，法官越是有可能责令被告对原告承担侵权责任。例如，原告有时通过不断的上访来达到让法官责令被告对其承担侵权责任的目的；同样，被告有时也通过不断的上访来达到让法官拒绝责令他们对原告承担侵权责任的目的。

（四）我国民法规定的公平责任的废除

在我国，将所谓的公平看作行为人对他人承担侵权责任的根据是非常错误的，应当被废除，其主要原因有四：

其一，所谓的公平责任违反了行为人原则上不就其没有过错的行为对他人承担侵权责任的一般规则，让行为人就其实施的没有任何过错的行为对他人承担侵权责任，实际上已经让我国民法所规定的过错侵权责任变得毫无意义。

其二，所谓的公平责任让我国民法所规定的严格责任同样变得毫无意义，因为我国民法规定，行为人在没有过错的情况下虽然要对他人承担侵权责任，但他们承担此种侵权责任应当以"法律明确规定"作为前提，而所谓的公平责任则规定，即便没有法律的明确规定，行为人仍然应当就其实施的没有过错的行为对他人承担侵权责任。

其三，所谓的公平责任实际上是非常不公平的，因为它让没有过错的行为人就其实施的所有没有过错的行为对他人承担侵权责任。

其四，所谓的公平责任导致我国侵权法的不确定性，因为根据公平责任制度，一个原本应当因为过错侵权责任的适用而被驳回的侵权案件，仅仅因为原告的不断上访或者采取其他极端的行为而胜诉，或者仅仅因为被告的不断上访或者采取其他极端措施而胜诉，使法官的裁判经常处于朝令夕改的状态。

第三节　过错侵权责任

一、过错侵权责任的界定

所谓过错侵权责任，是指行为人就其实施的过错侵权行为对他人承担的侵权责任。过错侵权责任认为，行为人之所以要对他人承担侵权责任，既不是因为他们实施了致害行为，也不是因为他们实施的致害行为给他人造成了损害，而是因为行为人在实施致害行为的时候存在过错，如果行为人在实施致害行为的时候没有过错，他们将不对他人承担侵权责任。

在大陆法系国家，无论是《法国民法典》还是《德国民法典》都认可过错侵权责任制度。在 2016 年之前，《法国民法典》旧的第 1382 条和旧的第 1383 条明确规定了过错侵权责任制度。在 2016 年之后，《法国民法典》新的第 1240 条和新的第 1241 条对过错侵权责任制度作出了规定，已如前述。《德国民法典》第 823 条、第 825 条和第 826 条也明确规定了过错侵权责任制度。在英美法系国家，无论是侵权法学说还是司法判例都认可过错侵权责任制度。

在我国，《民法通则》第 106 条第二款和《侵权责任法》第 6 条都明确认可了过错侵权责任制度。《民法通则》第 106 条第二款规定：公民、法人由于过错侵害国家、集体的财产，侵害他人财产、人身的，应当承担民事责任。《侵权责任法》第 6 条规定：行为人因过错侵害他人民事权益，应当承担侵权责任。根据法律规定推定行为人有过错，行为人不能证明自己没有过错的，应当承担侵权责任。

二、过错侵权责任的特征

（一）过错侵权责任建立在行为人的过错基础上

在过错侵权责任制度中，即便行为人的行为与他人遭受的损害之间有因果关系，行为人也不一定要对他人承担侵权损害赔偿责任，如果行为人的行为不构成过错行为的话。只有行为人的行为构成过错行为，他们才有可能对他人承担侵权责任。

在传统侵权法中，学说对过错采取主观理论，认为过错是指行为人应当受到责难的主观心理状态，行为人的行为是否应当受到责难，应当考虑行为人的年龄、身体状态、所受的教育、有关方面的知识与经验等个人因素。

在现代侵权法中，学说对过错采取客观理论，认为过错实际上是对某种民事义务的违反，行为人的行为是否违反了所承担的义务，不是看行为人的行为是否是错误行为，而是看行为人在行为时是否尽到了合理的注意义务，一旦行为人违反了所承担的合理的注意义务，其行为即构成过错，否则，其行为不构成过错行为，无需对他人承担责任。

（二）行为人的过错应当被证明

在过错的侵权责任当中，他人应当承担举证责任，证明行为人在行为时存在过错；行为人不承担举证责任，证明自己在行为时没有过错。如果他人无法证明行为人有过错，行为人将不对他人承担侵权责任。原则上讲，法律不会推定行为人在行为时有过错，行为人的过错必须由他人予以证明。在例外的情况下，法律会推定行为人在行为时有过错。我国《民法通则》没有规定这样的规则，但是，我国侵权责任法则明确规定了这样的规则。《侵权责任法》第 6 条第二款规定：根据法律规定推定行为人有过错，行为人不能证明自己没有过错的，应当承担侵权责任。他人在证明行为人的行为构成过错行为时，可以适用一切手段，包括提供专家证据，这就是证明自由的原则。法律之所以要求他人证明行为人的过错，是为了保护行为人的利益，防止行为人对一切损害行为承担侵权责任。

（三）过错侵权责任适用范围的无限性

在侵权责任根据中，过错侵权责任同严格责任形成鲜明的对比，这就是，严格责任的适用严格受到法律的限制，而过错侵权责任的适用范围则不受法律的限制。根据两大法系国家和我国的侵权法，只要行为人在行为时没有尽到一个有理性的人在同样或类似情况下所能尽到的注意，他们的行为就构成过错行为，在符合过错侵权责任的构成要件的情况下，他们应当对他人承担侵权责任，即便两大法系国家的民法或者侵权法并没有明确规定此种侵权责任。

在当今两大法系国家和我国，即便民法典或者侵权法明确规定了某些类型的过错侵权责任制度，民法典或者侵权法所规定的过错侵权责任制度也仅仅是最典型的过错侵权责任制度，它们并不排除行为人在制定法没有规定的情况对他人承担的过错侵权责任。因此，如果行为人要对自己的行为承担侵权责任的话，行为人承担的侵权责任只能是过错责任，除非法律明确规定该种责任是严格责任。可见，严格责任的类型是有限的，而过错责任的类型可能是无限的，不以法律明确规定为必要。

（四）过错侵权责任的原则地位

在现代侵权责任根据中，过错侵权责任居于核心地位，是现代侵权责任最重要的责任根据，而严格责任虽然也是侵权责任的根据，但是，此种责任处于从属地位和附属地位。过错侵权责任的核心地位主要表现为：

其一，过错侵权责任适用范围的广泛性，凡严格责任不能适用的领域均适用过错侵权责任，已如前述。

其二，过错侵权责任调整范围的广泛性，无论是财产领域、人身领域还是纯经济利益领域的损害，过错侵权法均进行调整，而严格责任主要调整人身领域和财产领域的损害。

其三，过错侵权责任赔偿范围的完整性。在过错侵权责任领域，法律采取全部损害赔偿原则，认为行为人赔偿的范围等于他人实际遭受损失的范围，而在严格责任领域，行为人赔偿的范围有时受到制定法的明确限制。

三、过错侵权责任的理论根据

在现代两大法系国家和我国，虽然侵权法的理论根据包括严格责任，但是，该种责任仅仅是次要责任，是过错侵权责任的例外，以法律明确规定作为存在和成立的前提。凡严格责任不能适用的地方，均应适用过错侵权责任。过错侵权责任自罗马法产生时起，历经中世纪和近代社会，至今仍然是两大法系国家和我国民法所规定的最重要的侵权责任制度。过错侵权责任制度之所以长盛不衰，其原因虽然多种多样，但是，主要包括逻辑基础、道德基础、哲学基础以及经济基础。

（一）过错侵权责任的逻辑基础

过错侵权责任实际上包括双重意义：一旦行为人实施了过错行为，一旦其过错行为导致他人损害的发生，他们就应当对他人承担侵权损害赔偿责任，使其损害恢复到过错行为实施之前的状态；如果行为人的行为不构成过错行为，则即便其行为导致他人损害的发生，他们也无须对他人承担损害赔偿责任。此种理论符合人之逻辑判断，具有逻辑上的说服力。

（二）过错侵权责任的道德基础

过错侵权责任受社会通行的道德规范的影响，此种影响表现在抽象和具体的两个层面。

从抽象层面上看，过错侵权责任以一种非常模糊和非常抽象的方式反映着一个社会当前的通行道德，并且，当此种通行道德发生变化时，侵权责任制度也会随之发生变化。在任何社会，都流行这样的道德准则，即如果一个人的致害行为违反社会的通行道德准则，导致他人遭受损害，他就应当对自己的行为负责，应当对他人承担责任；如果行为人的致害行为没有违反社会的通行道德，则行为人无须对自己的行为负责，行为人行为的不利后果应当由他人承受。

在具体层面上看，社会的通行道德直接对审判侵权案件的法官产生影响，使他们根据案件的具体情况作出不同的判决。如果法官认为，行为人的行为违反了社会通行的道德准则，法官会判决行为人承担侵权责任；如果法官认为，行为人的行为没有违反社会的通行道德准则，则即便行为人的行为导致他人遭受损害，法官也不会责令行为人承担侵权责任。

（三）过错侵权责任的哲学基础

自近代社会以来，哲学倡导个人主义和自由主义，认为个人可以根据自己的意愿从事任何活动，也可以根据自己的意愿不从事任何活动；一旦行为人选择从事某种活动，则应当在从事该种活动时尽到合理的注意义务，防止自己的行为对他人造成不必要的损害。一旦行为人在行为时没有尽到合理的注意义务，则应对自己行为引起的损害后果承担责任。

此种哲学基础反映到侵权法领域，就是过错侵权责任制度的确立、发展和维持。在任何社会，个人主义和自由主义均是社会通行的基本哲学理念，法律必须同该种哲学观念保持一致。否则，法律将会成为社会发展的羁绊。正是因为此种哲学观念的恒久性，过错侵权责任才会具有恒久性。

（四）过错侵权责任的经济基础

自近代以来，哲学倡导的个人主义和自由主义在经济领域得到完全的贯彻，这就是所谓的自由竞争。所谓自由竞争，是指行为人为了自己的经济利益可以采取任何手段，同其他行为人争夺有限的市场资源。如果行为人的自由竞争行为使其他人遭受损害，法律要区分行为人的竞争行为是否构成过错行为，如果是过错行为，则应当承担法律责任；如果不是过错行为，则行为人无须承担法律责任。近现代社会的经济繁荣均建立在此种自由竞争的观念基础上，也是建立在过错侵权责任的基础上。为了确保社会经济的长期发展和繁荣，必须确保过错侵权责任的基础地位。

四、过错推定规则

（一）过错推定的界定

侵权法认为，一旦行为人实施的某种行为导致他人遭受损害，侵权法就会推定行为人实施的侵害行为是过错行为，行为人表面上要就其过错行为对他人承担侵权责任，他人无需举证证明行为人在实施致害行为的时候存在过错；如果行为人能够举证证明，他们在实施致害行为的时候没有过错，他们就无需对他人承担过错侵权责任，否则，他们就应当对他人承担过错侵权责任。

（二）两大法系国家侵权法规定的过错推定

在历史上，过错推定规则一直被称为事实自证规则（res ipsa loquitur），其意思是"让事情自己说话"（The thing speaks for itself）。此种词语历史悠久，早在古罗马西赛罗（Cicero）和其他古代学者的著作中就存在。[①] 在近现代社会，两大法系国家的法律均规定了过错推定的规则。

在大陆法系国家和英美法系国家，学说和司法判例都认为，过错推定仅仅是一种证据规则，是证明过错的一种方式。在法国，Lambert-Faivre 指出："虽然他人在证明致害人有过错时可以使用各种证明的方法，但是，他人有时仍难以证明那些外在的行为，这

---

① Victor E. Schwartz Kathryn Kelly David F. Partlett, Prosser, Wade and Schwartz' Torts, Cases and Materials, tenth edition, Foundation Press, 2000, p.177.

些行为有时难以为他人所接近，或对他人藏而不露。其典型例子是要求他人证明外科医生在对他本人施以全身麻醉时所犯下的过错。同时，司法也承认过错推定，以减轻他人所承担的举证责任的困难，这就是司法所追求的在损害中包含了过错（faute incluse）的手段，因为，损害的不寻常的发生仅仅可以通过过错来加以说明……从理论上讲，过错推定并不改变所承担的责任的性质，而仅仅是颠倒举证责任，由那些希望免除自己责任的致损人证明自己没有过错。"① 在英美法系国家，司法判例明确指出，过错推定也仅仅是一种证据规则。Wells 法官指出："事实自证规则仅仅是一种证据规则，该种规则允许但是不强制人们根据某些情况推论出行为人的过失。"②

（三）我国侵权法规定的过错推定

在我国，《侵权责任法》第 6 条第二款明确规定，过错推定必须以制定法有明确规定作为前提，如果制定法没有明确规定实行过错推定，则他人在要求行为人对其承担过错侵权责任的时候就应当承担举证责任，证明行为人有过错，这就是过错推定的法定性理论。我国《侵权责任法》第 6 条明确认可过错推定的法定性理论，其目的有三点：

其一，维护他人应当证明行为人有过错的一般过错侵权责任理论的不可侵犯性，防止过错推定适用范围的过分扩张导致一般过错侵权责任制度适用范围的萎缩。

其二，防止最高人民法院动不动就通过司法解释的方式扩张过错推定适用范围的做法，使最高人民法院无权就过错推定适用范围作出司法解释。因为，根据《侵权责任法》第 6 条的规定，过错推定制度仅仅限于制定法有明确规定的场合，这是公共政策的要求，最高人民法院不得违反。

其三，保护某些行为人的利益尤其是医疗机构的利益。在我国，最高人民法院在过去作出的司法解释认为，对医疗机构或者医务人员实施过错推定规则，一旦患者在医疗机构诊疗活动当中遭受损失，就推定医疗机构有过错，除非医疗机构能够反证证明他们没有过错，否则，它们应当对患者承担侵权责任。此种规则对医疗机构十分不利，使医疗机构或者医务人员在从事诊疗活动时束手束脚，无法履行治病救人的职责；使患者动不动就到医疗机构闹事，严重影响医疗机构的正常医疗活动。为了维护医疗机构的利益，并因此最终维护社会公共利益，我国侵权责任法明确规定，医疗机构原则上不实行过错推定理论，仅在例外情况下才实行过错推定。

我国《侵权责任法》所规定的过错推定包括以下五种情况：

其一，《侵权责任法》第 58 条规定的医疗机构的过错推定。《侵权责任法》第 58 条规定：患者有损害，因下列情形之一的，推定医疗机构有过错：①违反法律、行政法

---

① Yvonne Lambert-Faivre, p. 467.
② McDougald v. Perry 716 So. 2d 783 (1988).

规、规章以及其他有关诊疗规范的规定;②隐匿或者拒绝提供与纠纷有关的病历资料;③伪造、篡改或者销毁病历资料。

其二,《侵权责任法》第85条规定的过错推定责任。《侵权责任法》第85条规定:建筑物、构筑物或者其他设施及其搁置物、悬挂物发生脱落、坠落造成他人损害,所有人、管理人或者使用人不能证明自己没有过错的,应当承担侵权责任。

其三,《侵权责任法》第88条规定的过错推定责任。《侵权责任法》第88条规定:堆放物倒塌造成他人损害,堆放人不能证明自己没有过错的,应当承担侵权责任。

其四,《侵权责任法》第90条规定的过错推定责任。《侵权责任法》第90条规定:因林木折断造成他人损害,林木的所有人或者管理人不能证明自己没有过错的,应当承担侵权责任。

其五,我国《侵权责任法》第91条第二款规定的过错推定责任。《侵权责任法》第91条第二款规定:窨井等地下设施造成他人损害,管理人不能证明尽到管理职责的,应当承担侵权责任。

五、过错侵权责任所面临的主要问题

过错侵权责任的核心问题有三个方面:如何界定过错,如何决定行为人是否对他人承担民事义务,如何确定行为人是否违反了对他人所承担的民事义务。

(一) 过错的界定

在过错侵权责任当中,法律所面临的第一个主要问题是,过错如何进行界定,对此问题,民法学者有两种理论,这就是主观过错理论和客观过错理论。

1. 主观过错理论

主观过错理论在界定过错的时候将过错界定为行为人的一种主观状态,也就是他们在主观上对待其行为的态度;根据行为人在主观上对待其行为的态度不同,主观过错理论将过错分为两大类型:故意和过失。主观过错理论之所以对过错作主观界定,其目的有三个方面:

其一,通过此种区分来确定行为人在实施侵权行为时的心理因素。十分明显的是,行为人的此种心理因素在妒忌者向对手开枪时和猎人在狩猎时因胡乱开枪而导致其同伴死亡时所起的作用是不一样的,在前一种情况下,妒忌者有开枪杀人的主观意图并且也的确按其意图而开枪杀人,而在后一种情形下,猎人虽然也有开枪的意图,但是,他并没有开枪杀死其同伴的主观意图,在这两种情况下,行为人均具有主观上的意志。但是,在第一种情况下,此种主观上的意志表现为故意,而在后一种情况下,此种主观上

的意志表现为过失。①

其二，根据行为人是否具有主观过错来决定他们是否应当对他人承担过错侵权责任。主观过错理论认为，如果行为人在实施致害行为的时候没有识别能力、认识能力或者判断能力，则他们不得被责令对他人承担过错侵权责任。但是，如果他们在行为时有识别能力、认识能力或者判断能力，则他们应当对他人承担过错侵权责任。

其三，对行为人进行谴责和制裁的需要。主观过错理论认为，之所以要对过错进行主观界定，是因为主观过错理论将侵权法上的过错同道德上的过错联系起来，当行为人实施的致害行为引起他人损害发生时，法律责令行为人对他人承担过错侵权责任的目的不是为了对他人遭受的损害予以赔偿，而是为了对行为人实施的行为进行道德上的谴责和法律上的制裁，这就是侵权法或者侵权责任的惩罚功能，已如前述。

2. 客观过错理论

在现代社会，传统意义上的过错理论已经完全或者基本上被放弃，代之以客观意义上的过错理论。根据客观意义上的过错理论，过错不再是行为人的一种主观意志状态，它实际上是某种民事法律义务的违反行为。此种民事义务的违反行为可以分为故意和过失两种。所谓故意，是指行为人知道自己对他人承担某种民事义务，而仍然违反此种义务并因此而导致他人遭受损害的行为。所谓过失，是指行为人在不知道对他人承担某种民事义务时违反此种义务并导致他人遭受损害的行为。

将过错分为故意过错和过失过错，其目的不在于对行为人的主观意志进行心理探询，而是因为在现代社会，过错侵权责任法仍然在某些侵权中区分故意侵权和过失侵权，要求行为人在知道自己对他人承担义务的情况下才对他人的损害承担责任，这尤其表现在经济侵权之中。②

3. 客观过错的意义

将过错界定为一种民事法律义务的违反行为，其优点在于法院能够根据案件的具体情况，考虑到社会经济的发展水平，通过民事法律义务这一"控制手段"来决定是否责令行为人承担侵权责任；如果他人起诉行为人，要求行为人就其行为所带来的损害承担责任，法院在考虑行为人的行为所带来的社会效能时，认为责令行为人承担过错侵权责任会严重危及行为人的生存和发展并因此而影响社会公共利益时，法院就会认为行为人不应对他人承担民事义务，从而不存在过错而免除行为人的侵权责任；反之，则应责令行为人承担侵权责任。可见，将过错界定为民事法律义务的违反行为，实际上是公共政策考量的结果，是对我国过于宽泛的过错侵权责任原则的一种必要限制。

将过错界定为一种民事法律义务的违反行为，在法律上的重要意义是：过错不以行

---

① Jean Carbonnier, pp. 408 – 409.
② 张民安：《过错侵权责任制度研究》，中国政法大学出版社2002年版，第254页。

为人的主观意志为前提，无论行为人在实施致害行为的时候是否有识别能力、认识能力或者判断能力，当他们在客观上违反了所承担的某种民事义务时，他们就应当对他人承担过错侵权责任。因此，根据客观过错理论，婴幼儿应当对他人承担过错侵权责任，精神病人也应当对他人承担过错侵权责任，只要他们在行为时违反了所承担的某种民事义务。

在确定行为人的行为是否是过错行为时，法官首先要确定行为人在法律上是否要对他人承担某种民事义务。如果行为人在法律上不对他人承担某种民事义务，则即便他们的行为使他人遭受损害，他们也不对他人承担民事责任。只有行为人在法律上对他人承担某种民事义务并且行为人在行为时违反了所承担的民事义务，法律才会责令行为人对他人遭受的损害承担民事责任。

（二）行为人对他人承担的民事义务

在过错侵权责任当中，法律所面临的第二个主要问题是，行为人对他人承担的民事义务是如何产生的，或者说民事义务的产生渊源有哪些。

1. 民事义务的两种渊源

既然客观过错理论将过错界定为行为人对他人所承担的某种民事义务的违反行为，因此，过错侵权责任所面临的一个主要问题是，行为人是否应当对他人承担某种民事义务，因为根据客观过错理论，如果行为人在行为时要对他人承担某种民事义务，他们才有可能对他人承担过错侵权责任，如果行为人在行为时不对他人承担某种民事义务，则他们无需对他人承担侵权责任，因为侵权法实行"无义务即无责任"的一般原则，即便行为人的行为引起他人损害的发生。例如，当小偷进入他人家中偷窃时，如果他们因为他人家中的地面立柜倒塌而受到伤害，他们无权要求他人对其承担侵权责任，即便他人家中的立柜倒塌是因为他人没有尽到合理的检查或者维修义务引起的，他们也无需对小偷承担侵权责任。因为他人无需对小偷承担民事义务，所以他们也无需对小偷承担侵权责任。

在侵权法上，作为过错侵权责任必要组成部分的民事义务有两种来源：其一，制定法所规定的民事义务；其二，非制定法所规定的民事义务。

2. 制定法所规定的民事义务

如果制定法明确规定，行为人应当对他人承担某种民事义务，那么，当行为人违反所规定的此种民事义务时，他们当然应当对他人承担侵权责任。例如，我国《侵权责任法》明确规定，医疗机构应当就其医师违反注意义务的行为对患者承担过错侵权责任。因此，当医师违反所承担的注意义务并因此引致其患者的损害时，其所在的医疗机构当然应当就其医师实施的行为对其患者承担过错侵权责任。

如果某种制定法明确规定行为人应当对他人承担某种义务，但是没有规定行为人违反该法所规定的义务是否应当对他人承担过错侵权责任,行为人是否应当就其违反此种制定法规定义务的行为对他人承担过错侵权责任,取决于该种法律所规定的义务究竟是民事义务还是公法上的义务。如果该种制定法所规定的义务被看作民事义务,那么,当行为人违反该种义务时,他们应当对他人承担过错侵权责任;如果该种制定法所规定的义务仅仅是公法上的义务,那么,当行为人违反该法所规定的义务时,他们仅仅对国家承担刑事责任或者行政责任,无需对他人承担过错侵权责任。某种制定法所规定的义务究竟是民事义务还是公法上的义务,取决于立法者制定该法的目的究竟是为了单纯的公共利益,还是为了单纯的私人利益,或者同时为了公共利益和私人利益,此时,应当由法官结合案件的具体情况、立法者制定法律的目的等众多的因素予以确定。①

3. 非制定法所规定的义务

在当今两大法系国家,侵权法除了认可制定法是行为人对他人承担民事义务的来源之外,也认为非制定法是行为人对他人承担民事义务的来源,因为他们认为,即便制定法没有明确规定行为人应当对他人承担某种民事义务,行为人也可能会因为某种原因而要对他人承担民事义务。

在法国,侵权法认为,除了制定法能够成为民事义务的渊源之外,惯例或者道德规范也能够成为民事义务的渊源。② 在英国,侵权法认为,除了制定法能够成为民事义务的渊源之外,当事人之间的近邻关系、信赖关系、行为人的预见能力以及自愿承担责任等也能够成为民事义务的渊源,这就是所谓的近邻理论、信赖理论、可预见性理论和责任的自愿承担理论。③ 在美国,侵权法也认为,除了制定法能够成为民事义务的渊源之外,当事人之间的某种特殊关系、可预见性、先前的危险行为等也可以成为民事义务渊源。④

在我国,本书作者长期以来都主张,除了制定法能够成为民事义务的渊源之外,非制定法也能够成为民事义务的渊源。⑤ 例如,当行为人与他人之间存在某种特殊关系时,行为人当然应当对他人承担民事义务,即便制定法没有明确规定。再如,当行为人先前实施的危险行为使他人陷入无法自拔的危险境地时,行为人也应当对他人承担救助义务。

---

① 张民安:《过错侵权责任制度研究》,中国政法大学出版社 2002 年版,第 352—353 页。
② 张民安:《现代法国侵权责任制度研究》,法律出版社 2007 年第 2 版,第 184—186 页。
③ 张民安:《过错侵权责任制度研究》,中国政法大学出版社 2002 年版,第 352—353 页。
④ 张民安:《侵权法上的作为义务》,法律出版社 2010 年版,第 42—49 页。
⑤ 张民安:《过错侵权责任制度研究》,中国政法大学出版社 2002 年版,第 329—341 页;张民安:《侵权法上的作为义务》,法律出版社 2010 年版,第 42—49 页。

（三）行为人过错的判断标准

在过错侵权责任当中，法律所面临的第三个主要问题是，行为人是否违反了他们所承担的民事义务。根据客观过错理论，即便行为人要对他人承担某种民事义务，如果行为人在行为的时候没有违反所承担的民事义务，他们也无需对他人承担过错侵权责任，如果行为人在行为的时候违反了所承担的民事义务，他们就应当对他人承担过错侵权责任。

问题在于，如何判断行为人在行为的时候是否违反了他们对他人所承担的民事义务？对此问题，侵权法采取三种理论：理性人的判断标准[①]，危险理论[②]，以及过错的经济分析理论[③]。基于本书篇幅的考虑，本书仅仅简单介绍其中的理性人标准。

所谓理性人的标准，就是在确定行为人的行为是否属于过错行为时，将行为人的行为与社会所认可的某种行为标准加以比较，如果行为人的行为符合社会所认可的该种行为标准，则行为人的行为不是过错行为，行为人无需对他人承担侵权责任；如果行为人的行为不符合社会所认可的该种行为标准，则行为人的行为就被认为是过错行为，行为人应当对他人承担损害赔偿责任。此种所谓的社会认可的行为标准被称为理性人的标准或者善良家父的标准。

1. 英美法系国家对理性人标准的认可

在英美法系国家，侵权法对过错采取此种理论。Prosser 指出：为了给人类的行为提供确定的标准，法院创设了在世界上根本不存在的拟制人，即普通谨慎的理性人，人们有时将他说成是一个理性的人、中等谨慎的人、使用一般注意和技能的一般人，十分明显，所有这些词语都是用来指同一事物。人们要求行为人从事一个有理性的人在其地位上所应当从事的行为。他是所有人的榜样，但他身上仅仅具有社会可以容忍的缺点和弱点。[④] Pearson 法官指出："基本规则是：所谓过失，实际上就是从事了一个有理性的人在此种情况下不会从事的活动，或者不从事一个有理性的人在此种情形会从事的活动。"[⑤]

2. 大陆法系国家对理性人标准的认可

在法国，无论是侵权法学说还是司法判例都认为，应当采取善良家父的行为标准来判断行为人是否有过错，如果行为人违反了一个善良家父在同样或者类似情况下能够承担的注意义务，则他们的行为构成过错，否则，他们的行为将不构成过错。实际上，法

---

① 张民安：《过错侵权责任制度研究》，中国政法大学出版社 2002 年版，第 268—276 页。
② 张民安：《过错侵权责任制度研究》，中国政法大学出版社 2002 年版，第 259—268 页。
③ 张民安：《过错侵权责任制度研究》，中国政法大学出版社 2002 年版，第 276—285 页。
④ Willam L. Prosser, Law of Torts, ibid, p. 150.
⑤ Hazell v. British Transport Commission, [1958] 1 W. L. R. 169, 171.

国侵权法上的善良家父标准也就是英美法系国家的理性人标准。

3. 我国民法对理性人标准的认可

在我国,《民法通则》没有对行为人是否存在过错的判断标准作出明确规定,因此,这样的问题往往由侵权法学说和司法判例作出说明。我国侵权法学说认为,即便对过错采取主观性分析方法,侵权法在决定行为人是否存在过错时也应当采取客观的判断标准,即理性人的标准。我国司法判例很少对过错采取主观性分析方法而是采取客观性分析方法,它们在采取客观分析方法的同时,也对过错的判断标准作出了说明,即理性人的标准。

我国侵权责任法在规定客观过错分析方法的同时,也对理性人的过错判断标准作出了明确规定。例如,我国《侵权责任法》第 57 条对医务人员过错的判断标准采取了一般医务人员的行为标准,该条规定:医务人员在诊疗活动中未尽到与当时的医疗水平相应的诊疗义务,造成患者损害的,医疗机构应当承担赔偿责任。其中的"当时的医疗水平"实际上就是客观判断标准,就是医务人员所在地或者国家的医疗水平。

第四节 严格责任

一、严格责任的两种界定方法

在我国,严格责任如何界定,学说存在争议。某些学者认为,所谓严格责任,是指行为人根据某种制定法的明确规定就其实施的致害行为对他人承担的侵权责任,无论行为人在实施致害行为的时候是否存在过错,他们都应当根据该种制定法对他人承担侵权责任。我国侵权责任法采取了这些学者的意见对严格责任作出了明确规定,其第 7 条规定:行为人损害他人民事权益,不论行为人有无过错,法律规定应当承担侵权责任的,依照其规定。

某些学者认为,所谓严格责任,是指行为人在没有过错的情况下根据制定法的特别规定对他人承担的侵权责任。我国《民法通则》第 106(3)条明确规定:没有过错,但法律规定应当承担民事责任的,应当承担民事责任。

本书采取《民法通则》第 106(3)条的界定,认为所谓严格责任,是指行为人在没有过错的情况下根据制定法的明确规定就其实施的侵害行为对他人承担的侵权责任。根据此种界定,严格责任除了应当具有一般侵权责任的构成要件之外,还应当具备两个特殊的构成要件:其一,行为人在实施致害行为的时候没有过错,只有在行为人实施致害行为的时候没有过错,他们才对他人承担严格责任,如果行为人在实施致害行为的时候存在过错,则他们应当就其实施的过错行为对他人承担过错侵权责任;其二,制定法明确规定行为人对他人承担严格责任,如果制定法没有明确规定,则行为人仅仅对他人承担过错侵权责任。

二、严格责任在侵权责任制度中的地位

在我国,即便制定法明确规定行为人要就其实施的侵害行为对他人承担严格责任,如果行为人在实施致害行为的时候没有尽到合理的注意义务,导致其致害行为成为过错侵权行为,则他人有权要求行为人根据《民法通则》第106(2)条和《侵权责任法》第6条的规定对其承担侵权责任,行为人不得以他们应当根据《侵权责任法》第7条的规定对他人承担侵权责任作为拒绝承担过错侵权责任的根据。

如果制定法明确规定行为人要对他人承担严格责任,当行为人实施了致害行为时,法律就推定行为人在实施致害行为的时候没有过错,推定行为人就其实施的致害行为对他人承担严格责任。如果他人要求行为人就其实施的致害行为对自己承担过错侵权责任,他们应当承担举证责任,证明行为人在实施致害行为的时候存在过错,行为人不承担证明自己没有过错的举证责任,这一点与一般过错侵权责任制度的规则完全相同。

在当今两大法系国家和我国,除了法国侵权法之外,严格责任仅仅是侵权责任的两种重要责任制度之一,并且严格责任仅仅是侵权责任制度的例外,在侵权责任制度当中仅仅占次要地位,而过错侵权责任制度则是侵权责任制度的一般规则,在侵权责任制度当中占主要地位。

严格责任之所以仅仅在侵权责任当中占次要地位,一方面是因为严格责任制度仅仅在制定法有例外规定的情况下才适用,在制定法没有明确规定的时候不得适用;另一方面是因为行为人对他人承担的严格责任范围受到制定法的明确限制,不适用一般损害赔偿责任制度。不过,法国侵权法认为,过错侵权责任制度同严格责任制度在侵权法当中没有主次之分,因为过错侵权责任制度和严格责任制度适用的范围均不受限制,行为人承担的过错侵权责任和严格责任范围完全相同。

三、严格责任的主要特征

(一) 行为人在行为时没有过错

根据我国《侵权责任法》第7条的规定,只要制定法明确规定行为人应当就其实施的致害行为对他人承担严格责任,无论行为人在实施致害行为的时候是否有过错,他们都应当对他人承担严格责任。因此,在决定行为人是否对他人承担严格责任的时候无需考虑行为人在行为时是否有过错,仅仅考虑制定法是否明确规定行为人要对他人承担侵权责任。此种理论显然存在问题。

本书认为,严格责任仅仅在行为人实施致害行为时没有过错才能够承担,如果行为

人在实施致害行为时存在过错,则他们不得承担严格责任而仅仅承担过错侵权责任。这一点,与过错侵权责任形成鲜明的对比。在过错侵权责任制度当中,侵权责任必须以行为人在实施致害行为的时候存在过错作为前提,如果行为人没有过错,他们无需就其实施的致害行为对他人承担侵权责任。

(二)严格责任适用范围的法定性

在当今两大法系国家和我国,除了法国侵权法不对严格责任的适用范围加以限定之外,其他国家的侵权法均对严格责任的适用范围作出明确的限定,认为严格责任以制定法的明确规定作为前提,没有制定法的明确规定,行为人不得被责令对他人承担严格责任。这就是严格责任的法定性。

严格责任的法定性同过错侵权责任的非法定性形成鲜明的对照,因为,根据两大法系国家和我国的侵权法,即便制定法没有明确规定行为人要对他人承担过错侵权责任,行为人仍然有可能要对他人承担过错侵权责任,只要行为人在行为的时候没有尽到所要求的合理注意义务,只要行为人的过错给他人造成了损害,行为人就应当对他人承担过错侵权责任,他们不得以制定法没有明确规定其过错侵权责任作为拒绝承担侵权责任的理由。

(三)严格责任的举证责任由行为人承担

在两大法系国家和我国,侵权法对严格责任采取因果关系的推定制度。该推定制度认为,一旦行为人实施了某种致害行为,法律就会推定他们实施的致害行为同他人遭受的损害之间存在因果关系,行为人在表面上就应当对他人承担严格责任,他人无需承担因果关系的证明责任;如果行为人要拒绝就其实施的致害行为对他人承担严格责任,他们应当承担举证责任,证明他们实施的侵害行为同他人遭受的损害之间没有因果关系或者虽然存在因果关系,但是他们具有制定法明确规定的正当抗辩事由。

我国《侵权责任法》第66条对这样的规则作出了明确规定,该条规定:因污染环境发生纠纷,污染者应当就法律规定的不承担责任或者减轻责任的情形及其行为与损害之间不存在因果关系承担举证责任。这一点,同过错侵权责任制度形成鲜明的对比,因为在过错侵权责任制度当中,他人应当承担举证责任,证明行为人实施的致害行为是过错行为,证明行为人实施的过错行为同他们遭受的损害之间存在因果关系;否则,他们无权要求行为人对其承担过错侵权责任,侵权法原则上不得采取过错推定或者因果关系推定理论。

(四)严格责任适用范围的差异性

在两大法系国家和我国,严格责任制度究竟在哪些领域适用,各国制定法的规定并不完全相同。例如，某些国家的侵权法认为，不动产权人就其动产、不动产引起的损害对他人承担的侵权责任是严格责任，而某些国家的侵权责任则认为，行为人在此种情况下所承担的侵权责任是过错责任而不是严格责任。在某些国家，产品生产商就其缺陷产品引起的损害所承担的侵权责任被认为是严格责任，而在某些国家，缺陷产品的生产商所承担的此种侵权责任则被看作过错侵权责任。某些国家的侵权法认为，矿业经营者就其矿业活动引起的损害对他人承担的侵权责任是严格责任，而某些国家的侵权法则认为，他们就其矿业活动引起的损害对他人承担的侵权责任是过错侵权责任。这一点，同过错侵权责任制度形成鲜明对比，因为两大法系国家和我国的过错侵权责任制度适用的主要范围、基本范围大同小异，没有实质性的差异。

（五）严格责任免责事由的差异性

严格责任免责事由的差异性体现在两个方面：不同国家的制定法规定的免责事由未必相同；同一国家的不同制定法规定的免责事由也未必相同。

一方面，严格责任究竟有哪些免责事由，两大法系国家和我国的侵权法的规定并不完全相同。例如，某些国家的制定法明确规定，行为人能够主张不可抗力的免责事由，而某些国家的制定法明确规定，行为人不得主张不可抗力的免责事由。某些国家的侵权法规定，行为人能够以自己已经尽到了最大限度的注意义务作为拒绝承担严格责任的抗辩事由，而某些国家的侵权法则认为，行为人不得以已经尽到了最大限度的注意义务作为拒绝承担侵权责任的抗辩事由。

另一方面，在同一个国家，不同的严格责任制度具有不同的抗辩事由。例如，我国《侵权责任法》第70条规定，民用核设施引起他人损害的，民用核设施的经营者可以主张两种免责事由，这就是战争和他人的故意。而我国《侵权责任法》第71条则规定，民用航空器引起他人损害的，民用航空器经营者仅能主张一种免责事由，这就是他人的损害是他人的故意造成的。在德国，核设施经营者不得以不可抗力作为拒绝承担严格责任的抗辩事由；但是，在其他情况下，行为人能够以不可抗力作为拒绝承担严格责任的抗辩事由。在这两个方面，严格责任制度同过错侵权责任制度形成鲜明对比，因为在当今两大法系国家和我国，过错侵权责任的免责事由基本相同，没有太大的差异，同一国家的所有过错侵权责任制度的免责事由基本相同，也没有什么太大的差异。

四、严格责任的理论根据

在两大法系国家和我国，侵权法为什么在行为人没有过错的情况下仍然责令他们对他人承担侵权责任？对于这样的问题，侵权法学说自19世纪中后期以来一直在进行讨论并且提出了各种各样的理论。在今天，侵权法学说仍然在对这样的问题进行讨论。总的说来，有三种不同的理论，这就是高度危险行为理论、高度危险物理论和危险利益理论。

（一）高度危险行为理论

此种理论认为，行为人之所以要就其实施的致害行为对他人承担严格责任，是因为他们实施的行为是高度危险行为，这些高度危险行为对他人人身或者财产具有致命性，即便他们在实施这些行为时已经尽到了最大限度的注意义务，他们仍然可能会给他人的人身或者财产造成损害。因此，根据高度危险行为理论，一旦行为人实施了某种高度危险行为，只要这些高度危险行为导致他人遭受人身或者财产损害，他们就应当对他人遭受的损害承担侵权责任，即便他们在实施这些行为的时候没有过错，也是如此。

在侵权法上，高度危险行为理论不仅是19世纪末期的侵权法学说所采取的理论，而且也是现代侵权法学说所采取的理论，不仅是大陆法系国家的侵权法所采取的理论，而且也是英美法系国家的侵权法所采取的理论。

在我国，不仅侵权法学说认为高度危险行为理论，而且制定法也明确规定了高度危险行为理论。我国《侵权责任法》第69条明确规定：从事高度危险作业造成他人损害的，应当承担侵权责任。其中，高度危险作业实际上就是指行为人实施的高度危险行为。

（二）高度危险物理论

此种理论认为，行为人之所以要就其实施的致害行为对他人承担严格责任，是因为他们在实施致害行为的时候所使用的物是高度危险物，这些高度危险的物对他人人身或者财产具有致命性，即便他们在管理或者控制这些物的时候尽到了最大限度的注意义务，他们仍然有可能给他人的人身或者财产造成损害。因此，根据高度危险物理论，一旦行为人管理或者控制了某种高度危险的物，只要这些高度危险的物导致他人遭受人身或者财产损害，他们就应当对他人承担侵权责任，即便他们在管理或者控制危险物方面没有过错，也是如此。

在侵权法上，高度危险物理论不仅是19世纪末期的侵权法学说所采取的理论，而且也是现代侵权法学说所采取的理论，不仅是大陆法系国家的侵权法所采取的理论，而且也是英美法系国家的侵权法所采取的理论。

在我国，不仅侵权法学说认可了高度危险物理论，而且制定法也明确规定了此种理论。例如，我国《侵权责任法》第72条和第74条的规定就是建立在高度危险物理论的基础上。其中《侵权责任法》第72条规定：占有或者使用易燃、易爆、剧毒、放射性等高度危险物造成他人损害的，占有人或者使用人应当承担侵权责任，但能够证明损害是因他人故意或者不可抗力造成的，不承担责任。被侵权人对损害的发生有重大过失的，可以减轻占有人或者使用人的责任。《侵权责任法》第74条规定：遗失、抛弃高度危险物造成他人损害的,由所有人承担侵权责任。所有人将高度危险物交由他人管理的,由管理人承担侵权责任;所有人有过错的,与管理人承担连带责任。

(三) 危险利益理论

此种理论认为,行为人之所以要就其实施的致害行为对他人承担严格责任,是因为他们在实施致害行为的时候获得了大量的利益或者利润,他们承担的侵权责任是他们获得利益或者利润所支付的代价。根据危险利益理论,一旦行为人在实施危险行为的时候或者使用危险物的时候获得了大量的利益或者利润,他们就应当就其实施的危险行为或者使用危险物的行为对他人承担严格责任,即便他们在实施这些行为或者使用这些物的时候没有过失,也是如此。

第五节　违约责任的性质

一、我国民法学者对违约责任性质的争论

当契约债务人不履行或者不全面履行他们对契约债权人所承担的契约义务时,他们当然应当就其不履行或者不全面履行所承担的契约义务的行为对契约债权人承担民事责任,契约债权人有权要求契约债务人就其不履行或者不全面履行契约义务的行为对其承担民事责任。问题在于,契约债务人对契约债权人所承担的此种民事责任究竟是什么性质的民事责任?契约债务人对契约债权人承担的民事责任究竟是过错责任还是严格责任?对此问题,不仅两大法系国家的民法学者存在争议,就是我国民法学者也存在争议。

我国某些民法学者认为,违约责任在性质上属于过错责任,契约债务人对契约债权人承担的民事责任以契约债务人在不履行或者不全面履行所承担契约义务时存在过错作为前提条件,如果契约债务人在不履行或者不全面履行契约义务的时候没有过错,他们就无需对他人承担民事责任,否则,他们就应当对他人承担民事责任。而某些民法学者则认为,契约债务人就其不履行或者不全面履行契约义务的行为对他人承担的民事责任在性质上属于严格责任,该种责任不以契约债务人存在过错作为条件,即便契约债务人在不履行或者不全面履行契约义务的时候没有过错,他们也应当对他人承担民事责任。还有某些民法学者认为,在某些情况下,契约债务人对他人承担的违约责任属于过错责任,该种责任以契约债务人存在过错作为条件,而在某些情况下,契约债务人对他人承担的民事责任则是严格责任,该种责任无需以契约债务人存在过错作为条件。

本书作者认为,违约责任在性质上仅属于过错责任,该种责任应当以契约债务人存

在过错作为条件,不是严格责任,如果契约债务人没有过错,他们无需对他人承担民事责任。在决定契约债务人是否有过错时,我们应当类推适用过错侵权责任当中的一般理性人标准。

二、法国民法学者对违约责任性质的争论

(一)《法国民法典》关于违约责任性质的规定

在 2016 年 2 月 10 日的债法改革之前,《法国民法典》对契约责任的规定有两个重要条款,这就是《法国民法典》旧的第 1137 条的规定和《法国民法典》旧的第 1147 条的规定。其中《法国民法典》旧的第 1137 条规定:在负责保管标的物的契约当中,契约债务人应当对所保管的契约标的物尽到善良家父的注意义务,而《法国民法典》旧的第 1147 条则规定:一旦契约债务人不履行他们所承担的契约义务,或者迟延履行他们所承担的契约义务,契约债务人均应当对契约债权人承担损害赔偿责任,即便契约债务人没有丝毫恶意,如果他们不能够证明他们不履行或者迟延履行契约义务的行为是某种同他们没有关系的外在原因引起的话。

法国民法学者普遍认为,《法国民法典》旧的第 1137 条的规定和《法国民法典》旧的第 1147 条的规定存在一定的冲突,因为《法国民法典》旧的第 1137 条明确规定,契约债务人对契约债权人承担的民事责任属于过错责任,如果契约债务人在履行契约义务的时候已经尽到了善良家父的注意义务,则他们无需对契约债权人承担违约责任。而《法国民法典》旧的第 1147 条则仅仅规定,契约债务人一旦不履行或者迟延履行所承担的契约义务就应当对契约债权人承担违约责任,没有明确规定该种违约责任是否需要具备过错这一必要构成要件。

在 2016 年 2 月 10 日的债法改革之后,旧的第 1147 条已经被新的第 1231-1 条所取代。新的第 1231-1 条规定:如果债务人不能够证明,其履行行为被不可抗力所阻止,则在债务没有履行的情况下,或者在债务迟延履行的情况下,债务人应当被责令对债权人遭受的损害承担赔偿责任。①

问题在于,《法国民法典》旧的第 1147 即新的第 1231-1 条所规定的违约责任究竟是过错责任还是严格责任。对此问题,法国大多数民法学者持肯定意见,认为《法国民法典》旧的第 1147 条即新的第 1231-1 条所规定的违约责任属于过错责任,即便该条没有明确规定过错这一必要构成要件;少数民法学者则认为,该条所规定的违约责任

---

① Article 1231-1 Le débiteur est condamné, s'il y a lieu, au paiement de dommages et intérêts soit à raison de l'inexécution de l'obligation, soit à raison du retard dans l'exécution, s'il ne justifie pas que l'exécution a été empêchée par la force majeure.

在性质上属于"当然责任"或者严格责任,无需契约债务人存在过错,只要契约债务人存在不履行契约义务的行为,只要他们没有某种正当的免责事由,他们就应当对契约债权人承担违约责任。

(二)违约责任属于"当然责任"

在法国,少数学者认为,契约债务人对契约债权人承担的违约责任不是过错责任而是严格责任或者当然责任,因为他们认为,一旦契约债务人不履行他们所承担的契约义务,他们就应当对契约债权人承担违约责任,无需契约债务人在不履行契约义务时存在过错,除非他们具有拒绝承担违约责任的某种抗辩事由。在法国,Roland、Boyer 和 Légier 采取此种理论。

Roland 和 Boyer 认为,只要具备不履行契约义务的致害行为,契约债务人就应当对他人承担违约责任,契约债务人对契约债权人承担此种违约责任无需具备过错这一构成要件。在对契约债务人不履行契约义务的行为作出说明时,Roland 和 Boyer 对其他民法学者关于违约责任需要契约债务人存在过错这一必要条件的观点作出了批评,他们指出:"十分简单的是,契约债务人对契约债权人承担违约责任所要求的致害行为仅仅是契约债务人的义务不履行行为,或者其迟延履行行为、不完全的履行行为、瑕疵履行行为。大量的民法学者对此还增加了一个要件,这就是契约债务人的过错。他们认为,契约责任不仅要求契约债务人要具备不履行契约义务的行为,而且还要求契约债务人不履行契约义务的行为是过错行为。"①

Roland 和 Boyer 认为,实际上,这些民法学者的观点是错误的,因为他们指出:"一旦债务人对债权人作出了履行契约义务的承诺而没有履行所作出的承诺,债务人就要承担违约责任,这一点毫无困难。债务人承担违约责任显然是对其不履行契约义务行为的制裁。当契约债权人的债权得不到实现时,如果他们直接向债务人提起诉讼,要求债务人承担违约责任,我们无法想象,债权人还要证明债务人存在过错。对于债权人而言,他们只要证明债务人对他们承担债务并且债务人没有履行所承担的债务就够了。"②

除了 Roland 和 Boyer 采取此种理论之外,Légier 也采取此种理论,他指出:"根据《法国民法典》(旧的)第 1147 条的规定,契约债务人在不履行或者迟延履行的情况下对契约债权人承担的民事责任是当然责任。这就是,债权人仅需简单地证明契约债务人没有履行他们所承担的义务,也就是,契约债务人所承诺的结果没有实现。而契约债务人不得通过证明自己没有过错而免责,他仅能够通过证明存在某种'外在原因'也就

---

① Henri Roland et Laurent Boyer, Droit Civil, Obligations, 2. Contrat, 3e édition, litec, pp. 569-570.
② Henri Roland et Laurent Boyer, Droit Civil, Obligations, 2. Contrat, 3e édition, litec, p. 570.

是不可抗力来免责，如果该种'外在原因'不是因为他的原因所引起的话。"①

（三）违约责任属于过错责任

在法国，在 2016 年 2 月 10 日的债法改革之前，包括 Carbonnier、Cabrillac 和 Toulet 在内的大多数民法学者都认为，契约债务人就其不履行契约义务的行为对他人承担的民事责任在性质上属于过错责任，也就是，只有行为人不履行契约义务的行为构成过错行为时，他们才对契约债权人承担民事责任，要赔偿契约债权人所遭受的损害，如果契约债务人不履行契约义务的行为不构成过错行为，则即便他们不履行契约义务的行为引起契约债权人损害的发生，他们也不对他人承担民事责任。

Carbonnier 采取此种理论，认为契约债务人对契约债权人承担的违约责任属于过错责任，他指出："《法国民法典》（旧的）第 1147 条明确规定，契约债务人应当就其不履行契约义务的行为对契约债权人承担违约责任，虽然该条没有明确规定契约债务人应当就其过错行为对契约债权人承担违约责任。但是，毫无疑问的是，债务人的过错被认为包含在他们不履行契约义务的行为当中。"② Cabrillac 也采取此种理论，也认为契约债务人对契约债权人承担的违约责任属于过错责任，他指出："一旦契约债务人的过错被证明，并且过错的来源被确定，则契约债务人就应当对契约债权人承担违约责任，无论契约债务人的过错是否严重，契约债务人要想拒绝承担违约责任，他们唯一能够做的就是证明他们具备某种免责事由。"③

在 2016 年 2 月 10 日的债法改革之后，法国某些民法学者仍然采取此种观点，认为违约责任在性质上仅仅是一种过错责任，因此，就像过错侵权责任需要过错、损害和过错与损害之间的因果关系一样，违约责任也应当具备三个构成要件：债务人在不履行契约义务时存在过错，债权人遭受了某种损害，债务人的过错与债权人的损害之间存在因果关系。④

三、违约责任的过错性质

（一）我国民法没有对违约责任的性质作出明确规定

在我国，虽然《民法通则》或者《合同法》都明确规定契约债务人应当就其违反契约义务的行为对契约债权人承担违约责任，但是他们均没有规定契约债务人对契约债

---

① Gérard Légier, les obligations, 17eédition, 2001, Dalloz, p. 107.
② Jean Carbonnier, Droit civil, les obligations, 17e édition, Presse Universitaires De France, p. 296.
③ Rémy Cabrillac, Droit des Obligations, 9eédition, Dalloz, p. 127.
④ Philippe Malaurie Laurent Aynès Philippe Stoffel-Munck, Droit Des Obligations, 8e édition, LGDJ, pp. 535 – 559; Rémy Cabrillac, Droit des Obligations, 12e édition, Dalloz, pp. 152 – 163.

权人承担的违约责任究竟是什么性质的民事责任。在我国,《民法通则》和《合同法》关于违约责任的规定虽然多种多样,但是,最主要、最重要的条款有三条,这就是《民法通则》第 106 (1) 条、第 111 条和《合同法》第 107 条,这些条款虽然均规定契约债务人应当对契约债权人承担违约责任,但是均没有对契约债务人承担的违约责任的性质作出明确规定。

首先,我国《民法通则》第 106 (1) 条虽然规定了契约债务人对契约债权人承担的民事责任,但是没有规定该种责任的性质。我国《民法通则》第 106 (1) 条规定:公民、法人违反合同或者不履行其他义务的,应当承担民事责任。在这里,《民法通则》第 106 (1) 条仅规定了合同当事人不履行合同义务时应当对他人承担的民事责任,没有明确此种民事责任究竟是过错责任还是严格责任。

其次,《民法通则》第 111 条虽然也规定了契约债务人所承担的违约责任,但是该条并没有明确规定契约债务人承担的违约责任性质。《民法通则》第 111 条规定:当事人一方不履行合同义务或者履行合同义务不符合约定条件的,另一方有权要求履行或者采取补救措施,并有权要求赔偿损失。根据此条的规定,契约债务人对其契约债权人承担违约责任的条件是"履行合同义务或者履行合同义务不符合约定条件",没有规定契约债务人是否应当具备过错这一条件。

最后,我国《合同法》第 107 条虽然也明确规定契约债务人应当对契约债权人承担违约责任,但是该条也没有规定该种责任是不是过错责任。《合同法》第 107 条规定:当事人一方不履行合同义务或者履行合同义务不符合约定的,应当承担继续履行、采取补救措施或者赔偿损失等违约责任。该条与《民法通则》第 111 条基本上大同小异,虽然规定了债务人承担的各种违约责任形式,但是并没有对这些违约责任的性质作出明确规定。

(二) 我国民法学者关于违约责任性质的学说

在我国《合同法》通过之后,民法学者违约责任的性质问题仍然存在争议,主要有两种理论:其一,某些民法学者认为,契约责任在性质上属于严格责任,契约债务人对契约债权人承担违约责任无需具备过错这一必要构成要件;其二,某些民法学者则认为,虽然大多数违约责任属于严格责任,但是,仍然有少数违约责任属于过错责任。目前,上述第二种理论已经占据了指导地位,成为我国民法学者的通说。

在我国,梁慧星教授采取上述第一种理论,认为违约责任在性质上属于严格责任,无需以契约债务人有过错作为其承担民事责任的条件。梁慧星教授认为,我国《合同法》第 107 条没有规定违约责任应当建立在契约债务人的过错基础上,因此,他们根据此条的规定对契约债权人所承担的民事责任属于严格责任。梁慧星教授认为,我国《合同法》对违约责任采取严格责任的理论,符合国际上的通行做法,具有诸多的优点，包括：其一，符合我国《民法通则》和《涉外经济合同法》率先将违约责任规定为严格责任的精神；其二，符合合同法关于严格责任发展的趋向；其三，严格责任具有方便法官裁判、有利于诉讼经济的优点，严格责任更符合违约责任的本质。①

在我国，由于受到梁慧星教授上述理论的影响，我国大多数民法学者对违约责任采取折中的理论，这就是，他们认为，虽然我国《合同法》所规定的大多数违约责任属于严格责任，但是，仍然有某些违约责任属于过错责任。例如，崔建远教授就采取此种理论。一方面，崔建远教授认为，我国《合同法》所规定的违约责任大多数属于严格责任。他指出，我国《合同法》第107条虽然规定了当事人一方不履行合同义务或者履行合同义务不符合约定的，应当承担继续履行、采取补救措施或者赔偿损失等违约责任，但是该条并没有规定"但当事人能够证明自己没有过错的除外"的字样，因此该条所规定的违约责任就属于严格责任。另一方面，崔建远教授又指出，我国《合同法》也规定了相当多的过错责任。例如我国《合同法》第180条后段、第181条、第191（1）条、第222条、第257条以及第265条等条款所规定的违约责任就属于过错责任，契约债务人根据这些条款的规定对契约债权人承担的违约责任属于过错责任，这些责任应当具备过错这一必要构成要件。②再如，魏振瀛教授也采取折中的理论，认为违约责任在大多数情况下属于严格责任，而在少数情况下则属于过错责任。③

（三）违约责任在性质上仅为过错责任

在我国，契约债务人根据我国《民法通则》第111条和《合同法》第107条的规定对契约债权人所承担的违约责任究竟是什么性质的民事责任？契约债务人对契约债权人所承担的民事责任是不是像我国民法学者所言的那样或者属于单纯的严格责任或者属于以严格责任为原则以过错责任为例外的民事责任？答案是否定的，因为在我国，除了《民法通则》第111条和《合同法》第107条所规定的一般违约责任属于过错责任之外，我国《民法通则》和《合同法》所规定的所有违约责任均属于过错责任，没有任何条款所规定的违约责任属于严格责任。

因此，认定我国《民法通则》《合同法》所规定的所有违约责任均属于严格责任的观点是错误的，认定《民法通则》所规定的大多数违约责任属于严格责任而少数违约责任属于过错责任的理论同样是错误的。我国《民法通则》和《合同法》所规定的违约责任之所以均是过错责任，其原因在于：其一，从历史上来看，违约责任一直以来都

---

① 梁慧星：《从过错责任到严格责任》，载梁慧星主编：《民商法论丛》（第八卷），法律出版社1997年版，第1—7页。
② 崔建远主编：《合同法》，法律出版社2000年第2版，第252—253页。
③ 魏振瀛主编：《民法》，北京大学出版社2011年第4版，第460—461页。

是过错责任，认定我国《民法通则》和《合同法》所规定的违约责任属于过错责任，符合大陆法系国家关于违约责任本质的。其二，违约责任被看作过错责任，能够与侵权责任的竞合理论融合。其三，违约责任被看作过错责任，能够使违约责任的免责条款同过错理论兼容。其四，将违约责任看作过错责任，符合我国《民法通则》关于客观过错的规定。

1. 违约责任的过错理论符合大陆法系国家的民法理论

在我国，包括《民法通则》和《合同法》所规定的违约责任之所以均属于过错责任，是因为将它们所规定的违约责任解释为过错责任符合大陆法系国家民法的传统，同大陆法系国家的民法理论保持一致。

在大陆法系国家，不仅罗马法对违约责任采取过错责任，认为契约债务人仅仅就其过错违反契约义务的行为对契约债权人承担违约责任，如果契约债务人在不履行契约义务时没有过错，则他们无需对契约债权人承担违约责任。根据罗马法，契约法首先区分契约债务人的欺诈行为和契约债务人的过失行为，其中的欺诈行为被认为是恶意行为，而其中的过失行为则分为三种：重大过失、最轻过失和轻过失，其中的重大过失等同于欺诈。罗马法之所以对契约债务人的过错作出这样的分类，是因为契约债务人的过错程度不同，他们对契约债权人承担的责任也不同。

根据罗马法的规定：①一旦契约债务人的过错表现为欺诈或者重大过失，则他们应当就其实施的欺诈行为或者重大过失行为承担责任，无论他们所承担债是什么；②如果契约的订立完全是为了债权人的个人利益，则当债务人不履行契约义务的行为被看作重大过错时，债务人才对债权人承担违约责任；如果契约的订立是为了债权人和债务人双方的共同利益，诸如买卖契约，则即便债务人不履行契约债务的行为仅仅表现为轻过失时，债务人才对债权人承担违约责任；③如果契约的订立仅仅是为了债务人的个人利益，则哪怕债务人不履行契约义务的行为表现为最轻过失，债务人也要对债权人承担违约责任。①

1804年的《法国民法典》虽然废除了罗马法上的此种过错类型制度，但是，它却保留了罗马法时代所确立的契约债务人仅仅在有过错的情况下才对契约债权人承担违约责任的规则，这就是旧的第1147条（新的第1231-1条）的规定，已如前述。虽然1804年的《法国民法典》旧的第1137条（新的第1231-1条）没有明确规定契约债务人应当在有过错的情况下才对契约债权人承担违约责任，但是，法国当今民法学者几乎都认为，《法国民法典》旧的第1147条（新的第1231-1条）所规定的违约责任属于过错责任，已如前述。

---

① Francois Terré Philippe Simler Yves Lequette, Droit civil, Les obligations, 10e édition, Dalloz, p. 576; Philippe Malaurie Laurent Aynès Philippe Stoffel-Munck，les，obligations, 4e édition DEFRENOIS, p. 508.

在我国，虽然《民法通则》第 111 条和《合同法》也像《法国民法典》旧的第 1147 条（新的第 1231-1 条）那样仅仅规定契约债务人在不履行契约义务的情况下对他人承担违约责任，没有规定契约债务人在有过错的情况下对契约债权人承担违约责任，但是，基于违约责任的历史发展的考虑，认定这两个条款所规定的违约责任属于过错责任，就会使我国民法关于违约责任性质的规定同大陆法系国家民法关于违约责任性质的规定保持一致。

2. 违约责任的过错理论符合违约责任的免责条款理论的要求

在民法上，将契约责任看作过错责任而非严格责任，一个主要的目的在于，债务人的过错程度对他们之间订立的责任免除条款或者责任限制条款产生的影响不同。一方面，如果债务人故意违反契约规定的义务，则他们之间规定的免责条款或者限责条款将对债务人无效；如果行为人因为重大过错而违反契约规定的义务，他们之间订立的免责条款或者限责条款也无效。但是，如果债务人违反债务的行为仅仅是一般过错或者是轻微过错，则他们之间订立的免责条款或者限责条款有效。我国《合同法》第 53 条规定，因故意或者重大过失造成对方财产损失的，债务人和债权人之间的免责条款无效。

3. 违约责任的过错理论同违约责任和侵权责任的竞合理论相融合

在我国，将契约责任看作过错责任而非严格责任，可以较好地处理违约责任和侵权责任的竞合问题。在我国，侵权法和合同法均允许违约责任和侵权责任的竞合，认为契约债务人在与契约债权人签订某种契约的情况下，如果契约债务人不履行他们所承担的义务的行为也构成侵权行为，则契约债务人既可以对根据他们与契约债权人之间的契约规定契约债权人承担违约责任，也可以根据侵权法的规定对契约债权人承担侵权责任。他们就其违约行为究竟对契约债权人承担违约责任还是侵权责任往往取决于债权人的主张，已如前述。

问题在于，违约责任和侵权责任的竞合究竟在什么样的民事责任领域发生。本书认为，违约责任和侵权责任的竞合仅仅在过错责任领域适用，在严格责任领域是无法适用的。如果认定契约债务人对契约债权人承担的违约责任属于严格责任，则违约责任和侵权责任的竞合根本就无法在我国适用，因为我国《民法通则》和《合同法》所规定的大多数违约责任均像我国民法学者所主张的那样属于严格责任。既然我国《民法通则》和《侵权责任法》所规定的大多数侵权责任均属于过错责任，违约责任和侵权责任如何发生竞合？基于民事责任竞合理论适用的需要，我们当然应当认定，我国《民法通则》和《合同法》所规定的违约责任均属于过错责任，没有所谓的严格责任。

4. 将违约责任看作过错责任符合我国《民法通则》第 106（1）条所规定的客观过错理论

在我国，民法既在违约责任领域建立起以契约义务为核心的民事责任理论，也在侵权责任领域建立起以侵权法上的义务为核心的民事责任理论，这就是我国《民法通则》

第 106（1）条的规定。根据我国《民法通则》第 106（1）条的规定，一旦行为人违反了他们对他人所承担的合同义务，他们就应当对他人承担违约责任；一旦他们违反了对他人所承担的侵权法上的义务，他们就应当对他人承担侵权责任。

因此，无论我国民法学者是否承认，我国民法均建立起以民事义务为核心的民事责任制度，建立起以客观过错理论为核心的民事责任制度。根据此种制度，只要行为人在行为的时候对他人承担契约义务或者侵权法上的义务，他们就应当履行所承担的此类义务，一旦他们在行为时违反了所承担的契约义务或者侵权法上的义务，他们就应当对他人承担违约责任或者侵权责任，他们此时所承担的违约责任或者侵权责任就是所谓的客观过错责任。

四、侵权责任领域的客观过错理论在违约责任领域的适用

（一）侵权责任领域的过错理论对违约责任领域过错的适用

如果契约债务人对契约债权人所承担的民事责任在性质上属于过错责任，那么，侵权责任领域的客观过错分析方法是否能够在违约责任领域适用？对此问题，我国民法学者几乎没有作出丝毫说明，因为我国民法学者很少对违约责任采取过错的客观分析理论，正如他们很少对侵权责任采取客观的过错分析理论一样。本书认为，虽然违约责任和侵权责任存在一定的差异，但是，基于违约责任和侵权责任的相似性，侵权责任领域的客观过错的分析理论完全能够在违约责任领域予以适用。Carbonnier 对此作出了明确说明，他指出："事实上，因为人们习惯于根据《法国民法典》第 1382 条的规定对过错作出界定，认为过错是指行为人不履行所承担的某种义务的行为，因此，在对《法国民法典》第 1147 条作出分析时，人们也将契约债务人的过错界定为他们不履行契约义务的行为。这一点是非常自然的，没有什么大惊小怪的。因为契约过错并不是完全不能够同侵权过错予以对比的。"[①]

（二）契约过错的客观分析方法

1. 契约过错的界定

基于侵权责任当中客观过错的界定，本书也将侵权责任当中客观过错的界定适用于违约责任领域，认为契约过错是指契约债务人不履行其所承担的契约义务的行为，或者不全面履行所承担的契约义务的行为。任何契约债务人，一旦他们对契约债权人承担了某种契约义务，他们就必须履行他们对契约债权人所承担的此种契约义务，一旦他们不履行或者不全面履行所承担的此种契约义务，则他们的义务不履行行为或者义务的不全

---

① Jean Carbonnier, Droit civil, les obligations, 17e édition, Presse Universitaires De France, p. 296.

面履行行为就构成过错，在符合违约责任的其他构成要件的情况下，他们应当就其过错行为对契约债权人承担违约责任，除非他们具备某种正当的免责事由。

将契约过错界定为一种客观义务的违反行为，具有重要的意义，因为在对认定契约债务人是否存在过错时，无需讨论契约债务人对待其不履行契约义务行为的主观态度，仅需对契约债务人的过错进行表面上的、客观性的认定，这就是，除非契约债务人具有不履行契约义务的某种正当理由，否则，只要契约债务人没有履行或者没有全面地履行他们所承担的契约义务，他们不履行或者不全面履行契约义务的行为就构成过错行为，在符合违约责任的其他构成要件的情况下，他们就应当承担违约责任。因此，对契约过错进行客观界定，实际上就能够达到梁慧星教授主张的严格责任所带来的各种好处。换句话说，即便不采取梁慧星教授所谓的严格责任，我国民法也能够实现梁慧星教授所谓的严格责任所带来的各种好处。

2. 契约过错的二步分析法

在分析契约债务人是否具有过错的时候，应当采取侵权责任领域的二步分析法：第一步，要看契约债务人是否对契约债权人承担某种契约义务；第二步，如果契约债务人对契约债权人承担某种契约义务，再看契约债务人在行为时是否履行了他们所承担的契约义务。

在决定契约债务人是否存在过错时应当考虑的第一个因素是，契约债务人在行为时是否对契约债权人承担契约义务，只有契约债务人在行为的时候对契约债权人承担某种契约义务，他们才有可能存在契约过错和违约责任，如果契约债务人在行为的时候并不对契约债权人承担契约义务，他们当然就无所谓契约过错或者违约责任，虽然他们可能会因此对契约债权人承担其他民事责任，因为"无义务即无责任"除了是侵权法贯彻的一般原则之外，也是契约法所贯彻的一般原则。

在决定契约债务人是否对契约债权人承担契约义务时，当然首先要看契约当事人在他们的契约当中对契约债务人规定了哪些义务，契约当事人之间的契约所明确规定的这些契约义务就是所谓的明示契约义务，已如前述。如果契约当事人没有在他们的契约当中明确约定契约债务人的明示义务，契约债务人也不是不对契约债权人承担契约义务，因为在此种情况下，基于公平或者诚实信用原则的考虑，契约债务人仍然可能会对契约债权人承担默示义务，已如前述。

在决定契约债务人是否存在过错时应当考虑的第二个因素是，契约债务人是否履行了他们所承担的契约义务。一旦契约债务人已经履行了他们对契约债权人所承担的契约义务，他们的行为就不构成过错行为，无需对契约债权人承担违约责任；而一旦他们没有履行他们所承担的契约义务，则他们不履行其契约义务的行为就构成过错行为，在符合违约责任的其他构成要件的情况下，他们应当对契约债权人承担违约责任，除非他们具备拒绝承担违约责任的某种正当理由。

3. 我国《民法通则》第 106（1）条、第 111 条和《合同法》第 107 条所规定的违约责任对契约过错采取了二步分析法

在我国，《民法通则》第 106（1）条、第 111 条和《合同法》第 107 条关于违约责任的规定是否符合契约过错的二步分析法？答案是肯定的，我国《民法通则》第 106（1）条、第 111 条和《合同法》第 107 条关于违约责任完全符合上述契约过错的二步分析法。

在我国，《民法通则》第 106（1）条所规定的"公民、法人违反合同义务"的含义实际上包含了两个前后相连的两个含义：其一，契约债务人对契约债权人承担某种契约义务；其二，契约债务人不履行他们所承担的此种契约义务。其中的第一个含义当然就是上述契约过错二步分析法当中的第一步分析方法，而其中的第二个含义当然就是上述契约过错二步分析法当中的第二步分析方法。只有同时具备这两个条件，契约债务人才能够根据此条的规定对契约债权人承担民事责任。

同样，在我国，《民法通则》第 111 条和《合同法》第 107 条所规定的"当事人一方不履行合同义务或者履行合同义务不符合约定的"也包含了前后相连的两个含义：其一，契约债务人对契约债权人承担了某种契约义务；其二，契约债务人不履行所承担的此种契约义务。其中的第一含义当然也就是上述契约过错的第一步分析方法，而其中的第二个含义也是上述契约过错的第二步分析方法，只有同时符合这两个条件，契约债务人才会根据这两个条款的规定对契约债权人承担违约责任。

（三）违约责任领域结果债和手段债的区分

在我国，《合同法》对契约债务人承担的契约义务作出的规定并不完全相同，主要有两种方式：其一，《合同法》仅仅要求契约债务人在履行契约义务时要尽到合理的注意义务，没有明确规定契约债务人应当按照契约的约定来履行他们所承担的契约义务。其二，《合同法》明确要求契约债务人要按照契约约定的内容履行契约义务，没有明确规定他们在履行契约义务时所应当尽到的合理注意义务。

1. 我国《合同法》仅要求契约债务人尽到合理注意义务

在我国，《合同法》有时虽然要求契约债务人对契约债权人履行他们所承担的契约义务，但是并没有明确要求他们按照契约规定的内容来履行他们所承担的此种义务，而仅仅要求契约债务人在履行契约义务时应当尽到合理的注意义务。例如，我国《合同法》第 247 条明确规定：承租人应当妥善保管、使用租赁物。同样，我国《合同法》第 290 条规定，承运人应当在约定期间或者合理期间内将旅客、货物安全地运输到约定地点。再如，《合同法》第 301 条明确规定，承运人在运输过程当中，应当尽力救助患有疾病、分娩、遇险的旅客等。

2. 我国《合同法》明确要求契约债务人履行约定义务

在我国，《合同法》有时并没有要求契约债务人在履行契约义务时要尽到合理的注意义务，而明确要求契约债务人按照契约规定的内容来履行他们所承担的契约义务。例如，我国《合同法》第 133 条明确规定，契约债务人应当自标的物交付时将其标的物的所有权转让给契约债权人。同样，我国《合同法》第 138 条规定，出卖人应当按照约定的期限交付标的物。再如，我国《合同法》第 141 条明确规定，出卖人应当按照约定的地点交付标的物。

3. 我国《合同法》区分契约债务人承担的两种契约义务的原因

我国《合同法》之所以分上述两种不同情况来规定契约债务人对其契约义务的履行，是因为：其一，契约当事人在签订契约时往往会对上述第二个方面的内容作出明确约定，而他们很少会对上述第一个方面的内容作出明确约定；其二，契约当事人在上述第一种情况下所承担的契约义务在性质上属于手段债而非结果债，而在上述第二种情况下所承担的契约义务属于结果债而非手段债；其三，在上述第一种情况下，判断契约债务人是否存在过错的标准是所谓的一般理性人的标准，而在上述第二种情况下，判断契约债务人是否存在过错的标准是过错推定标准；其四，在上述第一种情况下，契约债权人应当承担举证责任，证明契约债务人存在过错，而在上述第二种情况下，契约债务人应当承担举证责任，证明他们具备拒绝承担违约责任的某种抗辩事由。

在我国，契约债务人所承担的契约义务如果属于上述第一种性质的义务，则他们对契约债权人所承担的契约债在性质上属于前述所谓的手段债而不是结果债。也就是，只要契约债务人在履行他们所承担的契约义务时尽到了一般理性人所能够尽到的注意义务，即便他们没有达到某种确定的结果或者目标，他们的义务履行行为也不构成过错行为，无需对他人承担违约责任；但是，如果他们在履行契约规定的义务是没有尽到合理的注意义务，则他们的义务履行行为就构成过错行为，应当对契约债权人承担违约责任。例如，承运人虽然应当对遭遇危险的旅客承担救助义务，但是他们并不承担一定要救活旅客的义务，即便他们没有救活旅客，如果他们已经尽到了其他承运人在同样或者类似情况下能够尽到的救助义务，他们的义务履行行为就不构成过错行为，无需对他人承担违约责任。在此种情况下，契约债权人应当承担举证责任，证明契约债务人在履行契约义务的情况下存在过错。如果契约债权人无法证明契约债务人存在过错，契约债务人无需对契约债权人承担违约责任。

在我国，如果契约债务人所承担的契约义务属于上述第二种性质的义务，则他们对契约债权人所承担的契约债在性质上属于前述所谓的结果债而非手段债，也就是，只要契约债务人没有履行他们对契约债权人所承担的契约义务，没有实现他们的承诺，他们的行为就构成过错行为，他们就应当对契约债权人承担违约责任，除非他们具备拒绝承担违约责任的某种正当理由。例如，只要契约明确规定，契约债务人应当在 2013 年 12

月 31 日之前交付货物给契约债权人，当契约债务人没有在此日期之前交付货物，他们没有交付货物的行为就构成过错，因为一旦契约债务人没有在此日期之前交付货物，说明他们所承诺的结果没有实现，除非他们能够证明他们没有在此日期之前交付货物有某种正当的抗辩事由，如不可抗力的发生等。在此种情况下，一旦契约债务人不履行契约规定的义务，法律就会推定契约债务人存在过错，契约债务人就应当对契约债权人承担违约责任，除非他们能够反证证明，他们不履行契约义务有某种正当理由。

第十五章 民事责任的构成、限制和免除

第一节 民事责任的构成要件

一、民事责任构成要件的界定

所谓民事责任的构成要件，是指行为人就其实施的行为对他人承担民事责任所应当具备的最低限度的条件。在当今两大法系国家和我国，为了防止行为人动不动就其实施的行为对他人承担民事责任，民法会对行为人承担民事责任的最低限度的条件作出明确规定，认为行为人只有在达到了民法所规定的最低限度的条件的情况下才对他人承担民事责任，如果没有达到民法所规定的最低限度的条件，则行为人不对他人承担民事责任。行为人对他人承担民事责任所应当具备的最低限度的条件就是民事责任的必要构成要件。在民法上，如果他人要求行为人对其承担民事责任，那么，他们应当承担举证责任，证明他们符合民事责任的必要构成要件；如果他们无法证明具备民事责任的必要构成要件，则他们无权要求行为人对其承担民事责任。

二、民事责任构成要件的统一

（一）民事责任的三个必要的构成要件

在民法上，行为人对他人承担民事责任的构成要件有哪些？对此问题，两大法系国家和我国的民法学者所作出的回答并不完全相同。本书采取大陆法系国家民法学者的一般理论，将行为人对他人承担的任何民事责任的构成要件分为致害行为、损害以及致害行为与损害之间的因果关系。因此，行为人对他人承担的违约责任应当具备这三个必要构成要件，行为人对他人承担的侵权责任也应当具备这三个必要构成要件；同样，行为人对他人承担的返还责任也应当具备这三个必要构成要件。由于本书已经在不当得利之债和无因管理之债当中分别对不当得利所产生的民事责任和无因管理所产生的民事责任的构成要件作出了明确说明，因此，本书仅在此处讨论违约责任和侵权责任的必要构成要件问题。

（二）统一民事责任构成要件建立的合理性

本书认为，在我国，我们应当建立起统一适用的民事责任的构成要件理论，因为此种理论是非常合理的。表现在以下方面：

其一，民事责任和违约责任虽然存在一定的差异，但是违约责任和侵权责任的目的是相同的，均是为了补偿他人因为行为人所实施的致害行为所遭受的损害，因此，为了保障它们之间的此种共同目的的实现，无论是契约法还是侵权法均认为，致害行为、损害以及致害行为与损害之间的因果关系是行为人对他人承担民事责任的共同要件。

其二，虽然违约责任当中的损害、致害行为同侵权责任当中的损害、致害行为存在一定的差异，但是，基于违约责任和侵权责任趋同性的加强，它们之间的差异日渐萎缩，使违约责任当中的损害和致害行为同侵权责任当中的损害与致害行为十分类似（已如前述）。

其三，在当今两大法系国家和我国，侵权法的地位鹊起，已经取代契约法成为最主要、最重要的债法；与之相对应，在当今两大法系国家和我国，有关侵权责任方面的理论不仅成熟，而且其影响力逐渐从侵权责任领域延伸到包括违约责任领域在内的所有民事责任领域，使包括违约责任在内的所有民事责任制度逐渐采取了类似于侵权责任的分析方法，其中就包括了违约责任的构成要件采取了类似于侵权责任的构成要件的分析方法。Malaurie 和 Aynes 等对此作出了说明，他们指出："侵权责任对契约责任的影响导致人们认为，契约责任的承担应当具备过错和损害这两个构成要件。"[1]

其四，我国《民法通则》第六章实际上已经建立起统一适用的民事责任制度，其中就包括统一适用的民事责任的构成要件、统一适用的民事责任的法律效力以及统一适用的民事责任的抗辩事由制度等。

基于此种考虑，本书认为，包括违约责任和侵权责任在内的所有民事责任均应当具备最低限度的民事责任的构成要件，这就是行为人实施的致害行为、他人遭受的损害以及行为人实施的致害行为同他人遭受的损害之间的因果关系。

（三）民事责任的一般构成要件和特殊构成要件

应当说明的是，致害行为、损害以及致害行为和损害之间的因果关系是所有民事责任的最低限度的构成要件，如果不具备这些构成要件，行为人既无法对他人承担违约责任，也无法对他人承担侵权责任。如果具备了这三个必要构成要件，行为人是否就一定会对他人承担民事责任？答案是否定的。在债法上，这三个必要构成要件仅仅是行为人对他人承担民事责任的最低限度的构成要件，但是不是全部的构成要件，行为人对他人

---

[1] Philippe Malaurie Laurent Aynès Philippe Stoffel-Munck，les，obligations，4e édition DEFRENOIS，p. 21，p. 501.

承担某些民事责任除了应当具备这些构成要件之外，还可能应当具备其他的构成要件，如果不具备其他的构成要件，行为人也可能无法对他人承担民事责任。在债法上，我们将行为人对他人承担的民事责任所要求的其他构成要件称为民事责任的特殊构成要件，而将行为人对他人承担民事责任所应具备的最低限度的构成要件称为民事责任的一般构成要件。换句话说，致害行为、损害以及致害行为和损害之间的因果关系是行为人对他人承担所有民事责任的一般构成要件。

在债法上，行为人对他人承担民事责任应当具备哪些特殊构成要件，取决于民法的具体规定，不同的民事责任制度所要求的特殊构成要件也不同。例如，如果行为人要就其实施的权利滥用行为对他人承担民事责任，除了应当具备上述三个一般构成要件之外，还应当具备某些特殊的构成要件，包括：其一，行为人在实施致害行为的时候享有某种权利，如果行为人在实施致害行为的时候不享有某种权利，当然无所谓权利滥用；其二，行为人在行使权利时或者是为了实现该种权利的本来目的之外的目的，或者采取了不正当的方式行使权利。例如，如果行为人要就其诊疗患者的行为对他人承担民事责任，除了应当具备上述三个一般构成要件之外，还应当具备其他的特殊构成要件，包括：其一，行为人是医师或者医务人员，如果行为人不是医师或者医务人员，当然无所谓医疗过失责任的承担；其二，他人是患者，如果他人不是患者，当然也无所谓医疗过失责任问题。

限于本书的宗旨和篇幅，本书仅仅在此处讨论民事责任的一般构成要件，不讨论民事责任的特殊构成要件。

三、作为民事责任一般构成要件的致害行为

（一）致害行为的界定

在债法上，行为人实施的致害行为是他们对他人承担民事责任的第一个必要构成要件，只有当行为人对他人实施了某种致害行为时，他们才有可能对他人承担民事责任，如果行为人没有对他人实施任何致害行为，则他们无需对他人承担民事责任。在债法上，致害行为既是违约责任的一般构成要件，也是侵权责任的一般构成要件，它是所有民事责任均应当具备的最低限度的第一个构成要件。

所谓致害行为（un fait générateur），是指行为人所实施的导致他人遭受某种损害的作为行为或者不作为行为。因此，如果行为人毁损他人的名誉，他们实施的名誉毁损行为就构成致害行为，在符合名誉侵权责任的其他一般构成要件和特殊构成要件的情况下，行为人应当就其实施的名誉毁损行为对他人承担名誉侵权责任。如果行为人砍伤他人的手臂，他们所实施的砍伤行为就构成致害行为，在符合人身损害赔偿责任的其他一般构成要件和特殊构成要件的情况下，行为人应当就其实施的砍伤行为对他人承担侵权

责任。同样，如果出租人不按照契约约定的时间将其租赁物交付给承租人，则出租人不交付租赁物的行为将构成致害行为，在符合违约责任的其他构成要件的情况下，出租人应当就其实施的致害行为对承租人承担违约责任。再如，如果承运人在救助分娩旅客的时候没有尽到合理的注意义务，他们没有尽到合理注意义务的救助行为就构成致害行为，在符合违约责任的其他构成要件的情况下，承运人应当就其致害行为对其旅客承担违约责任。

（二）侵权责任当中的致害行为

在侵权责任当中，行为人实施的致害行为有其特殊性，表现在三个方面：

其一，在侵权责任当中，行为人实施的致害行为既包括过错行为，还包括非过错行为，也就是行为人在没有过错的情况下所实施的致害行为。这一点使侵权责任当中的致害行为与违约责任当中的致害行为存在差异。例如，航空公司在驾驶航空器的时候虽然已经尽到了合理注意义务，他们的航空器仍然发生爆炸，其中的航空器爆炸行为虽然不是过错行为，但是仍然会让航空公司就其爆炸行为对其乘客承担侵权责任。

其二，在侵权责任当中，行为人实施的致害行为多种多样。一方面，在侵权责任领域，行为人实施的过错行为多种多样。例如，根据过错行为的强度不同，行为人实施的过错行为包括蓄意行为、故意行为和过失行为等，按照行为人承担过错侵权责任的根据不同，过错可以分为"本人的过错"和"别人的过错"。例如，公司的董事会实施的过错行为就是公司"本人的过错"，而公司的高级雇员或者低级雇员代表公司行为时实施的过错行为就是"别人的过错"，已如前述。另一方面，在严格责任领域，行为人实施的非过错行为同样多种多样。例如，行为人驾驶机动车的行为，行为人从事的高空、高压行为以及行为人所从事的环境污染行为、动物饲养行为等（已如前述）。

其三，在侵权责任当中，在大多数情况下，行为人实施的致害行为属于作为行为、滥作为行为，也就是他们违反所承担的不作为义务所实施的行为；而在少数情况下，行为人实施的致害行为属于不作为行为，也就是，他们违反所承担的作为义务而实施的行为（已如前述）。

（三）违约责任当中的致害行为

在违约责任当中，契约债务人实施的致害行为也有其特殊性，表现在四个方面：

其一，在违约责任当中，契约债务人实施的所有致害行为均为过错行为，不存在没有过错的致害行为，这一点与侵权责任领域的致害行为存在差异，因为在侵权责任领域，致害行为除了包括过错行为之外还包括非过错行为，已如前述。

其二，在违约责任当中，行为人实施的致害行为多种多样。在违约责任领域，虽然民法学者将契约债务人不履行契约义务的行为统称为致害行为，但是，契约债务人不履行契约义务的行为除了包括行为人拒绝履行他们所承担的契约义务的情况之外，还包括契约债务人迟延履行契约义务的行为以及债务人瑕疵履行其契约义务的行为。因此，契约债务人所实施的致害行为并非仅有一种，而是多种多样，诸如拒绝履行、迟延履行、瑕疵履行等，已如前述。

其三，在违约责任当中，在大多数情况下，契约债务人实施的致害行为表现为不作为性质的致害行为，也就是，契约债务人应当履行他们所承担的某种作为义务而没有履行，而在少数情况下，契约债务人实施的致害行为则表现为作为性质的致害行为，也就是契约债务人应当履行他们所承担的不作为义务而没有履行（已如前述）。

其四，在违约责任当中，如果契约债务人所承担的契约义务属于结果债，一旦他们没有履行所承担的契约义务，法律就会推定他们不履行契约义务的行为构成致害行为，除非契约债务人能够举证证明，他们不履行契约义务的行为不构成致害行为。如果契约债务人所承担的契约义务属于手段债，仅在契约债务人履行契约义务时没有尽到合理的注意义务的情况下，他们不履行契约义务的行为才构成致害行为，如果契约债务人在履行所承担的契约义务时已经尽到了合理注意义务，则他们不履行契约义务的行为才构成致害行为（已如前述）。

四、作为民事责任一般构成要件的损害

在债法上，行为人所实施的致害行为导致他人损害的发生是他们对他人承担民事责任的第二个必要构成要件，只有当行为人实施的某种致害行为引起他人损害的发生时，他们才有可能对他人承担民事责任，如果行为人实施的致害行为没有引起他人损害的发生，则他们无需对他人承担民事责任。在债法上，损害既是违约责任的一般构成要件，也是侵权责任的一般构成要件，它是所有民事责任均应当具备的最低限度的第二个构成要件。在债法上，作为民事责任构成要件的损害面临三个方面的主要问题，即损害的界定、损害在民事责任当中的地位和损害的分类。

（一）损害的界定

1. 损害界定的两种方法

在我国，民法或者侵权法学者对作为民事责任构成要件的损害作出的界定虽然多种多样，但是最主要的理论有两个方面：不利益理论和不利后果理论。

不利益理论认为，所谓损害，是指他人民事权益遭受侵害时所产生的不利益。佟柔教授采取此种理论，他指出："所谓损害，是指由一定行为或者事件造成的人身或者财产上的不利益。这种不利益，包括两种情形：一为不良后果，例如，财产毁损，利润丧失，健康恶化，名誉玷污，二为不良状态，例如，财物被侵占，经营受妨碍，环境被污染，行为受限制。这里所说的'不良'，是指这种后果或者状态被普遍认为是不可容

忍、不能接受或者甚至至少是令人痛苦或者令人难堪的。"① 此种理论提出之后得到众多民法学者的认可，被认为是有关损害方面的权威界定。

不利后果理论认为，所谓损害，是指他人民事权益因为行为人实施的侵权行为所遭受的某种不利后果、不利结果或者不利影响。江平教授采取此种理论，他指出："损害事实也可以理解为：一个人在其财产、人身权利和利益方面遭受的一切不利结果。"② 魏振瀛教授也采取此种理论，他指出："损害事实是指他人财产或者人身权益所遭受的不利影响。"③

2. 将损害界定为"不利益"所存在的问题

在我国，将作为侵权责任构成要件的损害界定为"不利益"是不准确的、不恰当的，因为一方面，"不利益"不是规范的现代汉语词语，甚至不能够看作现代汉语当中的词语，因为我国现代汉语当中并不存在"不利益"这样的词语；另一方面，"不利益"脱离社会生活实际，晦涩难懂。在我国，作为侵权责任构成要件的"损害"这一词语言简意赅、简单明了，无论是社会公众还是民法或者侵权法学家对其含义易于了解和掌握，而作为对"损害"予以界定的"不利益"这一概念则太过抽象、晦涩难懂，民法或者侵权法学者对其作出理解尚且存在诸多的难处，社会公众如何能够准确地对其作出理解？当一个法律概念脱离社会公众而成为学者闭门玩味的概念时，该种法律如何为社会公众所理解，该种概念如何为社会公众所掌握或者运用？因为这样的原因，笔者认为，我国民法或者侵权法应当放弃"不利益理论"。

3. 将损害界定为"不利后果"所存在的问题

在我国，将作为民事责任构成要件的损害界定为"不利后果"当然要比将其界定为"不利益"要准确一些和适当一些，因为"不利后果"这一概念相对于"不利益"这一概念而言要更规范一些，让人更容易理解一些。不过，将作为民事责任构成要件的损害界定为"不利后果"仍然存在问题，因为在侵权法上，他人遭受的"不利后果"是相对于他人遭受的"有利后果"而言的，当他人因为行为人的行为而遭受某种"后果"时，他人所遭受的哪些"后果"是"不利后果"，他人所遭受的哪些后果是"有利后果"？如果他人认为自己所遭受的损害是"不利后果"而行为人认为他人遭受的"后果"是"有利后果"，侵权法如何判断他人遭受的后果究竟是"不利后果"还是"有利后果"？在债法上，判断他人遭受的某种"后果"是不是"不利后果"的标准是不是也像判断行为人的行为是不是过失行为那样采取"一般理性人"的标准？对于这些问题，我国民法学者根本就没有讨论，无从作出回答。

---

① 佟柔主编：《中国民法》，法律出版社1990年版，第565页。
② 江平主编：《民法学》，中国政法大学出版社2007年版，第545页。
③ 魏振瀛主编：《民法》，北京大学出版社2011年第4版，第654页。

4. 损害就是他人遭受的某种损失

在我国，既然我们不应当将作为民事责任构成要件的损害界定为"不利益"或者"不利后果"，那么，我们应当如何界定作为民事责任构成要件的损害？本书认为，所谓损害，是指他人因为行为人实施的致害行为而遭受的损失。因此，所谓损害就是指他人所遭受的损失，作为民事责任构成要件的损害就是作为民事责任构成要件的损失，损害就是损失，损失就是损害，损害同损失是两个同义词，它们完全能够通用和互换。在债法上，将作为民事责任构成要件的损害界定为损失，是因为"损失"像"损害"一样是一个规范的现代汉语词语，符合现代汉语词典对"损害"作出的解释，"损失"像"损害"一样简单明了、通俗易懂，并且符合两大法系国家民法或者民法学者的主流理论。

（二）损害在民事责任中的必要地位

1. 损害在民事责任当中的必要地位

在债法当中，损害是不是行为人对他人承担民事责任的必要构成要件？对此问题，民法学者普遍作出了肯定的回答，认为损害是民事责任的必要构成要件，包括损害是行为人对他人承担侵权责任的必要构成要件，也包括损害是行为人对他人承担违约责任的必要构成要件。不过，应当说明的是，在此处，所谓的侵权责任仅仅是指狭义的侵权责任，也就是所谓的侵权损害赔偿责任，不包括广义的侵权责任，尤其是不包括停止侵害、恢复原状等侵权责任，因为广义的侵权责任当中的某些侵权责任无需具备损害这一必要构成要件。

2. 损害在侵权责任构成要件当中的必要地位

在债法上，行为人对他人承担侵权责任应当具备损害这一必要构成要件，如果行为人实施的致害行为没有引起他人损害的发生，他们原则上不对他人承担损害赔偿责任。Carbommier 对此作出了明确说明，他指出："损害是民事侵权责任的第一个构成要件。因此，即便机动车司机在机动车道上逆向行驶，如果他们的行为没有导致交通事故的发生，他们将不用承担侵权责任（至于说刑事责任，那是另外一回事），因为，他们虽然实施了过错行为，但他们没有导致他人损害的发生。原告如果要求行为人承担损害赔偿责任，他们应当证明自己遭受了损害。"[①] 同样，Mazeaud 和 Chabas 也对此作出了明确说明，他们指出："民事责任的效果就是赔偿他人的损害，因此，损害是行为人对他人承担侵权责任的一个条件。"[②]

---

① Jean Carbonnier, Droit civil, les obligations, 17e édition, Presse Universitaires De Franc, p. 379.
② Henri et Leon Mazeaud Jean Mazeaud Francois Chabas, Obligations, 9 e édition, Montchrestien, p. 412.

3. 损害在违约责任当中的必要地位

在债法当中，契约债务人对契约债权人承担违约责任是否应当具备损害这一必要构成要件？对此问题，某些民法学者持否定的意见，认为行为人对他人承担违约责任无需具备损害这一必要构成要件，因为他们认为，一旦契约债务人不履行他们所承担的契约义务，他们不履行契约义务的致害行为本身就足以让他们对契约债权人承担违约责任。[1]

而大多数民法学者则持肯定的意见，他们认为契约债务人对契约债权人承担违约责任应当具备损害这一必要构成要件，如果契约债务人实施的致害行为没有引起他人损害的发生，他们将不对他人承担违约责任。Roland 和 Boyer 对此作出了明确说明，他们指出："即便债务人实施了迟延履行行为、不完全履行行为或者瑕疵履行契约义务的行为，他们也不对契约债权人承担违约责任，除非契约债权人因为他们的违约行为遭受了损害。"[2] Cabrillac 也指出："债权人遭受的损害是契约债务人对其承担违约责任的一个必要构成条件。如果债权人没有遭受损害，他们就不能要求债务人对其承担赔偿责任。"[3]

本书认为，契约债务人对契约债权人承担违约责任当然应当具备损害这一必要构成要件，因为违约责任的目的也是为了补偿契约债权人所遭受的损害，如果认为违约责任无需具备损害这一必要构成要件，违约责任的目的将如何予以实现？不过，契约法对于违约责任构成要件的损害的要求要比侵权责任构成要件当中的损害要求低，因为契约法认为，一旦契约债务人不履行他们所承担的契约义务，契约债权人就遭受了可予赔偿的损害，这就是契约债权人期待利益的损害，也就是，契约债务人履行契约义务之后契约债权人原本能够获得的利益。

4. 可予赔偿的损害和不予赔偿的损害

在债法上，虽然他人遭受的损害是行为人实施的致害行为引起的，但是，他人并不能够请求行为人对其遭受的一切损害予以赔偿，行为人并非对他人遭受的一切损害均要承担赔偿责任。基于公共政策的考虑，两大法系国家和我国的法律都认为，当他人因为行为人实施的致害行为而遭受损害时，他们仅能够请求行为人对其遭受的某些损害予以赔偿，不能够要求行为人对其遭受的所有损害、一切损害予以赔偿。在债法上，人们将他人能够要求行为人对其予以赔偿的损害称为可予赔偿的损害（dommage réparable, damage recoverable），将他人不能要求行为人对其予以赔偿的损害称为不予赔偿的损害（damnum sine injuria）。

---

[1] Geneviève Viney Patric Jourdain, Les conditions de la responsabilité, 3e édition, L. G. D. J. p. 5.
[2] Henri Roland et Laurent Boyer, Droit Civil, Obligations, 2. Contrat, 3e édition, litec, p. 563.
[3] Rémy Cabrillac, Droit des Obligations, 9e édition, Dalloz, p. 134.

在侵权责任和违约责任领域，可予赔偿的损害大同小异，没有什么重大的差异，但是，在违约责任领域和侵权责任领域，不予赔偿的损害则存在较大的差异，因为在侵权责任领域，不予赔偿的种类多种多样，而在违约责任领域，不予赔偿的类型很少。

（三）不予赔偿的损害

1. 承认不予赔偿损害的原因

无论是侵权法还是契约法均认为，虽然他人因为行为人实施的致害行为遭受了损害，他人所遭受的某些损害是不能够要求行为人对其予以赔偿的。侵权法或者契约法之所以认定他人遭受的某些损害是不能够予以赔偿的，完全是基于以下几个方面公共政策的考虑：

其一，非法利益的排除。他人遭受的某些损害或许是他人非法利益被侵害之后所遭受的损害，如果法律允许行为人赔偿他人非法利益遭受的损害，则法律实际上就认可了他人非法利益的合法性，让原本不受法律保护的利益成为受法律保护的利益。例如，非法同居生存方所遭受的损害、妓女遭受的损害等均是基于此种理由而被看作不予赔偿的损害。

其二，诉讼泛滥的担忧。如果认定他人遭受的一切损害均是可予赔偿的损害，则大量的人就会借口他们遭受了损害而向法院起诉，使法院一时之间面临大量的同类案件，导致法院的精力、时间均耗费在这些案件当中，影响到法院对其他案件的审理。认定他人遭受的某些损害是不予赔偿的损害，就能够防止一时之间某些类型的案件像潮水般涌向法院。

其三，契约法和侵权法独立性保持的必要。在债法上，契约法往往肩负着保护他人纯经济利益的责任，而侵权法则肩负着保护他人有形财产、有形人格利益的责任，因此，当他人遭受的损失是纯经济损失时，侵权法往往认为该种损害是不予赔偿的损害，而契约法则认定该种损害是可予赔偿的损害。

其四，立法者意图的尊重。如果立法者在其通过的制定法当中明确规定，他人遭受的某种损害是不予赔偿的损害，当法官认定他人遭受的此种损害是可予赔偿的损害时，法官的做法实际上已经背离了立法者的意图。

其五，行为人利益的保护。如果他人遭受的一切损害均是能够予以赔偿的损害，则行为人所承担的赔偿责任可能过重，会打击行为人的积极性。

其六，契约当事人意思表示的尊重。如果契约当事人在签订契约的时候能够预见到他们不履行契约义务时契约债权人所遭受的损害范围，则他们仅仅在签订契约时所能够预见的损害范围内对契约债权人承担违约责任，如果责令契约债务人对其签订契约时所无法预见到的损害进行赔偿，实际上违反了契约当事人的意思表示。

2. 侵权责任领域不予赔偿的损害

在侵权责任领域，侵权法认定他人遭受的某些损害是不予赔偿的损害，当他人所遭受的损害是此类损害时，他人是不能够要求行为人对其承担侵权责任的。在侵权责任领域，他人遭受的不予赔偿的损害多种多样，包括但是不限于以下方面：

（1）非婚同居生存方遭受的损害。当行为人实施的侵权行为导致非婚同居一方当事人死亡时，非婚同居的生存方无权要求行为人就其实施的侵权行为对自己遭受的损害承担侵权责任，因为侵权法认为，非婚同居生存方所遭受的损害属于不予赔偿的损害。此种规则在20世纪60年代之前得到两大法系国家侵权法的普遍认可，但在20世纪60年代之后则逐渐被废除，两大法系国家的侵权法至少部分允许非婚同居生存方遭受的损害得到赔偿。[①]

侵权法之所以认为非婚同居生存方遭受的损害是不予赔偿的损害，一方面是因为非婚同居双方没有获得夫妻关系那样的合法身份，如果认为非婚同居生存方遭受的损害能够像夫妻关系当中的生存方那样是可予赔偿的损害，则非婚同居关系将等同于夫妻关系；另一方面是因为非婚同居关系违反了公序良俗，破坏了传统道德规范所倡导的禁止婚外性行为的观念。

（2）妓女遭受的损害。即便妓女因为行为人实施的侵权行为而遭受营业收入损失，他们也不得要求行为人对他们遭受的损失承担赔偿责任，因为两大法系国家和我国的侵权法都认为，妓女遭受的此种损害是不予赔偿的损害。两大法系国家和我国的侵权法之所以认为妓女遭受的损害是不予赔偿的损害，是因为妓女卖淫的行为是违反公序良俗的行为，如果认为妓女遭受的损害是可予赔偿的损害，则无疑认可了妓女卖淫行为的合法性。

不过，应当注意的是，如果一个国家允许妓女卖淫，则当行为人实施的侵权行为导致妓女遭受营业收入损失时，妓女有权要求行为人赔偿他们遭受的损害，因为他们在此种情况下遭受的损害是可予赔偿的损害。此外，两大法系国家和我国的侵权法也仅仅是禁止妓女要求行为人赔偿他们遭受的营业收入损失，不会禁止妓女要求行为人赔偿他们遭受的其他人身损害，诸如妓女因为行为人实施的侵权行为而遭受的医疗费损失、精神损害等。这些损害是包括妓女在内的所有自然人均会遭受的人身损害，均是可予赔偿的损害，不得仅仅因为他人是妓女而不予赔偿。

（3）纯精神损害。所谓纯精神损害（pure nervous shock），是指行为人实施的侵权行为仅仅给他人造成了精神损害、心理损害，仅仅导致他人心里的苦闷、精神上的痛苦、感情上的伤害。例如，当行为人扮鬼吓唬他人时，他人因为怕鬼而遭受的心理损害

[①] 张民安：《非婚同居在同居配偶间的法律效力》，《中山大学学报（社会科学版）》1999年第2期，第95—96页；卓冬青等主编：《婚姻家庭法》，中山大学出版社2012年第4版，第200—291页。

就是纯精神损害。同样，当警察单独去找未成年学生谈话时，未成年学生因为害怕警察而遭受的精神痛苦就是纯精神损害。

两大法系国家和我国的侵权法认为，他人遭受的纯精神损害是不予赔偿的损害，因为此种损害是否存在难以判断，此种损害的范围有多大无法确定，认定他人遭受的纯精神损害是可予赔偿的损害将会导致诉讼泛滥。他人遭受的纯精神损害要区别于他人因为有形人格权或者无形人格权遭受的精神损害，因为在后两种情况下，他人遭受的精神损害是可予赔偿的损害，只要他人在这两种情况下遭受的精神损害是严重的、重大的损害。我国《侵权责任法》第22条规定：侵害他人人身权益，造成他人严重精神损害的，被侵权人可以请求精神损害赔偿。

（4）制定法不打算防范的损害。如果他人遭受的损害是制定法不准备防范的损害，则当他人遭受这些损害时，他们不得要求行为人对其遭受的损害承担侵权责任，因为侵权法认为，他人遭受的这些损害是不予赔偿的损害。如果制定法意图防范某种损害的发生，只有他人遭受的损害是制定法意图加以防范的损害时，他人才能够要求行为人赔偿其遭受的损害，否则，不得要求行为人赔偿他们遭受的损害。例如，我国刑法虽然要求刑事犯罪行为人对他人承担侵权责任，但是制定法并不打算要求刑事犯罪行为人赔偿他人遭受的精神损害，因此，如果他人因为犯罪行为人实施的犯罪行为而遭受了精神损害，他们不得要求行为人予以赔偿。

同样，我国国家赔偿法仅仅打算防范行政机关、司法机关实施的某些侵权行为引起的损害，它既不打算防范行政机关、司法机关实施的所有侵权行为引起的损害，也不打算防范立法机关实施的侵权行为引起的损害。如果他人因为行政机关、司法机关实施的侵权行为而遭受的损害不是国家赔偿法明确限定范围内的损害，如果他人因为立法机关的立法活动而遭受了损害，那么，他们不得要求国家对其承担侵权责任，因为他们遭受的损害不是国家赔偿法意图加以防范的损害，他们遭受的损害是不予赔偿的损害。

（5）纯经济损失。所谓纯经济损失（pure economic loss），是指行为人实施的侵权行为仅仅给他人造成了经济上的损失，没有给他人造成有形财产的损害。例如，当行为人侵害他人契约时，他人因为契约被侵害所遭受的损失就是纯经济损失。再如，当行为人将存在质量问题的汽车卖给汽车主时，汽车主因为其质量存在问题而遭受汽车贬值的损失就是纯经济损失。除了法国侵权法认为他人遭受的纯经济损失是可予赔偿的损失之外，其他两大法系国家和我国的侵权法都认为，他人遭受的纯经济损失是不予赔偿的损失，他人不得要求行为人赔偿此种损失。

两大法系国家和我国的侵权法之所以将他人遭受的纯经济损失看作不予赔偿的损害，一方面是因为纯经济损失的赔偿往往建立在契约责任的基础上，如果法律允许侵权法对他人纯经济利益提供保护，则契约责任的圣洁性和优先性将受到影响，契约责任将淹没在侵权法的汪洋大海之中而丧失了自己的独立性。[①] 另一方面是因为对诉讼泛滥的担心，如果责令行为人对他人遭受的纯经济损失予以赔偿，则行为人的同一个侵权行为可能会引起大量的侵权诉讼，他们可能会对大量的人承担侵权责任，其责任范围将不受限制。

在坚持纯经济损失是不予赔偿的损失的一般原则的基础上，两大法系国家和我国的侵权法也例外地认为，他人遭受的纯经济损失在某些情况下也是可予赔偿的损失，他人有权要求行为人赔偿他们遭受的此种损失。此种例外包括：其一，如果制定法明确规定，他人遭受的纯经济损失是可予赔偿的损失，则他人有权要求行为人赔偿他们遭受的纯经济损失。例如，各国侵权法都认为，一旦他人因为船舶运输公司运输的石油或者其他物件泄漏而遭受纯经济损失，他人有权要求行为人对他们遭受的纯经济损失承担赔偿责任。其二，如果行为人故意侵害他人的纯经济利益并因此导致他人遭受纯经济损失，则他人因为行为人的故意侵权行为遭受的纯经济损失是可予赔偿的损失，他人有权要求行为人赔偿。例如，如果行为人故意侵害他人契约，故意欺诈他人，故意同他人展开不正当竞争，或者故意胁迫他人并因此导致他人遭受纯经济损失，他人遭受的纯经济损失是可予赔偿的损失，他人有权要求行为人承担赔偿责任。

（6）不可预见的损害。所谓不可预见的损害，是指他人遭受的损害是一般有理性的人所无法预料的损害。在侵权法上，不可预见的损害是相对于可以预见的损害而言的一种损害。所谓可以预见的损害，是指他人遭受的损害是一般有理性的人能够预料到的损害。侵权法之所以区分这两种损害，是因为侵权法认为，他人遭受的不可预见的损害是不予赔偿的损害，即便此种损害是由于行为人实施的侵权行为所引起，他人也不得要求行为人对其承担侵权责任；他人遭受的可以预见的损害是可予赔偿的损害，他人有权要求行为人对其承担侵权责任。

他人因为行为人实施的侵权行为所遭受的某种损害究竟是不可预见的损害还是可以预见的损害，其判断标准是一般理性人的标准，这就是，一个有理性的人在行为人实施侵权行为的时候能够预料到会导致的损害。凡是一个有理性的人能够预见到行为人实施的侵权行为会产生的损害就是可以预见的损害；否则，就是不可预见的损害。例如，当行为人侮辱甲方时，一个有理性的人能够预见到甲方会遭受精神痛苦，因此，他人遭受的精神损害是可赔偿的损害；当行为人侮辱甲方时，一个有理性的人无法预见到甲方的妻子会跳楼自杀，因此，甲方妻子的自杀是不予赔偿的损害。同样，当甲方在楼上进行装修施工时，他们能够合理预见到其装修会使得楼下住户遭受财产损失，不会合理预见到其装修会导致楼下住户在洗澡时触电死亡。此时，楼下住户因为楼上住户的装修而遭受的财产损失是可以预见的损害，有权要求行为人赔偿；楼下住户因为楼上住户的装

[①] 张民安：《过错侵权责任制度研究》，中国政法大学出版社2002年版，第613—615页。

修而遭受的触电死亡是不可预见的损害，无权要求行为人赔偿。

应当指出的是，并非所有的国家均采取这样的原则，某些国家的侵权法认为，无论他人遭受的损害是否是可以合理预见的损害，只要他人遭受的损害与行为人实施的侵权行为存在因果关系，他人遭受的损害均是可予赔偿的损害，他人均有权要求行为人予以赔偿。例如，英国侵权法就采取这样的规则。

3. 违约责任领域不予赔偿的损害

在违约责任领域，不予赔偿的损害仅有一种，这就是所谓的不可预见的损害，或者称为无法预见的损害，当契约债权人因为契约债务人不履行契约义务而遭受了无法预见的损害时，他们无权请求契约债务人对其遭受的此种损害承担违约责任。

契约债权人所遭受的损害是不是可以预见的损害，其判断标准仍然是理性人的标准，也就是，当契约债务人不履行契约义务时，一个理性人原本能够预见到契约债权人所遭受的损害，如果一个理性人无法预见契约债权人遭受某种损害，则契约债权人所遭受的损害就是不可预见的损害，契约债务人即便违约，他们也无需对此承担赔偿责任。契约债权人所遭受的损害是不是可预见的损害，其判断时间不是契约债务人不履行契约义务的时间，而是契约债务人与契约债权人签订契约的时间，也就是，契约债务人与契约债权人签订契约时能够预见或者原本能够预见到契约债权人因为契约债务人不履行契约义务所遭受的损害范围。

（四）财产损害和非财产损害的二分法

在债法上，他人遭受的损害当中除了那些不予赔偿的损害之外均为可予赔偿的损害，一旦他人遭受的损害是可予赔偿的损害，他人就有权请求行为人对其承担赔偿责任。在债法上，可予赔偿的损害既存在于侵权责任当中，也存在于违约责任当中，因此，它们属于所有民事责任的共同赔偿范围。无论是侵权责任领域的可予赔偿的损害，还是违约责任领域的可予赔偿的损害，均可以分为财产损害和非财产损害两类。

1. 侵权责任领域可予赔偿损害的二分法

在侵权责任领域，他人遭受的可予赔偿的损害如何进行分类，民法学者有两种不同的意见。某些民法学者认为，应当将他人遭受的可予赔偿的损害分为两种：财产损害和非财产损害，这就是可予赔偿损害的二分法理论。

而某些民法学者则认为，应当将他人遭受的可予赔偿的损害分为三种：财产损害、非财产损害和人身损害，这就是可予赔偿损害的三分法理论。

二分法和三分法理论的主要区别在于：在二分法理论当中，他人所遭受的人身损害不是独立的损害，其中所包含的财产损害归属于财产损害，其中的非财产损害则归属于非财产损害。而在三分法理论当中，人身损害既独立于财产损害，也独立于非财产损害，构成财产损害和非财产损害之外的第三种类型的损害。本书将侵权责任领域的可予赔偿的损害分为财产损害和非财产损害两种,其中人身损害当中的财产损害归属于财产损害,而人身损害当中的非财产损害则归属于非财产损害。

2. 违约责任领域可予赔偿损害的二分法理论

问题在于,违约责任领域可予赔偿的损害如何进行分类?我们是否也能够像侵权责任领域那样将可予赔偿的损害分为财产损害和非财产损害两类?在大陆法系国家,民法学者几乎对此没有任何异议,他们都认为,契约责任除了包括传统的财产损害之外,还包括非财产损害。因此,当契约债务人不履行契约义务的行为导致他人遭受财产损害和非财产损害时,他们应当同时对契约债权人承担财产损害和非财产损害的赔偿责任。

在我国,民法学者对这样的问题少有说明;即便某些民法学者对这样的问题作出说明,他们往往也是持谨慎或者完全否定的态度。① 我国民法学者之所以对这样的问题持谨慎或者完全否定的态度,一个主要原因在于,他们往往认为违约责任仅仅属于一种财产性质的责任,也就是,契约债务人违反契约义务时往往仅会导致契约债权人遭受财产损害,很少会让契约债权人遭受非财产损害。

实际上,在我国,契约债务人违反契约义务的行为除了会让契约债权人遭受财产损害之外,往往还会让他们遭受非财产损害。如果不承认契约债权人所遭受的非财产损害属于可予赔偿的损害,则契约债权人的利益将无法获得有效保护。此外,如果不承认契约责任领域的非财产损害,则我国民法学者所谓的违约责任和侵权责任的竞合理论将无法实现。本书认为,我国应当像在侵权责任领域承认财产损害和非财产损害那样承认违约责任领域的财产损害和非财产损害的存在,认为这两种损害均是可予赔偿的损害。我国债法之所以应当承认契约责任领域的非财产损害的可予赔偿性质,除了这样做符合大陆法系国家民法的一般理论之外,还有以下三个主要原因:

其一,在我国,正如在其他国家,契约当事人所规定的契约并非全部都是商事契约、经济契约或者财产契约,他们有时所规定的契约仅仅是一种身份契约、以满足精神需求或者心理需要为目的的契约。在这些契约当中,契约债务人不履行契约义务时,契约债权人所遭受的损害不是或者说主要不是财产损害,而是非财产损害。例如,婚姻契约、旅游契约等。此时,如果不责令契约债务人对契约债权人承担非财产损害赔偿责任,则契约债权人将无法获得有效保护。基于此,我国债法应当在有关身份契约、以满足契约债权人的精神需求、心理要求为目的的契约当中认可非财产损害的可予赔偿性。

其二,在我国,正如在其他国家,即便契约当事人之间的契约属于一种商事契约、经济契约或者财产契约,契约当事人之间的契约关系除了会涉及契约债权人的财产利益之外,还会涉及契约债权人的人身利益,当契约债务人不履行契约义务时,契约债权人除了会遭受财产损害之外,还会遭受非财产损害,并且他们遭受的非财产损害可能会远

---

① 崔建远主编:《合同法》,法律出版社2000年第2版,第282—283页。

远超过他们所遭受的财产损害。例如，消费者与经营者之间签订的契约，运输公司与旅客之间签订的运输契约，等等。此时，如果不责令契约债务人对契约债权人承担非财产损害赔偿责任，则契约债权人将无法获得有效保护，基于此，我国债法应当在这些契约当中承认非财产损害的可予赔偿性。

其三，在我国，如果不承认违约责任领域的非财产损害，则我国法律所规定的侵权责任和违约责任的竞合将没有任何实际意义。在债法上，侵权责任和违约责任之所以能够发生竞合，就是因为行为人对他人承担的某种义务既是侵权法上的义务，也是契约法上的义务。这样的竞合义务和竞合责任往往存在于那些要求契约债务人对契约债权人承担安全保障义务的契约当中，因为契约债务人在此种情况下对其契约债权人所承担的安全保障义务既是契约义务，也是侵权法上的义务。例如，出卖人对买受人所承担的安全保障义务，出租人对承租人所承担的安全保障义务，承运人对其旅客所承担的安全保障义务，商事经营者对其旅客所承担的安全保障义务，等等。

3. 侵权责任和违约责任赔偿范围的一致性

在我国，正如在大陆法系国家，行为人在侵权责任领域对他人承担的损害赔偿责任范围除了包括财产损害之外，还包括非财产损害；同样，在我国，正如在大陆法系国家，行为人在违约责任领域对他人承担的损害赔偿责任范围除了包括财产损害之外，也包括非财产损害。这样，行为人对他人承担的侵权责任范围和违约责任的范围趋于一致。

行为人所承担的民事责任范围之所以趋于一致，一方面是因为违约责任和侵权责任的竞合大量发生，使契约债务人对契约债权人承担的契约义务与行为人对他人承担的侵权法上的义务基本一致，甚至完全相同；另一方面则是因为，侵权责任领域的财产损害和非财产损害的二分法理论影响巨大，该种理论除了在侵权责任领域得到广泛适用之外，还被拓展到了包括契约责任在内的所有民事责任领域。

4. 区分财产损害和非财产损害的原因

法律之所以要区分财产损害和非财产损害，其主要原因有两个方面：

其一，财产损害的评估方法不同于非财产损害的评估方法。总的说来，法官对他人遭受的财产损害进行客观的评估，而对他人遭受的非财产损害进行主观的评估。所谓对财产损害进行客观的评估，是指法官在确定他人遭受的财产损害时以金钱的方式客观地评估侵权行为发生之前他人财产的价值和侵权行为发生之后他人的财产价值是多少，将侵权行为发生之前他人的财产价值减去侵权行为发生之后他人的财产价值，即为他人遭受的财产损害，行为人应根据减去后的财产损害赔偿他人的损害。由于他人遭受的财产损害是确定性的损害，可以以金钱方式予以具体化，法官在评估他人遭受的财产损失时，不考虑行为人的过错程度，也不考虑双方当事人的社会和经济地位，故此种评估方法被称为客观的评估方法。

所谓对非财产损害进行主观的评估，是指法官在确定他人遭受的非财产损害时，以主观的方式对他人遭受的非财产损害是否存在予以确定；一旦确定他人遭受的非财产损害存在，法官会考虑各种主观因素，诸如行为人过错的程度，他人遭受痛苦的程度，损害持续的时间长短，损害扩散的范围，他人的个人状况，等等，以便确定行为人所应当具体承担的赔偿数额。

其二，财产损害的赔偿原则和非财产损害的赔偿原则不同。总的说来，对于财产损害，法官适用全部损害赔偿原则，对于非财产损害，法官则适用法官自由裁量原则。所谓全部损害赔偿原则，也称实际损害赔偿原则，是指债务人应当就其实施的致害行为对他人遭受的全部损害、所有损害予以赔偿，他们所承担的损害赔偿责任等同于债权人所遭受的实际损害，债权人遭受多少损害，债务人就应当赔偿债权人多少损害。当然，全部损害赔偿原则当中的全部损害是指债权人所遭受的全部可予赔偿的损害，不包括他们遭受的不予赔偿的损害。

所谓法官自由裁量原则，是指债务人究竟应当就其实施的致害行为对债权人承担多少损害赔偿责任，应当由法官根据案件的具体情况来决定，法官在决定债务人所承担的损害赔偿责任范围时会考虑案件所面临的各种情况，诸如债务人实施的致害行为的过错程度，债务人实施致害行为的方式，他人遭受非财产损害的程度，等等，并最终确定债务人承担的赔偿责任范围。

（五）财产损害

所谓财产损害（dommage pécuniaire patrimonial damage），也称为物质损害（dommage matériel）或者经济损失（pecuniary losses），是指可以用货币单位来计量或者通过金钱方式来评估和确定的损害。例如，他人因为行为人破坏其机动车的行为而遭受的损害是财产损害，因为此种损害是可以通过金钱方式确定的损害。同样，他人因为行为人使用其专利产品的行为而遭受的损害是财产损害，因为此种损害是可以通过金钱方式评估和确定的损害。通常而言，他人遭受的财产损害或者表现为直接损害，或者表现为间接损害，或者同时表现为直接损害和间接损害。

所谓直接损害，也称为积极损害、直接损失（direct losses）、基本财产损失（basic pecuniary losses）或者所遭受的损失（perte épouvcé），是指他人因为行为人的致害行为所遭受的现有财产的减少或者既得利益的损失。例如，他人的机动车被大火烧毁所遭受的财产损害是直接损害，他人的房屋因为行为人的致害行为而倒塌所遭受的财产损害也是直接损害。

所谓间接损害，也称为消极损害、间接损失（indirect losses）、附带发生的经济损失（consequential pecuniary losses）或者没有获得收益的损失（gain manqué），是指他人在正常情况下原本能够获得而因为行为人实施的致害行为而没有获得的收益损失。例如，他人的出租车因为修理无法经营所遭受的营业收入损失是间接损害，他人的房屋因为行为人的纵火行为无法出租而遭受的租金收入损失也是间接损害。

在债法上，将财产损害分为直接损害和间接损害并无太大的意义，因为两大法系国家和我国的债法都认为，一旦他人因为行为人的致害行为遭受了财产损害，无论此种财产损害是直接损害还是间接损害，他人均有权要求行为人赔偿他们遭受的损害，行为人也应当赔偿他人遭受的这些财产损害。

（六）非财产损害

所谓非财产损害（dommage extrapatrimoniaux non-patrimonial damage），也称为非财产损失（non-pecuniary losses），是指他人遭受的无法通过金钱加以具体评估和确定的损害。例如，当行为人实施的致害行为导致甲方死亡时，甲方的父母所遭受的精神痛苦就是非财产损害；当行为人砍断他人的手臂时，他人在伤口没有愈合之前遭受的肉体疼痛就是非财产损害。非财产损害包括以下五种：精神痛苦、肉体疼痛、娱乐损失、短命损失和美感损失。①

1. 精神痛苦

所谓精神痛苦，也称为精神损害、感情损害或者心理伤害，是指他人因为行为人实施的致害行为而遭受的感情伤害、心理苦闷或者精神烦恼。

2. 肉体疼痛

所谓肉体疼痛，是指他人在身体遭受伤害或者健康受到不利影响时所遭受的肌肉痛楚和所忍受的创伤苦痛。在两大法系国家，此种类型的非财产损害仅仅因为他人的生命权、身体权和健康权遭受侵害而产生，不会因为其他原因而产生。

3. 娱乐损失

所谓娱乐损失，也称为生活享乐的损失，是指他人因为身体受到伤害或者健康恶化而无法从事原本能够从事的各种喜爱活动而遭受的损害。例如，因为行为人对他人实施的致害行为，他人无法享受旅游的乐趣而遭受的损害是娱乐损失；因为行为人对他人实施的致害行为，一个钢琴艺术家无法再演奏所喜爱的钢琴而遭受的损失是娱乐损失；因为行为人对他人实施的致害行为，他人无法看见曾经熟悉的世界而遭受的损害，也是娱乐损失。在两大法系国家，此种类型的非财产损害仅仅在他人的生命权、身体权和健康权遭受侵害时才会产生，不会因为其他权利被侵害而产生。

4. 短命损失

所谓短命损失，也称为生命期待的损失、时光损失、光阴损失，是指他人因为行为

---

① 张民安：《过错侵权责任制度研究》，中国政法大学出版社2002年版，第458—463页；张民安、梅伟：《侵权法》，中山大学出版社2008年第3版，第85—87页。

人对他人实施的致害行为而寿命减少或者缩短而遭受的非财产损害。例如，当他人因为行为人的谋杀行为而在30岁就死亡时，他人没有享受其他人能够享有的时光而遭受的损失，当他人因为医疗过失而在40岁死亡时，他人没有享受其他人能够享有的时光而遭受的损失，也是短命损失。在我国，债法也应当认可此种类型的非财产损害，因为当行为人剥夺他人的生命权时，他们的寿命将会提前结束，无法享受其他人在正常情况下能够享受的时光。因此，短命损失是可予赔偿的损害。

5. **美感损害**

美感损害，是指他人因为行为人的致害行为而遭受的容颜毁坏、形体残缺不全等损害。例如，当行为人往他人脸上泼硫酸时，他人脸上因为大面积烧伤而遭受的损害是美感损害，当行为人殴打他人时，他人因为脸上或者身体上留下疤痕、伤疤而遭受的损害，也是美感损害。在债法上，美感损害具有独立性，它既独立于他人遭受的精神损害；因为美感损害是他人外在的非财产损害，而精神损害是他人内在的非财产损害，也独立于他人遭受的财产损害，因为当他人容颜被毁时，他人为了整容治疗而支出的费用当然是财产损害。但是，他人因为整容和治疗也无法恢复到致害行为发生之前的状况，导致其容颜丑陋难看，此种损害就是美感损害。

五、作为民事责任一般构成要件的因果关系

（一）因果关系的界定

在债法当中，行为人就其实施的致害行为对他人承担民事责任应当具备第三个必要构成要件，这就是，行为人实施的致害行为同他人遭受的损害之间存在因果关系。所谓因果关系，是指行为人实施的致害行为与他人遭受的损害之间存在某种联系，此种联系表现为，行为人实施的致害行为是他人遭受损害的原因，他人遭受的损害是行为人实施的致害行为引起的结果。

只有当行为人实施的致害行为同他人遭受的损害之间存在因果关系时，行为人才有可能对他人承担民事责任，如果行为人实施的致害行为同他人遭受的损害之间不存在因果关系，则行为人不对他人承担民事责任。对契约债务人承担的契约责任而言是如此，对于行为人承担的侵权责任而言也是如此，因此，因果关系是所有民事责任均应当具备的一个构成要件。

本书认为，包括侵权责任和违约责任在内的所有民事责任领域的因果关系理论多种多样，诸如民事责任领域的条件相等理论、民事责任领域的适当因果关系理论、民事责任领域的可预见理论、民事责任领域的事实上的因果关系理论和法律上的因果关系理论等。本书已经在前面的内容当中对民事责任领域的可预见理论作出了说明，下面仅简单介绍其他几种因果关系理论。

（二）条件相等的因果关系理论

1. 条件相等因果关系的界定

所谓条件相等的因果关系理论（la théorie de l'équivalence des conditions），是指如果引起他人损害发生的条件有两个或者两个以上，无论这些条件在他人遭受的损害当中所起的作用是主要作用还是次要作用，在引起他人损害的发生当中所起的作用是决定性的作用还是非决定性的作用，引起他人损害发生的所有条件均被看作他人遭受损害的原因。因此，促使这些条件发生的所有行为人均应当对他人遭受的损害承担民事责任。

例如，在甲方被乙方撞伤之后，丙方在将甲方送往医院的过程当中因为丁方撞坏丙方的救护车而导致甲方因救护延迟而死亡。甲方之所以死亡，其条件有三个方面：一是乙方将甲方撞伤，二是丙方救助延迟，三是丁方撞坏丙方的救护车。按照条件相等理论，乙方、丙方和丁方的行为均是导致甲方死亡的原因，他们均应当对甲方承担赔偿责任，因为根据条件相等的因果关系理论，这些条件在甲方的死亡当中的地位是相等的，无所谓其中的哪一个条件是导致甲方死亡的主要原因，哪一个条件是导致甲方死亡的次要原因。再如，当乙方撞伤甲方之后，如果甲方在丙方医院输血时感染 HIV 病毒病并因此死亡，按照条件相等的因果关系理论，甲方的死亡有两个条件：一是乙方撞伤甲方的行为；二是丙方给甲方输血的行为。这两个条件均被看作甲方死亡的条件，并且是两个同等重要的条件，因此，乙方和丙方均应当对甲方的死亡承担民事责任。

2. 条件相等因果关系理论在侵权责任领域的适用

在债法上，条件相等理论在侵权责任当中得到适用。Lègier 对侵权责任当中的条件相等理论作出了明确说明，他指出："引起他人损害发生的所有事件均被看作他人遭受损害的条件，也就是，如果没有这些条件，他人的损害就不会发生，因此，所有事件也都被看作他人损害发生的原因，引起这些事件发生的行为人应当对他人遭受的损害承担全部责任。"① Cabrillac 也对侵权责任领域的条件相等理论作出了说明，他指出："根据条件相等理论，能够引起他人损害发生的所有事件均被看作他人损害发生的原因：一旦没有某种事件的发生，他人的损害就不会产生，则该种事件就是他人遭受损害的原因。"②

3. 条件相等因果关系理论在违约责任领域的适用

除了在侵权责任领域得到适用，条件相等因果关系理论也在违约责任领域得到适用。Terré、Simler 和 Lequett 对违约责任当中的条件相等理论作出了说明，他们指出："根据条件相等理论，在决定契约债务人就其不履行契约义务的行为对契约债权人承担

---

① Gérard Légier, les obligations, 17e édition, Dalloz, p. 165.
② Rémy Cabrillac, Droit des obligations, 9e édition, Dalloz, p. 254.

违约责任时，所有的事件均被看作引起契约债权人损害发生的原因并且这些原因均是相等的。一旦契约债权人所遭受的某种损害被认定为同契约债务人所实施的某种过错有关系，则契约债务人就会被认定为责任人。"Toulet 也对违约责任领域的条件相等理论作出了说明，他指出："正如 G. Viney 教授所指出的那样，在条件相等理论当中，只要是引起他人损害发生的所有必要事件均被看作是他人遭受损害的'法定'原因。"

（三）适当因果关系理论

1. 适当因果关系理论的界定

所谓适当因果关系理论（la théorie de la causalité adéquate），也称为适当原因理论，是指如果引起他人损害发生的条件有两个或者两个以上，法律不会将它们均看作他人遭受损害的法律原因，法律仅仅将其中对于他人损害的发生起决定性作用的条件或者居于支配地位的条件看作他人遭受损害的原因，并因此责令促成此种条件发生的行为人对他人承担民事责任，法律不会将其中对于他人损害的发生起非决定性作用的条件或者居于次要地位的条件看作他人遭受的损害的原因，不会责令促成此种条件发生的行为人对他人承担民事责任。

例如，甲方被乙方撞伤之后，丙方在将甲方送往医院的过程当中因为丁方撞坏丙方的救护车而导致甲方因救护延迟而死亡。甲方之所以死亡，其条件有三：其一，乙方将甲方撞伤，其二，丙方救助延迟，其三，丁方撞坏丙方的救护车。按照适当因果关系理论，虽然乙方、丙方和丁方的行为均是甲方死亡的原因，但是它们在甲方的死亡当中所起的作用是不一样的：乙方和丙方的行为仅仅在甲方的死亡当中起次要的、非决定性的作用。因此，不被看作甲方死亡的原因，无需对甲方的死亡承担赔偿责任，虽然乙方应当就其撞伤甲方的行为对其承担民事责任，而丁方撞坏丙方的救护车的行为在甲方的死亡当中居于主要的、决定性的作用。因此，被看作甲方死亡的原因，应当对甲方的死亡承担民事责任。换句话说，在上述三个条件当中，仅丁方的行为被看作甲方死亡的适当原因，其他两方当事人的行为则不被看作甲方死亡的适当原因。

2. 适当因果关系理论在侵权责任领域的适用

在债法上，适当因果关系理论当然在侵权责任当中得到适用。Lègier 对侵权责任当中的适当因果关系理论作出了明确说明，他指出："适当原因是指，根据事务发展的自然进程会引起他人损害发生的事件。"①

3. 适当因果关系理论在违约责任领域的适用

除在债权责任领域得到适用之外，适当因果关系理论也在违约责任领域得到适用。Terré, Simler 和 Lequett 对违约责任当中的适当因果关系理论作出了说明，他们指出：

---

① Gérard Légier, Les obligations, 17e édition, Dallo2, p. 165.

"所谓适当原因,也称为一般原因(cause générique),是指在那些能够引起他人损害发生的众多事件当中,人们应当区分在他人损害的发生当中起决定性作用的事件和在他人损害的发生当中仅仅起非决定性作用的事件:如果没有起决定性作用的事件的发生,他人肯定、明显不会遭受损害,此类事件就是所谓的适当原因、一般原因;而如果某些非决定性的事件的发生,他人仍然可能会遭受损害,此类事件就不是适当原因。如果要让契约债务人就其不履行契约义务的行为对契约债权人承担违约责任,他们的不履行契约行为的行为应当是契约债权人遭受损害的一般原因。"[①]

4. 适当因果关系理论在我国的认可

在我国,适当因果关系理论既能够在违约责任领域适用,也能够在侵权责任领域适用,因此,适当因果关系理论是我国民事责任领域的一般理论。在我国,适当因果关系理论之所以应当得到广泛的适用,其理论根据在于:适当因果关系在责令行为人对他人承担民事责任的同时限制了行为人对他人承担的民事责任范围,因为适当因果关系理论认为,行为人仅仅就其实施的致害行为引起的某些损害对他人承担民事责任,他们不会对他人遭受的所有损害承担民事责任。换句话说,适当因果关系理论能够较好地平衡行为人的利益和他人的利益,能够在保护行为人的行动积极性的同时还能够防止他们恣意妄为。

(四) 事实因果关系和法律因果关系理论

1. 事实上的因果关系

在英美法系国家,在决定行为人是否就其实施的致害行为对他人承担民事责任时,法官应当首先决定,他人所遭受的损害是不是真的因为行为人实施的致害行为所引起,如果他人遭受的损害真的是因为行为人实施的致害行为所引起,则法官就会认定他人遭受的损害同行为人实施的侵害行为之间存在因果关系,如果他人遭受的损害并非真的是因为行为人实施的致害行为所引起,则法官就不会认为他人遭受的损害同行为人实施的侵害行为之间存在因果关系。这就是所谓的事实上的因果关系。

2. 法律上的因果关系

一旦法官认定他人遭受的损害真的是因为行为人实施的致害行为所引起,他们接着还要决定,行为人是不是应当在法律上赔偿他人所遭受的此种损害,如果法官认定,行为人应当在法律上对他人遭受的此种损害承担赔偿责任,则法官就会认定他人遭受的损害同行为人实施的致害行为之间存在因果关系,如果法官认定,行为人不应当在法律上对他人遭受的此种损害承担赔偿责任,则法官就不会认定他人遭受的损害同行为人实施的致害行为之间存在因果关系,这就是所谓的法律上的因果关系。

[①] Francois Terré Philippe Simler Yves Lequette, Droit civil, Les obligations, 10e édition, Dalloz, p. 604.

3. 事实因果关系的判断标准

事实因果关系要解决的问题是，他人遭受的损害是不是由行为人实施的致害行为引起的。在判断他人遭受的损害是不是因为行为人实施的致害行为引起时，法官采取了"如果没有"（but for rule or sine qua non）的检验标准，这就是，如果行为人没有实施致害行为，他人的损害仍然会发生，则行为人实施的致害行为同他人遭受的损害之间就不存在事实上的因果关系；而如果行为人不实施致害行为，他人的损害就不会发生，则行为人实施的致害行为同他人遭受的损害之间就存在事实上的因果关系。①

4. 法律因果关系的判断标准

法律因果关系要解决的问题是，行为人是否应当在法律上对他人承担民事责任，因为法律因果关系理论认为，即便行为人实施的某种致害行为同他人遭受的损害之间存在事实上的因果关系，行为人也并非一定要就其实施的致害行为引起的所有损害对他人承担赔偿责任，基于公共政策的考虑，法律仅会责令行为人就其实施的致害行为引起的某些损害对他人承担赔偿责任。问题在于，如何判断行为人是否应当在法律上对他人遭受的损害承担民事责任。对此问题，英美法系国家的民法采取了"近因理论"或者"损害的远隔性理论"。所谓"近因理论"或者"损害的远隔性理论"，是指行为人仅仅就其实施的致害行为引起的距离较近的损害对他人承担民事责任，不就其实施的致害行为引起的距离较远的损害对他人承担民事责任。他人遭受的损害同行为人实施的致害行为之间的距离究竟是近还是远，取决于法官的自由裁量，法官要结合案件的不同情况作出不同的决定。

第二节 民事责任的限制

一、民事责任的限制方式

在当今两大法系国家和我国，债法除了会对他人提供保护之外，也会对行为人提供保护，在决定是不是要责令行为人对他人承担民事责任和责令行为人对他人承担多大范围内的民事责任时，债法要贯彻利益平衡的理论：如果行为人对他人承担的民事责任过轻，责任范围过窄，则他人的利益将得不到有效的维护，行为人实施的致害行为将得不到有效的遏制；如果行为人对他人承担的民事责任过重，责任范围过大，则他人就会动不动向法院起诉，要求法官责令行为人对其承担民事责任，并因此导致民事诉讼的泛滥；此时，行为人的行动积极性将会大受打击，社会的公共利益将会遭受重大损害。

---

① W. Page Keeton, Prosser and Keeton on Torts, 5th edtion, West Publishing Co., p. 266.

基于此种利益平衡的考虑，两大法系国家和我国的债法在责令行为人就其实施的致害行为对他人承担民事责任的同时，也会基于各种各样的理论来限制行为人对他人承担的民事责任，防止行为人所承担的民事责任过重。虽然两大法系国家和我国的债法对行为人的民事责任所施加的限制手段存在一定的差异，但是，基于现代债法的统一性和国际性的发展趋向，两大法系国家和我国关于民事责任的限制方面的理论大同小异。总的说来，当今两大法系国家和我国普遍适用过失相抵规则、损益同销规则以及减损规则等限制行为人对他人承担的民事责任范围。

二、过失相抵规则对民事责任的限制

（一）过失相抵规则的界定

所谓过失相抵，也称比较过失、共同过失、分担损害等，是指当行为人实施的过错行为引起他人损害的发生时，如果他人要求行为人就其实施的过错行为对其承担民事责任，行为人也仅仅就自己的过错行为引起的那一部分损害对他人承担民事责任，不就他人自己的过失行为引起的那一部分损害对他人承担民事责任。也就是，在决定行为人承担的赔偿责任范围时，要将他人遭受的全部损害减去他人自己的过失行为引起的那一部分损害，让行为人在剩余的损害范围内对他人承担民事责任。

例如，当甲方将车辆停放在乙方的停车场时，如果乙方因为没有尽到合理的注意义务而导致甲方所停放的车辆被人盗窃，乙方当然应当对甲方车辆被盗窃所遭受的损害承担赔偿责任。但是，如果甲方也存在过错。例如，甲方没有将其停放的车辆锁好，则乙方仅仅赔偿甲方所遭受的部分损害，不赔偿甲方遭受的全部损害。乙方赔偿的范围是甲方遭受的全部损害减去甲方自己的过失行为引起的损害之后多余的损害。

（二）过失相抵规则在现代债法当中的地位

在当今两大法系国家和我国，民法普遍认可民事责任领域的过失相抵规则，认为如果行为人和他人对于他人损害的发生均存在过失，则行为人仅仅就自己的过失行为引起的损害对他人遭受的损害承担民事责任，不就他人自己的过失行为引起的损害对他人承担民事责任。

1. 英美法系国家对民事责任领域过失相抵规则的认可

在英美法系国家，在20世纪40年代之前，他人的过失并不是行为人减轻侵权责任的抗辩事由，而是他们免除侵权责任的抗辩事由，一旦他人有丝毫过失，行为人即便是故意侵害他人的利益，他们也能够因他人存在过失而免责。在1945年，英国立法机关制定法律，明确废除了此种规则，认为当行为人实施的侵害行为导致他人遭受损害时，即便他人也对其损害的发生存在过失，行为人也只能要求减轻其承担的侵权责任，不得要求完全免除其侵权责任。因此，英国1945年的制定法实际上规定了过失相抵规则。

在今天，英美法系国家的侵权法普遍认可了侵权责任领域的过失相抵规则。Heuston 和 Buckley 对此作出了说明，他们指出，当行为人实施的过错行为引起他人损害的发生时，如果他人向法院起诉要求法官责令行为人对其承担损害赔偿责任，则法官会根据行为人的过错程度和他人的过错程度来决定他人遭受的损害在行为人和他人之间的适当分配，也就是，在考虑他人的过错在损害当中所起的作用之后将他人要求行为人赔偿的损害赔偿金减少到法官认为公平的范围内。[1]除了在侵权责任领域认可过失相抵规则之外，英美法系国家也在违约责任领域适用过失相抵规则，认为如果契约债务人和契约债权人对于契约债权人损害的发生均有过错，则他们应当分别根据其过错的不同来分担责任。[2]

2. 法国民法对民事责任领域过失相抵规则的认可

在法国，无论是侵权法还是契约法均认可民事责任领域过失相抵规则的效力，认为如果债权人本人对于损害的发生也存在过错，则他们应当自己承担一部分损害赔偿责任。Cabrillac 对侵权责任领域的过失相抵规则作出了说明，他指出："受害人的过错能否部分甚至全部免除行为人对其承担的侵权责任？答案是，如果行为人是就其本人的行为对他人承担侵权责任，则法律所采取的传统原则是，行为人和受害人一起分担损害赔偿责任，也就是，行为人和受害人分别根据他们实施的过错程度来分担损害赔偿责任。"[3]Malaurie 和 Aynes 等人对侵权责任和违约责任领域的过失相抵规则作出了明确说明，他们指出："作为一般原则，如果受害人实施的过错侵权行为也是他们遭受损害的部分原因，则他们在要求行为人对其承担侵权责任时也应当分担一部分损害赔偿责任，无论他们是要求行为人就其本人的行为对其承担侵权责任，还是要求行为人就其物的行为对其承担侵权责任，此种规则同样适用于违约责任。"[4]

3. 我国民法对民事责任领域过失相抵规则的认可

在我国，民法完全认可民事责任领域的过失相抵规则，认为如果他人对于其损害的发生也有过错时，则行为人对其承担的民事责任应当予以减轻。首先，我国《民法通则》第113条和第131条分别对违约责任和侵权责任领域的过失相抵规则作出了明确规定。我国《民法通则》第113条规定：当事人双方都违反合同的，应当分别承担各自应负的民事责任。我国《民法通则》第131条也规定：受害人对于损害的发生也有过错的，可以减轻侵害人的民事责任。其次，我国《合同法》第120条对违约责任领域

---

[1] R. F. V. Heuston and R. A. Buckley, Salmond and Heuston on the Law of Torts, Sweet & Maxwell, p. 491.
[2] J. Beatson, Anson'Law of Contract, 27th edition, Oxford, pp. 583 – 584.
[3] Rémy Cabrillac, Droit des Obligations, 9e édition, Dalloz, p. 215.
[4] Philippe Malaurie Laurent Aynès Philippe Stoffel-Munck, les, obligations, 4e édition DEFRENOIS, p. 62.

的过失相抵规则作出了规定，该条规定：当事人双方都违反合同的，应当各自承担相应的责任。最后，我国《侵权责任法》第 26 条对侵权责任领域的过失相抵规则作出了说明，该条规定：被侵权人对损害的发生也有过错的，可以减轻侵权人的责任。

（三）过失相抵规则的适用条件

在债法上，如果行为人要以他人存在过失作为减轻其承担的民事责任的理由，他们必须承担举证责任，证明他们符合过失相抵规则的适用条件，如果他们不能够举证证明符合过失相抵规则的适用条件，过失相抵规则将不予适用。

在债法上，过失相抵规则应当同时具备三个适用条件才能够予以适用，这就是：

其一，行为人实施了过错行为。在债法上，过失相抵规则的第一个适用条件是，行为人在行为的时候实施了过错行为，包括他们故意实施的行为和过失实施的行为，无论是故意行为还是过失行为均能够适用过失相抵规则。

其二，他人在行为的时候存在过失。在债法上，过失相抵规则的第二个适用条件是，他人在行为的时候仅仅实施了过失行为，如果他人在行为的时候实施了故意行为，则行为人对他人承担的侵权责任将会被免除，无法适用过失相抵规则，因此，过失相抵规则相对于他人而言仅仅是指他人所实施的过失行为，不包括他人实施的故意行为。

其三，行为人的过错行为和他人的过失行为是他人遭受损害的共同原因，也就是，行为人的过错行为和他人的过失行为均与他人遭受的损害存在法律上的因果关系。

（四）行为人和他人对他人遭受的全部损害的分担

一旦符合这三个适用条件，法官在责令行为人对他人承担民事责任时就应当适用过失相抵规则，否则，就不能够适用此种规则。在债法上，他人实施的行为是不是过失行为，如果他人实施的行为是过失行为，该种过失行为在他人遭受的损害当中起到了多大的作用，这些问题往往由法官在具体的案件当中确定。

首先，在确定他人实施的行为是不是过失行为时，法官应当适用一般理性人的判断标准，看看他人在行为的时候是不是尽到了一个有理性的人在同样或者类似情况下所能够尽到的注意义务，如果他人在行为时已经尽到了这样的注意义务，则他人在行为时就不存在过失，无需适用过失相抵规则，否则，就存在过失，应当适用过失相抵规则。

其次，一旦法官认定他人在行为的时候存在过失，他们接着还要认定他人的过失和行为人的过错在他人遭受的损害当中占有的比例大小。例如，行为人的过错在他人遭受的损害当中占了 60% 的比例，他人的过失在他人遭受的损害当中占了 40% 的比例，等等。究竟他人的过失是多少，行为人的过失是多少，往往由法官根据案件的具体情况来决定，案件的具体情况不同，行为人和他人的过错程度、比例也不同。不过，法官有时直接采纳有关机关的鉴定结论。例如，交警对交通事故当中机动车和行人过失的认定意见等。

最后，法官要根据他们所确定的过失程度、比例来分配行为人和他人各自承担的损害范围。在债法上，他人遭受的损害如何在他人和行为人之间进行合理的分配，这样的问题实际上是一个事实问题，取决于法官的自由裁量，法院有权按照自己认为公平和合理的方式来决定行为人对他人承担多少损害赔偿责任，他人自己分担多少损害。法官在作出这样的判决时往往首先会确定他人遭受的全部损害的总额，之后再确定行为人有多大比例的过错，他人有多大比例的过错，再将他人遭受的全部损害乘以行为人过错的比例，就是行为人承担的部分损害。

三、减损规则对民事责任的限制

（一）减损规则的界定

所谓减损规则（mitigation of damage），是指当行为人实施的致害行为引起他人损害的发生时，如果他人能够采取合理措施减轻自己遭受的损害，他人就应当采取合理措施减轻自己遭受的损害；如果他人在能够采取合理措施的情况下不采取合理措施减轻其损害，他们无权要求行为人就其原本能够减轻的损害承担民事责任。减损规则的目的在于，使行为人免除对他人原本可以避免或应当合理避免的损害后果承担民事责任。[1]

例如，当行为人打伤他人时，他人应当积极主动地去医院进行伤口包扎，防止其伤口进一步感染化脓，不应当以行为人不即刻支付医疗费为由拒绝即时治疗，否则，当他人的伤口因为不治疗或者延缓治疗而遭受更进一步的损害时，行为人将不对他人遭受的更进一步的损害承担赔偿责任。

（二）减损规则在债法上的地位

在英美法系国家，减损规则被公认为是现代契约法上的一项重要规则，有关减损规则方面的主要案件集中在行为人就其实施的违约行为对他人承担的违约责任方面。根据违约责任领域的减损规则，一旦行为人违约并导致他人遭受损害，如果他人能够及时采取措施减少所遭受的损失，他人就应当采取合理措施，减少行为人违约行为导致的损失。否则，他们无权要求违约行为人就其扩大的损害承担违约责任。不过，违约责任领域的减损规则完全可以在侵权责任领域适用。[2]

在我国，《民法通则》第114条对违约责任领域的减损规则作出了明确规定，该条规定：当事人一方因另一方违反合同受到损失的，应当及时采取措施防止损失的扩大，

---

[1] 张民安：《过错侵权责任制度研究》，中国政法大学出版社2002年版，第771页。
[2] W. V. Rogers, ibid, p.609.

没有及时采取措施导致损失扩大的，无权就扩大的损失要求赔偿。同样，我国《合同法》第119条也对违约责任领域的减损规则作出了说明，该条规定：当事人一方违约后，对方应当采取适当措施防止损失的扩大；没有采取适当措施致使损失扩大的，不得就扩大的损失要求赔偿。

在我国，《侵权责任法》没有对侵权责任领域的减损规则作出明确规定，因此，我国法律所面临的一个主要问题是：我国《民法通则》第114条和《合同法》第119条所规定的减损规则是否能够在侵权责任领域适用？本书认为，答案是肯定的，我国《民法通则》第114条和《合同法》第119条规定的减损规则完全能够在行为人承担的侵权责任领域适用。之所以说违约责任领域的减损规则完全能够在我国侵权责任领域适用，是因为当行为人实施的侵权行为导致他人遭受某种损害时，如果他人能够采取合理措施减少所遭受的损害，他们当然也应当减少所遭受的损害，防止其损害进一步恶化，这既是生活常识的要求，也是公平正义的要求。

（三）减损规则的适用条件

在债法上，如果行为人要以他人没有努力减少其损害作为减轻其承担的民事责任的理由，他们必须承担举证责任，证明他们符合减损规则的适用条件，如果他们不能够举证证明符合减损规则的要件，减损规则将不予适用。

在债法上，减损规则应当同时具备以下三个适用条件才能够予以适用：

其一，行为人实施的致害行为引起了他人损害的发生。在债法上，减损规则应当具备的第一个适用条件是，行为人实施的某种致害行为引起了他人损害的发生，包括他们实施的侵权行为或者违约责任引起了他人损害的发生，如果行为人没有实施任何致害行为或者虽然实施了某种致害行为，但是他们所实施的致害行为没有引起他人损害的发生，则无所谓减损规则的适用。

其二，他人遭受了某种损害。在债法上，减损规则应当具备的第二个适用条件是，他人因为行为人实施的致害行为而遭受了某种损害，包括财产损害和非财产损害。如果他人没有因为行为人实施的致害行为而遭受任何损害，则无所谓减损规则的适用。

其三，他人能够及时采取适当的措施减轻其损害。在债法上，减损规则应当具备的第三个适用条件是，他人在遭受损害之后能够及时采取合理措施减轻其损害，如果没有及时采取合理的措施减轻其遭受的损害，并因此导致其遭受的损害进一步恶化或者增加，则减损规则不适用。首先，只有在他人遭受损害之后能够采取措施减轻其损害，减损规则才能够予以适用，如果他人在遭受损害之后没有采取措施减轻其损害，则无所谓减损规则的适用。他人在遭受损害之后是否能够采取措施减轻其损害，取决于法官的自由裁量，法官应当考虑案件的各种具体情况来决定。其次，只有在他人遭受损害之后能够及时采取措施减轻其损害时减损规则才能够予以适用，如果他人在遭受损害之后没有及时采取措施减轻其损害,则无所谓减损规则的适用。他人在遭受损害之后所采取的损害减轻措施是否及时,取决于法官的自由裁量,法官应当考虑案件的各种具体情况来决定。最后,只有在他人遭受损害之后能够及时采取合理的措施减轻其损害,减损规则才能够予以适用,如果他人在遭受损害之后所采取的减轻其损害的措施不合理,则无所谓减损规则的适用。他人在遭受损害之后所采取的损害减轻措施是否合理,取决于法官的自由裁量,法官应当考虑案件的各种具体情况来决定。

(四) 减损规则的效力

如果符合减损规则的适用条件,法官往往会因此减少行为人承担的损害赔偿责任范围。不过,是否适用减损规则减少行为人承担的民事责任范围,以及在什么范围内减轻行为人承担的损害赔偿责任,往往由法官根据案件的具体情况自由裁量,法官要考虑众多的具体因素。案件的具体情况不同,法官作出的决定也可能不同。在作出是否适用减损规则减少行为人承担的损害赔偿责任范围时,法官要考虑的最重要的因素是,要求他人在遭受损害之后采取合理措施减少所遭受的损害的要求是否合理,他人在遭受损害之后是否有能力采取进一步的措施减少其损害,他人采取所要求采取的合理措施之后他人遭受的损害是否就一定能够减少,等等。只有法官认为他人能够采取合理措施减少其损害而没有采取时,才会适用减损规则减轻行为人承担的民事责任,否则,法官不会适用减损规则减轻行为人承担的民事责任。

四、损益同销规则对民事责任的限制

(一) 损益同销的界定

所谓损益同销,也称损益相抵、间接利益的扣减(deductibility of collateral benefits)或赔偿利益的扣减(deduction for compensating advantages),是指行为人实施的致害行为在引起他人损害发生的同时也给他人带来某种利益,在决定行为人对他人承担的民事责任范围时应当将他人因为行为人实施的致害行为所获得的利益从行为人承担的赔偿责任范围当中减去,让行为人在他人遭受的全部损害减去他人获得的利益之后的范围内对他人承担民事责任。[1]

例如,当行为人将其污水排入他人鱼塘时,他人因为其鱼塘里面的鱼死亡遭受了损害。当他人要求行为人赔偿他们遭受的财产损失时,行为人有权要求扣减因为污水导致的莲藕大丰收所获得的收益,仅仅在他人遭受的全部损害减去所获得的多余收益之后的范围内赔偿他人遭受的损害。

---

[1] 张民安:《过错侵权责任制度研究》,中国政法大学出版社2002年版,第502页。

（二）损益同销规则在债法上的地位

在当今两大法系国家，民法认可损益同销规则在民事责任当中的普遍适用，包括损益同销规则在违约责任和侵权责任领域的适用。例如，我国台湾地区民法第216条之一对民事责任领域的损益同销规则作出了明确说明，该条规定：基于同一原因事实受有损害并受有利益者，其请求之赔偿金额，应扣除所受之利益。

在英美法系国家的侵权法当中，法律长期以来所确立的规则是，当行为人实施的侵权行为导致他人死亡时，那些依赖死亡者生活的人在请求行为人承担责任时，行为人可以他人因为死亡而获得其他利益为由主张减轻自己的责任。为此，在计算给予死亡者的生活依赖者的损害赔偿金时，要扣减个人收入所得税、保险利益、抚恤金、社会保障金以及他人的无偿慰问金等。英国1959年致命事故法改变了传统法律的原则，对损益同销规则作了限制。1959年《英国致命事故法》第2条规定，在致人死亡的情况下，如果根据1846年致命事故法或根据1932年航空运输法确定损害赔偿，则不应考虑由于此种死亡已经支付或将要支付的保险金、抚恤金、养老金或无偿慰问金。1976年《英国致命事故法》第4条规定：在根据该法提起人身死亡的侵权诉讼时，法院对损害赔偿的确定不应考虑因为此种死亡而使他人所获得的或可能获得的利益，无论此种利益是源于死亡者所遗留的遗产还是源于因为死亡所导致的结果。①

在我国，无论是《民法通则》《合同法》还是《侵权责任法》均没有规定损益同销规则，不过我国司法判例认可了此种规则。例如，在2009年的《最高人民法院关于当前形势下审理民商事合同纠纷案件若干问题的指导意见》（法发〔2009〕40号）当中，最高法院规定了此种规则，该《指导意见》第10条规定：人民法院在计算和认定可得利益损失时，应当综合运用可预见规则、减损规则、损益相抵规则以及过失相抵规则等，从非违约方主张的可得利益赔偿总额中扣除违约方不可预见的损失、非违约方不当扩大的损失、非违约方因违约获得的利益、非违约方亦有过失所造成的损失以及必要的交易成本。其中所谓的"损益相抵规则"就是损益同销规则。

本书认为，损益同销规则或许能够在违约责任领域得到较好的适用，但是，该种规则即便能够在侵权责任领域予以适用，其适用范围也很小，并且此种规则不得在人身损害赔偿领域适用。因此，当行为人实施的侵权行为导致他人死亡时，他人的继承人在要求行为人对其承担损害赔偿责任时，行为人不得要求减去他人的亲朋好友、社会各界所为的捐助或捐赠金、保险人支付的保险金、劳工死亡补偿金、抚恤金以及所获得的遗产等。

我国侵权法之所以不应当允许行为人在他人死亡之后扣减他人的继承人所获得的上

---

① 张民安：《过错侵权责任制度研究》，中国政法大学出版社2002年版，第503页。

述利益，是基于公共政策的考虑。因为，任何人，只要其生命被剥夺，再多的金钱也无法使此种生命恢复到没有被剥夺的状况，再多的金钱也无法使其他失去亲人的人的损害恢复到亲人存在和生存的状态，因此，法律在确定行为人的责任时，应尽可能通过金钱的方式使他人所遭受的损失赔偿接近他人所遭受的实际损害。在法律平衡他人利益和行为人利益的思想下，过错侵权法在通过各种途径限制行为人责任的同时，也通过其他各种途径增加他人获得赔偿的机会，使其损失赔偿金尽可能接近其实际损害，实有必要。不允许行为人借口他人取得其他各种利益而主张从自己的责任范围中扣除此种利益，正是此种公共政策和利益平衡思想的反映。[①]

（三）损益同销规则适用的条件

在债法上，如果行为人要以他人获得利益作为减轻其承担的民事责任的理由，他们必须承担举证责任，证明他们符合损益同销的适用条件，如果他们不能够举证证明符合损益同销规则的适用条件，则损益同销规则将不予适用。

在债法上，损益同销的适用条件有三个：

其一，行为人实施的致害行为引起了他人损害的发生。在债法上，损益同销规则适用的第一个条件是，行为人实施的致害行为引起了他人损害的发生，如果行为人没有实施致害行为，或者虽然实施了致害行为，但是他们实施的致害行为没有引起他人损害的发生，则无所谓损益同销规则的适用。

其二，他人因为行为人实施的致害行为既遭受了损害也获得了利益。在债法上，损益同销规则适用的第二个条件是，他人既因为行为人实施的致害行为而遭受损害，也因为行为人实施的致害行为而获得了利益，如果他人仅仅因为行为人实施的致害行为而遭受损害，没有获得利益，则无所谓损益同销规则的适用。

其三，"损益同销"当中的"损害"和"利益"仅指狭义的"损害"和"利益"。在债法上，损益同销规则适用的第三个条件是，"损益同销"当中的"损害"仅仅指他人遭受的财产损害，不包括他人遭受的非财产损害；而"损益同销"当中的"利益"也仅仅指他人因为行为人实施的致害行为所获得的财产利益，不包括他人获得的非财产利益。

（四）损益同销规则的效力

一旦符合上述的适用条件，法官就能够适用损益同销规则，在决定行为人对他人承担的民事责任范围时，应当将他人因为行为人实施的致害行为所获得的利益从行为人承担的赔偿责任范围当中排除出去，让行为人在他人遭受的全部损害减去他人因为行为人

[①] 张民安：《过错侵权责任制度研究》，中国政法大学出版社2002年版，第505页。

实施的致害行为而获得的利益之后的范围内对他人承担民事责任。

第三节 民事责任的免除

一、民事责任免除的各种手段

即便行为人符合民事责任的必要构成要件，他们也未必一定要对他人承担民事责任，因为两大法系国家和我国的民法都规定，如果具备某种正当理由，行为人对他人承担的民事责任是可以免除的，一旦行为人对他人承担的民事责任被免除，他们就无需对他人承担民事责任，即便他们实施了致害行为，即便他们实施的致害行为引起了他人损害的发生。

在民法上，民事责任的免除通常会完全免除行为人对他人承担的民事责任，但是，在某些情况下，民事责任的免除也仅仅免除他们对他人承担的部分民事责任，在此种情况下，行为人仍然应当就其没有被免除的民事责任部分对他人承担民事责任。

在民法上，民事责任的免除既在违约责任领域适用，也在侵权责任领域适用，因此，该种制度是民事责任的一般制度。问题在于，违约责任领域的民事责任免除制度和侵权责任领域的民事责任免除制度是不是相同的。对此问题，不能一概而论。在债法上，违约责任领域所具有的某些民事责任制度仅为违约责任所特有，这些民事责任免除制度仅仅在违约责任领域适用，不在侵权责任领域适用；同样，在债法上，侵权责任领域所具有的某些民事责任免除制度也仅仅为侵权责任所特有，这些民事责任的免除制度仅仅在侵权责任领域适用，不在违约责任领域适用。在债法上，民事责任领域的某些民事责任免除制度既适用于违约责任，也适用于侵权责任，是违约责任和侵权责任领域共同适用的民事责任免除制度。

基于此种考虑，本书先讨论违约责任和侵权责任各自独有的免责方式，之后再讨论违约责任和侵权责任的共同免责事由。其中，违约责任和侵权责任的共同负责事由除了包括不可抗力之外，还包括第三人的行为和债权人本人的行为等。

二、违约责任的特有免责方式

在债法上，违约责任领域的民事责任的特有免除方式包括三种：契约的中止履行，契约的免责条款对违约责任的免除，货物本身的自然性质、货物的合理损耗。

（一）契约的中止履行

所谓契约的中止履行（suspension du contrat），也称为契约的暂时不履行

(inexéecution temporaire)，指在双务契约中，在后履行义务的一方当事人的财产状况发生严重恶化而有难为对待给付之虞或有其他损害债权的行为时，先履行义务的一方有权中止履行，要求后履行一方对待给付或提供担保的制度。

在大陆法系国家和我国，民法均认可违约责任的此种免除方式。在 2016 年 2 月 10 日的债法改革之后，《法国民法典》新的第 1217 条明确规定了契约的中止履行制度，它规定：当一方当事人对另外一方当事人承担债务时，如果该方当事人对另外一方当事人所承担的债务没有履行或者没有完全履行，则另外一方当事人有权拒绝履行对对方所承担的债务或者延期履行所承担的债务。除了对此种规则作出了一般规定之外，《法国民法典》新的第 1220 条还对此种免除方式作出了具体规定。该条规定：如果情况表明，契约的另外一方当事人到期将无法履行所承担的债务并且其不履行契约债务的行为将会引起足够严重的后果的话，则对方当事人能够中止自己义务的履行。一旦对方中止履行自己的义务，他应当及时通知对方当事人。《法国民法典》将此种中止履行称为契约债务"不履行的例外"（l'exception d'inexécution）。

在我国，《合同法》第 68 条和第 69 条也对此种违约责任的免除制度作出了明确说明，其中第 68 条规定：应当先履行债务的当事人，有确切证据证明对方有下列情形之一的，可以中止履行：经营状况严重恶化；转移财产、抽逃资金，以逃避债务；丧失商业信誉；有丧失或者可能丧失履行债务能力的其他情形。第 69 条规定，当事人依照本法第六十八条的规定中止履行的，应当及时通知对方。对方提供适当担保时，应当恢复履行。中止履行后，对方在合理期限内未恢复履行能力并且未提供适当担保的，中止履行的一方可以解除契约。

根据我国《合同法》的这些规定，如果应当先履行契约债务的债务人发现债权人存在将来无法对自己履行对应义务的情况，他们有权暂时中止契约义务的履行，此种中止履行行为不构成违约行为，债务人不就其暂时不履行债务的行为对债权人承担违约责任；但是，当事人没有确切证据而中止履行的，应当承担违约责任；一旦债权人提供履约担保，债务人要及时恢复契约义务的履行行为，否则，要承担违约责任。

（二）契约规定的免责条款对违约责任的免除

如果契约当事人在他们的契约当中明确规定，当契约债务人不履行他们所承担的契约义务时，他们无需就其不履行契约义务的行为对契约债权人承担违约责任，则该种免责条款原则上是有效条款，在符合契约当事人所规定的免责条款的情况下，契约债务人原本应当对契约债权人承担的违约责任将被免除，但是，如果契约债务人故意不履行契约规定的义务，或者虽然不是故意，但他们在履行契约义务时存在重大过错，则他们所承担的违约责任不得被免除，他们仍然应当对契约债权人承担违约责任。

在当今两大法系国家和我国，民法均对这样的规则作出了明确说明。在法国，民法学者普遍认可此种规则。Légier 对此种规则作出了明确说明，他指出："根据契约自由的原则，如果契约当事人对契约债务人承担的违约责任予以限制或者予以免除，他们所规定的这些限制条款或者免责条款原则上是有效的。"①

在我国，《合同法》第 53 条实际上认可了此种原则和此种原则的例外，我国《合同法》第 53 条规定：合同中的下列免责条款无效：造成对方人身伤害的，因故意或者重大过失造成对方财产损失的。此条的含义实际上有两个方面：其一，如果契约当事人在他们的契约当中预先免除契约债务人就其不履行契约义务的行为对他人承担的人身损害赔偿责任，则该种免责条款无效；如果契约债务人故意不履行契约义务或者在履行契约义务的时候存在重大过失，则他们仍然应当对契约债权人承担违约责任。其二，在上述两种情况之外，契约当事人所规定的所有免责条款都是有效的。

（三）货物本身的自然性质、货物的合理损耗

货物基于本身的自然性质或者合理损耗而发生的毁损、灭失与债务人是否适当履行契约没有关系，因此应由货物的所有人承担其后果，债务人不承担违约责任。我国《合同法》第 311 条对此规则作出说明，该条规定："承运人对运输过程中货物的毁损、灭失承担损害赔偿责任，但承运人证明货物的毁损、灭失是因不可抗力、货物本身的自然性质或者合理损耗以及托运人、收货人的过错造成的，不承担损害赔偿责任。"

三、侵权责任特有的免责方式

在民事责任领域，侵权责任也有其特有的免责方式，包括：法定职权的行使、民事权利的正当行使、正当防卫、紧急避险等。

（一）法定职权的行使

如果公权力机关在行使权力的时候引起他人损害的发生，它们原则上无需就其权力行使行为引起的损害对他人承担侵权责任。因此，公权力的行使是公权力机关免除侵权责任的正当根据。例如，如果警察逮捕他人，他们无需就其逮捕行为对他人遭受的损害承担侵权责任。同样，如果工商行政管理机关吊销他人的营业执照并因此导致他人无法从事经营活动而遭受损害，工商行政管理机关无需对他人遭受的财产损失承担侵权责任。

在侵权法上，公权力机关要以法定职权的行使作为拒绝承担侵权责任的抗辩事由，应当同时具备两个条件：一是符合制定法明确规定的条件。只有公权力机关在行使权力的时候完全符合制定法明确规定的条件，他们才能够拒绝对他人承担侵权责任。二是符

---

① Gérard Légier, les obligations, 17e édition, Dalloz, p. 121.

合制定法明确规定的程序。只有公权力机关在行使权力的时候完全符合制定法明确规定的程序,他们才能够拒绝对他人承担侵权责任。

因此,如果公权力机关在行使权力的时候不符合或者不完全符合制定法明确规定的条件,他们应当就其实施的行为对他人承担侵权责任;同样,如果公权力机关在行使权力的时候不符合或者不完全符合制定法明确规定的程序,他们也应当就其实施的行为对他人承担侵权责任。

(二) 权利的正当行使

如果行为人在积极行使其权利的时候引起他人损害的发生,他们原则上无需就其行使权利的行为引起的损害对他人承担侵权责任。因此,权利的行使是行为人拒绝对他人承担侵权责任的正当根据。例如,如果他人行使其言论自由权的行为导致他人名誉遭受损害,他们原则上不用就其行使言论自由权的行为对他人承担名誉侵权责任。同样,如果行为人行使竞争权的行为导致他人的商事顾客减少,他们无需就其行使竞争权的行为对他人承担侵权责任。

在侵权法上,行为人要以权利的行使作为拒绝承担侵权责任的根据,应当同时具备下列三个条件:其一,行为人享有某种权利。只有当行为人享有某种权利的时候,他们才无需就其行使权利的行为对他人承担侵权责任。其二,行为人基于权利的正当目的行使其权利。如果当行为人是基于某种权利的正当目的而行使其权利,他们无需就其行使权利的行为对他人承担侵权责任。其三,行为人行使权利的手段合法。如果行为人行使权利的手段是合法的,他们无需就其行使权利的行为对他人承担侵权责任。

因此,如果行为人在行为的时候并不享有某种权利,或者如果行为人在行为的时候虽然享有某种权利,但是他们不是基于该种权利的目的行使权利,或者他们行使权利的手段违法,则他们应当就其行为引起的损害对他人承担侵权责任。

(三) 正当防卫

所谓正当防卫,是指行为人为了使国家、公共利益、本人或者他人的人身、财产和其他合法权利免受正在进行的不法侵害而采取的制止不法侵害的行为。当行为人实施的正当防卫行为引起他人损害的发生时,他们无需就其实施的正当防卫行为引起的损害对他人承担侵权责任。因此,正当防卫是行为人拒绝对他人承担侵权责任的抗辩事由。

当今两大法系国家的民法和侵权法均认可正当防卫这种抗辩事由。我国民法也认可此种抗辩事由。我国《民法通则》第128条规定:因正当防卫造成损害的,不承担民事责任。正当防卫超过必要的限度,造成不应有的损害的,应当承担适当的民事责任。我国《侵权责任法》第30条规定:因正当防卫造成损害的,不承担责任。正当防卫超过必要的限度,造成不应有的损害的,正当防卫人应当承担适当的责任。《民法总则》

第181条规定：因正当防卫造成损害的，不承担民事责任。正当防卫超过必要的限度，造成不应有的损害的，正当防卫人应当承担适当的民事责任。

如果行为人要以正当防卫作为拒绝承担侵权责任的抗辩事由，他们应当承担举证证明责任，证明他们符合正当防卫的构成要件。根据我国《民法通则》第128条、《侵权责任法》第30条和《民法总则》第181条的规定，正当防卫应当同时符合四个构成要件：

其一，他人正在实施侵权行为。正当防卫的目的是为了制止他人实施不法侵害行为，避免行为人本人或者社会公众遭受损害结果，因此，行为人实施的防卫行为只能是针对他人正在实施的侵权行为，如果他人还没有开始实施侵权行为，或者侵权行为已经实施完毕，或者他人已经自动停止实施其侵权行为，则行为人不得实施防卫行为。

其二，行为人实施的防卫行为应当是直接针对实施不法行为的他人，不得针对没有实施不法侵害的第三人。

其三，行为人必须是为了国家、集体利益、本人或者别人的人身、财产权利和其他权利免受不法侵害的目的实施防卫行为。在侵权法上，他人实施不法侵害的目的可能多种多样，或者是针对国家、集体的，或者是针对自然人的；或者是针对行为人本人的，或者是针对行为人的家属实施的，还可能是针对社会公众实施的；或者是为了侵害他人人身权利，或者是为了侵害他人财产权益。行为人无论是为了谁的民事权益不受侵害或者少受侵害而实施防卫行为，他们的行为均构成正当行为。

其四，行为人的防卫行为没有超过必要的限度。如果行为人实施的防卫行为超过必要限度，他们应当就其超过必要限度的防卫行为引起的损害对他人承担侵权责任。

一旦符合上述四个方面的构成要件，行为人就无需对他人承担侵权责任。如果不符合上述四个构成要件，行为人仍然应当就其实施的防卫行为对他人承担侵权责任。

（四）紧急避险

所谓紧急避险，是指行为人为了使国家、集体利益、本人或者他人的人身、财产和其他权利免受正在发生的危险，不得已采取的避险行为。当行为人实施的紧急避险行为引起他人损害的发生时，他们无需就其实施的紧急避险行为引起的损害对他人承担侵权责任。因此，紧急避险是行为人拒绝对他人承担侵权责任的抗辩事由。

在现代社会，两大法系国家的侵权法大都认可紧急避险的抗辩事由。在我国，民法也认可此种抗辩事由。我国《民法通则》第129条对此种抗辩事由作出了说明，该条规定：因紧急避险造成损害的，由引起险情发生的人承担民事责任。如果危险是由自然原因引起的，紧急避险人不承担民事责任或者承担适当的民事责任。因紧急避险采取措施不当或者超过必要的限度，造成不应有的损害的，紧急避险人应当承担适当的民事责任。

我国《侵权责任法》第 31 条也对此规则作出了说明，该条规定：因紧急避险造成损害的，由引起险情发生的人承担责任。如果危险是由自然原因引起的，紧急避险人不承担责任或者给予适当补偿。紧急避险采取措施不当或者超过必要的限度，造成不应有的损害的，紧急避险人应当承担适当的责任。我国《民法总则》第 182 条规定：因紧急避险造成损害的，由引起险情发生的人承担民事责任。危险由自然原因引起的，紧急避险人不承担民事责任，可以给予适当补偿。紧急避险采取措施不当或者超过必要的限度，造成不应有的损害的，紧急避险人应当承担适当的民事责任。

如果行为人要以紧急避险作为拒绝承担侵权责任的抗辩事由，他们应当承担举证证明责任，证明他们符合紧急避险的构成要件。根据我国《民法通则》第 129 条、《侵权责任法》第 31 条和《民法总则》第 182 条的规定，紧急避险应当符合四个构成要件：

其一，存在危及国家、集体、行为人本人、别人或者社会公众财产、人身安全的危险。此种危险或者表现为某些人正在实施某些侵权行为，或者表现为某些地方正在发生构成不可抗力的自然事件，诸如火灾、洪水、狂风、大浪、山崩、地震等，或者表现为动物的侵袭，如牛马践踏、猛兽追扑等。这些行为、事件严重威胁国家、集体的财产安全以及行为人本人、行为人的家庭成员、社会公众的人身、财产安全。

其二，危及国家、集体、行为人本人或其家属或者社会公众财产或者人身安全的危险是迫在眉睫的危险、是刻不容缓的危险。只有在所面临的危险是迫在眉睫、刻不容缓的危险时，行为人才能够实施紧急避险，否则，他们无权实施紧急避险行为，因此给他人造成的损害，行为人仍然应当对他人承担侵权责任。

其三，行为人实施的紧急避险行为损害了他人的合法民事权益，使他人遭受了财产损害或者人身损害。

其四，行为人是为了国家、集体、其本人或者其家属或者社会公众的利益免受损害或者少受损害而不得已采取避险行为的。换句话说，行为人是为了合法利益采取紧急避险行为，不是为了非法利益采取紧急避险行为。

一旦符合上述四个方面的构成要件，行为人就无需对他人承担侵权责任。如果不符合上述四个构成要件，行为人仍然应当就其实施的紧急避险行为对他人承担侵权责任。

四、不可抗力的抗辩

（一）不可抗力的界定

所谓不可抗力（force majeure），是指人们无法预见、不能抵抗、与当事人无关的某种事件。不可抗力分为两类，即因自然力而产生的不可抗力和因人力而产生的不可抗力，前者主要包括地震、霹雳闪电、暴风雨和洪水等；后者则包括暴力行为如骚动、抢夺和武装抢劫等，以及法定权力的行使如公共权力机构的命令、没收和征用等。①

构成不可抗力，应当同时具备三个构成要件：其一，不可预见性。所谓不可预见性，是指行为人没有办法预见到某种现象或者事件会发生并因此会引起他人损害的发生。如果行为人能够预见某种现象或者事件会发生，他们就应当采取合理措施预防这种现象或者事件引起他人损害的发生，否则，他们应当对他人承担民事责任。行为人是否能够预见某种现象或者事件的发生，其判断标准是一般理性人的标准。其二，不可抵挡性（irrésistibilité）。所谓不可抵挡性，是指某种现象或事件的发生是人们所不可能抗拒的。某种现象或者事件是否具有不可抵挡性，其判断的标准同样是一般理性人的标准，也就是，一个具有通常谨慎性的人（homme normalement diligent）难以克服的现象或者事件，即具有不可抵挡性，人们称之为"通常难以抵挡性的事件"（ēvēnement normalement irrēsistible）。其三，外在性（extériorité）。所谓外在性，是指某种现象或者事件的发生不是因为行为人本人或者行为人对其负有责任的人所引起的。如果此种现象或者事件是由行为人本人或者行为人对其负有责任的人引起的，则行为人应当承担民事责任，即便被引起的此种现象或者事件是不可抵挡的。

（二）不可抗力在民事责任抗辩中的地位

如果合同债务人不履行合同义务的行为或者行为人引起他人损害的侵权行为是由不可抗力引起的，则合同债务人和侵权行为人不用就其致害行为引起的损害对他人承担民事责任。因此，不可抗力既是合同债务人免除违约责任的抗辩事由，也是侵权行为人免除侵权责任的抗辩事由。

Aynès 和 Malaurie 指出，如果合同债务人不履行合同义务的行为是由不可抗力引起的，则债务的不履行将不会被归因于债务人，债务人将完全免除所承担的违约责任，他们根本不用对合同债权人承担任何损害赔偿责任。因此，不可抗力构成债务人合同责任免除的原因，就像它构成侵权责任免除的原因一样。这就是法律长期以来都认为违约责任领域的不可抗力同侵权责任领域的不可抗力具有同样特征的原因。②

在我国，《民法通则》第 107 条明确认定不可抗力是行为人对他人承担民事责任的抗辩事由，并且是包括违约责任和侵权责任在内的所有民事责任的抗辩事由，该条规定：因不可抗力不能履行合同或者造成他人损害的，不承担民事责任，法律另有规定的除外。除了《民法通则》第 107 条的规定之外，我国《合同法》《侵权责任法》和《民法总则》也均对不可抗力的免责事由作出了说明。

我国《合同法》第 117 条规定：因不可抗力不能履行合同的，根据不可抗力的影

---

① Jean Carbonnier, p. 308.
② Laurent Aynès et Philippe Malaurie, Les Obligations, 2e édition, édition cujas, p. 446.

响,部分或全部免除责任,但法律另有规定的除外;当事人迟延履行后发生的不可抗力不能免除责任。我国《侵权责任法》第29条规定:因不可抗力造成他人损害的,不承担责任。法律另有规定的,依照其规定。我国《民法总则》第180条规定:因不可抗力不能履行民事义务的,不承担民事责任。法律另有规定的,依照其规定。不可抗力是指不能预见、不能避免且不能克服的客观情况。

不过,应当指出,在过错侵权责任领域,不可抗力能够作为行为人免责的手段,但是,在严格侵权责任领域,不可抗力是否可以作为侵权责任的免责事由,两大法系国家和我国的法律规定并不完全相同。在法国,1985年交通事故方面的Badinter法第2条规定:交通事故中的被告不得以不可抗力为抗辩事由对受害人主张责任免除。在英美,司法机关对不可抗力采取的态度是限制此种抗辩在严格责任中的适用范围。其原因并不在于人们认可严格责任的适用性,而在于日益增长的知识对不可预见性所起的限制作用[1]。我国法律认可不可抗力在严格责任领域的适用。

(三) 不可抗力的效力

在通常情况下,不可抗力能够完全免除行为人所承担的违约责任或者侵权责任。但是,在某些情况下,不可抗力仅能够部分免除行为人对他人所承担的违约责任或者侵权责任。当他人遭受的损害完全是因为不可抗力的原因引起时,行为人对他人承担的民事责任会被完全免除;当他人遭受的损害部分是因为不可抗力引起,部分是因为行为人的行为尤其是过错行为引起时,行为人对他人承担的民事责任仅仅被部分免除,行为人仍然应当就其本人的行为尤其是其本人的过错行为引起的损害对他人承担民事责任。这就是所谓的不可抗力与行为人实施的侵权行为之间的竞合理论。[2]

五、第三人行为的抗辩

(一) 第三人的行为与民事责任的关系

如果他人的损害是由行为人之外的第三人实施的行为引起的,第三人当然应当就其实施的致害行为对他人承担民事责任,包括违约责任和侵权责任。这一点毫无疑问。我国《侵权责任法》第28条对这样的规则作出了明确说明,该条规定:损害是因第三人造成的,第三人应当承担侵权责任。问题在于,行为人是否能够借口他人的损害是由于第三人实施的行为所引起的而拒绝就第三人的行为对他人承担民事责任?在我国,民法或者其他法律对这样的问题没有作出一般的说明,它们仅仅在特殊情况下对这样的问题

---

[1] W. V. H. Rogers, ibid, p. 438.
[2] 张民安:《现代法国侵权责任制度研究》,法律出版社2007年第2版,第146页。

作出了规定。

(二) 第三人的行为与违约责任的关系

在法国,学说普遍认为,如果第三人的行为构成不可抗力,则债务人可以将第三人的行为作为拒绝承担违约责任的根据,此时,第三人的行为成为具有变量因素的不可抗力。第三人的行为要成为不可抗力并产生免除债务人违约责任的效力,要具备不可抗力应当具备的各种要件,诸如不可预见性、不可抵挡性和外在性。① 如果第三人的行为不构成不可抗力,则债务人不得将第三人的行为作为拒绝承担违约责任的根据,债务人仍然要对债权人承担违约责任。当然,如果第三人仅仅是债务人的雇员,则债务人仍然要就其行为引起的损害对债权人才违约责任。在我国,《民法通则》和《合同法》也反映了类似的精神。

我国《民法通则》第116条规定,当事人一方由于上级机关的原因,不能履行合同义务的,应当按照合同约定向另一方赔偿损失或者采取其他补救措施,再由上级机关对它因此受到的损失负责处理。我国《合同法》第121条规定:"当事人一方因第三人的原因造成违约的,应当向对方承担违约责任。当事人一方和第三人之间的纠纷,依照法律规定或者按照约定解决。"也就是说,在因第三人的原因造成债务不能履行的情况下,债务人仍应向债权人承担违约责任,债务人在承担违约责任后,有权向第三人追偿。债务人为第三人的行为向债权人负责,既是合同相对性规则的体现,也是保护债权人利益所必需的。②

(三) 第三人的行为与侵权责任的关系

问题在于,如果他人要求行为人就第三人实施的侵权行为对自己承担侵权责任,行为人是否有权以损害是由于第三人实施的侵权行为造成的作为拒绝承担侵权责任的抗辩事由?关于这样的问题,法国学说区分两种情况加以讨论:其一,如果第三人的行为符合不可抗力的特征,则第三人的行为可以看作不可抗力,成为行为人拒绝对他人承担侵权责任的抗辩事由,此时,第三人的行为可以完全免除行为人的侵权责任;其二,如果第三人的行为不符合不可抗力的特征,则行为人仍然要就第三人的行为对他人承担侵权责任,行为人不得以第三人的行为作为拒绝承担侵权责任的根据。③

在我国,民法通则、特别法或者侵权责任法没有对这样的问题作出原则性的、一般性的说明,它们仅仅对某些特殊情况下行为人是否能够借口第三人的侵权行为而主张免

---

① Laurent Aynès et Philippe Malaurie, Les Obligations, 2e édition, édition cujas, p. 450.
② 龚赛红主编:《合同法》,中山大学出版社2007年第2版,第304页。
③ Gérard Lègier, p. 113.

责的问题作出了具体说明。例如，我国《海洋环境保护法》第 90 条规定，造成海洋环境污染损害的责任者，应当排除危害，并赔偿损失；完全由于第三者的故意或者过失，造成海洋环境污染损害的，由第三者排除危害，并承担赔偿责任。我国《侵权责任法》第 68 条规定，污染者不得以第三人的侵权行为作为拒绝承担侵权责任的抗辩事由。我国《侵权责任法》第 83 条规定，动物的饲养人或者管理人不得以第三人的侵权行为作为拒绝承担侵权责任的抗辩事由。本书认为，我国侵权法应当根据行为人承担过错侵权责任还是承担严格责任来确定行为人是否能够以第三人实施的侵权行为作为他们拒绝承担侵权责任的抗辩事由。

如果行为人承担的侵权责任是过错侵权责任，则侵权法原则上不应当责令行为人就第三人实施的侵权行为对他人承担侵权责任，侵权法仅能够在例外情况下责令行为人就第三人实施的侵权行为对他人承担侵权责任，因此，原则上讲，行为人能够以第三人实施侵权行为作为拒绝承担侵权责任的抗辩事由，这就是行为人原则上不就第三人实施的侵权行为对他人承担侵权责任的一般原则。例外情况下，行为人不得以第三人实施侵权行为作为拒绝承担侵权责任的抗辩事由，这就是行为人在例外情况下就第三人实施的侵权行为对他人承担侵权责任的规则。所谓例外情况是指，如果行为人在法律上同第三人存在某种特殊关系，使行为人对第三人承担了某种控制义务，则当第三人实施侵权行为时，行为人不得以第三人实施侵权行为作为拒绝承担侵权责任的抗辩事由。在侵权法上，行为人就第三人实施的侵权行为对他人承担的侵权责任被称为替代责任。

如果行为人承担的侵权责任是严格责任，则无论行为人同第三人之间是否存在某种特殊关系，行为人均不得借口第三人实施的侵权行为而拒绝对他人承担侵权责任，因为承担严格责任的行为人所从事的活动往往是高度危险的活动，一旦他们借口第三人的侵权行为而免责，则他们很容易拒绝对他人承担侵权责任。

六、他人行为的抗辩

如果他人遭受的损害完全是由于他人本人的行为引起的，则行为人无需对他人遭受的损害承担民事责任，包括违约责任和侵权责任，因此，他人的行为是行为人拒绝对他人承担民事责任的正当根据。同时，即便他人遭受的损害部分是因为他人的行为引起的，部分是行为人的行为引起的，如果他人遭受的损害是由他人故意引起的，行为人也不对他人承担民事责任，即便行为人也实施了故意行为。

在法国，民法学者均对这样的规则作出了明确说明。Aynès 和 Malaurie 这两位违约责任领域的学者对此种规则作出了明确说明，他们指出："契约债权人的行为可以免除契约债务人所承担的违约责任。其根据在于，如果损害是由于受害人的行为引起的，则受害人遭受的损害不得归责于行为人。根据受害人的行为在损害中所起的因果作用，受害人的行为可能全部免除行为人承担的违约责任，也可能部分免除行为人承担的违约责任。如果受害人的行为是其损害发生的唯一原因，则行为人对他们承担的违约责任被完全免除。"① Lègier 也对侵权责任领域所实行的此种规则作出了明确说明，他指出："如果受害人的过错是他们遭受损害的唯一原因，则行为人不对受害人遭受的损害承担任何侵权责任。"②

在我国，《合同法》也对这样的规则作出了明确说明。例如，我国《合同法》第302条规定，承运人应当对运输过程中旅客的伤亡承担损害赔偿责任，但伤亡是旅客自身健康原因造成的或者承运人证明伤亡是旅客故意、重大过失造成的除外。我国《合同法》第311条规定，由于托运人、收货人的过错造成运输过程中的货物损毁、灭失的，承运人不负损害赔偿责任。我国《合同法》第370条规定，寄存人交付的保管物有瑕疵或者按照保管物的性质需要采取特殊保护措施，但未将该情况告知保管人的，保管人不承担由此产生的损害赔偿责任。此外，我国《侵权责任法》第27条也对侵权责任领域所实行的此种规则作出了明确说明，该条规定：损害是因受害人故意造成的，行为人不承担责任。

---

① Laurent Aynès et Philippe Malaurie, Les Obligations, 2e édition, édition cujas, p. 450.
② Gérard Lègier, p. 179.

第五编 债的变动

第十六章 债的转移

第一节 债的转移概述

债权是债权人可以请求债务人为一定给付的请求权。债权是以债权人和债务人即当事人的存在为前提的。本章研究的债之转移其实就是债权关系当事人的变更问题。具体内容包括债权让与、债务承担、合同权利义务的概括转移三方面的内容。

保持债务人的同一性而只变更债权人的是债权让与。与此相反,保持债权人的同一性而只变更债务人的是债务承担。合同是债发生的原因之一。合同虽然存在赠与合同这种单务合同,但大多数合同是当事人双方一系列债权债务的综合体。把这种权利义务原封不动地转让就是合同地位的转让。

早期的罗马法不存在包括所有权在内的权利让渡观念。从债权的角度讲,认为权利——基于债权的权利与其承担者不可分离,"债是债权人与债务人之间的法锁",债与其主体密不可分地结合在一起。因此,当时不认可债权债务的特定继承,只有通过更改的方式才可以变更债的主体。因为,当时还未确立司法审判制度,债权的实现只依靠债权人和债务人之间的信赖关系。所以,如果债权转让,债权人与债务人之间存在的人的信赖关系就被打破,新债权人与债务人之间因缺乏人的信赖关系,债权就不能成为债权人确定的财产。我们现在之所以承认债权的转让性并以此为原则,是因为审判制度乃至司法制度已经确立并日渐完善,使得债权的实现可以和人的信赖相脱离,极大地加强了债权实现的可能性。①

---

① (日)加藤雅信:《新民法大系·债权总论》,有斐阁平成17(2004)年版,第297页。

第二节 债权让与

一、债权让与的概念及特征

（一）债权让与的概念

债权是债权人请求债务人为一定财产内容的给付的请求权。债权人行使请求权的目的，或为获得一定的物，或接受一定行为的结果，或取得一定的权利，但债权人的最终目的在于满足其财产需要。

债权虽不是有形的实际财产，但有直接的财产内容；有些债权虽无直接的财产内容，但确定其价值仍依靠财产评价；有些债权虽然不表现为现实的财产，而是以将来的财产为标的，但仍然不失为一种财产权利。债权通过其请求力、强制力、执行力以保证债权人所期望的财产利益的实现，还可以通过添补性损害赔偿使债权人的财产利益得到补偿。

总而言之，在现代债权制度之下，债权具有财产内容而且这种内容的实现也有充分的保证。故可认为债权就代表着一定的财产。我国《物权法》第39条规定，所有权人对自己的不动产或者动产，依法享有占有、使用、收益和处分的权利。物权法的这一规定应当适用于债权，债权人当然像处分其他财产一样处分其债权。债权让与就是债权人处分其债权的一种形式。因此，《合同法》第79条规定，债权人可以将合同的权利全部或者部分转让给第三人。债权人将合同的权利转让给第三人即为债权让与。债权让与是指债权人保持债权内容的同一性，并通过合意将债权移转给第三人的法律行为。其中，债权人为让与人或旧债权人，第三人为受让人或新债权人。

（二）债权让与的特征

（1）从本质上讲，债权让与是让与人和受让人之间的合意而发生的诺成合同。因此，非依双方合意而成立的债权转让，即依法律的直接规定而发生的债权转移，如继承人因法定继承而取得债权、保证人取得主债权人的地位、债权人通过强制执行而取得债务人的债权等都不属于债权让与。因为其产生的基础不是当事人的合意，而是法律规定或法定强制手段。同时，债权让与为诺成且非要式合同。债权让与是诺成法律行为，即当事人双方一经达成合意合同在当事人之间发生效力；法律不要求债权让与采用特殊的形式，故不是要式法律行为。债权让与合同以特定债权为标的，如果仅赋予第三人收取债权之权利的，属于代理权的授予而不是债权让与。

(2) 债权让与保持债权内容的同一性,不改变债权内容。所以,债权让与不仅主债权发生转移,而且其所附随的利息债权、违约金债权、保证债权、担保物权等权利以及同时履行抗辩权等抗辩权也当然地移转于受让人。

(3) 债权让与以债权为标的。让与改变债权的归属。债权让与是通过让与合同将债权当作财产来处分,导致债权人失去债权而受让人获得债权。另外,债权让与是债权人处分其债权的行为,具有抽象性。即引起债权让与的原因可能多种多样,如买卖、赠与、抵债等,但引起债权转让的具体原因不影响让与合同的成立。但是,这不等于说债权让与具有无因性,因为其原因行为无效、被撤销、解除,当然影响债权让与的后果甚至使其无效,从而产生债权复归于转让人的效力。

二、债权让与制度在实践中的运用[①]

债权让与在债权的回收、担保和筹措资金等方面得到广泛运用。

(一) 债权让与是债权回收的手段

在企业法务活动中,经常将债权让与作为债权回收的手段而加以利用。企业债权的回收一般可以通过诉讼强制执行债务人财产的方式来实现。但这种方法有其局限性,要受诉讼程序中各阶段法定期间的限制;评估、拍卖债务人财产不仅需要时间,而且所需费用也较大。另外,如果债务人的财产不足以清偿其全体债权人的全部债务,因受债权人平等原则的限制,债权无法得到全部回收,只能按照债权比例获得清偿。所以,债权回收最简单的方法是让债务人将其对他人的债权转让给债权人。具体做法为,如果要回收的债权与债务人所转让的债权两者价值大体相等,债权人可让债务人将其现有的债权转让过来代替金钱给付,也能成为一种代物清偿。债务人如果确定对价而向债权人转让债权的,债权人以其债权进行抵消,债权就得到清偿了。

(二) 换价与担保的债权让与

(1) 换价的债权让渡。债权人可以像出售动产一样将债权卖出而获得对价。当然,受让人要考虑清偿期届满期间的长短、债务人的偿还能力等具体情况,综合分析判断之后才确定其对价。有时债权人为避免债权管理和回收的负担,也采用这种换价的方式。为满足债权换价的需求专门从事购买债权业务的就是保理行业。

(2) 债权让渡担保。需要资金的债权人不把债权立即换价,而是以其供作担保来获得资金。这里所谓的担保,是抵押人如果到期不能还款,就把所抵押债权的回收权限

[①] 关于债权让与的实际运用,笔者根据内田贵教授《民法 3 债权总论·担保物权》的相关内容而编写,参见(日) 内田贵《民法 3 债权总论·担保物权》,东京大学出版会 2004 年第 2 版,第 107 页。

转移给贷款人。这种担保实际上就是债权让渡担保的方法。这与债权质权是不同的。

债权让渡手段有两种。第一，达成债权让渡的合意，但不通知债务人而将其放置（根据日本民法的规定，债权让与未经通知债务人，对债务人不发生效力），等到担保人陷入债务不能履行时才通知其债务人而完成债权让渡。第二，在给债务人的债权转让通知中明示让渡担保，但约定让渡担保人不陷入债务不履行，贷款人就不能要求债务人向其履行债务。

（三）为筹措资金的债权让渡

上述债权回收、换价、担保等债权让与的功能，只是为债权赋予让渡性，使其成为能够像动产一样转让的权利所造成的结果而已。与此不同，债权不仅收取利息还可回收本金，好比源源不断地涌出现金的源泉。利用债权的这种特性而积极筹措大额资金的债权让与正在不断增加。现实中存在多种多样的让与方式，但可概括为以下两种方式：

（1）债权让与之对价债权的小额化。一方面，信贷公司先将其多数贷款债权集约为一宗大债权而转让给受让公司，然后，信贷公司将因债权转让而对受让公司所享有的价金债权分化成多个小额债权，以受让公司债券的形式卖给投资者。投资者购买公司债券的款项归信贷公司。信贷公司通过这种方式达到了其筹措资金的目的。另一方面，信贷公司代替受让公司收取贷款的利息和本金，转交给债权受让公司。受让公司再将收取的利息和本金支付给投资者以偿还其公司债券。通过这种手段，既能把多数的贷款债权汇集成一宗价金债权，又可把该债权再小额化，因而达到筹措资金的目的。另外，这种融资方式实质上是投资者对信贷公司债权进行的投资，但因该投资以受让公司所受让的贷款债权为担保，即使信贷公司破产，投资者也不因此而受其影响，能够从受让公司获得清偿。

（2）证券化与流动化。信贷公司把多数贷款债权转让给受让公司，受让公司以该债权为担保发行公司债券，从市场上筹措投资资金，并把筹措的资金作为转让价金支付给信贷公司。在这种情形之下也由信贷公司代替受让公司回收贷款。受让公司把回收资金分配给投资者。采用这种方法贩卖的不是债权让渡的价金债权，是受让公司的公司债券。这种以多数债权的财产价值为担保发行有价证券来筹措资金的方式，就是债权的证券化、流动化。

三、债权让与的要件

（一）债权必须属于让与人

首先，让与人享有可转让的债权，即债权必须实际存在。但这并不意味着转让人要保证其转让的债权一定能得到实现。中国台湾地区《民法典》第 350 条明确规定，债权或其他权利之出卖人,应担保其权利确系存在。因为,债权的存在是债权让与的基本前提。债权不存在或已经消灭的,债权转让无任何意义。其次,让与的债权必须属于债权人。因为债权转让是处分债权的行为,对债权享有处分权的人才可以转让债权。物权可以占有或登记的方式予以公示,但债权不存在这种可资认定债务存在的外在表征。因此,债权原则上不能善意取得。如果转让的债权不存在或者债权不属于让与人享有的,受让人不能取得债权。

然而,对此有例外特殊情形,《德国民法典》第405条规定,债权转让时债务人出具债务证书证明债权存在的,债务人不得以虚伪表示或存在禁止转让的特别约定为由,拒绝向受让人履行债务。也就是说,受让人在受让债权时债务人出具债权存在证明的,即使债权实际上不存在,债务人也必须对自己制造的债权存在的虚假表象承担责任。因为,债务人作出的证明对受让人发生类似于物权公示的效力,债权受让人对此表象真实性的信赖应当受到保护。《日本民法典》第468条也有类似规定。即债务人收到债权转让通知而作出无异议承诺的,债务人即使存在可对抗债权人的事由,也不能以其对抗受让人。债务人收到债权转让通知时作出的无异议承诺即单纯承认债权存在的承诺,对债权受让人也产生债权存在的公示效力,受让人的信赖应当受保护。所以,债务人即使存在可对抗事由,如债权不存在、债权消灭等事由,也不得以此对抗受让人,只能向受让人履行债务。

债权让与要求债权存在并且让与人对其享有处分权,但下列两种效力不充分或不确定之债权亦可作为债权让与的标的:一是诉讼时效已经完成的债权。该债权属自然债权,若债务人自愿履行,仍可得以实现。二是存在撤销权的债权。如果在撤销权的行使期间内撤销权人未行使撤销权,则该债权将变成确定有效的债权。

(二) 让与人和受让人须就债权让与达成合意

债权转让是以改变债权归属为目的的处分债权的法律行为。因此,让与人和受让人必须就债权转让达成合意。根据《合同法》第87条的规定,当事人对转让内容约定不明确的,推定为未转让。当事人达不成合意或者合意内容不明确的不产生让与效力。对债权让与合同法律没有要求必须采用书面形式或其他特定形式,让与合同不是要式合同。如果法律、行政法规规定变更合同应当办理批准、登记等手续的,依照其规定。

(三) 让与的债权应具有可让与性

债权作为一种财产权,其流通性日益受到重视。在绝大多数情况下债权是可以转让的。但是,债权毕竟是特定当事人之间的权利义务关系,有时建立在当事人之间的相互信赖或特定利益关系的基础之上,故其转让有时会受到当事人特别约定的限制。法律基于社会政策和保护公共秩序的考虑,也会对特定债权作出禁止转让的规定。

我国《合同法》第 79 条规定，按照合同性质不得转让的债权、按照当事人约定不得转让的债权、依照法律规定不得转让的债权不得转让。

(1) 依合同性质不得转让的债权。债权转让是债权人的变更。如果让与债权，就会引起其内容或行使方法发生实质性变化的债权不得让与。

首先，债权人变更会直接导致给付内容变更的债权，即属于性质上不得转让的债权。内容具有人格性、个体性的债权，如涉及身体、健康、名誉、隐私等的债权就属这一类。如作家甲与乙出版社签订出版合同，甲作家负有撰写书稿的债务，乙出版社不能将其债权让与丙出版社；身体、健康、名誉、隐私等权益被侵害而发生的损害赔偿债权原则上不得转让；不作为债务的债权人不得将其转让。

其次，基于当事人之间的信赖关系为基础的债权也不得让与。这种债权的债务人仅限于对该债权人才愿意负给付义务，并且以对该债权人为给付的目的才签订契约。如借贷、租赁、雇佣、委托等债权，债权人变更则行使债权的方法势必发生变化，例如借用合同的债权人即借用人变更，有可能因怠于注意导致借用物毁损，这就违背当事人订立合同的目的。根据性质上的不同，《日本法民法典》明文规定这种债权不得让与，如使用借贷（《日本民法典》第 594 条）、租赁权（《日本民法典》第 612 条第 1 款）。

最后，从权利应随主权利的移转而移转。所以，属于从权利的债权也不得单独让与。如保证债务视为担保主债权而存在，如果与主债权分离，其担保的性质就丧失。

(2) 当事人约定不得转让的债权。债权不得转让的特别约定保护的是债务人的利益。债务人认为转让将会给自己带来不便或造成烦扰时，设法与债权人约定禁止转让。当事人作为债权债务关系的主体，依契约自由原则有权约定合同双方的权利义务。当事人在合同中特别约定该合同的权利不得转让，约定当然具有法律效力。我国《合同法》第 79 条也规定当事人约定不得转让的债权不得转让。

债权人违反禁止转让的特别约定而转让债权的，其转让无效。但是，为了保护交易安全，法律（例如，中国台湾地区《民法典》第 294 条第 2 款规定，不得让与之特约，不得以之对抗善意第三人；《日本民法典》第 294 条第 2 款规定，特别约定不能对抗善意第三人）规定特别约定不得对抗善意第三人，即第三人不知特别约定的存在属于善意的，让与行为有效；第三人恶意时的效力有争议，即债权效果说认为受让人与让与人之间的债权转让契约有效；物权效果说认为，违反约定所为的转让行为不生效力。[①] 当事人事后予以追认违反特别约定的转让行为的，应当认为债权转让有效。另外，这种特别约定的效力只是不允许任意转让而已，不能阻止法院实施的强制执行所引起的债权移转。

禁止转让的特约可以在合同订立时约定，也可以事后约定。这种特别约定依当事人

[①] 黄立：《民法债编总论》，中国政法大学出版社 2002 年版，第 614 页。

的合意发生效力。但因遗嘱等单独行为而发生的债权所附禁止转让的特别约定，可依单独行为而生效。

(3) 依法律规定不得转让的债权。债权人得不到实际履行就无法达到债权本来目的的，法律规定禁止让与。例如，抚养（包括扶养、赡养）请求权、退休金给付、医疗保险给付等请求权均不得转让。另外，这种债权不仅不得转让，一般也不得作为强制执行的对象。

（四）须经通知方可对抗债务人

(1) 债权是一种财产权，债权人对其债权享有处分权。债权让与是债权人与第三人之间转让债权的行为，双方达成合意，债权让与在当事人之间即可生效，无须征得债务人同意。债务人是否同意，不影响债权让与的成立和生效。但是，债权让与的结果与债务人有重大关系。我国《合同法》第80条规定："债权人转让权利的，应当通知债务人。未经通知，该转让对债务人不发生效力。"

在债权转让对债务人的效力问题上，我国合同法采用的是通知对抗主义。即债权让与经债权人和受让人达成合意仅在双方之间发生效力，对债务人不发生效力；债权转让未通知债务人的，债务人有权拒绝受让人的履行请求。但债务人不得同时拒绝让与人和受让人双方的履行请求，应当选择让与人或受让人向其履行债务，否则违反诚实信用原则，债务人陷入债务不履行。转让通知到达之后债务人只能向受让人履行债务，仍向原债权人履行债务或实施其他免责行为不发生法律效力。

债权让与只有通知债务人才能对债务人发生效力。所以，债务人收到通知之前，仍然可以把转让人当作债权人向其履行债务，并且其履行发生清偿的效力；债务人也可以向转让人主张抵消，也同样发生法律效力。根据《德国民法典》债权转让的规定，债务人无须知悉让与，但是，让与不得对抗善意的债权人。债务人在履行给付或者实施法律行为时不知悉债权让与事实的，债权让与后债务人向原债权人所履行的给付，以及债权让与后在债务人与原债权人之间就债权所实施的一切法律行为，新债权人必须承认其效力（《德国民法典》第407条）。

"未经通知，该转让对债务人不发生效力"是保护债务人利益的规定。这样既能保证债权自由流动，也能防止债务人因不知情而遭受损失。但债务人可以主动认可让与事实向受让人履行债务。因为，受让人不具备行使权利的要件而不能向债务人行使权利，阻止的只是受让人要求债务人承认其受让权的请求，并不是否定受让人的受让权本身。

(2) 债权让与通知是让与人或受让人向债权人通知债权让与的事实行为，属于观念通知，而不是债权转让发生效力的意思表示。故原则上不适用民法有关意思表示的规定，但其中通知到达而生效、行为能力、可以通过代理人而为等规定适用于此。债权转让的同时或转让之后通知债务人均可。但因转让的事实还没有发生而在转让之前作出的通知无效，因为根据这种通知无法确定债权转让于何时发生。关于由何人实施债权让与通知的问题，无论受让人或债权让与人通知债务人，其目的都是为了让债务人知悉转让事实这一结果。我国合同法虽然规定权利让与由债权人通知债务人，但法律也未明确禁止受让人通知债务人。故受让人有效通知债务人也应发生效力。根据《合同法》第80条的规定，转让权利的通知不得撤销，但经受让人同意的除外。

（3）通知对抗主义及其例外情形和表见让与。通知对抗主义也存在以下一些例外情况：第一，证券化债权的让与不以通知债务人作为对其生效的要件。例如，根据票据法的规定，指示债权因背书和票据的交付而转移；不记名债券则仅因债券的交付而移转债权。第二，当事人之间特别约定合同债权不得让与的，债权人如欲转让其债权，则须征得债务人的同意。在这种情形之下，债权转让不能仅因债权人与受让人的合意而生效，还必须征得债务人同意才生效。所以，在这种情形下，通知债务人不是对抗要件而是债权转让的生效要件。第三，某些债权的让与必须办理登记手续，如电话通信权的过户。[①]

所谓表见让与，是指让与人通知债务人已将债权让与的，即使不存在实际让与或让与无效，债权人仍应承担通知债务人所发生的后果。如果让与人通知债务人债权已经让与，就足以使债务人信赖让与已经发生。因此，根据民法保护第三人信赖利益和交易安全的理念，应保护债务人基于让与通知之表象而产生的信赖利益。[②]

四、债权让与的效力

债权让与引起出让人和受让人的更替，称为对内效力；受让人与债务人、第三人之间发生的效力称为对外效力。

（一）债权让与的对内效力

债权让与的对内效力是债权让与在债权让与人与受让人之间产生的效力。具体包括以下几个方面：

1. 债权人更替

根据《合同法》第79条的规定，债权人以债权让与合同将债权转移给受让人，从而脱离债权债务关系；受让人取代让与人成为新债权人。但合同法没有明确规定转让合同从什么时候生效，这种取代从何时发生？根据《合同法》第25条"承诺生效时合同成立"和《合同法》第44条"依法成立的合同，自成立时生效"的规定，债权人与受让人达成合意时转让合同对转让人和受让人发生法律效力。故转让人和受让人达成合意

---

① 陈小君主编：《合同法学》，高等教育出版社2003年版，第201页。
② 陈小君主编：《合同法学》，高等教育出版社2003年版，第201页。

时即发生债权人的更替。

2. 债权从权利随之移转

《合同法》第 81 条规定:"债权人转让权利的,受让人取得与债权有关的从权利,但该从权利专属于债权人自身的除外。"因此,主债权让与时从属于主债权的从权利应随之一同移转。从权利一般包括担保物权、定金债权、保证担保权、利息债权、违约金债权及损害赔偿请求权等。撤销权、解除权等形成权属于债权人自身的权利,不发生移转。

3. 让与人的交付及告知义务

让与人在债权让与时应将足以证明债权存在的一切文件交给债权受让人,如债务人的借据或者存单、合同书、票据、往来书信电报、担保文书等;债权人占有担保物的,也应移交给受让人。债权人还应告知受让人行使债权的一切必要情况,如债务的履行期限、履行地点、履行方式、债务人的住所以及债务人可能主张的抗辩等。合同法虽然对此未作出规定,但根据诚实信用原则的要求,这些义务构成让与人的附随义务。

(二) 债权让与的对外效力

债权让与的对外效力是确定受让人向债务人主张债权的范围,解决受让人与债务人以外的第三人之间的权利冲突的准则。包括两个方面的内容:其一,受让人主张债权不得增加债务人的债务负担。因为,保持债权的同一性、不改变债权内容是债权让与的基本要求。所以,债权转让既不能增加债务人的负担、也不能使其丧失权利。其二,受让的债权上存在其他第三人的权利时公平合理地解决权利冲突。

1. 让与人和债务人之间的效力

根据《合同法》第 80 条的规定,债权让与通知到达债务人之前,原债权人与债务人之间的债权债务关系不发生任何变化,转让人还是债权人。债务人对让与人(原债权人)所为的清偿行为或其他消灭债权的行为均有效,相应的债务因此而消灭;受让人也不能要求债务人重复清偿,只能根据债权让与合同的规定要求让与人返还所受领的给付。债权让与从债务人接到让与通知时起才对债务人生效,债务人仍向旧债权人(让与人)履行的给付不产生清偿效力。

2. 受让人与债务人之间的效力

(1) 债权让与通知到达债务人之后债权人发生更替。受让人取代旧债权人而成为新的债权人,享有和旧债权人同样的权利(专属于原债权人自身的除外)。新债权人(受让人)才可以要求债务人向其履行债务,并且债务人也应当向其履行债务。债务人向新债权人履行债务发生清偿效力。债权让与即使嗣后变成无效或被撤销,清偿仍然有效。

(2) 根据《合同法》第 82 条的规定,债权转让通知到达时债务人享有的抗辩权,均可用于对抗新债权人。因为，债权让与只是债权主体的变更，债的同一性不发生变化，即债务人的履行债务的义务及享有的权利不发生变化。所以，债务人原本可以对抗旧债权人的权利不因此而消灭。否则，就是剥夺债务人的权利、增加债务人的负担、损害债务人的利益；这不仅与债权让与不改变债务内容的本质相矛盾，而且也是民法所遵循的公平原则所不容的。

（3）根据意思自治原则，不能违背当事人的意思而为其设定义务。债权人和受让人不能通过债权让与的合意，实质性地改变或增加债务人的义务。所以，债务人在债权让与生效时对旧债权人具有反对债权可以进行抵消的，在债权让与后仍然可以行使抵销权。《合同法》第83条规定："债务人接到债权转让通知时，债务人对让与人享有债权，并且债务人的债权先于转让的债权到期或者同时到期的，债务人可以向受让人主张抵消。"

3. 债权重复让与对第三人的效力

债权转让与物权移转不同，不存在登记或占有等外在形式的公示。第三人在受让债权时无从知悉是否重复转让，因此容易发生重复转让。如何解决债权重复转让而导致的权利冲突是债权转让制度需要解决的重要问题。我国合同法对此未作明文规定。各国对此大概有两种立法例，其一是以让与通知到达债务人或债务人的承诺作为债权让与对抗第三人的要件。《法国民法典》第1690条和《日本民法典》第467条采此模式。其二是合同一经生效，债权让与对转让人、受让人、债务人及其他第三人均发生效力，但不得以之对抗善意的债务人。《德国民法典》第398条、第407条、第408条都采用此模式。《德国民法典》和《法国民法典》均认为，在转让人与受让人之间的债权移转效力是因让与合同而发生，在这一点上两者是一致的；但是，债权让与对债务人及其他第三人发生效力，是否需要通知债务人或者债务人承诺为要件这一点上，前者予以否定，后者则予以肯定，在这一点上两者不同。

基于以上分析，我们再看我国《合同法》第80条第1款"债权人转让权利的，应当通知债务人。未经通知，该转让对债务人不发生效力"的规定，除对第三人效力内容的缺失之外，无论其外形结构还是规制内容均与《日本民法典》第467条第1款基本相似。《日本民法典》第467条第1款规定："指名债权的让与，非经让与人通知债务人，或经债务人承诺，不能对抗债务人及其他第三人。"然而，《德国民法典》第398条规定，"债权因债权人与他人订立的合同，可从债权人移转到他人（债权让与）。新债权人依该合同取代旧债权人"，债权让与不需通知债务人等其他任何要件。我国《合同法》第80条第1款"债权人转让权利的，应当通知债务人。未经通知，该转让对债务人不发生效力"的规定，与《德国民法典》的规定大相径庭。如果从《德国民法典》的立场看，我国《合同法》第80条应当废止。所以，曲解《德国民法典》关于债权转让对第三人效力的内容来补充解释我国《合同法》第80条的规定是行不通的。

据以上分析，笔者认为，《合同法》第 80 条第 1 款应当修改为"债权人转让权利的，应当通知债务人。未经通知，该转让对债务人及其他第三人不发生效力"。就是说，债权让与以通知债务人作为对抗债务人及其他第三人的要件。

第三节 债务承担

一、债务承担的意义

（一）债务承担的概念

债务承担，是指在不改变债的内容的前提下，由第三人承受债务人的部分或全部债务的法律制度。第三人称为承担人。《合同法》第 84 条规定，债务人将合同的义务全部或者部分转移给第三人的，应当经债权人同意。债务承担一般包括两种形式，即免责的债务承担和并存的债务承担。前者指债务人的债务全部移转于第三人，由该第三人代替债务人的地位，而原债务人脱离债的关系。后者指第三人加入债的关系与债务人共同承担债务。并存的债务承担中，债务人与承担人的关系为连带债务关系。

（二）债务承担的特征

（1）债务承担是对原债务的特定承受，不改变债务内容即承担人对原存债务的承受，而非新债务的承担。因而，在债务转移之前发生的事项如判决、时效等同样对承担人发生效力，从属于原债务的特定债务如利息等也随之移转于承担人。

（2）债务承担是债权人或债务人通过与第三人订立债务转移合同，使该第三人承担债务或加入到合同关系中成为债务人，与债权人直接发生债权债务关系。

（3）债务承担不受债务人与承担人之间债务承担原因的影响。承担人基于赠与、委托或有偿承担等原因而承担债务人的债务，但这些原因不构成债务承担合同的组成部分。上述原因行为无效、被撤销或解除，不影响债务承担的效力。

二、免责的债务承担

（一）免责的债务承担的要件

免责的债务承担，可采用承担人和债务人订立债务承担合同的方式进行。另外，债务承担是有利于债务人的事项，所以，承担人和债权人订立债务承担合同也可成立。但是，其与无利害关系的第三人的清偿发生相同的结果，因而不能违背债务人的意思而进行。

免责的债务承担应当符合下列要件：

(1) 须有有效的债务存在。债务承担是将债务移转给第三人，所以，以有效债务的存在为前提。如果就本不存在的债务订立承担合同，则该合同不能发生效力。将来发生的债务也可以由第三人承担，但仅在该债务有效成立时，债务承担合同才能生效。

(2) 债务具有可转移性。不具有可移转性的债务不能成为债务承担合同的标的。不具有可转移性的债务主要包括：其一，依法律规定不得转移的债务。如因扶养请求权而发生的债务不得由第三人承担。其二，因性质上不可转移的债务，除非因债权人同意，否则不得移转。这种债务与债务人的人身具有密切的联系，或以债务人的特殊技能或特定人身信任关系为基础，需要债务人亲自履行。如演出合同中某一演员表演的义务即属此类。其三，当事人约定不得转移的债务，原则上不得移转。但这种特别约定因债权人同意债务人转移债务而失去效力。此时可视为以新的约定取消原有的禁止转移的约定。其四，不作为义务只能由特定债的当事人承担，而不能移转于他人。

(3) 债务承担须经债权人同意。由承担人与债权人订立的债务转移合同本身即表明债权人已同意债务转移，故不必另行表示同意。由承担人与债权人订立的债务承担合同，则须经债权人同意。债的关系通常建立在债权人对债务人的履行能力和信用信赖的基础之上，债务人的清偿能力是债权人实现其权利的前提。债务人将债务转移给第三人，该第三人是否有足够的履行能力往往难以确定，债权人的利益也难以得到保障。并且，债务承担也可能是债务人为逃避债务而与第三人串通起来实施的。因此，各国民法及学说均以债权人同意为免责的债务承担合同生效的要件。我国《合同法》第84条也规定，债务人将合同的义务全部或者部分转移给第三人的，应当经债权人同意。

(二) 债务转移的效力

(1) 债务人脱离债的关系，由债务承担人直接向债权人承担债务。嗣后承担人不履行债务时，债权人只能请求法院对承担人强制执行或向承担人请求损害赔偿，原债务人对承担人的履行能力不承担担保责任。

(2) 我国《合同法》第85条规定，债务人转移义务的，新债务人可以主张原债务人对债权人的抗辩。债务承担系不改变债务内容，债务人所享有的对原债权人的抗辩权也随之移转于承担人。如债务具有无效原因，承担人可以向债权人主张其无效。但专属于原合同当事人的解除权、撤销权只能由原债务人行使，承担人不得享有。

(3) 我国《合同法》第86条规定，债务人转移义务的，新债务人应当承担与主债务有关的从债务，但该从债务专属于原债务人自身的除外。例如，从属于主债务的利息债务，亦转由承担人负担。但第三人为原债务人提供的保证和约定担保物权则不同，债务承担未取得保证人或抵押人同意的，保证人或担保人的担保责任归于消灭。因为担保人是基于债务人的清偿能力和信用而为其提供担保的，债务人的变更使担保产生之基础发生变化，故是否继续提供担保应由担保人重新选择决定。

三、并存的债务承担

前面已经介绍了并存的债务承担之含义，并存的债务承担是第三人作为债务人加入到他人之间已经存在的债务关系之中，故也可称为债务加入。

成立并存的债务承担时，债务须具有他人可代替履行的性质。并且所承担的债务范围也不能超过原债务的范围。在实践中，并存的债务承担往往因第三人以担保债的履行为目的加入债的关系而成立，但其与担保并不相同。即债务承担中承担人的债务是和原债务并存的义务，不具有从属性。

并存的债务承担有两种情形：第一，是承担人与债务人订立合同承担债务的履行。这种情形之下，承担人对债务人负有清偿其债务的义务，债权人对承担人不直接享有债权。第二，承担人和债务人约定共同对债权人承担债务，债权人对承担人也获得债权。这种情形属于为第三人利益的合同，不以债权人的同意为生效要件。

并存的债务承担的效果：①承担人所负债务应当与债务人的债务内容相同，不得超过原债务的限度；②承担人和原债务人对债权人承担连带责任；③承担人能以原债务人对抗债权人的事由对抗债权人。

第四节 债权债务的概括转移

一、债权债务概括转移的界定

债权债务的概括转移，是指债权债务的承受人完全取代让与人的法律地位，成为债的关系的当事人，让与人的全部权利义务转移于受让人。债权债务的概括转移包括根据当事人的合意发生的合同承受，以及基于法律规定而发生的财产继承、企业合并和分立。债权债务的概括转移与债权和债务的单独转移并不相同。在单独转移的场合，当事人仅仅转移自己的债权或者债务，而在概括转移时，当事人既转移自己享有的债权，也转移自己承担的债务。

二、债权债务概括转移的类型

（一）债权债务的承受

债权债务的承受是指债权债务关系的当事人一方和第三人订立合同，经他方当事人同意后,将其当事人的地位转让给第三人。根据我国《合同法》第88条"当事人一方经对方同意,可以将自己在合同中的权利和义务一并转让给第三人"的规定,债权债务的承受的法律要件包括以下方面:

(1) 债的关系当事人地位的可让与性。如果法律规定不得转移的债权债务,不会发生转移的效果。

(2) 债权债务的概括转移必须经过对方当事人的同意。因为概括转移包含债权和债务的转移,对对方当事人的影响甚大,必须经过其同意后转移协议才能生效,承受人才能成为债的关系的当事人。但是,最近出现了根据合同关系的不同情况而确定是否需要对方当事人同意的新观点。即随着特定财产的转让而发生的合同,当事人地位的转移不需要对方当事人的同意;因合意而发生的合同,当事人地位的转移需要对方当事人的同意。前者如因转让出租不动产而发生新所有人代替原所有人时,不需要经过承租人的同意;后者如承租人变更必须经过房屋所有人的同意,是因为承租人是谁对出租房屋的利用状况有重大的影响。①

(3) 存在概括转移协议。即原债的关系当事人与承受人有概括转移协议。

(二) 债权债务概括转移的效果

(1) 债的关系的当事人发生变化。如无特别约定,概括转移发生后,受让人成为债的当事人,转移人退出债的关系。概括转移不同于债权或者债务的单独转移,转移债权又转移债务,特别是合同当事人所享有的解除权、撤销权等也归属于受让人。

(2) 由债的产生所发生的一切权利均发生转移。在债权或者债务的单独转移中,专属于债权人或者债务人的权利,如解除权、撤销权等并不发生转移,但是在概括转移中,因为当事人地位变化,这些权利也一并转移。

(3) 从债务并不当然地转移。第三人为保证人时,从债务经过第三人同意后才发生转移;物的担保是由原债务人提供的,担保债务一并转移,有特别约定的除外。

三、因为法律规定产生的债权债务概括转移

债权债务的转移可因法律的规定而产生。我国《民法通则》《合同法》《公司法》以及《继承法》等都规定了债权债务的概括转移问题。

(一) 企业合并与分立而产生的概括转移

企业合并是指两个或两个以上的企业合并为一个企业,包括吸收合并和新设合并。前者指一个企业将原存的其他企业吸收,使其成为自己的一个组成部分,而被吸收的企

---

① (日) 奥田昌道等编:《民法四·债权总论》,株式会社悠悠社2007年版,第281页。

业解散。后者指两个以上的企业合并设立一个新的企业，合并各方解散。企业分立是指一个企业分立为两个或两个以上的企业。企业因某种原因而发生合并或者分立的，其权利、义务由变更以后的企业、公司享有、承担，这就是债权债务的概括转移。为了保护相对人和合并分立企业的利益，也为了维护交易安全，企业合并或分立之前的债权债务由合并或分立后的企业承担。我国《民法通则》第44条规定，企业分立、合并的，其权利和义务由变更后的企业承担；我国《公司法》第184条规定，公司合并时，合并各方的债权、债务，应当由合并后存续的公司或者新设的公司承继；我国《合同法》第90条也作出了类似的规定。

（二）因继承产生的概括转移

根据最高人民法院《关于贯彻执行我国〈继承法〉若干问题的意见》第3条的规定，继承人可继承被继承人所有的有价证券和履行标的为财物的债权；同时，继承人应当在遗产实际价值范围内清偿被继承人应当缴纳的税款和债务（《继承法》第33条）。法定继承从被继承人死亡而开始。继承人继承被继承人债权的同时，在遗产价值范围内清偿其债务。

第十七章 债的消灭

第一节 债的消灭概述

一、债的消灭的意义

债是债的当事人达到其利益的法律手段，债法的主要功能也在于此。"债法的主要作用是变更债务关系当事人当前的法益状态，实现法益从债务人向债权人的移动，并以此种方式服务于社会和经济。这里的法益既可以是金钱，也可以是商品、其他物品或者是劳务。"[①] 债的当事人欲达其利益目的，必然要求债务人全面履行义务。债务人履行义务通过债权人的受领，债权利益就能实现，债的关系也会消灭。反过来讲，债的关系消灭，其目的一般也会达到；而债不消灭，则说明债的目的尚未达到。

可见，债的关系是一种动态的关系，有其从发生到消灭的过程。其终点就是债的消灭。债的消灭又称债的终止，是指债在客观上不复存在。具体来说，债权人与债务人之间特定的权利义务，即请求权与给付义务归于消灭。

债的消灭与债的变更不同。债的变更是债的客体或内容发生变化。债的变更只是对其要素的部分改变，债权债务关系仍继续存在。例如，债的主体发生变更，只不过是新旧债权人的更换，而不能导致债权的消灭。而债的消灭则是原来存在的债权债务关系归于消灭。

债的消灭与债的效力停止也不同。债权效力的停止是债务人行使法定抗辩权，阻止债权人的请求权，中止债权的效力。因此，不论是永久的抗辩还是延期的抗辩，债权本身并不消灭，债的关系依然存在。抗辩事由消灭，债权的效力即回复。

二、债的消灭的原因

债的消灭的原因，是指引起债权债务关系消灭的法律事实。债的消灭须有法律上的原因。自债的消灭原因发生之时起，债的关系在法律上自然消灭，无须当事人自己主张。我国《合同法》第91条规定了合同的权利义务终止的七种原因，即债务已经按照约定履行、合同解除、债务相互抵消、债务人依法将标的物提存、债权人免除债务、债

[①] 卢谌、杜景林：《德国民法典债法评注》，中国方正出版社2007年版，第2页。

权债务同归于一人、法律规定或当事人约定终止的其他情形。

债也因出现权利消灭的一般情形而消灭（时效、权利放弃、合同解除、撤销、无效等）。

学术界把债的消灭原因大致分为以下几类：

（一）因实现债权目的而消灭

债的目的达到是指债的内容得到实现，当事人的利益需求得到了满足。债的目的达到的最典型形态是清偿。例如，债务人清偿债务，债权债务关系就要消灭；如果债务人不自动清偿，可以通过强制执行、债权人实行抵押权等方式，从债务人的一般财产中获得清偿或将抵押物变卖从其价金中得到清偿，从而使债权债务关系消灭。

（二）因单方法律行为而消灭

主要包括债务免除、抵消、合同解除等。

债务免除实质上是债权人放弃其债权。债权为财产权，债权人有权对其进行处分。债权人可以转让，也可以放弃其债权。放弃债权是一种单方法律行为，无须征得债务人同意。一旦债权人作出放弃债权的意思表示，即刻发生法律效力。债务人的给付义务即被免除，债的关系即归消灭。

另外，抵消也属于单方法律行为。我国《合同法》第99条规定，当事人互负到期债务，该债务的标的物种类、品质相同的，任何一方可以将自己的债务与对方的债务抵消，当事人主张抵消的，应当通知对方。通知自到达对方时生效。当事人一方主张抵消的，债权债务关系消灭。

合同之债发生后，符合法定解除条件的，享有解除权的一方可行使合同解除权，解除合同，合同双方债权债务关系就会消灭。根据我国《合同法》第94条的规定，履行期限届满之前一方当事人明确表示或者以自己的行为表示不履行主要债务的，另一方当事人可以行使解除权。

（三）因双方合意而消灭

债权人与债务人之间可以订立消灭债权债务的协议，使债权债务消灭。债务人应当按照债务的宗旨全面、适当地履行其债务。原则上讲，当事人不能擅自改变债务内容和债务履行方式。但是，当事人通过协议可以改变上述内容，从而使原有的债权债务关系消灭。例如，代物清偿就属此类。代物清偿是债务人以他种给付代替其所负担的给付，从而使债消灭。债务人原则上应依债的标的履行债务，不得以其他标的代替，但在双方当事人合意时，债务人也可以代物清偿，代物清偿仍然发生使债权债务关系消灭的法律后果。

（四）因债无履行必要而消灭

债是当事人达到其利益的法律手段，债务人应当全面、适当地履行义务。但债权债务关系产生之后，由于特定事情的发生会出现不需要履行的情形，会导致债务失去实际履行的意义而消灭。例如，混同就属此类原因，即债权和债务同归于一人，致使债的关系归于消灭。

（五）因债的目的不能达到而消灭

债的目的不能达到即债的内容无法实现，当事人的利益要求在客观上已不能得到满足。当然，导致履行不能的原因应当是不可归责于债务人的事由引起的。按照法律规定，履行不能系不可归责于债务人的事由引起的，债务人免除给付义务，使债权债务关系消灭。比如，标的物灭失，导致无法履行。债权的目的并非因债务人或第三人之清偿而达成，而是因偶然之事实而达到的，如拆除房屋前房屋因地震而倒塌等情形。在债务人履行债务以前，债之目的因其他原因而达成，债务人虽欲给付，亦属不能者，究竟属目的达成抑或给付不能？① 对此，学术界有争论，有人主张债的目的已经达成，有人认为债之关系陷入履行不能。两种观点虽然在债权人是否承担对待给付的问题上存在意见分歧，但在导致债权债务消灭这一点上意见一致，均认为债权债务关系消灭。

（六）因权利消灭的一般情形而消灭

发生时效届满、作为债之基础的法律行为被撤销或无效、因所附解除条件成就等情形，债权债务关系也归于消灭。

关于法律行为的被撤销与无效，我国《合同法》第 54 条规定，因重大误解而订立的合同、显失公平的合同，当事人一方有权请求人民法院或者仲裁机构变更或撤销；一方以欺诈、胁迫或者乘人之危，使对方在违背真实意思的情况下订立的合同，受损害方有权请求人民法院或者仲裁机构变更或撤销。另外，《合同法》第 56 条规定，无效的合同或者被撤销的合同自始没有法律约束力。

以上列举了债权消灭的六个方面的原因，但债权消灭的原因不止这一些。除此之外，法律的规定、终期届至等也都是消灭的原因。

三、债的消灭的效力

债一经消灭，债权债务关系即行终止，当事人之间的权利义务关系消灭。这是债消

---

① 孙森焱：《民法债编总论》（下册），法律出版社 2006 年版，第 828 页。

灭的最基本效力。此外，债的消灭还产生如下的效力[①]：

（一）从属权利消灭

债的关系消灭后，附随其上的担保以及其他从权利同时消灭。债务因清偿而消灭时，原为清偿设定的担保因失去其存在意义而消灭。不论债务人提供的担保或第三人提供的担保，法定担保或约定担保均归消灭。其他从属权利，如保证债权、违约金债权、利息债权等均同时消灭。但是，主债权消灭之前已经发生的利息债权及已经成立的违约金债权具有独立性，主债权虽经清偿等原因而消灭，这些债也不随同消灭。

（二）负债字据的返还及涂销

负债字据为证明债权存在的证书。负债字据是由债权人持有的足以证明债权存在的证明文书。债权消灭，债务人当然有权要求债权人返还或涂销负债字据，债权人应予以返还或涂销。如果因特殊原因不能返还的，应当作如下处理：①消灭事由的记入或发给受领证书。如果债之关系部分消灭的，债务人仅得请求将消灭事由记入字据；负债字据上记载着债权人其他权利的，如果债务已经全部履行的，债务人可请求发给受领证书。②发给公证证书等文书。债权人主张负债字据不能返还或有不能记入之情事者，债务人可请求发给证明债务消灭的公证书等文书。

第二节 债的清偿

一、债的清偿的意义

清偿，是指依照债的本旨实现债的内容的给付行为。实现债的内容是债权的本来目的，债务内容一经实现，其债权因达到目的而得到满足。因此，清偿是债消灭的原因，也是债消灭最主要和最常见的原因。

债权是债权人请求债务人为一定给付的请求权。债务人为实现债务内容为目的所为的给付行为当然属于债务清偿；第三人为满足债权人的目的而为的给付行为，也属于清偿。总而言之，债权的最终目的就是实现债务内容、满足债权的目的。因此，无论债务人给付还是第三人给付，只要符合债务的本旨，就能使债权消灭。

关于清偿的性质，即是法律行为还是事实行为，学者有不同观点。法律行为是以意思表示为构成要件，清偿是否需要意思表示这是问题的关键。笔者赞同孙森焱教授的观

[①] 孙森焱：《民法债变总论》（下册），法律出版社2006年版，第830页。

点，即有些清偿属于事实行为，而有些清偿属于法律行为。有些债务的清偿不需要意思表示，例如，以不作为或提供劳务为债务内容的，债务人不作为或作出提供劳务等事实行为就属符合债务本旨的给付。有些清偿属于法律行为，例如，以物权转移为债务内容的，债务人的给付是成立物权契约的行为，订立契约当然需要当事人的意思为要件，是一种法律行为。①

本书认为，对清偿属于事实行为还是属于法律行为的争议，应根据各国法律的具体规定进行具体分析，不能一概而论。

日本法的通说认为清偿属事实行为，其原因是《日本民法典》采用意思主义的物权变动模式，当事人双方意思表示一致即发生物权变动。所以，标的物的交付以及不动产产权转移登记等都被认为是事实行为。

但是，以德国为代表的采用物权变动形式主义模式的国家，法律行为分为债权行为和物权行为，认为只有物权行为才能引起物权变动。清偿债权契约的行为，如交付、产权转移登记等，被认为是物权行为，需要当事人的意思表示，需要订立物权契约（推定）。所以，债权清偿通过法律行为来履行的。

二、清偿人

清偿人，是指依债务的内容向受领清偿人进行清偿的人。债务履行以债务人本人清偿为原则，这是理所当然的。但是，只要债务内容允许，债权人的代理人或使用人代也可以代替清偿，有时也可以是第三人。

（一）债务人

债务人清偿，是指由债务人本人为消灭债的目的所为的给付。如上所述，清偿分为事实行为和法律行为两种，债务清偿是法律行为的，债务人应有完全民事行为能力，属限制行为能力人的应由其监护人代替清偿或取得其同意。债务清偿行为属事实行为的，只要清偿符合债务的本旨就不受债务人行为能力的限制。

（二）债务人的代理人、使用人

我国《民法通则》第 63 条规定，民事主体可以通过代理人实施法律行为。代理人在代理权限内，以被代理人的名义实施民事法律行为。被代理人对代理人的代理行为承担民事责任。依照法律规定或者按照双方当事人约定，应当由本人实施的法律行为，不得代理。

根据上述法律规定，代理人可以基于代理权在债务人授权范围内代为清偿，也能发

---

① 孙森焱：《民法债变总论》（下册），法律出版社 2006 年版，第 832 页。

生清偿的法律效力。但是，法律规定、当事人约定或债务性质要求清偿由债务人本人履行的，不得由代理人清偿，应由债务人本人清偿。依债务性质不能由第三人代为履行的债务，如名演员演出的债务、知名学者演讲的债务等具有一身专属性的债务，债权人与债务人有特别约定不得由第三人代为履行的，等等。

除代理人之外，债务人的使用人也可以辅助其清偿债务。债务人对其债务履行中的过错承担责任。

（三）第三人

债务清偿的目的就在于使债权人满足其利益要求。第三人清偿债务能够使债权人得到满足，对其有利而没什么损害，故债务人以外的第三人也可以清偿。第三人的清偿原则上应该有效。

第三人清偿，是指第三人为了消灭债，以自己的名义向债权人为清偿。清偿债务的第三人分为两种，即与债务清偿有利害关系的第三人和无利害关系的第三人。前者是指债务不清偿，将会遭受法律上不利后果的人。后者泛指其他第三人。

有利害关系的第三人是指与债务清偿有法律上的利害关系的第三人，包括为担保该债权而抵押的不动产的所有人（抵押人）、抵押不动产的人（购买该抵押不动产的人）、债权人所有的土地上建造的债务人建筑物的租用人等。[①] 如果债务人不清偿债务，债权人就要实行抵押权，抵押人和购买抵押不动产的人就会失去不动产。所以，有利害关系的第三人未经债权人同意也可以清偿，债权人也不得拒绝，否则债权人承担受领迟延的责任。无利害关系的第三人不能违背债务人的意思而清偿债务，即其清偿征得债务人同意才发生法律效力。

不得由第三人清偿的情形是：①债权人与债务人约定不得有第三人清偿的债务。这种约定即使发生在债务发生之后，但只要在债务清偿期届满之前订立的即为有效。②依债的性质不能由第三人清偿的。即具有一身专属性的债务不能由他人代为清偿。具体讲，债务注重债务人的人品、学识、技能等为给付条件的，不能由第三人清偿，如邀请演员演出、学者演讲等。③与债务清偿无法律上的利害关系的第三人，未经债务人同意不得清偿债务。

第三人清偿债务使债务消灭，第三人代替原债权人的地位而成为新债权人。清偿的第三人代位债权人的地位，取得求偿权，即享有履行请求权、损害赔偿请求权、担保权等债权人的一切权利。

[①] （日）内田贵：《民法Ⅲ：债权总论担保物权》，东京大学出版会2004年第2版，第36页。

三、清偿受领人

清偿受领人，是指有权接受清偿利益的人。清偿须向有受领权的人为进行，并在其受领后，才发生清偿的效力，债的关系才能消灭。债权人是受领人，自不待言，但向其他有受领权的人清偿也可使债务消灭。

（一）债权人

债权人作为债权主体，享有请求他人给付的权利，是当然的受领清偿人。

受领与债权人为行为能力和债权的实现密切相关。债权人为完全行为能力人的，无论事实行为的清偿还是法律行为的清偿均可受领。债权人为无行为能力或限制行为人的，不得受领订立物权契约等法律行为的清偿；受领事实行为的清偿也需由监护人代为行使或者征得其同意。人民法院采取强制执措施已经扣押的债权，债权人不得受领清偿；债权人已受破产宣告的，债权人不得自行受领其债务人的清偿，而由清算人受领清偿。

（二）债权人以外的可受领清偿人

债权人以外可受领清偿之人，有以下六种：①债权人的代理人。②破产财产的管理人。③收据的持有人，应当注意的是，收据持有人所持收据应为真实，至于其持有原因则在所不问。但债务人已知或因过失而不知持有收据之人无权受领，仍为清偿的，不发生清偿的法律效果。④行使代位权的债权人。⑤债权人与债务人约定受领清偿的第三人。⑥经债权人承认或受领后取得债权的人。

在上述第一种至第五种中，即使债权人不因受领而取得利益，债权关系亦归于消灭。①

四、清偿标的

债务清偿应当符合债务的本旨才能发生法律效力。因债务种类不同，其给付内容也不相同，即交付物品、提供劳务、移转权利、完成一定工作、不作为等。总之，清偿应按照债的具体内容、债的关系所确定的标的来清偿债务，才能发生法律效力。

---

① 王家福主编：《中国民法学·民法债权》，法律出版社1991年版，第196页；张广兴：《债法总论》，法律出版社1997年版，第263页。

五、代物清偿

(一) 代物清偿的意义

债的清偿原则上须依债务的主旨清偿,应按债权债务所确定的标的给付,不得以他物代替。但是,在法律允许或当事人约定以他种给付清偿债务的,代物清偿也是有效的。代物清偿之所以发生清偿效果,在于当事人的约定,特别是债权人的同意。

代物清偿是指债权人受领他种给付以代替原给付,使债的关系消灭的契约。[1] 例如,以古董代替货币清偿,以牛代马清偿。债权人为防止债权落空,一般也会接受代物清偿。

(二) 代物清偿的法律要件

代物清偿须具备以下要件:

(1) 须有债权债务存在。须有因代物清偿而消灭的债权,原债的履行标的种类如何在所不问。债权债务关系存在,不仅是合同之债可以代物清偿,无因管理、不当得利、侵权行为之债均可代物清偿。

(2) 须以他种给付代替原定给付。债务的内容无非有财产、劳务和权利三者。此三者相互代替,可成立代物清偿。即使同为财产,但种类不同,也能成立代物清偿。在代物清偿中,原定给付与他种给付的价值不相等,但只要成立代物清偿,债的关系即归于消灭。

(3) 须有当事人之间的合意。代物清偿系以他种给付代替原定给付,因此清偿人(包括清偿的第三人)与清偿受领人(包括其他有受领权人)就代物清偿达成合意。清偿人作出代物清偿的意思表示,而未经受领人的同意不能成立代物清偿。

(三) 代物清偿的效力

代物清偿能够满足债权的需要,发生与清偿同样的法律效力。

(1) 债权债务消灭。债务人所负的债务因代物清偿而消灭,债权的从权利也同时消灭。

(2) 瑕疵担保责任的产生。原债务因有偿合同而发生的,清偿人应保证代替给付不具有权利上或物的品质上的瑕疵,如果替代给付有瑕疵的,构成瑕疵履行,适用瑕疵担保责任的有关规定。

---

[1] 史尚宽:《债法总论》,中国政法大学出版社 2000 年版,第 814 页。

六、清偿地、清偿期限与清偿费用

债务人应当全面履行债务,即应当履行全部义务。在履行给付义务时,在清偿时间、清偿地和清偿方式上也应符合债的本旨要求。

(一) 清偿地

清偿地是指清偿人清偿债务的场所,又称为履行地、给付地。在清偿地以外的场所履行债务的,不发生清偿的效力。清偿地应依下列方法确定:

(1) 合同有约定的,从其约定。当事人可在合同订立时约定债务履行地,也可以在合同成立之后,债务履行之前约定。

(2) 可按债务性质确定。例如,不动产权利移转,应在不动产登记机关所在地履行;房屋修缮,应在房屋所在地履行。依给付的性质,清偿地可由当事人选择时,首先应以双方合意确定清偿地。

(3) 有习惯的从习惯。例如,车站码头的物品寄存,应在该寄存场所履行义务。

(4) 法律对清偿地有规定的,应依其规定。根据我国《合同法》第62条第3项规定,履行地点不明确,给付货币的,在接受货币一方所在地履行;交付不动产的,在不动产所在地履行;其他标的,在履行义务一方所在地履行。

清偿地的确定,在实体法上的意义表现为:一是清偿地是债权债务的消灭地点;二是清偿地是决定由谁负担清偿费用的根据;三是在给付的价金不明须参照市场价格确定时,依合同法规定须以清偿地的市场价格为准。在程序法上的意义表现在两个方面:其一,清偿地是决定法院地域管辖的根据;其二,在涉外合同发生争议时,清偿地是决定法律适用的依据。①

(二) 清偿期限

清偿期限是指债权人应为清偿的期间,又称给付期限、履行期限。关于清偿期限,原则上应由当事人约定,当事人未约定或约定不明确的,则依法律的规定或习惯来确定。

有确定的清偿期限的债务,债务人应在期限到来时清偿。在清偿期届至前,债务人提前清偿的,债权人有权拒绝受领,自不发生清偿效力。

但期限利益专为债务人而设者,债务人可抛弃期限利益提前清偿,债权人不得拒绝受领。没有约定清偿期限或者约定的期限不明确的,债务人可以随时清偿,债权人也可以随时请求清偿。但是,应当给对方必要的准备时间,该必要时间到来时,即为确定的

---

① 张民安主编:《债法总论》,中山大学出版社2005年第2版,229页。

清偿期限。

（三）清偿费用

清偿费用，是指清偿债务所需的必要费用。例如，物品交付的费用、金钱汇寄的邮汇费。但不包括债务标的物本身的价值。清偿费用通常包括运送费、包装费、汇费、登记费、通知费用等。法律对清偿债务费用的承担无明文规定，当事人对此也没有明确约定的，应由债务人承担。但是，因债权人变更营业地或其他行为导致清偿费用增加的，由债权人承担。

七、清偿抵充

在债务人对同一债权人负有数宗债务中可能有附利息的，也有不附利息的；有设定担保的，也有无设定担保的；有附条件的，也有未附条件的，等等。债务人的履行不足以消灭全部债务时，究竟抵充何宗债务使其消灭，对当事人自有不同的利害关系。

清偿抵充，是指债务人对债权人负担数宗各类相同的债务，而债务人的给付不足以清偿全部债务时，由债务人指定其给付抵充何宗债务。清偿抵充应具备如下要件：

（1）须债务人对同一债权人负担数宗债务。此类数宗债务，不管是自始发生在债务人与债权人之间，还是嗣后由他人处承担而来，也不管数宗债务是否均已届清偿期，在所不问。

（2）须数宗债务种类相同。种类不同者，自可依给付的种类确定系清偿何宗债务。例如，债务人借米、面各 50 斤，债务人如偿还 50 斤大米给债权人，自不发生抵充问题。①

（3）须债务人的清偿不足以清偿全部债务。如果债务人的给付足以清偿全部债务，则全部债务消灭，不发生抵充的问题。

清偿抵充的确定方式有以下三种：①约定抵充。当事人之间就债务人的履行系抵充何宗债务有约定的，从其约定。②指定抵充。当事人之间没有约定的，则清偿人在清偿时单方面指定其清偿系抵充何宗债务。③法定抵充。首先，清偿人不指定的，有些国家的民法规定了抵充顺序，即已届清偿期的债务先抵充。其次，债务均已届清偿期或均未届清偿期的，无担保者或担保最少者先抵充，担保相等者，以债务人获益最多者先抵充；获益相等者，以先到期的债务先抵充。最后，债务人因清偿获益相等而清偿期均相同者，各按比例抵充一部。②

---

① 王家福主编：《中国民法学·民法债权》，法律出版社 1991 年版，第 200 页。
② 张广兴：《债法总论》，法律出版社 1997 年版，第 268 页。

第三节 债 的 抵 消

一、债的抵消的意义

抵消是互负债务的当事人各以其债权充当债务清偿，从而使双方的债务在等额范围内消灭的制度。主张抵消的债权即抵消权人的债权称为主动债权，亦称反对债权。被抵消的债权即被抵消人的债权称为被动债权，亦称受动债权。抵消既能消灭债务，也能消灭债权，是债务清偿的一种方式，故法律确认其为独立的债权消灭原因。

依一方当事人的意思表示或双方合意来等额消灭双方债权的权利，称为抵消权。抵消权是债权的从权利，不得与债权分离单独转让。依一方当事人的意思表示即可实施的抵消属于形成权。双方合意才可实施的抵消属于抵消契约。

抵消的功能之一就是能省却清偿的费用，节约交易成本，方便快捷。

关于债的抵消，我国《合同法》第99条规定，当事人互负到期债务，该债务的标的物种类、品质相同的，任何一方可以将自己的债务与对方的债务抵消，但依照法律规定或者按照合同性质不得抵消的除外。当事人主张抵消的，应当通知对方。通知自到达对方时生效。抵消不得附条件或者附期限。另外，我国《合同法》第100条规定，当事人互负债务，标的物种类、品质不相同的，经双方协商一致，也可以抵消。

根据上述法律规定，债的抵消可以分为合意抵消和法定抵消。

合意抵消，又称合同抵消，是指由互负债务的双方当事人意思表示一致而对债务进行的抵消。合意抵消是当事人意思自治原则的体现，是双方当事人意思表示一致的结果。抵消的要件以当事人的约定为依据，对抵消的标的物的种类、品质，以及债务清偿期无特别要求，只要不违背法律的强行性规定和禁止性规定，原则上都可合意抵消。本节对合意抵消不作阐述。

二、债的法定抵消

法定抵消，是指在具备法定要件时，依当事人一方的意思表示所为的抵消。我国《合同法》第99条规定的抵消即属法定抵消。法定抵消仅依一方当事人的意思表示即可使债权债务消灭，故应当具备法定要件才可实施。法定抵消应当具备如下要件：

(一) 双方当事人互享债权、互负债务

抵消是互享债权、互负债务的当事人之一方以其债权冲抵对方债权，以等额消灭双方债权为目的，故以双方债权的存在为必要前提。只有双方互享债权、互负债务，才能使双方的债务在对等额内消灭。

（二）抵消债务须同种类给付

抵消是消灭债权的履行方式。双方给付的种类相同，经济目的同一，以此债权抵消彼债权，相互间仍可获得满足。如果双方互负债务的标的种类不同，双方各有其经济目的，如果允许抵消的，不免使一方或双方当事人的目的实现。故要求抵消债务须同种类给付。抵消的标的通常是同种类的货币或者是实物。另外，从抵消就是双方给付交换角度看，为了便于交换时的价格计算，给付的种类也应相同。

（三）双方债权均届清偿期

抵消具有相互清偿作用，自应当事人双方所负的债务均已届清偿期限，才可抵消。主动债权未到受偿期不能主张抵消，因为还不能请求履行；主动债权已到受偿期而被动债权未到受偿期的，主动债权可主张抵消。因为，可视为主动债权的当事人自愿放弃期限利益。

（四）适用抵消的债务须可抵消债务

不得抵消的债务，大致有如下几种：

1. 债权性质上不得抵消

依债权性质，非清偿不能达到债的目的，不能抵消。如以不作为债务、提供劳务债务、给付抚恤金为标的的债权均不得抵消。

2. 法律禁止的抵消

法律禁止的抵消主要有：

（1）禁止强制执行的债务。法院决定扣留、提取收入时，应保留被执行人及其所抚养家属的生活必要费用；查封、扣押、冻结、拍卖被执行人的财产，应当保留被执行人及其所抚养家属的生活必需品。

（2）因故意侵权行为所发生的债务，实施侵权行为的债务人不得主张抵消。此种债如允许抵消，就意味着债权人可任意侵害债务人的人身和财产权利；也可能诱发违法行为的发生，有违公序良俗。

（3）当事人特别约定不得抵消的债务。抵消为法律行为，以当事人的意思表示为其构成要件。当事人之间达成的不得抵消的约定应当遵守，否则违背诚实信用的原则。

三、债的抵消的效力

根据合同法规定，法定抵消一经当事人一方主张即可发生法律效力。可知，我国合同法采用意思抵消主义。法定抵消为单方法律行为；合意抵消为契约抵消。无论法定抵消还是合意抵消，均发生如下法律效力。

（一）双方互负的债务按照抵消数额消灭

双方债务数额相等的，其互负的债务全部消灭。抵消作为法定的债务清偿方式，能使债权绝对消灭，抵消成立后不得撤回。双方互负的债务数额不相等时，双方债务在等额范围内消灭。即债务数额较小的一方的债务消灭；债务数额较大的一方的债务部分消灭，债务人负有仍继续清偿剩余债务的义务。对尚未抵消的残存债权，债权人仍有受领清偿的权利。

（二）消灭债权的效力溯及到抵消权发生之时

我国《合同法》没有明确规定抵消的溯及力。但一般认为抵消具有溯及力，即双方的债务不是从抵消时起消灭，而是债务达到可抵消状态之时消灭。具体来讲，双方债务同时到期的，以共同的清偿期为准；双方债务清偿期有先后的，在以后的清偿期届至时为准。债务未届清偿期而主张抵消的，应认为其已放弃期限利益，以其放弃期限利益之时为准，债的关系归于消灭。

抵消的溯及力还有以下几方面的效力：①自抵消生效之时起，因抵消而消灭的债务不再发生支付利息债务，已经支付的应依不当得利返还。②自抵消生效之时起，发生的迟延给付责任，归于消灭。③抵消生效后，就一方当事人所发生的损害赔偿及违约金责任，因抵消的溯及力而归于消灭。

第四节　债的提存

一、债的提存的意义

（一）提存的概念

提存是指由于债权人的原因而无法向其交付债的标的物时，债务人将该标的物提交给提存机关保存，从而消灭债务的法律制度。

债务人履行债务时，往往需要债权人的协助。如果债权人无正当理由而拒绝受领或者不能受领，债权人虽应负受领迟延责任，但债务人的债务因未能履行而不能消灭，债务人仍处于债务拘束之下，这对债务人很不公平。同时，债的关系处于不稳定状态，也会对正常的交易秩序带来不利影响。为解决这一问题，罗马法早期，允许债务人在债权人拒绝受领时抛弃标的物而免除债务。但此种方法不利于社会经济的发展。因此，之后设立了提存制度,即在债权人拒绝受领或不能受领标的物时,债务人得将标的物提交有关机关,从而免除债务。现代各国民法将提存规定为债的一种消灭原因,除在民法中规定之外,有的还制定有提存法,对提存制度作了详细规定。

（二）清偿提存

1995年司法部颁发施行了《提存公证规则》。我国《合同法》第101条至第104条对以消灭债权为目的的提存即清偿提存,作了专门规定。以此为契机,我国的提存制度初具规模。目前我国提存制度的主要内容包括提存的原因、条件、程序、提存后的通知义务、提存的法律效力、提存物的意外灭失的风险负担,以及提存费用的承担,等等。

债务人通过提存,达到消灭债的目的。所以,提存是清偿的一种方式。本节研究的是清偿提存。民法上还有其他目的的提存,比如物权法规定的为保全抵押物价值的提存。对此,本节不作阐述。

二、债的提存的要件

（一）须有提存的原因

我国《合同法》第101第1款规定,有下列情形之一,难以履行债务的,债务人可以将标的物提存：

(1) 债权人无正当理由拒绝受领。债务人提出符合债务本旨的给付时,债权人无正当理由拒绝受领,债务人可以将标的物提存。

(2) 债权人下落不明。主要是指债权人不能确定、地址不详、失踪后未确定财产代管人等情况。此种情形,债务人自然难以履行债务。

(3) 债权人死亡未确定继承人或者丧失民事行为能力未确定监护人。债权人死亡之后,债权由其继承人继承。继承人未确定的债权人无法履行。债权人丧失行为能力的,自己不能实施通过法律行为来完成的受领,须由其监护人代替受领。丧失行为能力而未确定监护人的,债务无法清偿。

(4) 法律规定的其他情形。此项为引致条款,目的在于其他法律、行政法规所规定的提存原因成为提存原因。例如,物权法关于以担保为目的的提存等。

除了上述原因之外,在实际中可能还包括其他原因。例如,债权人变更地址而未通知债务人,债务人难以提出清偿；债权人分立或合并导致数人同时主张债权,使债务履行困难；等等。

（二）须明确提存关系的当事人

(1) 提存人。提存人须具备提存资格。具备提存资格的人提存才能发生债务清偿的法律效力。提存人包括债务人和债务人的代理人。

（2）提存机关。提存机关是国家设立的负责受理提存事物，接受提存物并保管提存物，寻找债权人并通知债权人受领提存物的专门机关。在国外一般都设专门提存机关，附属于法院。在我国目前只有公证提存，提存机关为公证处。

（3）提存受领人。提存受领人。应为债权人或债权人的继承人、监护人、财产代管人等。

（三）提存标的须适当

提存的标的，是指债务人依债务的规定应当提交而交付不能的标的物，并以物的交付为限。提存标的物应符合债务的本旨，否则不发生消灭债务的效力。因此，债务人不得向提存机关提交与债的内容不相符的标的物。提存标的物原则上是能清偿全部债务的标的物，不允许部分提存。

提存的标的物，以适合提存为限。作为提存的标的物，可以是特定物或种类物，但应限于动产，如金钱、物品、有价证券等。不动产不适宜于提存。债的标的物为不动产的，在债权人受领迟延时，可抛弃占有。

如果标的物不适宜提存或有毁损的危险及提存费用过高的，例如，易燃、易爆的危险品、鱼肉、蔬菜、水果等新鲜易变质食品，等等，提存人可申请法院拍卖提存其价金。

（四）提存须符合法律规定的方式提存

提存须符合提存的程序。提存人交付提存标的物的同时，应向提存机关提交提存申请书。提存书上应当载明提存人姓名（名称），提存物的名称、种类、数量，以及债权人的姓名、住址等基本内容。此外，提存人应当提交债务证据，以证明其提存之物确系所负债务的标的物。提存人还应当提交债权人受领迟延或不能确定，以致自己无法向债权人清偿的证据。

对提存人的提存请求进行审查后符合提存条件的，提存机关应接受标的物，验收登记并为妥善保管，并于自提存之日3日以内出具提存公证书，提存公证书具有清偿受领证书同等的法律效力。公证处在提存之日起7日内以书面形式通知债权人，债权人不明或下落不明、地址不详无法通知的，公证处自提存之日起60日内以公告方式通知。

三、债的提存的效力

从提存之日起，提存之债即告清偿。提存涉及三方当事人，即提存人、提存机关和债权人。提存在三方当事人之间产生不同的法律效力。

（一）在债务人与债权人之间的效力

（1）债务消灭。债务人或其他可清偿的人将债的标的提存后，不论债权人受领与否，均发生债务消灭的效力。也就是说，债权人对债务人的债权及从权利消灭。

（2）提存标的物的毁损灭失的风险责任移转给债权人。

（3）提存物的所有权因提存而移转于债权人。提存期间产生的一切收益，即孳息等归债权人所有；提存物的保管费用及其他费用由债权人负担。

（4）提存人的通知义务。债务人有通知债权受领人提存事实的义务。提存人怠于履行义务，损害债权人利益的，承担损害赔偿责任。

（二）提存人与提存机关之间的效力

提存人与提存机关之间的关系可以使用保管合同的规定。提存机关依法负有妥善保管提存物的义务。债权人不领取或者超过保管期不领取的，提存机关可以拍卖。

我国司法部《提存公证规则》第26条规定，提存人可以凭法院生效的判决、裁定或者提存之债已经清偿的公证证明取回提存物；债权人以书面方式向公证处表示抛弃提存物受领权的，提存人可取回提存物。提存人取回提存物的，视为未提存。提存人应当负担提存机关保管提存物的费用。提存人未支付提存费用的，提存机关可留置相当的提存标的物。

（三）在提存机关与债权人之间的效力

1. 债权人有领回提存物的权利

我国《合同法》第104条规定，债的标的物提存之后，债权人可以随时领取提存物，但债权人对债务人负有到期债务的，在债权人未履行债务或者提供担保之前，提存部门根据债务人的要求应当拒绝其领取提存物。

另外，我国司法部《提存公证规则》第28条规定，符合法定或者约定的给付条件，公证处拒绝给付的，由其主管的司法行政机关责令限期给付，给当事人造成损失的，公证处应予赔偿。

2. 领回权的除斥期间

我国《合同法》104条第2款规定，债权人领取提存物的权利，自提存之日起五年内不行使而消灭，提存物扣除提存费用后归国家所有。

3. 债权人承担提存期间提存物的风险责任及提存费用

标的物提存之后风险负担已移转于债权人，不可归责于提存机关的原因致使提存标的物毁损灭失，提存机关不负赔偿责任；但如果由于提存机关的故意或者重大过失所致，债权人有权要求提存机关赔偿。

我国司法部《提存公正规则》第25条规定，除当事人另有约定外，债权人领取提存物时应支付提存费用，提存费通常包括提存公证费、公告费、邮电费、保管费、评估鉴定费、拍卖变卖费、保险费、代管费，以及保管、处理、运输提存标的物所支出的其他费用。提存受领人在未支付提存费用前，提存机关有权留置价值相当的提存标的物。

第五节 债 的 免 除

一、债的免除的性质

债的免除，是指债权人以消灭债为目的而向债务人作出的抛弃债权的意思表示。因债权人抛弃债权，使债务人免除清偿义务，故免除为债消灭的一种方法。对此，我国《合同法》第105条规定，债权人免除债务人部分或全部债务的，合同的权利义务部分或全部终止。通说认为，免除还有如下属性：

（1）单方行为。免除以债权消灭为内容的意思表示而成立，不以债务人的承诺为必要。

（2）无因行为。免除的原因或动机，有为赠与，有为对待给付，也有为和解。但此等原因，并非免除的要件。其原因无效或者不成立时，不影响免除的效力。

（3）无偿行为。免除的原因虽然可以有偿和无偿，但与免除的效力无关，免除本身乃属无偿行为。

（4）非要式行为。免除的意思表示无须特定方式，无论是书面或者口头，明示或者默示均可。

（5）处分债权的行为。免除直接导致债的关系消灭，其债务的消灭的范围与抛弃的债权范围一致。

学者关于免除的性质的观点，主要有合同说和单方行为说。

所谓合同说，是指当债权人要免除债务人的债务时，如果该种免除要产生债的消灭的效力，则不仅要求有债权人的以消灭债务为目的的意思表示，而且还要求债务人对债权人的此种意思表示作出同意的表示，要求债权人和债务人在债的免除方面达成合意。单有债权人免除债的意思表示还不能发生债的消灭的效力。合同说主要为大陆法系国家的法律所采取。[①]

[①] 大陆学者介绍债务免除之性质的有关学说观点，主要来源于我国台湾地区学者的著作。参见王家福主编《中国民法学·民法债权》，法律出版社1991年版，第214—215页；张广兴：《债法总论》，法律出版社1997年版，第280—281页。

合同说的主要理由在于：其一，债为债权人与债务人之间的特定法律关系，具有相对性，不应忽视债务人的意思而仅依债权人的单方行为发生债务消灭效果。其二，债务的免除是一种恩惠，但当债务人不欲接受此种恩惠时，法律不应当强迫债务人接受他人所施加的恩惠，否则，将是对债务人人格的侮辱。其三，债权人免除债务，往往是基于某种动机和目的。因而不能断定债权人的免除债务一定对债务人是有利益的。为避免债权人滥用权利，保护债务人的利益，应对债权人的免除方法及效力有所限制。

所谓单方行为说，则认为免除是单方法律行为，只要债权人作出免除债务人的债务的意思表示，债务人对债权人所承担的债务即被免除，债的关系即被消失；即便债务人不同意该种免除，其对债权人所承担的债务仍然被免除。其理由是，债务人的债务被免除，不过是债权人抛弃债权的间接结果，债务人既因此而受有利益，不必征得其同意也属自然。我国台湾学者多持此观点。①

本书也认为债务免除属单方法律行为。因为"将债的免除界定为单方行为是适当的，因为，民法尊重当事人的意思自由，在不损害他人利益的前提下，权利人可以自由处分自己的权利。权利人对自己权利积极的抛弃或者消极的不行使，均无不可。法律不能强制权利人行使权利。债权人既然可以单方面抛弃自己的权利，自然地就会免除债务人的债务。免除应属单方行为"②。

二、债的免除的要件

（1）免除人应当对债权享有处分权。免除为债权人的处分行为，因免除直接发生财产权得失的效力，故免除应当对债权享有处分权。

（2）免除须为意思表示。免除是债权人的以处分债权为目的的单方法律行为，无论单方法律行为，还是双方法律行为，均以意思表示为其构成要件。缺乏意思表示不能成为法律行为，也不能发生处分债权的法律效力。

（3）免除须以意思表示向债务人为之。债权人免除的是债务人对其所负的债务，以消灭债权债务关系。所以，债权人免除债务的意思一般应当向债务人表示，该意思表示到达债务人，才发生消灭债权债务关系的法律效力。另外，债权人向债务人的代理人所为之免除债务人债务的意思表示，也发生免除的法律效力。

（4）免除的意思表示不得撤回。免除是单方法律行为，自债权人向债务人或其代理人表示后，即发生法律效力。故免除意思一经到达债务人，即不得撤回，否则将有违诚实信用，还可能损害债务人利益。

---

① 张民安主编：《债法总论》，中山大学出版社2005年第2版，第238页。
② 张民安主编：《债法总论》，中山大学出版社2005年第2版，第239页。

三、债的免除的效力

债的免除所产生的法律效力是:

(1) 债的关系绝对消灭。免除是债务消灭的法定原因之一,债权债务关系因免除而绝对消灭;债权的从权利随之消灭,如保证债务等。但免除从债务的主债务并不消灭。债务全部免除的,债务全部消灭;债务部分免除的,则仅免除部分的债权消灭。

(2) 连带债务的免除。债权人仅免除部分连带债务人的债务的,除被免除的连带债务人所承担的债务份额外,其余债务人的连带债务并不消灭。

除上述效力外,还有债务人请求返还债权证书的效力。

第六节 债的混同

一、债的混同的意义

债的混同,是指债权债务归于同一人而使债的关系全部消灭的情形。债的混同为一种事实,无须有任何意思表示,只要有债权与债务同归于一人的事实,即发生债的关系消灭。债权是债权人请求债务人为一定给付的相对性权利,须有两个主体,当债权人和债务人合为一人时,债就会失去其相对性的基础,债的关系就会消灭。我国《合同法》第106条规定,债权和债务同归于一人的,合同的权利义务终止,但涉及第三人利益的除外。

学者对混同性质的观点有分歧,概括起来有如下几种:有人认为,其不产生债的关系消灭的效力,唯发生履行不能,因为任何人均不能对自己履行债务;有人认为,混同有清偿之性质,如债权人继承债务或债务人继承债权时,即属于以遗产为清偿或受清偿;亦有人认为,债因混同而消灭,系因目的已达到;还有一种观点认为,债因混同而消灭,须因债的关系有两个主体,任何人不得对于自己享有债权,债权债务同归于一人时,如认为其既为债权人又为债务人,则悖于债的概念。[①]

二、债的混同成立的原因

债权债务的混同因债权人承受债务或债权人继受债权而发生,其形式包括概括承受和特定承受。

---

① 此处所列举债之混同的学术观点是由史尚宽先生总结出来的。转引自王家福主编《中国民法学·民法债权》,法律出版社1991年版,第216—217页。

（1）概括承受。概括承受是指债权债务概括转移于债权人或债务人。这是混同的主要原因。例如，企业合并，合并的两个企业之间互有债权债务时，合并后债权债务同归于合并企业而发生混同。又如债权人继承债务人，债务人继承债权人，或第三人继承债权人和债务人也发生混同效果。[①]

（2）特定承受。特定承受是指债权人承受债务人对自己的债务或者债务人受让债权人对自己的债权，而使债权债务消灭。[②]

三、债的混同的效力

混同的效力在于使债的关系绝对消灭。混同消灭的效力还涉及债权人和债务人的抗辩权，以及债权上的从权利，如担保、违约金债权、利息债权等。当债权为他人权利的标的，为保护第三人的利益，即使发生混同，债的关系也不消灭。例如，以债权作质押的，即使债权债务发生混合，为保护质权人的利益，债权也不消灭；同样，当法律规定混合不发生债消灭的效力时，混合也不发生消灭债的效力。例如，在票据未到期前依背书转让的，票据上的债权债务即使同归一人，票据仍可流通，票据所示之债不消灭。

[①] 张民安主编：《债法总论》，中山大学出版社 2005 年第 2 版，第 240 页。
[②] 张民安主编：《债法总论》，中山大学出版社 2005 年第 2 版，第 240 页。